感恩华学创立人萧先华先生资助出版

正道管理学

陈杰思◎著

中国经济出版社
CHINA ECONOMIC PUBLISHING HOUSE
·北京·

图书在版编目（CIP）数据

正道管理学 / 陈杰思著 . -- 北京 ：中国经济出版社，2024. 8. -- ISBN 978-7-5136-7885-8

Ⅰ. F272

中国国家版本馆 CIP 数据核字第 2024183JN2 号

责任编辑　贺　静
责任印制　李　伟
封面设计　任燕飞设计

出版发行　中国经济出版社
印 刷 者　北京捷迅佳彩印刷有限公司
经 销 者　各地新华书店
开　　本　787mm × 1092mm　1/16
印　　张　34.5
字　　数　756 千字
版　　次　2024 年 8 月第 1 版
印　　次　2024 年 8 月第 1 次
定　　价　98.00 元
广告经营许可证　京西工商广字第 8179 号

中国经济出版社　**网址** http://epc.sinopec.com/epc/　**社址** 北京市东城区安定门外大街 58 号　**邮编** 100011
本版图书如存在印装质量问题，请与本社销售中心联系调换（联系电话：010-57512564）

目 录

中篇 管理之道

正道管理学导论

正道管理学重新构建管理学思想体系，融合中华义理、东方管理学与西方管理学而形成。西方管理学通常只有组织管理这一个板块，正道管理学重新构建管理学体系，将管理学发展成为自我管理、管理之道、组织管理三大板块。其中自我管理与管理之道，人人都可以受益，人人都应当学习。

一、管理的概念

管理是指人在自我管理的前提下，设置良好的环境，建立合理的制度，对个人、组织及其他各种资源实施教化、计划、组织、决策、控制、协调、领导、评估、改进等各种活动，以便有效地实现目标。

管理的定义包括以下三个层面。

1. 管理的对象

管理的对象是人、事、物，包括自我在内的个人、组织及其他各种资源。任何人都需要自我管理。管理者需要自我管理，被管理者也需要自我管理。即使是最基层的劳动者，也不是单纯地接受上司的管理，不是简单地“听话”“顺从”，而是实行自我管理，以积极的心态配合组织管理，向上反映管理中出现的问题，提出各种合理化建议，弥补上司的不足之处，对上司产生种种影响，所以德鲁克有“管理你的上司”的说法。

组织指的是家庭、家族、乡村、社区、企业、军队、医院、学校、政党、研究所、新闻机构、政府机构、监狱、社团、国家、国际组织等。管理对象中的“其他资源”，主要是指环境、原料、资金、技术、产品、信息、机器设备等，由于这些资源存在于组织之中，对这些资源的管理就放在组织管理板块。

2. 管理的方式

学习、修养、教化、规划、决策、激励、控制、领导、评估、改进等管理的方式主要解决“正确地做事”这一问题。

3. 管理的结果

管理的结果是有效地实现目标，包括个人目标、组织目标、社会责任等方面。管理的目标主要是解决“做正确的事”这一问题。“有效”主要表现为，以尽可能少的投入获得尽可能多的产出，以尽可能少的资源获得尽可能多的成果。衡量管理水平的标准就是效率的高低。不能有效地实现目标，就意味着管理的失败。

二、正道管理学的概念

1. 正道管理学的基本概念

（1）“正道”的概念

“道”有多种含义，我们重点分析与“正道”概念相关的含义。“道”的本义是道路，《说文解字》中说：“道，所行道也。”“道”引申为个人、社会、国家的任何活动所遵循的道路，即活动所遵循的道理、规律、途径、方法、方式等。“正”也有多种含义，我们重点分析与“正道”概念相关的含义。“正”的含义是正确、无偏差，与“邪”、“歪”、错误相对立。“正道”是指正确的道理、正确的规律、正确的途径、正确的方式、正确的方法。例如，《管子·立政》中讲：“正道捐弃，而邪事日长。”《礼记·燕义》中讲：“上必明正道以道民，民道之而有功。”宋代梅尧臣在《依韵答李晋卿结交篇》中讲：“上交执正道，下交守奇节。”

稻盛和夫对正道的概念有准确而深刻的认识，他说：“我坚持了一种单纯且强有力的信念——追求人间正道的做人准则。”①

由于文化与思想的多样化，历史上各家各派对“正道”具体内容的解释是不同的。例如，儒家讲的“正道”就是仁、义、礼、智、信、忠、孝、廉、毅、和，道家讲的“正道”就是“道法自然”，而佛家讲的“正道”就是“八正道”：正见、正思维、正语、正业、正命、正精进、正念、正定。中国传统的儒释道三教，既有平常之道，也有玄妙之道；既有入世之道，也有出世之道。

（2）正道管理学的内涵

正道管理学是西方管理学与儒家的“正道”、平常之道、入世之道相结合，与中华义理之学相结合，与中国传统管理思想相结合而产生的。正道管理学是以符合正道的方式对自己、他人、组织实施学习、修养、教化、规划、决策、激励、控制、领导、评估、改进等各种活动，以便有效地实现符合正道的目标。正道管理学由自我管理、管理之道、组织管理三大板块组成，而西方管理学通常只有组织管理这一个板块。

管理学有一部分内容是描述客观规律，也有相当多的内容是讲人的主观选择，所以不同的民族、不同的国家、不同的文化背景、不同的人，就会产生不同的主观选择，从而产生各具特色的管理学。即便是同一个管理者，在不同的文化背景下也可能会采取不同的管理策略。所以在中国这块土地上，仅仅运用西方管理学无法解决管理上面临的诸多问题。

任何一门学科走向繁荣，都会出现众多分支和学派。现代中国还没有形成既具有中华文化特色又具备世界各国管理共性的管理学科学体系，需要我们共同努力，不断探索。笔者试图努力使正道管理学发展成为管理学的一个学派，本书就是一种探索和尝试。

管理具有普遍性，在任何地方、在任何组织、在任何人身上，都存在着管理。每

---

① 李文勇．管法稻盛和夫给管理者的60个忠告［M］．北京：化学工业出版社，2013：29.

个人既是管理者，又是被管理者，管理者和被管理者都应当学习正道管理学。

被管理者主要学习自我管理和管理之道，而管理者则需要学习自我管理、管理之道、组织管理三大板块。

正道管理学在指向正道目标的前提下，也可采用各种“术”或运用权变，但是，运用权变或采用各式各样的“术”，都是在符合正道的前提下进行的。不符合正道的“术”，就是邪术。邪术管理通常采用违背正道的方式对自己、他人、组织实施各种行动，以达到违背正道的目的，在某些情况下也会采取符合正道的方式以便达到违背正道的目的。“厚黑学”、各种潜规则以及各种阴谋诡计、骗术、诈术的运用，都属于邪术管理。

2. 正道管理学的基本理念

（1）正道管理学不是管理学的一个分支，而是管理学中正在形成的一个流派。传统的管理学基本上只有一个板块，即组织管理。而正道管理学则有三个板块：自我管理、管理之道、组织管理。

（2）正道管理学使管理学成为人人必学的学科。每个人都需要自我管理，管理之道其实就是中华民族的核心价值观、道德理念、人文精神、生存智慧。组织管理则是从管理者、被管理者双向视角展开论述。

（3）正道管理学实现了中华义理、东方管理学同西方管理学在50多个知识主题上的点对点融合，每个知识主题即形成独立的一章。此前，西方管理学与东方管理学通常分成两套不同的话语体系，运用不同的论著进行表述。如果同时学习这两种不同的论著，很容易产生思想上的混乱，让人无所适从。

（4）正道管理学是在网络上建设的管理学拓展性学科与课程。现有管理学的纸质版书籍和教材，在内容上是有限的，在学习方式和运用方式上也是有限的，正道管理学在网络上的建设，可以拓展更多、更全面、更丰富的内容，在学习与运用上也可以采取更多、更有效的方式。任何一门课程，在学校学到的只是这门学科体系的基础部分，当学生离开学校之后，可以通过一系列的拓展式学科与课程网站继续学习。

（5）笔者进行的正道管理学研究，采用的是一种全新的研究模式，即“五无关研究”：与课题无关、与经费无关、与发表无关、与绩效无关、与职称无关。正是通过这种“五无关研究”，正道管理学才能彻底跳出相关的评审者或编辑设定的理论体系、逻辑结构、现有观点、表达方式、撰写体例、特殊利益的限制，摆脱自身眼前利益的束缚，在弘扬中华文化的使命感的驱动下，进行自由无碍的、长期的创新性探索，为国家和人民带来真正的利益。当然，正道管理学的研究是在中国现有的制度、法律、政策所许可的范围内进行的。

3. 正道管理学的目标

正道管理学的目标分为个人层面的目标、社会层面的目标、国家层面的目标。

个人层面的目标：培养个人的综合素养、提高个人的生存质量、促进个人的事业成功。

社会层面的目标：提升组织的管理水平、实现企业的系统再造、提高企业的综合效益。

国家层面的目标：为中国人民谋幸福、为中华民族谋复兴、为天下苍生谋太平。

4. 正道管理学的六大特征

（1）会通中西

德鲁克说：“21世纪，中国将与世界分享管理的奥秘。”①将中华文化的管理思想与西方文化的管理思想融会贯通，将中华义理、东方管理学同西方管理学相结合，使正道管理学建立在丰厚的中西文化基础上。中华文化与西方文化平等对话、相互沟通，将两者的管理精华融为一体，走“中体西用”与“西体中用”并行的道路。“中体西用”即“华魂洋术”，将中华民族的正道与西方管理方法相结合。“西体中用”就是将西方的管理制度移植到中国，并结合中国的具体情况进行创造性转化。

东方管理学与西方管理学的深度结合，目前还远未达到理想状态。在管理学界，西方管理学与东方管理学仍处于各自为政的状态：或者是以西方管理学为主，将少量的东方管理思想的材料切成碎片放到西方管理学的框架中；或者是罗列东方管理学的系列观点，偶尔用西方管理思想的碎片点缀一下；或者引进西方管理学的结构，抽空其思想内容，将东方管理学的材料碎片塞进去。

在中国的管理学界，西方管理学占据主导地位，现有的管理学著作或高校教材基本上是按照西方管理学的基本概念、逻辑结构、理论体系建构的。有的论著只是在序言里提及东方管理学曾经的辉煌，而在正文中基本没有阐述。有的论著则是将中国管理学的思想碎片放进西方管理学的框架中作为点缀。最主要的原因是，现有的管理学专家基本不具备系统学习中华文化的知识背景。如果全盘移植西方管理学，不将西方管理学同中国的社会背景、管理实践、传统文化相结合，就会出现抽象空洞、“水土不服”、“消化不良”的现象。

先秦时代的管理思想，主要是在家族管理、社会管理、行政管理、军事管理领域进行实践而产生的成果，在人类历史上起源最早、造诣最深，实践最为广泛，成就最为突出，现代西方管理学的许多观点都可以在其中找到相同的东西。中华民族在17世纪中叶以前一直走在世界的最前列，可以印证东方管理学的价值。孔子的学说主要内容就是管理之道、自我管理、社会管理。孔子的学生子夏说：“学而优则仕”（《论语·子张》），则是从自我管理迈向行政管理。法家的思想偏重行政管理，兵家则偏重军事组织的管理思想。全面挖掘中国古代管理学思想宝库，总结管理实践的成功经验和失败教训，并进行创造性转化和创新性发展，实现系统化的理论构建，是摆在我们面前的重要任务。

中国特色的管理学的探索已取得一些重要成果，如曾仕强的《中国式管理》、黎红雷的《儒家管理哲学》《儒家商道智慧》、成中英的《C理论：中国管理哲学》、黄如金的《和合管理》、苏东水教授的东方管理理论、李占祥教授的矛盾管理理论等。

有的专家学者在构建中国管理学体系时，注重抽象理论而缺乏可操作性和实用性，对西方管理学的精华没有认真学习。如果刻意回避西方管理学的成果，认为西方管理

① 周永亮，孙虹钢．方太儒道［M］．北京：机械工业出版社，2017：111．

学的原理只适用于西方而不适用于中国，不虚心学习西方先进的管理制度、管理经验和管理方法，并结合中华文化进行创造性发展，就不可能建立真正有价值的管理学。盲目排外，拒绝学习西方管理学的精华，是非常愚蠢的行为。华为公司自1998年起，就系统地引入世界级管理咨询公司的管理经验，与IBM、Hay、Mercer、PwC、德勤、盖洛普、FhG、NFO–TNS、Oracle等公司合作，引入先进的管理理念和方法，从业务流程、组织、品质控制、人力资源、财务、客户满意度六个方面进行系统变革，获得了巨大成功。任正非在学习西方管理时，提出“先僵化、后优化、再固化”的模式。学习某一种管理方法，只有先照搬过来，在实践中才能根据具体情况进行优化，如果不是这样，就往往是只学习其中一些片段，反而会遗漏精华。中国的中小企业没有与世界级管理咨询公司直接合作的机会，但可以借鉴世界级管理咨询公司总结出来的管理方法。

管理学必须有文化根基，管理若能与现存的传统文化、价值观、习俗、信念相配合，则成效较好；管理若与现存的传统文化、习俗、价值观相脱离，则成效较低。东方管理学需要以中华文化为根基，汲取西方管理之长；西方管理学必须以西方文化为根基，也可以汲取东方管理之长。正道管理学既可以运用于中国，也可以运用于世界各国。现代中国不仅要虚心学习西方先进的管理制度、管理经验、管理方法，也要虚心学习中华文化中的管理之道、管理方法。放弃西方社会的管理经验与教训，或放弃中华数千年的管理经验与教训，对于任何一个管理者来说，都将是巨大的损失。中华传统的管理之道与管理方法，也可供世界各国人民借鉴和学习。管理学需要国际化，以彰显管理学的普遍性；管理学也需要本土化，以彰显管理学的特殊性。

日本明治时期的福泽谕吉提出“和魂洋才”，日本管理学正是西方管理学与东方管理学结合的产物，日本企业管理的经验对中国企业也具有很高的参考价值，其中最有价值的就是日本企业之父涩泽荣一的《论语与算盘》中的管理理念和创办两家世界500强企业的稻盛和夫的管理理论。

（2）以道御术

管理可以分为两个方面：一是“道”，具体包括道德、价值观、理念、信仰、人格等；二是“术”，包括器物、知识、技术、方法、制度、艺术等。

在西方国家，绝大多数人都是基督教信徒，通过基督教的“布道”，管理者和被管理者获得了“道”，在制度的保障下，他们将工作视为“天职”，在工作中遵守道德规范，生活节俭，他们“拼命赚钱、拼命攒钱、拼命捐钱”。既然西方宗教已经完成“布道”的使命，在西方的管理培训中，就不太注重“布道”，而是讲“术”。

在管理实践中，如果只讲“术”而不传“道”，又缺失体制保障，就会出现物欲横流、理想缺失、背信弃义等现象。

将西方管理学的系列课程照搬到中国，在MBA、EMBA的课堂上主要讲“术”，讲管理制度、管理流程、管理方法，缺乏“传道”的教育。通过MBA、EMBA系列课程培养出来的管理者，仍然无法跳出只有“术”而缺失“道”的困境。因此，正道管理学必须担负起双重责任，既要“传道”，又要讲“术”。2009年，稻盛和夫在清华大学演讲时，面对学生的提问，他沉静地回答："如果学习商业模式，学习那些现代的管理技术，尽管将目光投向美国公司。如果想学习经营之道，还要从中华文化，也就是你们所说的国学里找答案。"①

儒家重点讲"道"，韩愈认为"传道"是教师的主要使命。法家讲"法、术、势"，却没有将"法、术、势"置于"道"的统御之下。《孙子兵法》认为，决定战争胜负有五大要素：道、天、地、将、法。道居于首位，唯有遵循正道者，将各种谋划与策略放在正道的统御之下，才能得人心，并且有凝聚力和战斗力。

在许多国学班和总裁班上，如果只讲风水、八卦、命理、阴谋诡计、帝王权术，而不以"传道"为责任，会出现很大的偏差。正道管理学将"道"与"术"融为一体，并以正道为引导。正道管理学以仁、义、礼、智、信、忠、孝、廉、毅、和十大正道为其精神内核，在十大正道的指引下运用"术"。管理者和被管理者都应当学习正道，正己正人，才能在组织中进行教化，将组织建设成为充满道义光辉的道场，建设成为充满情义色彩的大家庭。

原理是"道"，方法是"术"，"道""术"合一，就是原理与方法的统一。如果没有方法，原理就可能是抽象的、空洞的，有了方法，原理就具有可操作性、具体性。如果没有原理，方法就是机械的、僵化的；懂得原理，方法就具有灵活性、适宜性。有的咨询公司在缺失原理的前提下向一些企业推销所谓的"点子"，即某些具体的方法。但问题是，适合其他企业的方法不一定适合本企业；适合本企业此时用的方法不一定适合将来运用。判断某种方法能否适用，需要根据原理，结合本企业的实际情况。不适合本企业的方法，就可能是"死招"。如果是咨询顾问掌握原理，企业就需要向咨询顾问求取适用的方法。如果是企业管理层掌握原理，企业管理层就随时根据原理来寻求适当的方法。

（3）知行合一

德鲁克说："管理是一种实践，其本质不在于知，而在于行；其验证不在于逻辑，而在于成果；其唯一的权威性就是成就。"②德鲁克的智慧在相当长的时期内没有得到美国主流学界的认可，德鲁克对此解释道：为了控制学界，美国政府只向那些用数字公式写作的研究人员提供研究资金，深入实践的学者被拒之门外顺理成章。更重要的原因是，学界已形成一定的学术范式，并且由熟悉这些学术范式的学术权威把持，学术权威的利益就植根于这些学术范式之中，对这些学术范式的突破会危及学术权威的利益和声望。德鲁克深入实践，以直指人心的观点和故事来叙述，这种新的范式自然不为学界所容纳。

正道管理学的理论来自运用正道而获得成功的个人或组织的实践经验。对历史和现实中存在的一系列成功或失败的事物、人物、案例进行观察、分析，可以总结出管理的基本原理。在研究中也可以先假定某一管理理论的存在，然后分析相关的人物、

① 章起华．中国文化与稻盛和夫的经营哲学［M］．北京：中国商业出版社，2013：45．

② 彼得·德鲁克．管理的实践［M］．齐若兰译．北京：机械工业出版社，2009：314．

事物和案例，通过具体的人物、事物和案例证明或者修改该理论，甚至推翻该理论。管理学理论也可以使用实验法：在真实的管理环境中，为某一实验创造一定条件，使用某种新的管理理论，观察实验的成果。同时，将这个实验的过程与结果同未给予这些条件、未运用这种管理理论的对比试验组进行对照，如此反复多次，即可得出明确的结论。

案例有两大作用：一是通过案例的分析去寻找管理的道理；二是通过案例的学习，使学习者得到具体、明确的指导，让实践者知道如何做。案例教学法就是在教师的指导下，引导学生对案例所提供的事实和问题进行分析研究，让学生站在当事人的角度进行思考并提出见解，从中获得经验并吸取教训，从而培养学生分析问题和解决问题的能力。正道管理学的典型案例主要来自：中国历代王朝的管理案例，现代中西方社会管理的案例，当代中西方企业管理案例，古今中外圣贤、英雄的人生践行案例，等等。改革开放之后我国出现了一批成功企业，如长虹、康佳、新希望、海尔、联想、TCL、美的、华为、阿里巴巴、腾讯、百度等，它们的经验都值得借鉴。

正道管理学主要面向有实践经历的人进行传播，适合实干家或实修者，向实践中的人提供具体、明确的指导，具有可操作性。“宰相必起于州部，猛将必发于卒伍”（《韩非子·显学》），企业家只能从管理实践中走出来。对有管理经验的人讲管理理论，他们往往能心领神会，将抽象的理论同自己的管理经历结合起来进行思考；对没有管理经验的人讲管理理论，理论对于他们来说就是抽象空洞、苍白无力的，因为他们没有任何思考的具体材料。

面向实际，面对实践，面对使用者，我们需要使用“奥卡姆剃刀”剔除没有运用价值的概念、术语、抽象观念和烦琐论证。为了给读者减轻负担，本书只呈现笔者思考的结论，而不描述思考的过程，也不罗列大量的思考材料。正道管理学应当破除学术界的各种迷障，引导管理者在提升领导力的路上少走弯路。

正道管理学将管理分为管理之道、自我管理、组织管理三大板块，每个板块包含若干个知识主题，对每一个知识主题都采用如下结构：

①面对的问题是什么？事实、问题、难点。

②采取什么样的做法？方法、途径、手段。

③要达到的目的是什么？价值、意义、目标。

（4）修己安人

西方古典管理理论以“经济人”的人性假设为出发点，并不注重自我管理。在工厂中，许多人从事体力劳动或简单重复劳动，管理者发出命令，被管理者执行命令，管理者以“胡萝卜＋大棒”的方式驱使被管理者。

我们现在处于知识经济时代、信息时代、民主法治时代、思想多元化时代，需要发挥每个人的才智，需要每个人不断地学习、修养，需要每个人都将自己管理好。管理者如果做不到自我管理，就很难对他人、组织实施有效管理。被管理者如果做不到自我管理，就很难配合管理者通过共同努力达到管理的目的。在现代社会的各种组织中，几乎每个人都是管理者，同时又是被管理者，既被别人管理，也被自己管理。在现代社会的各种组织中，不是靠几个人的学习与修养，就可以将组织建设好、管理好，而是需要组织内的每一个成员共同努力才能将组织建设好、管理好。组织管理建立在自我管理的基础上，如果要将一片森林管理好，就必须先让每一棵树生长好。

孔子提出自我管理的理念，提出“修己安人”的管理模式，将自己管理好，才能实现大家的安宁，促进社会的安宁，这是自我管理与组织管理相结合的管理模式。《礼记·大学》中讲：“自天子以至于庶人，壹是皆以修身为本。”孔子曰：“修己以敬”，“修己以安人”，“修己以安百姓”。通过“修己”，达到自主、自尊、自觉、自律的目的。自主是自我独立思考，进行独立判断，进行独立选择，不受他人强迫；自尊是维护自己的尊严与体面，抗拒污辱自己的行为；自觉是在没有人监督的情况下认真学习、努力工作；自律则是自发地用道德规范与规章制度约束自己。

作为管理对象的个人，如果将他们看作只图赚钱的“经济人”，推行简单的管理模式，只需要通过薪酬和奖惩体系就可以调动他们的积极性。如果想要他们全面发展，使他们成为有人格、有尊严、有理想、有德行的人，则需要引导他们首先实现自我管理，才能运用综合的管理模式，取得更高的管理效率。

按照孔子的说法，“修己安人”的践行原则是：“己欲立而立人，己欲达而达人，”“己所不欲，勿施于人”。瑞士学者孔汉思认为，这两条准则应当成为全球伦理的基本原则。

“安人”既使自己安宁，也使别人得到安宁。安宁包括多重含义：生活安定，工作安全，同心协力，气氛和谐，心情舒畅。安包括“身安”与“心安”，结合马斯洛的需求层次理论，“安”既指在物质方面满足生理需求，也指在精神方面满足安全需要、情感和归属需要、对尊重的需要以及自我实现的需要。如果物质匮乏，收入偏低，则不安；如果压力太大，身心疲惫，则不安；如果工作环境不安全、不卫生，则不安；如果管理者不善待员工，则员工不安；如果管理者对员工只是抱着利用的态度，“飞鸟尽，良弓藏；狡兔死，走狗烹”，则员工不安；如果组织内充满了暴戾、冲突和冷漠，“小人得志”，则员工不安。安人，就必须爱人、利人、识人、用人、育人、达人。

“正己正人”和“修齐治平”都是“修己安人”的具体体现。

正己正人：孔子曰：“其身正，不令而行；其身不正，虽令不从。”(《论语·子路》)管理者首先实现自我管理，才能树立榜样，推行道德教化，才能营造良好的文化氛围，聚集有共同价值观的人，才能以满足尊重需要、满足自我实现需要的方式驱使人们朝着组织的目标而努力。

修齐治平：《大学》中所讲的“格物、致知、诚意、正心、修身、齐家、治国、平天下”，展现了由自我管理通向组织管理的道路。

（5）理一分殊

“人同此心，心同此理。”[①] 管理原理、管理模式、管理方法，既有普遍性，也有特殊性。世界各国都拥有相同的管理原理、管理模式、管理方法，这些基本原理在不

---

① 林玉山、陈林茂、陈保存等．中华多用成语大辞典［M］．长沙．湖南人民出版社．2018：1041．

同的组织中都可以运用，在不同的国家或民族都可以运用，体现出管理的普遍性。但也要注意，有些原理可以在不同的情况下运用，有些原理则由于情境的不同而需要调整，甚至出现某些原理不适用于全新情境的现象。按照“月印万川”“理一分殊”的理论，需要将普遍性与特殊性相结合，将共性与个性相结合，将基本原理同运用的情境相结合。

各国如果有特殊的国情和历史文化传统，则管理原理、管理模式、管理方法除了普遍性之外，还具有本国特色的特殊性。例如，美国管理模式、中国管理模式、德国管理模式、日本管理模式，这些管理模式也具有许多共性，不能因其特殊性而否定共性。中国管理模式的特点是“修己安人”“以道御术”“知行合一”。美国管理模式的特点是偏重个人主义，进行规范管理、制度管理、条例管理，注重能力培养和绩效考核。日本管理模式的特点是偏重集体主义，重视人际关系，重视家族式的情感管理。

在各类组织中，管理学的基本原理是相通的，但具体的管理方式则需要根据不同类型的组织特征进行调整。例如，有的企业突出军事化管理，强调严明的纪律和统一的步调，强调斗争的勇气和敌情观念，但不能将军事管理模式完全照搬到企业管理中，否则就会像对待敌人一样管理员工。《史记·货殖列传》中讲：“天下熙熙，皆为利来；天下攘攘，皆为利往。”如果将商业组织中“在商言商”的法则运用于家庭管理和行政管理中，则会出现严重的问题。

在不同国家、不同地区、不同民族的同一类型的组织中，管理的基本原理也是相通的，但具体的管理方式则需要根据各地、各民族、各国的具体情况进行调整。由于社会条件的差异，适用于中国的管理方法，在西方的社会背景下不一定适用；在西方国家有效使用的管理方法，在中国的社会背景下不一定适用。但在绝大多数情况下，世界各国的管理原理、管理方法是通用的，不能用特殊性来否定一般性。

在跨国公司的管理中，为了避免因文化冲突而导致失败，要坚持国际化与本土化相统一的原则，既要坚持运用普遍适合于不同国家、不同地区、不同民族的管理基本原理，又要充分照顾到不同国家、不同地区、不同民族的特殊性，采用一系列特殊的管理方法。

（6）广大精微

“广大”指的是建立的管理学结构完备、体系宏大。正道管理学应当完成体系构建，由理论观点、逻辑线索、合理结构、理论体系四个要素组成。由理论观点按照一定的逻辑进行思考，并安置于合理的结构中，从而构建完整的理论体系。如果缺乏结构，理论观点就会杂乱无章，理不清头绪；如果缺乏一系列明确的观点，逻辑结构就是空架子，不能发挥作用；如果不能形成体系，就会出现支离破碎、相互冲突、残缺不全的现象。正道管理学以中西方优秀文化为根基，不仅仅是中西管理学精华的累积，而且是在中西文化的格局中重新构建管理学的宏观结构。“精微”是指将抽象的理论具体化、精细化，关注管理领域的每一个细节，力求精益求精。

原理与方法，需要放在一个完整的系统中去运用。如果缺乏根据原理建立的完整的系统，方法就可能是片面的，如果不从系统上进行调理，就会陷入“头痛医头，脚痛医脚”和“治标不治本”的困境，整体得不到改善。运用某一方式可能从某一方面取得效果，但从另外的方面却产生恶果。

当正道管理学遇到极端功利主义、极端个人主义、极端自由主义，遇到只读屏不读书的习惯，遇到“娱乐至死”的风气，遭遇低俗、媚俗、庸俗文化的泛滥，如果正道管理学在民众中的影响力不能超过畅销多年的《厚黑学》，这就不仅仅是笔者个人的悲哀了。

5. 正道管理学所追求的学术导向

（1）思想性：任何一个有思想的人，都必须在自己的头脑里拥有宏大的思维框架，才能将新学到的知识要点纳入这一思维框架中，通过思考将新的知识要点同头脑中原有的知识要点联结起来，并且找到一个合理的知识结构加以安置，实现理论的高度、深度、广度相统一。缺乏思想的人，仅仅是将学到的知识要点杂乱地堆积在大脑里，然后在工作和生活中又照原样提取出来。

（2）创新性：正道管理学不仅建立了由三大板块组成的新的管理学体系，还提出了一系列创新的观点。如果将他人的观点、知识、理论、思想进行新的排列组合，每组合一遍就成为一部专著或论文，就谈不上创新；或者将他人的观点、知识、理论、思想，运用不同的语言进行表达以规避查重，也谈不上创新。

（3）独立性：正道管理学以独立性去对抗迎合性。保持独立性需要逃离三种陷阱：一是为特殊利益去迎合顾客、权贵的错误观念和不当需要；二是为流量与金钱去迎合某些网民的低级需要；三是为课题经费和成果发表去迎合任何评委、编辑。

（4）实践性：正道管理学注重社会调查，考察现实案例，直面社会现实，并在管理实战中运作，获得实际的反馈加以发展。如果仅仅来自书本、互联网和主观想象，脱离实际、脱离人民，就会呈现出“假、大、空”的特性。

（5）科学性：科学性表现为求实、批判、创新，表现为懂人性、说人话、讲真话，实事求是，尊重常识，遵循客观规律。

（6）民族性：正道管理学将中华义理（中华民族传统的精神、价值、道德、智慧体系）、中国传统管理思想与西方管理学相结合，将管理理论同中国国情和本土实践相结合，并通过笔者的深度思考，从而构建出新的管理思想体系。

（7）系统性：客观世界是一个系统的世界，任何客观事物都是有结构的，所以我们提出的思想必须是系统的、有结构的思想，才能与客观世界、客观事物相对应，才能有效地解决问题。支离破碎的知识或无法运用，或者在运用中导致失败。

上篇

自我管理

第一章 自我管理概论

第一节 管理者的角色

自我管理是对自己的心理、思想、品格、行为进行管理，包括自我认知、自我学习、自我控制、自我评价、自我监督等。

儒家设计了一条由自我管理走向组织管理的路线，即“内圣外王”的路线。《大学》中讲：“物格而后知至，知至而后意诚，意诚而后心正，心正而后身修，身修而后家齐，家齐而后国治，国治而后天下平。”格物、致知、诚意、正心、修身即“内圣”，是自我管理；齐家、治国、平天下为“外王”，即组织管理。

西方管理学之父德鲁克在《卓有成效的管理者》一书中谈道：“一般的管理学著作谈的都是如何管理别人，本书的目标则是如何有效地管理自己。一个有能力管好别人的人不一定是一个好的管理者，而只有那些有能力管好自己的人才能成为好的管理者。”[①] 德鲁克对于“自我管理”的认知，在许多方面与中国圣贤的认知相一致。

不仅管理者需要自我管理，被管理者也需要自我管理。特别是在人本管理的模式下，更需要依靠人的自觉与自律，更需要诚信、宽容、感恩、关怀，自我管理尤其重要。

企业好的规划为什么不能得到有效执行？设计好的企业文化为什么不能落地？好的决策为什么得不到好的成果？最大的障碍就是员工没有通过自我管理提升自己。如果人人都能做到自我管理，整个企业就会进入良性的运行状态。

儒家倡导角色伦理，提出“君君、臣臣、父父、子子”，指出君王应当承担君王的责任，臣子应当承担臣子的责任，父亲应当承担父亲的责任，儿子应当承担儿子的责任，否则，便是“君不君，臣不臣，父不父，子不子”。当今世界基本上废除了君主制，君臣关系可以做以下转换：管理者为君，被管理者为臣；上级为君，下级为臣；主导者为君，辅助者为臣。

明茨伯格明确了 10 项管理者的角色。根据中华文化的理念和现代管理的发展，管理者的角色可以扩充为 17 项，如表 1–1 所示。

---

① 彼得·德鲁克．卓有成效的管理者［M］．许是祥译．北京：机械工业出版社．2009：4.

表 1-1 管理者的角色

自我层面	1. 修养者	
	2. 学习者	
	3. 示范者	
	4. 教化者	
人际关系层面	5. 代表人	作为其所在组织的代表
	6. 联络人	对外保持联系、保持互动关系
	7. 领导人	对组织成员进行指导、引领、监管和激励
	8. 社会责任承担者	
信息层面	9. 监理人	有关信息的接收人、搜集人
	10. 传布人	将特定信息在组织内部传送
	11. 发言人	将特定信息向组织外部传递
决策层面	12. 事业开创者	发起创新的任务
	13. 危机处理者	处理组织面对的威胁、挑战、冲突
	14. 资源分配者	对组织拥有的资源进行适当的分配
	15. 谈判者	代表组织面对其他组织和个人进行谈判
	16. 决策者	
结果层面	17. 评估者	
	18. 改进者	

第二节 领导者的素质

领导者是指在某一组织中拥有一定的权力并影响他人的管理者。作为一个领导者，应当具备多方面的素质。

一、品德

孔子曰："为政在人，取人以身，修身以道，修道以仁。"（《中庸》）（译：治理国家主要靠人才，选拔人才取决于他自身有没有修养，自身有没有修养取决于他是不是遵守正道，是否遵守正道取决于他有没有仁心。）领导者应当同时具备仁、义、礼、智、信、忠、孝、廉、毅、和十德。

（1）仁：领导者首先要有仁爱之心，以仁爱之心推行仁政，关心下属，了解下属的期望，给予下属更好的前途。以冷漠或残忍的方式对待下属，必然导致离心离德。孟子曰："以不忍人之心，行不忍人之政，治天下可运之掌上。"（《孟子·公孙丑上》）

（2）义：领导者要走正道，有正义感，如果领导者走歪门邪道，会带领下属走向邪恶之路；领导者以公平正义的原则处理人与人之间的关系；领导者以身作则，树立良好的榜样。孟子曰："以德服人者，中心悦而诚服也。"（《孟子·公孙丑上》）

（3）礼：遵守文明行为规范和道德行为规范，态度恭敬，尊重他人，善待他人。

（4）智：领导者具备一定的文化水平，有智慧，具有收集信息、分析问题、作出判断、作出选择的能力。

（5）信：领导者要具备诚实与真诚的品质，言行一致，前后一致，信守承诺，建立良好的信誉，能够自由地分享思想与信息，才能获得下属的信任。领导者应言行谨慎，口无遮拦会导致下属思想混乱；领导者不能曲意逢迎，要敢于说真话，勇于指出上级的错误；领导者要真实地向上汇报，不能报喜不报忧、隐瞒事实、掩盖问题；领导者要用公正的标准评价下属的工作，避免个人好恶掺杂其中。领导者要敢于承认自己的错误，更容易培养与下属相互信任的关系。

（6）忠：领导者忠于职守，忠于人民，忠于正道。孔子认为大臣应当"以道事君"。

（7）孝：领导者谨守孝道。缺失孝道者有道德缺陷，不可能善待下属，也不可能承担重任。

（8）廉：领导者手握权力，身处复杂的关系中，如果不具备廉洁奉公的品性，很容易滥用权力、谋取私利。领导者对自己节俭，对他人慷慨。武则天主持制定的《臣轨》指出："人臣之公者，理官事则不营私家，在公门则不言货利，当公法则不阿亲戚，奉公举贤则不避仇雠。"（译：那些做大臣的人应该具有以下大公无私的品德：做公事就不能谋取自家的私利，在官署就不能谈论如何经营生意，执行法令就不能袒护亲戚，为国家举荐贤才就不能回避与自己有怨仇的人。）廉洁是一条长线，须久久守廉，不可断裂；贪污则是一个点，有污点则终身不洁。

（9）毅：领导者应当具备刚毅的品格，才有勇气走在前头，担当重任，承受压力，经历失败或挫折。

（10）和：领导者有合作精神，愿意与他人一起工作。在市场经济时代，许多领导者富而不贵，虽然拥有巨额财产，但是精神品质低劣，那就是"富而贱"。孔子曰："为政以德，譬如北辰，居其所而众星共（拱）之。"（《论语·为政》）领导者有德行，以身作则，人们才会围绕在他身边。领导者应同下属同甘共苦，黄石公在《三略》中讲："军井未达，将不言渴。军幕未办，将不言倦。军灶未炊，将不言饥。……与之安，与之危，故其众可合而不可离，可用而不可疲。"（译：军井还未挖好，将帅不要说口渴；幕帐还未搭成，将帅不要说困倦；军灶还未做饭，将帅不要说饥饿。……将帅能与士卒同安乐、共危难，所以他的队伍能合力同心而不会离心离德，能持久作战而不怕疲劳。）

领导者需要具有君子的品格。陈寅恪先生讲："哪个民族把士给打倒了，这个民族就流氓化、卑鄙化了。"[①]稻盛和夫的管理方法，特别是阿米巴的经营模式，就是建立在君子品格的基础上的。许多人只想学习他的管理方法，并不想去立君子品格，失去根

① 章起华. 中国文化与稻盛和夫的经营哲学［M］. 北京：中国商业出版社，2013：1.

本，所学的管理方法自然无效。

有人说修养会导致自己吃大亏，那是不懂得正确处理义与利的关系；有人说修养会使自己丧失人性的天真，那是因为没有过度的修饰；有人说修养会导致过分卑谦，那是因为不懂得中庸之道。

二、知识

领导者具备博专统一的知识结构。所谓博，是指信息面广，信息来源多，特别是能及时接收由于各种变化而产生的信息；所谓专，是指具备所管理的领域的相关知识，具备经济学和管理学的知识。需要特别注意的是，当领导者了解某一种观点时，也要同时了解与其不同甚至对立的观点。不同的观点其实是对客观世界复杂多面性的不同认识。

三、能力

（1）纳谏能力："兼听则明，偏听则暗。"善于听取他人和专家的意见，才能够正确地决策，也能够及时发现并纠正错误。墨子认为，作为一个臣子，叫他做什么就去做，就像影子一样；一叫他就答应，就像回声一样，这样的臣子对国君没有任何价值；真正的忠臣应当是，国君有过失就找机会加以劝解，自己有好的建议就一定要告知国君。

（2）组织能力：善于组织人力、物力和财力。

（3）决策能力：具有高瞻远瞩的决策能力，重要决策经过充分协商讨论后作出。"谋贵众，断贵独"（《美芹十论》），可以广泛听取意见，但是在决策时只能由高明的领导者通过思考进行判断。

（4）应变能力：思想不僵化，不墨守成规，根据不同的境遇采取不同的处理方式，根据变化的情况调整行动方案。

（5）创新能力：勇于创新，敢于承担创新带来的风险；领导者要走在众人前面，应当具有创新的意识和能力。

（6）调查研究能力：实事求是，讲求实际，时常亲临第一线，面对实际问题进行调查，不被下属的汇报或各种假象蒙蔽。

（7）抽象思维能力：运用抽象思维能力进行分析、概括、判断和选择，面对纷繁复杂的事物，能够透过现象看本质，抓住主要问题。

（8）自主学习能力：根据自己和团队发展的需要，制定并实施学习规划，在实践中不断总结经验。

此外，还应具备沟通协调能力、资源配置能力、规划能力、劝说能力、解决问题的能力、理解能力、培养人才的能力、调动积极性的能力、知人善任的能力等。

四、性格

美国一家著名管理咨询机构对美国 CEO 被免职的原因进行调查发现，70% 的 CEO

被免职是因为他的性格没有办法让人接受。[①]不同的人有不同的性格，但某些性格的人不适合当领导者，领导者应当具备以下性格特征：

（1）驱动力强：有使命感，有较强的事业心，有成功的欲望，敢于承担责任，有领导他人、影响他人的欲望，精力充沛，他们肩负着“无法完成的使命”，积极进取，努力不懈。

（2）外向性强：喜欢并善于同人打交道，能够编织各个层面的关系网，能够获得众人的尊重与信任。

（3）影响力强：领导者有能力、有魄力，便有了感染力。以身作则，能够取得影响他人的成就，才具有影响力，才会有一批心甘情愿的追随者。领导者能够营造上下同心同德的局面，形成利益共享的机制。

（4）目标性强：有远见，有明确的目标，并且坚定地实现自己的目标，带领团队树立愿景，引领大家朝着共同的目标努力。领导者整合团体成员每个人的目标，使其成为组织的共同目标，关心并满足团体成员的需要。企业领导者的梦想再伟大，如果得不到广大员工的认同，就会成为泡影。孟子曰：“乐民之乐者，民亦乐其乐；忧民之忧者，民亦忧其忧。”（《孟子·梁惠王下》）

（5）自信：只有自信的人，才能持之以恒地努力，才能不受各种错误思想的影响，才能够引领属下朝着共同的目标奋斗努力。但是过度自信、听不进别人的意见，也会铸成大错。

（6）明察：领导者要广泛听取意见。如果广开言路、善于纳谏，则君主不仅仅是用自己的耳朵听，而是用天下人的耳朵去听；不仅仅是用自己的眼睛去看，而是用天下人的眼睛去看。对于他人的意见，轻易接受则容易丧失主见，随意拒绝则容易闭塞言路。

（7）激情：领导者要充满活力，富有激情，比一般人更努力。稻盛和夫总结出一个方程式：人生 + 工作的结果 = 思维方式 × 热情 × 能力。

（8）自制：领导者要有自制力，控制自己的欲望、情绪和行为。

（9）谦虚：掌握权力的人、获得成功的人、被人称颂的人，最容易滋生傲慢。由于傲慢而自我膨胀、得意忘形的人，容易走上错误的道路，听不进任何意见。由权力滋生腐败，由傲慢产生堕落。BzzAgent 公司创立者戴夫·巴特尔建议：“挖一个洞把你的自负扔进去，在上面倒上混凝土，取而代之的是谦逊。”[②]老子曰：“自见者不明，自是者不彰，自伐者无功，自矜者不长。”（《道德经》）领导者要“不自见”（不自我彰显）、“不自是”（不自以为是）、“不自伐”（不自我夸奖）、“不自矜”（不说自己了不起）。

（10）虚静：道家重视虚静。对于领导者来说，虚静有几大妙用：虚静而安，保持心宁的安静，避免浮躁，避免各种情绪的困扰；虚静能容，虚怀若谷，包容一切；虚

① 黎红雷. 儒家商道智慧［M］. 北京：人民出版社，2017：146.

② ［美］库泽斯，波斯纳. 领导力如何在组织中成就卓越［M］. 徐中，周政，王俊杰，译. 北京：电子工业出版社，2013：255.

静无为，无为而治；虚静则明，去除各种成见、情欲的障蔽，心若明镜，洞察万物。需要注意的是，虚静必须在前文所述的众多特性的基础上，才能作为领导者的性格特征。如果只具有虚静的特征，不具备前述其他特征，就只能做隐士，而不能成为领导者。

五、智慧

《孙子兵法》所述为将五德，就是“智、信、仁、勇、严”，将智放在第一位。一个领导者必不可少的条件，就是要有“智”，“信、仁、勇、严”都是在“智”的统摄下运用。如“信”，对部下讲信，才能行赏罚，但对于敌人，就是“兵者，诡道也”；如“仁”，对部下“视卒如爱子”（《孙子兵法·地形篇》），对敌人则不能有“妇人之仁”；如“勇”，需要用“智”来统摄，不能勇而无谋；如“严”，需要严明的纪律，严能立威，也需要“宽严相济”。

军队的管理之道可以部分地移植到企业中。美国的西点军校在第二次世界大战后为世界500强企业培养了1000多位董事长、2000多位副董事长、5000多位总裁和副总裁。我国的企业家张瑞敏、柳传志、任正非、王石、王健林等都是军人出身。

（一）有智慧的领导者具有的特征

1. 有智慧的领导者有自主性思想

思想有两种类型：一种是灌输型思想，通过学习从外部获得，并以抽象概念与语言描述的方式储存在大脑中，仅仅有灌输型思想的人，思想僵化，不适合做领导者。另一种是自主性思想：根据各种信息进行自主思考而产生的思想就是自主性思想；或者，某种思想是从外部接受得来的，但自己能像创造该种思想的思想家一样进行思考，在大脑中重复产生这种思想的思维过程，将这种思想内化，嵌入自己的思想结构中，则这种思想也会转变成自主性思想。

2. 有智慧的领导者不受迷惑

孔子曰：“智者不惑。”（《论语·子罕》）有的人会受到表面现象的迷惑，有的人会受到他人言论的迷惑，有的人会受到错误观点的迷惑，领导者要有坚定的立场，不能为其他外界因素所迷惑。

3. 有智慧的领导者具备抽象思考能力

抽象思考能力是对复杂、抽象的事物进行系统性思考并作出选择和判断的能力。管理者层次越高，越需要抽象思维能力。一个缺乏抽象思维能力和自主性思想的高层管理者，在面对各种情况时无法选择适当的思想加以运用，要么犹豫不决，要么盲目选择；或者，不能分析具体的情况，僵化地照搬某种思想，那样会造成不良后果。

4. 有智慧的领导者懂得权变和应变

在管理学中，存在多种甚至相反的管理方法。管理者要学习不同的管理方法，就像在自己的思想工具箱中放置了许多工具。一个有智慧的管理者能够根据所处环境和所面对的问题，选择某种适合的思想工具加以运用。一个缺乏智慧的人，就有可能选择不合适的思想工具。如只会“纸上谈兵”的赵括，面对强敌秦军，他拿出兵书上的某种观点工具来僵化地运用，结果大败。

5. 有智慧的领导者考虑利与害两面

"是故智者之虑，必杂于利害。"（《孙子兵法·九变篇》）一般人遇事只看到有利的一面，常常忽视有害的一面。领导者必须认真分析有利的因素和有害的因素，才能作出正确决策。

6. 有智慧的领导者常常自我反省

领导者要通过日记、周记的方式进行自我反省，反省的内容包括：回忆经历过的每一件事，总结成功的经验和失败的教训；总结自己的优势和劣势；等等。曾国藩是自我反省的典范。倭仁教曾国藩写"日课"，"每日一念一事，皆书之于册"。曾国藩坚持"必须有日日不断之功"，从31岁开始写日记，直到去世，30余年累计超过150万字。[①]一般人没有天天要反思的事，写日记就成了流水账，可以改为周记，即每周写一篇。如果领导者主持某一重要项目，则需要从接手工作开始，每天写日记，记录工作中的重要事项，反省工作中出现的问题，直至项目结束。

7. 有智慧的领导者以人为本

领导者要有双赢思维，要让组织中的每一个人得益受惠，而不是凌驾于他人之上，将他人作为满足自己需要的工具。领导者要了解民意，顺应民心，尊重民权，关注民生，教化民众。

8. 有智慧的领导者会持续不断地学习

如果领导的素养达不到以上要求，需要带领组织成员共同向中国圣贤学习，向西方管理大师学习，向标杆企业学习。通过学习改变并提高领导者和员工的素养，由此才可能带动组织向前发展。

9. 有智慧的领导者有所为有所不为

事事都去做，事事亲力亲为，就会分散精力、降低效率。领导者只能集中精力做大事和要事，小事或不重要的事，就放手给别人做。领导者能够将职权分割并授予下属，明确下属的责、权、利，检查、督促并评估下属的工作。

（二）领导者素养对组织的生存与发展起着重要作用

1. 领导者的价值观影响组织的价值观

领导者认同中华民族代代相传的道统，才能真正领悟管理之道，才能有真正的品德，才能树立自己的价值观。领导者有了价值观，才能建立团队的价值观。杰克·韦尔奇说："价值观是由公司的领导确立的，所有的员工会渐渐地接受价值观，创建一种企业文化。"[②]例如，山姆·沃尔顿从小养成节俭的习惯，他将这一理念融入企业，将"低价销售，保证满意"作为沃尔玛的经营宗旨，想方设法地为顾客省钱。

2. 领导者的理念影响组织的理念

有的企业家重视中华文化，就会将中华文化的理念融入企业。企业家如果具有创

---

① 钰坤，林欣然. 落地——90天组织再造、业绩增长的奥秘［M］. 北京：北京联合出版社，2014：145-146.

② 陈正侠，周永亮. 领袖兵法——中国式领导力12项修炼［M］. 北京：机械工业出版社，2009：160.

新精神，整个企业就会充满创新活力。领导者的风格不同，企业的风格也就不同。

3. 领导者的思想决定组织的去向

有智慧的领导者能够为企业把握正确的方向，愚蠢的领导者可能会将企业带向死亡。一个领导者具有强大的影响力，但如果缺乏智慧，就会作出错误的决策，引导组织朝着错误的方向发展，在这样的条件下，影响力越大，危害就越大。

第三节 邪恶管理者

《太公兵法》中，姜太公向周文王讲道，领导者要防止“六贼七害”，即要防止六种坏事，杜绝七类坏人。

西汉光禄大夫刘向在《说苑》中提出：臣子的行为，表现为六正六邪。做到六正则为光荣，犯了六邪则是耻辱。根据《说苑》的描述，“六正六邪”有以下具体内容。六正：一是在事情发生之前，臣子能够预见到事情得失存亡的苗头，采取措施，在事情发生之前就加以制止，使君主立于显赫荣耀之处，天下人民都会称赞，这样的臣子就是圣臣。二是以谦虚和诚意向君主进善言，劝告君主实行礼义，在君主面前议论长久之策，帮助君主成就善事，避免君主犯错误，这样的臣子就是良臣。三是自我谦卑，兢兢业业，不断地为朝廷举荐贤才，不断用古代圣贤的事迹来勉励君主，如此使人民受益、国家安定，这样的臣子就是忠臣。四是明察秋毫，防微杜渐，断绝祸患产生的根源，转危为安，使君主高枕无忧，这样的臣子就是智臣。五是奉公守法，做官不贪求厚禄，不接受赏赐和贿赂，衣服端庄整齐，饮食节俭，这样的臣子就是贞臣。六是国家混乱时，不阿谀奉承，犯颜直谏，当面指出君主的过错，不怕受到诛杀，以自己的死换取国家的安宁，不后悔自己的所为，这样的臣子就是直臣。六邪：一是贪得无厌，不务正业，随波逐流，左右逢源，这样的臣子就是具臣。二是认为君主说的话都是好的，君主的行为都是对的，暗中观察君主的喜好，献上让君主感到快乐的东西，趋炎附势，助长君主的逸乐，不顾严重后果，这样的臣子就是谀臣。三是内心阴险，外表拘谨，巧言令色，嫉贤妒能，要想提拔谁，就只说好的，隐瞒过失；要想排挤谁，就夸大他的缺点，掩盖他的优点，致使君王赏罚不明，下达的命令又不被执行，这样的臣子就是奸臣。四是凭着自己的机巧辩才，掩过饰非，对内离间骨肉之情，对外制造朝廷混乱，这样的臣子就是谗臣。五是专权霸道，结党营私，聚敛财富，伪造君主的诏令，以显贵自居，这样的臣子就是贼臣。六是用歪门邪道迷惑君主，陷君主于不义之地，相互勾结，蒙蔽君主，使他不辨是非曲直，使君主之恶流布于国内并且臭名远扬，这样的臣子就是亡国之臣。

仁、义、礼、智、信、忠、孝、廉、毅、和十大义理属于十大正道，那么，与十大正道相反的就是十大邪道：与仁相反的是残忍，与义相反的是邪恶，与礼相反的是野蛮，与智相反的是愚蠢，与信相反的是欺诈，与忠相反的是背叛，与孝相反的是忤逆，与廉相反的是贪污，与毅相反的是懦弱，与和相反的是争斗。

（1）皮厚：《厚黑学》讲邪恶的为官之道，一为厚，即脸皮厚。脸皮厚又具体表现为识（识时务）、降（降低人格）、低（低调不张扬）、受（承受指责和白眼）、忍（忍住不冲动）。

（2）心黑：《厚黑学》中所讲的黑，即心肠黑。

（3）伪装：用道德词语伪装自己，用漂亮词语包装自己，善于在他人面前表现自己，当面一套、背后一套。

（4）瞎混：做没有意义的事，靠聊天、打牌、抽烟、打游戏等消磨时间。

（5）虚假：不说真话而说假话，不办实事而做无用之事。

（6）畏惧：怕得罪人而不敢坚持正义，怕承担风险而不敢往前闯。

（7）嫉妒：嫉贤妒能，排斥异己，宣扬别人的坏事，掩盖别人的好事。

（8）懒惰：不做事，不读书，不学无术。

（9）折腾：不做正事，做许多毫无价值的事，搬弄是非，造谣惑众。

（10）奢侈：运用权力挥霍公共财物。

（11）朋党：结党营私，投机钻营，拉关系，走后门。

（12）侵夺：依仗手中的权力，对贫者和弱者进行欺凌和夺占。

（13）愚蠢：没有真才实学，缺乏抽象思维能力，缺乏智慧，缺乏宏观把握能力，却自以为是，刚愎自用，逞强逞能。

（14）蛊惑：运用各种“假、大、空”的理论，或者运用方术、符咒、巫蛊，制造谣言，混淆视听，蛊惑民众。

（15）骄横：自以为是，不能听取他人意见，对批评者进行惩罚，将自己的想法和意志强加于人，凌驾于他人之上。

（16）媚上：用花言巧语献媚上级，用各种手段巴结上级，不让上级了解真实情况。

第二章　自我学习管理

自我学习管理是指个人明确学习目标，制订学习计划，利用各种学习资源，运用适当的学习方法进行学习，产生显著的学习成效，促进个人发展。

第一节　自主式学习

一、自主式学习概述

自主式学习是以学习者为中心，是自发的、有目的、有计划、独立进行的个性化学习。学习者作为学习的主体，独立地选择学习资源，不受他人支配，通过阅读、听讲、研究、观察、实践等手段，不断地提升自己。自主式学习管理主要包括自主设定学习目标、自主规划学习过程、自主寻求学习资源、自主选择学习策略、自主评估学习效果。

自主式学习包括以下几个方面：

（1）自我探索：为何学？学什么？如何学？不是别人告诉自己的，而是靠自己探索的。在好奇心和求知欲的驱使下，在探索自我发展的道路上，寻找学习与成长的最佳途径。

（2）自我选择：学习者有强烈的学习兴趣和学习动机，有自学能力，不受时空限制而且极具灵活性。学习者可以根据自己的工作和生活的需要去选择学习内容与学习方式，根据自己的潜能和兴趣发展自己的特长。自主式学习并不排斥他人的指导，但前提是学习者不受他人支配，对他人的指导有接受或不接受的自由。

（3）自我控制：自主式学习者既然是在独立的状态下进行的学习，就必须有自觉性、自律性、主动性和积极性，能够约束和控制自己的行为，持之以恒地按学习计划进行下去。

（4）自我创造：在知识的自我建构过程中，能够有新的发现，产生新的想法。

（5）自我建构：在学习的每一个时间点，自己已经拥有的知识体系（包括知识要点、思考线索、逻辑结构三要素）是接受新知识的准备，新的知识或信息通过感知与记忆进入大脑，然后经过思考、理解、整理，使原有的知识体系不断地得以调整、更新、强化、纠正，不断生成新的知识体系，这就是知识的自我建构过程。通过死记硬背的方式将新知识要点纳入原有的知识体系中，只是起到暂时储存的作用，将各种知识要点杂乱无章地储存在大脑中，无法完成知识的自我建构。

（6）自我考评：自主式学习的成效如何，主要是通过自己的工作与生活的成就来加以检验。有时也可以通过各类考试，检测自己对相关书籍的学习情况。进行学习的自我评估，反思学习策略与学习方法是否正确，判断自我学习的效能，进行自我调节和自我修正。

（7）自主式学习的目标：学习者有强烈的学习兴趣和学习动机，根据自身的实际情况以及自身社会角色、职业特点、个人需求、组织要求，将自我学习的一般目标具体化并细化，从而自主地设定学习目标。

（8）自主式学习的心态：有较强的好奇心、不断进取的决心、努力探索的勇气和谦虚好学的精神。“子绝四：毋意，毋必，毋固，毋我。”（《论语·子罕》）（译：孔子杜绝四种毛病：不凭空臆测，不绝对肯定，不固执己见，不自以为是。意：通“臆”，推测。必：确定。固：固执。我：自以为是。）

（9）自主式学习的能力：包括确立学习目标的能力、制订学习计划的能力、选择适当的学习材料和学习内容的能力、收集和处理信息的能力、分析和解决问题的能力、交流与合作的能力、掌握和运用学习方法的能力、设计并执行学习活动的能力、调整态度和动机等情感因素的能力、向人请教的能力、对学习过程进行监控的能力、对学习结果进行评估的能力。

（10）自主式学习的环境与条件：营造宽松自由、尊重人才的环境，给人以自主权，为学习者安排一定的灵活的时间。应当将教材分为两类：一类是接受式学习的教材，主要是在学校使用，学校使用的教材按教学大纲来编写，往往是提供本学科最基础的知识；另一类则是自主式学习的教材，可以由民间人士自发撰写。自主式学习教材与接受式学习教材既有共同之处，也有相异之处。不同作者撰写的自主式学习教材可以采用不同的知识体系。只有丰富多样的学习材料才能满足学习者的不同需求。

二、自主式学习的必要性

1. 以自主式学习弥补接受式学习的不足

与自主式学习不同的学习模式是接受式学习，以教师为中心，以分数为导向，被动地接受教师的引导，死记硬背地接受知识，最后通过应试的分数来检验学习成效。在学校教育中，以接受式学习为主，自主式学习为辅，而随着年龄的增长和年级的上升，自主式学习的分量越来越大；在家庭和社会中，则应以自主式学习为主，接受式学习为辅。中国著名的教育家陶行知先生指出：“我认为好的先生不是教书，不是教学生，而是教学生学。”[①]学校教育的一项重要任务，就是培养学生自主式学习的能力，帮助学生养成自主式学习的习惯，让学生掌握自主式学习的方法。

学校采用接受式学习模式，其优点是：提供系统化知识的学习，为学习者提供最基本的指引与辅导。与接受式教育相结合的应试教育，其基本特征是根据分数对学习

① 陶行知．陶行知教育文集［M］．成都：四川教育出版社．2007：42．

者进行评价，凡是能增加分数的学习内容及方式就得到强化，凡是不能通过分数表现出来的（如品质、智慧、经验、应试能力之外的能力、教科书之外的知识等）就被淡化，不利于提高分数的教学模式和教学方法就会被淡化，表现在以下五个方面：

（1）应试教育注重知识的学习，但缺乏对除了考试能力之外的其他能力的培养，更缺乏经验的积累。

（2）学习者在应试教育中学到的都是死记硬背的“死”知识，很难在应试教育中通过自我思考获得“活”的智慧。

（3）应试教育注重知识的传递但忽视文化的传承。

（4）应试教育注重分数考核而轻视人格品质的培育。

（5）在应试教育中，学习的知识面仅限于教材、教学大纲、考试要点，会导致学生知识面狭窄。

所以，学生应当在接受式学习之外，发展自主式学习的模式，那样才能真正弥补上述五个方面的不足，将接受式学习与自主式学习结合起来，才能成长为真正的人才。为弥补接受式学习的缺陷，自主式学习的目标应当是知识扩充、能力培养、智慧增长、经验积累、品性培养、文化沉淀。

2. 自主学习陪伴我们终身

现代社会知识量大而且知识更新速度快，学生在学校学的知识已远远不够，每个人都必须终身学习，而在学校之外则主要采取自主学习的模式。《荀子·劝学》曰：“学不可以已。”（译：学习不可以停止。）如果一个人在走出校门之后没有走上自主学习之路，那么，他的发展会受到极大的限制。据统计，一个人在读完本科之后，他在学校里学到的东西中，真正管用的只有7%。①

3. 自主学习是成才的关键

孔子自述其自主式学习的成长经历：“吾十有五而志于学，三十而立，四十而不惑，五十而知天命，六十而耳顺，七十而从心所欲，不逾矩。”（《论语·为政》）（译：我十五岁开始立志学习，三十岁能自立于世，四十岁不迷惑，五十岁懂得了天命，六十岁能听得进不同的意见，七十岁达到随心所欲而不会违背规矩的境界。）

仅仅接受他人的教导，不可能成长为人才。具备自主学习能力的人，才能成为真正的人才。只要明确学习的目标，每天都拿出一定的时间来围绕目标展开学习，每天都朝着目标迈进，长期积累，就能成为人才。当然，如果没有明确的发展方向和学习目标，学得再多也不可能成才。

第二节 自主知识技能体系的构建

任何一个人才，都是拥有自主知识技能体系的人。一个人拥有的自主知识技能体

① 詹文明. 德鲁克谈企业管理［M］. 北京：东方出版社，2009：97.

系，不可能仅仅通过灌输、复制、记忆的方式从外部获得，必须通过有效的自主式学习来构建，通过读书、受教、思考、实践而获得。《中庸》中讲："博学之，审问之，慎思之，明辨之，笃行之。"这就是通过自主学习构建自主知识技能体系的基本过程。孔子曰："温故而知新，可以为师矣。"（《论语·为政》）（译：温习旧知识时能有新的体会和发现，就可以做教师了。）

"温故"就是调动原有的知识，"知新"就是接纳新的知识，温故与知新结合起来，才能构建自主知识技能体系。朱子说："时时温习，觉滋味深长，自有新得。"（《朱子语类》卷二十四）（译：时时温习就会觉得其旨趣无穷，自然会有新的收获。）

可从以下几个方面建构自主知识技能体系。

一、形成系统化的知识体系

系统化的知识包括四个要素：知识要点、思考线索、逻辑结构、体系完备。在每一个时间片段上，人只能获得知识要点和信息片段。大量的知识要点与信息片段杂乱无章地储存在大脑里，易于忘记，且难以检索。必须通过自己的思考，才能将这些知识要点与信息片段联结起来，形成逻辑顺序，然后放在合理的知识结构中，储存于大脑中。既然各个知识要点之间是有联系的，那么，在学习中就要做到："未得乎前，则不敢求其后；未通乎此，则不敢志乎彼。"[（宋）朱熹《御纂朱子全书》卷六《读书之要》]（译：如果不获得前面的知识，就不能去寻求后面的知识；不理解这个问题，就不能理解另外的问题。）合理的知识结构是与客观世界的结构相对应的，合理的知识结构通常存在于专著和教材中，通过学习专著与教材就能获取合理的知识结构。专著和教材提供的往往是系统化的知识，专家在积累了大量的知识要点和信息片段之后，通过自己的反复思考，对照客观世界的相应结构，构建了一定的知识结构。合理的知识结构有纲有目，可以通过思维导图将知识结构呈现出来。

二、形成有价值的知识系统

对于全人类来说，所有的知识都有价值，但你自己不是全人类，只是全人类的几十亿分之一，所以，你需要在人类知识海洋里找到对自己有价值的知识来加以学习，对你有价值的知识可能只占人类知识海洋的千万分之一。判断某一知识系统对自己有无价值，主要根据以下三点：第一，该知识系统能够提高自己的素质和能力；第二，该知识系统同自己的发展方向相关；第三，实践证明，该知识系统能产生良好的效果，能够达到预期的目的。由于不同的人发展方向不同，某一知识系统对于一个人是有价值的，对于另一个人则无价值，我们要根据自己的发展方向和职业要求选择相关的知识进行学习。在选择知识之前，首先要明确发展方向和职业要求。如果学习知识没有选择性，在信息时代，在知识爆炸时代，人就会迷失在知识的海洋里，下了许多功夫，学了许多知识，但与自己的发展方向和职业要求无关，这就是将所学知识置于无用之地。

三、自主知识技能体系应当是博与专的统一

“博”的知识有三种含义：第一，作为自己专业方向的基础，需要深厚与广博的知识，基础知识越深厚，专业发展就越充分；第二，与自己的专业方向相关并且有助于提高自己专业水平的知识；第三，为了提升自身素质，每个人都要具备一定的人文知识和社会知识。

建立博与专统一的知识结构。拥有广博的一般性的和专业性的基础知识，在此基础上朝着某一特定方向长期努力，才能在这个特定的方向超越众人，成为佼佼者。“闻道有先后，术业有专攻”，“专”是指每个人都要有明确的发展方向，朝着这个方向长期学习，长期积累，才能达到“专”的水平。“学贵专，不以泛滥为贤。”（《二程文集》卷上）（译：学习贵在精专，不以泛泛而学为可贵。）

如果一个人拥有的自主知识技能体系只“博”不“专”，就处于浮动、泛滥之中；如果只“专”不“博”，则由于缺乏深厚的根基，专业发展会受到很大限制。

泛读与精读相统一。对古今中外的人文经典，对本专业的代表性论著，要精读；许多著作与文章的大多数内容是重复的，或只是表达方式不同，通过浏览或快速阅读，找到新的、有价值的知识内容认真学习，对自己熟悉的内容，则可以忽略不看。

四、自主式学习者需要建立自己的资料库

资料库有电子资料和纸质资料两类。电子资料是储存在电脑里的资料。纸质资料包括看过的书、做的笔记、剪辑资料、复印资料。资料先按学科进行分类，再按主题分类。在某一学科下，参照教科书或系统化知识的专著的章节目录，设置若干主题，相同主题的资料就可以放在同一类别。为了方便整理，笔记和复印资料最好只用一面，另一面为空白。

五、自主学习者应当坚持真理、排除谬误

人类知识体系就是真理与谬误相混杂的体系，任何一个人的头脑中，既存在着真理，也存在着谬误。所以，自主学习者要善于识别真理与谬误，将真理留在自己的大脑中，将谬误排除。

要对真理与谬误进行识别，就需要掌握真理的特性。真理是同客观事实相符合的认知成果，真理具有如下特性：

（1）客观存在性：真理的内容是对客观存在的反映，排除了主观随意性。

（2）多元性：不同的认知主体，面对同一客体的不同方面，运用不同的语言符号和理论范式表达出来，就会产生不同的认识成果，这些认知成果皆为真理。也就是说，同一认知客体可以产生不同的甚至相反的真理。当事人从一个角度看问题，旁观者从另一个角度看问题，可以看到问题的不同方面。采纳众人的看法，才能看到复杂事物的方方面面。

（3）相对性：由于某一客体在一定的关系中存在，对这一客体的认识在一定的参

照系中展开，因此关于这一客体的真理只能相对于这一客体所处的关系或某一参照系而存在。有些经验是不能移植的，例如，西方企业的某些成功经验不能简单地移植到中国，因为文化背景、制度环境不同；不能将成熟阶段企业的某些成功经验照搬到处于早期发展的企业中，因为处于不同发展阶段的企业的做法有所不同；不能将企业的某个成功经验单独割裂出来移植到另一家企业，因为成功经验是在原来的企业中与该企业中的方方面面相配套，才能发挥作用。

（4）滞后性：某个真理一旦形成，就脱离了真理赖以产生的客观原型，以语言为载体相对稳定地独立存在，当客观原型发生了变化，那么，这个真理便不再与客观原型相符合，也就转化为谬误。

根据真理的特性，在学习过程中必须实现学习与思考相结合，通过个人的独立思考，通过实践的检验，发现知识体系中或者自己头脑中存在的谬误，加以改正并清除。王夫之讲："学愈博则思愈远""学之困则学必勤"。(《四书训义》)

六、自主学习者需要进行实践和经验积累

实践是指人改造社会和自然的有意识的客观性活动。孔子曰："学而时习之，不亦乐乎？""学"就相当于现在的"学习"，"习"是指实践与践行。

真理与实践的关系如下：

（1）真理来源于实践。实践即真理的探索、运用与检验的过程。实践产生真理并推动真理发展。

（2）真理的价值必须通过实践的结果体现出来。在实践中运用真理，产生实效。学以致用，学习的目的在于运用所学的知识发挥价值。凡是不能有效地指导实践的知识，都是空洞无用的。颜习斋说："凡事心中了了，口中说说，笔下写写，而不从身体力行过，全是无用。"①

（3）实践是检验知识是否为真理的基本方式。流行观念、书本知识、权威人物的言论，到底是真理还是谬误，只有经过实践，与客观事物进行比较，才能加以判断。"与客观存在相符合"，这便是检验某一知识单元是否为真理的唯一标准。检验知识是否为真理，不能仅仅朝着证明其为真理的方向展开，而是同时朝着"是"或"非"两个方向展开，既要做证实的工作，又要做证伪的工作。远离现实，远离生活，单纯地进行逻辑证明，很容易走向循环论证，陷入语言的牢笼。

（4）实践必须在真理的指导下展开。离开真理的指导，行动就是盲目的。

（5）实践锻炼了运用真理的能力。管理学的教育对象最好是长期从事管理工作、具有一定管理经验的人，对他们讲抽象的道理，他们往往会结合自己工作和生活中的实例进行思考。有管理经验的人，将抽象的道理与自己的经验结合起来进行思考与体证，才能真正明白道理。对于没有相关经验的人来说，即便是用最生动的语言来描述，道理永远是抽象的，是与自己的生命相隔离的。学习者可以将自己在工作和生活中积

① 胡海波，等. 中国管理学原理［M］. 北京：经济管理出版社，2017：176.

累的案例，在课堂上同大家一起分析，从中领悟道理。明茨伯格说：“我们能够提高经理人的素质，但我们无法做到在教室里制造经理人。”[①]德鲁克回绝了哈佛商学院聘请他担任研究生院教授的邀请，原因是该院的学生几乎都是刚刚大学毕业。德鲁克说：“管理学课程对于没有几年工作经验的人而言，简直就是浪费时间。”[②]通过事实和案例归纳出来的道理，才是有价值的。那些脱离事实与案例的“真理”，不仅是在浪费时间，而且会引导人误入歧途。

自主学习者需要通过实践积累经验，既要读万卷书，又要行万里路。只有参照正确的理论进行反思，经历才能转化为经验。如果没有正确的理论作参照，反思可能将我们引向错误的方向。如果没有反思，经历只会留下痕迹，而不会产生经验与教训。反思有四个维度：①问题是什么？②产生问题的原因是什么？③成功的经验是什么？④失败的教训是什么？稻盛和夫说：“劳动具有克制欲望、磨炼心志、塑造人格的功效。”[③]人通过看书可以获得知识，但不能通过看书获得胆识、见识、奋斗的勇气和坚强的意志，这一切都要通过艰苦的磨炼而获得。马云说：“所谓的成功，并不是你在大学里学了什么，而是你在社会中学了什么、历练了什么。”[④]

第三节　学习的经验

一、制订学习计划

制定学习计划具体体现在以下几个方面：

（1）根据自己的发展方向制定终身学习目标。

（2）根据终身学习目标制定年度学习目标、月度学习目标。

（3）根据月度学习目标制定每日学习目标，分配每天的学习任务。学习的目标不能定得过高或过低，每天的学习任务不能过重或过轻。朝着终身学习目标，每天进步一点点。

（4）制定每日学习时间表。

①确定每天用多少时间学习，划分不同的学习时间段。

②确定每天的休息时间，每天保证 8 小时睡眠，以便保持清醒、敏捷的头脑。

③确定每天锻炼身体的时间，或者几天合并在一起锻炼，做到劳逸结合。

④在学习时间段要保证注意力高度集中，不受干扰或者能够排除干扰。

⑤在学习时间段要保持心情的平静、安宁。

---

① 惠宁．20 位影响世界的管理学家经典管理思想与评论［M］．北京：中国经济出版社，2013：66．

② ［美］德鲁克，马恰列洛．德鲁克日志［M］．蒋旭峰，王珊珊，等译．上海：上海译文出版社，2014：4–5．

③ ［日］稻盛和夫．活法［M］．曹岫云，译．北京：东方出版社，2014：13．

④ 赵伟．马云：我的管理心得［M］．北京：企业管理出版社，2014：198．

当天的任务当天完成，如果因为临时发生的事情耽误了，应当找另外的时间补回来。只有按照每日学习时间表坚持下去，才能克服惰性，养成良好的学习习惯。在制定学习时间表时，给每天的休息和运动留下适量的时间。

（5）定期检查，及时调整。定期检查学习任务是否完成、是否按计划坚持下去、学习效果是否明显、是否存在浪费时间的问题、哪些问题需要改进、学习计划是否需要调整。

二、采用多种学习模式

学习金字塔最早由美国学者、著名的学习专家爱德加·戴尔于1946年发现并提出。从金字塔的塔尖到塔基座，有以下七种学习方式，两周以后学习内容的保持率在5%~90%不等：

第一种是通过“听讲”的方式，保留5%。

第二种是通过“阅读”的方式，保留10%。

第三种是通过“声音、图片”的方式，保留20%。

第四种是通过“示范”的方式，保留30%。

第五种是通过“小组讨论”，保留50%。

第六种是通过“做中学”或“实际演练”，保留75%。

第七种是通过“教别人”或者“马上应用”，保留90%。

朱熹说：“读书有三到，谓心到、眼到、口到。”[（宋）朱熹《说邪》卷七十一《训学斋规》] 可以通过视觉、听觉、触觉/动觉三种方式接受学习内容。相比单用视觉或单用听觉，让视觉和听觉共同参与记忆，可提高30%~40%的记忆效果。如背诵文章时，可播放课文录音，边读文章边听录音，可以强化记忆效果。

三、创造优良的学习环境

学习环境是影响学习者学习的外部环境，主要包括以下几个方面：

（1）物质环境：包括场地、设施、噪声、空气、光线、网络、计算机等。

（2）信息环境：是指教材、教案、参考资料、书籍、网络资源等与学习内容相关的信息。面对丰富的学习资源，如果不会取舍，就会迷失在信息的海洋里。

（3）人际环境：教师、领导者、管理者、亲友、邻居、同学等的知识水平、态度、情感、素质对学习者产生的影响。

（4）有压力的学习环境：按照“耶基斯和多德林法则”，压力太小时，人处于松懈状态，工作效率低下；当压力增大时，压力成为动力，工作效率将逐步提高；当压力等于人的最大承受能力时，工作效率达到最大值；当压力超过人的最大承受能力之后，压力就成为阻力，工作效率也就随之降低。① 一般情况下人的一生只利用了10%的脑细胞，但其实至少可以开发到20%，由于缺乏压力，很多人没有把潜能充分开发

---

① 胡志强. 领导不可不知的98个管理经验［M］. 北京：企业管理出版社，2010：86.

出来。[①]

四、在失败与磨难中学习

如果一家企业为了面子或者为了维护既得利益，一味地遮丑、文过饰非，必然陷入失败的泥潭而不能自拔。应当将失败以真实的面貌呈现出来，让大家去反思，才能纠正错误，避免重蹈覆辙。失败告知我们，哪些方式和做法不可行。通过一系列的失败，不断地试错，那些错误的做法就会清楚地呈现出来，我们避开这些错误的做法，才能获得成功。著名发明家托马斯·爱迪生（Thomas Edison）在经历了一千次失败之后发明了电灯泡。一个记者问："失败一千次是什么感觉？"爱迪生回答说："我不是失败了一千次，而是电灯泡的发明经历了一千个步骤。"正如悟明禅师所说："不因一事，不长一智。"（《联灯会要·道本禅师》）

要想避免重复别人的失败，就必须总结并吸取别人失败的教训；不想重复自己的失败，就必须总结并吸取自己失败的教训。"前事之不忘，后事之师。"（《战国策》卷六）（译：不忘记前面发生的事情，可以将其作为将来所做事情的教师。）在工作或人生的道路上，总是存在一些自己看不见的坑。走在前面的人，会将成功经验或失败教训留给我们。我们吸取了，就可以少走弯路。

五、扬长避短

任何人都有长处和短处，在时间和精力有限的情况下，每个人只能重点培养自己的长处，在发展的道路上避开自己的短处，选择能够发挥自己长处的工作环境。

第四节　学习的方法

一、尝试回想法

（1）读一部书或一本教材，将需要记住的重要内容在书上勾画出来。

（2）读书时，如果发现有价值的内容，就应当用笔画出来，将画出的内容用一个名词或一个问答题加以概括，然后将这个名词或问答题写在页眉上。

（3）需要多遍复习才能记住这些重要内容。每复习一遍，打开书本，看一眼页眉上的名词或问答题就将书合上，然后根据名词或问答题回忆相关内容。

（4）如果能够顺利地回忆起相关的内容，说明你已经记牢了，就可以往下一页推进。

（5）如果有的内容想不起来或者想不全，说明相关内容还没有记牢，这就是缺漏点，就要反复读、反复看，直到记住为止。

---

① 钱志新．新商道108策［M］．北京：科学出版社，2009：225．

（6）过一段时间，需要再次复习时，重复上述（3）（4）（5）步骤就可以了。

通过背记，知识才能进入大脑并长久地停留在大脑中，不断为自主知识技能体系添砖加瓦。“读书惟在记牢，则日见进益。”[（宋）陈善《陈晋之读书法》]（译：读书只有牢记在心，才能每天都有效果。）

二、思考理解学习法

孔子主张把学习与思考结合起来，“学而不思则罔，思而不学则殆”。通过思考，理解每句话、每段内容所包含的意义，明白其中的道理。只有通过思考与理解，才能将新学的知识纳入自己原有的自主知识体系中，所学的知识与原有自主知识体系中的知识就会产生密切联系，形成一条条无形的线，将新学的知识牢牢抓住。如果在不理解的情况下强行背记，新学的知识就不能进入自主知识体系中，原有的自主知识体系也就得不到发展，新学习的内容作为异己者暂时储存于大脑中，很容易忘记。在教学过程中，必须注重引导学生进行思考和理解。

三、归类学习法

如果要对某一主题进行全面、深入的学习和思考，就先要进行归类。

（1）在教科书或相关领域具有代表性的著作中找到与这一主题相关的内容。

（2）在听讲座、听别人讲话记录的资料卡中找到与这一主题相关的内容。平时在听讲座、听别人讲话时，最好用笔记本记录下来。只将内容记在每张纸的正面，不记在背面，这样便于以后剪裁归类。

（3）通过百度等搜索引擎找到与这一主题相关内容的文章。

（4）在网络上或图书馆中找到与这一主题相关的论文。

（5）围绕这一主题搜索到的学习资料，最好包含各种不同的观点，因为各种不同的观点其实表达了关于这一主题的不同方面。

（6）将以上内容通过复制、复印、摘录等方式汇聚在一起，进行学习和思考，就能够获得关于这一主题的全面、深入的认识。

四、联系学习法

在学习某一知识点时，将与这一知识点相关、相近、相反的其他众多知识点联系起来，通过对比进行学习。这种学习方式有利于加深对这一知识点的理解，有利于区别容易产生混淆的概念，也有利于强化对这一知识点的记忆，也方便知识的提取和运用。也可以通过联想，用一条自己编造的线索将一系列没有关联性的数字、词语、事物等联系起来进行记忆。

五、合作学习法

建立一个学习小组，每个人发挥自己的长处，集众人之长，自己就能得到成长。

面对水平比自己高的人，可以向他请教；面对水平比自己低的人，可以在教导他的过程中达到“教学相长”；在同他人的交流、辩论过程中使模糊的问题变得更加清晰，同时也可以锻炼自己的表达能力；自己认知上的错误可以得到他人及时的纠正，自己认知的空白点，他人可以弥补；形成浓厚的学习氛围，增加学习的趣味性。合作学习法的缺点是，经常会产生与学习无关的话题，降低学习效率。

第三章　自我目标管理

第一节　自我目标管理（上）

理想是愿望（包括欲望在内）加上道义而形成的。

个人理想＝志＝愿望＋道义，人的正当欲望已成为理想的重要元素。朱子所讲“存天理，灭人欲”，其实按朱子的本义，其中所说的“人欲”是指超出合理限度、违背道义的恶欲。为了避免人们单纯从字面上理解而出现偏差，应当将“存天理，灭人欲”改为“存天理，灭恶欲”。在封建专制统治时代，“灭人欲”成为统治阶级控制人民的手段，为了维护封建统治权威，就需要人民没有欲望、没有目标、没有独立性、没有主体意识，任其驱使。

理想与空想的不同之处在于，空想是脱离实际并且没有实现的可能性，而理想则是结合实际并且有实现的可能性。个人理想就是个人在实际中形成的、有实现可能性的、符合道义的、对自身发展目标的向往与追求。个人理想可简称为“志”，分为道德理想、事业理想、生活理想三类。

道德理想又称为道义之志，是指向道义目标或修养目标所立的志。中国儒释道三教都树立了非常崇高的道义之志，分别是：儒家是修养成圣，道家是修道成仙，佛家是顿悟成佛。儒家提出“人皆可以为尧舜”的修养目标。孔子曰：“志于道，据于德，依于仁，游于艺。”（《论语·述而》）（译：要有志于道，坚守德，不违背仁，在艺中遨游。）朱子曰：“志利欲者，便如趋夷狄禽兽之径；志理义者，便是趋正路。”（《朱子语类》卷一百二十）（译：一心追求利益、欲望的人，就像走上禽兽的道路；一心追求仁义真理的人，便会走上正路。）

崇尚虚浮者、内心混乱者缺乏志向。王阳明形容缺乏志向的人是：“若茫茫荡荡度日，譬如一块死肉，打也不知得痛痒，恐终不济事。”

第二节　自我目标管理（下）

如何立志？如何进行自我目标管理？

一、志存高远

诸葛亮在《诫外甥书》说："夫志当存高远，慕先贤，绝情欲，弃疑滞，使庶几之志，揭然有所存。"志向高远者，才能脱离低级庸俗，才能摆脱世俗势力的束缚，才能摆脱情绪的困扰。诸葛亮在《诫外甥书》中还说："若志不强毅，意不慷慨，徒碌碌滞于俗，默默束于情，永窜伏于凡庸，不免于下流矣！"没有高远的志向，就很容易陷入"因循守旧，苟且偷生，随波逐流，胡作非为"的困境中。志向高远者，将一个个小目标整合起来，形成一个贯穿数十年乃至终生的总体目标。高远的总体目标具有一定的挑战性，可以激发人的斗志。衡量总体目标是否合理，一是现在和将来的客观条件是否具备；二是总体目标能否分解为一系列当下就可以动手去做的小目标。儒者确立了这个高远的目标："为天地立心，为生民立命，为往圣继绝学，为万世开太平。"[（宋）张载《张子全书·近思拾遗录》]（译：为天地树立良心，为人民安身立命，为过去的圣人继承中断了的学说，为千秋万代开创太平盛世。）在树立远大目标时，要突破现有条件的限制，因为有些条件虽然现在不具备，但将来也有可能会具备，有些条件是创造出来的。在树立远大目标时，要突破自身能力的限制，因为自身的能力也是处于发展之中的。

二、立志坚定

用坚定的态度守住远大的志向，排除贫困的压力，排除各种障碍，战胜艰难困苦，矢志不渝，终生为实现自己的志向和理想而不懈努力。孔子曰："君子固穷，小人穷斯滥矣。"（《论语·卫灵公》）（译：君子即使穷途末路，依然固守节操和本分，而小人在穷困之中就会放弃走正道，放弃理想。）

三、淡泊明志

"淡泊明志"，就是过朴素、简单的生活，减少物欲对志向的干扰。如果在物质享受上要求太多、消费太多，就会妨碍精神境界的提升，也会在消费中浪费自己大量的时间和精力。欲望过重之人，自己就会被欲望牵引，常常受到外物的引诱，就会用欲望战胜理想，或者用欲望代替志向。孔子曰："士志于道，而耻恶衣恶食者，未足与议也。"（《论语·里仁》）（译：一个人如果真正立志于修道，却又怕自己穿的衣服不好，怕自己吃的东西不好，那和这样的人就没有什么可谈的了。）

四、实践探索

在长期的实践探索和学习过程中，了解客观条件与社会需要，认识自己的特长与兴趣，根据主观和客观条件确立目标，也根据主观条件和客观条件的变化调整目标。确立目标之后，每一天、每一时所作所为都围绕目标展开。如果确立道义之志，就"念念要存天理"，在随事随物中为善去恶，呈现良知。随时随处考察自己的心念，但有一念不合乎良知，即克去之，使不善者归于善。孔子立志弘道救民，先是通过从政来实现，当他发现此路不通，于是就另择他途，他精研道德学问，整理历史文献，周游列国，培养弟子，阐释义理。

五、人各有志

由于社会分工的存在，由于人的个性不同、能力不同、机遇不同、条件不同、兴趣爱好不同，每个人都可以根据自己在各个方面的优势来确定自己的志向，同时尊重他人的选择。在《论语》中，孔子要求弟子“各言其志”，弟子们纷纷陈述：颜渊之志在于成就美德，冉求之志在于治理国家，公西华之志在于学习礼仪，曾皙之志在于回归自然，子路之志在于救民于水火。要找到与自己有相同志向、相同目标的人，与他们合作，齐心协力，共同发展。

六、行有定向

立志就是确定了总体方向，自己每一天的行为都要朝着这个方向前进，不能偏离。立志就像行车有了方向，开车者聚精会神，紧握方向盘，不能偏离方向。如果稍有偏离，就立即矫正。有了总体目标，就可以用总体目标来衡量自己每天、每周、每月、每年的行为，如果自己的某些行为符合总体目标，这些行为就是有效行为；如果自己的某些行为偏离了总体目标，这些行为就是无效行为。有人说：“成功者不断修正方法，失败者不断改变方向。”在事业上，大方向不能轻易发生变化，可以在保持大方向不变的情况下，调整具体的目标。曾国藩几乎每天都写日记，从没有停止过，直至过世的前一日。用“写日记”的方式，反省当日的工作，反省自己有没有偏离志向，鞭策自己持之以恒。王阳明说，如果不立志，就像船没有舵一样随波逐流，就像马没有缰绳一样任意奔腾。王阳明还说，立下志向，就像是庄稼播下了种子，种下什么种，就结出什么果。不立志，就是没有播下种，却在土地上天天培育、天天浇灌，最后都是徒劳无功的。《大学》里讲：“知止而后有定，定而后能静，静而后能安，安而后能虑，虑而后能得。”“知止”是指知道要达到的目标或境界。“定”按朱子的解释就是“定向”。

七、心念集中

过去的念头、现在的念头、未来的念头，念念相续，如果人没有坚定的志向和明确的目标将人的心念系住，人的心念就处于“心不在焉”的状态，时常处于散乱、无序之中，处于昏沉、浮躁之中。孟子曰：“夫志，气之帅也。”(《孟子·公孙丑上》)(译：志是气的统帅。)坚定志向，明确目标，念念在兹，就可以排除杂念，心念定于目标上，就会产生坚定的意志，产生信心、信念和勇气，聚积自己所有的力量，孜孜以求，全力以赴，向目标迈进。心念集中于目标，念念不忘目标，心志统率心气，可以调动自己的意识，发挥自己的潜能，将自己的能力发挥到极致，每一个运动场上超水平发挥的运动员莫不如此。心念分散，则气场紊乱，心绪纷繁，心气混乱，甚至相互冲突。运动场上的失误者常常就是这样。心念集中达到痴迷的状态，效率最高：“性痴，则其志凝。故书痴者文必工，艺痴者技必良。”（蒲松龄《聊斋志异·阿宝》）（译：心神专注，则志向就会执着。专注于读书的人文章必然高妙，专注于艺术的人演技就一定绝好。）

儒家提出“主一”，就是将自己的心念一心一意地放在道义和事业上。有的人不是“主一”，而是“逐物”，将心思放在财物和好色上，沉湎于游戏、游乐、赌博、烟酒之中。现代生活越来越丰富，也越来越复杂，分散精力的事物太多太多，如果没有坚定的毅力，就很难从纷繁的事物中挣脱出来。

八、汇聚资源

围绕确定的目标，将自己的时间、精力、财力、兴趣、心念等朝着这一目标汇聚，自己所学或将要学习的知识、经验等也朝着这一目标汇聚，自己的关系也朝着这一目标用心经营，集中了上述种种资源之后，才能远远地走在他人之前，获得成功。

九、持之以恒

终极目标是需要我们终生去努力实现的目标。成功就在持之以恒的努力之中，在走向终极目标的道路上，水滴石穿，永不放弃，才能最终实现目标。如果半途而废，必定会失败。在事业的道路上绝不能“一步登天”，即使要“一鸣惊人”，也是长期积累的结果。“千里之行，始于足下”，完成伟大的事业，必须从构成伟大事业的万分之一或十万分之一的小事做起。“士不可以不弘毅，任重而道远。仁以为己任，不亦重乎？死而后已，不亦远乎？”（《论语·泰伯》）（译：士人不可以不刚强坚毅，因为他的责任重大，奋斗的历程遥远。将仁道作为自己的责任，不也是重大吗？至死方休，不是遥远吗？）“古之立大事者，不惟有超世之才，亦必有坚忍不拔之志。”（苏轼：《东坡全集·晁错论》）（译：古时成就大事的人，不仅有超越天下人的才能，也必须有坚忍不拔的志向。）不能半途而废，或者不断改变终生目标。

十、目标明确

我们不能提出模糊不清的目标，不能使用“进一步”“更多”“更加”“更好”等来描述目标。清晰的目标具有以下特征：可以量化，可以层层分解，可以分类，可以设置时间期限，可以进行规划，可以具体化，可以考核。当然，修养目标和定性目标不可量化。

人的目标分为修养目标、事业目标、生活目标三大类，在这三类之下又可以细分为若干小类。各类目标之间要相互协调，而不是相互冲突。例如，不能因为生活目标而放弃事业目标，不能因为事业目标而放弃修养目标。在自己众多的目标中，一定要设立重点目标，以便将主要时间和精力用于重点目标。

十一、目标分解

个人要设立终身目标，即确定这一辈子要成为什么、要成就什么。设立终生目标之后，就可以将终生目标分解为年度目标、月度目标和当下目标，它们共同指向终极目标。通过层层分解，目标就变得更清晰、更具体、更具有可操作性。终生目标就像一座大厦，与之相应的当下目标就是构建大厦的一块一块的砖瓦。

"确立目标、制订计划、着手去做。"有了年度目标、月度目标和当下目标，我们就可以据此来衡量，当下所作所为是否符合这三类目标，如果符合，就是有效行为；如果不符合，就是无效行为。目标就像一把尺子，衡量着自己的一举一动。至少在每个周末反思一下，自己在本周有哪些行为是有效行为、哪些行为是无效行为，进行记录，警示自己要减少无效行为、增加有效行为。

身在组织之中，组织就会将组织目标层层分解至自己身上，那么，个人就需要将组织分解并纳入自己的目标体系之中。

戴明指出，目标管理以目标为导向，而不是以过程为导向，仅注重结果而不注重过程，与其倡导的质量管理观念有很多冲突的地方。笔者认为，这种看法是片面的。因为并不是只存在一个最终目标，而是通过层层分解，将最终目标分解为不同时间点上的阶段性目标，这些阶段性目标组合起来就构成指向终极目标的过程。

十二、目标考核

明确目标考核的时间，将自己创造的结果对照目标进行评价。如果评价结果与目标存在差距，一定要分析存在差距的原因并加以改进。

利用不能量化的目标可以考核实现目标的过程，即考核在一定时间内，对发生的指向目标的一系列行为或事件进行评价，即考核做了什么、做了多少、做的成效如何。

1. 自我目标管理的价值

（1）目标为自己指明方向，让自己看到前景，从而振奋精神、激发斗志，从迷茫中解脱出来。否则，就会像水中浮萍，随波逐流。孔子曰："三军可夺帅也，匹夫不可夺志也。"（《论语 · 子罕》）（译：左、中、右三军的主帅可以被夺去，但匹夫的志向是不可以被改变的。）

（2）目标要通过努力才能实现，树立目标可以增强紧迫感和责任感，有利于激发人们的积极性和创造性。

（3）在迈向终生目标的道路上一步步前进，不断地实现阶段性目标，会不断产生满足感和自豪感。有了目标，才能判断当下的行为是有效行为还是无效行为。

（4）自我目标管理让自己明确每一天的任务，根据每一天的任务去调动和组合时间、精力、财力等资源，实现各种资源的有效配置，从而获得成功。一个没有目标的人永远不可能获得成功，因为所谓的成功是指达到预期目的。

人在学习和成长的过程中，每天总是被动地接受教师、家长给予的任务，久而久之，就会产生依赖和从众心理，人们往往成为他人棋盘上的一粒棋子，加上意识的混乱、外物的诱惑，于是丧失自我目标管理意识。

2. 运用系统思维制订行动方案

（1）设立目标：一个国家、一家企业、一个人，都应当根据各种客观现实条件和主观能力，遵循义理，设立目标。缺失义理，目标即使实现，也可能是有害的。

（2）制订计划：考察各种客观因素和主观能力，制订可行性方案，找到实现目标的路径、策略和方法。

（3）分解目标：将一个总目标分解为众多小目标。

（4）安排时间：将完成目标所应当做的事分解到每天、每周、每月、每年。明确知道每天围绕总目标应当做什么、做多少。

（5）集中力量：围绕总目标，将人力、物力、时间、智力、精力集中起来，对准目标。

（6）执行有力：每天采取坚定有力的行动，分清轻重缓急，循序渐进，前后相承，克服一切困难，努力不懈。

（7）因势利导：通过主观努力，将各种有助于目标实现的客观因素加以组合，并引导这些客观因素朝着实现目标的方向发展。把握好时机非常重要，抓住时机，说明各种客观因素的组合处于对自己最有利的状态；错过时机，表明各种客观因素的组合处于对自己不利的状态。“万事俱备，只欠东风”，只要具备某种因素，各种客观因素组合起来就能达到对自己最有利的状态。选择适合的合作者，发挥合作者的特长以弥补自身的不足。

第四章　自我时间管理

第一节　自我时间管理（上）

时间具有唯一性：人的生命只有一次，生命所经历的过程是唯一的，某年某月某日的时间对于任何一个人来说都是唯一的，不可重现。每个人每天都是公平地拥有这8.64万秒的时间。

时间具有不可逆转性：时光处于从过去、经过现在、向未来不断的流逝之中，时间无法像财富一样蓄积起来，它会一分一秒地流逝。已经流逝的时间不可以重出，无法失而复得，不可逆转。先人一步，抢占先机，常常能获得竞争优势。

时间具有不可替代性：物品与物品之间往往具有可替代性，如果缺失一种物品，通常可以用另一种物品来代替。而时间则具有不可替代性，不能用珍宝、金钱乃至生命换回时间。

但是，时间可以珍惜、可以利用、可以管理。在缺乏时间管理的形态下，人们被动地应付时间，自然地经历时光，随意地打发时光，浑浑噩噩、得过且过、虚度光阴。彼得·德鲁克（Peter Drucker）在《卓有成效的管理者》一书中讲："时间是最稀有的资源。若不将时间管理好，要想管理好其他事情就只是空谈。"富兰克林在《致富之路》一书中收入了两句格言："时间就是生命""时间就是金钱"。事物在关键的时间点上发生重大变化，错过关键的时间点，事物就可能失去控制。抢救危重患者延误一分钟，患者可能会失去生命。

有效的时间管理主要是记录自己的时间，以认清时间消耗在什么地方；管理自己的时间，设法减少非生产性工作的时间；集中自己的时间，将零星的时间集中起来，成为连续性的时间段。通过工作和生活的应用与训练，自我时间管理会变成一种行为习惯、思维习惯和心理习惯。

第二节　自我时间管理（下）

一、根据目标区分有效时间与无效时间

首先要树立具体的、可衡量的、可行的、正当的目标，根据目标来区分有效时间与无效时间。相对某一目标而言，凡是做与该目标直接相关或间接相关的事所花费的时间就是有效时间；凡是做与该目标无关的事所花费的时间就是无效时间。如必要的睡眠、休息、运动，可以为实现目标积蓄力量，可以视为间接有效时间。

人有多种目标，每一种目标都需要花费一定的有效时间去完成，因此相应地存在着多种有效时间，可以按照其重要性和紧迫性进行排序。缺乏目标的人所花费的时间都是无效时间，随着无效时间的流逝，宝贵的生命就这样被浪费。

你选择某一个星期，每天记录自己所做的事情及做每件事情所花的时间。在一周结束之后，就可以进行自我审视，分析这一周的时间花在了哪些地方，然后对照自己的目标，将每一天所花的时间区分为有效时间和无效时间并加以标识，就很清楚地知道哪些时间被浪费了。进行时间管理，应当尽量减少无效时间，增加有效时间。数月之后，再选择某一个星期，记录每天的时间是如何花费的，再次重复上述过程。

在正确的价值观的引导下，才会树立正当的目标。如果目标错误，那么，花费在错误目标上的时间，就可以视为错误的有效时间。约瑟夫·坎贝尔有句名言："最沮丧的事莫过于当你花了一生的时间爬梯子并最终到达顶端的时候，却发现梯子架的并不是你想上的那堵墙。"

二、制订时间计划

如果不能制订并执行计划，在执行过程中修改并完善计划，那么，愿望永远就会变成幻想。应按目标完成的时间制订终生计划、年度计划、月度计划、日计划，列出每一时间单位内应该完成的工作。

（1）确定期限：每一个具体的目标或每一项具体的任务，都要规定完成的期限。由于人们对较长的期限缺乏紧迫感，对于长远目标，则应当分解为一系列的小目标，并规定每一个小目标的完成期限。帕金森法则认为，迫近最后期限的工作，会促使人们挖掘自身的潜能，调动一切资源保证任务按期完成，而那些完成时限较远或可以被无限期推迟的工作往往被束之高阁。

（2）确定"黄金三小时"：每个人一天之中，效率最高的工作时间可能只有三小时，在这三小时之内，头脑最清醒、精力最充沛、思维最活跃、注意力最集中。大多数人在早上的三小时工作效率最高，但由于每个人的生物钟不同，"黄金三小时"的具体时段可能因人而异。每个人都要确定自己的"黄金三小时"在哪个时间段，将重要的事务安排在"黄金三小时"，将"黄金三小时"设定为不被打扰的时间。

（3）编制待办事务清单：列出待办事务清单，并在清单上注明每项事务完成的时限，注明重要性或紧迫性，每完成一项就删去一项。泰普勒建议："列出短小的清单，每做完一件事画掉一个标志时，你就能产生满足感。"[①]

时间的安排要留有10%的机动时间，用以应对突发事件或弥补既定时间的不足。

（4）工作切换：如果长时间从事单一的工作，运用大脑的特定区域的时间过长会导致疲劳，人的兴趣会降低，创造力逐渐减退，工作效率也降低。在这种情况下，应该及时切换到另一项工作，在大脑中产生新的优势兴奋灶，而原来的兴奋灶则得到抑制和放松，从而使大脑的不同区域被轮流使用，这样既可以保持对工作的兴趣，又可以提高工作效率。

（5）整合时间：将原来分布于不同时间段上的若干事务集中起来，在某一时间段完成，原定用于完成这些事务的时间就可以整合起来，形成较长的时间段，可用于做其他有价值的事或进行学习。如果这些事务不能集中处理，就用零碎的时间去处理零碎的事务。

（6）协调平衡：工作时间、学习时间、休息时间要相互协调好，三者保持适当的比例关系。

三、分清轻重缓急

什么是重要的事？有助于实现目标的事情、影响整体利益的事情、影响绩效考核的事情、上级关注的事情等都是重要的事。没有目标的人，缺乏价值观或者价值观混乱的人，就不知道什么是重要的事。

著名管理学家科维提出了一个时间管理的理论，把工作按照重要和紧急两个不同的维度进行了划分，可以分为四个象限：

第一象限为重要且紧迫的任务：如危机、有期限压力的计划、即将到期的任务、救火、抢险等。

第二象限为重要且不紧迫的任务：如学习、防患于未然、发掘新机会、制定长远规划、讨论和反省工作得失、调整战略目标、个人的身体检查、建立人际关系、人员培训、制定防范措施等。

第三象限为不重要但紧迫的任务：如接待不速之客、接听某些电话、参加某些会议、有人突然打电话请你吃饭、应付检查等。

第四象限为不重要且不紧迫的任务：烦琐而无意义的事务、过多的交往、游戏、看电视、娱乐、消遣客套的闲谈、无聊的信件、个人的爱好等。你需要分辨出那些浪费时间而且毫无意义的活动，并通过停止这些活动来为自己挤出更多的时间。

处理任务时，立即做第一象限，重点做第二象限，选择做第三象限，舍弃第四象限。

应当坚持"有所为有所不为"的原则，在时间、精力、物力有限的情况下，对于

① ［英］泰普勒．极简管理法则［M］．傅婧瑛，译．北京：人民邮电出版社，2017：113．

不重要、不必须、不紧迫的事情，要学会放弃和舍得。如果自己竭尽全力，也没有取得突破，或者客观条件不具备，这样的事情就要放弃。将宝贵的时间集中于相对重要、必须、紧迫的事情上。《极简生活法则》一书中讲："时光如白驹过隙，如果把时间都用在改变那些显然永远都不会发生变化的事情上，我们就是在浪费大好时光。相反，如果把时间花在我们能改变的事情上，那么我们的生活就会变得更丰富、更充实。"①艾维利提出的时间管理方法为：把每天所要做的事情按重要性排序，从"1"到"6"标出6件最重要的事情。每天先全力以赴做好标号为"1"的事情，直到它被完成或完全准备好，然后全力以赴地做标号为"2"的事，以此类推。

《极简生活法则》一书中讲："我们要分清哪些事情重要，哪些事情不重要；哪些是真实存在的，哪些是虚无缥缈的；哪些有实际意义，哪些没有；哪些会带来好处，哪些不会。"②

四、抗拒干扰

浪费时间的干扰因素包括嘈杂声、零食、氛围、压力等。"打扰是第一时间大盗。"有的人喜欢用无聊的闲话或恶意编排的故事来填补空虚，来消耗他人的时间。要善于抗拒干扰，对待无关紧要的杂事、小事，敢于对别人说"不"。对于无意义的打扰电话要学会礼貌地挂断。了解对方的行为习惯，不要唐突地拜访对方。设定不被干扰事务，在做不被干涉事务时，关掉手机，杜绝交往。安排"不被干扰"时间：每天有一个固定的时间段设定为"不被干扰"时间，把自己关在自己的空间里思考或者工作。鲁迅曾说过，浪费别人的时间等于图财害命，浪费自己的时间无异于慢性自杀。

有强烈欲望和娱乐需求的人，工作或学习常常会被欲望和娱乐干扰。尼尔·波兹曼在《娱乐至死》里写过这样的一段话："一切公众话语日渐以娱乐的方式出现，并成为一种文化精神。我们的政治、宗教、新闻、体育、教育和商业都心甘情愿地成为娱乐的附庸，毫无怨言，甚至无声无息，其结果是我们成了一个娱乐至死的物种。"③网络给人制造了随时可以进入的无限的娱乐空间。

五、集中精力

在某一时间段里，需要集中精力将事情做好，正如把阳光聚集到一点，产生足够的热量可以将物体点燃。兴趣爱好过于广泛，事务过于繁杂，交往过于频繁，都会严重地分散精力，以致不能专注于重要的任务。充分利用零碎时间，例如，在手提包里带着图书、笔和记事本，将等人的时间、空闲时间充分地用来学习。先集中精力做好一件事，然后去做下一件事。东方希望集团董事长刘永行说："我对生活的认识很简单，舒服就行，无所谓什么档次、品牌。同时，还有一个重要原因——简单的生活能

① ［英］泰普勒．极简生活法则［M］．陈婷，刘静怡，译．北京：人民邮电出版社，2017：34.

② ［英］泰普勒．极简生活法则［M］．陈婷，刘静怡，译．北京：人民邮电出版社，2017：10.

③ 尼尔·波兹曼．娱乐至死［M］．吴燕莛译．桂林：广西师范大学出版社．2009：4.

帮助我节省时间。”[①]

六、持之以恒

对于重要事务，必须长久地投入时间、精力和物力，方能取得成功。美国作家丹尼尔·科伊尔在其著作《一万小时天才理论》中提出：“世界上根本就没有什么天才，所谓天才就是对工作持久不懈付出努力的那类人。”丹尼尔·科伊尔认为，是否付出了“一万小时”努力是常人与天才的分界线，没人能例外，并总结出天才公式：“精深练习 × 一万小时＝世界级技能。”明代理学家胡居仁有一副对联：“苟有恒，何必三更眠五更起；最无益，莫过一日曝十日寒。”

七、简化事务

放弃不必要或者不太重要的部分，把复杂的事情简单化，把重要的事情有序化。德鲁克说：“‘这件事如果不做，会有什么后果？’如果答案是完全没有影响，那我们就不该再做这件事。”[②]用合并同类项的方法做事，生产10件产品与100件产品所需要的生产准备时间、各生产环节间的转换时间是一样的，因此一次生产的产品越多，操作就会越熟练，分摊到每件产品上的准备时间和转换时间就越少，工作效率就会提高。按照这个原理，应尽量集中处理性质相同的事务性工作，如一次性处理具有相同性质的所有文件，一次性打完所有的沟通电话，一次购齐所需的生活用品，同一区域里几件事可以在同一时间段去办，需要思考某一个问题就要集中时间将它考虑清楚。

简化工作流程，每去掉一个多余的环节，就少了一个工作延误的可能。如“文山会海”现象就应避免，不该发的文不发，不该开的会不开。就开会而言，应该在会前几天将相关材料分发给参会者，让参会者能尽早熟悉会议内容并有足够的考虑时间，避免会议流于形式。

进行合理的分工和授权，不能大小事务都一身独揽，善于将一些事务分配给他人做，将一些权力授予他人。管理者不必事必躬亲，不要去做可以交给别人做的事情。

德鲁克说，对于卓有成效的管理者而言，“他们唯一的共同点就在于，把正确的事情做好，而把没有必要的工作砍掉”[③]。

八、个人自主规划中的时间管理

个人规划有两种：组织分配的个人规划和自主的个人规划。包括家庭、学校、企业、政府机关等在内的各种组织，每个组织都有自己的目标、任务与规划，每个组织都会将目标、任务与规划进行层层分解，分解到组织中的每一个人，这就是组织分配的个人规划。绝大多数人的生活与工作都是遵循组织给予的规划，按照组织给予自己

---

① 唐华山．商界领袖管理语录大全集［M］．北京：人民邮电出版社，2012：292．

② 龚俊恒．德鲁克管理思想大全集［M］．北京：中国华侨出版社，2011：23．

③［美］德鲁克，马恰列洛．德鲁克日志［M］．蒋旭峰，王珊珊，等译．上海：上海译文出版社，2014：272．

的指令行事。每个人都成为组织这盘棋上的棋子，组织领导者就是下棋的棋手。如果一个人只有来自组织的个人规划，而缺乏自主的个人规划，就会出现这种情况：组织给予的某些任务是无价值的，仅仅是在浪费时间；如果某个组织被邪恶者控制了，组织领导者就可能会给组织成员分派邪恶的任务；个人缺乏自主性，抑制了个人在组织中的能力发挥；个人在完成组织的任务、规划之后，处于无所事事的状态；受制于组织的规划，个人的特长得不到发挥，个人得不到充分发展。因此，完全有必要在执行来自组织的个人规划的同时，制定自主的个人规划。

第五章　自我防诈管理

第一节　自我防诈管理（上）

骗子们存在着骗人的强烈动机，掌握着骗人的方法，通过实践而达到熟练运用的水平，而一般人却不具备防范的心理，也没有掌握防范的方法，更没有接受如何防范骗子的训练。

所谓欺诈，是指欺诈者故意告知对方虚假情况，或者故意隐瞒真实情况，或者呈现片面情况，或者曲解事实真相，故意使用错误的理论与观点，或者使用伪善、逢迎、诽谤、造谣等方式，诱使他人基于错误认识而产生损害自身利益或社会利益同时有利于欺诈者的行为。欺诈故意是欺诈的主体明知自己的欺诈行为会引起他人上当受骗的结果，并且希望或者放任这种结果发生的主观心理态度。

在市场经济中，生产者和销售者都是为了利润，物质欲望、利己之心无限膨胀，使人性发生了异化，在法治不健全、道德约束力不强的情况下，欺诈的现象就会更广泛地存在。

在商业活动中，欺诈的方式包括制定霸王条款、虚假宣传、强迫消费等。在企业中如果将一个习惯于欺诈的人放在管理位置上，则是由企业来承担风险。只要有机会，他就会将企业的保密性资料、客户、人才、技术带走，而把坏的作风留下。

随着人类走向信息化时代，电话诈骗、网络诈骗、短信诈骗、信用卡诈骗等新的诈骗方式层出不穷。欺诈通常都是“掩耳盗铃”，骗人者只能在一定时间内对特定的人采取掩盖的方式，就像在盗铃时掩住自己的耳朵一样，但在特定的时间和特定的人之外，欺骗的事情就容易暴露。

科研欺诈是“在从事科学研究和传播研究结果的过程中所存在的严重或蓄意的违规行为”，同时排除“诚实性的错误和观点的分歧”，主要行为包括伪造、篡改、剽窃。伪造是指编造本不存在的研究数据；篡改是指蓄意修改研究数据，使之符合预期假设；剽窃是指在他人不知情的情况下，使用其发现或观点，并且未给被引用者应有的报酬。科研欺诈还存在着另一种情况，即恶意迎合，是指科研人员仅仅出于迎合金主或权势者的需要以谋求自身利益，故意使用自己明知是错误的或片面的材料，运用自己明知是错误的逻辑，使用自己明知是错误的理论，得出自己明知是错误的结论，宣传自己明知是错误的观点。

在对敌斗争的情况下，可以允许用欺诈的手段对付敌人，但必须是出于善良的动机，行为的结果必须是对社会产生更大的利益。有这种说法：“只要能够很好地保卫祖国，应当不择手段，不计荣辱。”①

第二节　自我防诈管理（下）

常见的欺诈方式及其破解方法如下。

一、思路置入法

骗子设立一个方向或目标，然后围绕这个方向或目标，将一系列的思想、理论、观点、情绪等输入某人的大脑，通过反复强化和群体感染的方式，占领此人大脑，转化为此人自己拥有的思想、理论、观点、情绪等，此人便会按这一系列的思想、理论、观点、情绪等展开活动，而骗子早已将欺诈的信息混入这一系列的思想、理论、观点、情绪等之中，被骗者在不知不觉中走上被骗的道路。例如，传销头目会向你灌输“通过奋斗而取得成功”的理论，或者向你传授“孝子如何奋斗报答亲恩”的思想，当你接受这些理论和思想时，传销头目已将“立即行动，加入传销”这个信息植入“奋斗”这个环节中，让你不知不觉地接受。

破解：培养独立思考的能力，不轻信，不盲从，去寻找相关的事实，用相关的事实进行验证。对各种不同的观点持开放的态度，从不同的角度、通过不同的渠道收集各种信息，才能从洗脑者设定的逻辑圈中跳出来。

二、真假混杂法

骗子将欺诈的信息片段混杂在一系列真实的信息中，让你去验证这一系列真实的信息，当你相信这一系列真实的信息时，你就会相信夹带其中的欺诈信息，因为你没有时间也没有条件去验证骗子提供的所有信息。伪善者使善与恶相混杂，如果只看到善的一面，而看不到恶的一面，就容易上当；欺诈者将错误的东西夹杂在正确的东西里，同正确的东西捆绑在一起推销，在人们相信正确的东西时，就会同时相信错误的东西。

在经济生活中的假冒伪劣商品、虚假广告，政治生活领域的弄虚作假、形式主义、浮夸虚报等，社会生活中的假机构、假领导、假警察、假新闻等，通常都是采用真假混杂法。

有的欺诈者将欺诈活动设置为若干环节，前面若干环节是真，只是到了最后一个环节是假。例如，欺诈者用很高的利息引诱他人对某一个项目进行投资，承诺给投资者很高的利息，并且在一定时间之内也是按承诺的利率兑现给投资者，这些环节是真

① Niccolò Machiavelli. Discourses on Livy［M］. Chicago：University of Chicago Press，1996：301.

的，从而获得投资者的信任，大家纷纷加入这个项目，突然有一天，他们就消失了，卷款而逃，这时人们才发现自己已经上当受骗。或者是团伙诈骗，分工合作，有的人扮演真的角色，向民众展现真实的、可以验证的事实，有的人则是扮演假的角色，让民众在这个角色上受骗。“钓鱼”网站、克隆网站的网页与真实网站相比，网页设计得很逼真，但域名往往是多了后缀或篡改了字母。

破解：接受圣贤教导，接受正确思想，用正确的思想替代自己头脑中错误的思想。学习不同的思想和理论，并加以对比。如果你的信息只来源于一种渠道，就应当格外注意，必须在这一消息渠道之外去寻找另外的信息渠道，并通过另外的信息渠道获得信息。不要轻信广告宣传，即使最真实的广告宣传也会有掩盖其产品的缺陷倾向。

三、伪装法

虚伪就是将自己的真实面目伪装、掩盖起来，包括虚假的名誉、虚假的程式、虚假的言语、虚假的德行等。身上有各种职称、学位、职务、头衔，与自己的真才实学不相配，即成为虚假的名誉。各种社交、礼仪活动在进行的过程中必定依据一定的程式，但如果这些程式缺乏内在的精神，成为僵化空洞的形式，就成为虚假的程式。言语不能反映说话者的真实想法和自己的真实情况，就是虚假的，是用于包装自己的。有人高唱“无私”的调子，其实是利用别人的“无私”来成就自己的私。虚假的德行在人前表现出来，或者在有利于自己的情况下表现出来，而在人后或独处时就有相反的行为，或在不利于自己的情况下就有相反的表现。

虚伪分为两种：一种是装饰型虚伪，另一种是诈骗型虚伪。装饰型虚伪者只想通过伪装来获得人们的好感和好评，获得面子和尊严，表明他还在丑恶与善良之间游走，至少表明他还多少有点羞耻感。诈骗型虚伪则是将伪善作为诈骗的手段，并且比真实显露的丑恶更具有欺骗性。真实显露的丑恶，连伪善这块“遮羞布”都不要了。伪善低于真善，但要高于真恶。有些人就是打着反对伪善的旗号，走向了真实暴露的丑恶。

破解：对一个人进行长期观察，就会发现他在伪装中露出的破绽；调查一个人或一件事的真实情况，就会发现名不符实的情况；观察一个人的行为、洞察一个人的内心，就可以发现其表里不一、言行不一的问题。

四、制造习性法

通过广告、营销、信息传播等方式，或者通过传播“三俗”文化，制造各种不良的惯性，如疯狂购物的习惯、抽烟酗酒的习惯、贪图享受的习惯、好逸恶劳的习惯等。一旦惯性养成，就会使人去消费原本不需要甚至有害于自己的东西，诱导人们去做不当之事，从而使欺诈者获取利益。

破解：改变乃至消除自己的不良习惯，便能防止欺诈者利用自己的不良习惯谋取利益。

五、塑造权威法

塑造权威，树立成功典范，树立个人权威，让人们听权威的话，模仿权威的行为，按照权威的思维逻辑进行思考。其实骗子已经将欺诈信息植入权威的话语、行为及思维逻辑中了，在你迷信权威之时也就自然而然地接受了欺诈信息。有的诈骗活动以权威机构的名义宣称有政府机构、部委的支持，宣称得到国家产业政策的扶持，使诈骗活动看起来名正言顺，使诈骗具有了“权威性”“合理性”“可靠性”。有的骗子以“权威”“能人”“大师”“导演”“公安人员”“神医”的名义进行诈骗，对于难办的事表示“完全有能力”解决。凡是接到自称电信局、邮局、社保局、电视台、银行、公安局、检察院、法院的电话或短信，要求转账的，都是诈骗。

破解：牢记“权威不等于正确”，将真理、事实放在权威之上，敢于怀疑权威、挑战权威，崇敬有思想、有品格的人，树立批评与自我批评的风气。涉及政府机关的事务，应亲自到政府机关去办理。

六、煽动情绪法

洗脑者通过制造会议现场的气氛，调动大家的情绪，达到“集体催眠”的效果。当人处于情绪激动的状态下，理性思考能力就大大降低，思想偏激，通常会在情绪的影响下作出错误的决定。制造群体气氛，让人与人之间产生信任，让错误的思想和情绪在群体中传播。

破解：保持人格之独立，保持思想之自由，具有怀疑精神，敢于对流行观念提出质疑与挑战。在自己处于情绪激动的状态下不作任何决定，不签任何协议，尤其不要掏出大笔的钱。静而后虑，保持冷静的态度，才能认真思考问题。需要签订合同或转出大笔的款项时，需要先向自己的亲人、朋友咨询。

七、培养感情法

骗子用情感打动你，“动之以情”，然后牵着你的鼻子走。诈骗分子抓住老年人缺少子女陪伴、比较孤独等心理特点，大打亲情牌，给老人买水果，陪老人聊天，甚至对老人以“爸”“妈”相称，使老年人对他们产生情感上的依赖，于是他们就向老年人推销各种理财产品、高价保健品、投资项目。有的诈骗分子把自己包装成“白富美”“高富帅”，同受害人建立恋爱关系，使之产生信任感和依赖感，便有了下手的机会。有的诈骗分子则善于同受害人建立“朋友”关系，使对方在“哥们儿义气”的诱导下走上被骗的道路。

破解：理性分析自己所面对的一切情况，多方考证对方的底细，即便在有感情的前提下，也只能给予对方有限的帮助和少量的金钱、财物。

八、千遍重复法

骗子利用各种手段将某种思想、观念、信息、话语不断地重复，让这些信息深深地印在你的脑海里，当你在思考问题时，这些被不断重复而潜藏在内心的思想、观念、信息、话语就会自动地冒出来，成为你思考的材料，牵引你思考的方向，最后让你的思考变成对这些思想、观念、信息、话语的认同与重复。

破解：主动搜寻与上述思想、观念等不同的甚至相对立的信息，并储存在自己的大脑里，在思考的时候就不会被某种反复强调的思想、观念等误导。对照客观现实和实践的结果，不断反思，清除大脑中的错误信息。

九、图像入脑法

人在接收到语言和信息时，便会在大脑中产生相关的画面，如果语言重复多遍，大脑产生相关的画面就会得到强化。当人们观看视频和图片时，图像就进入人的大脑中，即使是人带着批判的眼光和否定的态度来面对这些图像，这些图像终究还是进入了人的大脑。由于否定词无法转化为图像，人的大脑中通常就只会留下图像，而否定词则会被忽略。当这些图像多次浮现于人的大脑中时，或者当人们回忆起这些图像时，与之相关的否定词或否定、批判的态度并不会同时浮现。许多骗子通过语言提示、视频、图片，将一幅幅图像植入人的大脑中，各种错误的信息就通过图像载负而进入人的大脑中，转化成人的自我思想与意识。

破解：培养抽象思维能力，尽量避免接收承载负能量、承载错误信息的图片和视频。

十、痛苦回避法

由于人的趋利避害的习性，人们对不利的和引起痛苦的信息会有一种本能的抵制，骗子们就充分利用人的这一特性，尽量提供正面的、引起快乐的信息，并且加以渲染，尽可能屏蔽负面的、引起痛苦的信息。人在片面信息的引导下，就会一步步地进入骗子所设的陷阱。

破解：老子曰："信言不美，美言不信。"真实的信息既有令人快乐的信息，也有令人痛苦的信息。人要勇于面对并主动寻找不利的、令人痛苦的信息。

十一、利用贪心法

每个人都有欲望，在欲望的基础上形成的贪念，有占便宜的心理，常常成为骗子们利用的弱点。例如，有些老年人被邀请参加免费体检、免费旅游、免费吃喝玩乐、免费的知识讲座，去领取各种小礼品，在这个过程中就被免费洗脑了，最后购买骗子推销的高价产品，或者陷入投资诈骗之中。

在承诺高息、承诺保本、承诺高价转售、承诺高价回购、承诺高回报等欺诈活动中，骗子采取"欲擒故纵"的方法，兑现曾经许诺的利益，让你感到可信、可靠，觉得有利可图，这时你就进入了骗子设置好的圈套中。

人有各种各样的需求，有的需求是十分迫切的，除了商家制造出各种产品来满足人的需求之外，骗子也在围绕人的需求设计各种圈套，你在通向满足需求的道路上可能落入骗子设计的陷阱之中。

破解：面对各种好处和利益，就需要想一想，这是不是通过自己的劳动或其他资源而获得的合法收入？如果不是，那就不要。因为这些利益往往是诱饵，当你获取了这些利益，就意味着你将来要付出更大的损失。

在自己有各种现实的需求时，要同时调查能够满足自己需求的各种方案，将各种方案进行比较，才会发现其中有一些方案其实是骗子设计好的。

十二、信息不对称法

在欺诈活动中，骗子掌握受骗者的真实情况，而受骗者不可能掌握骗子的真实情况。骗子压制人们的独立思考，禁止人们自由地讨论。骗子传播有利于自己的信息，屏蔽不利于自己的信息。骗子将受骗者放在一个封闭的空间里，提供给受骗者“绝对真理”。

破解：

（1）突破骗子对信息渠道的封堵，开拓各种信息渠道，兼听则明。

（2）了解更多、更全面的信息，自己掌握的信息越多，骗子成功的可能性就越小。

（3）不要向外人透露个人信息，如家庭住址、电话号码、银行卡号、身份证号码等，不要向任何人和机构透露“验证码”信息。面对不明网址链接，一定要谨慎点击，骗子常常利用钓鱼网站或木马病毒来骗取个人信息。

（4）培养自己独立思考的能力，多听取不同的意见。

（5）遇到突发事件要冷静，不要立即采取行动，而是在多方查实之后再采取行动。收到朋友或亲属一些涉及资金的信息，收到一些机构的电话或信息，都要直接联系朋友、亲属、机构进行核实。

十三、利用善良法

善良的人会用自己的心理去推想他人的心理，常常会认为他人也是善良的，不愿意直视人性中的黑暗面，产生“以君子之心度小人之腹”的现象，对他人缺乏防备心理。骗子们便充分利用了人的善良进行欺骗。有的骗子将自己伪装成走投无路的“落难者”，激发人的同情心，从而达到行骗的目的。

破解：充分了解人性中的阴暗面，提高警惕。不要接受陌生人的食物和饮品，避免同陌生人攀谈。对别人提供的信息不要轻信，要通过其他途径加以验证。不要携带贵重物品或大量现金出现在陌生的场所。自己要有独立思考和判断的能力，一个有道德的人受到欺诈，说明他的道德是不完整的，缺少“智”之德。

十四、制造幻想法

骗子们善于营造浓烈的气氛，制造共同的幻想，制造虚幻的希望，如神仙梦、发财梦、升官梦等，让受骗者感觉到大家是朝着同一方向前进。

破解：面对事实，看清对方的真实目的和动机，看到对方的目标与自己的目标有何差异，看清楚对方的利益同自己的利益有何不同。

十五、思维缺陷法

思维缺陷表现在：不会独立思考，只会听话顺从；思想单纯，分辨能力差；思想僵化，不能与时俱进；盲目乐观，单向思维，只看有利和有机会的一面，不愿意看到不利和有风险的一面；易受暗示、易受诱惑的心理品质等。存在以上思维缺陷的人，自然成了骗子行骗的对象。

破解：培养独立思考的能力，具备刚毅、自主的精神。“我思故我在。”培养阴阳思维，任何事物都要看到有利和有害两个方面。

十六、制造信任法

行骗通常分两步：第一步：取得信任；第二步：寻机作案。朋友之间、亲人之间、熟人之间存在的信任，最容易被骗子利用。亲情推荐、熟人推销更容易被人接受。故意提供一些可以验证的信息，让人验证之后获得信任。拉关系、套近乎，从而获得信任。在思想僵化、迷信盛行的氛围中，各种邪教、迷信、歪理邪说都会制造出各种“信任”。

行骗分阶段推行，第一阶段：骗子会严格按照双方的约定做事，给予受害者实实在在的利益，从而获得信任。第二阶段：受害者相信骗子之后，就会投入更多的金钱或资源；第三阶段，骗子突然下手，行骗成功后突然消失。例如，骗子通过网站、QQ群、微信等发布兼职刷单广告；先进行小额刷单，返还本金及佣金，从而取得信任；派发大额刷单任务或多次刷单，以各种理由让受害者继续刷单，不返还本金和佣金，直至受害者发现被骗。

破解：“害人之心不可有，防人之心不可无”，将防备之心从自己不相信的人扩大到自己相信的人中。

十七、阻塞视听法

将受害人放到相对封闭的环境中，阻断受害人多方面的信息渠道，使受害人只能通过骗子设定的信息渠道获取信息，从而使受害人按骗子设定的思路进行思考。

破解：突破封闭空间，拓宽信息来源渠道，进行独立思考判断。签订合同或交钱时，当时不作决定，隔三天再作决定，以便让自己有充分的时间收集信息、独立思考。通过多个渠道获取信息，查验事情的真实性，通过百度、Google等搜索引擎搜索查验对方提供的信息，向与此事无关的亲朋好友进行咨询。

第六章　自我行为管理

第一节　自我行为管理原则

人的行为，从组织角度可以分为积极行为与消极行为；从主观动机角度可以分为善意行为和恶意行为；从行为的真实性角度可以分为真实行为与虚假行为；从人与人的关系角度可以分为敌对行为与友好行为；从行为的性质角度可以分为道德行为、文明行为、不良行为、违法犯罪行为。由德治和礼治去塑造道德行为、文明行为，同时消除不良行为，由法治去惩治和消除违法犯罪行为。中国传统的“礼”，就是道德行为规范和文明行为规范。中国传统的礼文化，其实就是行为管理体系，包括自我行为管理和组织行为管理。

如果只推行法治而不推行德治和礼治，并且将“法无禁止皆可为”的原则推广到社会生活的各个领域，就会出现以下情况：各种不良行为、各种造成轻微伤害的行为，由于没有相关的法律规范加以约束，就会大量地存在。而道德行为、文明行为不可能体现于法律之中，就会大量流失。

为什么现代社会会出现大量的不良行为？在市场经济的背景下，在自由发展的环境中，在信息化、多元化的条件下，人的自主性越来越强。自由散漫、个性张扬、自我放纵，加上极端自由主义、极端个人主义、极端功利主义的推波助澜，有的人不愿意接受外来的约束，不愿意接受固定的行为模式，不愿意遵守统一的行为规范，任意而为，甚至胡作非为。当人获得极强的自主性之后，自我管理就非常必要。如果自我素质差，自我管理不当，或者自我管理缺失，就会造成行为错乱，由行为错乱而导致社会冲突。

在信息化、多元化的环境中，人们接受多样化甚至相互对立的信息，无法识别和认同正确的行为标准，于是就从身份、利益、欲望出发，选择符合自己身份、利益和欲望的行为标准。符合自己的身份、利益、欲望，就被视为“正确”的；反之则被视为“错误”的。

个人的行为是由内外各种因素决定的。内在的因素是多方面的，包括情感、道德、欲望、理性、体验等。外在的因素包括事物、利益、关系、规则、法律、制度、风俗等。人处于内外各种因素的冲突之中，行为常常陷入矛盾的困境。

行为一旦发生，必定对他人、社会和自然界产生一定的影响，所以，在行为发生之前，一定要思考自己的行为对外会产生有利还是有害的影响。德鲁克说："自由不是放纵，而是人所背负的最沉重的枷锁，因为个人要决定自己的行为和社会行为，并对两者负责。"①

儒家所说的修身，即自我行为管理。自我行为管理的基本原则如下。

一、内外兼修

心念自我管理、性情自我管理、道德自我管理注重内在修养，而自我行为管理则注重外在修养，内外兼修，内外贯通，方有成效。修身，就是要培养自己好的行为习惯，改掉自己不好的行为习惯。

如果只是注重内心修养，而不注重外在行为修正，就容易导致内心与外在行为脱离，导致内心修养的虚玄化，亦不能对事物、对他人产生良好的作用。孔子曰："修己以安人。"(《论语·宪问》)（译：修养自己，才能对他人产生安定的作用）。宗教所订立的戒律，大部分都是对不良行为的限制。例如，佛教中"十善"，就是由三种身业（不杀生、不偷盗、不邪淫）、四种语业（不妄语、不恶口、不两舌、不绮语）及三种意业（不贪、不瞋、不痴）组成的。

有人认为，一个人只要本质好就可以了，为什么还要表现为外在的形式呢？对此，子贡做了一个巧妙的比喻：虎豹有美丽的花纹，而犬羊则没有，如果把虎豹皮上的花纹都剃掉，就失去了光彩，把它和剃了毛的犬羊皮挂在一起，甚至无法分辨。所以，一个人应当具有好的内在本质，又有良好的外在表现形式，两者皆不可缺少。

二、内仁外义

为何不同的人面对同一的外在刺激而产生不同的行为？行为是内在因素与外在刺激相结合而产生的。内在因素包括人的知识、经验、性情、道德、文化及其他素质等方面。不能被自己觉察的潜意识也存在于意识库中。

相同的刺激源，会给不同的人带来不同的信息。这是因为人是透过自己所拥有的知识、经验、性情、道德、文化等因素去看刺激源，人所拥有的知识、经验等因素各不相同，那么，看待同一刺激源的角度、立场就有所不同，所谓"横看成岭侧成峰"，于是，同一刺激源在不同的人那里呈现出来的样态就各不相同，不同的人对于同一刺激源所获得的感觉、认知就不同，从而产生不同的行为。

由上可知，不同的人性对相同刺激的反应有所不同。美国麻省理工学院工业管理系教授麦格里戈在《企业的人性问题》一书中，总结了人性的X理论和Y理论。

1. X理论的要点

（1）一般人的天性是懒惰的，他们尽可能不做或少做工作。

（2）大多数人必须用强迫甚至惩罚的办法才能使他们去为企业的目标而工作。

---

① ［美］德鲁克，马恰列洛. 德鲁克日志［M］. 蒋旭峰，王珊珊，等译. 上海：上海译文出版社，2014：49.

（3）大多数人没有抱负，怕负责任。

2.Y 理论的要点

（1）一般人并非先天厌恶工作，而是把工作看成如同娱乐、休息一样自然。当人们对工作感到满足时，就会自愿工作；而当人们把工作看成惩罚时，就会逃避工作。

（2）控制和惩罚不是使人们去完成任务的唯一办法，人们愿意实行自我管理和自我控制来完成任务。

（3）对需要的满足，尤其是对自我实现需要的满足，是人们在工作中进行自我管理和控制的动力。

（4）人们有丰富的智力和创造力，但在现代工业条件下，一般人的潜力只利用了一部分。

麦格里戈认为，X 理论是错误的，Y 理论是正确的。笔者认为，作为对事实的描述，X 理论和 Y 理论都是正确的，X 理论适合描述低素质的人，而 Y 理论则适合描述高素质的人，而在许多人身上兼有这两种情况。

内在修养最好的品质就是仁爱，外在行为最高的准则就是正义。内在的道德，必须通过外在的形式表现出来，从不可见变为可见，从模糊不定变为鲜明确定，从杂乱无章变为规范有序。内心的善良会表现为外在行为的善良，从而产生道德行为与文明行为。例如，一个内心善良的人会“成人之美”，全心全意促使别人实现美好的意愿和正当的要求，对于有才能的人不妒忌，而是尽可能地为他们提供展示才能的机会。内在的邪恶必然表现为外在行为的邪恶，产生不良行为和犯罪行为。内在的邪恶主要有欲望强烈、思想偏激、认识偏差、自暴自弃等。

中国传统的礼文化，就是遵循了内仁外义的原则。礼的内在精神，就是仁义道德。不同的礼，是在不同的情境中，运用不同的器具，设计不同的程序，以丰富多彩、具体可感的形式表现仁义道德。礼的外在形式通过一定的物质形式表现出来，包括行为、服饰、器具、装饰、设置等。礼的内涵是指外在形式所表达的意义，是礼的灵魂和精神。在制作礼时，先确立礼的精神，然后根据礼的精神明确人的行为规范，选择、制作并使用相应的服饰、器具、装饰、设置等。

在礼仪活动中，需要有程序、服饰、祭品、语言、器具等，但人是礼仪活动的主体。如果参与礼仪活动的人不具有仁义道德和真诚恭敬，就不能感知程序、服饰、祭品、语言、器具等所具备的意义，礼仪活动就成为“虚礼”。如果人没有内在的品德，外在的符合礼的行为就可能是表演，是作秀，是伪装，就是形式主义。正是在这个意义上，孔子曰：“人而不仁，如礼何？人而不仁，如乐何？”（论语·八佾》）例如，在丧礼过程中，尽管人可以按照既定的程序表现出一定的行为，尽管丧礼的程序、服饰、祭品、语言、器具都很完备，但是，如果丧礼的主角和参与者在整个丧礼的过程中缺乏敬畏生命的意识，缺乏对死者的悲戚、哀悼之心，则行为、程序、服饰、祭品、语言、器具等就是虚设的，没有实际意义，整个丧礼就变成了“虚礼”。

道德精神内在于心灵之中，亦表现于行为上。当道德精神通过行为表现出来，如果遵循礼的规范，就能使道德精神得到适度的表现。例如，怀有仁爱之心，如果不遵循礼的规范表达出来，就可能出现无原则的“溺爱”现象，仁慈过度，心慈手软，姑息迁就。人有刚毅勇敢的精神，如果不经过礼的规范，而是直接呈现出来，就是鲁莽、逞强。人有能言善辩的本领，如果不按礼的规范去做，就会有口舌是非。

三、诚、敬、中、礼、谦、宽

诚、敬、中、礼、谦、宽是自我行为管理的六项具体原则。

（1）诚。儒家主张：“诚于中而形于外。”外表恭敬必须出自内心的真诚，先要有恭敬之心，表现于外，才有恭敬之貌。如在向别人表示感谢之时，内心要有感恩之情；向他人行礼时，要对他人充满敬意；对人要真诚坦率，要将意见及时告知对方，否则，外表恭敬就可能是虚情假意。中华民族千百年来所形成的各种礼仪规范，都不是空洞的外在形式，而是具有内在精神。比如在向别人说感谢之言时，内心一定要有感恩之情；在向别人敬礼时，要对对方充满敬意；在婚礼进行的过程中，要有神圣、庄严的感觉；在丧礼进行的过程中，要有悲伤的感情和敬畏生命的情怀。

（2）敬。内心的恭敬，也是需要通过外在的礼仪行为表现出来，否则，别人就无法感知你的恭敬。恭敬亦有多方面的表现：服饰整洁、容貌温和、安静端庄、步履缓慢、言语谦恭、礼貌文雅等。

敬与谄媚是不同的。谄媚是用卑贱的态度讨好他人，阿谀奉承，溜须拍马，巧言令色。有人企图利用他人，对他人表面恭敬而无真诚之心，专讲对方爱听的话，内心缺乏敬意，充满对他人的鄙薄，那么，表面恭敬的言行就是表演或伪装，礼仪也成为徒具形式的繁文缛节。谄媚具有欺骗性，在虚情假意的背后，常常隐藏着不可告人的目的。许多人就是在别人用谄媚与巧言令色编织的花环的引诱下，落入陷阱之中。

恭敬可以分长幼，可以分贤愚，可以分亲疏，但不分贵贱，特别是不能对有权势者卑躬屈膝而对贫贱者傲慢无礼。恭敬不仅表现在人与人相见之时，还应当表现为在人际关系上尊重他人。尊重他人是多方面的，如尊重他人的良好意愿，体谅别人的难处，不强人所难，尊重别人的隐私，不触犯别人的禁忌，不苛求别人，不嘲笑别人，不揭他人的短处。管理者对员工要以诚相待，尊重员工的人格和意见，尽量满足员工的发展需要，赞赏员工的才华，以宽容之心纠正员工的失误，使用询问或请托的口气说话；绝对不能心胸狭隘，嫉贤妒能，毫不顾及下属的感受，使用命令的口气说话。尊重员工，才会得到员工的尊重。孔子主张外在的礼要出于内心的真诚。见到年轻的盲人，孔子会站起来，以示尊敬。孔子遇到盲人、穿礼服或丧服的人，一定快步走过，以示敬意。

（3）中。根据人类生存的共同境遇和人的本性与需要，制定适中、适度的道德行为和文明行为规范，这就是礼的适中原则。当一定的行为规范形成之后，就以相对稳定的状态存在着。人类生活的境遇处于不断变化之中，当礼教远远落后于已经变化了的境遇时，这种稳定性就变成一种僵化性。此时，就要对礼教进行调整，使之适于已经变化了的生活境遇。

行为规范、礼仪程序的制定与运用，既不能过于烦琐，也不能过于简单。过于烦琐的礼，会束缚人的手脚，限制人的自由，并造成财物与时间的浪费；过于简单的礼，不能制造良好的气氛，不会产生良好的效果。个人在行礼的过程中，也要把握适度的原则，做到不卑不亢。

民间的婚礼、丧礼，大操大办，互相攀比，铺张浪费，严重地违背了礼的适用原则。权势者借此机会敛财，助长腐败、奢靡之风；相关产业从业者设计复杂烦琐的程序，借此机会赚钱；贫困者被迫借债支付各种开支，造成债台高筑，以上现象都违背了礼的仁义精神。

（4）礼。礼是人区别于动物的重要标志，动物因受其自然限制，遵循着自然的秩序，人的主观能动性超越了自然的限制，不能完全遵循自然秩序。如果不创设礼教，建设一种供人们共同遵循的新秩序，人们就会处于混乱无序之中。社会生活极其复杂，如果没有礼教指导人，人将陷于彷徨、迷乱之中。无论是古代还是现代，都需要礼教给人们以正确的指导，明确告诉人们：哪些应该做，哪些不应该做。

礼要求人们在同一生存境遇中，遵循同一的规范，采取相同的行为。如果不能为每个人提供现成的、一致的行为规范，就会使人处于无序、混乱、迷茫、焦躁不安的状态。所以，礼可以促进身心的和谐。

礼是一个国家文明发展和一个民族进步的标志。中华礼仪是中华民族存在的标志。礼运用于日常生活，运用于待人处世中，能有效地协调人际关系，促进人和人之间的和谐，进而能够促进整个社会的和谐。

礼教区分并确定每个人的社会角色，让不同的人在社会中扮演不同的角色、发挥相应的作用，整个社会才能正常运转。我们应当确认人与人之间在长幼、男女性别、个人特长、身份职能、关系亲疏上的区别，摒弃人与人之间在身份上存在高下尊卑的观念。礼教要求人们各守本分、各尽其责，整个社会才能处于有序状态。每个人的社会角色不同，就要遵守不同的道德规范和文明规范，才能构成一个和谐的社会。

礼可以调和人与人之间的冲突。由于每个人的立场不同、利益不同、观点不同、处境不同，常常产生冲突和矛盾。当出现冲突和矛盾时，不能大动干戈，以暴力来解决问题，而是要“和为贵”，各方都遵循文明行为规范和道德行为规范，通过平等地对话和沟通，达成共识，化解矛盾。

（5）谦。正如《尚书·大禹谟》中所说：“满招损，谦受益。”骄傲必然自满，以自我为中心，以自我为尺度，将自己同别人相比时，常常忽略自己的缺点，只看到自己的优点。当他不能学习别人的优点、不能克服自己的缺点时，他就只能停滞不前或者不断倒退。谦让并不排斥“君子之争”，即用合理的方式进行竞争。在大是大非面前，一定要坚持原则；面对无理的侵犯与诽谤，不能迂腐到“唾面自干”的地步，而是要有“威武不能屈”的大丈夫气概。

（6）宽。宽厚是指在待人接物方面宽宏大量、与人为善、包容他人，不刻薄、不狭隘。有了美好的品德，才会有宽厚的心怀，像大地一样承载万物，像大海一样容纳百川。对于别人的长处，如果采取尊崇、学习、发扬的态度，自己就能进步；如果采用嫉妒、诽谤、歪曲的态度，自己就不能进步。切忌刻薄，切勿揭短。不能因宽厚而放纵他人的恶行，无原则地迁就，姑息养奸。善良与宽厚的人身边，常常有一些邪恶的人。这些邪恶的人往往利用他人的善良与宽厚，得寸进尺，如果没有遇到有力的抵制，他们就变得更为嚣张。

四、克己自律

自律是人依靠自己的道德认知、道德理念、道德意志、道德情感，由生命内部产生制约、规范自己行为的力量，从而使自己的行为符合外在道德规范，达到“从心所欲不逾矩”的状态。

自制自律的价值是：自制自律可以减少对他人的侵犯，使自己与他人的关系处于和谐状态，不要因一时的冲动而导致关系受到损害；自制自律调解人内心的冲突，保持内心的安宁与和谐，使人健康长寿；人对物欲的节制、对恶欲的断除，可以减少物质产品的消费量，减轻对大自然的压力，缓解人与自然的关系。人为什么做不到自律自制？是因为内在的善的力量弱，正的能量小。

中国古代的“忍”字，有自制自律之义，也有忍受、忍耐之义。忍是一种度量，“忍所不能忍，容所不能容，惟识量过人者能之。”［（明）薛瑄《读书录》卷七］但是，忍耐是有合理限度的，过度的忍耐就不是度量而是懦弱。如果你保持忍耐和克制之时，对方认为你软弱可欺，步步紧逼，更加嚣张，你就只能奋起反抗，否则，你的忍耐会助长对方的猖狂。

忍是一种策略，在时机不成熟之时，就需要忍耐和等待。遇事要先退一步，先忍一下，作出周全的考察之后，再采取行动。朱熹在《论语集注》说：“妇人之仁，不能忍于爱；匹夫之勇，不能忍于忿，皆能乱大谋。”忍是避祸之方。

第二节 交际之礼

在人与人的相互关系中，主要有四种方式：“以德报德”“以德报怨”“以直报怨”“以怨报怨”。“以德报德”即以道德的行为回报对方的道德行为，这是值得提倡的。“以德报怨”即以自己的道德行为回报对方的邪恶行为和敌对行为，有时也可感化对方，使之弃恶从善，有时则会纵容对方，使之更邪恶，所以，要根据不同的情况选择使用或者不用。“以直报怨”，就是遵守公平正义的原则对待对方的邪恶行为和敌对行为，给对方必要的惩治，是值得提倡的。“以怨报怨”，则是以报复的心理对待对方的敌对行为，陷入“冤冤相报何时了”的困境之中。

在古代，诸侯国派出使者，以“圭”（玉）作为国礼，交给对方，以示礼敬。到使者回国时，对方有一个“还玉”的礼节，将“圭”还给使者，表明没有贪图之心。在一般民众之间，求见一方得到主人一方的同意之后，要带着见面的礼物前往拜访，以雉（野鸡）作为礼物。以雉为礼物，是取雉不受引诱、不惧威慑、宁死不屈之意。过后，主人要回访，回访者手持客人来访时带来的雉来到主动拜访的人家，将礼物奉还。

施礼的一方行礼，受礼的一方还礼，这就是“礼尚往来”。你用什么方式对待他人，他人就用什么方式回敬你。在上下级之间，上级对下级待之以礼，下级就对上级报之以忠。上下同心同德，团体就有力量。如果上级对下级采取冷漠、粗暴、轻蔑的态度，下级就会对上级采取疏远、畏惧、敌视的态度。上下离心离德，团体就会丧失力量。

人际交往要把握分寸、亲疏有度、进退自如。时间上不能过于频繁，也不能过于疏远；空间上要保持一定的距离，人与人之间的身体距离根据亲疏关系而有分别，小于半米距离通常只能是在家人、夫妻及恋人之间。

在交际的过程中，首先要区分尊与卑。长为尊，幼为卑；贤为尊，愚为卑；上级为尊，下级为卑；教师为尊，学生为卑；成就大者为尊，成就小者为卑；女为尊，男为卑；客人为尊，主人为卑；等等。尊与卑不是指政治权利的区别，也不是指人格的差别。

具体的交际之礼如下：

（1）介绍之礼。遵守“尊者优先了解情况”的原则，将年轻者介绍给年老者，晚辈介绍给长辈，学生介绍给教师，男性介绍给女性，主人介绍给来宾，下级介绍给上级。被介绍双方均应起身站立，面带微笑，目视对方。集体介绍则应由尊到卑，依次进行。

（2）交通之礼。同方向行走，尊者在先，卑者在后。相对而行，卑者应靠到一侧行走，或站住让路。坐车时，尊者先上车、后下车，卑者后上车、先下车，方便照顾他人。进入他人的房间，应轻轻敲门（无论门开或关），听到允许后才进门。乘坐电梯时，先让电梯里面的人出来，再上电梯；进入电梯时，卑者先进后下，尊者后进先下，先入者应按住电梯侧门，方便后入者进来。

（3）座次之礼。“在朝序爵”：在官场上以职位高低排序。“在野序齿”：在民间则按年龄长幼排序。中央高于两侧，前排高于后排，喜庆活动中左方为贵，凶伤吊唁活动右方为尊。在房间内桌子的座次安排原则是“面门为上”，即面对正门的座位为尊。在无法确定桌子与门的方位时，可采取“面南为尊”，即面对南方的座位为尊。在轿车中，司机侧后靠门的座位是上座，司机正后面的座位次之，司机旁边的位置为最低。如果是由主人亲自驾车，客人要坐在司机旁边，以示对主人的尊重。

（4）餐宴之礼。进餐时要请客人、长者或者女士先动筷子；不要随意拨弄菜肴，不能远距离去夹菜，每次不能取菜太多；不要用自己的筷子给别人夹菜，如果要夹菜应使用公筷；小杯酒要斟满，茶杯则是七分满；食物残渣、骨头、鱼刺不要吐在饭桌上或地上，要使用筷子夹放到碟子前端；餐巾应平铺在双膝上，可用来擦手、擦嘴，但不能用来擦脸、擦汗；从容安静，应食物就口，不应口就食物，尽可能将嘴巴闭合吃食物，不要发出声响；当主人或其他宾客讲话、敬酒之时，停止进餐，仔细聆听；在剔牙时要用餐巾纸或手挡住自己的嘴巴；进餐速度适中，餐后必待主人离席，宾客方可离席。提前离开宴会现场，一定要向主人和尊者说明并致歉。

（5）握手之礼。握手时微笑地注视对方，上身稍向前倾，伸出右手（不要戴着手套），四指并拢。尊者先伸手，卑者后伸手。男女握手时，轻握女士手指部位几秒钟。迎接宾客时，由接待方先伸手；欢送宾客时，则宾客方先伸手。

（6）鞠躬之礼：卑者、幼者、学生先行礼，鞠躬45~60度；尊者、老者、教师还礼，鞠躬30~45度。

（7）拜礼：

①垂手：垂手立，注目所拜对象。

②附手：附手胸腹之间，诚意正心。男生左手在上，女生右手在上。

③高揖：举臂至额前。两臂合抱，呈椭圆形。

④拜：折腰带动，头与手臂皆不动。两直：腿直、脊梁直。两不：头不勾、臂不摆。

⑤兴：兴起，直身，再注目所拜对象。

第三节　仪态之礼

仪表包括体态、容貌、仪容、服饰、举止等方面。基本要求：仪表端庄，仪静休闲，服饰整洁，态度诚恳，文质彬彬，举止得体，不卑不亢，不矫揉造作，不轻浮放肆。人既有静态之美，也有动态之美，动态美表现在行、走、坐、卧上。外在的行为仪态与内在的心灵活动相呼应、相促进，良好的举止仪态既是内在情志德性的表现，也可以促进内在情志德性的培养。仪表是肢体语言，是通过人的表情、眼神、姿态等肢体动作，传递文明的信息。

一、着装

（1）清洁：无污垢，无油渍，无异味。皮鞋要保持光亮。

（2）整齐：袖长至手腕，裤长至脚面，裙长过膝盖。衣冠正，领口正，领带、领结、飘带不歪。不挽袖，不卷裤，不漏扣，不掉扣。上衣平整，裤线笔挺。天热时衣服不能上撩。帽带、腰带、领带、鞋带要系紧。

（3）协调：色彩协调、长短协调、搭配协调。要选择剪裁合体的衣服，不要穿过于肥大或太紧太小的衣服。穿西装之前，一定要将衣袖上的商标拆除。穿西装一定要穿皮鞋。运动装不可以搭配皮鞋。穿长袖衬衫时，要把下摆均匀地束到裤腰里面。西装穿着讲究“扣上不扣下”，而双排扣西装则应将纽扣全部系好。用深色鞋配深色服装，用浅色鞋配浅色服装。不要穿奇装异服。

（4）区分场合：工作场合、学习场合衣着庄重严肃；休闲场合衣着自然舒适。丧礼场合最好穿白色与黑色，忌穿红色；婚礼、喜庆场合最好不穿白色、黑色。不能穿过于暴露或紧小的服装去教堂或寺庙等场所。公共场合不能穿睡衣。

（5）男女有别：衣着要体现性别差异。

二、举止

具体要求："足容重、手容恭、目容端、口容止、声容静、头容直、气容肃、立容德、色容庄。"(《礼记·玉藻》)男性体现阳刚之美，有刚健、潇洒、英武、强壮的风采。女士体现柔和之美，有轻盈、妩媚、娴静、典雅的韵味。

（1）足容重：步履要稳重、庄重，步伐不轻飘。不在公共场所赤脚或穿拖鞋，皮鞋保持清洁光亮。

（2）手容恭：用手表现恭敬。如用手行礼、接递东西、手捧东西时，姿势表现出恭敬；鼓掌时，用右手有节奏地拍击左手，左手几乎不动。切忌以下有损形象的手势：当众挠头、掏耳朵、抠鼻孔、剔牙、咬指甲、双手乱动、对他人指指点点。面对圣像神像，不可用手指指。手脚要勤洗，不留长指甲，不染彩色指甲。

（3）目容端：眼光要端正，眼睛是心灵的窗户，心正才能眼光正。与人交谈时，目光应该注视对方。一半的时间注视对方双眉到嘴的三角区域，另外一半时间注视对方脸部以外的 5~10 厘米处。发表讲话时要用目光扫视全场。切记目光呆滞、偷窥、淡漠、游移不定。平视或侧视（面向对方的侧面）用于平辈，仰视多用于面对尊长。斜视对方则为失礼之举。

（4）口容止：在正式场合不能发出古怪的声音，如打喷嚏、吃零食、嚼口香糖等，不要在会场和教室中窃窃私语。

（5）声容静：说话声音不要太大，不要在公共场所高声喧哗。

（6）头容直：不要低头、歪头、仰头，头要正。

（7）气容肃：仪态端庄严肃。不要在公共场所拥抱、亲吻。到别人家不要随手乱翻，到处乱闯。

（8）立容德：站得正直，头不乱动，双肩要平，不东歪西斜，不左顾右盼。

（9）色容庄：神色要庄严，微笑要发自内心、亲切、自然，不发声，不露齿或少露齿。避免嘴张得太大，将牙床露出。不要嬉皮笑脸，避免放声大笑。面容保持清洁：眼睛无眼屎，耳鼻无异物，牙齿无饭渣，口中无异味，嘴角无白沫。

三、姿态

（1）站姿：要求"站如松"，人要顶天立地，像松树一样站立，汲取天地之正气。基本要求是"挺"与"直"。"挺"给人一种挺拔之感，头抬起来，把腰挺直，挺胸收腹，头不能垂，头部不能前伸、侧歪，颈不能曲，肩不能耸，背不能驼，膝不能弯，不能无精打采，给人以蜷缩萎靡的感觉。"直"就是在站立时脊柱要尽量和地面保持垂直，不可侧歪，身体不能松散下坠。不要把重心落在后脚跟上，形成挺腹。身体不要乱抖动，不要东倒西歪，不要随意扶、倚、靠、踩。女士站立时双腿并拢，双脚微分，右手搭左手放在小腹前。男士站立时双脚分开，与肩同宽。双手放在身体的两侧，臂自然下垂，中指对准裤缝，不可双手背后、双手叉腰或抱在胸前，或将双手放在裤子口袋里。

（2）坐姿：做到“坐如钟”，像铜钟一样，坐姿稳健，可以使呼吸顺畅，精神焕发。坐时上身挺直，脊柱正直，头部端正，腰部挺起，两肩平衡放松，目视前方或目视交谈对象，精神振作。男士就座时，双脚平踏于地面，双膝略微分开，两腿之间的距离能放下一个拳头为宜。女士就座时双膝、双脚完全并拢，可采用双腿交叠的坐姿或两腿斜放的坐姿。正式场合或有尊者在座时，不要把椅面坐满，只应坐座位的2/3。与长辈同入房间，长辈命坐，晚辈才能坐下。长辈问话，晚辈应站起来回答。客人先坐，主人后坐。在尊长或客人面前不能东倒西歪、跷二郎腿、抖腿。与人交谈时，身子要适当前倾。不要将全身靠在椅背上，显得体态松弛；不要将全身躺在沙发里，显得非常懒散；不要将脚跨在椅子或沙发扶手上，或架在茶几上。

（3）行姿：要求“行如风”，走路时挺胸抬头，两眼平视，两肩放平。男士的步伐节奏鲜明，均匀、稳健、有力、潇洒，步子要迈得大一点，女士的步态匀速迈进，轻盈、自然、含蓄、飘逸，步子要小一点。女子行走时，要走柳叶步，即两脚跟前后踩在一条直线上，脚尖略向外开。走路时不要左顾右盼，身体不能前俯后仰、乱摇乱晃、重心不稳，右侧通行。路遇尊长，要行礼或问候。两人进门，揖让而进。陪同客人时，让客人走在中间，自己在外侧。上楼梯时，走在客人的后面；下楼梯时，走在客人的前面。引导客人出入房门时，自己应后入后出。

第四节　言语之礼

按照“自卑而敬人”的原则，以温和、理性的态度向外传递善意，如果以嘲笑、攻击、谩骂、威胁、恐吓、欺凌的态度和语言对待他人，就会受到他人的回击和报复。

一、对自己使用谦辞

（1）提到自己，要用谦称，称自己为在下、小弟、晚辈、愚。

（2）提到自己的亲人也要用谦辞。比如，称自己的父亲为家父、家君、家严；称自己的母亲为家母、家慈。对人称已经去世的父母为“先父”“先大人”“先母”。称比自己大的亲戚通常要加“家”字，如家伯、家伯母、家叔、家叔母、家兄、家嫂。对比自己年龄小的亲人，则可以称舍弟、舍妹等。谦称自己的配偶为内人、内子、拙荆，或者用平称爱人、太太。在司马迁的《报任安书》中，司马迁自称“仆”“牛马走”。

二、对他人使用敬辞

（1）称对方为您、君、殿下、阁下、仁兄、先生。

（2）诸侯的配偶叫夫人，现在用于尊称他人的妻子，但自己称自己的妻子不宜用夫人。妻子称丈夫为夫君。

（3）对方德高望重，可以在其姓氏之后加“公”字，称为某公。尊称对方的儿子为公子。

（4）称呼他人的亲戚，一般在称谓前加“令”字，如令尊大人、令堂大人、令伯、令叔、令兄、令弟、令妹等，称对方的儿子为令郎或令息，称对方的女儿为令爱或令媛。

（5）对于非亲关系的人，可根据年龄称大伯、大叔、大哥、大姐等。

（6）问对方姓应问“贵姓”，回答则说“免贵姓 ×”。问大人年龄应问“春秋几何”或者“高寿”，回答则说“虚度多少岁”。

三、接听电话礼仪

（1）在会场及工作场合，一定要将手机铃声关掉或调成振动。

（2）在公共场所或工作场合接听电话，讲话声音一定要小，并拿手轻轻掩住嘴。

（3）在与人谈话时若有电话，先和在场的人说抱歉，尽快在 1 分钟内结束通话，挂电话后继续交谈。

（4）由主叫方先中断电话，被叫方不能随意中断。

（5）在与对方通电话时，应先了解对方所处的情景是否适合接听长时间交谈的电话，如有不便，可改时间再联系。

（6）接听电话使用文明礼貌语言，语气温和委婉。

（7）在公司中接到电话，要随口报出自己公司的名称，把纸笔放在手边并做记录。

（8）在聆听对方谈话时，要不时地附和，使对方知晓你在认真聆听。

四、书信敬辞

（1）彭林先生总结：

挪抬：为表示尊敬，在人名及称谓的前面留一个字的空白。

平抬：平抬较挪抬而言，更加尊敬。使用时将人名加官职或尊称直接换行顶头书写。近代以来，平抬的方式逐渐减少，挪抬则依然普遍使用。

在收信人姓名、称谓之后用俯启、赐启等用语，表示请求对方开启信封。

在书信中，称谓之后要缀以提称语来表达敬意。比如：

用于父母：膝下、膝前、尊前、道鉴。

用于长辈：几前、尊前、尊鉴、赐鉴、尊右、道鉴。

用于师长：函丈、坛席、讲座、尊鉴、道席、撰席、史席。

用于平辈：足下、阁下、台鉴、大鉴、惠鉴。

用于同学：砚右、文几、台鉴。

用于晚辈：如晤、如面、如握、青览。

用于女性：慧鉴、妆鉴、芳鉴、淑览。①

（2）关于书信祝福语，彭林先生总结：

用于父母：恭请　福安，叩请　金安，敬叩　禔安。

① 彭林. 中国古代礼仪文明［M］. 北京：中华书局，2004：294.

用于长辈：恭请　崇安，敬请　福祉，敬颂　颐安。
用于师长：敬请　教安，敬请　教祺，敬颂　诲安。
用于平辈：顺祝　时绥，即问　近安，敬祝　春祺。
用于同学：即颂　文祺，顺颂　台安，恭候　刻安。
用于女性：敬颂　绣安，即祝　壶安，恭请　懿安。
对长辈：叩禀、敬叩、拜上。
对平辈：谨启、鞠启、手书。
对晚辈：字、示、白、谕。①

（3）不同情景下的敬语：
初次见面说久仰，好久不见说久违。
问人姓氏说贵姓，老人年龄称高寿。
等候他人说恭候，宾客到来用光临。
看望他人用拜访，托人办事用拜托。
求人帮忙说劳驾，请人协助用费心。
提问题时说请问，向人询问说请教。
请人指点用赐教，请人批评说指教。
求人方便说借光，麻烦别人用打扰。
向人祝贺用恭喜，赞人见解用高见。
陪伴客人用奉陪，中途离去用失陪。
临时有事说稍等，请人勿送说留步。
请人原谅说包涵，接受好意说领情。
归还物品说奉还，祝人健康说保重。
与人相见问您好，分别分手说再见。②

① 彭林．中国古代礼仪文明［M］．北京：中华书局，2004：294–295．
② 徐彦哲．职业道德与员工礼仪［M］．北京：中国电力出版社，2010：33．

第七章　自我思维管理

本章所列八种高级思维，与八种低级思维相对，即：

阴阳思维—单向思维

变易思维—静态思维

真实思维—假空思维

创新思维—守旧思维

经权思维—僵化思维

中道思维—极端思维

系统思维—碎片思维

和合思维—争斗思维

第一节　阴阳思维

“炁”是中华文化中的一个特殊概念，有时写作“气”，西方文化中找不到与之对应的词汇。“炁”是存在于人体和宇宙空间的非物质能量场。人自身的炁场同大自然的炁场是互相连贯的，朱子曰：“人之气与天地之气常相接，无间断，人自不见。”（《朱子语类》卷三）

最高宇宙本体产生元炁，元炁浑然一体，元炁自身的活动必然会使元炁产生差异，朝着两个方向分化，即形成阳炁和阴炁，用符号“--”表示阳炁，用符号“—”表示阴炁。“阳炁”的性质是动、上升、温热、发散、光明、刚强。阴炁的性质是静、下降、寒冷、收敛、黑暗、柔弱。中国的阴阳思维就是由阴炁与阳炁推演而来。《黄帝内经》说：“阴阳者，天地之道也，万物之纲纪，变化之父母，生杀之本始，神明之府也。”

一、阴阳两分

张载在《正蒙·参两》中讲：“一物两体，气也。一故神，两故化。”程明道曾讲：“万物莫不有对，一阴一阳，一善一恶。”（《二程遗书·卷第十一》）阴阳这对范畴可用于描述自然现象与社会现象，这就是“一分为二”。“阳”具有刚强、动态、积极等性质；“阴”具有柔弱、静态、消极等性质。

1. 自然现象

阳：乾天日上长寒热火昼动表背脏山南雄表轻清明升

阴：坤地月下短暑冷水夜静里腹腑谷北雌里重浊暗降

阳：早燥春夏高雷电开出外左向前宽生硬气背神六腑

阴：晚湿秋冬低雨雪合入内右背后窄死软血腹精五脏

2. 社会现象

阳：男刚正尊善真正伸健贵富君父夫仁实宽松勇悟快

阴：女柔邪卑恶假奇屈顺贱穷臣母妻戾虚严弛怯迷慢

阳：急本始攻得进助热情奇数少聚专起显盛强

阴：缓末终守失退阻冷淡偶数多散杂伏藏衰弱

事物都存在着阴阳两面，人们认识上的偏差，就是只看见一面，而看不见与之相反相对的另一面。任何一种存在物，如果没有与之相对立的事物对它进行制约，这种存在物就会恶性膨胀以至于超出合理的存在限度，从而产生有害的后果。任何事物都有好的一面，也有坏的一面，我们既不能只看到事物好的一面而不加分析完全采用，也不能只看到事物坏的一面而不加分析完全抛弃。

二、阴阳正位

齐景公向孔子请教，孔子回答："君君、臣臣、父父、子子。"即君、臣、父、子各得其位，各尽其责。男性定位为阳，女性定位为阴。如果女性定位为阳，男性定位为阴，就会发生阴阳错位的现象。例如，许多男子缺乏阳刚之气，以退让为尚，女性化色彩较重，而许多女子缺乏阴柔之美，以泼辣为尚，男性化色彩较重。《礼记·昏义》云："教以妇德、妇言、妇容、妇功。"古代女子进行妇德、妇言、妇容、妇功"四德"教育，培养其道德品性、言语应对、容貌修饰、劳作技能。

三、阴阳相反

中国古代多用"阴阳"一词，而少用"矛盾"一词。"阴阳"一词的概括面更广，而"矛盾"一词则专指阴阳相反的形态，即对立的双方处于斗争的状态，水火不容，只能是一方赢，另一方输。例如，善与恶、正与邪等范畴，就是具有阴阳相反的特性，矛与盾只能有一方获胜，要么是矛刺穿盾，要么是盾挡住了矛。

但是要注意，只在极少的情况下才会出现阴阳相反的现象，所以，我们不能将阴阳相反这条规律任意扩大到其他领域。矛与盾只有握在敌对关系的人手里，才会处于你死我活的状态。斗争哲学只看到阴阳相反的情况，而忽视阴阳相成、阴阳交感、阴阳互含、阴阳互补、阴阳平衡等情况，将斗争作为解决问题的唯一手段，将斗争作为推动事物发展的主要动力，在实践中造成很大的破坏。

四、阴阳相成

阴和阳互相依存，各自以对方为自己存在的条件。阴与阳是一对相对而又相互依存的概念，没有阳，就无所谓阴，没有阴，就无所谓阳。《道德经》曰："故有无相生，难易相成，长短相形，高下相倾，音声相和，前后相随。"朱熹讲："如天之生物，不能独阴，必有阳，不能独阳，必有阴，皆是对。"（《朱子语类》卷九十五）

单一的因素不能推动事物的变化，单一因素的累积仍然保持事物原有的特质，只有不同的因素，甚至是相反的因素结合起来，才能推动事物的发展，这就是"孤阴不生，孤阳不长"。"凡天下之事，一不能化，惟两而后能化。且如一阴一阳，始能化生万物。"（《朱子语类》卷九十八）

阴与阳互相作用、互相渗透、和谐相处，融为一体，共存于统一体之内。对立统一学说强调斗争和对立，中国的"合二为一"则强调统一与和谐。庄子提出："至阴肃肃，至阳赫赫。肃肃出乎天，赫赫发乎地。两者交通成和而物生焉。"（《庄子·田子方》）

天之阳气下降，阳光普照，地之阴气上升，酿成云雨，天阳地阴共同维持自然界生生不息。人体精血津液属阴，脏腑之气属阳，两者相互滋生，精血津液能滋养脏腑之气，脏腑之气能化生精血津液。一旦阴精亏损，阳气亦随之虚衰。治疗阴虚证，可以在大量的滋阴药中加入少量温阳药，以达到"阴得阳升"之效；治疗阳虚证，可以在大量的温阳药中加入少量滋阴药，以达到"阳得阴助"之效。

儒家文化与道家文化就具有阴阳相成的关系。儒家重视阳刚、有为、社会，道家重视阴柔、无为、自然，儒家与道家相辅相成，共同造就文化的繁荣。

五、阴阳互含

《素问·金匮真言论》指出："阴中有阴，阳中有阳。"某物整体属阳，但其中必含有属阴的成分；整体属阴，但其中必含有属阳的成分。太极图中的圆圈代表太极，即万物之始。在太极之内含有两条黑白的阴阳鱼，黑色的代表阴，白色的代表阳。阴阳两鱼处于对立的状态，又相互紧密结合在一起。黑鱼有一白眼，白鱼有一黑眼，代表"阴中有阳，阳中有阴"的阴阳互含关系。阴阳两鱼首尾相衔，环抱成一体，显示阴阳消长、生生不息。张介宾《类经·运气类》指出："天本阳也，然阳中有阴；地本阴也，然阴中有阳。此阴阳互藏之道也。"

阴阳可以按其所含阴阳的多少而分为少阳、太阳、少阴、太阴。少阳乃阳气初生状态，如春季；太阳乃阳气隆盛状态，如夏季；少阴乃阴气初生状态，如秋季；太阴乃阴气隆盛状态，如冬季。

处于某一层次的阴或阳，在下一层次出现分化，各自都包含着阴与阳。朱熹曰："一物上又各自有阴阳，如人之男女，阴阳也。逐人身上，又各自有血气，血阴而气阳也。如昼夜之间，昼阳而夜阴也。而昼阳自午后又属阴，夜阴自子后又是阳，便是阴阳各生阴阳之象。"（《朱子语类》卷六十五）

六、阴阳互变

《国语·越语下》："阳至而阴，阴至而阳。"韦昭注："至谓极也。"阴炁发展到极盛就会向阳炁转化，此即阴极生阳；阳炁发展到极盛就会向阴炁转化，此即阳极生阴。“阳不极则阴不萌，阴不极则阳亦不芽，极寒生热，极热生寒。”［（西汉）扬雄《太玄经》］冬寒到了极点，就会出现春温；夏热到了极点，就会出现秋凉。

老子提出“反者道之动”，指出变化的规律就是向相反方面转化。老子列举了大量现象，例如，“曲则全，枉则直，洼则盈，敝则新，少则得，多则惑”，“物壮则老”，“甚爱必大费，多藏必厚亡”，“祸兮，福之所倚；福兮，祸之所伏”。现实中存在大量“物极必反”“乐极生悲”的现象。

为了防止事物向不好的方向转化，儒家主张采用中庸之道，避免走极端；道家则主张居于“不及”“守弱”的状态。

七、阴阳互补

阴与阳相互吸引、相互补充而结合成为更优异的事物，既存在着“同声相应，同气相求”的现象，也存在着“同性相斥，异性相吸”的现象。正如山水画中刚柔、冷热、黑白、虚实、抑扬、顿挫相互摩荡而构成美丽的图景。《乐记》描述了由阴阳互补而构成的生机勃勃的自然世界：“地气上齐，天气下降，阴阳相摩，天地相荡，鼓之以雷霆，奋之以风雨，动之以四时，暖之以日月，而百化兴焉。”

如果男人刚毅、勇敢，女子柔美、和顺，共同组成家庭，刚柔相济、动静相宜、缓急相和，就会产生阴阳互补的效果。如果男女双方都争强好胜，必定发生冲突；如果男女双方都是阴柔谦顺，则家庭缺乏活力。在一人身上，阴与阳两种品性兼而有之，也有互补之效。《尚书·虞书·皋陶谟》曰：“宽而栗，柔而立，愿而恭，乱而敬，扰而毅，直而温，简而廉，刚而塞，强而义。”意思是说，宽大而又小心，柔顺而又有立场，老实而又恭敬，有才干而又谨慎，驯服而又刚毅，正直而又和气，直率而又注意小节，刚正而又求实，强猛而又守义。孔子倡导阴阳互补的人格模式：“泰而不骄”“欲而不贪。”弟子说孔子既有威仪，又非常慈祥；既有威严，但是不会过分；既恭敬又很安详。

八、阴阳交感

阴与阳之间相互感应、相互作用，万物生生不息。《泰卦》的卦象是乾卦在下、坤卦在上，表示上天之阳气下降，大地之阴气上升，阴阳二气交感，万物化生，事事通达。“天地交而万物通也，上下交而其志同也。”（《周易·泰卦·彖辞》）阴阳互动：“刚柔相摩，八卦相荡。”（《周易·系辞》）所谓“刚柔相摩”，是指阴和阳之间相互作用，所谓“八卦相荡”，即指多种事物之间互相作用。“孤阴不生，独阳不长”，只有阴阳互相作用，才能推动事物的发展。

九、阴阳平衡

《老子》曰：“万物负阴而抱阳，冲气以为和。”阴阳保持平衡，谓之“中正”“中和”。阴阳平衡并非指阴阳各占一半，有时可以偏阳，有时可以偏阴，偏于阳而不违中道者谓之“刚中”，偏于阴而不违中道者谓之“柔中”。春夏偏阳，秋冬偏阴，假若隆冬季节或炎夏季节出现阴阳相等、温凉适中的天气，反而有违自然之道。打破阴阳平衡，会导致灾难。司马光认为，寒热阴阳失和，就会导致天灾；礼乐刑罚失和，就会导致乖叛；刚柔缓急失和，就会造成伤害；饥饱寒热失和，就会带来疾病。“宽以济猛，猛以济宽，政是以和。”（《左传·昭公二十年》）宽严相济，相互制约，从而保持平衡。动与静、远与近、高与低、明与暗、张与弛、开与合、虚与实、疏与密、藏与露、繁与简、奇与正、呼与应、主与宾的统一与协调，即中和之美。

中医学认为“阴胜则阳病，阳胜则阴病；阳胜则热，阴胜则寒。”（《素问·阴阳应象大论》）中医治病，其目的就是恢复身体气场的阴阳平衡，“谨察阴阳之所在而调之，以平为期”（《素问·至真要大论》）。炁的基本研究方法是修正，即以自己的生命为“设备”，调理自己身体上的炁场，使之与宇宙炁场相互感应，吸收良炁，排除恶炁，恢复阴阳五行的平衡。如果不经过修正，而是仅仅凭着物质仪器测试或抽象思考，永远不可能把握炁之真谛，同时也会造成对经典的误解。

十、阴阳消长

阴阳相互制约，当阴消减时，阳就相应增长；阳增长时，阴会相应消减。在一定范围内，同一向度上的阴炁和阳炁处于此长彼消或彼长此消的运变过程中。阴炁与阳炁的消长，维持着炁的动态平衡。如在自然界中，阴气逐渐消减，阳气逐渐增长，气候逐渐变热；阳气逐渐消减，阴气逐渐增长，气候逐渐变寒。

在社会中，个人与社会、自由与规范、理性与德性、科学与人文、民主与治理、竞争与和谐、平等与秩序、激进与保守、物质与精神、多元与统一、权利与责任、内容与形式等范畴，其中一方为阳，一方为阴。不宜将阴阳两方完全对立起来，单纯强调其中一方，而否定另一方，否则会造成社会的偏差、极端或病态，形成单向度的社会。在社会中，阴阳双方需要摆正位置，各退其所，互补互含，相辅相成，达到平衡的状态。

（1）个人与社会：在肯定个体的自主、独立、个性、价值与尊严的同时，也要维护社会的利益，协调社会关系，确立社会角色，抑制人欲的恶性膨胀。个体的价值与尊严，只能在社会中得到体现，孤立的个体不存在尊严问题。当然，也不能站在抽象或虚幻的社会利益和国家利益的立场上（实际上是某些个人或集团的利益）否定、侵害个人利益和个人尊严。

（2）自由与规范：绝对的自由是不可能的，自由需要有合理的限度。任何自由的个体，都需要遵循一定的规则，遵守法律和道德规范，践行礼仪，尊重习俗，否则个体会走向混乱和无序。动物因受自身能力的限制，只能遵循自然法则，人的能力已突破了自然的限制，如果不对其进行文化、道德和社会的限制，人会成为非常可怕的动物。人有权利反抗邪恶，但不能背离正道。当绝对自由的人处于对所有人的战争状态之中，他是不可能真正自由的。

（3）理性与德性：若将理性作为审判一切的唯一尺度，得不到理性验证的善、美、信仰、宗教等就会被摧毁。任何事物都需要同时接受理性和德性的双重评判，即儒家主张的“既仁且智”。不能仅仅依靠人的理性，因为人性中恶的方面，人的“可堕落性”会将人的理性当作工具。

（4）科学与人文：缺失人文、宗教、信仰的科学，会走向科学主义，走向异化，导致人类朝着自我毁灭的方向加速前行。孔德“宗教—玄学—科学”之文明进化图式，近代中国的“科学”与“玄学”之争，“以科学代替宗教”之论，均是将科学与人文、宗教割裂开来，甚至对立起来。西方启蒙思想家在高举“科学”“民主”大旗的时候，反对宗教专制，但还是维护了人民的宗教信仰。而在新文化运动时期，高举“科学”“民主”之大旗，反对封建专制，同时反对中华民族的信仰主体——孔教，破坏了中国人民的信仰。

（5）民主与治理：民主是需要提倡的，但也是需要克制的，没有克制的民主，就会出现社会混乱、道德失范、物欲膨胀、庸俗恶俗等问题。社会应当形成政治、法治、文治、德治、礼治五个治理系统。

（6）竞争与和谐：竞争升级为斗争，斗争升级为战争，会给人类带来深重的灾难。和谐是一个健康社会的标志，和平则是人类的共同追求。

（7）平等与秩序：过于强调平等而忽略角色的差别，社会就会丧失平衡机制。必须有合理的社会结构，将个人放在人伦关系、社会关系的一个恰当的点上。

（8）激进与保守：当一个社会放任激进主义泛滥，而没有强大的保守势力加以制衡时，传统就会断裂，社会就会被撕裂，失去发展的连续性。“大破”之后就是废墟，不可能在废墟上“大立”。激进派将中华民族与西方民族的文化差异，即“华夷之别”，偷换成“古今之别”。将中华文化视为“古”，将西方文化视为“今”，从而否定中华文化。当回顾新文化运动历史时，许多人将激进派当作历史的主线加以肯定，将保守派作为历史的背景加以贬斥，而不是将新文化运动作为激进派、保守派共有的舞台。

（9）物质与精神：现代社会物欲膨胀，许多人丧失了精神信仰，丧失了审美的能力，成为“拜物教”的信徒。享乐主义、消费主义泛滥，将高尚的精神生活弃之如敝屣。

（10）多元与一统：失去一统性的多元，易走向相对主义、怀疑主义、虚无主义，走向思想的混乱。

（11）权利与责任：先秦儒家讲“君臣有义”“父子有亲”“夫妇有别”，主张互尽义务。而后代体现法家思想的“三纲”，则重在上位者的权利，剥夺下位者的权利。在家庭之间，强调亲情可以化解矛盾，而在社会领域，特别是在君臣关系中，亲情已丧失其效力，只能走法治与制衡之路。

第二节　变易思维

作为群经之首的《周易》，其中的“易”字，就有变易、变化的含义。郑玄《序易》所云：“易之为名也，一言而函三义：简易一也，变易二也，不易三也。”

一、万物变化

变化是指事物的性质、数量、位置、结构、要素等方面与原来相比产生了某种差异。发展是指事物由小到大、由简单到复杂、由低级到高级、由旧的形态到新的形态的前进上升的运动变化过程。但并非所有事物都是向前发展的，也有衰退的现象。

宇宙生生不息，一切事物都处于变化之中。汤之《盘铭》曰："苟日新，日日新，又日新。"孔子认为自然界的变化就像江河之水永远在流动："逝者如斯夫，不舍昼夜。"(《论语・子罕》) 老子曰："反者道之动。"(《老子》第四十章) 庄子提出"万物皆化"。《孙子兵法》中讲"兵无常势，水无常形"。

人类就是利用万物变化的特性，不断地创造新事物，以满足人类的需要。如何改变一个客观对象？如果将客观对象作为一个系统，首先要明确系统变化的目标，然后从以下三个方面来改变客观对象：第一，改变系统中的子系统或系统中的要素；第二，改变系统内部的结构；第三，从系统外部环境中将物质、能量、信息、精神等要素吸取进入系统之中。《周易・系辞下》中说："易，穷则变，变则通，通则久。"特殊情况是，对立的双方相互作用，或者相互协作，又或者相互斗争，从而发生改变。

二、变而有常

汉代董仲舒说："变而有常。"万物变化遵守一定的规律和不变的法则，这种规律和法则就是"常"。《周易・系辞上》中说："动静有常，刚柔断矣。"《老子》曰："知常曰明；不知常，妄作，凶。"人要探寻事物变化的规律，遵循规律，才能取得成功；违背规律，就会陷于失败。事物变化有一定的规律，但也会出现一些不可预测的"变数"，即出现偶然、例外、反常的现象，对此，人应当有所准备，以变通的方式进行灵活处理。

常也指常道，即不变的道、永恒的道，如仁、义、礼、智、信五常，也就是五常之道，五常不会随着时代的变化而废弃，也不会随着境遇的改变而废弃，只是五常的具体内涵会随着时代的变化而调整，随着具体境遇的变化而赋予具体内涵。正是存在着永恒的道，董仲舒说："天不变，道亦不变。"人们会犯这样的错误，认为一切都会变，人世间没有永恒的东西，所以不会坚持原则，也就不会有坚定的信念，就会陷入机会主义和虚无主义。

三、积微而著

事物的变化，是细微的变化不断积累，从而形成显著的变化。明代罗钦顺提出："积微而著，由著复微。"《周易・系辞下》中说："善不积，不足以成名；恶不积，不足以灭身。"细节决定成败，成就大业者，在对事业的整体规划下，应当从构成大业的细微之处一一去做。将企业的每个细微之处做好，将企业产品的每个细微之处做好，同时把握企业的宏观发展方向，才能取得成功。

客观对象这一系统，随时处于变化之中，而且变化也存在着多种可能性，我们要维持客观对象的稳定状态，或者需要客观对象朝着某个方向或某个目标演变，我们要找到控制项，施加人为的作用。

根据事物变化的规律，就可以预知事物在将来某个阶段的变化情况。如果将来会出现不利的变化情况，就应当及早采取措施，将这些变化的趋势扼杀于萌芽状态。“圣人不治已病，治未病；不治已乱，治未乱。”（《素问·四气调神大论》）如果将来有可能出现有利的情况，也应当及时采取措施，施加种种作用，引导事物朝着有利的方向发展。

可以将事物的变化分成渐变与突变两种状态。渐变是事物的一种逐渐的、缓慢的变化，是事物的一种连续性变化，是事物在稳定状态下的变化。突变是事物的一种相对短暂的、迅速的变化，是事物的一种不连续的、跳跃性的变化，是事物在失稳状态下的变化。

四、唯变所适

人要根据客观对象及其环境发生变化的情况，及时调整应对的方案。《孙子兵法》讲：“兵无常势，水无常形”，事物在不断变化之中，一旦客观对象发生了变化，原来有效的方案就可能失效，因此，要及时掌握变化的信息，根据变化的情况调整方案。当客观对象所处的环境发生改变时，我们就应当调整客观对象，使之与变化了的环境相适应。

因人设谋，面对不同的人，根据不同的个性、品质、智能，设计并运用不同的谋略。因事设谋，面对不同的情况和事物，设计并运用不同的谋略。“故变生于事，事生谋，谋生计。”（《鬼谷子·谋篇》）（译：变化产生事物，事物需要谋划，谋划带来计策。）

鬼谷子提出“揣情”和“摩意”的方法，揣度游说对象的真实心情和真实意图。《鬼谷子·谋篇》指出：那些仁人君子必然轻视财货，所以不能用金钱来诱惑他们；勇敢的壮士自然会轻视危难，所以不能用祸患来恐吓他们；有智慧的人明于事理，所以不可假装诚信去欺骗他们。反过来，愚蠢的人容易被蒙蔽，懦弱的人容易被恐吓，贪财的人容易被引诱。鬼谷子主张，在游说中，要根据对方的疑问来改变自己游说的内容，要根据对方的表现来判断自己游说的效果，要根据对方的言辞来归纳自己游说的要点，要根据对方的情势来成就自己游说的目标；要根据对方的好恶来权衡自己游说的利弊，要根据对方的忧患来舍弃自己游说的部分内容。鬼谷子提出“飞钳之术”。“飞”是指夸奖、表扬，通过夸赞对方，使对方信任自己，对自己讲实情，同时会使对方飘飘然，得意忘形，露出弱点。“钳”即钳制、控制，抓住对方弱点控制对方。

五、与时俱进

真理以语言为载体相对稳定地独立存在着，脱离了真理所赖以产生的客观原型，一旦客观原型发生了变化，这种真理便会渐渐失去真理性，不能与客观原型相符合。权威人士关于某一客观对象的思想观点和言论以不变的形态放在书本上，在时代条件发生重大变化的情况下，我们面对的同类客观对象已发生了重大变化，如果依然遵守权威人士的言论，就会犯本本主义、教条主义、因循守旧的错误。应当摆脱权威人士的言论束缚，冲破各种落后的条条框框和旧的思想观念的藩篱，真实地面对客观对象，探索新的真理，寻找新的方法。

任何客观对象及其环境在演化的过程中，都具有不可绝对重复、不可绝对还原、不可绝对回归的不可逆性。对客观对象及其环境的考察，我们要从过去、现在、将来三个时间维度展开。认识客观对象的过去，就可以深入地认知客观对象，因为现在的客观对象乃是过去的客观对象长期发展、长期积累的结果。认识客观对象的过去，也可以从人们过去对这个客观对象的处理中吸取经验和教训。认识客观对象的现在，真实地面对客观对象，看清客观对象的真面目，并且比较客观对象及其环境与过去相比发生了哪些变化，我们对客观对象的认识相应地要发生调整。如果我们对客观对象的认识不能随着客观对象的变化而发生变化，那么，我们对客观对象的认识就可能成为错误，昨天的“是”成为今天的“非”。通过对客观对象及其环境的变化规律及变化趋势的了解，我们就能预知客观对象及其环境将来可能出现的状况，从而采取措施，未雨绸缪，引导客观对象朝着有利的方向发展。

六、正奇相生

正就是按照常规，按照正常的逻辑，按照习惯思维而设计的谋略，奇就是不按常规出牌，按非正常的逻辑，打破思维定式而设计的谋略。直为正，迂为奇；刚为正，柔为奇；实为正，虚为奇；真为正，假为奇；动为正，静为奇；进为正，退为奇。就兵力部署而言，以正面受敌者为正，以机动突击为奇；就作战方式而言，以正面进攻为正，以侧面包抄偷袭为奇；以实力围歼为正，以诱骗欺诈为奇。运用谋略时，要变换使用正的因素和奇的因素，才能有出奇制胜的效果。战场形势，虚虚实实，变幻莫测。避实击虚，方能取胜。要把自己的真实情况和真正目的隐藏起来，以假象显露给敌人。“能而示之不能，用而示之不用”，尽量暴露自己的短处，使敌人判断失误而落入圈套。

第三节　真实思维

真实思维包括求真思维、务实思维，与假空思维相对。真实思维包括以下九个方面。

一、正心诚意

诚意有三层含义：

第一，诚意就是内心意念与外在言行相一致。意是内心活动，内心活动是真诚还是虚假，要看外在的言行与内心的活动是否一致，一致就是真诚，相悖就是虚伪。如看到一个人，口中称赞他，而心中厌恶他，就是虚伪；口中称赞他，内心也赞赏他，就是诚意。如果是先有言行，就要考察内心是否与言行一致。例如，一个人有某种帮助他人的行动，而内心却想的是通过讨好对方最终达到算计对方的目的，则其内心意念与外在言行不一致，这就是虚伪。如果是先有内心意念，就要看其外在言行是否与之保持一致。例如，一个人心中有对父母的爱敬之意，但是，由于受到私欲的干扰，此人并没有作出奉养父母、关心父母的言行，则说明此人的意不诚。

第二，诚意就是良知的真实存在。《大学》曰："所谓诚其意者，毋自欺也。"诚意就是不欺良知、不欺本心，即不欺骗自己，不违背自己的良心。王守仁提倡"此心真切"（王守仁《传习录》上），吕坤强调"实言、实行、实心"（《呻吟语·应务》）。诚意是正心与修身的前提。善良的心，首先要真实存在，才能发挥端正动机、修养身心的作用。正如水要真实存在，才能发挥泽润万物的作用。孟子曰："反身而诚，乐莫大焉。"（《孟子·尽心上》）诚意是一种健康、快乐的心态，因为由于意之诚，心有定向，避免了内心的冲突与扭曲，无愧无怍，心中坦然，始终保持宁静、安详、愉悦的心境。

第三，诚意表现为全心全意去做，真心实意去干，全身心地投入，尽到自己最大的努力。只说不做，敷衍了事，表面应付，即意不诚。

诚意必先正心。正心就需要消除物欲杂念等障碍，防止邪恶侵入，心如明镜，心底无私，没有私心杂念之染。心中有鬼，自然就不可能诚意。

二、择善而执

"择善固执"指的是，不断地选取良善心念、良善行为、良善事物而加以固守坚持，并持之以恒，就可以达到至诚的境界。《中庸》说："诚者，物之终始，不诚无物。"朱熹说："诚者，真实无妄之谓，天理之本然也。"（《四书章句集注·中庸》）庄子说："真者，精诚之至也。"（《庄子·渔父》）天理本来就处于真实的状态。人的道德品质，首要的特征就是真实存在。周敦颐说："诚，五常之本，百行之源也。"（《通书·诚上》）道德品质如果不是真实存在，就是虚伪的。仁、义、礼、智，必须是真实的才会存在。如果只讲仁、义、礼、智，而不讲信，那么，仁、义、礼、智都会变为虚伪的东西。老子主张："常德乃足，复归于朴。"择善而执，去除虚伪、谎言、诡诈、欺骗，让人性回归到未受污染之前的纯真状态。

仁、义、礼、智、忠、孝、廉、毅、和都不能离开"信"而存在，必须与"信"相结合，与"诚意"相结合，才能真正存在。否则，就容易流于虚伪。如果"信"同"不仁""不义""不忠""不孝"相联结，让这些负面的东西真实存在，则"信"就没有道德价值。

诸如沉迷酒色、迷恋游戏、贪图玩耍等，是"择恶而执"而非"择善而执"。在当代社会，道德舆论淡化或扭曲了，对人不能起到重要的导向作用，有些人并不在乎自己的丑行暴露出来。如果一个人做了不仁不义、不忠不孝之事，但是，他声称自己是出于真诚，发自内心，在真诚的名义下放纵自己，无所顾忌，对他人、对社会会造成严重的伤害。

一般情况下，仁义与诚信是一致的，诚信是必须遵守的道德规范。但是，在某些特殊情况下，诚信与道义相违背，应当坚守道义而暂且放下诚信。因为仁义的"道德级别"比诚信更高。不妥当的诺言可以修正，被胁迫的盟约无须遵守，错误、有害的计划可以放弃。在道德实践中，“义”高于“信”，“信”要遵从“义”，促进“义”的实现。离开道义，不考虑道义，只是片面强调守信，机械地遵循言行一致的行为规范，当诚信所坚持的东西违背道义时，就有可能导致对非道德的肯定甚至对道德的否定，造成不良后果。当“信”与“义”相一致时，就应当“言必信，行必果”；而当“信”与“义”相冲突时，就应当如孟子所言：“大人者，言不必信，行不必果，惟义所在。”（《孟子・离娄下》）

道义高于诚信，道义统御诚信。人在作出承诺前，要考虑它是否符合道义，符合道义就答应，不符合道义就不答应；人在作出承诺之后，要考虑它是否符合道义，符合道义就履行，不符合道义就取消；人在行动过程中，要考虑行动是否符合道义，符合道义就坚持，不符合道义就停止；人在行动结束之后，要反思是否符合道义，符合道义就可以坚定不移，不符合道义就要改过悔过。

当诚信与仁义发生冲突，二者之中必选其一时，可以选择仁义而暂且停止诚信。选择仁义而暂停诚信主要发生在以下特殊情况：

（1）在正义战争中，为了取得胜利，可以使用声东击西、诱敌深入、兵不厌诈等方式，因为使用欺骗敌人的方法有助于实现正义的目标。

（2）在日常生活中，少数情况下可以使用善意的谎言。善意的谎言有两个前提：一是说谎者必须出于仁爱之心；二是谎言必须产生有利于对方的结果。如在医院中，如果一位患者得了不治之症，医生将病情告诉患者的家属而不会告诉患者本人，患者的家属不将真实的情况告知患者，他们就可以对患者讲善意的谎言。但是，如果是出于私心、出于损害对方的目的说谎，那就是恶意的谎言。善意的谎言尽可能少讲，讲多了，会养成讲谎话的习惯。

（3）在职场中，涉及机密问题时，就不能讲真话，因为保守机密就是一种责任。

（4）面对犯罪分子时，不可讲真话。如果对犯罪分子讲了真话，就是在帮助犯罪分子达到其目的，是不仁不义的行为。

（5）涉及个人隐私问题，也不宜讲真话。因为讲了关于隐私的真话就是对他人的侵犯。费希特说：“即使是为了拯救人类我也绝不食言。”费希特就是将诚信作为最高原则，为了诚信可以牺牲仁义，在实践中是有害的。

“不诚无物”，万事万物之所以存在，就是因为具备真实这一特征。万物以真实的面貌展现在人们面前，而且按其自身固有的规律运行，绝不作任何遮掩和伪饰。天地如果不是真实的存在，就不能化育万物。天道的存在也是真实无妄的，真实是天道的基本属性，如果不真实，即为不存在。真实的事物具有强大的生命力和创造力，而虚假的事物则常常由真实因素与虚假因素混合而成，缺乏根基，没有生命力。

三、修辞立诚

《周易・乾卦・文言》：“子曰：君子进德修业。忠信所以进德也；修辞立其诚，所以居业也。”“修辞立其诚”就是建立言辞，应当以真诚、真实为标准。要言而有信，自己讲的话要真实，嘴上说的要同心中想的一致，行动要与言论相一致，理论、名义要与事实相一致。

坚持真理，拒绝错误的理论，辨别虚假的信息。求真，向内寻求真诚，即自己的心意、言论、行为都要真实。我们生存在一个真假信息混杂的世界中，生存于真理与谬误并存的世界，生存于各种真实事物与虚假现象的包围之中。如果我们丧失分辨能力，没有求真的本领，我们将难以生存。网络世界以快捷、方便的形式传播信息，但所传播的信息既有事实真相和真实观点，也有大量“假、大、空、繁”的信息，少数人利用网络歪曲事实、制造谣言、混淆视听。辨别真假信息，是生存的必备能力。我们是通过耳闻目睹接收到信息，即使我们通过耳闻目睹直接面对相关的事实，也难以辨别信息的真假，因为耳闻目睹通常只能看到事物的表象，而不能看到事物表象背后的本质；只能看到事物的某些方面，而不能看到事物的方方面面；有时看到的是事物的假象，而不是事物的真相。莎士比亚说：“外观往往和事物的本身完全不符，世人却容易被表面的装饰所欺骗。”①通过调查、实践、践行直接进入事实之中，接触到事物的方方面面，并且透过现象进行理性思考，将事实与信息相对照，才能辨别信息的真假。

妄言与邪念相一致。先有险恶之心，有欺骗的动机，才会去制造、传播、利用妄言。心术不正，私欲过重，眼光就会狭隘，耳朵就会堵塞，思路就会歪曲。昏庸的人没有能力去调查和面对事实，邪恶的人需要排斥正直的人，自私的人需要维护自己的私利，他们都需要谎言与谗言，于是就有人制造谎言与谗言。

四、追求真理

人类的知识体系包含真理和谬误。许多谬误常常依附于真理之上，同真理结合在一起，才能蒙蔽人类。人类文明的发展，表现为真理不断增加，谬误不断减少。每个人的头脑里存在的知识，既有真理，也有谬误。每个人的进步，就在于在头脑中增加真理，减少谬误。

实践是检验知识是否为真理的主要方式。判断某一知识单元是不是真理，只能通过实践来证实或证伪。如果某一知识要点同客观对象相符合，就是真理；如果某一知识要点同与之对应的客观对象相违背，就是谬误。

“真理面前人人平等”。每个人都拥有判断某一知识是真理还是谬误的权利。有怀疑精神、反思精神与批判精神的人，经过实践的检验和事实的验证，发现某些知识是谬误，勇敢地站出来，坚持真理，宣传真理，对谬误进行批判。“夫学贵得之心，求之于心而非也，虽其言之出于孔子，不敢以为是也，而况其未及孔子者乎？求之于心而是也，虽其言之出于庸常，不敢以为非也，而况其出于孔子者乎？”[（明）王守仁《传习录·答罗整庵少宰书》卷二]（译：学习贵在得到自己心灵的认可，向自己的内心寻求，如果发觉它是错的，即使它是孔子之言，我也不能认为它就是正确的，更何况是来自那些不如孔子的人呢？在自己的心灵中验证，发觉它是正确的，即使它是来自平

① ［英］莎士比亚．莎士比亚全集：第3集［M］．北京：人民文学出版社，1978：54．

庸之人，我也不能认为它是错误的，更何况是来自孔子的理论呢？）

谬误给某些人或某些集团带来利益，他们为了利益需要而维护谬误，利用权力或势力强迫人们接受谬误，迫害向这些谬误发出挑战的人士。教条主义将权威人物的言论作为论证某一知识为真理的唯一根据，而不是以客观事实来验证。

在以下几种情况下，真理会转化为谬误：

（1）真理的时间误置：某一真理单元，是对应于某一特定的认识对象。真理以理论的形式存在，保持稳定性。但是，随着时间的推移，这一特定的认识对象发生了变化，或者认识对象所处的条件发生了变化。在这种情况下，我们继续用原来形成的真理来表达已改变了的对象，则必然有不相符合的部分，于是，谬误出现了。

（2）真理的空间误置：假设甲与乙是同类事物，然而甲、乙分别存在于不同的空间中，存在于不同的背景下。当我们形成关于甲的真理，并将这种真理强加给乙，作为乙的真理，此真理必然同乙事物有不相符的部分，于是，谬误产生了。在这一空间条件下形成的自然科学的真理，可以移植到另一空间条件下，仍然保持其真理性，只要认知的客体是同类。因为自然科学的认知对象，同类的存在物在不同的国家或地区，其基本属性是相同的。但是，社会科学则截然不同，各个国家、各个地区、各个民族的社会条件极不相同，我们对某一空间条件下的某一事物形成了真理认识，当我们把这一真理照搬到另一空间条件下的同类事物上，便转化为谬误。

（3）真理的层面误置：我们将关于客观对象的某一侧面的真理夸大，用这一真理片段作为对该认知对象的全面认知；或者把关于客观对象的某一层面的真理误置于该客观对象的另一层面上，作为对另一层面的认识，这样便产生谬误。

（4）真理的领域误置：认知客体存在于某一领域中，对该认知客体形成的真理，只能在这一领域保持其真理性。离开这一领域，将真理误置到另一领域，该真理便转化为谬误。例如，在自然领域形成一系列正确的研究方法，如果将这些方法误置在社会领域，就会产生谬误。

（5）参照系的变化：某种真理是在一定的参照系中才成立的，如果该参照系发生了变化，那么，在新的参照系中，原来的真理就变为谬误。

（6）表达方式的变化：真理的传播，必然是从一种语言体系传向另一种语言体系，从一种理论体系传向另一种理论体系。在传播中就必然会出现偏差，原来是真理，传到另一语言体系或理论体系中，由另外的语言体系或理论体系中的概念表达出来，就变成了谬误，例如，中国哲学中的炁，如果传到西方哲学中，在译文中表达为物质微粒，则变成了谬误。中国哲学中的“阴”与“阳”，传到西方哲学中，在译文中表达为“黑暗”与“光明”，则变成了谬误。

五、寻找真相

了解事实真相，是正确、有效、公正地处理事务的首要前提。如果一个人只习惯于远离事实存在之地，通过别人的报告和转述来了解事实，那么，事实真相通过别人的私利和见识过滤、歪曲之后，穿过层层迷雾来到自己面前时，已是面目全非了。自己亲临事实存在的现场，进行全面的调查，是了解事实真相的唯一方法。

有时人们会抱侥幸心理，或持乐观态度而掩盖真相。成功的人从来不会将自己的事业建立在侥幸之上。抱有侥幸心理的人，只看到并利用客观现实中的有利因素，故意忽视客观现实中的不利因素，企图侥幸获得成功。而当客观不利因素出现时，很快就陷于失败。因势利导，要有危机意识。改变“只报喜不报忧”“只歌颂不批评”的思维模式，勇于面对客观环境中的种种不利因素和消极因素，勇于面对困难、危机和矛盾，并采取有效的措施加以解决，不能只看好的一面和积极的因素。正是客观存在着各种不利因素、消极因素、危机、矛盾，不利因素既然存在，就必然会爆发，一旦爆发，就会导致失败。孙子说：“故用兵之法，无恃其不来，恃吾有以待也；无恃其不攻，恃吾有所不可攻也。”(《孙子兵法·九变篇》)(译：用兵的原则是，不抱敌人不会来的侥幸心理，而要依靠我方充分准备，严阵以待；不抱敌人不会攻击的侥幸心理，而要依靠我方坚不可摧的防御，不会被战胜。)自己实力强大，自身准备充分，才能立于不败之地。如果自己虚弱，缺乏准备，把自己生存的希望寄托在敌人或对手不出现上，那么必定要失败。因为任何敌人或对手，只要有机会，就一定会出现，给予自己重大打击。

有时人们会出于自私自利之心，出于护短的心态，凡是与自己有关的真相，如果暴露之后会给自己带来不利的结果，自己就会千方百计地加以掩盖和伪装。

六、面对实际情况

所谓务实，是指面对实际问题，进行调查研究，掌握真实情况，尊重事实，遵循客观规律，树立行动目标，制订针对性强、可操作性强的可行性方案，既要明白可以做什么，也要明白不可以做什么，根据实际情况作出正确的决策，集中精力，执行有力，脚踏实地，真抓实干，产生实效，并通过评价结果，总结利弊得失，主动承担责任。孔子曰：“未能事人，焉能事鬼？”“未知生，焉知死？”(《论语·先进》)表明孔子重视现实人生的态度。孔子试图弘扬大道，培育治国安邦的人才，以此来挽救正在沉沦的社会。

面对客观实际，我们要尽可能地摒弃先入之见或主观偏见，按照客观事物的本来面目来认识它；要求我们对客观对象的认识不要停留在抽象的、空洞的、片面的、简单的阶段，而要进入具体的、充实的、全面的、复杂的阶段；要求我们不要停留在过去客观实际的认识上，而是面对变化了的客观实际作出新的认识；要求我们认识自己所处的特殊背景下的客观实际，而不是一般情况下的客观实际；要求我们亲临客观实际存在的现场，去认识客观实际，而不是接受靠别人描述的、被别人歪曲的客观实际；要求我们直接面对客观实际，而不是从书本、抽象理论出发去认识客观实际；要求我们不是用老办法去面对新情况，而是根据对新的客观实际的认识和了解，探索具体道路、方针、方法和措施。

邓小平在1977年5月24日的谈话中向全国郑重地提出“承认落后就有希望了”①。真实地看到自己落后的现实，就能给自己清晰的定位，对照先进者看到差距有多大，分析自己落后的原因，找到缩小差距行之有效的方法、措施。邓小平说：“我们过去有一段时间，向先进国家学习先进的科学技术被叫作‘崇洋媚外’。现在大家明白了，这是一种蠢话。我们派了不少人出去看看，使更多的人知道世界是什么面貌。关起门来，故步自封，夜郎自大，是发达不起来的。”②邓小平正是深切地感受到中国与发达国家存在的差距，才激发起我国奋起直追的勇气和决心。

七、讲求实际效果

1. 不能产生效果的做法

（1）为了满足上级的要求，搞形式主义，走过场，按一定的程序重新演示一遍，以文件落实文件，以会议落实会议，但这些行为却没有产生实际的成效。

（2）为了讨好上级，大搞形象工程、面子工程，装样子给领导看，对人民却不能产生实际效果，反而是劳民伤财。

（3）为应付各种各样的比赛、评比，将大量的时间、精力投入进去，在比赛、评比相关指标方面争取做得更好，虽然这些方面是临时性的，而与比赛、评比指标无关的大量的实事、好事、有价值的事，却没有人去做。

（4）空谈理论，从书本到书本，从理论到理论，不进行实地的调查研究，不探索解决问题的方法。

（5）坐而论道，而不是起而行事。扣帽子，打棍子，抓辫子，给做实际工作的人挑刺。

2. 追求实际效果的做法

（1）争取以最低成本获取最大实际效益。

（2）以工作的成效来评价工作的好坏。空谈家从逻辑演绎设证某种制度、某种方法的优越性，而实干家则是从实际工作产生成效来证明某种制度、某种方法的优越性。

（3）追求实际效果，既要看对个人的效果，也要看对群体的效果；既要看眼前效果、短期效果，也要看未来效果、长期效果；既要看物质方面的效果，也要看精神方面的效果。一个狭隘的实用主义者，则是只看个人效果、眼前效果、短期效果、物质效果。

宋明理学重视心性、重视理，但某些人的观点确实存在流于空疏、空谈性理之弊。明末清初思想家国亡家破之余，痛定思痛，进行反思。顾炎武倡导求实态度、实证方法，注重实地考察、研究具体社会问题，河北的颜（元）李（塨）学派所倡导的提倡实习、实干、实用，在清王朝的高压统治之下，不能发扬光大。为了规避政治风险，人们更多的是去故纸堆中爬行。清代戴震为考证《伪孔传·尧典》中的一个“光”字，

---

① 邓小平. 邓小平文选：第2卷［M］. 北京：人民出版社，1994：40.

② 邓小平. 邓小平文选：第2卷［M］. 北京：人民出版社，1994：132.

花了 20 多年时间，最后才得到自认为是九分肯定的结果。

八、理论联系实际

“理论联系实际”正确的方式是：以解决现实问题为目的，以理论为工具。根据解决现实问题的需要，去选择并运用理论。理论越是多样化，我们选择的余地就越大，解决问题的效率就越高。所学的理论种类越多，范围越广，则解决问题时备用的工具就越齐全；如果只学习某些单一的理论，知识面狭窄，则解决问题时就会找不到相应的理论工具。例如，面对中国当前的道德难题，如果我们没有系统完整地学习孔子儒家道德理论，在解决问题时，就缺少了这一工具。

“理论联系实际”错误的方式是：以某种理论为神圣不可侵犯的教条，以维护某种理论的权威性、合法性为目的，去歪曲现实、改变现实。

理论逻辑与现实逻辑不一致，因为理论逻辑通常是依据一个或几个理论要素进行推论，得出一个结论。只要理论要素少于现实因素，或者理论要素不能真实地反映现实因素，就会导致理论上的结论与现实中的结果不一致。在现实中，各种现实因素相互作用，产生合力，最后形成结果。只要各种因素在现实中存在，就一定会产生作用。

九、遵循客观规律

汉代班固编纂的《汉书》里就有“实事求是”之语。“实事”指的是客观实际存在的事物，“求”是去探求、去发现，“是”指的是客观事物真实的规律、特性。中国政府总结历史的经验教训，确立了“解放思想、实事求是、与时俱进”的思想路线，提出“大力弘扬求真务实精神，大兴求真务实之风”。

遵循客观规律，才能获得成功而且受益；违背客观规律，徒劳无功而且受害。利用客观规律对未来进行科学预测，提前采取防范措施或促进措施。教条主义、本本主义和主观主义不仅脱离实际，也常常违背客观规律。

与真实思维相对立的就是假空思维。1990 年，陈云为时任浙江省委书记的李浙民题写了“不唯上、不唯书、只唯实，交换、比较、反复”15 字赠言。其中讲到的“唯上”“唯书”，就是假空思维。

假空思维构成了求真思维、务实思维的障碍，表现在以下几个方面：

（1）“唯上”：以权威人物的思想、言论、意志、利益作为判断真假、是非、善恶的标准。

（2）“唯书”：以书本上的思想、理论、结论作为判断真假、是非、善恶的标准。解放思想，从实际出发，才能消除“唯书”的障碍。

（3）“唯心”：以自己心中的成见、观念、空想作为判断真假、是非、善恶的标准，当一个人心中都是错误观念，这些谬误就会挡住其面向真实世界的视线。

（4）“唯名”：以名义、概念、名誉、辞藻作为判断真假、是非、善恶的标准。有的人贪慕虚荣，贪图虚名，自己的德才与名不符。有的人在制造产品时，在创造事物之时，有其名而无其实，名与实相背离。建立公正、公开、公平的评价体系和奖惩机制，才能消除“唯名”的障碍。

（5）“唯我”：以自我的私利、欲望、习性作为判断真假、是非、善恶的标准。符合自己私利时，假的可以说成是真的，真的可以说成是假的。有些人缺乏人格独立与思想独立，养成依赖、顺从、忍耐的奴性人格，缺乏正义感，缺乏坚持真理的勇气，养成因循守旧、安于现状的习性，思想僵化，迷信权威。

老子的“知人者智，自知者明”，曾子的“吾日三省吾身”，都是突破“唯我”的方法。

与实事求是相背离的现象就是“假、大、空、繁、浮”。求真务实就是跳出“假、大、空、繁、浮”的陷阱。“假”就是虚假，不真实。“大”就是夸大事实，虚报浮夸，或者将具体的问题上纲上线，不谈问题，只谈理论。“空”就是空想、空谈、清谈、玄谈，不切实际，玩弄空洞的概念与抽象的词语。“繁”就是烦琐，将简单的事情复杂化，编织复杂的概念与言语之网，使人身陷其中而远离实际。“浮”就是浮躁，不踏实，缺乏坚定的意志和持久的努力。孔子有强烈的社会责任感，不谈论“怪力乱神”，因为这是虚妄的东西。

网是用于捕鱼的。我们将理论、学术成果、言论比喻为网，将事实比喻为鱼，就会清楚地看到，有些研究者整天都在编制语言、概念、逻辑之网，制造各种“假、大、空、繁、浮”的理论，吹嘘他们编织的网如何好，并论证网对于捕鱼的重要性，作茧自缚，自设陷阱。但他们从来不关注鱼（事实），不用网去捕鱼（解决问题）。一旦用他们编织的网去捕鱼，就会发现，这种网是捕不了鱼的。

第四节　创新思维

创新思维是探索未知事物，创造新的事物、新的方法、新的知识，具有主动性、开拓性、创见性的思维。只有少数人才具备创新思维。中华民族是创新思维极强的民族，16 世纪以前，影响人类生活的重大科技发明约有 300 项，其中 175 项为中国人所发明。至清代，在文字狱、文化专制主义的压制之下，中华民族的创新思维受到极大的破坏。

创新的前提是心术端正。谋略有阴谋和阳谋之分。阴谋是出于邪恶的动机，以剥夺他人的正当利益为目的。阳谋则是出于善良的动机，以保护正当利益或夺取他人不当利益，识破对方阴谋并有效应对为目的。谋略是正还是邪，是阴谋还是阳谋，主要是根据谋略的动机及谋略运用的结果来看，而不是由手段或方式来区分。治理一个国家，管理一家企业，一定要用阳谋，而不能用阴谋，要讲公平正义，讲诚信，讲仁爱，而不能使用诡道。歪门邪道、雕虫小技、阴谋诡计都不能治国、治企。

一、创新思维的特性

流畅性：针对刺激能流畅地作出反应。

灵活性：创新者保持锐意创新的勇气，敢为人先的锐气，蓬勃向上的朝气，突破思维定式的束缚，随机应变，灵活地转变思维方向。

独创性：在他人的基础上有新的见解、新的发现、新的突破，产生前所未有、人无我有的东西。

求实性：面对客观实际，善于发现社会的需求。

批判性：敢于冲破习惯思维的束缚，敢于打破常规去思索，用怀疑精神对待原有知识、权威论断。

综合性：详尽地占有大量的事实、材料及相关知识，综合运用多种思维方式。

开放性：打破迷信经验、迷信本本、迷信权威的惯性思维，不受现有知识的限制，也不受传统方法的束缚。

自由性：人处于自主、自由的状态，才会有创新思维。

价值性：创造的成果是有价值、有效的，是符合社会道德规范和法律法规准则的。

二、僵化思维的特征

创新思维的对立面是僵化思维，僵化思维“不敢想、不愿想、不能想”。僵化思维具有以下特征：

（1）因为习惯、利益、经历的制约，只从某些固定的角度看问题，只能看到问题的某些方面，而不愿意去看问题的其他方面。

（2）以原有的、固定的思维模式思考问题，保持原有的思维定式和思维习惯，钻牛角尖，进死胡同，没有想到采取新的思维模式。一位心理学家曾经说过：“只会使用锤子的人，总是把一切问题都看成钉子。”

（3）思想封闭，维护原有的思想、观念不变，面对新事物、新知识时，要么是拒不接受，要么是保持自己原有的知识结构不变，力图将新事物、新知识通过歪曲之后纳入自己原来的知识结构中。当客观世界改变了，但主观世界维持不变，主观世界就同客观世界脱节了。

（4）服从权威，跟随大众，不敢冲破旧习惯势力的禁锢，思维就会走向僵化。

三、创新思维的具体形态

1. 发散思维

以某个问题为中心，思维路线向四面八方扩散，形成辐射状，从不同的角度看同一个问题，为同一个问题提供不同的答案，找出适当的答案，越多越好，而不是只找出一个正确的答案。在解决某个问题时，要考虑多种方案，而不是固守一种方案。如果从他人尚未注意到的角度去看问题，就会有新的发现。当自己的思维陷入困境时，换一个角度看问题，也许就能跳出思维的困境。“横看成岭侧成峰，远近高低各不同。”

2. 反向思维

事物都包括对立的两个方面，这两个方面又相互依存于一个统一体中。人们形成只看其中的一方面而忽视另一方面的习惯性思维方式。反向思维就是人们从相反的方向去思考，当有一种观点存在时，能提出另一种相反的观点，或者提出另一种相反的可能性，从而寻找突破的新途径。有事物的正反两个方面的认识并存于大脑里，我们对事物的认识就会更加全面。例如，华为公司模仿军队演习时两军对抗的方式，设置了“红军”“蓝军”机制。“红军”提出某个设想，“蓝军”就站出来挑刺、反驳，指出不合理的地方，“红军”会相应作出改更，接着再次接受“蓝军”的考验。又如，吸尘器的发明者，就是从“吹”灰尘的反向角度“吸”灰尘去思考，从而运用真空负压原理，制造了电动吸尘器。

3. 换位思维

换位思维就是站在对方立场上去思考。例如，你是销售员，请你假想一下如果自己是顾客，会有什么需求。有的企业实行岗位轮换，比如，安排研发部门的员工去做营销，而营销部的员工换过来做研发，通过换岗来进行换位思考，在不同的岗位上汲取不同的经验，有利于培养复合型人才。

4. 转向思维

思维在一个方向停滞时，“旱路不通走水路”，另辟蹊径，及时转换到另一个方向，从而找到新的解决途径。防止钻牛角尖、走死胡同。达·芬奇在绘画创作过程中，善于从一个角度不停地转向另一个角度，观察人物、景物和事物，创作出了一幅幅传世之作。

5. 原点思维

事物处于发展变化之中，回到事物的原点进行思考，梳理出事物发展的脉络，就能更清楚地看到事物的真相，看清事物在变化中出现的偏差。在我们的工作中许多问题毫无头绪，可以试着回到原点探究原因，就可以厘清思路。例如，在刑事侦查中，根据犯罪嫌疑人人性或特性的认识，就能找到犯罪嫌疑人的活动轨迹。

6. 换元思维

事物有多种构成因素，如果变换其中某一要素，就会产生新的事物，这就为解决问题找到新的途径。例如，在发明创新过程中，设计者可以去寻找替代物，或许就能找到性能更好、价格更低的替代品。又如，进行一项科学实验，常常变换不同的材料和数据反复进行。

7. 联动思维

当思考某一个事物时，从多个方面联想到与此事物相关的各种事物，触类旁通，举一反三，“一叶落知天下秋”，“窥一斑而知全豹”，将此事物同相关事物建立纵向、横向、立体交叉等多方面的联系，就能在头脑中将对此事物的认识放到有意义的知识结构中，从而出现灵感，出现创新的突破口。

8. 综合思维

将现有的各种要素进行组合，就可以产生新事物，将两种或两种以上的学说、技术、产品的一部分或全部进行适当叠加和组合，就可以产生新学说、新技术、新产品。集成创新就是将相关要素结合起来，通过优化组合而形成的创新。阿波罗计划将已经发现的自然科学理论和已经发明的技术进行组合，没有一项是新发现的自然科学理论和技术。

9. 移植思维

将在某一领域中的概念、原理和方法运用于另一领域，运用于另一个研究对象，从而取得创新成果。“他山之石，可以攻玉。”例如，将工程中的定位理论用在营销中，鲁班由茅草的细齿拉破手指而发明了锯。

10. 正奇思维

正是符合常识和习惯的方法，而奇则是不合常识、不循常规、难以预料、防不胜防的方法。如在战场上，正面进攻为正，迂回侧击为奇；担任守备的为正，集中机动的为奇；明攻为正，偷袭为奇；按一般的作战原则作战为正，采取特殊的作战方式为奇。“战势不过奇正，奇正之变，不可胜穷也。”(《孙子兵法·势篇》)（译：战争态势不过只有奇、正两种，然而奇、正的变化却是不可以穷尽的。）

第五节　经权思维

在经权思维中，“经”的含义有两种：一是指在一定范围内人们公认的经典；二是指“正道”。“权”是指权衡、权变、变通。柳宗元说：“经非权则泥，权非经则悖。”(《断刑论》) 意思是指，只知道坚守正道、信守经典，不知道变通，就会出现思想僵化、呆滞的现象；但如果只讲权变，离开正道，离开经典，则会产生混乱、悖逆的现象。

一、信守经典，权变运用

在一般情况下，经是承载道的，违背了经，也就叛离了道，这就是离经叛道。在经典与正道相符合的情况下，信守经典也就是坚守正道。由于中国圣贤经典给予人们明确的行为指导，人们遵照圣贤经典的要求，便可以作出正当的行为，就不需要权变。但经典在以下情况下需要权变：

（1）经典从抽象原理到具体运用。客观世界是复杂多变的，而经典的文字是有限的，通常经典会讲一般的原理、特性，无法全面描述各种具体复杂的情况并指示人们在某种具体情况下如何做。当经典讲的是抽象的原理、原则，那么，运用者就需要认识自己所面对的事物真相，将经典所阐述的原理同具体事物相结合，找到处理问题的具体方法，否则，只会照搬照抄经典语句，就是从抽象走向抽象，从口号走向口号，而无法落实，无法产生实际成效。

（2）经典在不同环境中的权变运用。如果经典所讲的道理乃是适合于某种具体环境中的道理，运用者将这种道理生搬硬套地放在另一种具体环境中，就会出现不适应的现象，从而导致失败。在这种情况下，运用者将同一的道理，放在另一种环境中运用，就需要权变。徐偃王大施仁政，不修武备，最终失败；宋襄公在战场上讲仁义，不乘人之危，最终一蹶不振。他们都不懂得，在面对敌人的特殊环境中，不能生搬仁义之道。在企业管理中，某种方法、措施、制度，在一定的环境中是有效的，但是，硬搬到另外一种完全不同的环境中去运用，就可能是错误的。不同的环境，包括时间不同、空间不同、情势不同、身份不同、能力不同、场所不同等。

（3）暂离经典，返归正道。“文以载道”，经文已承载了部分正道，但没有穷尽正道的所有内涵，存在着“经之所不及者”。经典不可能描述人类生活的千千万万种具体境遇，并提供在各种具体境遇中的明确指导。经典不可能对未来出现的新情况有预先准备好的答案，特别是经典产生于数千年或数百年之前，经典不可能预见社会发生重大变化而制定相应的原则。经典既然是极高智慧的人通过文字表达正道，但人都会有认识的缺陷，所以，经典文本上的绝大多数话语都表达了正道，但经典文本中有些话语是偏离正道的。某些文本成为经典，并不是历史验证、人民选择的结果，而是某种权势干预的结果。在上述情况下，就应当暂离经典，去探索正道，践行正道，这就是“离经返道”。

需要特别指出的是，只有具备极高智慧与高尚品格的人，才能做到“离经返道”。品质低劣、智慧贫乏的人只能做到“离经叛道”。汉代大儒董仲舒指出：“夫权虽反经，亦必在可以然之域。不在可以然之域，故虽死亡，终弗为也。”（《春秋繁露·玉英篇》）即便是在权变中脱离了经典，但绝对不能脱离正道。

二、坚守正道，权变运用

坚守正道，权变运用分为以下几种情况。

（一）同一正道在不同环境中的权变运用

正道在任何时代，在任何境遇之中，在任何人那里都是存在的。但是，按“理一分殊”的原则，随着时代的变化，或具体境遇的不同，或每个人的特性不同，正道就会显现出不同的具体形态。正道在以下不同的环境中呈现出不同的特性：

（1）正道在不同时代运用，必须结合时代特征，呈现出不同的样态。如孝道是正理，任何时代都需要，但由于时代的差异，其表现方式就会有差异。在封建专制时代，过多强调子女的顺从；在民主法治社会中，则更多地强调子女的自主。“时止则止，时行则行，动静不失其时，其道光明。”（《周易·艮卦·彖辞》）（译：该静止的时候，必须静止；该行动的时候，必须行动。无论是静止，还是行动，都要掌握好时机，这样事业就能有光明前途。）

（2）正道在同一时代的不同环境中运用，必须结合环境中的具体因素，呈现出不同的特征。例如孝道，在父母思想、行为合于道的境遇中，子女采用支持顺从的立场；在父母思想、行为背离道的境遇中，则要采取“从义不从父”的立场。

（3）正道由不同的人在自己身上运用，就与其本人的特性相结合，呈现出不同的样态。例如，关于孝道，富有者与贫穷者尽孝的方式不可能一致，贫困者不能采用铺张浪费的方式尽孝。

（4）正道面对不同的人运用，就要根据对象的不同特征，采取适宜的处理办法。面对施暴者，面对外来敌人，我们要用“毅”的精神；面对普通民众，运用“仁”的法则；面对父母长辈，运用“孝”的原则。例如，东郭先生对狼错误地使用了“仁”的原则。面对恶狼，应当使用“智”“毅”的原则。《孙子兵法·虚实篇》讲：“兵无常势，水无常形。能因敌变化而取胜者，谓之神。”

（二）在具体境遇中运用不同的正道原则

正道不是抽象的原则，也不是单一的原则，而是由众多原则所构成。身处不同的境遇，面对不同的对象，运用理智、运用良知去衡量利弊、得失、轻重、本末、大小、成败，在正道中选择并运用与之相宜的一项或数项。在战争等特殊情况下，确实会出现“忠孝不能两全”的情形，但在日常生活中，通常是可以做到“忠孝两全”的。在具体境遇中，如果出现利益冲突的现象，有道德品格的人就会采取“以义制利”或“舍利取义”的办法。

（三）两义相权取其重

在具体境遇中，正道原则会出现相互冲突的现象，迫使人们作出选择，在此情况下，就采取“两义相权取其重”的办法，通过理性思考，衡量利弊、得失、轻重、本末、大小、成败，选择相对适合的正道原则。儒家主张在家族、家庭中采取以恩情为主的原则，而在政治领域则采取以正义为主的原则。在某些情况下，当恩情与正义发生冲突时，可以采用“恩掩义”或“义断恩”的处理办法。在孟子所举的例子中，“男女授受不亲”是礼教的一项原则，在一般情况下应当遵守。但是，在特殊情况下，如果死守这条原则，就是错误的，因为仁爱的原则、扶助生命的原则高于或大于“男女授受不亲”这条礼的原则。在亲人患绝症时，可以向亲人说一些令人宽慰的隐瞒真相的话，这违背了诚信的原则，但是，这样做是遵循仁爱的原则、孝的原则。在父亲偷羊这种小的过失上，孔子主张“父子互隐”，道理在于，他认为孝道高于诚信。二十四孝中的《郭巨埋儿》也是多项道德原则相互冲突的典范例子，但郭巨采取了错误的做法。郭巨的做法符合“赡养父母”的原则，但违背了孝道中的“立身行道”“父慈子孝”“孝养心志”“安身立命”“以礼事亲”等原则，所以，他践行的孝道是非常片面的。从更大范围上讲，郭巨的做法还违背了仁、义、智、礼等正道。

在极端的境遇中，两项或多项道德原则产生严重冲突，无论作出何种选择，都会付出沉重代价，或者当事人采取自杀的方式以表示对这两项或多项道德原则的尊重。如明朝名臣方孝孺被夺权的燕王朱棣以诛十族相威胁之时，陷入忠君与亲亲两难的困境中，他选择了忠君，付出了巨大的代价。又如晋灵公派出锄麑（chú ní）去刺杀赵盾，锄麑到了赵盾的房间外，看到赵盾已经盛服准备上朝，端坐闭目养神，嘴里还喃喃念着劝谏国君的话。鉏麑不忍心刺杀赵盾，便退了出来，感叹道：“不忘恭敬，民之主也。贼民之主，不忠。弃君之命，不信。有一于此，不如死也。”便一头撞死在门口的槐树下。

（四）两害相权取其轻

在境遇中选择并运用相关的原则时，如果会出现多种结果，以理性加以衡量，就采取“两害相权取其轻”的办法。

（五）穷则变，变则通

在现有已知的正道不能解决面临的难题，就要走“穷则变，变则通，通则久”之路，在现有经典之外，在现有已知的正道之外，去探索和发现新的真理、新的正道。

三、经权思维的原则

运用经权思维，必须遵守以下三项原则。

（一）必须坚守正道

信守经典、权变运用或坚守正道、权变运用都属于“执经达权”，根据正道、基本原理、客观规律，结合当下境遇，“因地制宜”“因时制宜”“因事制宜”“因人制宜”，选择合适的具体方法、策略、技巧和路径，实现原则性与灵活性的统一。权变是在不违背正道的基本精神的前提下展开的，是有限度的，是有底线的，不可滥用，不能因为权变而导致对正道的背叛摧毁。

孔子曰：“君子无终食之间违仁，造次必于是，颠沛必于是。”（《论语・里仁》）又说：“笃信好学，守死善道。”（《论语・泰伯》）坚守正道，依道行权，绝不能以权变为理由违背正道，滥用权变，曲解正道，造成价值混乱和行为失范。儒家所讲的“权”，是在正道统御下的“权”。法家讲“法、术、势”，只讲权术、权谋，不讲正道。在缺失正道的情况下大讲权术、权谋，必定败坏人心，扰乱社会，其结果必然是：“故用国者，义立而王，信立而霸，权谋立而亡。”（《荀子・王霸》）

理性权衡必须在维护正道的前提下进行，不能脱离十大义理。否则，就是纯粹的功利计较。现在，许多人进行理性权衡时，依据的是金钱、权力、享乐三原则，以实现自己利益的最大化，不知十大义理为何物，这是极其错误的。

“经”与“权”是相对存在的概念，没有“经”，“权”就无从谈起。明代学者冯从吾认为：“权虽通变，不离乎经。”信守经典、坚守正道是权变必不可少的前提。朱熹提出“道贯经权”，主张：“经者，道之常也；权者，道之变也。道是个统体，贯乎经与权。”程颐说“恐人离了经”，“权”如果脱离了正道、脱离了经典，就只存在权术、诈术，而不存在权变了。萨特主张“存在先于本质”，认为人在道德两难境遇中的选择既无须依照惯例，也无法遵从一般原则；个人有完全的选择自由，同时个人必须为自己的选择导致的后果承担责任。傅伟勋先生认为，存在主义的这种说法就是“权”而无“经”。

（二）良知加以权衡

权变必须从良善的动机出发，而有良知的人，才会有善良的动机。良知是正道的内化，良知是德性、理性、感性的统一体，通过良知对具体情境进行判断，对自己的行为进行选择，这就是“权”。王阳明在《答顾东桥书》中，以“舜不告而娶”和“武王不葬而兴师”二事分析说明，舜、武王并不是通过何种典籍知道应当这样做，也不是向何人询问应当这样做，而是由自己的良知去判断，舜为了延续生命，武王为了救民，都是出于善的动机，所以才这样做。自己的内心证悟了正道，培育良知，在处理事物之时，就将内心的正道运用于万事万物之中。

王阳明说："凡看经书，要在致吾之良知，取其有益于学而已。"一个人如果不学习经典，就无法完成正道的内化，其内心就不可能转化为良知，而是充满了欲望。可以说"人皆可以为尧舜"，但不能说"满街都是圣人"。可以说人人都有培育良知的潜能，但不能说人人皆有良知。在缺乏良知的情况下，人们只能用理性、欲望来加以权衡，当正道符合自身利益时，用之；当正道违背自身利益时，弃之。权变还必须具备一个条件，即运用者有自主的条件，有分析判断能力，有自由选择的权利，有自由的意志，并且能承担责任。如果是跪在地上的奴才，处处被人支配，只有见风使舵的本领，哪里会有执经达权的机会？

康德说："一切通过德性法则的意志决定的本质性东西就是：它作为自由意志，因而不但无须感觉冲动的协作，甚至拒绝所有这种冲动，并瓦解那能够与上述法则相抵触的一切禀好。"[①]康德的这种说法，重视理性对道德行为的引导作用，却排斥了道德情感在进行道德选择中的重要作用。中国的良知论与康德的说法不同，良知作为理性、德性、感性的统一体，在进行道德选择时需要爱、恻隐、羞恶等道德情感的作用，因为这些道德情感已成为人的动机的重要组成部分。

（三）结果符合正义

运用经权，就是要在影响所及的范围内，产生的利大于害，并且利与害得到公正的分配。绝对不能借口权变而故意背离正道，绝对不能在权变中运用诈术而谋取私利，损人利己，甚至为了自己的私利去杀人、害人。

作为一个管理者，必须具有经权思维。西方的权变管理理论认为，在企业管理中要根据企业所处的内外条件随机应变，没有普遍适用的"最好的"管理理论和方法。权变理论过多地强调特殊性，而忽视普遍性，也是只知有"权"而不知有"经"，荡然无所归依。

第六节　中道思维

中华文化发源于中原地区，又以"中国"为国名，以"中华民族"为族名，故中道思维最为发达，最能深入人心。中道，即中正平和的道理，与歪门邪道相对。如果将"中"视为动词，则中道也可以解释为合于道，不偏离道。道分为真理与义理，中道则是指行为既要符合真理，也要符合义理；既要按客观规律办事，又要符合正确的道德法则。以中道思维铸造中道品格，这种品行避免两种不好的极端。一个人既不高傲自大，也不自轻自贱；既不同流合污，也不孤芳自赏；既不冒进，也不保守；既不僵化顽固，也不胡作非为。孔子主张，对于学生，性格过于激进的加以遏制，过于谦让的加以鼓励。

与中道思维对立的就是极端思维。中道思维可以达致温和、和谐、宽容、团结、

---

① 康德. 实践理性批判［M］. 邓晓芒译. 北京：人民出版社 2003：80.

同心同德、同舟共济，而极端思维则会导致暴力、冲突、斗争、破坏、强人所难、离心离德、同床异梦。

中道思维包括以下几个要点。

一、中和

中即中正之道，和即和谐。持守中正之道，可以达到和谐。偏离中正之道，即产生冲突。喜怒哀乐处于未发状态之时，受到善的本性的内在调制，处于“中”的状态；当喜怒哀乐发用之时，当喜则喜，当怒则怒，当哀则哀，当乐则乐，既出自内心的真情，又能符合义理，这就是“和”。

二、时中

中道与不断流逝的时间结合起来，使中道具有因时变化的特点，谓之时中。持守中道，应当审时度势，与时俱进，根据事物在不同时期的变化而采取适当的措施，使行动合时宜。事物中存在着一个适当的点，这个适当的点，随着时空的变化而不断发生变化。例如，惩罚犯罪，给犯罪分子适度的打击，这是中道。但在不同时期，打击的力度有所不同，在太平时期，打击的力度要轻一些，而在乱世，则需要“乱世用重典”，加大打击的力度。《周易·系辞》曰：“变通者，趋时者也。”

孟子提出了“彼一时，此一时”的命题。孟子说孔子“可以仕则仕，可以止则止；可以久则久，可以速则速”(《孟子·公孙丑上》)。时代发生变化，如果自己的思想与行为不能跟上时代变化的步伐，就是泥古不化、僵化保守，落后于现实需要，这是“不及”的一端；在时代发生变化的情况下，自己的思想行为失去原则与坚守，随波逐流，赶时髦，赶风潮，超越现实需要，这就是“过”的一端。要克服这两端，就需要将“时”与“中”结合起来。

制度、措施、方法等，都需要根据时代的变化而“损益”。王夫之说：“裁前代之所已有馀者而节去之曰损，补前代之所不及防者而加密焉曰益。”(《四书训义》)“损益”就包含废除、继承、转化、发展等含义。

三、各安其位

自然万物各有其性，世间人物各有其性，不同的事物应当有不同的位，给万事万物以合理、合宜的定位，才能使其各安其位、各得其所。在大自然中，动物多样化、植物多样化，每一种动物和植物都在自然世界中找到自己的位，从而形成良好的生态系统。如果某一种动物或植物肆意泛滥或者灭绝，超出了自己所在的位，则会破坏生态系统。不同的事物、不同的人，在自己的位上发挥正常的功能，整个社会才会处于良性运行的状态。如果万事万物失去了其应有的位，出现“失位”与“错位”的现象，则失位者离开原属于自己的位，出现“空位”“缺位”的现象；众多失位者去争夺本不属于自己的位，去争夺同一个位，就会出现对立、斗争、冲突、死亡。

在一个整体中，各个部分、各个要素找到自己的位，“万物庶事莫不各有其所”，各个部分、各个要素相辅、相依、相成、相济，构成稳定的关系，形成一种稳定的、和谐的秩序，这个整体才得以存在。

面对各行各业无数的位，人应当找到与自己的德才相匹配的位，做到“当位”，才能发挥自己的作用。在重要的领导之位上，必须“举贤才”。如果“才不配位”或“德不配位”，不仅于事无益，甚至还会造成危害。如果将一个“外行”放在必须具有专业素养的领导干部之职位上，必定会发生极大的错误。

四、适度存在

任何事物都是在一定的度上存在，未达到此度，或超过了此度，事物即不存在。某一事物在一定的区间存在，当事物逐渐地变化，积累起来，发生突变，突破这个区间，则此事物已不存在。例如，鲜花是在一定程度上存在，未开之时为花蕾，花谢之后即枯萎。一个人的自信，也是在一定程度上存在，未达到度，即自卑；超过了度，即自傲。又如，煮饭要把握好度，才能作出美味可口的饭，达不到这个度，就是夹生饭；超过了这个度，就是烧焦饭。

古希腊哲学家德谟克利特说：“当人过度时，最合适的东西也变成了最不合适的东西。”如果要保持事物的存在，就必须让事物在一定的区间存在，留有余地，既不能过头，也不能不及。如在使用人才中，人尽其才、才尽其用就是合理的度，压抑人才、大材小用，为不及；过高期待、小材大用，则为过。运用激励机制时，激励的数量太小，使人无上进之心，或激励标准过低，使人轻易达到，为不及；激励的数量太多，助长人的贪心，或激励标准过高，让人心生畏惧，则为过。

如果要创造新事物，就需要让事物逐渐发生变化，促使事物的变化超过该事物存在的度，从而出现新事物。

五、不偏不倚

正道不偏向某个方面，不偏听、不偏信、不偏执、不偏爱、不偏激。朱熹说：“中庸者，不偏不倚，无过不及，而平常之理。”(《四书章句集注·中庸》)(译：中庸是不偏不倚，没有过与不及，而且是平常的道理。)既不要偏左，也不要偏右。由于中正之道的缺失，人们很喜欢走极端。

社会由众多的人、众多的阶层构成，人们有不同的立场和观点，都是正常的。由于观点、立场、利益的不同，人可以区分为左派和右派。如果左派和右派都能够在一定程度上持守中道的话，就是对社会有益的“中左”或“中右”；如果左派和右派都完全废弃中道的话，就可能成为对社会有害的“极左”或“极右”。

为什么会出现“极左”或“极右”呢？从现实因素来讲，主要是存在着利益的对立与冲突，“极左”或“极右”都只考虑自身的利益而置对方的利益于不顾，并且想用极端的方式或暴力的手段抢夺利益。从思维模式上讲，主要是缺乏中道思维，充满了幻想、激情、仇恨，则易于形成“极左”或“极右”。幻想让人在心目中形成一幅蓝图，然后用这幅蓝图全面改变社会，带有空想、片面的色彩。人在思考时，如果充满了激情，则容易夸大并违背事实，走向极端。如果人带着仇恨来面对社会，他就会倾向于使用极端的方式，热衷于暴力的手段，突破法律和道德的限制。

六、执两用中

“执两用中”就是考察和认识事物相反、相对、相异而存在的两个方面，但是，不偏向其中一方，不固执其中一方，而是运用中道思维，站在公正、中立的立场上，兼顾双方，承认相反、相对或相异的双方都应当同时存在，在双方之间找到最佳的度，在这个最佳的度上，双方按一定比例存在，双方之间建立合理的关系，从而使事物发挥最佳功能。孔子曰：“我叩其两端而竭焉。”（《论语·子罕》）（译：我只是从事物的正反两个方面进行调查研究，这样问题就可以全部搞清楚了。）

如果用“阴阳”这个范畴来描述相异、相反、相对的两个方面，则呈现的规律为：“阳—阴—合”，其中将阳设定为一方，而与之相异、相反、相对的另一方则为阴，“合”表示事物就是阳与阴这两个方面的结合体。

“阳—阴—合”规律，当用于描述事物存在形态时，就是讲事物存在着某个方面，同时也会存在与之相异、相反、相对的另一方面，两个方面结合形成完整的事物。在做调查研究之时，要“叩其两端”，即从正反两个方面进行调查。既要看到事物好的、有利的一面，也要看到事物不好的、有害的一面。两个方面的情况都掌握了，才能全面地认识事物的真相。

“阳—阴—合”规律，当用于描述事物的变化时，就是将事物原来的状态设定为“阳”，而在变化中出现的与之相异、相反、相对的因素，则为“阴”，两者结合起来，就出现新的事物，或者是原有事物通过变化进入新的阶段。

“阳—阴—合”规律包含了黑格尔所说的“正—反—合”规律，但比“正—反—合”规律的内涵更为广泛，不仅仅用于出现相反的因素之时，也指出现相异、相对的因素之时。只有当“阴”与“阳”处于相反的形态时，“阳—阴—合”规律才能等同于“正—反—合”规律，所以，不能将“正—反—合”规律强加于所有事物之上。

中国哲学主张“一分为二”，其实就是讲事物存在着阴与阳两个相异、相反、相对的方面，如张载说：“有象斯有对；”程颢说：“万物莫不有对。”但是，这两个相异、相反、相对的方面不是完全割裂的，而是通过相互作用，结合起来形成一个整体，这就是“合二为一”，明清之际方以智在《东西均》中讲：“交也者，合二而一也。”

可以用“阳—阴—合”规律来描述社会中存在的许多事物，如中国古代倡导“德刑并用”“宽猛相济”“义利合一”“公私兼顾”等观念。孔子曰：“齐一变，至于鲁；鲁一变，至于道。”（《论语·雍也》）齐国重事功而礼乐不足，鲁国重礼乐而缺乏事功，所以，齐国要向鲁国学习礼乐，鲁国要向齐国学习事功。将鲁国的礼乐与齐国的事功结合起来，就是“执两”，二者皆不偏废，于是走向中道。在书法中，平正与险绝是两端，应当兼有这两端并将其结合起来，达到通会。孙过庭《书谱》云：“初学分布，但求平正；既知平正，务追险绝；既能险绝，复归平正。初谓未及，中则过之，后乃通会。”

执两用中表现在人的品行中，即将两种不同甚至相反的品性结合起来，例如，《尚书·皋陶谟》所列举的“九德”即“宽而栗（宽宏而又严肃）、柔而立（柔和而又独立）、愿而恭（谨厚而能办事）、乱而敬（治事而能敬谨）、扰而毅（和顺而又刚毅）、直而温（正直而又温和）、简而廉（性简易而能辨别是非）、刚而塞（坚强而又诚实）、强而义（勇敢而有正义）”。孔子具有“温（和气）而厉（严肃）”“恭（恭敬）而安（安适）”的品性。《淮南子·人间训》援引孔子的话，亦认为君子具有“仁且忍、辩且讷、勇且怯”的美德。

我们可以用“阴阳”这对范畴来描述以下众多社会范畴、人生范畴、管理范畴，诸如精神与物质、科技与人文、德性与学问、广大与精微、群与己、义与利、公与私、德治与法治、法与情、自律与他律，等等。按“阳—阴—合”规律，在上述诸多范畴中，设定当中一方为阳，与之相异、相对、相反的一方为阴，阴、阳两方共同存在，不能维护一方、肯定一方，而完全否定另一方、抛弃另一方。我们所要做的事，就是为了发挥最佳功能以实现我们行为的目标，依据所面对的具体事物的具体情况，根据事物所处环境的具体情况，运用中道思维去设定阳的一方、阴的一方适当的存在位置、各自应当占有的比例，去设定阳的一方与阴的一方应当建立哪种关系。同一类事物中的各种具体事物，在不同的背景下，阳一方与阴一方的比例、位置、关系是不相同的。即使是同一事物，在不同的时期、不同的发展阶段，其中阳一方与阴一方的比例、位置、关系是不相同的。

例如，关于集权与分权，要根据具体企业的性质、规模、环境等确定各自的比例。大企业倾向于强调更多的分权以便发挥下级的主动性、创造性，小企业倾向于强调更多的集权以便统一指挥、统一行动。关于团队与个人，既不能只注重团队协作而压制个人发挥，也不能只注重个人发挥而破坏团队合作，到底团队合作与个人发挥在管理中各自占多少比重，由于不同行业、不同企业而有所差异。关于传承与创新，如果只讲传承而缺乏创新，则企业就丧失发展的活力；如果只讲创新而不讲传承，则企业的优良传统就无法保持。而传承与创新各占多大比重，传承与创新的关系如何，由于不同行业、不同企业而产生差异。如刚性管理和柔性管理，刚性管理注重制度、奖惩、监督、领导权威，柔性管理注重人情、道德风气、文化氛围、关系、自觉、民主参与，两者在企业中各有价值，只要摆正它们的位置，就能够相得益彰。关于宽与严，要做到宽严适度。如果控制太松，造成各行其是、拖拖拉拉、效率低下、组织混乱，如果控制太严，会挫伤下属的自主性和创造性，导致僵化。

七、过犹不及

事物的存在有一个度，达不到这个度，叫作“不及”；超过这个度，就是“过”。孔子曰：“过犹不及”（《论语·先进》），认为“过”与“不及”都是错误的。亚里士多德指出：“过度与不及是恶的特点，而适度则是德性的特点。”

例如，自信必须在一定的度上存在，自卑就是“不及”，自傲就是“过”，避开了“不及”与“过”，才能做到“不卑不亢”。

做任何事情如果努力不够，就会呈现“不及”的状态；如果努力做了，也要适可而止，只知向前，不知后退，就会进入“过”的困境中。例如，在家庭生活中，家庭的清洁整齐保持在一个恰当的度上，达不到清洁整齐，又脏又乱，这是“不及”；过度清洁，做到一尘不染，将会耗费大量人力，这就是“过”。又如，在个人行为上，人要稳重，但是，达不到稳重，就是轻浮，这是“不及”；稳重做得过了头，就是死板僵化，这就是“过”。人要有活力，达不到充满活力的状态，就是呆板，这是“不及”；活力过多外现，就会浮躁不安，这是“过”。人要主动，达不到主动，就是消极；过于主动，就是锋芒毕露，盛气凌人。人要讲礼貌，缺乏基本的礼仪教养，这是“不及”；而繁文缛节过多，让人不胜其烦，这是“过”。人要谦虚，缺乏谦虚之德，盲目自傲，这是“不及”；但过度谦虚乃至畏缩、自我否定、自我压抑，这是“过”。如果一直以讥讽他人为乐，则是“不及”；如果赞美他人太多、太过，违背基本的事实，变成阿谀奉承，这就是“过”。在饮食中，如果“不及”，则会导致营养不良；如果饮食过量，则会损害身体健康。

在人的品性方面，倡导某种好的品性，但要防止这种品性处于“过”的状态，通常采用“……而不……”的句式，如孔子所说的：“乐而不淫，哀而不伤”，“泰而不骄”。《尚书·尧典》云：“刚（性情刚强）而无虐（苛虐），简（态度简约，不殷勤）而无傲（傲慢）。”《左传·襄公二十九年》载，吴公子季札论“盛德”曰：“至矣哉！直而不倨，曲而不屈；迩而不逼，远而不携；迁而不淫，复而不厌；哀而不愁，乐而不荒；用而不匮，广而不宣；施而不费，取而不贪；处而不底，行而不流。”《论语》中要求君子必须具有“五美”，即“君子惠（惠爱利民）而不费（不过分耗费财用），劳（劳累）而不怨（怨恨），欲（有欲望）而不贪（贪财货），泰（泰然安适）而不骄，威（威严）而不猛（凶猛）”。君子做到“君子矜而不争，群而不党”，“君子贞而不谅（信）”。荀子则认为君子人格应当是：“君子宽而不僈（通“慢”，怠慢），廉（有棱角，指原则性）而不刿（[guì]，刺伤），辩而不争，察而不激（偏激），直立而不胜（正直而不盛气凌人），坚强而不暴（凶暴），柔从而不流（随波逐流）。”（《荀子·不苟》）曾子也说：“君子恭而不难（畏惧），安而不舒（舒适），逊而不谄，宽而不纵，惠而不俭（俭约），直而不径（不走捷径），亦可谓无私矣。”（《曾子·子思子》）

对待“不及”与“过”两个极端，采用的对策是“济其不及以泄其过”，使事物保持一定的“度”，处于和谐、平衡状态。“泄其过”就是去掉多余的，“济其不及”则是弥补不足。

亚里士多德说：“在所有事情上，最要警惕那些令人愉悦的事物或快乐。”（《尼各马可伦理学》第二卷《道德德性》）很显然，人们在欢乐中，在纵欲中，很容易走极端。面对我们爱好的事物，应当保持清醒，适度节制。

在社会发展的道路上，要小步慢走，要通过在实践中探索、在现实中试错的方式逐步向前推进，而不是以好大喜功、急于求成、盲目跃进的方式向前飞奔，激进主义往往会跌落在陷阱中。

激进主义者受困于自我认知的局限性，在群体氛围的影响下，在情绪激化的作用下，在自我利益的推动下，不考虑客观事实，不尊重相关各方，有敌对的情绪，有挫败感、厌恶感、危机感、焦灼感，使用片面的思维，往往发生各种极端的错误或言论。激进主义者往往缺乏系统思维，看问题只看一个方面，而忽视其他方面。例如，他们只注重引入西方式制度，但没有考虑如何将西方式制度同社会习俗、传统、文化、发展状况、教育水平进行对接，致使制度不能有效运行。

如果缺失中道思维，而将“极化思维”同特定的思想相结合，就容易出现各种“极端主义”。如希特勒及其纳粹组织的“极端思维”，同种族优劣理论相结合，就产生了屠杀犹太人的极端行为。

八、矫而得中

有人说“矫枉不宜过正”，又有人说“矫枉必须过正”，孰是孰非？笔者认为，这两者可以并用，只不过要摆正它们的位置。从最终结果或目的上来讲，“矫枉不宜过正”；从方法与手段来讲，有时则需要“矫枉必须过正”。当然，我们要强调，“矫枉过正”只是方法和手段，而“矫而得中”则是目的和结果。如果没有“矫而得中”这一目标，单纯运用“矫枉过正”，就会在纠正一种偏差的时候走向另一种偏差，从一个极端走向另一个极端。

当出现偏向时，如果要纠正这种偏向，可以采用“矫枉过正”之法，即用另一种偏向来对治。例如，汽车行驶，如果偏离了正道，偏向左，就应该向右打方向盘，当汽车回到正道时，就不应当再继续向右打方向盘，而要及时将方向盘回正。这就是“矫而得中”。又如中医治病，出现热病，如用中性之药则不能治，而必须采用“矫枉过正”之法，即运用偏寒之凉药。当身体恢复阴阳平衡之后，已达“矫而得中”之目的，就立即停止使用偏寒之凉药，否则就会出现“矫枉过正”之结果。

九、物极必反

事物发展到了极点，就要向相反的方向转化。老子曰：“大曰逝，逝曰远，远曰反。”（《老子》第二十五章）《管子》曰：“天道之数，至则反，胜则衰。”现代文明发展已走上了物极必反的道路。人对资源的消耗已使地球资源日趋枯竭，人对环境的改变已使地球污染日益严重，各国武器的发展已使人类面临毁灭的危险。运用事物会走向对立面的原则，可以战胜对手，《老子》讲：“将欲歙之，必固张之；将欲弱之，必固强之；将欲废之，必固兴之；将欲夺之，必固与之。”

在某一方向上，不能过度，不能走得太远，不能推向极端，如“乐而不淫，哀而不伤”。古代有一种叫“欹”的器皿，注水一半时就端端正正地站立，注水超过一半时开始倾斜，当水注满时就倾覆了，欹里的水也就流尽。用这种器皿表示过满则倾、物极必反的道理。

任何事物都有一个产生、发展、强盛、衰败、灭亡的过程。当事物处于极盛的状态，就意味着要走向衰败了。为了防止事物按“物极必反”的规律走向衰败，老子主张不要使自己或事物处于极盛的状态，他主张“是以圣人去甚，去奢，去泰。”（《道德经》第二十九章）（译：所以，圣人不去走极端，杜绝奢侈，不傲慢。）有的人过于张狂，好走极端，贪欲膨胀，总是想将自己推向极点。

十、中庸之道

庸有两种解释：一是将庸解作平常、平凡、平易可行、普遍适用。郑玄为“君子中庸”作注说：“庸，常也，用中为常道也。”中庸之道即中正平常之道，是人人不可缺少、人人必须遵守、人人可以做到的平常之理，绝非高不可攀、深不可测之理，也非怪异、险癖、神秘之事，更非求奇猎险的怪癖之行。对此，孔子采用“不语怪力乱神”的立场。圣贤义理既高深又浅显，既高雅又通俗。二是将庸字解作运用。《说文》曰：“庸，用也。”王船山亦曰：“中庸，中之用也。”中庸之道即中正之道的灵活运用与具体运用。

中庸之道并非滑头主义。中庸之道要求人们坚守正道而不偏离，故孔子反对无原则、无是非、和稀泥的行为，批评四面讨好、八面玲珑、同流合污的老好人。孔子对老好人尤为深恶痛绝，斥之为“乡愿”：“乡愿，德之贼也！”（《论语·阳货》）孟子反对“同乎流俗，合乎污世；居之似忠信，行之似廉洁；众皆悦之，自以为是”的“乡愿”行为（《孟子·尽心下》）。离开正道，善恶不分，就会将中庸之道曲解为在正与邪、是与非、真与伪、善与恶、美与丑等诸项对立关系之间的对半折中而取其中性，出现无正无邪、无是无非、无善无恶的倾向。

小人反中庸：“君子之中庸也，君子而时中；小人之反中庸也，小人而无忌惮也。”（《中庸》）小人为什么要反中庸，是因为小人“无忌惮”，内无善性，外无敬畏，只凭自己的主观偏见及私欲，肆意妄行，无所顾忌，必然陷入过或不及的错误之极端，脱离中庸之道。

中庸之道并非折中主义。折中主义是在两个极端之间找到与两个极端等距离的点，在两端之间机械地对半折中，然而，这个点并非适当的点。中庸之道是在两个极端之间找到适当的点。这个点不一定居中，有时会偏向一方。例如，在刚与柔之间，折中主义会找一个不刚不柔的点。中庸之道则是在适中的位置上，找到偏向刚的点，即“刚中”；找到偏向柔的点，即“柔中”。如男子的性格就应当是“刚中”，女子的性格就应当是“柔中”。又如，对于植物生长，需要适宜的温度和湿度，但不是说，采用折中主义，需要非雨非晴、非寒非暑，而是当寒则寒，当暑则暑，当雨则雨，当晴则晴，只不过是适度而已，不能过雨、过晴、过寒、过暑。

第七节　系统思维

系统思维就是将某一客观对象作为一个系统整体进行认识，对该客观对象的系统整体与其子系统的关系、子系统与子系统之间的关系、系统与环境的关系、系统与要素的关系、要素与要素之间的关系等进行全面认知的思维方法。

与系统思维相反的思维，就是碎片思维。任何客观对象都是一个系统，都是具有结构的，如果我们关于这一客观对象的知识不能系统化、结构化，对该客观对象所形成的知识就是碎片化的知识，那么，我们的主观认知就不能与客观对象相符合。系统思维的最大障碍就是对于某一客观对象的知识，是碎片化而非系统化的知识，是片面的而非全面的知识。这是由于人们获得的关于某一客观对象的知识信息太少，由于人对于某一客观对象缺乏系统、深入、全面的调查研究，由于没有通过抽象的思考将关于某一客观对象的知识碎片有机地联结起来形成知识板块，并且找到合理的结构将这些知识板块合理地进行安置。

如果要改造某一客观对象，唯有对该客观对象整个系统形成系统认识的人，才能作为该客观对象的最高管理者。而只对客观对象中的某一要素有深入认知的人，则通常只能作为改造这一要素的工作者。

中国的阴阳五行之论，就是典型的系统思维。阴炁与阳炁交合作用，形成了五种炁的基本形态，即金、木、水、火、土五行，五行不是指五种物质，而是指五类不同性质的非物质能量场。

一、五行之论

（1）五行的性质分别是：

金炁的性质：收敛，肃杀，潜藏，清静。

木炁的性质：生发，疏泄，舒畅，条达。

水炁的性质：向下，寒冷，滋润，收藏。

火炁的性质：向上，昌盛，繁茂，炎热。

土炁的性质：生养，承载，受纳，化育。

（2）五行之炁有阴、阳之别，于是形成各种形态的炁，分别用十天干十二地支表示。

十天干：甲（阳木）、乙（阴木）、丙（阳火）、丁（阴火）、戊（阳土）、己（阴土）、庚（阳金）、辛（阴金）、壬（阳水）、癸（阴水）。

十二地支：子（阳水）、丑（阴土）、寅（阳木）、卯（阴木）、辰（阳土）、巳（阴火）、午（阳火）、未（阴土）、申（阳金）、酉（阴金）、戌（阳土）、亥（阴水）。

（3）五行之间存在着以下几重关系：

①五行相生：讲的是五行中的某炁对另一炁具有滋生、助长的作用。木生火，火生土，土生金，金生水，水生木。

②五行相克：讲的是五行中的某炁对另一炁的制约、抑制作用。木克土，土克水，水克火，火克金，金克木。

③五行制化：五行生中有克，克中有生，相生相克结合在一起，五行之间既相互资生又相互制约，维持五行之间的协调和稳定，从而使事物生化不息，这就是五行制化。《素问。六微旨大论》说："制则生化。"如果没有生助，就不能成长，如果没有克制，就失去平衡。不及者需要生助，过者需要克制，才能保持平衡。从相生的关系上讲，以木为例，木生火，就是"我生"，水生木，就是"生我"。从相克的关系上讲，

以木为例，木克土是“我克”，而金克木，则是“克我”。

④五行相乘：某炁对另一炁的过度相克而导致出现不平衡现象，如木乘土，土乘水，水乘火，火乘金，金乘木。有两种情况：一种情况是某炁太旺，当它克另外一炁时，克的力量过度亢盛而导致被克者虚弱。如土保持正常水平，但是木过度亢进，就出现了“木亢乘土”的现象。在中医中，由于肝气郁结或肝气上逆，影响脾胃的运化功能而出现胸胁苦满、脘腹胀痛、泛酸、泄泻等症状。另一种情况是被克者本来就很虚弱，受到某炁之克后，变得更加虚弱。如土本身不足，木乘土之虚而克它，就会使土更加虚弱，这就是“土虚木乘”现象。在中医中，先有脾胃虚弱，不能耐受肝气的克伐，而出现头晕乏力、纳呆嗳气、胸胁胀满、腹痛泄泻等症状。

⑤五行相侮：如木侮金，金侮火，火侮水，水侮土，土侮木。有两种情况：一种情况是：五行中的某一行本身太过，使原来克它的另一炁，不仅不能去制约它，反而被它克制，即反克，又称反侮。如一般情况下是金克木，但是，当木过度亢盛时，金反而被木克制，使金受损，这叫“木亢侮金”。另一种情况是，五行中某一行过于虚弱，不仅不能制约其所克的那一行，反而受到其所克的那一行的“反克”。如一般情况是木克土，但木过度虚弱时，土会因木的衰弱而“反克”之，这叫“木虚土侮”。

⑥五行胜复：某一行对“已所胜”的过度克制，即“胜气”，而这种胜气在五行系统内必然招致一种相反的力量（报复之气），将其压抑下去，这种能报复“胜气”之气，称为“复气”。如木气作为胜气则过度克土，而使土气偏衰，土衰不能制水，则水气偏胜而加剧克火，火气受制而减弱克金之力，于是金气旺盛起来，把太过的木气克伐下去，使其恢复正常。

五行之间相互作用，维护着五行的动态平衡，促进着五行的运动变化，限制着五行的极端膨胀。

二、系统思维的几种形态

系统思维包括以下几种形态：

（1）整体性思维

“不谋万世者，不足谋一时；不谋全局者，不足谋一域。”[（清）陈澹然《寤言二·迁都建藩议》]（译：不谋划万世的人，不足以谋划一时；不谋划全局的人，就不足以谋划一个局部。）由于客观对象具有整体性，是由一定结构与一定功能组成的系统，在对客观对象进行思考与改造时，从整体和全局出发，将客观对象视为由若干要素构成的系统，或者是由若干子系统构成的系统，不仅将要素放在子系统中考察，并且将系统放在更大的系统中加以考察，提出整体目标，设计整体方案，达到最优的整体效果。系统科学的创始人贝塔朗菲指出：“我们被迫在一切知识领域中运用‘整体’或‘系统’概念来处理复杂性问题。”[①] 如某一城市的交通是由车辆数量、客流量、道

① ［美］贝塔朗菲．一般系统论：基础、发展和应用［M］．林康义，魏宏森，等译．北京：清华大学出版社，1987：2.

路、车辆运行情况、安全管理、交通设施等因素构成的系统，而城市交通系统又必须放在该城市的市政建设的大系统中去考察。如中国的建设是由经济建设、政治建设、文化建设、生态建设、社会建设等系统构成的大系统，而这个大系统又必须放在全球化的世界格局中加以考察。

与整体性思维相反的是片段性思维，往往是就事论事、一叶障目。“凡人之患，蔽于一曲，而暗于大理。”（《荀子·解蔽》）（译：大凡人的毛病，在于被局部现象蒙蔽，不清楚大的道理。曲：局部。）在对客观对象进行认识时，在某个时刻，我们只能认知客观对象的某个片段并通过记录或记忆保存起来。我们由于时间、精力、认知水平的局限性，只认识到了客观对象的某些片段而没有认识到另一些片段，就会出现关于客观对象的残缺认识。即便我们对客观对象的片段认识已经覆盖了必要的方方面面，但如果我们不能通过思考的线索将这些片段认知联结起来，形成认知板块并找到与客观对象相对应的结构加以安置，那么，我们对客观对象的认知就只能是一些凌乱的认知碎片。

整体性要求正确处理局部与全局之间的关系，正确处理要素与系统之间的关系，局部要服从全局，全局要维护局部，不可因局部而破坏全局，亦不可因全局而完全牺牲局部，找准局部在全局中的位置，找准系统在环境中的位置，通过对要素和局部的改变，促使系统或全局朝着预期的方向改变。

在制订方案时，要全面周密，不应当只考虑客观对象中的某些因素，而要考虑客观对象的方方面面，还要考虑客观对象所处环境中的相关因素。如果没有考虑到现实中的某些因素，当这些因素发挥作用时，就会导致执行方案的失败。把握全局，既要考虑宏观因素，也要考虑微观因素；既要看到眼前利益，又要看到长远利益。造成决策错误的最主要原因，就是没有考虑到各种相关的现实因素和变化因素。

西方的 SWOT 分析法、4M1E 分析法、5W1H 分析法、六顶帽子分析法等，都是整体性的思维方法。其中，4M1E 法是指 Man（人）、Machine（机器）、Material（物料）、Method（方法）、Environments（环境）；5W1H 法是指 What（何事）、Why（何故）、Who（何人）、Where（何地）、When（何时）、How（何法）。

六顶思考帽是“创新思维学之父”爱德华·德·博诺（Edward de Bono）开发的一种思维训练模式，是从不同的角度思考同一个问题：

白色的帽子：代表客观的事实、数据、资料等；

红色的帽子：代表情绪、感觉、预感、直觉等；

黑色的帽子：代表否定、怀疑、质疑、批判等；

黄色的帽子：代表支持、肯定、乐观、希望等；

绿色的帽子：代表创造、想象、求异、前进等；

蓝色的帽子：代表冷静、控制、规划、结论等。

（2）结构性思维

系统的结构是指系统要素的组成形式、结合方式或者排列顺序，有树形结构、矩阵结构、流程结构等。系统内部各个子系统、各个要素，不是杂乱无章地偶然堆积，而是按一定的方式组合起来，存在于一定的结构之中。要素只有存在于有结构的系统中，才会有价值。正如一块砖头，只有放在房屋结构的一个恰当的位置上，才能发挥价值。

要素是产生功能的基础，结构也对功能具有重要的甚至决定性的作用，结构的变化会引起功能的变化。系统的功能并不是系统内部各要素的功能的简单相加而产生的，系统的功能要大于或多于系统内部各要素简单相加的功能。系统要素之间结合方式不同，结构不同，系统就表现出不同的效能。相同的一系列要素，如果组合的方式不同、结构不同，就会产生不同的功能。例如，碳元素以不同的结构组合而形成功能不同的石墨和钻石，石墨很软，而钻石却是世界上最硬的物质之一。

系统结构的有序性越高，自组织程度越强，其功能就越优异。系统正是因为存在合理的结构而出现有序状态，结构的混乱会使系统从有序走向无序，甚至出现系统的解体。优化结构才能产生最佳功能，结构的优化有两种基本方式：一是可以通过要素的增减，淘汰系统中的障碍因素，增加系统中的有利因素，使系统整体功能提高；二是调整结构，改变要素间的联结方式，使之更加合理。优化结构就能产生最佳功能。如调整经济结构，就能增强经济活力。在企业管理中，企业采用优化组合的方式，进行人力、物力、财力等资源的有效配置，就会提高企业的整体功能。

由于客观对象存在着纵向、横向、纵横交错、网络交错的结构，存在着多维、多变量、多层次的系统结构，我们用线性思维、平面思维进行思考，是远远不够的，需要以立体思维进行思考，既要进行横向比较，又要进行纵向比较，还要从时间维度上进行过去、现在、将来的分析。

（3）关联性思维

系统与环境相关联，子系统与子系统相关联，要素与要素相关联，局部与整体相关联。如果系统中的某一要素发生变化，与之相关联的要素一定会发生变化。有些要素能够顺应该系统整体的演化趋势，具有较长时间、范围较大的相关作用，这就是长程相关作用。而有些因素不能适应系统整体的演化趋势，具有较短时间、较小范围的相关作用，这就是短程相关作用。系统相关性作用可以按其作用程度不同，区分为强相关作用与弱相关作用。强相关作用会使参与作用的各因素之间的竞争与合作程度进一步增强，形成较为紧密的组织方式。弱相关作用往往会使参与作用的诸因素之间的竞争与合作程度不断减弱，形成比较松散的组织方式。

系统内部的子系统之间、要素与要素之间、局部与整体之间存在着相互适应、相互利用、相互促进、相互配合、相互补充、相互反馈的作用，这就是协同性。系统只有在内部形成协同运动，才会呈现有序状态。郭世平、朱新民指出："现代主义把社会当作一部其行为可以被精确预测和控制的机器，把社会和谐理解为某种僵死的社会结构，从而形成了以'控制'为核心的社会管理观；后现代主义则把社会看作一种高度复杂的、非线性的和不可被精确预测的系统，把社会和谐理解为一种动态的自组织过程，从而倡导以'协调'为核心的社会管理观。"①

---

① 郭世平，朱新民．从社会结构到社会自组织——一种基于自组织理论的后现代社会管理观［J］．苏州大学学报（哲学社会科学版），2011（6）．

（4）开放性思维

一个有生命力的系统必须是开放的系统，系统是在新陈代谢中生存发展的。如果系统封闭，就只能是僵化的系统。开放性思维根据系统的开放性特征进行思考，突破传统思维定式和狭隘眼界，从多视角、全方位看问题的思维，与保守性思维、封闭性思维相对。系统只有保持开放性，与外界环境保持物质、能量、信息的交换，才能形成动态有序的耗散结构，才能从无序向有序演化。根据系统的开放性原理，人不能囿于已有的思想理论，而应当有海纳百川的气度，敞开思维的大门，汲取不同的思想，与来自不同方面、具有不同风格流派的思想进行交流，从而提高自身思维水平。"若以合境之心观境，终身不觉有恶；如将离境之心观境，方能了见是非。"［（唐）司马承祯《坐忘论》］（译：如果你陷在圈子里面去看圈子中的事物，一辈子都不会发现其中存在着丑恶；如果你能跳出圈子去看圈子中的事物，才能明辨是非。）

（5）综合性思维

由于系统是由众多子系统或众多要素结合而成的综合体，强调全面性，在认知事物或处理事物时，将事物分成许多方面加以研究，尽可能地考虑事物的所有方面，做到齐头并进、相互促进，避免顾此失彼、偏执一方。

（6）分解性思维

将客观对象作为系统，将其分解成为一系列子系统，在子系统中进一步分解成一系列要素，加以详细考察，分析这些要素的相互关系，寻找到结构，辨识出功能。如果只强调整体性思维和综合性思维而不强调分解性思维，则容易产生抽象、模糊、大而空、大而不当的问题。分解性思维与综合性思维相结合，按照"整体—分解—综合"的顺序，从整体出发，站在全局的高度对系统进行分解并加以研究，然后将分解出来的要素进行综合。只有在既了解要素又了解结构的情况下，才能分析如下问题：要素是否齐全？要素是不是互相不重叠？重要的要素有哪些？存在障碍的要素是什么？结构是否合理？问题出在哪里？如何改进？孙子将决定战争胜负的因素分成五个子系统："故经之以五事，校之以计，而索其情：一曰道，二曰天，三曰地，四曰将，五曰法。"（《孙子兵法·始计篇》）

如果要建立一个系统，保证这个系统处于正常运行状态或最佳状态，就要首先找到构成这个系统的要素加以建设，充分发挥各个要素的作用，同时要注重在要素之间建立相互关系，找到最佳结构，才能发挥最大功能。要找到驱动事物发展的关键要素，对这些关键要素给予足够的重视和投入。人们对某一事物只说不做，停留在空洞抽象的状态，就是没有将该事物分解成一系列的要素加以建设，没有对这些要素的相互关系加以界定。

保罗·西利亚斯认为："系统中的每一要素对于作为整体系统的行为是无知的，它仅仅对于其可以获得的局域信息作出响应。"①在系统中对各个要素进行建设时，应当将

① ［南非］西利亚斯. 复杂性与后现代主义：理解复杂系统［M］. 曾国屏，译. 上海：上海科技教育出版社，2006：6.

要素置于整体中去考察，将要素的功能放在整体目标的引导之下，否则就会出现各个要素孤立地活动，各自为政，各唱各的调，形成一个个“小山头”，为了自身利益而不顾及整体利益，造成内部的混乱，导致系统整体的瓦解。哈丁提出的“公地悲剧”之论：有一块可以公共放牧的肥沃草场，由于每个牧民只专注于自身的利益，频繁放牧。无节制地放牧破坏了牧场自身的修复机制，肥沃的牧场逐渐变成了沙漠，牧民也纷纷破产。

改革开放实行的“放权、让利、松绑、搞活”，就是发挥每个企业、每个人的自主发展、自我调节功能，从而使社会充满活力。当然，宏观调控、法律制度、社会规范、政策指引也是必需的，可以确保每个要素在正确的轨道上运行，发挥控制性因素的作用，通过结构优化促使功能优化。如果将战争作为一个系统，就需要根据战场上的各种因素的不同采取不同的对策。《孙子兵法・军争篇》讲道：“高陵勿向，背丘勿逆，佯北勿从，锐卒勿攻，饵兵勿食，归师勿遏，围师必阙，穷寇勿迫。”（译：排兵布阵不要面对高山峻岭，要利用后面有小山坡的地形；敌人假装失败，不要跟在他们后面；面对锐气很盛的敌人，不要急着进攻；敌人诱惑部队，不要去消灭他们；面对撤退的敌人，不要太逼迫他们的归路；把敌人包围起来，一定要留下一个小口；穷途末路的亡命之徒，不要逼迫他们太急。）

（7）因势利导思维

因势利导就是一种系统思维。如果要对某一客观对象进行改变，在明确目标的前提下，将这一客观对象作为一个系统，遵守系统内部的各个子系统和要素自身的变化规律，调动、组合各个子系统和要素中的有利成分，避开、抑制各个子系统和要素中的不利成分，同时认清、顺应系统所处环境的变化趋势，调动、组合环境中的有利因素，避开或抑制环境中的不利因素，从而获得成功。

管理者要认清客观形势，把握时代潮流，预知事物的发展方向，才能有效应对、抢占先机。如果管理者只有理想和想象，缺乏对客观环境的清晰认识，必然陷于失败。决策中出现盲目性、急躁性、浪漫化，就是因为对客观情况认识不清，或者设计的方案超出了客观现实的需要，或者是忽视客观因素而过多地主观想象。不切合客观实际的冒进，必定招致重大损失。孙子认为，道、天、地、将、法五个方面是决定战争胜负的重要因素。企业必须认真调查各种客观因素、消费者因素，才能为产品找到准确的市场定位和品牌定位。

“利导”指的是，在“因势”的前提下，发挥主观能动作用，将客观事物向有利的方向引导，将现实中的各种因素调动起来、组合起来，借助各种现实因素和各种力量，最后走向成功。这里讲的利，既指物质利益，也指精神利益；既指个人利益，也指公众利益；既指眼前利益，也指长远利益。《荀子・荣辱》曰：“好利恶害，是君子、小人之所同也。”君子倾向于追求精神利益、公众利益、长远利益，而小人则倾向于追求物质利益、个人利益、眼前利益。急功近利者，容易利用某些现实的因素，产生眼前利益，犯贪小失大的错误。高明的领导者，善于利用更多的现实因素，调动潜在的因素，并创造新的因素，把握未来出现的因素，产生长远利益。

因势利导可具体表现为因地制宜、因时制宜、因人制宜、因材施教、因才任用等。

国家制定政策，企业制订方案，个人制定规划，都需要认清客观形势，根据现实情况，遵守客观规律，顺应客观趋势。做到“因势”，行动才有针对性、现实性、有效性、可操作性。列宁说：“在每一个时期，我们应当善于根据当时形势的特点提出自己的策略和最近的任务。”①

时势造英雄指的是，各种现实因素、现实条件结合在一起，造就了许多非常重要的“位”，给人提供了活动的平台，有才有德的人进入这个“位”中，达到“以才配位”“以德配位”，充分发挥自己的才与德，就能创造辉煌，成为英雄。机遇是向有能力、有准备的人敞开的，而对无能力、无准备的人则是闭塞的。

第八节　和合思维

遵循和合规律的思维就是和合思维。“合”，有联合、集合、结合、合作、融合之义，指不同要素的结合，也指不同事物的结合。“和”，有调和、和谐、平和、和顺、和平、祥和之义，指不同要素之间、不同事物之间建立和谐的关系。和合既是指事物与事物之间的关系，也用于指事物内部各要素之间的关系。和是中华民族的核心价值之一，是中华民族精神的最高境界，是中华民族人生的最高目标。早在甲骨文和金文中，就已经有了“和”字。《尚书》中出现42次“和”字，《老子》中出现了5次，《论语》中出现了8次。在汉语中，存在大量的关于“和”的词汇，例如和谐、和合、人和、中和、和睦、和洽、和美、平和、和气、和平、和顺、和乐、和说、和善、温和、祥和、和煦、和风、和弦、和声、和而不同、和衷共济、和为贵、和气生财、和气致祥、家和万事兴等。故宫里有三座主要建筑，分别称为“太和殿”“中和殿”“保和殿”。张立文则提出“和合学”，提出和生、和处、和立、和达、和爱五大原理，以化解各种冲突。钱穆指出：“西方人好分，是近他的性之所欲。中国人好合，亦是近他的性之所欲。今天我们人的脑子里还是不喜分，喜欢合。大陆喜欢合，台湾亦喜欢合，乃至……全世界的中国人，都喜欢合。”②中国的特殊词语，如和合、炁、关系、面子等，在英语中找不对应的词，最好是采用音译。

和合思维包括以下几个要点。

一、和合共生

周幽王时的史伯是和文化的先驱，“和实生物，同则不继”就是史伯提出的重要观点。史伯认为，不同的事物或不同的要素结合起来，就能产生新事物。如果是相同的事物或者是相同的要素结合起来，还是原来的事物，不可能产生新事物。

任何事物既然都是由不同的要素构成的，那么，在一个事物内部，我们就要允许

---

① 中共中央马克思恩格斯列宁斯大林著作编译局. 列宁全集：第23卷［M］. 北京：人民出版社，1985：44.

② 钱穆. 从中国历史来看中国国民性及中国文化［M］. 香港：香港中文大学出版社，1982：27.

有差异性存在，不同的要素甚至是对立的，统一存在于事物之中。“和”不是“无冲突”和“无矛盾”，而是通过调和众多不同因素，协调众多矛盾关系，形成互补、共生、共荣的和谐态势，“和合共生”的目标，是相关各方共同生存下去，不是毁灭其中一方而利于另一方，也不是共同走向毁灭。不能因为存在着不同要素，就人为地制造出你死我活、势不两立的长期对峙状态。

正是由于事物内部不同要素之间产生作用，同时，某一事物与外界众多不同事物产生作用，事物才能相反相成，互济互补，从而生生不息，充满活力，呈现丰富多彩的样态。英国文学家萧伯纳说过：“一个人一个苹果，相互交换还是一个苹果，一个人一种思想，相互交换就有两种思想。”在相对存在的事物之中，如公与私、义与利、理与欲等，如果取此舍彼，只选取其中一方，而完全否定另一方，就会导致过激与偏失。如“斗私批修”“狠斗私字一闪念”“私字为万恶之源”等说法，完全否定私而绝对肯定公，其结果是：当否定了每一个人的利益之后，真正的公共利益就不存在了，只存在着少数阴谋家虚构出来的“公”。

如果一味地追求同一，排斥不同事物，排斥不同要素，就会陷于思想僵化、迷信盛行的困境之中。在学校教育中，各门学科的教科书提供了基本的知识，但是，如果在学校教育中过度强调同一，要求学生与书本上的观点完全保持同一，要学生的观点与教师的观点完全保持同一，要学生的认知与标准答案完全保持同一，不允许学生提出不同看法，使学生成为接受某些观点的“容器”，成为复制标准答案的“工具”，这样，学生就陷入了“同则不继”的困境中，缺乏差异性，缺乏创造力！《说苑·杂言》记载：“南郭惠子问于子贡曰：‘夫子之门，何其杂也？’”说明孔子在教学中包容了各种各样的思想、学说、观点，而不是以一家之言强加给学生。

在生物学和社会学中，同时并存两大规律：一是“物竞天择，适者生存”。达尔文进化论表达了这种思想。“物竞”是生物的生存竞争，“天择”指的是自然选择。生物相互竞争，能适应者生存下来。特别的环境迫使这些生物突变出特别的技能，可以适应恶劣的环境，那些不能适应恶劣环境的生物就被淘汰了。当然，我们要正视这条规律的存在，要有自强精神和竞争意识。但是，当这条规律从生物界搬到社会中，人的能力不断提高，人性中的食色欲、掠夺欲、占有欲、攻击欲、征服欲等不断膨胀，个人生存利益不断强化，如果不用道德、文化、宗教加以制约，这条规律就会被运用到极端，出现“弱肉强食”的结果：有些人、有些集团、有些国家，为了扩大自己的利益，不择手段，甚至运用大量的卑劣、阴险、残暴的手段，造成严重的后果。二是“和合共生，抑强扶弱”。在生物学中，“共生”定义为“两种生物或两种中的一种由于不能独立生存而共同生活在一起，或一种生活在另一种体内，互相依赖，各能获得一定利益的现象”。异种生物之间存在着共生的关系，同种生物之间也存在着共生关系。“共生”包括“相互受益共生”、“单方受益共生”与“寄生”等类型。具有共生关系的双方或多方，一方受到损害，相关联的其他各方就会连带受到损害。例如，在人类与自然的共生关系中，如果自然受到损害，人类的生存也就受到威胁。

二、兼容并包

“万物并育而不相害，道并行而不相悖。”(《中庸第三十章》) 中华大地上，产生立了兼容并包的文化模式，故儒家、道家、佛家之间虽然存在着很大差异，就其主要倾向而言，可以说是“以儒治世，以佛治心，以道治身”。但三教之间相互尊重，相互从对方那里汲取有价值的成分来发展自己。儒家则吸收了佛家的心性论和道家的自然观，创造了理学和心学；道家学习儒家的伦理观，学习佛家的戒律仪式，发展出众多的教派；佛家吸收儒家的伦理思想，汲取道家的养生之道，创造了禅宗，发展了佛教。

在全球化的今天，世界各大宗教、世界各种文化体系之间，应当借鉴中国传统文化的这一模式，遵循大道并行、兼容并包、和而不同的原则，才能相互尊重、共同发展，而不是走向冲突、对立、战争与毁灭。哈佛大学教授杜维明认为，在不同文化、不同文明的对话过程中，参与者要不断培养自己的对话德行。如果一个对话者的德行能发生“容忍—承认—尊重—学习”的提升，则能从对话中获益无穷。对话的目的不是消灭对方，而是让对方继续存在，共同探寻人类生存的智慧。

考察中国历史，我们可以看到这种景象：秦始皇推行极端的文化专制主义，“焚书坑儒”，大规模毁坏中华文化，又实行《挟书律》，除官府有关部门可以藏书外，民间和个人一律不得藏书。西汉惠帝时期，宣布废除《挟书律》，使民间的学术文化得以复兴，虽然武帝采纳“独尊儒术”的主张，为国家确立核心价值观，但同时让各种思想文化自由地发展。秦朝的短命与汉朝的兴盛，正是违背或遵循“兼容并包”而造成的不同结果。盛唐时期开放包容与晚清时期闭关锁国形成鲜明的对照。唐朝对外来文化兼收并蓄、为我所用的胸襟，显示着无比自信和海纳百川的气度。繁华富丽的长安吸引着来自世界各国的使臣和客商，吸引着国内各少数民族的精英。他们带来了丰富多彩的文化，长安、洛阳胡风盛行，胡装、胡乐、胡舞流行。而清朝统治集团为了维护自己的既得利益，不允许有外来的因素打破他们对思想文化的垄断、对利益的独占，对内推行文化专制主义，对外推行闭关锁国的政策，最后使国家政治僵化、经济落后、文化衰败，让中华民族付出沉重代价。

蔡元培担任北京大学校长期间，以“兼容并包”为办学指导原则。1918 年 11 月 10 日，蔡元培在《北京大学月刊》发刊词中阐述道：“大学者‘囊括大典，网罗众家’之学府也。”他又在《致〈公言报〉函并答林琴南函》中陈述：“对于学说，仿世界各大学通例，循‘思想自由’原则，取兼容并包主义……无论何种学派，苟其言之成理，持之有故，尚不达自然淘汰之命运者，虽彼此相反，而悉听其自由发展。……对于教员，以学诣为主。在校讲授，以无背于第一种之主张为界限。其在校外言动，悉听自由，本校从不过问，亦不能代负责任。”蔡元培推行“兼容并包”的方针，使学术脱离北洋军阀政治的控制，保持了学术的独立与尊严，教师和学生均享有自由发表个人观点的权利，博采众家之言，不可固守一隅，不受任何人和任何部门的制约，不同的学派之间没有优劣之分，各种不同观点可以进行自由辩论，这使得当时的北大成为世界著名的大学，成为全国新文化运动的中心，促进了新思想的产生与传播。

在一个团队里，要形成开放宽容、兼容并包的风气，鼓励人们提出各种建议，提供不同意见，才能及时发现存在的问题，才能有创新和突破，为解决问题提供多种方案。这样的团体才会有活力，才会有竞争力。

第一，在真理观上，存在着多元现象，具体表现在以下几个方面：

（1）同一种真理，在不同的理论体系中有不同的表述。真理多元论认为，有多种甚至无数个真理体系，每个体系有其自身的逻辑一致性，但若把多个体系整合为一个体系，就会导致逻辑矛盾。

（2）同一客观对象具有不同层面。对于同一客观对象，之所以有不同的认识，是因为不同的认知主体观察的角度不同，不同的人看到同一客体的不同方面，因而会有不同的认识。

（3）同一类社会现象在不同时空条件下具体内容不同。例如，中国的国情与西方的国情不同，政治问题、经济问题、生态问题、人口问题、文化问题等在不同的国家有不同的内涵，在同一国家的不同历史时期也会有不同的内容。

世界各国都会奉行相似的核心价值观与道德标准，但在不同的国家，在不同的历史时期，具体内容、表现的方式则是多样化的。例如，任何国家、民族都会认同仁、义、礼、智、信、忠、孝、廉、毅、和等核心价值观，但是，不同国家和民族运用不同的文化体系来表达，在具体内容上也会千差万别。

即便在同一国家、同一民族内部，也存在着多样性的文化，尽管这些文化的核心价值观是一致的。文化多元主义是对人类文化演变及现状的真实描述，强调存在多种多样根本不同（异质）且不可归并（还原）的文化。文化多元主义既可用于抵制西方文化霸权，也可用于保护汉族及少数民族的文化。一个民族应当有共识，全人类也应当有共识，当然共识不应当造成对多样性和异质性的压制。当代人的精神困惑，不是因为文化多元化，而是因为在多元文化中丧失了对核心价值观的坚守。如果人类没有共同的道德标准，就无法判断什么是应当的，什么是不应当的，人类将陷入混乱之中。

第二，为何做不到兼容并包？

一是私心太重。某一种观点反映了某种立场，反映了某种利益，代表了某种权势，如果只强调自己的观点是正确的，而别人的观点是绝对错误的，就会通过维护自己的观点进而维护自己的私利和权势，而置他人和公众的利益于不顾，甚至侵犯他人的权利，这样做就是私心太重。

二是心胸狭隘。有的人形成爱面子、思想僵化、视野狭窄、心胸狭隘的心理习性，这种人对不同意见有一种本能的反抗，专门挑剔别人、嫉妒别人、算计别人，往往计较鸡毛蒜皮的小事，目光短浅，不听取别人的意见。孔子曰：“君子坦荡荡，小人长戚戚。”豁达大度的人，首先就是将自己的私欲放下，不计较名利，一切处之泰然，将阻碍他人意见的障碍去除，所以能够虚心听取不同意见。法国作家雨果说：“世界上最宽阔的是海洋，比海洋宽阔的是天空，比天空宽阔的是胸怀。”

三是专横自负。专横自负的人，只看别人的缺点，不看自己的缺点，只看自己的优点，不看别人的优点，排斥不同意见，制止别人发表不同看法。应当换一种思维，在看到自己的优点时也看到别人的优点，在看到别人的缺点时也看到自己的缺点。任何一个人，无论才智有多大，经历是有限的，认知是有限的，总是存在着许许多多他所看不到的真理和义理，存在着认识上的盲区，同时自己身上也有自己看不见的缺点和错误。因此，孔子主张："三人行，必有我师焉。择其善者而从之，其不善者而改之。"（《论语·述而》）对于别人的意见，首先要认真倾听，让别人讲话，听明白别人的意思，然后进行分析、思考、比较，特别是放在实际中进行考察，认为有价值的，就应当虚心采纳。

三、良性斗争

斗争分为良性斗争与恶性斗争，区分的标志就是：良性斗争是在符合仁义的原则下展开的，斗争的方向是走向和解、共存；恶性斗争是在违背仁义的前提下展开的，斗争的方向是走向破坏、毁灭。竞争分为良性竞争与恶性竞争，良性竞争是符合道德原则和法律的竞争，是公平、合法、诚实的竞争，竞争的结果是优胜劣汰，而恶性竞争则是违背道德原则和法律的竞争，是欺诈、违法、不公平的竞争，竞争的结果是逆向淘汰。

恶性斗争与恶性竞争应当否定。"斗争哲学"过分夸大斗争的价值，不区分恶性斗争还是良性斗争，将斗争作为常态，将斗争绝对化，忽视"仇必和解"。其实，激烈冲突的斗争状态通常是短暂的，在绝大多数情况下，对立双方处于共存的状态。

应当提倡良性斗争与良性竞争。良性斗争与良性竞争具有如下价值：

（1）缺乏良性斗争，姑息纵容，邪恶的势力就会膨胀。历代儒者与腐败邪恶势力做坚决斗争。儒家主张"君子和而不流"（《中庸》），倡导"周而不比"（《论语·为政》），倡导"群而不党"（《论语·卫灵公》），这就是坚持原则，敢于同不良现象和邪恶势力做斗争。孔子主张仁者爱人的同时，又主张"恶人"，即厌恶、反对某些人，因为某些人身上存在着邪恶，厌恶这些人，是要帮助他们改邪归正，而不是要毁灭他们。孔子不反对正义的战争，曾明确指出："有文事者，必有武备；有武事者，必有文备。"（《史记·孔子世家》）

在鲁定公十年的齐鲁夹谷之会上，正因为鲁国听从孔子的建议预先作了武装准备，才得以挫败齐国欲劫鲁君的阴谋。孔子展开反对"三桓"的斗争，就是在遏制恶势力。孔子代理鲁相，以"心达而险"（知识渊博而用心险恶）、"行辟而坚"（行为邪僻而不知悔改）、"言伪而变"（强词夺理且善于狡辩）、"记丑而博"（关注丑恶之事而且关注面广）、"顺非而泽"（不纠正错误言行且加以修饰维护）五条罪状，诛杀少正卯。孟子以辟杨、墨而维护圣道为己任，孟子极力反对诸侯之间"争城以战，杀人盈城；争地以战，杀人盈野"的不义之战，但他极力称颂商汤、周武王吊民伐罪之举。唐代大儒韩昌黎为维护圣道，毅然向皇帝进言，险遭杀身之祸。

（2）如果放弃良性斗争和良性竞争，缺乏适度的斗争精神，生命力就会减弱，丧失活力，自己就会出现僵化封闭、无是无非、无欲无求等状态，丧失锐意进取、自强不息的刚毅之气。孔孟批评的“乡愿”，就是放弃了良性斗争，四面讨好，八面玲珑。

企业在竞争中求生存。一家企业所具有的竞争优势，就在于能向顾客提供优于竞争对手并且不易被竞争对手模仿的、为顾客所看重的产品或者服务。企业在强手林立的情形中展开良性竞争，对手素质越高，越能促进本企业的成长。企业内部也要为员工建立公平、公开、平等的竞争环境，如果企业内部只强调一团和气，缺乏竞争，企业也就丧失了活力。

（3）缺乏良性斗争，就不会有新的思想产生。每一个时代的思想家，都是突破了现有的思想框架而有所创新，不为当时的人所包容。程颐被诬为“惑乱众听”，在迫害中死去。朱熹在庆元二年（1196年）被指责为“伪学之魁”。明代王守仁死后，阳明心学被人视为“邪说”“伪学”。

四、仇必和解

在某些情况下，如果通过斗争而将邪恶势力压制下去，这也是化解仇恨对立的方式。对待良善势力，自然应当采用“仇必和解”的方式。对待邪恶势力，有时采用“仇必和解”的方式，可以感化对方，使邪恶力量朝着善的方向转化，但是，某些情况下一味地退让，可能会使对方更加嚣张，让邪恶势力更加膨胀。中国文化强调“和”，孔子倡导“君子无所争”（《论语·八佾》），老子讲“不争之德”（《老子》第六十八章）。但是，不能因为强调和而绝对排斥竞争、斗争、战争，在某些情况下，只要符合仁义的原则，竞争、斗争、战争就是必要的。

和解的方法如下：

（1）运用恕道：站在对方的角度考虑问题，体谅对方的难处，体会对方的心情，从而理解对方的所思所想、所作所为。

（2）求同存异：在自己和对方之间找共同之处，在维护自己的不同之处时，也尊重对方的不同之处。

（3）反求诸己：人们通常已形成一种思维定式：在出现失败、问题、冲突时，总是习惯性地寻找客观原因，寻找他人的缺陷、弊病，而忽视自我的不足、偏失，这就是孔子所说的“小人求诸人”。如果双方都只想从对方身上找问题，只会加剧双方的冲突。“凡斗者，必自以为是而以人为非也。”（《荀子·荣辱》）孔子倡导“君子求诸已”，就是要每个人从自己身上找原因。在自己先认识到错误的时候，如果对方存在着错误，也应当帮助对方找出错误。每个人都要有“我错了”的意识，但是，也不能违背事实，承担不属于自己的错误。

（4）谦和礼敬：如果采用粗暴、攻击、讥讽的语言和态度对待对方，损害对方的自尊心，即使对方意识到自己有错误，为了维护自尊的需要，也会坚决拒绝承认错误。英国行为学家莱曼·波特说过：“当遭受许多批评时，下级往往只记住开头的一些，其余的就不听了，因为他们忙于思索论据来反驳开头的批评。”

（5）有限忍让：孔子曰，“小不忍则乱大谋。”中国有句格言：“忍一时风平浪静，退一步海阔天空。”“忍”，如心脏上插了一把滴血的刀，忍让是和解的重要方式。忍受别人的欺侮，忍受别人的刁难，忍受难以忍下的人或事，内心是很痛苦的。忍让是美德，但忍让必须在正义的条件下进行，不能作无原则、无底线的忍让，特别是在自己忍让的时候，如果对方更加嚣张、更加邪恶，就不应当忍让。

（6）合作共赢：冲突、对立的各方，通过“竞争合作”，形成共赢的局面。不能片面主张“不是东风压倒西风，就是西风压倒东风”，不能搞“你死我活”的斗争，更不能有“胜者为王，败者为寇”的思想。走别人的路，让别人无路可走，彻底打败竞争者，只有自己是赢家，这种思维是有害的。任何一家企业都是在同众多企业的关联中生存的，各个企业之间相互竞争，又相互依存。消灭对手，往往是两败俱伤，会破坏公平的竞争环境。企业之间通过加强合作，互相学习，寻找相同的目标，共同培育市场，共同发展和进步，从而提高整体水平。战略联盟是指由两家或两家以上有着对等经营实力的企业为实现共同拥有市场、共同使用资源等战略目标，通过各种契约而结成的优势互补、风险共担、要素双向或多向流动的松散型网络组织。

五、和而不同

“和而不同”应当如何做?

1. 不同因素结合为整体

相互差异、对立的东西互济互补，以达到平衡、均平、和谐的状态，诸多性质不同或对立的要素、事物构成统一体。佛教有“月印万川”理论，理学有“理一分殊”命题。中医的藏象学说认为，人体是一个具有内在有机联系的整体，其中的每个部分都隐含着其他部分及整个身体的信息，因此通过人的外部器官可以了解内部器官的生理或病理状态，根据局部的征兆，可以判断全身的健康状态。

2. 不同因素结合而得到发展

对待“异”有三种方式：党同伐异、求同存异、敬其所异。党同伐异是错误的，求同存异、敬其所异则是正确的。让“异”的因素存在，吸取“异”的因素，事物才能得到发展。

有不同的因素相结合，才能产生新的事物。如果不同的因素处于无休止的冲突或对抗状态，不能以“和”的方式形成整体，则新事物就不会产生。坚持同一，只需要同一的因素，则会使事物保持原来的形态，处于僵化的状态，得不到发展。

3. 包容不同思想和意见

在《墨子 · 尚同》中，墨子主张，在一乡之内要先立一个绝对正确之乡长，而使一乡之民皆以乡长之是非为是非；在一个诸侯国之内要先立一个绝对正确之国君，而使一国之民皆以国君之是非为是非；在全天下则应先立一个绝对正确之天子，而使天下之民皆以天子之是非为是非。这样，天下就会没有不同的意见，思想完全归于统一，天下也就大治了！墨子的这一逻辑看似很完美，但是，在现实中完全行不通，因为现实中的任何一个人都是有缺点的，所谓绝对正确的人，仅仅是假设，而非事实。儒家则提出：“万物并育而不相害，道并行而不相悖”，“天下同归而殊途，一致而百虑。”允许有不同的观点存在，让人们作出选择。

六、和而不流

"和而不同"在运用中有一个合理限度，就是坚持原则。《礼记·中庸》中讲君子"和而不流"。君子为人要和顺，但又不能无原则地随波逐流。可以容纳不同的观点，但如果不同的观点很邪恶，超越了底线，也就不能为和而和，而要坚持斗争，这就是"道不同，不相为谋"。按照"和而不流"的观点，与种种歪理邪说进行斗争。孔子有"诛少正卯"之行，孟子则宣布："杨氏为我，是无君也；墨氏兼爱，是无父也。无父无君，是禽兽也。……杨墨之道不息，孔子之道不著。"(《孟子集注·滕文公下》)董仲舒提出"罢黜百家，独尊儒术"的主张。朱熹则认为："盖邪说横流，坏人心术，甚于洪水猛兽之灾，惨于夷狄篡弑之祸……人人得而攻之。"(《孟子集注·滕文公下》)

七、中和之美

美是表示心灵进入充实、畅快、丰满、自由的状态。美的本质即在于：是符合义理的生命精神，是与人的高尚本质相一致、能满足人健康的精神生活需要的生命精神。

具有"中和"生命精神的审美客体与具有"中和"生命精神的审美主体互相感应，即生成中和之美。对不符合中和特征的审美客体的追求，必然导致对自己生命的损害，也会导致社会的混乱。

中和之美体现在以下几个方面：

(1)气韵生动："气"为阳刚之美，"韵"为阴柔之美，两者相结合，呈现中和之美。中唐以前是"文以气为主"的时代，中唐以后则是"文以韵为主"的时代。越往后，随着文化专制主义不断膨胀，生命不断萎缩，生命的活力受到扼杀，阳刚之美不断流失。有"气"而无"韵"，则显得粗野、直露，有"韵"而无"气"，则显得柔弱无力。

(2)情景交融：人的心灵中的生命精神与万象万物的生命精神相互感应、相互交融。中国的画家所倡导的"心师造化"，就是指生命主体收摄自然万物的生命精神。"于万物为一，无所窒碍，胸中泰然，岂有不乐！"(《朱子语类》卷三十一)陆九渊主张："棋所以长吾之精神，瑟所以养吾之德性。艺即是道，道即是艺，岂惟二物，于此可见矣。"(《象山全集》)卷二十五)《文心雕龙·明诗》云："人禀七情，应物斯感；感物吟志，莫非自然。"美国当代著名心理学家马斯洛在《人的潜能和价值》中讲，高峰体验是"沉浸在一片纯净而完善的幸福之中，摆脱了一切怀疑、恐惧、压抑、紧张和怯懦。他们的自我意识也悄然消逝，他们不再感到自己与世界之间存在着任何距离而相互隔绝，相反，他们觉得自己已经与世界紧紧相连，融为一体"。

(3)形神兼备：《荀子·天论》云："形具而神生。"东晋著名画家顾恺之曾提出"以形传神"，国画要表现人的内在气韵之美，而不只是描绘人的形貌。王僧虔说："书之妙道，神采为上，形质次之，兼之者方可绍于古人。"(《书苑菁华》卷十八)中国的书画作品，以外在线条和色彩呈现出作者的生命精神。故作者生命境界的高低，也就决定了书画品质的好坏。书法的线条、结构、章法便是"形"，线条、结构、章法所隐含的内在情趣或意味，便是“神”。

（4）文以载道：文学艺术承载道、表达道。文学艺术的根本使命是“文以载道”，北宋周敦颐提出：“文所以载道也。”（《通书》第二十八）何谓“道”？“道”是指义理和真理。文以载道表现在人品与作品的关系上，就是德艺双修：“志于道，据于德，依于仁。”（《论语·述而》）文以载道表现在社会功能上，就是寓教于乐。“《诗》可以兴，可以观，可以群，可以怨。”（《论语·阳货》）

文学艺术主要的价值是道德教化、性情陶冶，提高精神生活品质，改善社会风气，促进社会发展，承担“经夫妇，成孝敬、厚人伦、美教化、移风俗”的重任。

某些当代文学艺术作品。丧失了“文以载道”的功能，而是“文以生钱”。在金钱利益的引导之下，凡是能对作者产生金钱利益的作品，就大量地涌现；凡是对作者不能产生金钱利益的作品，就大量消亡。许多作品扮演“文以害道”的角色。物欲的膨胀、功利主义的泛滥、德性的沉沦、人与自然相脱离等，这些因素导致审美领域中的异化：以丑为美或者以美为丑。

（5）善美合一：义理产生美感：“故理义之悦我心，犹刍豢之悦我口。”（《孟子·告子上》）仁者与智者能够真正感知山与水的美，朱熹对“知者乐水，仁者乐山”的解释是：“知者达于事理而周流无滞，有似于水，故乐水；仁者安于义理而厚重不迁，有似于山，故乐山。”（朱熹《四书集注》）如果美感与善相一致，则有益；如果美感与恶相一致，则有害。若无善作为美的内涵，则美流于浮华不实：“美者，声容之盛；善者，美之实也。”（朱熹《四书集注》）唯有脱离罪恶和邪念，无愧于心，才能心地坦然，圆融无碍地进入审美的乐境。孟子指出“君子有三乐”，其中一乐即“仰不愧于天，俯不怍于人”。美若得到善的扶助，则美得以确立，若丧失善的滋养，则美走向畸变，甚至消亡。善的作用在于将人的情感导向正道，使之不流滥，将“情”导向“义”，将“欲”纳入“礼”，培养人的健全的生命精神。尼采则主张美与善的分离，他说：“我们的宗教、道德和哲学是人的颓废形式。相反的运动：艺术。”（《偶像的黄昏》）这种观点显然是错误的。

（6）虚实相生：国画中有“计白当墨”，以虚白衬实景，虚实相生，空白处就是气韵往来之处，能“空纳万境”，呈现出无限的生命力。老子提倡“大音希声”。虚远与具体，空灵与实在，呈现中国园林流动、灵活的景观。

（7）阴阳相合：书法作品中存在阴阳两端的和谐统一。书法线条及布局中存在着曲直、鼓正、大小、方圆、刚柔、疾涩、轻重、徐疾、长短、粗细、疏密、集散、主次、虚实、纵横、藏露、斜正、向背、俯仰、断连、开合、以纵、起伏、动静，讲究左右揖让、上下连贯、前后呼应、大小适宜、疏密合理、节奏和谐、变化无穷等，在运笔中有藏与露、快与慢、提与按、中锋与侧锋等技巧。

古人在弹琴前往往要沐浴、宽衣、焚香，以自由洒脱的心态，全身心地投入演奏之中。在弹琴运指时，做到轻重、快慢、刚柔、虚实、断续等的灵活运用，达到“人与琴和”“指与弦和”的境界。国画大师黄宾虹先生把绘画的点线用平、留、圆、重、变五个字概括，并解释其具体内容为：平，如锥划沙，笔锋与纸保持在一个水平上，运压力与提浮力相衡；留，如屋漏痕，笔在运行中感觉有阻力，在与纸摩擦的阻力中艰涩前行；圆，如折钗股，指用笔圆浑有力，不露锋芒，富有弹性；重，如高山坠石，用笔用劲，有力度，力透纸背，好似高山掉落的石块那样有分量；变，线条要有变化，使笔画形成多样性对比，不相互雷同。

（8）中和雅正：中国文学艺术创造了有与无、虚与实、境与象、意与境、动与静、显与隐、情与景、情与理、情与志、真与幻、正与变、阳刚与阴柔、结实与空灵、有我之境与无我之境等众多相对的范畴，不是取其一端而弃除另一端，而是让两端并存，此即中和之道。儒家主张“温柔敦厚”“乐而不淫，哀而不伤”。美好的音乐应使人内心和谐平静，使人的性情得到陶冶。姚崇在《弹琴诫并序》中说：“琴者乐之和也，君子抚之以和人心。”中和之音优雅端庄，从容适度，动情感人，调和人心，塑造人格，在此基础上可以达到治国安邦之效。

（9）文质彬彬：孔子说，“质胜文则野，文胜质则史，文质彬彬，然后君子。”（《论语·雍也》）对于作品来说，就是内容与形式的统一。有内容而无恰当的表现形式，或者有好的表现形式但是没有内容，都不是好作品。有的作品片面追求文丽辞巧，既无真情实感，也无思想内涵。而有的作品有深刻的思想内涵，但缺乏恰当的表达形式。刘勰主张：“以情志为神明，事义为骨髓，辞采为肌肤，宫商为声气。”就兼顾了文与质。

八、阴阳和合

阴阳学说包含了矛盾学说，阴阳这对范畴可以用于指相反、相对、相异的双方，而矛盾则主要指相反的双方。阴阳学说既包含了双方的协调、合作、统一，也指双方的对立、斗争。古希腊哲学家赫拉克利特强调对立面的斗争是万物变化发展的根源，提出：“战争是普遍的，正义就是斗争，一切都是通过斗争和必然性而产生的。”中国的阴阳学说则强调阴阳双方的和谐、和合、平衡、互补和互济。

在一般情况下，正是相反、相对、相异的双方沟通、协商、和平的方式，化解乃至消弭当下矛盾、纠纷、冲突，达到协调、合作、统一的状态，从而使事物保持稳定。只有在特殊情况下，事物发生激烈的变化，就是相反的双方正在进行斗争。和合是事物的常态，而斗争则是事物的非常态。不能用矛盾来概括所有事物，也就不能以斗争作为事物常态。如在战争时期，用斗争的方式去解决问题；而在和平建设时期，就应当用和合的方式去解决问题。

斗争思维只看到事物存在相反的一面，而没有看到事物存在相合的一面；斗争思维认为斗争是事物发生变化的动力，而没有看到和合也是事物发生变化的动力；斗争思维将斗争作为解决问题的手段，而没有看到和合也是解决问题的手段。斗争思维会产生“非此即彼”的观念，在肯定此方时，就一定要否定彼方。和合思维会产生“亦此亦彼”的观念，在肯定此方时，也兼顾彼方。

道德是运用和合思维的重要条件。“畜之以道则民和，养之以德则民合。”（《管子·兵法》第八章）仇恨导致冲突，失德导致错乱，都不可能产生和合现象。墨子说：“内之父子兄弟作怨仇，皆有离散之心，不能相和合。”（《墨子间诂》卷三）管仲认为，礼义廉耻四维是维护社会和合的四根支柱，“四维不张，国乃灭亡”（《管子·牧民》）。

人集合起来，就拥有强大的力量：“力不若牛，走不若马，而牛马为用，何也？曰：人能群，彼不能群也。”（《荀子·王制》）那么，是什么因素可以让人集合起来呢？是道义。荀子接着说：“人何以能群？曰：分。分何以能行？曰：义。故义以分则和，和则一，一则多力，多力则强，强则胜物。”（《荀子·王制》）这里的“分”，既指“分工”，又指不同的伦理角色。

1. 和合思维在工商管理中的运用

德鲁克说：“管理越是能够运用社会传统、价值观和信念，它就越能够取得成就。”具有中国文化底蕴的管理理论书籍有苏东水的《东方管理学》、成中英的《C理论：中国管理哲学》、曾仕强的《中国式管理》、齐善鸿的《道本管理》，带有鲜明的“和合”色彩的管理学理论有张立文教授的《和合学》、席酉民教授的《和谐管理理论》、黄如金研究员的《和合管理》等。和合学提出五大原理：一是尊重生命的和生原理；二是和平共处的原理；三是共立共荣的和立原理；四是共达共富的和达原理；五是滋润心灵的和爱原理。日本企业注重“和”的精神。公元604年，日本圣德太子主持制定《宪法十七条》，其中第一条就是“以和为贵”。日本企业中“贵和”的管理理念大大提高了效率。松下公司的企业精神是“忠、孝、公、礼、勇、仁、和”，夏普公司的企业精神是“诚、和、礼、勇”。

在高科技时代，在信息时代，在复杂分工的时代，任何一家企业不可能在价值链的所有环节上都创造出自己的比较优势，要维持企业永续发展，企业管理者就更需要有和合思维，同其他企业进行合作，达到共赢，于是出现战略联盟、商业生态、蓝海战略、合作竞争等管理理论。在组织内部，现代管理学更加强调团队合作、分权参与、知识共享、价值认同、促进员工发展等。

（1）优势互补：每家企业的管理者要知道本企业的长处与短处，同时了解与本企业相关的各企业的长处与短处，将自身的长处与其他企业的长处相结合，优势互补，从而形成整体优势。每家企业要发挥自身优势，走专业化发展之路。将一些环节或一些零部件交给其他企业，集中精力做好主要环节和主要零部件的工作。日本丰田公司将70%的零部件发给中小企业生产，丰田公司只负责主要零部件的生产和整车的组装，减少了许多交易的中间环节。

美国DEC公司总裁简·霍普兰德（J. Hopland）和管理学家罗杰·奈格尔（R. Nigel）提出战略联盟理论。战略联盟指的是由两家或两家以上有着共同战略利益和对等经营实力的企业，为达到共同拥有市场、共同使用资源等战略目的，进行跨地域、跨国界、跨行业的松散合作，通过生产要素水平式双向或多向流动，产生优势互补、优势相长、风险共担、利益共享的效果。

在企业内部也要做到优势互补。企业的员工应当具有不同才能、不同个性、不同思想，员工各自发挥特长，形成有活力的团体。如果企业的员工才能单一、思想单一，则企业就是僵化的，缺乏活力。自认为没有短处的人，试图均衡发展，结果却丧失了优势。刘邦手下的文武大员，每一个人在某一方面的“偏才”都胜过刘邦，而刘邦按

“和合共生”的原则将他们统合起来，形成强有力的战斗团体。著名的美国管理学家杜拉克曾经说过：“倘若所有的人都没有短处，其结果至多是一个平平凡凡的组织。”靠个人单打独斗很难取得成功，依靠群体的力量才有竞争力。

（2）各安其位：按照荀子的说法，人与牛马的不同之处是人能“群”，即人能形成大大小小的群体。为什么人能形成群体呢？就是因为人能“分”，即每个人都有自己的定位，各安其位。荀子提出“义分则和”，每个人的定位与分工，要遵循“义”的原则，制定合作的规范，在企业中做到才智配位、德行配位、心性配位，每个人在自己的位上就能充分发挥自己的价值，产生不同的作用，在企业中形成合力。

在企业中，确定每个人的名分很重要，让每个人都知道自己应当做什么，不应当做什么，做到各安其位、各尽其职、各得其所。慎到举例说，一只野兔在街上跑，上百人去追逐它，是因为这只兔子没有确定是属于谁的名分；而市场上有大量的兔子在出售，人们不会去抢夺，是因为兔子的名分定了。

蓝海战略：不要把精力放在打败竞争对手上，摆脱在已有市场“红海”中的恶性竞争，致力于在尚待开发的“蓝海”市场进行“价值创新”，打开一个未知的、没有竞争对手的市场空间。

（3）协同互助：企业管理者、员工虽在不同的岗位上，但他们拥有共同的前景，上下同心，协调一致，相互支持，互助合作，增加团队凝聚力、向心力。每年在美国篮球大赛结束后，常会从各个优胜队中挑出最优秀的队员，组成一支“梦之队”赴各地比赛，但结果却是胜少负多，原因何在？就是因为他们平时分属不同球队，临时组合起来，相互间的配合很难达到默契。协同互助的关系不仅仅是一种形式，而是在工作中长期磨合而形成的。

（4）合作竞争：企业经营活动是一种可以实现双赢的非零和博弈，应当把复杂商业环境中对抗性的竞争转变为竞争中的合作或合作性竞争，竞争与合作“合而为一”，克服了传统企业战略过分强调竞争的弊端。

商业生态系统：由供应商、生产商、销售商、市场中介、投资商、政府、消费者等组成的群体，它们以生产商品和提供服务为中心，各司其职，资源共享，相互作用，形成相互依赖、共生共荣的生态系统。商业生态系统中任何一个环节遭到破坏、任何一家企业的利益被损害，都会影响整个商业生态系统的平衡和稳定，并最终损害系统中的每一个参与者。商业生态系统中的每一个组织或个人，不仅要关注自身的发展，还要创造环境，共同维持系统的延续和发展。

2. 和合思维在国家治理上的运用

在国家治理层面上达致和合，其前提就是需要顺应民心。“政之所兴，在顺民心；政之所废，在逆民心。”（《管子·牧民》）君臣共同遵守的法律是达致和合的重要条件：“君臣上下贵贱皆从法，此谓为大治。”（《管子·任法》但法律的作用也是有限的，必须以德治加以补充，“刑罚不足以畏其意，杀戮不足以服其心”（《管子·牧民》）。（译：即使使用最严酷的刑罚，也不能使民心生畏；即使是以杀戮来镇压百姓，也无法使人民衷心诚服。）法律只能禁止违法犯罪行为，对于轻微的邪恶行为是无能为力的，而极大的犯罪行为正是从轻微的邪恶行为中产生的。“欲民之正，则微邪不可不禁也；微邪者，大邪之所生也。”（《管子·权修》）积小恶可以成大恶，积小善也可以成大善。

3. 运用和合思维处理人际关系

“以和为贵”，人与人之间尽量避免冲突和斗争，承认人与人之间存在个性差异、利益差异，不强求别人一定要同自己高度一致，建立人与人之间的和睦、团结、协作关系。孔子曰“君子和而不同，小人同而不和”（《论语·子路》），“君子矜而不争，群而不党”（《论语·卫灵公》），“君子成人之美，不成人之恶”（《论语·颜渊》）。君子崇尚道义，内心平和，但绝不盲目趋同，即使存在不同的意见和个性，君子善于协调种种不同意见，形成新的意见，所以能建立和谐的关系。小人则崇尚利益，内心邪恶，他们追求同样的东西，而同样的东西是有限的，所以引起纷争；他们排斥不同的东西，要求人们没有异议，同声附和，在排斥的过程中必然引起斗争。小人只是一味地追求同一，这既不能形成新的意见，更不能统一分歧。

“君子以同而异。”（《周易·睽封》）君子有共同的目标、共同的价值、共同的道德，但也要保持不同的意见，保持不同的特色。叶适认为：“武王言同，谓心与德，若幽王所取，正反是心离德离，但以势利为同耳。”（《习学记言序目》卷十二，《郑语》）周武王讲的“同”是指“同心同德”；而幽王讲的“同”是指势利之同。

由于君子有包容不同意见的胸怀，所以，能够普遍建立良好关系，无所偏私。而小人由于排斥不同意见、不同因素，故只能是偏私。孔子曰：“君子周而不比，小人比而不周。”（《论语·为政》）周是亲近、相合的意思，比是勾结的意思。

“和而不同”可用于处理上下级之间的关系。上级应当鼓励下级提出不同的意见，上级不断采纳下级的意见，才能不断进步。在唐太宗的人才团队中，每个人都有自己的长处。唐代大臣王珐说：“勤勉不懈地为国效力，凡所知晓之事必定尽心竭力，这一点我比不上房玄龄。文武全才，既可以在外带兵打仗做将军，又可以进入朝廷搞管理担任宰相，在这方面，我比不上李靖。向皇上报告国家公务，详细明了，宣布皇上的命令或者转达下属官员的汇报，能坚持做到公平公正，在这方面我不如温彦博。处理繁重的事务，解决难题，办事井井有条，这方面我也比不上戴胄。常常留心于向皇上直言建议，以皇上达不到尧舜的境界为耻，这方面我比不上魏徵。至于批评贪官污吏，表扬清正廉明，疾恶如仇，这些方面比起其他几位能人来说，我也有一技之长。”（《贞观政要·任贤》）管理一个团队最重要的就是在团队内部建立和谐的关系，相互包容，相互尊重，使团队产生向心力和战斗力。销售者要同顾客建立和谐的关系，这种和谐的关系不仅仅是共同利益的关系，还有伦理关系、人情关系。在顾客面对同类产品时，在价格相差不大的情况下，往往会优先选择具有伦理关系和人情关系的销售所推荐的产品。

4. 运用和合思维处理国际关系

不同的国家、不同的民族，有着不同的传统文化、国情条件、民族特征、利益立场，按照“和而不同”的原则，让各个国家、各个民族保持不同的状态，才能建立和谐的关系。如果一味地追求同一，企图清一色，强求一致，抹杀不同国家、不同民族的特色，必然引起冲突与战争。正是由于千千万万事物“不齐”，才构成了既丰富多彩又和谐统一的世界，呈现出世界文化的多样性。社会达尔文主义，把达尔文的生物进化论移植到人类社会生活领域，宣称人类的生存与发展同样受“生存竞争”“弱肉强食”“优胜劣汰”等“自然法则”的支配。在这种思想的影响下，有的国家采取单边主义、霸权主义、自我中心主义，只能造成“同而不和”的结果。

1955 年，在万隆会议上，国务院总理周恩来在发言中着重阐述了“求同存异”的思想。他说，中国代表团是来求团结，不是来吵架的；是来寻求共同的基础，不是制造分歧的。进而重申和平共处五项原则：互相尊重主权和领土完整，互不侵犯，互不干涉内政，平等互利，和平共处。最后，“和平共处五项原则”被写入会议公报。

霸权主义、极端民族主义遵守的是非此即彼的逻辑，而中国传统的“天下主义”，则遵循“亦此亦彼”的逻辑。德国社会学家乌尔里希·贝克特别强调“差异性一体化”原则，一方面认可差异，另一方面追求一体化。“差异性一体化”原则有追求同质化的倾向，而中国的“和而不同”，在差异的前提下排斥同质化，寻求共通性，相互促进，共同发展。邓小平提出的“和平统一”“一国两制”，正是“和而不同”在国家战略上的体现。

5. 和合思维用于处理不同思想、不同文化、不同文明之间的关系

亨廷顿的“文明冲突论”可用于描述现实中存在的某些现象，但我们不能倡导“文明冲突论”，而应当倡导“文明和合论”，即世界各大文明体系应当按“和而不同”的理论，在保持自身的文化特性、保持自己的表达方式的前提下和谐共处，相互尊重、相互包容、相互吸收，通过对话、交流、互动，取长补短，共同发展。各大文明体系之间即使存在冲突，也要摒弃冷战思维，不应诉诸武力，而应以和平的方式化解冲突。

在人类思想宝库里，应当有不同的思想、不同的主义、不同的文化、不同的文明体系。当人类面对各种复杂的问题时，根据解决问题的需要，就从人类思想宝库中取出相应的思想和理论并加以运用。

人类思想宝库越丰富，可供选用的思想和理论就越多，运用起来就会更加得心应手。任何人的思想和理论，都应当放在人类思想宝库中，相互交流、相互借鉴，汲取他方所长以发展自己。脱离人类思想宝库，任何思想都会走向片面和僵化。20 世纪 90 年代，亨廷顿提出的文明冲突理论，认为冷战后世界冲突的主要根源是文明之间的差异。这个理论可用于描述现实中存在的某些现象，但不能作为价值取向。世界各大宗教之间，各民族文化之间，都应该进行广泛的对话，取长补短，共同发展。

任何民族的民族文化，都有存在的权利，任何民族不能去毁灭其他民族的文化。世界文化呈现多样化的形态，才是良好的文化生态。任何民族都有权利保持自己的民族特色，避免被“西化”和“同化”。

管理是一项系统工程，由众多的子系统构成，每个子系统又由众多的要素构成，仅仅靠某一方面或某几个方面的改善，并不能使组织取得持久的成功。

在构建正道管理学体系时，应当以和合思维，对各种不同甚至相反的理论、流派、模式兼容并包，以收互补之效。例如，在管理过程中，既要重视战略，又要重视细节；既要注视物质激励，又要重视精神激励；既要注重制度建设，又要重视文化建设；既

要有个人主义，也要有集体主义；既要见物，又要见人；既要有金钱，又要有思想；既重视利，又重视义；既要将员工视为“经济人”，也要将员工视为道德人。不能以一种管理理论去完全否定另外一种管理理论，不能从一个极端走向另一个极端。如果只是使用单一的某种或几种管理理论，就会犯盲人摸象的错误。必须建立管理学的有意义的合理结构，以便将互不协调的各种管理观点用于恰当的位置，并设定运用各种管理观点的条件，使之各安其位。

6. 和合思维运用于人与自然的关系

在以“天人对立”的西方文明模式主导下的世界，已产生如下重大危害：资源枯竭、大气污染、水土流失、沙漠化、物种灭绝、全球变暖和臭氧层被破坏等，而人类社会中的人口膨胀、贫富分化、拜金主义、消费主义、种族冲突、国际竞争、极端利己主义等，又在加剧人与自然的危机。迫切需要人类运用“和合”思维，重回“天人合一”正道。

在全球化的背景下，贫富差距、生态失衡、环境污染、资源短缺、国际恐怖主义、跨国犯罪等各国面临的共同问题，需要相互合作，进行全球治理。儒家主张“协和万邦”（《书经·虞书·尧典》），子夏说：“君子敬而无失，与人恭而有礼，四海之内皆兄弟也。”（《论语·颜渊》）“远人不服，则修文德以来之，既来之，则安之。”（《论语·季氏》）

第八章　自我性情管理

第一节　性情管理综论

一、性与情

人的生命由身与心构成，即由身体生命与心性生命结合而成。我们既要注重身体生命的健康，也要注重心性生命的健康。按中国古代的“心统性情”之论，心灵生命包括“性”与“情”。自我性情管理就是对自己的“性”与“情”的管理，远远超出了情绪管理的范畴。需要特别说明的是，为了表述的便利，自我性情管理所用的“性”与“情”这两个词的内涵，本书会有特别的界定，与一般意义上的“性”与“情”有很大的不同。

自我性情管理中的“性”，主要包括品性、性格、思想观念、生理本能需要四个方面。儒家讲人的本性，既有天命之性，也有气质之性。气质之性就包括了人的自然属性，人的生理本能、身体状态，也是情绪、情感、欲望产生的根源。

自我性情管理中的“情”，主要包括情绪、感情、欲望、心态等，是自我主体存在的“性”同环境中存在的事物相感应而产生的。自我性情管理包括品性管理、性格管理、情绪管理、感情管理、欲望管理、心态管理等诸多方面。

詹姆士提出意识流的概念，认为意识像一条溪流一样，连续不断地流动着、变化着。中国也有类似的说法：“当反观所起之心，过去已灭，现在不住，未来未至。”[（隋）智顗《童蒙止观》]（译：反观心中所生起的各种念头，过去之心已经熄灭，现在之心不会停留，未来之心尚未到来。]

意识包括思想、观念、经验、信息、感受、体验、意象等。意识既然有流，则必然有源，意识流的源头就是意识库。每个人都有自己的意识库，意识库存在于每个人的心灵生命之中。意识库储存着什么样的水，意识流流动的就是什么样的水，源清则流清，源浊则流浊。

意识库是如何形成的？正像江河汇聚众多的溪流而成一样，一个人的意识库是在人的生命历程中汇聚了众多意识之流而形成的，也就是在他生命的每一时刻，他所感知到、思考到、体验到的一切，都流入他的意识库中，被意识库收藏。某些强烈的外在刺激形成的心结，某些反复强调形成的坚定的信念，在意识库中就会长期存在。进入意识库中的思想、观念、感受、体会、意象、信息等，长期储存于意识库中，就会成为人的品性、性格以及人格的重要组成部分。

二、性与情的关系

（1）性是体，情是用：性是源，情是流。情就像河道里的水流，有源头，这个源头就是性。人们良好的情绪、情感和心态，来自本人的善良本性、良好性格、正确观念、健康身体。如果人的观念是错误的，性格是扭曲的，本性是邪恶的，身体是病态的，则人的情绪、情感、欲望就会处于泛滥、低劣的状态。有良好的“性”，才会产生良好的“情”，有良好的“性”与“情”，才会产生良好的行为。人不可能直接面对世界，而是通过意识库来面对世界。意识库不同的人，对同一客观对象的感知和体会就不同。心理学家艾利斯的ABC理论为：事情对人的作用（A），必须经过当事者对于事情的评价、解释、信念（B），产生结果（C）。意识库还有一种选择、排斥功能。如果意识库中善的因素居多，就会有更多善的因素流入，而排斥恶的因素。如果意识库中恶的因素居多，就会有更多恶的因素流入，而排斥善的因素。

（2）性处于未发状态，情处于已发状态：人的“性”，即人的品性、性格、思想观念、生理本能存储于意识库中，当“思虑未萌”或“事物未至”时，没有为心灵所感知、所体验，就处于未发状态；如果“性”与来自环境中的外物刺激相感应，就会被激发，为心灵所感知和体验，处于已发状态，就成为情。有时，也可能在没有任何外物刺激的情况下，品性、性格、思想观念、生理本能等方面的某些因素会自动流溢到意识流中，为心灵所感知和体验，呈现为情。

李翱说：“情由性而生，情不自情，因性而情；性不自性，由情以明。”（《复性书（上）》）（译：情是由性产生的，情不会自己凭空产生，因为有了性才产生情；性也不会独自显现，而是通过情得到显现。所以，要改善“情”，就需要从改变“性”入手。关于品性、性格、观念的塑造与养成，就是“存心养性”，这是自我情绪管理中的治本之举；关于情绪、情感、欲望、态度的认知、引导、控制、调适、舒缓，则是自我情绪管理中的治标之举。例如，对于怒火，当产生这种情绪时，加以控制，这是治标之举；在怒火产生之前，修身养性，形成容忍、宽厚、大度的美德，有兼容并包的观念，怒火就不会产生，这就是治本之举。

（3）心统情性：张载提出“心统性情”。心具有承载性与情的功能，具有感知情的功能，具有主宰性与情的功能。性与情存在于何处？存在于心中。心贯通未发和已发，既承载了未发的性，也承载了已发的情。朱子认为：“灵处只是心，不是性。”当“情”处于已发状态，是谁在感知情、体验情？也是心在感知，心在体验。朱子还将心视为主宰，说：“心是神明之舍，为一身之主宰。”（《朱子语类》卷九十八）即在自我性情管理中，要发挥心的主宰作用。

（4）性不可闻而情可验。“有这性，便发出这情；因这情，便见得这性。”（《朱子语类》卷五）人的品性、性格和思想观念，虽然不可以直接看到或听到，但却是真实存在的，我们只能通过对情感、情绪、欲望、心态的感知和体验，从而推知此人的“性”。“性”虽然处于未发状态，不能说“性”是不存在的，更不能说“性”是无善无恶的。否则，修身养性从何谈起？“性相近也，习相远也。”（《论语·阳货》）人的天然本性是相接近的，但是由于环境的不同，由于修身养性的功夫不同，导致人与人之间在人性上存在巨大差距。

一个人具有仁的品性，面对处于危难中的人，就会有恻隐之情产生；有恻隐之情产生，才会有救助之行发生。当我们看到此人有救助的行动，可以观察到他有恻隐之情，由此便可以推知此人具有仁之品性。正如我们看到清澈的流水，就可以推知此河流的源头是清澈的。

三、性情管理的价值

性情管理的目标，就是要培养正面性情，消除或控制负面性情。性情有正面性情与负面性情之分。正面之性包括善良品性、良好性格、正确观念、健康身体；负面之性则包括邪恶品性、不良性格、错误观念、病态身体。正面之情包括正面情绪、良好感情、良好心态、适度欲望；负面之情则包括负面情绪、冷漠感情、不良心态、膨胀欲望等。佛学认为人生的六大烦恼是罪恶的来源，它们是贪（贪婪）、嗔（怨怒）、痴（愚痴）、慢（傲慢）、疑（怀疑正道）、见（只从负面看待事物）。传统中国讲“情、理、法”，唯有合法、合理的情，才是正面之情。正面情绪是指以开心、乐观、满足、热情等为特征的情绪，负面情绪是指以难过、委屈、伤心、害怕等为特征的情绪。

（1）正面性情带来幸福，负面性情带来痛苦。幸福或痛苦主要是体验，而自我体验的对象就是自己的性情。客观事物只有在影响自己的性情的情况下，才对幸福或痛苦的体验发挥作用。无论自己的物质条件多么优异，如果过多的妄念积压在心中，感受到的只有无尽的痛苦。

（2）正面性情确保心理健康，负面性情导致心理疾病。在自己的意识库中累积妄念过多过重，又显现为妄念念念相续，无有间断，即产生忧郁症。忧郁症状表现为持久而且高强度地出现郁闷、悲哀、愁苦、烦躁、愤怒、仇恨等消极情绪；持久而且高强度出现悲观、自责、罪恶、自杀、失落等妄想幻觉；持久而且高强度出现食欲下降、睡眠障碍、体力降低、动作迟缓等生理现象。

（3）正面性情促进身体健康，负面性情促使身体病变。身心是对应的，当人出现抑郁、紧张、多疑、抱怨、挑剔、仇恨、焦虑、绝望、自卑、猜疑、逆反、冷漠、怯懦、虚无、迷惘、寂寞、荒诞、忧愁、悲伤、烦恼、惊恐、愤怒、痛苦等负面性情时，就会出现口干舌燥、心跳加速、头痛、失眠、疲劳等生理反应，如果负面之情出现的强度高或者持续时间长，生理的变化也会持续下去，导致机体系统活动紊乱，人体的免疫功能降低，引起心脑血管、肠胃等方面的疾病。邪念可以毒害自己的心灵，败坏自己的心灵生命。“嫉先创己，然后创人。”（《法句经》卷二）（译：嫉妒首先伤害自己，然后伤害别人。）

即使是积极情绪，如果违背中和之道，强度高或持续时间长，也同样会损害身体健康。极端的情绪使脏腑气机逆乱，如“怒则气上、喜则气缓、悲则气消、思则气结、恐则气下、惊则气乱”。不同的情志伤害不同的脏腑，即“怒伤肝”“喜伤心”“思伤脾”“忧伤肺”“恐伤肾”。

（4）正面性情使人走向成功，负面性情则使人走向失败。强烈的情绪反应，往往会抑制大脑皮层的高级心智活动，迫使意识集中于同情绪相关的问题上，限制意识活动的方向，表现出本能的保护性或攻击性反应，从而使人丧失正常的思维能力和理性判断能力，出现“情令智昏”“怒令智昏”“喜令智昏”等现象。不良的情绪通常会产生非正常的思维，如绝对化思维、走极端的思维、以偏概全的思维。孙子告诫说：“主不可以怒而兴师，将不可以愠而攻战。合于利而动，不合于利而上。怒可以复喜，愠可以复说，亡国不可以复存，死者不可以复生。”（《孙子兵法·火攻篇》）（译：国君不可因一时愤怒而发动战争，将帅不可因一时气愤而发起进攻。产生有利的结果，就用兵，如果不能产生有利的结果，就停止。愤怒的心情可以变为欢喜，气愤的心情可以转为高兴，但是国家灭亡了就不能复存，人死了也不能复生。）

（5）正面性情产生正当行为，负面性情则产生邪恶行为和过激行为。人在极端情绪支配下往往产生极端行为，在情绪失控的状态下，他人就会成为发泄对象。“怒伤肝”，在怒气伤害自己身体的同时，愤怒使人丧失理智，不计后果，铸成大错。人在情绪冲动时忍不住说不该说的绝情话，做不该做的绝情事，斗殴、报复等违法犯罪行为，常常在愤怒的支配下发生。心善者必有善行，心恶者必有恶行，心正者必有正行，心邪者必有邪行。

第二节　自我性情管理的方法之一

一、清除心灵毒素

正如人的身体每天吸取各种物质营养和物质毒素一样，人的心灵每天也在吸取各种精神营养和精神毒素，并存储于意识库中。人的心灵是向外敞开的，来自外界的精神营养和精神毒素源源不断地注入心灵。在自然状态下，人没有拒斥和排出精神毒素的能力，精神毒素在心中不断积累，最终形成妄念，这个过程叫作浸染，正如一潭纯净的水，如果不断地向里面抛入垃圾，终被污染，成为一潭脏水。

妄念如一条条毒蛇盘踞在心灵之中，如一块块巨石压在心灵之上。星云大师说：“嗔心如猛虎，怒气如飓风，恶口如刀剑，傲慢如高山，疑心如暗箭，邪见如毒药。”

“物以类聚”，正念与正念相互感召，恶念与恶念相互感召，正如王惟一先生在《道法心传》中讲：“以邪召邪，以鬼召鬼。”每一个妄念都同与之相关的众多妄念连接在一起，当一个妄念出现时，就会带动相关的妄念出现。

身体所汲取的物质营养维持身体生命，而身体所吸取的物质毒素则带来各种病痛。同理，心灵汲取的精神营养维持着心灵生命，并提升生命的境界，使心灵保持和谐状态；而心灵汲取的精神毒素则给心灵生命带来危害，造成严重浸染，使心灵生命产生各种病变，如品质低劣、性情恶劣、人格扭曲、心理疾病、精神变态等，导致不良行为及违法犯罪行为的产生。因此，只有清除精神毒素，才能使心灵生命保持健康与和谐的状态。人在婴儿时代，心灵处于虚静、洁净之态，在成长并走向衰老的过程中，心灵接受各种劣质精神因素的浸染，沾染了各种毒素，虚静的生命原态被遮蔽，最后，生命不堪重负。因此，修养的功夫要逆向而行，回到童真无染的状态，找回童真、童趣，在这个意义上，老子要求人们“复归于婴儿”，“复归其根”。“身惹尘埃沾尚浅，心随欲境染尤深。堪怜举世忘源者，只洗皮肤不洗心。”[（宋）吴秀《人天宝鉴》]（译：身体沾惹了尘埃只在浅层，心在贪欲之境被污染得很深。可怜世人忘却了根本，只去洗净皮肤却不洗净内心。）

心灵就像明镜，每天有大量的精神毒素进入心灵，就像每天会有大量的灰尘落到镜面上。神秀采取的办法是：“身是菩提树，心如明镜台，时时勤拂拭，莫使惹尘埃。”意思是说，众生的身体就是一棵觉悟的智慧树，众生的心灵就像一座明亮的台镜。要不断地将它掸拂擦拭，不让它受到污染、遮蔽光明的本性。可以将自己的心灵观想为一块明镜，将忧虑、痛苦、焦虑、怨怒等观想为心灵之镜上的尘埃，观想心灵之镜发出光明，心灵上的尘埃纷纷脱落。扫除心尘，将心转为清净之心，以清净之心看到的就是一个清净的世界。《维摩诘经》说：“欲得净土，当净其心；随其心净，即佛土净。”人们每天洗脸清除面部的尘垢，但是没有养成每天扫除心尘的习惯。惠能大师则更进一步，将接纳妄念之心去除，诗云：“菩提本无树，明镜亦非台；本来无一物，何处惹尘埃？”试想，如果连镜子都没有，灰尘落在何处呢？如果让心灵进入空灵虚静的状态，妄念就无安顿之处了，妄念自然消失。

降伏心魔：王阳明说：“破山中贼易，破心中贼难。”[（明）王守仁《王文成全书》卷四]（译：破除山中贼寇容易，破除心中贼寇则很困难。）《金刚经》中讲“降伏其心”。心魔是什么？心中贼是什么？是懒惰、怨恨、自私、仇恨、报怨、愤怒、焦虑、烦恼、愚痴、偏见、计较、攀比、傲慢等妄念。妄念一旦占据自己的心灵，使你陷于被妄念包围、难以自拔的境地，就会反客为主，成为奴役自己心灵的主人，并且常常以主人的身份发号施令，所以，我们要认清，妄念不是自己的朋友，而是自己的敌人。《菜根谭》中说：“耳目见闻为外贼，情欲意识为内贼，只是主人翁惺惺不昧，独坐中堂，贼便化为家人矣！”（译：所见所闻的邪恶现象是外来的敌人，妄念是内在的敌人，如果自我这个主人翁没有昏沉，坐镇于中堂之上，敌人就会转化为自己的家人。）

“降魔者先降自心，心伏，则群魔退听；驭横者先驭此气，气平，则外横不侵。”[（明）洪应明《菜根谭》]（译：降服魔怪，应当首先降伏自己的心灵，心灵被降伏了，那么群魔自然就听命而退；驾驭横暴，先驾驭自己的心气，心气平和，那么外面的横暴就不会侵害到自己了。）

人们讲要放下一切执着，这种说法是片面的。因为执着有利有弊，取决于执着的对象是什么。如果执着于善，执着于正，执着于理想，执着于事业，执着于自己的正确意见，执着于良好的习惯，执着于创新灵活的思维，就是好的，不需要放下。如果执着于恶，执着于邪，执着于贪欲，执着于歪门邪道，执着于自己的偏见，执着于不良嗜好，执着于僵化的思维，这些都是妄执，就是不好的，就需要放下。

二、接纳精神营养

董仲舒说："利以养身，义以养心。"用物质营养来供养自己的身体生命，用精神营养来供养自己的心灵生命，人们常常重视前者而忽视后者。每个人的真我本性是善的，如果人的性情和行为是恶的，则恶的性情、行为与真我本性存在内在冲突，表现为作恶者常常感到不安、内疚、惭愧。如果形成善的品质，内有仁德，外行正义，则行为与自己善的真我本性相容，从而化解内心的冲突，让自己心安理得，无愧于心。仁是诸德之本，仁爱之心发用之时，心灵处于喜悦、宁和、安详的境界。道德不是强加于人的枷锁，而是人的心灵生命所需要的精神营养。"孔颜之乐"指的是孔子、颜回所处的快乐的心境，因他们有很高的道德修养，内心接纳了健康的精神要素，与道相通，是"得道之乐"。瑞士著名心理学家卡尔·荣格认为，神经症的主要原因是良知的冲突及需要回答的道德难题。马斯洛把人的需要归纳为五大类：生理需要、安全需要、归属与爱的需要、尊重的需要、自我实现的需要，这说明，仁义是人的生命最本质的需要之一。

"清其流者必洁其源，正其末者须端其本。"[（唐）魏征《隋书·列传·李文博》]（译：要使流水清澈必须使其源头清洁，要使末梢正直必须端正其根本。）对于中国人来说，圣贤经典、山川草木、诗教乐教、琴棋书画正是健康精神营养的来源。

1. 圣贤经典

我们不能直接面对客观世界，而是借助一定的文化体系和文化活动来面对世界，所以，来自文化的各种要素，会转变为人的心念。文化有优劣之分，基于优秀文化的要素而产生的心念，常常是正念，而基于腐败文化、"假、大、空"文化、黄赌毒文化、"三俗"文化、厚黑文化、痞子文化、落后文化而产生的心念，常常是妄念。文化环境的提升、社会环境的改变、自然环境的优化，都是集众生之力才能做到的。每个人都可以营造自我生存的文化环境：浸润于经典文化之中，亲近圣贤，结交君子，远离小人，多听良善之语，亲近自然，多听雅乐、善乐，树立家道家风，等等。中华传统经典包括义理经典、诗文经典、历史经典三类。经典文化提供健康的精神营养，用于滋养人的心灵。义理经典最大的特征就是"文以载道"，读圣贤之书，让圣贤的道德光辉照亮自己的心灵，接受圣贤崇高精神的熏陶。诗文经典表现的是人性之美与天地之美，诵读古典诗文并在社会生活中感知人性之美，在大自然中感知天地之美。孔子曰："《诗》三百，一言以蔽之，曰'思无邪'。"（《论语·为政》）（译：孔子说："《诗经》中的三百多首诗，用一句话来概括，就是没有邪思邪念。"）

2. 山川草木

如果要保持心灵清静，就要让文化、自然、社会中的优良精神因素源源不断地注入心灵。在农耕时代，人们生活在大自然的怀抱中，很少有精神疾病发生。孔子曰："仁者乐山，智者乐水。"在现代工商业社会中，人们生活在钢筋水泥丛林中，远离大自然，丧失了对大自然之美的感知能力。离开自然万物的滋养，人的心灵就是枯燥乏味的。

崇尚自然，回归自然，回到大自然的怀抱，面对自然的一山一水、一草一木时，山川草木各具生命精神，与自己的生命精神相感应、相交融。山川草木、闲云野鹤、流泉飞瀑、老松寒梅、沙鸥麋鹿等自然万物为人们提供丰富的精神营养，人的心灵能收摄这些精神营养，得到自然万物生命精神的滋养。

由于人的心灵蒙上了厚厚的精神尘埃，心灵慧眼已不能真实地感受自然万物，处于“见山不是山，见水不是水”的状态，只有清除心尘，才能回到“见山是山，见水是水”的状态。

孔庙、寺庙、道观、书院、祠堂皆是清净之地。进入这些地方，敬畏之心、虔诚之心、恭敬之心油然而生，眼观、耳听皆为神圣之物，直观体验庄严、宁静、安详，心灵自然得到净化。

3. 诗教乐教

以诗词歌赋推行教化，谓之诗教。以“善乐”推行教化，谓之乐教。中国古典诗词特别是唐诗宋词，体现中和之美，体现善美合一，“发乎情，止乎礼义”，发挥诗教的功能。体现人性之美的诗词，应当在自己的人际关系中去体悟，在人与人的交往中感悟到高尚的生命精神。体现自然之美的诗词，则应当在自然山水中去体悟，在与诗词描述相类似的风景中加以体证，由此就能感知到自然万物丰富的生命精神。孔子用一句话来概括《诗经》，即“思无邪”。

4. 琴棋书画

琴棋书画是中国人传统的精神生活方式，也是陶冶性情的重要方式。中国的古典音乐、民族音乐具有中和之美，具有感化人心、调和人心、调整情绪、陶冶性情的功能。需要特别注意的是，许多现代诗歌、小说、散文、流行音乐，是反映冲突、迷茫、堕落的，承载了邪恶之气与暴戾之气，这些作品只会给我们带来更多精神毒素，引起更多的内心冲突。

儒释道三教都是将心性作为理论中心，各有其侧重点：儒家治世，道家治身，佛家治心。在现实生活中，我们采取积极的人生态度，成家立业之时，需要儒家来感悟心灵。而当事业失败、病入膏肓、焦虑忧郁之际，则需要佛家、道家作为精神寄托。日本的道元禅师从中国学禅回来时，有人问他修到了什么。禅师说：“别无所获，只修得一颗柔软心。”2006年4月，在杭州和普陀山召开的首届世界佛教论坛上，提出这样的口号：“和谐世界，从心开始。”《普陀山宣言》倡导：“人心和善、家庭和乐、人际和顺、社会和睦、文明和谐、世界和平。”

第三节　自我性情管理的方法之二

一、持敬主一

朱子将“持敬”解释为：“只是内无妄思，外无妄动。”持敬就是保持谨慎、敬畏、警惕的心态，“敬是不放肆的意思”，持敬就是把放荡的心收敛起来，做一身的主宰，“敬只是收敛来”，“敬只是此心自做主宰处”。身体就像一幢房子，而心灵就是房子的主人。如果房子长期没有人居住，没有主人加以修缮，就会越来越破。无事之时，持敬就是内心持守善念，避免念头转向邪恶。有事之时，持敬就是将心念放在事上，并在处世之时运用义理，在做事之时体证义理。朱子说：“惺惺，乃心不昏昧之谓，只此便是敬。”（《朱子语类》）（译：心中清醒，就是心灵不昏不昧，这便是敬。惺：清醒。）

“外无妄动”是指容貌、服饰、态度、动作都要整齐严肃，通过调整言谈举止，进而调整思维情绪，振作精神。按照身心一致的法则，我们可以用身体动作来带动心情的转变，露出笑容，心情就会转好；挺起胸膛，精神就会振作；快步向前，意志就会更加坚定。威廉·詹姆斯说：“如果你感到不快乐，那么唯一能找到快乐的方法，就是振奋精神，使行动和言辞好像已经感觉到快乐的样子。”

“主一”就是将心念专注于持守义理之上，而不能有邪恶之念；或者是收敛自己的内心，将心念集中于当下所见之事、所闻之事、所做之事，与之无关的杂念就会止息，意识就不会游移在无关之事、纷乱之事上。如吃饭时，将心念全然放在品味菜肴上，才能体验到美味；睡觉时，将心念放在睡觉上，没有其他杂念干扰，才能睡得香甜。艺术创作者排除杂念之后，留下创作的心念。而创作心念是由作者的情感、知识、人生经历、个性特征、集体无意识等交织而成的，在没有杂念干扰的情况下，就会不断涌现。

王阳明提醒人们注意“主一”同“逐物”的区别：“好色则一心在好色上，好货则一心在好货上，可以为主一乎？是所谓逐物，非主一也。主一是专主一个天理。”[（明）王守仁《传习录上》]（译：好色，就一心扑在好色上；爱好财物，就一心扑在爱好财物上，这可以叫作专心吗？这是追逐物欲，并不是专心。专心，是专注于天理。）无事之时，持敬就是内心持守善念，避免念头转向邪恶。有事之时，持敬就是将心念放在事上，并在处世之时运用义理，在做事之时体证义理。

二、涵养正念

人的生命由身体生命与心灵生命复合而成。植物人就是身体生命存在而心灵生命已死的人。身体生命处于新陈代谢的活动之中，而心灵生命则处于念念相续的状态：每时每刻都有一个念头在心中，此前的念头已经逝去，此后的念头即将涌现。

心念可分为两大类：正念与妄念。正念包括善良心念、中和心念、审美心念、真诚心念、喜乐心念、纯净心念（应对当下事物之心念）等。妄念包括邪念、恶念、心尘、妄想、贪嗔、愚痴、邪见、偏见、烦恼、忧郁、焦虑等。如果一个人念念相续的是正念，则此人的心灵生命是健康的，必定走向健康、幸福、成功；如果一个人念念相续的是妄念，则此人的心灵生命是病态的，必定走向不幸、失败、堕落。所以，正己修身必须从自己的心念上下功夫。

只有反观内心，才知道自己当下的心念是正念还是妄念，是善念还是恶念。所谓反省，既要反思自己的行为，也要反思自己的心念。“不怕念头起，只怕觉照迟。”如果通过反省而觉察到现在的心念是妄念，就要加以控制或消除；如果通过反省而觉察到现在的心念是正念，就要加以持守并扩充。

三、扶正制邪

按阴阳相互消长之理，阳气增长一分，则阴气减少一分，光明增加一分，则黑暗减少一分，相应地，扶起正念，邪念自然减退，生起善念，恶念自然减退，慈悲之念起，嗔恨之念灭。正念与妄念，不仅在意识中较量，而且在人的潜意识中较量，它们此消彼长，此进彼退，此存彼亡。因此，克制妄念、调伏妄念、修正妄念、转化妄念、清除妄念，即身心修养之关键。驱逐黑暗的唯一途径便是光明降临，培养正念的同时，需要克除妄念。

汇聚道义于自身，在长期践行道义的过程中，就能培养浩然正气，孟子曰："我善养吾浩然之气。……其为气也，至大至刚，以直养而无害，则塞于天地之间。其为气也，配义与道；无是，馁也。"（《孟子·公孙丑上》）（译：我善于培养我的浩然之气。……这种气，最浩大、最刚强，用正道去培养而不加伤害，就会充满天地之间，无所不在。这种气，要同义和道相配合；没有义与道，气便不够盈满。）

在培养正气的同时，需远离浸染之源，远离品性低劣之人，远离社会邪气。邪气指的是污秽之气、虚伪之气、堕落之气、萎靡之气、浮躁之气等。"五色，令人目盲；五音，令人耳聋；五味，令人口爽；驰骋田猎，令人心发狂；难得之货，令人行妨。"（《道德经》第十二章）（译：黑、白、赤、黄、青五种颜色，使人眼花缭乱；宫、商、角、徵、羽五种声音，震耳欲聋；辛、辣、酸、苦、咸五种滋味，使人口伤；驰马打猎，使人心发狂；稀有的商品，令人行为错乱。妨：损害。）

四、渐修顿悟

一个人的性情是相对稳定的，因此，性情不可能突然发生重大变化，正面性情的养成，只能是"每天进步一点点"。知识的学习、品德的形成、性情的培育，都需要经过一个漫长的过程。离开"渐修"的过程，仅仅靠"灵感""天才""顿悟"，不可能获得真正的成功。德鲁克说："我在过去40年间，一直同企业创始人共事。那些依靠天才般灵感的企业创始人，最终只不过是昙花一现。"①

影响力教育训练集团创造了影响力黄金表，表中列出21天或更长时间的训练项目，如果当天的训练符合要求，就打上钩；如果当天的训练未达到要求，就打上叉。按要求坚持训练21天以上，就会养成某种好习惯，或者改掉某种坏习惯。②心性修炼的结果会进入潜意识中，而潜意识又支配着人的意识与行为。科利尔说："我们身体的一切都可以由潜意识支配。比如，我们的意识很少主动去关注自己的呼吸，在呼吸时，我们不会经过思考、决定、命令，然后呼吸。这一系列的过程由潜意识来控制，不会让

---

① ［美］德鲁克．卓有成效的个人管理［M］．杨剑，译．北京：机械工业出版社，2014：79.

② 水藏玺，吴平新，刘志坚．流程优化与再造［M］．北京：中国经济出版社，2013：21-22.

我们的呼吸紊乱。”[①]

五、以身调心

身与心相互影响，病态的身体或不良的身体活动会促使心灵生命朝病态的方向转变，引发负面性情；健康的身体或良好的身体活动会使心灵生命朝着健康的方向转变，引发正面性情。当内心存在不良情绪时，只要投身于有一定强度的运动中，或进行体力劳动，注意力就集中于运动或劳动上，由此可以忘却烦恼，由运动和劳动调动身体感官的兴奋，使生理恢复到正常状态，情绪也就自然正常。健康的体魄和充足的睡眠，使人精力充沛、情绪正常；身体疾病和长期失眠，使人精神疲劳、情绪低落。身体按文明行为规范和道德行为规范展开活动，心灵就能体会到善与美。对人微笑，笑口常开，就会使自己的心情保持愉快。“微笑能产生荷尔蒙，而这种荷尔蒙能让你感觉快乐。一旦你觉得快乐，就会有更多的微笑和更多的荷尔蒙产生。而你要做的就是在头几天强迫自己保持微笑，然后就会进入这一良性循环。”[②]人处于失眠的状态时，最容易产生各种妄念。充足的睡眠可为身体“充电”，同时还可以让妄念止息。做一些消耗体力的活动，这些活动可以使自己达到身体非常疲劳的状态，就很容易入眠。

如果垂头，就会感到丧气；如果挺胸，就会产生朝气。身体的状态与心灵的状态是相互影响的，如果言行举止都按一定的礼仪规范去做，在身体进入端正、恭敬、温和、礼让的状态时，心灵也会同时得到慰藉。“致礼以治躬则庄敬，庄敬则严威。心中斯须不和不乐，而鄙诈之心入之矣。外貌斯须不庄不敬，而易慢之心入之矣。”（《礼记·乐记》）（译：用礼来调节自身就庄严恭敬，庄严恭敬就能产生威严。心中有片刻不处于中和快乐之中，卑鄙狡诈之心就会进入。外貌有片刻不庄严、不恭敬，怠慢之心就会进入。斯须：片刻。）

第四节　自我性情管理的方法之三

一、性情中和

《中庸》曰：“喜怒哀乐之未发，谓之中；发而皆中节，谓之和。”即使在喜、怒、哀、乐处于“未发”状态时，“性”也是存在的，如果“性”是正面的，处于“中”的状态，当喜、怒、哀、乐出现时，就会呈现出“和”的形态，不会出现偏激的状态。孔子在《论语·八佾》中指出：“乐而不淫，哀而不伤。”

如果养成了中正的品性、性格和观念，在情绪、情感、欲望出现之时，就会呈现

① ［美］科利尔. 成为领袖的秘密［M］. 林博，译. 北京：新世界出版社，2013：20.

② ［英］泰普勒. 极简工作法则［M］. 姚小菡，译. 北京：人民邮电出版社，2017：92.

出“中和”的状态，自然而然地符合文明行为与道德行为规范，“发乎情，止乎礼义”，避免“过”与“不及”两个极端。保持个性是必须的，但是，极端自由主义者过分张扬个性，主张“个性解放”，肆意放纵情欲，使情欲脱离礼、法的控制，对自己、对他人都会造成危害。当人的情绪发动之时，往往会处于激动的状态。情绪过于激动，甚至情绪失控，会对自己的身心健康造成伤害，而且使人丧失理智，突破道德的束缚，作出违法犯罪的行为。

动物完全按照本能生存，虽存在着斗争，但由于动物自身的限制，争斗不会产生毁灭性的结果。但是，人有非常高的智能，人与人之间如果放任斗争，就会导致毁灭性的灾难，所以，人需要用德、礼、法来加以控制。推行礼乐教化的目的，就是在礼乐文化的熏陶中，使人的性情朝着善与正的方向转变，让人们遵守道德行为规范和文明行为规范，引导人的性情处于“中和”的状态，从而培养出良好的品质、健康的心理、中和的情绪。如邻里中有丧事，则应当悲戚同哀，才是健康的心态，而不可幸灾乐祸。

《礼记》曰：“礼者，因人之情为之节文。”礼是根据人的情感与欲求而制定的，既不是消灭人的情感与欲求，也不是完全迎合人的情感与欲求，而是将人的情感与欲求纳入正与善的轨道，调整到“中和”的状态，做到“乐而不淫、哀而不伤”。例如，丧礼的运用，使人们对亲人的思念哀悼之情通过一种既定的形式表现出来，既满足了人的精神需要，又将人的精神控制在“中和”的状态。亲人逝去，若是哀毁无容，痛不欲生，则处于“过”的状态，在此情形下，丧礼可以减轻并抑制人的过度悲伤，以免以死伤生；亲人逝去，若是没有哀伤之心，则处于“不及”的状态，在此情形下，丧礼、丧服使人意识到正处于丧期之中，唤起哀伤之情。

二、虚静空灵

（1）虚静养神：心灵生命如何安顿？心灵可以安顿于所行之事，可以安顿于正念正行，可以安顿于虚静之中。心灵虚静是指心灵处于空虚、宁静的状态，无私欲之染，无先入之见，无逐求之驰，无情念之动。

心灵生命既虚实相生，又动静皆宜。如果只有动，久动则衰；如果只有静，久静则息。儒家以动为主，提倡积极进取、刚健有为、自强不息。道家以静为主，倡导虚静无为、任物自然、任性自然。

（2）虚静审美：“正则静，静则明。”（《庄子·庚桑楚》）人进入“物我两忘”的虚静状态，消解了物我界限，融化主体与客体之间的对立，是审美体验的最高状态。王国维说：“无我之境，人唯于静中得之。”（《人间词话》）王国维的“无我之境”，不是不存在“我”，而是“我”处于虚静之中，以物观物，“我”与物达到泯然合一的状态。人在虚静之中，才能迸发灵感。书法家、画家、诗人、艺术家在创作前需“凝神静气”，排除干扰，止息杂念，进入虚静的状态，心念集中，才能创作出高级的作品。当一个人念念相续的是杂念，杂念占满了意识的空间，与此杂念性质相反的艺术灵感就会被排斥，潜伏于潜意识中。排除杂念，腾出空间，艺术灵感才会呈现于意识之中。当某种灵感出现时，突然遇到外界事物的干扰，或由于作者心生杂念，灵感突然消失，并且不再出现。南台和尚的禅诗描述了虚静审美的境界："南台静坐一炉香，终日凝然万虑亡。不是息心除妄想，只缘无事可商量。"

（3）虚静应物：心灵如明镜一般，映照万物，应接万物。"虚则实"，"静则动"。庖丁解牛、梓庆削木、佝偻粘蝉、津人操舟等，都是虚静应物的具体事例。正如《庄子集释》疏："如气柔弱虚空，其心寂泊忘怀，方能应物。"物现于前，即映照于心灵之中，物离而去，即从心灵中消退，这就是"应而不藏"。运动员在运动场上必须进入虚静的状态，心中排除杂念，不受输赢思虑的影响，不受现场喧闹的影响，不受对手的影响，才能集中精神，全身心地投入比赛。虚静应物还有一个特点，就是心随物迁。就如一面镜子，当甲物呈现于前，镜中就显现甲物，当甲物离去，镜中就无甲物的影像。

（4）虚静养生：每个人都是按常道生活，遵循生活规律，饥则食，渴则饮，困则眠，觉则起。按天人相应的规律，白天为阳，人的活动亦为阳；夜晚为阴，人的静卧亦为阴。在我国，有近4亿人患有不同程度的失眠症。失眠症表现为"烦"。"烦"字繁体右边"頁"为倒写的"首"，"烦"即表示头边有火，就是心火上炎，肾水下行，肾水不能济心火而造成。"思伤脾"，过度的思虑会导致脾脏损伤。无节制的娱乐活动还会引发人的植物神经紊乱、神经衰弱等病症。长时间坐在电脑前打游戏会导致视力、颈椎及精神的损伤。过量的饮食和饮酒会导致肠胃的损伤。过多的手机短信往来和网络聊天都会带来精力的损害。克服以上现象，都需要懂得虚静养生的智慧。诺贝尔医学奖获得者亚历西斯·卡瑞尔博士指出："在纷繁复杂的现代城市中，只有能保持内心平静的人，才不会变成神经病。"

（5）虚静明察：人处于虚静的状态，排除情绪的干扰，才能有效地开展认知活动。人在情绪激动时，很难进行理性的思考。《老子》云："致虚极，守静笃，万物并作，吾以观其复。"（译：虚静达到极佳的境界，在面对纷繁复杂的事物时，就能认识到事物处于循环往复的运动之中。）"人君生当谨嗜好，不为物诱，则如明镜止水，可鉴照万物。一为物诱，则如镜受垢，水之有滓，昏翳汩浊，岂能照物。"（朱元璋《明太宗实录》）（译：君王一生应当谨慎地对待嗜好，不为外物所引诱，就会像明镜和静止的水一样，可以照见万物。一旦为外物所引诱，就像镜面上落上了污垢，就像是水中有渣滓，污浊昏暗，怎么能照见万物。翳［yì］：遮蔽。滓［zǐ］：沉淀物。）

（6）虚静体道：朱熹有"半日读书，半日打坐"之说，儒家主张静坐，让自己的心灵清除杂念，以虚静之心灵去体证大道。"造化之精，性天之妙，唯静观者知之，唯静养者契之，难与纷扰者道。"（《呻吟语》）（译：宇宙与人生的精妙之理，只有在虚静的状态下去体证、认知、契合，内心纷扰躁动者不可能做到。）

（7）虚静修身：诸葛亮在《诫子书》中讲："夫君子之行，静以修身，俭以养德。非淡泊无以明志，非宁静无以致远。"《清静经》说："人心好静，而欲牵之。"又说："常能遣其欲而心自静。"克除恶欲，方能回归虚静。孔子提出"仁者静"。晋真人告诫道："心清意静天堂路，意乱心慌地狱门。"王重阳真人曾在《重阳立教十五论》中区分了真打坐与假打坐。他说："凡打坐者，非言形体端然、瞑目合眼，此是假坐也。真坐者，须要十二时辰，行住坐卧，一切动静中间，心如泰山，不动不摇，把断四门眼、耳、口、鼻，不令外景入内，但有丝毫动静思念，即不名静坐。”心灵处于虚静之中，消除了恶欲与妄念的干扰，并且心念专注于正念，表现在行动上，自然符合正道。

（8）虚静治理：“我无为而民自化，我好静而民自正，我无事而民自富，我无欲而民自朴。”（《道德经》第五十七章）管理者应当保持虚静的态度，谦虚谨慎，调动人们的自发性、积极性和创造性。

（9）空纳万境：老子发现了“虚无”之大用：容纳万象，涵盖万物。就如器具，正因为内部空无，才能装东西；又如房屋，正由于内部有空间，才能住人。天地之间是一个虚空的状态，而它的作用却是不穷竭的。“空而灵”，即“真空”；空而僵，即“顽空”。苏轼诗云：“欲令诗语妙，无厌空且静。静故了群动，空故纳万境。”（《送参寥师》）

心灵生命具有“虚空”的特性，正因为存在着虚空，才能收纳万象万物的精神元素，正因为存在着虚空，才能保持心灵生命的自由活动。所以，要避免心灵被塞满，特别是避免心灵被各种精神毒素填满。古典诗词、国画、书法体现“虚实相生”的原理，追求“象外之象”“景外之景”“韵外之致”“画外之画”“言外之意”“言有尽而意无穷”“不著一字，尽得风流”。书画大师在写字作画时，不是将整张纸写满，而是要有“留白”，即保留空白之处。书画的空白之处不是虚无，而是笔墨实处的延伸与衬托，显现灵动之美。

何谓“虚”？“不以所已臧害所将受，谓之虚。”收藏于自己内心中的各种知识、念头，对接受新的知识、念头不构成阻碍，这就是“虚”。《管子·心术》云：“虚者，无藏也”，即内心不要藏有各种妄念。如果杂念丛生，万象并至，则导致心烦意乱。清除个人意识中的各种杂质，心无挂碍，使自己的心灵晶莹澄明，以便静观万象。

第五节　自我性情管理的方法之四

一、存养童心、道心、善心、感恩心

如欲远离浸染，需要去伪返真，回归童心。李贽主张人要讲“真言”、行“真行”、做“真人”，而反对说“伪言”、行“伪行”、做“伪人”。李贽在《童心说》中讲：“夫童心者，绝假纯真，最初一念之本心也。若失却童心，便失却真心；失却真心，便失却真人。”

每当出现善念，要守住善念，扩充善念，践行善念，从而强化善念。“善念发而知之，而充之；恶念发而知之，而遏之。”[（明）王守仁《传习录上》]（译：善念萌生，知觉到了并加以扩充；恶念萌生，知觉并加以节制。曾经出现过的强化的善念并不会完全消失，而是储存于人的意识库中。如果大量的善念储存于人的意识库中，层层累积，就形成善良的心性、善念的品质。遇事遇人，储存于人的意识库中的善念就会自然溢出，成为与当下事物相结合的善念。孟子曰：“君子所以异于人者，以其存心也。君子以仁存心，以礼存心。”（《孟子·离娄下》）（译：孟子说：“君子之所以不同于一

般人，就在于其内心所怀的念头不同。君子内心所怀的念头是仁、是礼。”）行善，要从自己的起心动念处开始，生起善念，行善的行为才是真实的、持久的。改过，要从自己的起心动念处开始，将自己的恶念、邪念去除，斩草除根，错误的行为失去内在的动机，自然会停止。

人只有一个心，但其知觉的内容不同，故有人心、道心之区别。朱熹说：“人只有一个心，但知觉得道理底是道心，知觉得声色臭味底是人心。”（《朱子语类》卷七十八）人心是指人的自然本能、物质欲望等方面的感性知觉，如饥渴、痛痒、情感、意志之类。道心即体道之心、悟道之心、得道之心，是指遵从道义的知觉与需要，不仅仅是对道的认知。《古文尚书·大禹谟》中有“十六字传心诀”：“人心惟危，道心惟微，惟精惟一，允执厥中。”（译：人心中存在着欲望杂念，所以是危险的；道心则是极其精微的。只有精进修养，归于道心，才能达到中和。）人心应当听命于道心：“必使道心常为一身之主，而人心每听命焉。”（《朱子语类》卷六十二）人心若是听命于道心，则为善；人心若是背离道心，即为恶。马祖道一提出“平常心是道”。道与器、道与技、道与艺、道与事、道与人相依不离，故人应当在行住坐卧、待人接物、日常劳作中去体悟“道”，《五灯会元》讲：“道远乎哉？触事而真。圣远乎哉？体之即神。”

怀着感恩的心去看一切事物，带着善意去看待人世间的一切，从万事万物上获得正能量，使其进入自己的心灵之中，就成为正念。人际关系学大师戴尔·卡耐基说：“如果我们想的都是快乐的念头，我们就能快乐；如果我们想的都是悲伤的事情，我们就会悲伤。”世间凡事都有其两面性，任何人都不是完美的，多观想周围事物的积极面，就会给你的心灵带来更多的正念。享受工作中的乐趣，观赏家中的花卉草木，观赏窗外的蓝天白云，都会给自己带来好的心情。不要过多地计较得失，不要试图改变不可避免的事，不要抓住别人的缺点不放，不要反复回想痛苦的事情，不要担心根本不会发生的事情。

二、自知自控

人的真正主宰是真我，真我是个体生命的终极主体。真我支配着自己的身体，也通过“心”去承载、去感知“性”与“情”，所以，也是“性”与“情”的主宰。当真我沦陷之后，丧失了对身体、性、情的支配力，身体、性、情也就可能自作主宰，形成多位主宰，互相冲突，使自我生命陷入混乱之中。人有时被欲望控制，有时被情感控制，有时被情绪控制。

真我主体挺立时，对自己的性、情可以产生自知、自省、自控、自正、自塑等作用，克除心浮气躁的习气，心灵归于澄澈宁静，才能够映照万物。

控制情绪的前提是对情绪的自我觉察。当个人出现负面情绪或极端情绪时，暂停思考，暂停言语，暂停行动，待负面情绪或极端情绪得到控制、缓解之时，再去思考、言语或行动。

在做事之前应当有六问：为什么要做，自己能不能做，做的有利条件是什么，做的不利因素是什么，做事的最坏后果是什么，该后果自己能否承受。事前有了这六个方面的准备，在做事的过程中或者做完事之后，才不会出现情绪的较大波动。

三、回避转移

人的注意力就像摄影机的镜头，对准某一事物时，另外的事物就被排斥在外。当出现负面情绪或极端情绪时，为了避免这些情绪对自己的心灵持续造成伤害，就要回避引起负面情绪或极端情绪的人、事、环境，将注意力转向另一些人、事、环境，如外出散步、亲近自然、找朋友聊天、养花、遛鸟，看电影、看电视、听音乐、读书、打球、下棋等。

人在发生强烈的情绪波动时，会在大脑皮层形成一个较强的兴奋灶。此时，如果通过另外的活动，将注意力转向另外的人和事，转向另外的环境，就会在大脑皮层另外建立一个或几个新的兴奋灶，从而抑制或冲淡大脑皮层原来的兴奋灶，防止不良情绪的泛化和蔓延，使自己从消极情绪中解脱出来；同时，通过参与新的活动而产生新的正面情绪体验。

美国心理学家费尔德提出了控制情绪的“数颜色法”：当出现极端情绪时，环顾四周的景物，然后在心中自言自语：那是一面白色的墙壁；那是一张浅黄色的桌子；那是一把深色的椅子；那是一个绿色的文件柜……一直数到十二。这是强迫自己恢复灵敏的视觉功能，使大脑恢复理智性思考，从而使情绪冷静下来。

第六节　自我性情管理的方法之五

一、调整思维方向

（1）调整角度：因为人和事物具有多面性，既有积极面，也有消极面。如果不能摆脱引起负面情绪的人、事、环境，就换一个角度，从积极的角度看待。

（2）降低期望：在有些情况下，由于对自己的期望值过高，对别人的期望值过高，对事物的期望值过高，自己的能力达不到，或者客观条件不允许，造成心理挫败与焦虑。如果调低期望值，同比自己差的人相比较，就会产生心理平衡的效果。心理失衡就是因为攀比心太重，贵此贱彼。可用佛家的“众生平等”及庄子的“齐物论”加以调解。《庄子·秋水》讲：“以道观之，物无贵贱；以物观之，自贵而相贱。”（译：从道的角度来看，万物本没有贵贱的区别；从万物自身来看，各自以自己为贵而又以他物为贱。）

（3）换位思考：站在对方的立场上，体会对方的心情，体谅对方的难处，想一想，“如果我是对方，会是什么感受？”就有可能减轻双方冲突给自己带来的伤害。

二、宣泄升华

宣泄：如果过分压抑负面情绪，积压在心头的负面情绪就会进入潜意识中，形成对心灵生命的伤害，也会损害身体健康（情绪的躯体化）；或者是积压在心头的负面情绪会像火山一样，来一次更强烈的爆发。所以，要像大禹用疏导的办法治水一样，让内心积压的负面情绪，通过诉说、痛哭、体育运动等方式来宣泄。找人倾诉，可以使自己的心情舒畅，而且还能得到别人的安慰和开导。短时间的哭可以宣泄不良情绪，可以将不良情绪产生的毒素排出体外，但长时间的哭却会加长痛苦的体验时间，在心中累积更多的负面情绪。有高强度的运动或劳动，迫使人全身心地投入当下的活动中，这是排解负面情绪非常有用的办法。幽默感强的人通过调侃自己，减轻心理上的挫折感，使本来紧张的情绪变得比较轻松。批评对方要掌握合理的分寸，用行动攻击对方也需要把握道德与法律的界限，否则就会产生更大的损害，让自己陷入更强烈的负面情绪之中。

升华：有的人在经历了灾难的打击之后，长期笼罩在痛苦的阴影中。应当化痛苦为动力，投身到更有意义、更有价值的活动中，借助更有价值的事业释放自己的精神能量，以升华的方式求得心灵的和谐。周文王、孔子、孙子、韩非、司马迁等遭遇到巨大的挫折，但他们越挫越勇，在困境中奋起，既摆脱了痛苦，又取得举世瞩目的成就。

三、心理暗示

心理暗示是用语言或行动引发自己意识库中的正念，从而使自己的情感、情绪、心态处于积极的状态。观想正面的事物，回想正面的事物，使用（想、说、听、看）正面的语言，生起正面的念头，就会对自己的性与情产生正面影响。反之，如果观想负面的事物，回想负面的事物，使用负面的语言，生起负面的念头，就会对自己的性与情产生负面影响。例如，当遇到危难而产生情绪波动时，观想或默念“冷静”“三思而后行”“制怒”“镇定”“胜败乃兵家常事”“塞翁失马，焉知非福”“坏事变好事”等语句，可以使自己得到安慰。

四、劳作锻炼

中国的儒释道三教都有心性修炼的功夫。但是，心性修炼，也可以通过劳作和活动来进行。劳动和活动不仅使人的生命充实，使人感受到喜悦，使人有成就感，更重要的是，在劳动或高尚的活动中，人的心灵生命也同时展开活动，心灵生命向万事万物敞开，万事万物中存在的精神元素就会流进心灵之中，使心性得到改善和提高。禅宗主张“一日不作，一日不食”，“搬柴运水，无非妙道”。一次性的活动会给自己的心性留下印迹，但不足以改变心性，长期的劳作才会真正锤炼人的心性。“日出而作，日入而息，逍遥于天地之间，而心意自得。”（《庄子·让王》）（译：太阳出来便劳作，太阳落山便休息，在天地之间逍遥自在，并且自得其乐。）

劳动、体育锻炼、弹奏乐器、写书法、绘画、唱歌、跳舞、摄影、养花种草、旅游等，都可以将自己的心念引导至当下所做之事中，在大脑中产生新的兴奋点，抑制产生妄念的兴奋点，使妄念暂时止息。处于忙碌中的人，没有时间去胡思乱想，也没有时间去产生妄念。

如果你发现自己被烦恼困扰，最好的办法是立即投入有一定强度的体力劳动和体育锻炼中，你的精神会在活动中振作起来。当你的身体感到疲倦的时候，你的心灵就会抖落各种妄念，变得轻松起来。

工作带给人的乐趣是任何一种消费或娱乐都代替不了的。国外一家报纸举办了一次有奖征答活动，题目是“在这个世界上谁最快乐”。主办方从数以万计的答案中评选出的四个最佳答案是：作品刚完成，自己吹着口哨欣赏的艺术家；正在筑沙堡的儿童；忙碌了一天，为婴儿洗澡的妈妈；千辛万苦开刀之后，终于挽救了危急患者生命的外科医生。

五、环境改变

从大环境上讲，造成心灵失和的外因是社会竞争激烈、道德风气败坏、环境污染严重、人际关系冲突、工作压力加大，等等。我们固然赞同每一个人都回到内心世界，通过自我修养、自我调整而实现心灵平衡。同时，也可以向外进入公共生活领域，有忧患意识和社会责任感，积极改变社会环境与自然环境，社会环境和自然环境变好了，内心的冲突就会减少。例如，面对中国出现大面积雾霾现象，我们要调整心态，不让雾霾现象过度影响自己的情绪，但千万不能认为用内心的精神力量就可以抗拒雾霾，使之消退，而是勇于面对真实现象，寻找雾霾形成的原因，通过行动，共同努力改善环境，使客观存在的雾霾得以消除。

从小环境上讲，个人可以通过营造、改善良好的卫生环境、生活环境、工作环境、文化环境、人际关系环境等，培育正面性情，并且置身其中，这些环境就成为个人小环境。近朱者赤，近墨者黑，处于不良小环境中的个人，就自然受到环境中有毒精神元素的浸染，产生更多的负面性情。在良好的人际关系环境中，正面性情可以相互感染、相互传递。

第九章　自我反省管理

第一节　反省的类型与标准

人在幼年时期，由于知识、经验的局限，自我意尚未得到充分发展，独立思考和自我反省能力较弱。在此阶段，也同时是蒙童养正阶段，可以通过家庭教育和学校教育，向孩子灌输正确的思想观念、行为准则。《周易·蒙卦》指出："蒙以养正，圣之功也。"

随着孩子逐渐长大，应当逐步培养其反省能力、反省意识、反省习惯。如果教育不能培养有反省能力的人，那教育就是失败的。一个不具备反省能力的人，是不会取得事业成功的。杜威认为反省思维是求知的最好方式，"这种思维乃是对某个问题进行反复的、严肃的、持续不断的深思"。杜威指出："所谓思维或反思，就是识别我们所尝试的事和所发生的结果之间的关系。"

在通常情况下，意识流中闪现的是一个接一个的意识片段，或者是来自自己的意识库，或者是来自对外部世界的感知，或者是外部世界的刺激与意识库中的意识因素相结合而产生，就像是河水不停地流动。反省，则是自我主动地让流动的意识片段停留下来，作为一个主题，将与该主题相关的各种意识因素调动起来，形成一个意识片段的集群，通过思考进行整理，通过思维之线将意识片段连接起来，从而形成对这一主题的全面、系统、深入的认识，进而产生新的认知和结论，解答某种疑问。孔子曰："学而不思则罔，思而不学则殆。"孔子在这里所讲的"思"，就有反省、反思之义。

一、反省的类型

反省主要分为四种类型：

（1）利害反省：反省某件事情带给自己或他人的利益和危害，以便趋利避害。利害反省要回答的问题是"这样做有利还是有害？哪些是有利的方面，哪些是有害的方面？""有没有得罪人？""付出了什么样的代价？"

（2）成败反省：反省某件事情上成功的因素和失败的因素，从中总结经验和教训。成败反省回答的问题是"这样做会成功还是会失败？哪些是成功的因素，哪些是失败的因素？""什么是前进道路上的阻碍？""出现问题如何去补救？"

（3）正误反省：用某种标准来衡量自我的某种心念、言语、行动，或衡量某种思想、观念、理论，以判断其正确还是错误。正误反省所要回答的问题是“这样做对不对？”

（4）道德反省：从道德的角度反省自己或他人的心念、言语、行动。道德反省所要回答的问题是“这样做是善还是恶？”道德品质、道德意志、道德情感融为一体的良知，对自己的心念、言语、行动进行观照，像明镜一样地照见自己的心念、言语与行动，这一过程是同步发生的。

老子说：“知人者智，自知者明。”（《老子》第三十三章）2000多年前，古希腊人便把“认识自己”作为铭文刻在德尔菲神庙上。人们思考问题总是存在着一个惯性，即意识的方向指向外，指向他人，而“反”字，也就是将自己意识的方向指向自己，认知自己，看到自己的缺点。孔子认为，要提高自己的道德品质，就必须“躬自厚”“求诸己”“内自省”“内自讼”。

二、反省的标准

缺乏标杆或标准的反省通常是毫无价值的胡思乱想，或者是简单的后悔。成败反省需要标杆，对照成功人士和标杆组织进行反省。正误反省的标准是真理与义理。道德反省的标准是义理。杜威要求道德教育放弃对普遍确定的道德原则的说教，代之以在具体道德情境中培养学生的道德理智判断能力。但问题是，如果连基本的道德原则都不知道，即便培养了道德判断的能力，也会常常作出错误的判断。我国著名的教育家陶行知先生认为，生活就是教育，教育要密切联系生活，强调行和知的统一。他在重庆创办育才学校的时候，要求全校的学生养成每天反省的习惯，做到每天四问：第一问：我的身体有没有进步？第二问：我的学问有没有进步？第三问：我的工作有没有进步？第四问：我的道德和我的学问有没有进步？这就是四个反省的标准。稻盛和夫说：“一天结束以后，回顾这一天，对照做人的准则，确认言行是否正确，进行自我反省是非常重要的。”① 在大臣魏征去世之时，唐太宗叹道：“以铜为镜，可以正衣冠；以古为镜，可以知兴替；以人为镜，可以明得失。朕尝保此三鉴，内防己过。今魏征逝，一鉴亡矣。”（《新唐书卷一一零·魏征》录唐太宗语）（译：用铜做成镜子，可以用来整理衣帽；将历史作为镜子，可以观察到朝代的兴衰交替；将他人作为一面镜子，可以知晓自己行为的得失。我曾经有这三种镜子，从自身防止自己犯错。今天魏征去世了，我的一面镜子消失了。）

以书为鉴、以史为鉴：文化经典明确提供了做人的标准，各类史书中的人物传记提供了人的成功经验与失败教训，在读这些书时，同时对照自己的思想观念和行为进行反省。但是，娱乐型的书籍就不会有这种效果。

以人为鉴：具体方法就是“见贤思齐焉，见不贤而内自省也”。倾听他人的话语，观察他人的行动，将自己与他人对照，从而发现自身的缺点或优点。向他人学习长处以弥补自己的短处，保持或发扬自己的长处或优势，避免他人的错误或悲剧在自己身

① 李文勇．管法：稻盛和夫给管理者的60个忠告［M］．北京：化学工业出版社，2013：122．

上重演。孔子曰："三人行，必有我师焉。择其善者从之，其不善者而改之。"（《论语·述而》）（译：多个人在一起，其中必定有人可以做我的教师。我选择他好的方面向他学习，看到他不善的方面就对照自己加以改正。）

仁、义、礼、智、信、忠、孝、廉、毅、和十大义理就是道德反省最重要的衡量标准。每个人必须理解、体证十大义理，在自己的心灵之中树立十大义理的标准。《周易·蒙卦》中讲："蒙以养正，圣之功也"，即人在孩童之时，就要将圣贤之言与圣贤之行通过经典教育深深地印入心灵深处。"照镜子"的正确方法是：镜子里有十大义理的标准，照镜子就可以将自己与十大义理相对比，就可以照见自己存在的过失。假如镜子里没有十大义理，只有自己的影像，那么在照镜子时就是对镜梳妆以美化自己。

如果在道德反省中不树立十大义理标准，那么，每个人就会为自己确立一套标准，各行其是，造成混乱现象。或者是设立双重标准，对自己或自己人采取宽松的标准，而对他人或异己者采取严苛的标准。在道德反省和正误反省中，有人甚至将自己的错误观念当作标准，其结果往往是：在旧有思想的笼罩下，无法看到自己的错误，将某些错误的东西认定为正确，并将这种错误坚持下去。出现以上乱象，根本原因在于人的自私自利、以自我为中心，善于掩饰，善于自我辩护。

在反省之时，常常出现将利害反省、道德反省、成败反省、正误反省相混淆的情况。例如，对他人的评价，当他人的所作所为对自己有利时，就视之为有道德；当他人的所作所为对自己无利时，就视之为无道德，这就是将道德反省与利害反省相混淆。在管理他人时，当他人听从自己的话，给自己带来利益，就视之为正确；当他人不听自己的话，给自己带来不利，就视之为错误，这就是将正误反省与利害反省相混淆。

忧国忧民之士，爱之深，责之切，对国家或民族存在的问题进行深刻反省。鲁迅先生对国民劣根性进行深入剖析，体现出一个爱国者的情怀。他认为国人存在着"合群的爱国的自大"，却没有"个人的自大"，批判封建社会遗留的奴性意识。南开大学创始人张伯苓认为国人存在"贫、弱、愚、私、散"，他办南开只有这样的目的："其消极目的，在矫正上述民族五病；其积极目的，为培养救国建国人才，以雪国耻，以图自强。"

第二节 反省者的人格特征

经常进行反省的人，必须具备谦虚、自信、知耻、有责任感、人格独立、精神自由等人格特征。陈寅恪先生所倡导的"独立之精神，自由之思想"，正是反省者的人格特征。虚心指的是不抱偏见、成见，开放胸襟，接受新思想、新观念。专心是指集中精力、集中时间、集中财力，对一个问题进行全面、深入、系统的材料收集、观察、思考、实践，以求对这个问题获得真知。缺乏专注力的人，就会被手机、电脑频繁跳转和链接牵引，淹没在信息的海洋中。责任心是指采取认真负责的态度，不浮躁，持之以恒地投入时间和精力对某一问题进行全面、深入的探索，并愿意承担相应的后果。

谦虚、自信是一个人进行反省的必要条件。朱熹认为“读书之法无他，惟是笃志虚心，反复详玩，为有功耳”(《学规类编》)。一个人只有在自尊自信的条件下，在保持自由之精神、独立之人格的前提下，才能有效地进行反省。封建时代的奴才，做人标准就是“听话”，不需要反省改过，因为他的所作所为，均来自主子的命令，并非出于自己，故自己无须承担责任。只有人格独立并处于自由状态中的人，自己对自己的行为承担责任，承担后果，才谈得上真正的反省与改过。

骄横狂妄的人，自以为是，过于自信，缺乏反省的意识，不愿意正视自己的错误，或者为了维护自己的虚荣、利益、权力，明知自己错误了，也不肯公开认错，更不可能改正错误。

自暴自弃的人，过于自卑，自我践踏，缺乏向善之心，沉湎于卑污之中不能自拔，自然也不会反省改过。过于自卑的人，有时会将反省推向极端，使之变成对自己的完全否定，变成自虐，出现挫败、悲观、绝望等负面情绪。

凡是活着的人，都是凡人，都会犯错误。每个人错误的根源在于自己的认知局限性和品德局限性。一个人修养再高，也不可能达到至德的境界；一个人知识再丰富，也不可能达到全知的地步。凡是自称终生无缺点，或被他人评价为终生无缺点，都是对公众的欺骗与愚弄。鲁迅说：“我的确时时解剖别人，然而更多的是更无情面地解剖我自己。”我们常讲，“人非圣贤，孰能无过”，其实，圣贤也会有过错。孔子就认为自己有过错，并且很高兴别人指出他的过错。封建时代的帝王，自视为天之骄子，也要从小学习圣贤经典，以圣贤经典“格君心之非”。唐太宗对臣子讲：“人言天子至尊，无所畏惮，朕则不然。上畏皇天之监临，下惮群臣之瞻仰，兢兢业业，犹恐不合天意，未副人望。”(《资治通鉴》卷一九二，《唐纪》八)(译：人们都说君主至为尊贵，无所畏惧。朕则并非如此，上怕皇天的监督，下惧群臣的注视，兢兢业业，还怕不符合上天的旨意和百姓的期望。)

文过饰非是反省改过的反面。《论语·子张》曰：“小人之过也必文。”权威、面子、虚荣、自私、自负，这是阻碍反省改过的原因。有的人在出现问题时，喜欢为自己辩护，为自己开脱，把错误和责任推给别人，把失败的原因推给客观因素，指责那些真实地揭露问题的人是“抹黑”，是“居心不良”。失败是成功之母，成功是失败之父。成功者往往会陶醉在成功的经验中，形成思维模式的固化，不能适应新的情况变化，从而导致失败。

知耻之心也是反省改过的重要前提。“厚黑学”倡导的心肠黑、脸皮厚，将羞愧、内疚作为负面情绪加以消除，这样做的结果就是让人变成无耻之人。耻本身不是善，只是人对自己的行为或心念违背道德、违背义理而产生的羞愧、内疚、不安、懊悔等否定性感受。所以，耻不是道德准则，而是道德情感、道德体验，故在八德中将“耻”与孝、悌、忠、信、礼、义、廉相提并论是不恰当的。在十大义理体系中，将耻放在廉字之后，因为廉与耻通常是连用的，有清正廉洁之心，才会有真正的耻。

荣与耻是道德情感、道德体验。自己的行为符合义理，就感到荣；自己的行为背离义理，就感到耻。知耻不是认识到耻，而是感受到耻、体验到耻。知耻对于个人道德的成长具有非常重要的价值。人不可能不犯错误，但重要的是，人对自己的错误有否定性的感受，从而产生改正错误的行为。知耻是道德教育的前提，周敦颐说“必有耻，则可教”(《通书·幸第》)。

知耻，表明心中还有善念，知耻就是心中的善念从邪恶中挣扎起来，并对恶进行抑制。知耻，可以让人斩断过去的邪恶，生起弃恶从善之心，阻止邪恶再度发生。据《周礼·地官·司救》记载：司救的职责是管理并挽救万民之中的邪恶者。对于邪恶之人，司救多次进行教育、处罚，如果不改，就让他坐在嘉石之上示众，让其感到耻辱。嘉石是一种有纹理的石，立于外朝之左，有朝士看管。知耻之人守住道德底线，知道哪些事情是不能做的。

正如朱熹所讲：“人有耻则能有所不为。”(《朱子语类》卷一三）知耻也有利于形成道德的舆论环境，促进群体善的意识的提高。康有为说，社会“风俗之美，在养民知耻”(康有为《孟子微》卷六)。知耻是积极向上的内在驱动力，能使人自我鞭策，激起奋发向上、自强自新的精神，“人必有耻而后能向上”(康有为《论语注》卷三)，知耻可以使人远离污秽。在无人知晓的情况下，如果自己产生邪恶的念头与行为，也要及时感知到羞耻，并加以阻止。

当舆论具有道德导向时，舆论作用下发生的耻，就具有了道德意义；而当舆论具有非道德导向时，舆论作用下发生的耻，就具有非道德的色彩。如在制造南京大屠杀的日本侵略军中，杀人多者感到荣，杀人少者却感到了耻，两个日本兵竟然开展了杀人竞赛，这就是反道德的荣辱观。

随着极端自由主义、功利主义、物质主义、消费主义的泛滥，私心替代了良心，非道德的舆论替代了道德评价的舆论，道德舆论在弱化、异化，荣辱观发生了严重的扭曲。新文化运动时期，我们请来了“德先生”“赛先生”，同时赶走了“孔夫子”“孟夫子”，当“孔夫子”“孟夫子”离开中国后，中国人的荣辱观也被带走了。道德意义上的荣与耻逐步转化为功利上的荣与耻，即以金钱、地位、富有、浪费为荣，以贫困、俭朴、低调为耻。扭曲的荣辱观已脱离了道德的轨道，受到孔子的批判：“士志于道，而耻恶衣恶食者，未足与议也。”

第三节 反省的方式

一、在实践中反省

自己进入真实的生活环境、工作环境、社会环境中，去接触实物、实人、实情、实境，让自己从抽象的概念中走出来，带着问题进行观察、体验、感受，从而产生疑问，产生新的认知，或者形成对相关问题的深度理解。知识的学习应当同经验相结合，才真正有效，应当在工作和生活中反省，在经历的每一件事情中反省。学会在真实的情景中反省，才能解决实际中存在的问题。德鲁克说：“第一次失败后，再努力一次。

如果还不成功，就另辟蹊径。”①

二、“大胆假设，小心求证”

对于某个理论要点，或者对于自己提出的某个假设理论，先悬置起来，既不判断其为真，也不判断其为假，而是围绕这一理论去收集资料，走胡适所说的“大胆假设，小心求证”的道路。收集资料要从正、反两个方面进行，既要收集支持这一结论的证实材料，也要收集否定这一结论的证伪材料。如果收集到了大量的证实材料而缺乏证伪材料，就要通过这些证实材料的思考、整理，用思考的线索将这些片段材料串联起来，形成若干个知识要点，将这些知识要点放在恰当的逻辑结构中，于是便完成了对此结论的深刻认识，同时判断此结论为真。如果收集到大量的证伪材料而缺乏证实材料，并且通过思考将各种证伪材料串联起来，形成若干个证伪的论点，就可以自行判断这个结论为错误。当判断这一结论为错误之时，就可以提出新的假说。在学校教育中，教师不是先提供结论，而是提供学生思考的一系列有连续性、秩序性的材料，然后引导学生通过对这些材料的思考而得出结论，这样做更容易培养学生的反省思维。

三、在自由讨论中反省

在学习的过程中，应当营造自由讨论、辩论的氛围，让人们发表各种意见。因为人们的经历不同，思维能力不同，可能是接触到同一问题的不同方面，可能是拥有不同的信息。自己可以从人们发表的各种意见中获得新的材料，甚至获得证伪的材料。杜威说：“无论如何，一个人应能利用别人的经验，以弥补个人直接经验的狭隘性，这是教育的一个必要组成部分。”德鲁克说：“站在舞台侧面的旁观者，总是能够看到别人不注意的地方。”（《旁观者》）

四、具备质疑精神

古人云：“学贵善疑。”在反省思维活动的过程中，应当充满各种疑问，不断地质问：“是什么”“为什么”“怎么办”“对不对”“好不好”等，如果放弃置疑，就放弃了反省思维。杜威说过：“在整个反省思维的过程中，居于持续的和主导地位的因素是解决疑惑的需要。”

五、以记录的方式进行反省

日记如果记录每天的日常生活过程，像流水账一样，没有价值。以周记为宜，应当记录所经历的每一件事情的反省，记录自己的所学、所思、所感。蒋介石通过记日记的方式反省自己。一周之后，有“本周反省录”；一月之后，有“本月反省录”；一年之后，有“本年反省录”。宋代赵概在自己坐的地方放置两件容器，每生起一善念，就投一粒白豆在容器中；每生起一恶念，就投一粒黑豆在另一个容器。到了夜间，就

---

① [美]德鲁克，马恰列洛．德鲁克日志[M]．蒋旭峰，王珊珊，等译．上海：上海译文出版社，2014：341.

倒出容器中的豆子，根据黑白豆子的多少来判断自己心念善恶的多少。渐渐地，白豆越来越多而黑豆越来越少。王阳明著名弟子黄绾的修身册子上分两行题刻“天理”“人欲”四字，自己内心生起一善念，就用红笔在“天理”栏点一下；自己内心生起一恶念，就用黑笔在“人欲”栏点一下。满十日，就清点一次，看看红点、黑点各有多少。富兰克林给自己设计了一张表格，每天反省自己勤奋、诚实、有序、公正、宽容等14项品格，每周确定一个重点。

六、用接受批评的方式促进自我反省

批评与自我批评是一种优良传统。“千人之诺诺，不若一士之谔谔。”（《史记·商君列传》）（译：与其听到一千人唯唯诺诺之语，不如听一个正直人士的直言争辩。谔谔［è è］：直言争辩。）

（1）善于倾听，给予不同意见者表达的机会，尊重他人提出不同意见的权利。

（2）不要用压制的手段对待持不同意见者，不要用恶毒的语言回骂对方，如果做不到这一点，就失去了一次正视自己缺点、改正错误的机会。

（3）感恩不同意见提出者，不同意见不仅可以使你避免犯重大错误，而且有助于你不断成长。

（4）对照自己的情况和客观实际，认真思考不同的意见，如果看到该意见符合真理和义理，就要立即采纳并付诸行动。

（5）不刻意隐瞒事实真相，敢于讲出自己内心的想法，让别人对自己的善意批评有的放矢。

七、用批评的方式促进他人反省

批评他人，要注意以下几个方面：

（1）出于善意而非出于恶意。批评是为了帮助他人进步，而不是恶意攻击。在别人出现明确的错误时才能进行批评，而不是自己心中有气时提出批评。批评的目的在于帮助别人改正错误，而不是为了打击别人。在一个组织中，下级对上级的批评常常会流于形式，甚至成为变相的歌颂。因为上级掌握的资源可以决定下级的前途、处境、报酬、福利，下级不可能得罪上级。

（2）使用温和的方式而不是粗暴的态度。管理学上有“三明治法”，即将对他人的批评夹在前后肯定的话语之中，使被批评者愉快地接受批评意见。

（3）避免伤害人的自尊。在众人面前指责某一个人，会强烈地伤害他的自尊，给一个人提意见的最佳方式是在私下面对面交流。在激烈争论的过程中，由于制造了让人不愉快的环境，由于每个人都要保持自己的面子，常常是让对方更加坚信自己的观点。

（4）要有包容、宽容的态度，不必过于苛求。《大戴礼记·子张问入官》讲：“水至清则无鱼，人至察则无徒。”水太清洁了就不能养活鱼，过分地要求别人的完美就不会有人和你做朋友了。心理学家实验证明，在学习方面，一只有良好行为就得到奖励的动物，要比一只因行为不良就受到处罚的动物学得快，而且更能够记住它所学的。

（5）共同承担责任。在共同的事务中出现错误，不能把责任全部推给别人，自己也应当承担相应的部分。特别是作为管理者，要与下属一同承担错误的责任。

（6）允许人犯错误，鼓励人改正错误。通用电气的杰克·韦尔奇认为：管理者过于关注员工的错误，就不会有人勇于尝试。而没有人勇于尝试比犯错误还可怕，它使员工故步自封，拘泥于现有的一切，不敢有丝毫的突破和逾越。作为管理者，应该帮助员工发现并改正错误。在工作中出现错误，应在成长中转变为宝贵的经验。错误的价值就在于，告知人们不能再犯同样的错误。

（7）适当的批评：一次错误只批评一两次，不能反复多次批评；批评时就事论事，不要涉及与此事无关的事情；批评时对事不对人，不要动辄上升到人格攻击的高度；适度的语言表达，既不要轻描淡写，也不能无限夸大；根据不同的对象使用不同的批评方式和语言；批评时要注意场合，尽量不要在公开场合批评。

（8）建设性批评：以建议的方式提出自己的意见，如“我希望你……”“你不妨考虑一下……”“你以为如何？”“我认为这可能更有效”，等等。

（9）及时地批评：在出现失误、发现问题、造成危害时，及时进行批评和自我批评，当事人的亲身经历历历在目，容易接受批评，也能及时阻止失误的进一步扩大。

（10）要给对方解释的机会：并不一定真理就在批评者一方，有可能批评意见是错误的，或者是不全面的，所以要给受批评者解释的机会。批评者也可以根据受批评者的反馈，调整批评的内容和方式。

第四节　反省的障碍与价值

一、反省的障碍

（1）自我中心主义：自我中心主义是以自己的利益、欲望、想法为中心，甚至以自己的错误为中心。自我中心主义者是将外在的一切都作为自我的工具，利用这些工具获取利益，维护自我，习惯指责他人，习惯找客观原因，不可能具有道德反省意识。个性自由、个性解放走到极端，出现自我膨胀、放纵自我、穷奢极欲，将自我约束、自我管理误解为扼杀个性，这样的人不可能具有反省意识。

（2）信息社会的快餐式思维是反省思维的障碍：在信息泛滥、知识爆炸、媒介发达、商品推销的时代，网络社会开放性、多元性、自由性、虚拟性，各种媒介以快捷的方式将感官化、浅薄化、娱乐化的海量信息“推送”至人们的眼前，以图像、声音的方式呈现，以片段的形式凌乱闪现，想办法迎合人们的口味，不需要人们思考，也没有给人思考的时间，只需要人们相信，只需要人们接受，人们在信息海洋中迷失了自我，造成了人们思维惰性，导致反省思维能力退化。

（3）道德风气扭曲了批评与自我批评：批评与自我批评可以有效促进反省，但是，在道德风气败坏的团体里，批评与自我批评就会出现扭曲的现象：①形式主义：走过场，“蜻蜓点水”，没有实质的内容；②整人害人：利用手中的权力对他人进行打击报复，捕风捉影，夸大其词，将批评作为整人的手段；③变相赞颂：重关系，讲面子，多栽花，少挑刺，你好、我好、大家都好，多一事不如少一事，将自我批评转变为自我表扬，将批评转变为互相表扬、相互捧场。

（4）迎合风气：管理者迎合员工，以获得更多的支持；家长迎合孩子，以获得孩子的感情；商家迎合顾客，以获得更多的利润。在社会普遍弥漫的迎合风气之下，反省就缺乏必要的社会氛围。

（5）标准混乱：思想多元化、文化多元化，使得反省的标准出现多元化，出现双重标准，呈现混乱之态，再加上极端利己主义、极端个人主义、极端享乐主义的推助，不同的人根据自己的利益需要选择使用不同的评价标准。

（6）人们常有这样的错误思维习惯：在进行反省时，如果他人成功了，自己常常会高估成功的外部因素而低估成功的个人内部因素；如果他人失败了，自己常常会低估导致失败的外部因素而高估导致失败的个人内部因素；如果自己成功了，自己就会高估成功的个人内部因素而低估成功的外部因素；如果自己失败了，自己就会高估失败的外部因素而低估失败的个人内部因素。

二、反省的价值

（1）产生新的认知，使发明和创造成为可能。孔子曰：“温故而知新。”

（2）通过思考将相关的意识联结起来，从而使对问题的理解更加系统化、深化、细化。通过反省将对某一问题的认识和理解纳入自己的意识库中，并找到恰当的位置加以安置，从而为自己的自主知识技能体系添砖加瓦。

（3）反省使我们的行动有先见，能够找到行动的目的与意义，能够预见事情的结果，从而准备承担相应的责任或采取补救措施。在人与人相处的过程中，通过他人给自己提供的反馈信息，不断反省，就可以改善人与人之间的关系。

（4）反省可以总结经验与教训，当自己将来面对同样问题时，作出更加正当、更加有效的反应，避免行为的盲目性，同时避免错误再度发生。

（5）反省最大的利益在于，自己能够通过改正错误不断成长。及时接受行为的后果之反馈，根据反馈的情况来调整自己的行为。通过反省，矫正自己不良的行为习惯，纠正自己的错误观念，养成良好的行为习惯和品质。歌德说过：“最大的幸福在于我们的缺点得到纠正和我们的错误得到补救。”一个人若丧失反省能力，也就丧失了自我净化、自我提升的能力。在他身上的错误与邪恶越积越多，最终将他压倒。正如一个乒乓球运动者，每一次击球的力度、方向、效果都收到反馈，他据此不断地调整、改进，使球技不断进步。海涅说：“反省是一面镜子，它能将我们的错误清清楚楚地照出来，使我们有改正的机会。”西塞罗说：“每个人都会犯错，但是，只有愚人才会执过不改。”

自我反省、自我批评是一个人、一个团体乃至一个国家不断成长的法宝。朱光潜先生认为：“没有彻底的觉悟，自然也没有彻底的悛改。这是极危险的现象。讳疾忌医，病就会无从挽救。我们需要一番严厉的自我检讨，然后才能有一番勇猛的振作。”2001 年 11 月 17 日，TCL 总裁李东生在“企业家理论与企业成长国际研讨会”上反思 TCL 六年成长中的“两大失误、五大不足”。任正非在一篇名为《为什么要自我批判》的文章中说道：“企业可以选择为面子而走向失败，走向死亡，也可以选择丢掉面子，丢掉错误，迎头赶上。要活下去，只有超越；要超越，首先必须超越自我；超越的必要条件，是及时去除一切错误，这首先就要敢于自我批判。古人云：‘三人行，必有我师焉。’这三人中，其中有一人是竞争对手，还有一人是敢于批评华为设备问题的客户；如果比较谦虚的话，另一人就是敢于直言的下属、真诚批评的同事、严格要求的领导。只要真正地做到礼贤下士，没有什么改正不了的错误。”

第十章　自我关系管理

人的社会属性的具体内涵，就是人的社会关系。若按对象区分，人的社会关系可以分为地缘关系、血缘关系、业缘关系、神缘关系、朋友关系、同学关系、师生关系等；若按性质区分，人的关系可以分为经济关系、政治关系、伦理关系、法律关系、情感关系、审美关系等。法家重视人的法律关系，儒家重视人的伦理关系和情感关系。伦理关系和情感关系同“面子”相结合，就产生“人情”关系。在商业社会中，利益关系成为人与人之间的主要关系，致使利益关系扭曲了其他关系，例如人们普遍认为“没有永远的朋友，只有永远的利益”。影响人际关系密切程度的因素有距离远近、交往频率、观念的相似性、兴趣的一致性、性格的互补性等。

第一节　处理人我关系的原则

（1）真诚相待：交往双方彼此真诚相待，讲信用，关系才会长久。如果发生欺诈行为，关系就会恶化。如果一方出现违背诺言的行为，将会失去另一方的信任。中国讲“情、理、法”，将人情放在重要位置，如果有了人情，便容易讲理；如果符合人情，制度就容易执行。管理者如果刻薄寡恩、冷酷无情，就会导致人心散离。

（2）仁者爱人：以爱心对待他人、尊重他人、关心他人、帮助他人。尊重他人的人格和劳动，耐心倾听对方的讲话，不要过分突出自己。彼此保持合理的距离，尊重他人隐私，不要随意侵入别人的私人空间。

（3）平等互惠：墨子曰：“兼相爱，交相利。”在人格平等和权利平等的基础上，既不妄自菲薄，也不凌驾于他人之上，真正地相互尊重、相互帮助，在物质、精神、情感上做到互惠互利，在他人遇到困难时及时伸出援手。而在人伦关系中，除了权利平等，还要讲“长幼有序”。

（4）和而不同：建立和谐的关系，求同存异，找到双方的共同之处作为交往的基础，同时要宽以待人，包容彼此不同的个性、思想、做法，虚心接受他人的批评，保留自己的正确意见。沟通可以使双方分享信息、知识、经验，消除误会。面对个性不同的对象，使用不同的沟通方式。

（5）尊重他人：人有满足归属感的需要和被尊重的需要，渴望得到别人真诚的赞美和肯定，认同和接纳对自己持肯定态度的人；防止他人对自己的贬低和否定，疏远对自己持否定态度的人。寻找对方的优点，真诚地给予赞赏。在处理问题时，对事不对人，不能因为存在问题或分歧，就进行人身攻击。

（6）修己安人：自私、虚伪、刁钻、傲慢等行为都在损害人际关系。孔子说："修己以安人。"（《论语·宪问》）。修己就是修养自身、完善自我；安人就是让他人受益，得到安宁。

（7）君子之交：通过道义之交建立人与人之间的道德关系。道德关系才是持久的、纯洁的、愉快的关系。有道德品质的人，会遵守处理人我关系的基本原则，敢于改正自己的错误，成为有利于他人而不是有害于他人的人，人们都喜欢同他交往。许多人正是害怕陷于孤立状态，才不断地改变自己。

（8）反求诸己：每个人都要认清自己的角色，守住自己的本分，履行自己的义务，践行相应的道。孔子提出："名不正，则言不顺；言不顺，则事不成。"（《论语·子路》）"正名"是指，每个人都要有明确的身份、明确的社会角色，并根据不同的社会角色去承担相应的义务，做到名实相符。每个人作为关系网的核心，如果不能"正名"，就会导致关系网混乱。孟子曰："爱人不亲，反其仁；治人不治，反其智；礼人不答，反其敬。行有不得者，皆反求诸己，其身正而天下归之。"（《孟子·离娄上》）（译：爱别人，别人却疏远自己，就要反思自己是否有仁德。治理人民，人民却得不到安宁，就要反思自己是否有智慧。礼貌对待别人，别人却不回应，就要反思自己是否有敬意。行为达不到目的，都应该反过来反省自己，自己端正了，天下就会归顺。）

（9）忠恕之道：朱熹在《四书章句集注》中讲："尽己之谓忠，推己之谓恕。"自己尽心尽力地做事、待人，就是忠。将心比心，推己及人，就是恕。"恕"的基本含义是，以自己的心推想别人的心，设身处地地为他人着想，能够体会到对方的情绪和意愿，愿意理解对方的立场和感受，并站在对方的立场上思考和处理问题，就能够宽容别人，体谅别人。恕之道，可以具体为四种做法：①"己欲立而立人，己欲达而达人。"（《论语·雍也》）（译：自己要立身同时又要使他人立身，自己要通达同时又要使他人通达。）②"己所不欲，勿施于人。"（《论语·颜渊》）（译：自己不喜欢的事物，就不能强加于别人头上。）"不欲"者，是指各种灾难、苦难、欺诈、战争、饥饿、贫穷等。自己不愿意别人剥夺自己的生命权、生存权、财产权、名誉权，那么自己就不要剥夺他人的生命权、生存权、财产权、名誉权。③"有善于己，然后可以责人之善；无恶于己，然后可以正人之恶。"（《大学章句集注》）将自己的善心善行和恩德推到他人身上，而不是将自己的邪念恶行和怨恨推到他人身上。④注意他人与自己的不同之处，自己喜好的，别人不一定喜好，不能强加于人，更不能强人所难。

（10）克己复礼：以自我为中心，不顾及他人的利益和感受，自我膨胀，试图强行改变他人的行为，都有损于人际关系。通过自我约束、自我克制，让自己遵从道德行为规范和文明行为规范，服从群体的规则。世间万物都遵循一定的规律，才能保障有序活动。

（11）引人关注：通过突出的成绩或特别的行动引起他人的关注，从而建立良好的关系。如在企业中，有的员工向上司提供一份有价值的报告，面对公司存在的问题，提出能够带来效益的建议，就会引起上司的关注。在带着问题找上司时，要同时给上司提供几种解决方案供其选择。

（12）有施必报：一方在给予另一方恩惠后，期望在以后收到对方的报答，尽管不一定遵循等价交换原则。孟子曰：“君之视臣如手足，则臣视君如腹心；君之视臣如犬马，则臣视君如国人；君之视臣如土芥，则臣视君如寇仇。”（译：君主看待臣下如同自己的手足，臣下看待君主就会如同自己的腹心；君主看待臣下如同犬马，臣下看待君主就会如同路人；君主看待臣下如同泥土草芥，臣下看待君主就会如同强盗仇敌。）如果自己给予他人利益，他人就会以利益回报于我，形成互利模式；如果自我给予他人祸害，他人就会以祸害回报于我，形成互害模式。给他人传递负能量，也会破坏人际关系。

（13）上行下效：居于上位者应当发挥引领作用，上位者有好的言行，下位者视为榜样；上位者有坏的言行，下位者则群起模仿；上位者有大的贪欲，下位者则是“上有所好，下必甚至焉”（《老子》第七章）。居于上位者为了满足贪欲，利用权势更多地向他人索取，让贫弱者陷于更加悲惨的困境中。

（14）由近及远：人我关系构成的关系圈，是以自我为中心，向外层层扩散，就像一粒石子投入水中激起的波纹，一轮一轮地向外扩展，越远则波纹越弱。人不可以对所有的人同等对待，而是按远近、亲疏分别给予不同的对待。但即便是对最远、最疏的人，至少也要以人道的精神对待，保持尊重和同情。

第二节　自我关系管理的价值

“拉关系”是一个贬义词，该词说明过度经营关系也有负面的作用。沉迷于关系网中，常常会消耗大量的时间、精力和物力；沉迷于关系网中，往往会丧失个性，成为蜘蛛网上爬行的蜘蛛；沉迷于关系网中，往往会丧失公正的立场，对关系网中的人给予特殊关照。所以，孔子告诫人们：“群而不党”“比而不周”。

一、关系影响人的本质

环境造就人，而在环境中，对人影响最大的就是他的关系网。在每一天、每一时，外部的信息、知识、思想等精神资源沿着各种关系网编织的通道，进入人的心灵之中，不断累积，最后形成人格，形成人的本质。人自身是“小我”，而由“小我”加上关系网，就构成“大我”。在使用“我们”一词时，就是将关系网带进去了。

二、关系影响生活质量

在关系网中靠近自己的人有素质、有道德，在关系网中建设道德关系和情感关系，生活在这种关系网中的人，犹如在天堂里，才能获得归属感、尊严感、安全感，满足爱的需要，从而获得幸福；如果在关系网中靠近自己的人低素质、无道德，在关系网中形成互害的模式，那么，生活在这种关系网中的人，犹如在地狱中，得到的是灾难、痛苦、折磨。德鲁克说："如果一个人不能拥有社会地位并发挥社会作用，无异于把他从社会群体中剥离出来，使其成为一个找不到归宿的个体。"①

三、关系影响成就高低

以个人为中心编织关系网，如果关系网中靠近自己的人多是价值高、素质高的高人、贵人，关系网在有价值的领域延伸，倘若关系良好，那么关系网就是个人发展的一个很好的平台。相反，在以个人为中心编织的关系网中，如果关系网中靠近自己的人多是价值低、素质低的人，多有小人和歹徒，关系网在无价值的领域延伸，如果关系恶化，是一张将自己罩起来的无形的网络，在这张网的笼罩之下，个人就会走向消沉。有人说："下层社会人踩人，上层社会人捧人。"卡耐基说："一个人成功的因素，15% 可以归因于他的专业知识，85% 却要归因于人脉关系。"

① ［美］德鲁克，马恰列洛. 德鲁克日志［M］. 蒋旭峰，王珊珊，等译. 上海：上海译文出版社，2014：21.

第十一章　自我形象管理

形象管理的目的是更好地展现个人风采，表现个人价值，展现个人魅力，展示个人个性，增强个人自信，扩大个人影响。中国古代对妇女所要求的“四德”，[妇德（妇女的品德）、妇容（妇女的衣着打扮）、妇言（妇女的言语）、妇功（妇女的勤劳）]，即妇女形象管理的四条标准。

第一节　自我形象的具体内容

（1）容貌仪表：容貌、形体、健康状态等静态形象。

（2）服饰装扮：所穿衣服、所戴饰品、所使用的化妆美容护肤品，基本要求是清洁、自然、得体、整齐、朴素、大方。

（3）行为动态：言谈举止、行为习惯、礼仪活动、语言、表情等动态的形象。微笑释放出真诚、亲切、友善的信息。言语要温和、文明、适度、礼貌、友善，口齿清晰，表达简洁，不能用恶毒、粗野、庸俗、歧视之语，不说脏话，多用“请”“谢谢”等敬辞，不问人隐私，不揭人之短。曾子曰：“君子所贵乎道者三：动容貌，斯远暴慢矣；正颜色，斯近信矣；出辞气，斯远鄙倍矣。”（《论语·泰伯》）（译：曾子说：“君子所重视的正道有三个方面：严肃自己的容貌，就会远离粗暴怠慢；端正自己的脸色，就可以使人相信；说话注意言辞语气，就会远离粗鄙无礼。”）孔子讲“色思温”（《论语·季氏》），脸色温和，不能有骄傲之色、冰冷之色、花巧之色、谄媚之色。

（4）精神气质：包括个人的品德、性情等内在精神，向外表现为道德行为、风度、气质。心地善良呈现良好形象，内心邪恶则产生丑恶形象。聪慧、谦让、潇洒、开朗、爽直等气质令人愉快，狂热浮躁、刁钻奸猾、孤傲冷僻、无精打采、不修边幅等状态则令人生厌。孔子曰：“君子有九思：视思明，听思聪，色思温，貌思恭，言思忠，事思敬，疑思问，忿思难，见得思义。”（《论语·季氏》）

（5）素质状态：个人拥有的知识、智慧、能力、经验等通过活动与成绩显现于外部。知识贫乏、能力低下、智慧欠缺、经验不足必然会形成不良的形象。内心世界丰富的人，也会以丰富多彩的形态展现出来。

（6）个人价值：个人拥有的地位、成就、财富等，都是构成个人形象的重要因素。

（7）社会关系：个人来自哪个地方、哪个民族、哪个国家，有哪些亲属、哪些朋友等，这些因素是个人形象的重要组成部分。自己与他人的关系是否良好，自己与他人是否具有共同利益、共同目标、共同信仰等，这些问题都会极大地影响他人对自己的评价。良好的社会关系有助于树立正面的形象，不良的社会关系则更容易形成负面形象。如果自己所处环境中，与自己有共同利益、共同目标、共同信仰的人很多，那么，自己就很容易树立正面形象。

（8）私人环境：个人的生活环境、个人的居所、个人所拥有的物品、个人购买的商品、个人生活环境卫生状态等都是个人形象的重要组成部分，同时也以此显现个人的性格、文化修养、审美情趣等精神因素。人们喜欢购买那些能够塑造或改善良好自我形象的商品，购买能够符合所在群体的要求的商品，避免购买那些可能破坏自我形象、不被所在群体接受的商品。

第二节　塑造良好个人形象的方法

（1）准确定位：认识自己，弄清楚自己是谁，根据自己的个人条件，结合职业、身份、场合，对自己进行准确定位。孔子曰："君君、臣臣、父父、子子。"（《论语·颜渊》）（译：做君主的要像君的样子，做臣子的要像臣的样子，做父亲的要像父亲的样子，做儿子的要像儿子的样子。）有的领导者需要保持神秘感，有的领导者喜欢张扬宣传。戴高乐说："没有神秘感就没有威望可言。因为过于熟悉，尊敬之情就不会油然而生。"①过于熟悉和过于亲密，都无法产生威严感。企业领导者要树立良好的个人形象，以身作则，让下属发自内心地拥护，而不是表面的恭维和畏惧。

（2）突出个性：每个人都是世界上独一无二的个体，世界上找不到完全相同的两个人。人们对他人的第一印象往往印象深刻，并且产生心理定式。人们更容易被一些十分独特或者格外出众的东西吸引，但不能因此将自己打造成异类。加拿大籍华人英格丽·张也在她的一本形象设计专著《你的形象价值百万》中指出："每个人都有自己的主导风格，每一种风格都有着它最独特的优势和本色形象。"本书所讲的构成个人形象的八个方面中，不需要每个人面面俱到，都做得很好，或许只需要在其中某个方面或几个方面有突出的表现，就能树立良好的形象。人们对他人的印象，往往是只记住他人突出的那些方面，而不是详细地记住这个人的所有信息。不顾自身条件，崇拜偶像、追求潮流、寻求他人认同，追求同强大的群体保持同步，反而会泯灭自己的个性。最有魅力的个性特征是风趣幽默、充满智慧、关心他人、热情、自信、令人愉快、有教养、有品位、有创造力、有统治力、有冒险精神等。令人讨厌的个性特征是诽谤、情绪化、缺乏主见、争吵、自私、邪恶、混乱、行为夸张等。

（3）文化熏陶：将自己置身于优秀文化熏陶之下的个人，可以将优秀文化转变成

① 高德．洗脑术——怎样有逻辑地说服他人［M］．南京：江苏文艺出版社，2013：156.

自己的文化教养。而处于反社会亚文化、垃圾文化、庸俗文化毒害之下的人，则会形成不良的个人形象。

（4）自我修养：有知耻之心，寻求好名声而产生自豪感，避开坏名声而产生的愧疚感。提高对自己的要求，通过自我修养改变自己的品质和性情，培养审美能力，培养健康情趣，改变自己为人处世的方法，都是树立自己形象的有效方式。

（5）反观自我：反观自己的容貌与仪态，经常照镜子，从镜子里可以很清楚地看到自己的形象，将自己变成一个自己所期盼的人物。反观自己的内心，觉察自己当下的念头是善念还是恶念，如果是善念，就加以持守并付诸践行；如果是恶念，就加以抑制并清除，勿使之表现为行动。不断反省自己的行为，良善的行为就坚持，邪恶的行为就制止。

（6）弥补不足：通过征求他人意见，接受他人的批评，进行自我反思，发现自己的缺点，加以改正；看到自己的不足，加以弥补。

（7）发挥优点：发现自己的优点，肯定它，重复它，强化它，有助于树立良好的自我形象。发现他人的优点，给予及时的赞赏，也是在为他人树立正面形象。

（8）增加自信：自我形象是由自己的“内心形象”外化而成，如果通过自信、自尊而将自己的“内心形象”塑造成正面的、积极的、美好的形象，则展现在他人面前的形象就是正面的、积极的、美好的。苏轼在《潮州韩文公庙碑》中写道：“匹夫而为百世师，一言而为天下法。”而自卑、胆怯、自认为低劣、丑恶的人，则会在他人面前展现不良的形象。

（9）自我表现：在封建等级社会中，居于下位的人如果自我表现，通常会受到训斥。在民主法治社会，需要让每一个公民充满活力，每一个公民都可以利用一切机会以正确的方式表现自我。

第十二章　自我健康管理

第一节　健康管理概述

一、健康管理的定义

世界卫生组织对影响健康的因素进行了如下总结：健康 =60% 的生活方式 +15% 的遗传因素 +10% 的社会因素 +8% 的医疗因素 +7% 的气候因素。

《素问・上古天真论》说："上古之人，其知道者，法于阴阳，和于术数，食饮有节，起居有常，不妄作劳，故能形与神俱，而尽终其天年，度百岁乃去。"

客户健康管理是健康管理专业人士对客户的健康进行全面的监测、分析、评估，建立个人健康档案，提供健康咨询，对健康危险因素进行干预，使客户从社会、心理、环境、营养、运动等多个角度得到全面的健康维护和保障服务。

自我健康管理就是自己对自己的健康进行全面的监测、分析、评估，建立个人健康档案，学习并运用医疗保健知识，接受健康指导，对健康危险因素进行干预，养成健康的生活方式，远离疾病，或者尽快恢复健康，减少医疗支出，提高生命质量。客户健康管理存在着专业化的优势，但也存在着利用信息不对称而对客户进行欺诈的风险，而自我健康管理则可以降低被欺诈的风险，但同时也存在着不专业的短处。自我健康管理通常会采纳如下建议：定期接受体检，及时发现健康隐患；吃有机食品，不吃垃圾食品、加工食品、农药超标食品；控制食量，控制体重；找到适合自己的运动方式并持之以恒地锻炼；在安全、无污染的环境中生活和工作；睡眠充足；适度饮酒；禁止抽烟；保持愉快的心情和平和的心态；等等。

可以改变的健康危险因素有不合理饮食、缺乏运动、吸烟酗酒、过度劳累等不良生活方式，高血压、高血糖、高血脂等异常指标因素，精神压力、精神焦虑等心理因素，对身体健康造成危害的环境因素等。干预包括饮食干预、运动干预、心理干预、营养干预、药物干预、治疗干预等。

二、健康标准

1948 年，世界卫生组织提出："健康是身体上、精神上和社会适应上的完好状态，而不仅是没有疾病或虚弱。"

1. 世界卫生组织确定的身体健康 10 项标志

（1）有充沛的精力，能从容不迫地担负日常的繁重工作。

（2）处事乐观，态度积极，勇于承担责任，不挑剔所要做的事。

（3）善于休息，睡眠良好。

（4）身体应变能力强，能适应外界环境的变化。

（5）能抵抗一般性感冒和传染病。

（6）体重适当，身体匀称，站立时，头、肩、臂位置协调。

（7）眼睛明亮，反应敏捷，眼和眼睑不发炎。

（8）牙齿清洁，无龋齿，不疼痛，牙龈颜色正常且无出血现象。

（9）头发有光泽，无头屑。

（10）肌肉丰满，皮肤富有弹性。

2. 世界卫生组织所提出的心理健康 10 大标志

（1）有充分的安全感。

（2）充分了解自己，对自己的能力作出恰如其分的判断。

（3）与外界环境保持接触。

（4）生活目标切合实际。

（5）保持个性完整与和谐。

（6）具有一定的学习能力。

（7）保持良好的人际关系。

（8）能适当表达和控制自己的情绪。

（9）有限度地发挥自己的才能与兴趣爱好。

（10）在不违背社会道德规范的情况下，个人的基本需要得到一定程度的满足。

中医认为，健康的基本要求是阴阳平衡、形与神俱、天人合一。《素问·生气通天论篇》："阴平阳秘，精神乃治。"中医将"精、气、神"视为人生三宝。"精"指藏在体内维系生命的各种精微之物，它来源于父母，而后又得脾胃运化水谷及五脏功能所生之精微物质源源不断充养，藏之于肾。"气"就是存在于人体上的气场，与天地的气场相通，与环境中的气场相生或相克。"神"就是人的精神活动及其外在综合显现。精旺才能气足，气足才能神活。

中医是通过补偏救弊来恢复阴阳平衡。例如"热者寒之，寒者热之"（《素问·至真要大论》），指的是用寒凉药物治疗热病，用温热药物治疗寒病。又如"实则泻之，虚则补之"（《素问·三部九候论》），运用补虚泻实的方法来纠正机体的虚、实之弊。有的人不根据自己身体的情况，违反"虚则补之"法则，迷信广告，乱食补药，反而给身体带来损害。

有人这样归纳：中医认为，健康的人应该符合以下 10 个标准：双目有神、脸色红润、声音洪亮、呼吸匀畅、牙齿坚固、头发润泽、腰腿灵便、体形适宜、记忆力好、情绪稳定。

三、中医的治未病思想

《素问·四气调神大论》中提出："圣人不治已病治未病，不治已乱治未乱，此之谓也。夫病已成而后药之，乱已成而后治之，譬犹渴而穿井，斗而铸锥，不亦晚乎？"（译：圣人不必等病已经发生再去治疗，而是在疾病发生之前进行治疗；不必等到祸乱已经发生再去治理，而是在祸乱发生之前治理。如果疾病已经发生，然后再去治疗；祸乱已经形成，然后再去治理，那就如同口渴了才去掘井，战乱发生了才去制造兵器，一切都晚了。"）

当疾病尚未发生时，个人通过调摄情志、适度劳逸、合理膳食、谨慎起居等自我调整，运用气功、导引等健身方法，运用针灸、推拿、药物调养等方法调节机体的生理状态，维持人体脏腑、经络、气血等功能处于稳态平衡状态。当疾病处于萌芽状态时，及早发现，及早调理，及早治疗，将疾病消除在萌芽状态，从而避免其演化为重病、大病。

当疾病出现时，遏制病势，截断疾病的发展、传变。治疗肝病时常配合健脾和胃之法，使脾旺不受邪。《难经·七十七难》中讲："所谓治未病者，见肝之病，则知肝传之脾，故先实其脾气，无令得受肝之邪，故曰治未病焉。"（译：所谓治未病，是指看到肝上有病，知道肝上的病会传到脾上，所以要先增强脾之气，使之不会受到肝的邪气的侵害，这就是"治未病"。）

四、中医与西医的差异

（1）中医重整体，西医重局部：将局部病变放在个体生命的整体中考察，注重局部病变与全身脏腑组织的关系，将个体生命和健康放在自然环境的系统中（天地之间）加以考察，观察自然环境的变化对人的身心所产生的影响。各脏腑组织之间存在着相辅相成的协同作用和相反的制约作用，例如，舌与脉的不同改变可以反映全身脏腑的功能情况。个人生命存在于天地之间，健康调理就应考虑天地因素。"天"主要包括五运六气、季节节气、气候特点、自然灾害、天文现象等，"地"主要为地域地形、植被、土壤、水源等。西医以还原论为基础，认为整体是由局部构成，比较注重对机体局部生理病理状态的把握。

（2）中医重个性，西医重共性：中医强调"因人、因时、因地制宜"，强调一人一方、同病异治，体现个性化特点。个性化的健康管理包括状态辨识结果的个性化、干预方案的个性化、效果评价的个性化，充分考虑个体生命在年龄、性别、体质、遗传、经济条件、所处环境等方面的区别。西医注重把握疾病与治疗的共性特点，制定统一的疾病诊疗标准，同病同治。

（3）中医重功能，西医重结构：中医注重无形的功能，如藏象、经络、气血津液的运行变化；西医重视有形的结构，如组织胚胎学、人体解剖学、影像学检查等。

第二节　养生之道

一、环境养生

营造有利于生命健康的自然环境和社会环境，或者在现有的自然环境和社会环境中根据生命健康的需要采取趋利避害的方法。自然环境已经受到污染和破坏，空气污染、水源污染严重，有毒食品、垃圾食品泛滥，农药残留物超标，这些致病因素都需要主动回避。在社会环境中，人际关系恶化，社会风气恶化，精神压力增大，社会环境的刺激可以导致精神情志失调、脏腑气血逆乱，对人的精神健康造成危害，也需要采取有效的应对之策。“一方水土养育一方人”，不同的地域，自然环境、气候物产、生活风俗不同，不同的职业，工作环境也不同，所产生的健康问题也不相同，如夏暑户外劳作者易犯中暑，冬季野外工作者易得冻疮，水上工作者易感湿邪。需要根据不同地域的不同特征，根据不同的工作环境，采取相应的养生方式。

仁者内不伤性，外不伤物，上不违天，下不违人，处正居中，形神以和，故咎征不至，而休嘉集之，寿之术也。（荀悦《申鉴·俗嫌》）

【译】有仁德的人内不损伤心性，外不危害他物，上不违反天道，下不违背人伦，以中正之道立身处世，形体和精神协调一致，所以灾祸的征兆不会出现，美好嘉祥的东西汇集于其身，这是获得长寿的方法。（休：美好。嘉：美善。）

二、中和养生

以中和之道养生，做到形与神、阴与阳、动与静、劳与逸、乐与悲、刚与柔等各对范畴的和谐统一。如果人体中的阴阳二气平衡遭到了破坏，就会出现偏盛和偏衰。阴虚则阳亢，阳虚则阴盛，养生需要调和阴阳。医师运用药物和其他治疗方式，“补其不足损其有余”，帮助患者恢复人体的阴阳平衡。孙思邈在《千金要方·养性序》中提出了“中和养生观”，劝人不要“久行、久立、久坐、久卧、久视、久听”，因为“久视伤血，久卧伤气，久立伤骨，久坐伤肉，久行伤筋”。

故心和则气和，气和则形和，形和则声和，声和则天地之和应矣。（《前汉书》卷五十八）

【译】因此，人心和顺，气息就和顺；气息和顺，身体就和顺；身体和顺，声音就和顺；声音和顺，天地之间的和气就随之相应。

臭味取其胜，居处就其和，劳佚居其中，寒暖无失适，饥饱无过平。欲恶度理，动静顺性，喜怒止于中，忧惧反之正。此中和常在乎其身，谓之得天地泰。得天地泰者，其寿引而长，不得天地泰者，其寿伤而短。（《春秋繁露·循天之道》）

【译】在气味和口味方面选取优秀的，在居住方面选取平和的，在劳动和休息方面选择中和的，寒与暖保持适宜，饥与饱保持平衡。喜好与厌恶要合乎情理，动与静要顺从本性，喜和怒要达到中和，忧虑与惧怕要返回到正途上。这就是中和之道存在于自身，就叫得到天地安泰。得到天地安泰的人，他的寿命得到延长；得不到天地安泰的人，他的生命损伤而且短命。

凡病兼虚者，补而和之；兼滞者，行而和之；兼寒者，温而和之；兼热者，凉而和之。[（明）张介宾《景岳全书》]

【译】凡是生病有体虚症人，用补的办法使之平衡；有滞而不通症状的人，用疏通运行的办法使之平衡；有寒症的人，用温的药物使之平衡；有热症的人，用凉的药物使之平衡。

三、顺应自然

按照天人合一的理念，人是大自然的产物，自然环境的变化时刻影响着人体的生理活动和病理变化。人应当顺应自然、融入自然，保护自然环境，遵循自然规律，与自然和谐相处，根据地域的不同、水质土壤的区别、四季的变迁采用不同的作息、饮食方法，趋利避害，就可以益寿延年。《老子》第二十五章说："人法地，地法天，天法道，道法自然。"顺应自然要求，人们因循四时气候、自然环境和天地节律。人的最佳生活状态，就是与道合一的状态，就是符合自然的状态。《灵枢·本神》中讲："故智者之养生也，必顺四时而适寒暑。"人体必须适应大自然的各种变化，与自然环境相协调。

董仲舒主张："循天之道，以养其身。"人的行为要顺应人的自然本性，不可妄加改变。人的行为要量力而行，不能做力所不能及的事，《彭祖摄生养性论》说："才所不至而极思之，则志伤也；力所不胜而极举之，则形伤也；积忧不已，则魂神伤矣。"人工培植的反季节的蔬菜、水果，禀受天地之气较少，长期食用不利于养生。

人体的气场与天地的气场相通，人的生活作息要遵循大自然的运行规律，"因天时而调血气"（《黄帝内经》），根据天地阴阳的变化，结合日月星辰的运行规律，来调节人体气血。《素问·宝命全形论》中说："天覆地载，万物悉备，莫贵于人。人以天地之气生，四时之法成。"

"四季养生法"：春夏秋冬阴阳的变化与人体五脏的功能是相互联系的。《素问·六节藏象论》中说："心者，阳中之太阳，通于夏气；肺者，阳中之太阴，通于秋气；肾者，阴中之少阴，通于冬气；肝者，阳中之少阳，通于春气。"根据春生夏长、秋收冬藏的特性，提出"春夏养阳，秋冬养阴"的主张，春夏保养体内的阳气，防止阳气发泄过多；秋冬保养体内的阴气，防止阴精耗损。《素问·四气调神大论》说道："夫四时阴阳者，万物之根本也。所以圣人春夏养阳，秋冬养阴，以从其根，故与万物沉浮于生长之门。"中医所言之风、寒、暑、湿、燥、火六气对人造成侵害，春季多风病，夏季多暑病，长夏初秋多湿病，深秋多燥病，冬季多寒病。春季万物复苏，人体易为春风所带寒邪所伤，养生者应当避风防寒；夏天阳气最盛，暑盛、湿重，养生者应当消暑、化湿；秋天阳气渐收，阴气渐长，养生者应当防秋气燥；冬季草木凋零，阴气太盛，养生者应防止严寒侵袭。

人可以根据四季的变化调节情志。春季阳气上升，大自然呈现生机勃勃的态势，春季对应肝胆，肝主疏泄，人应当在精神上焕发生机，抒发情绪；夏季植物开花结果，人应当保持精神饱满、活力充沛之态。秋季万物成熟，有肃杀之气象，人应当保持精神宁静、平和，需防悲伤、忧郁；冬季万物闭藏，人则应当使神志藏于内，安静自若，冷静处事。

起居有常：是指人应当有固定的生活规律与工作规律，而且与自然运行规律相一致。固定的规律可以使人体大脑皮层的调节形成有节奏的条件反射系统。手机的使用、网络的运用、交往的繁多、工作的繁重等都会破坏生活规律。

阴阳四时者，万物之终始也，死生之本也。逆之则灾害生，从之则苛疾不起，是谓得道。(《素问·四气调神大论》)

【译】阴阳与四季变化，贯穿着万物的运行过程，是生与死的根本。违背这个规律就会发生灾难，遵循这个规律就不会得病，这就是得道。

四、动静平衡

生命在于运动，也在于静止，更在于动静平衡。老子曰："重为轻根，静为躁君"，"轻则失根，躁则失君"。动得过多，耗费体能；动得太少，体能衰退。人的身体保持健康，每个人都应根据自己的情况找到一个动静的平衡点。

朱子曰："一动一静，无时不养。"动极复静，静极复动；静中有动，动中有静；动静相宜，不可偏废。"动以养身，静以养心"。身体健康，需要有一定的运动来维持。东汉时期，华佗倡导锻炼，强身防病，模拟五种动物（虎、鹿、熊、猿、鸟）的动作，创立了"五禽戏"。但是，运动过量，就需要休息，需要静养。

静坐之时，虽然身体表面处于静止状态，但心灵并非处于绝对的静止状态，通过调心、调息、调气，使身内的无序运动转向有序运动。通过意守、调息，从而引导气血周流全身。

春夏养阳，白天养阳，可以大量运动；秋冬养阴，夜晚养阴，不适宜大量运动。

劳而不倦：劳逸都不能"太过"或"不及"，正常的脑力劳动可促使智力发达，正常的体力劳动可使肌肤、筋骨强健，养生需要劳动，但要适度，以长期"不倦"为度。贪图安逸，不爱劳动，筋骨不坚，身体素质下降，抗病功能低下。长期的精神疲劳和身体疲劳，都将导致伤血、伤气、伤肉、伤骨、伤筋、伤神，对健康造成危害。当事业做得越大，财富越积越多，人际关系越来越复杂，欲望越来越强烈，劳累越来越重，而人的身体已过青年时代，向着中老年转变，体质越来越弱，有的人就会累病、累垮、累死。

适度的体力劳动或体育活动，可使气血畅达、经络疏通、脏腑调和、饮食易化，促进机体生化功能旺盛；体力劳动或体育活动还可以使主管情绪的右半脑兴奋，使人心情愉快，减少紧张、焦虑、抑郁、愤怒、慌乱等不良情绪。

"流水不腐，户枢不蠹，形气亦然；形气不动则精不流，精不流则气郁。"(《吕氏春秋·尽数篇》)

【译】流水不会腐臭，户枢不会生虫，这是因为它们在不停地运动，人的身体与身体的气场也是如此。形体不动，精气就不流通；精气不流通，气机就郁结。

五、饮食有节

身体的毒素有外来之毒（细菌、病毒、农药、化肥、药物、大气污染、水源污染、重金属污染、电磁波污染、噪声污染等），也有内生之毒（指机体在其代谢过程中产生的废物堆积、停滞而产生的毒素）。养生保健，就必须采取排毒解毒的手段。

（1）五味平和，切忌过偏：人的健康取决于阴阳五气的调和平衡，饮食要发挥调和阴阳五行的功能。春季慎用甘温之品，夏季慎用辛热之品，秋季忌用苦燥之物，冬季忌食生冷寒凉及滑利之物。气味可分为酸、甘、苦、辛、咸，“肝属木喜酸而恶辛、心属火喜苦而恶咸、脾属土喜甘而恶酸、肺属金喜辛而恶苦、肾属水喜咸而恶苦甘”。酸入肝，过酸则伤肝；苦入心，过苦则伤心；甘入脾，过甘则伤脾；辛入肺，过辛则伤肺；咸入肾，过咸则伤肾。

（2）食物多样，营养均衡：饮食最主要的目的是维持身体的健康，而不仅仅是满足口欲。《益龄单》中言：“宜淡食，食淡精神爽，五味多食则损五脏。”平时饮食要清淡，避免食用辛辣、油腻或生冷、硬的食物。“口中吃得清和味，肠腹无碍神脑明。”要做到厚薄有节，肥甘厚腻之品易致人生内热，发生糖尿病、高血压、痛风等，不宜多食。饮食过于清淡，易致气血不足，使五脏失养。注意食物干净、无毒，不能食用农药残留超标、重金属超标、食品添加剂过多的食物，不能吃腐败变质的食物。不吸烟，少饮酒。吸烟是心血管疾病、癌症和慢性呼吸系统疾病的主要危险因素，过量饮酒会引起肝病、胰腺疾病、脑部和心脏损害。

（3）咸淡有味，好恶平等：各种食物有不同的口味，不能产生高下之别，而以平等的心态待之。要根据年龄、性别、体质、季节气候特点来选择食物。身体阴虚者常常会心烦、失眠、多梦、盗汗等，就应当补阴降火，多吃龟、鳖、墨鱼等补阴之品；身体阳虚者，常常会畏寒肢冷、腰膝冷痛，就应当回阳祛寒，多吃些狗肉、羊肉等温热之品。

（4）食之有节，定时定量：身体对各种营养物质的需要有一个限度，达不到此限度，就会造成营养不良；超过此限度，又形成堆积在身上的垃圾。自然环境对人的承受有限，人如果取之过度，就会造成对自然的破坏。孔子曾经说过：“君子食无求饱。”在人欲膨胀的情况下，感到饱时其实已经过量了，所以主张“吃饭八分饱”。清末张之洞有句名言：“无求便是安心法，不饱真为却病方。”《备急千金要方·道林养性》中说道：“善养性者，先饥而食，先渴而饮，食欲数而少，不欲顿而多，常令如饱中饥，饥中饱耳。”

六、虚静养生

以虚静之法对治精神疲劳。《素问·病机气宜保命集》中指出：“神太用则劳，其藏在心，静以养之。”老子主张“致虚极，守静笃”。虚静是指心灵保持空虚宁静的状态，是平和安宁的心境。让心灵像明镜一般，时时拂去心灵之镜上的尘埃。焦虑、杂念、邪念、仇恨、嫉妒、恐惧、创伤性记忆等都是需要拂去的心尘。《黄帝内经》认为极端的情绪对人的身体产生有害影响，并根据“五行”生克理论，提出“以情胜情”的治疗原则：“怒伤肝，悲胜怒；喜伤心，恐胜喜；思伤脾，怒胜思；忧伤肺，喜胜忧；恐伤肾，思胜恐。”长时间的极端情绪会导致阴阳失调，气机紊乱，产生失眠、多梦、头痛、食欲减退、头发脱落、皮毛枯槁、血压升高、心脏病加重、神经系统紊乱等身体变化。清代曹庭栋在《老老恒言·戒怒》中说：“人借气以充身，故平日在乎善养。所忌最是怒，怒气一发，则气逆而不顺，窒而不舒，伤我气，即是以伤我身。”德国医学家马迪雪克等研究报告表明，心脏病、中风、癌症等均与患者的易怒好争等心理息息相关。现代科学研究表明，现代人类70%的疾病都与人的精神状态异常和不良生活习惯有关。

人必须在致虚守静的状态中才能实现与道合一，提升生命境界。唐代道士吴筠在其养生著作《形神可固论》中说：“主人安静，神则居之；躁动，神则去之。神去，则身死者矣。”道家提出“致虚守静”“心斋”“坐忘”等修炼方法。全真七子之一的马丹阳告诫门徒说：“常清，常净，不起纤毫尘念，则方是修行……但自澄心遣欲，万缘不起染，便是道也。”

在运用电脑时，使用一段时间，就会产生大量的垃圾文件，往往过一段时间，就要做一次清理，将垃圾文件放到回收站，加以清除。但是，人脑已经用了十多年，甚至是几十年了，但我们从来没有将大脑中的垃圾文件进行过一次全面的清理。运用“虚静”之法，运用“坐忘”之法，长久地不去唤起大脑或心灵中的垃圾文件，这些垃圾文件就会退居被人遗忘的角落，渐渐退出，从而释放出心灵的空间。

虚邪贼风，避之有时；恬淡虚无，真气从之；精神内守，病安从来？（《黄帝内经·上古天真论》）

【译】对虚、邪、贼、风等致病因素，应及时避开；心情保持淡泊、清净、虚无，真气顺畅运行；在内心守持健康的精神，疾病何从发生？（恬：安静，安然，坦然。）

七、以德养生

道是养生的根本，道家主张“以道养生”，人不能直观地看见道，但是，道存在于人心之中即为德，所以，人通过修德而体证道。所以，儒家主张“以德养生”，孔子提出“德润身”，“大德必得其寿”，“仁者寿”，董仲舒主张“义以养心”，唐代孙思邈在《千金要方》中写道：“性既自善，内外百病悉不自生，祸乱灾害亦无由作。”（译：人的本性善良，内外百病都不会产生，祸乱灾害也不会发生。）

“仁者不忧”，仁者心中坦荡，道德是滋养心灵最好的精神营养，高尚的道德生活使人感到真正的幸福，高尚的道德情操使人常保愉悦，高尚的道德行为让人感到快乐。“忠孝，大道之本也，是以君子务本，本立而道生。……有不务本而修炼者，若太匠无材，纵巧何成？”（《净明忠孝全书》）按“天道无亲，常与善人”的善恶报应观，有德之人必有福报，健康长寿就是福报之一。

“爱人者，人恒爱之。”（《孟子·离娄下》）有德之人生活在充满爱的环境中，人与人相互关心、相互帮助，同舟共济，患难与共，自然有益于身心健康。而在冷漠、仇恨的环境中，自己的身心都会受到伤害。

仁人之所以多寿者，外无贪而内清静，心平和而不失中正，取天地之美以养其身。（《春秋繁露·循天之道》）

【译】仁德之人之所以能够长寿，是因为他们向外没有贪欲而且内心保持清静，心地平和而没有失去中正，获取天地之精华，用来滋养自己的身体。

八、少私寡欲

司马迁在《史记》中说道：“天下熙熙，皆为利来；天下攘攘，皆为利往。”私心重，欲望强，私利多，沉溺于声色感官享受，就会给自己的生命带来很大的负累，身心受到伤害，“心受制于奢玩，情浊乱于波荡”，这就是“丧己于物，失性于俗者，谓之倒置之民。”（《庄子·外篇·缮性》）老子指出：“五色令人目盲，五音令人耳聋，五味令人口爽，驰骋畋猎令人心发狂。”特别是经济条件差的人，强烈的物质欲望导致内心极大的焦虑，甚至推动人走上犯罪道路。许多人花费大量的金钱，购置名牌服装，购置名车豪宅，使用高级化妆品，使用昂贵物品，这一切都用于“养形”，而对于养心、养神、养气，则置之不顾。减轻生命的负累，只能是按老子所讲的“少私寡欲”，去除奢华，节制自己的欲望，放下自己的私心，简化自己的生活，“守简”“守易”，过一种朴素简单、恬淡宁静的生活。“天长地久，天地所以能长且久者，以其不自生，故能长生。是以圣人后其身而身先，外其身而身存。非以其无私耶，故能成其私。”（《老子》第七章）

“资本的逻辑”则是推动人类生活朝着越来越沉重、越来越复杂的方向发展。资本要不断增值，就需要制造丰富多样的产品，并通过广告、时尚、舆论去煽动人的消费欲望。“少私寡欲”就需要人们从“资本的逻辑”中挣脱出来。

“善养生者，必宝其精，精盈则气盛，气盛则神全，神全则身健，身健则病少。”（《黄帝内经》）

九、调养正炁

精、气、神是人身“三宝”，精化气，气生神。精禀于先天，养于水谷，藏于五脏。肾主藏精，故需注重保养肾精。养气就是保养元气、培养正气、调畅气机。保养元气就是顺应四时变化，节欲固精，避免劳伤，并以饮食营养加以培补。

孟子曰：“吾善养吾浩然之气”，并说“配义与道”，正念、善念、善行可以感应正炁、吸纳正炁。人的身心活动会影响血气的运行，进而影响身体健康。孔子曰：“君子有三戒：少之时，血气未定，戒之在色，及其壮也，血气方刚，戒之在斗，及其老也，血气既衰，戒之在得。”（《论语·季氏》）

人体存在着一个小炁场，宇宙空间存在着大炁场。宇宙大炁场对人体小炁场存在着生、克、制（制约）、化（化解）作用。人体五脏对应五行、五色、五方，并且同五大行星发生炁场感应。肝脏属木，色青，居东方，与木星感应；肺脏属金，色白，居西方，与金星感应；脾脏属土，色黄，居中央，与土星感应；肾脏属水，色黑，居北方，与水星感应。

既然情志能够引起脏腑精气的变化、气血运行的失调，可利用情志间的相互克制来调整气机。《黄帝内经》有“悲胜怒”“恐胜喜”“怒胜思”“喜胜忧”“思胜悲”等理论。怒能使气血上逆而消散其郁结，怒能改变气血向下运动的趋势，所以，怒可制思与恐。

十、形神共养

人的生命由形与神构成，两者相互依存而构成统一的生命体。人之“形”包括脏腑、经络、精、气、血、津液、五官九窍、肢体以及经脉肉皮骨等。人之“神”包括元神与识神，识神就是指精神、思维、意志、情感。所以，人的健康就包括人之“形”的健康和人之“神”的健康，也就是包括身体的健康与心灵的健康。

形与神相统一，无形则神无以附，无神则形不可活，所以养生之道需要形神兼养。“神”依托身体而存在，“形者，神之宅也。故譬之于堤，堤坏则水不留矣。”（葛洪《抱朴子·内篇·至理》）但“神”可又以统御精、气，调控生命过程：“以先天生成之本体论，则精生气，气生神；以后天运用之主宰论，则神役气，气役精。”[（明）汪绮石《理虚元鉴》]

人的心灵活动影响人的身体健康。愉快的心情、健康的情绪、积极的心态、宁静祥和的心境，可以使气血调达，使人的大脑处于最佳活动状态，使机体的免疫系统功能活动处于激活均衡状态，保证体内各器官系统活动的协调一致，使人食欲旺盛、睡眠安稳、精力充沛，从而保持身体健康，提高学习和工作效率。长时间持续存在的负面情绪或极端情绪，引起气机紊乱，降低或破坏某种生理功能而引起疾病。《黄帝内经》指出：“喜伤心”“怒伤肝”“忧伤肺”“思伤脾”“恐伤肾。”焦虑、怨恨、忧郁、悲伤、紧张、愤怒等消极情绪，如果出现的强度较大，或者经常反复出现，导致脏腑阴阳气血失调，会造成机体出现植物性功能紊乱、内分泌功能失调、血压持续升高等现象，从而产生心理疾病和生理疾病。“百病生于气也，怒则气上，喜则气缓，恐则气下，惊则气乱，思则气结。”（《素问·举痛论》）

好的音乐谓之“德音”，可以怡情养性。孔子曰：“恶郑声之乱雅乐也”（《论语·阳货》），靡靡之音也可以损伤人的心志。《吕氏春秋·孟春》：“靡曼皓齿，郑卫之音，务以自乐，命之曰伐性之斧。”

养神的根本法则是：“恬淡虚无，真气从之；精神内守，病安从来？”（《素问·上古天真论》）清代梁章钜在《退庵随笔·摄生》中说道：“过怒过哀，足以害生；过喜过乐，亦足以伤生。”

中篇

管理之道

第十三章　管理之道概论

第一节　管理之道

一、何谓道?

何谓道？道包括真理和义理。“道”字左边的“走”字旁，表示行动；右边的“首”字，表示大脑和思想。

真理是不以人的意志为转移的客观规律，是实然之理。人要正确地做事，就要认知并遵循客观规律，才能保障其行为达到预期目的。“且道者，万物之所由也。庶物失之则死，得之者生；为事，逆之则败，顺之则成。”（《庄子·渔父》）（译：道是万物存在的根据。万物不合乎道，就会死亡；符合大道，就能生存。做事违背大道，就会失败；遵循大道，就会成功。）这里所讲的“道”是作为客观规律的真理。老子主张：“人法地，地法天，天法道，道法自然。”“道法自然”应理解为：道的本性就是自然而然，事物本来如此。“辅万物之自然而不敢为”，就是遵守客观规律而不妄为。

义理是人应当遵循的道义理念，是应然之理。人的行为如果遵循客观规律，就能达到预期目的，但是，行为所产生的结果有善有恶，这就需要由义理来决定。由于存在着主观能动性和选择性，就存在着多种可能性。判断所做之事是否正确，不是由真理来判断，而是由义理来判断。由义理来明确哪一种可能性为善，哪一种可能性为恶。例如，毒品制造者只要遵循毒品制造的客观规律，即遵守真理，就能成功地制造出毒品。但是，如果从义理的角度来判断，制造毒品危害人类，此为恶。如果毒品制造者能够遵循义理，他就会放弃制造毒品。

孔子曰：“道不同，不相为谋。”又说：“朝闻道，夕死可矣。”这里的“道”就是义理。任法融在《道德经释义》一书中总结了“道”有十大特征：虚无、自然、清静、无为、纯粹、素朴、平易、恬淡、柔弱、不争，其实都是阐述义理。[①] 稻盛和夫在《活法》一书中说：“所谓‘原理原则’，用极其简单的一句话表达，就是‘作为人，何谓正确？’就用它作为判断基准，依照这一基准，将正确的事情以正确的方式贯彻始

---

① 吴照云. 中国管理思想史［M］. 北京：高等教育出版社，2010：35.

终。”[①] 这其实就是将义理运用于经营之中，作为经营企业的指针。

二、如何印证真理和义理？

真理是客观存在的规律和原理，可以用事实加以证实或证伪。实践是检验真理的唯一标准，“某种知识是否与客观实际相符合”，这是检验真理的唯一标准。从真理层面上看，通过客观存在的事物来验证管理学的某些观点是不是真理，管理学的观点通过管理工作的成功而加以证实，通过管理工作的失败而加以证伪。

在管理实践中，可以用设置甲、乙两个团队的方式，由甲团队负责对某一理论进行证实的工作，而由乙团队负责证伪的工作；由甲团队设计某一流程、提出某一方案、运用某一方法，由乙团队挑出这一流程、方案、方法的缺点并提出改进意见，或者由乙团队另行设计另一流程、提出另一方案、运用另一方法，并将两个团队的实践情况进行对比，就可以分出优劣。

义理是主观应当遵循的道义理念，是应然之理，即应当如此之理。由于人的主观能动性的存在，人可以选择遵循义理，也可以选择背离义理。

一方面，义理可以用事实来证实，但不能用事实来证伪，即不能用背离正道的行为去证明正道是虚假的。正道可以通过人的行为去证实，证明正道的存在，即仁爱的行为证明了仁道的存在，孝的行为证明了孝的存在。另一方面，人背离正道的行为并不能对正道加以证伪，例如，不能用不仁的事情来证明仁道是虚假的，不能用不孝的行为去证明孝道是不存在的，不能用不义的行为去证明正义是不存在的。

义理除了证实之外，还应当有义证，即进行价值判断。正道产生利人利己之结果，可以证明正道的价值。人的背离正道的行为，产生害人害己的后果，或产生利己害人的后果，从反面彰显出正道存在的价值。历代圣贤将中华民族数千年践行而探索出来的正道载之于经典之中。中华民族数千年的历史已对中华十大正道进行了实证和义证。

首先要明确正道所确定的规范和原则，然后分析人的行为或事情的具体情况，看看这些行为或事情，是否符合正道的规范与原则。如果不符合，则加以调整；如果符合，则加以坚持。

三、管理之道

管理学的首要任务就是去发现“道”，并引导人们去遵循“道”。但是，人们要去遵循“道”，有一个前提，就是要有“德”。人要将“道”内化于己，形成“德”。老子说：“孔德之容，唯道是从。”（译：大德的存在，唯有遵从正道。孔：大。）人的“德”来自“道”，来自义理。通过修养，将义理内化于己，即转化为自己的品德。

西方管理学出现一个弊端，就是以研究自然科学的方式研究管理学，方便论文的写作与发表，他们只研究客观规律，不注重阐发义理，存在着“去人性化”“非伦理化”

① ［日］稻盛和夫．活法［M］．曹岫云，译．北京：东方出版社，2014：84．

的错误倾向。这种错误倾向通过商学院的教学，进入学员的头脑，学员又带着这样的思维进入公司实践中，用这种错误的思维指导公司实践，并用公司的实践来证明这种错误管理思想的合理性。

在同一个群体中，都应遵守相同的理念。如果在一个群体中，一人一义，十人十义，公说公有理，婆说婆有理，各自有自己独特的理念，不认同他人的理念，这个群体就会陷入内乱和分裂。一家企业明确自己的理念之后，就可以依据自己的理念来招揽人才，经过一段时间的教育之后，符合本企业理念的人才就留下，背离本企业理念的人就应离开。

但就一个国家而言，不可能只选择符合本国理念的人留下，将不符合本国理念的人驱逐出去。只能通过教化，让长期以来形成的立国之道深入人心，让每一个国人都接受、认同。中华民族的立国之道，就存在于圣贤经典之中，一部分存留于民间话语中。

第二节　中华十大管理之道

一、中华十大管理之道概述

仁、义、礼、智、信、忠、孝、廉、毅、和统称为中华十大义理，是做人的基本理念。只要是按十大义理的标准做人，即以“十大正道”形成“十大品德”，这样的人进入任何一个领域，都会将十大义理带到每个领域中去具体运用。所以，中华十大义理，用于家庭，就转化为十大家道；用于政界，就转化为十大政道；用于商界，就转化为十大商道；用于学校，就转化为十大师道；用于管理领域，就转化为十大管理之道。

十大管理之道进入经济领域，让道义的光辉照亮经济领域。《大学》曰：“德者，本也；财者，末也。”“夫知、勇、仁、强，此儒者之事，而货殖用之。”[①] 稻盛和夫将京瓷的经营哲学根植于“正确的为人之道”，就是将中华管理之道运用于商界的典范。在经济界，中华商道确立了三个基本原则：取之有道、分之有义、用之有节。孔子曰：“富与贵，是人之所欲也，不以其道得之，不处也。”（《论语·里仁》）这句话清楚地表明，对于财物，要取之有道。

如果片面地运用十大管理之道中的一方面，则会出现姜太公所说的“十过”：“勇而轻死”（轻易送死）、“急而心速”（欲速则不达）、“贪而好利”（自私自利）、“仁而不忍人”（妇人之仁）、“智而心怯”（胆小懦弱）、“信而喜信人”（轻信别人）、“廉洁而不爱人”（待人刻薄）、“智而心缓”（犹豫不决）、“刚毅而用”（刚愎自用）、“懦而喜任人”（依赖他人）。[②]

---

① 《梅村家藏稿》卷五〇《卓海幢墓表》[M]. 台北：台湾学生书局，1975：876.

② 吴照云. 中国管理思想史 [M]. 北京：高等教育出版社，2010：174.

孙武说："将者，智信仁勇严也。"曹操曾批注说："将宜五德皆备。偏施智则贼；固守信则愚；重仁则懦；持勇则暴；令过严则残。"[①]

方太集团先是让销售人员学习仁、义、礼、智、信，做生意就像做慈善一样，缺少"商场如战场"的味道，结果发现订单减少了。于是，茅忠群加了五个字"廉、耻、勤、勇、严"要大家学习，结果业绩又提高了。

二、中华十大管理之道的来源

雅斯贝尔斯认为，在公元前500年前后的轴心期，涌现出了一批思想家，在古希腊有苏格拉底、柏拉图，以色列有犹太教的先知，印度有释迦牟尼，中国有孔子、老子，古波斯有索罗亚斯特，等等，形成了不同的文化传统。雅斯贝尔斯说："人类一直靠轴心时代所产生的思考和创造的一切而生存，每一次新的飞跃都回顾这一时期，并被它重新燃起火焰。"对于中国来说，要重新树立管理之道，就必须回到孔子、老子的思想中汲取智慧。

就管理之道而言，民间话语中的"和气生财""上梁不正下梁歪""人无远虑，必有近忧""宽严并济""严父慈母""在家靠兄弟，出门靠朋友"等话语，或者来自经典原句，或者是用民间通俗语言表达经典的意思。圣贤经典是源头，民间话语是水流。如果中华民族长期不读经典，源头就会干涸，水流就会枯竭。

所以，如果不读中华圣贤经典，就无法认知中华十大管理之道。中华十大管理之道，来自儒家、道家、法家、兵家、纵横家等诸子百家，但以儒家为主。诸子百家之说，各有理论的侧重点，可以相互补充。

稻盛和夫认为，只要懂得做人的基本道理，这样的人进入工商领域，将做人的基本道理移植到工商领域，就成为经营管理之道。日本企业之父涩泽荣一说："商才也可以通过《论语》来培养……但商才原本也是要以道德为根基的，偏离了道德的诈骗、浮华、轻佻等，只是卖弄小聪明而已，算不得真正的商才。"日本学者伊藤肇说："日本企业家只要稍有水准的，无不熟读《论语》和《道德经》。"学习型组织创始人彼得·圣吉非常推崇《道德经》中的领导哲学。《道德经》的外文版已达到数百种，《纽约时报》调查世界上销量最大的图书，结果是《圣经》和《道德经》排名前列。

三、中华十大管理之道评价体系

仁、义、礼、智、信、忠、孝、廉、毅、和十大管理之道，不能仅仅让员工背会这10个字，还应当让员工知道这10个字分别由哪些具体理念构成。在本书中，十大管理之道又细分成100多个义理条目。对于每一个义理条目，需要员工达到以下要求：①通过阅读"题解"，知道每个一条目的具体含义；②背会并理解与具体理念相关的圣贤经典；③知道每一个具体理念之下有哪些案例；④知道每一个具体理念应当如何去践行。

---

① 胡海波，等. 中国管理学原理［M］. 北京：经济管理出版社，2017：168.

企业为了落实十大管理之道，应当相应制定每一个义理条目的行为标准，非常优秀者为 2 分，达到标准者为 1 分，无法判断者为 0 分，违背标准者为负 1 分，特别恶劣者为负 2 分。

四、道、法、术、势

在中国古代，儒家和道家都在弘扬“道”，很少去讲“术”，梁惠王就说孟子是“迂远而阔于事情”（《史记·孟子荀卿列传》)。《黄帝四经》中讲：“道生法”，强调道是法律的基础。法家却在宣扬“法、术、势”，纵横家也推崇“术”。“势”是指要有实力、权势，《管子·法法》曾指出：“势在下，则君制于臣矣；势在上，则臣制于君矣。”“法、术、势”与“道”对立起来，道与术处于分裂的状态。

《孙子兵法》虽然讲“兵者，诡道也”，其中所列间谍就有因间、内间、反间、死间、生间，但《孙子兵法》提倡将道与术相结合，提出“道、天、地、将、法”，“道”讲的就是君臣上下都拥有共同的理念，这是决胜的关键因素。孙子解释说：“道者，令民与上同意者也，故可与之死，可与之生，而不危畏。”（《孙子兵法·始计篇》）鸦片战争及其之后的一系列对外战争，中国常常失败，有一个重要的原因，就是清政府的专制与腐败导致官与民、兵与民、将与士之间存在着对立的情绪，面对强敌的进攻，如果官、将失败了，民、士反而高兴，如果兵失败了，民反而高兴，上下不能形成同心同德、一致对外的力量。

《易经》的理念也是“易为君子谋，不为小人谋”。有人滥用各种“术”去骗人、害人，然后又去求神拜佛，祈求保佑，以重金重礼求得神灵护佑，这是将神灵视为贪官，神灵自然不会庇佑。

韩非子分析道：商鞅推崇“法”，但实践的结果是，“无术以知奸”，君王没有运用“术”去洞察奸邪，奸邪反而利用法谋取私利；申不害推崇“术”，但法律缺失，国家很难得到有序治理；慎到重视“势”，但如果没有“术”与“法”，即使是尧、舜这样有“势”的圣人去挨家挨户地劝说，连三家都管理不好。于是，韩非子主张将“法”“术”“势”结合起来，才能成就霸业。

韩非子讲：“术者，因任而授官，循名而责实，操生杀之柄，课群臣之能者也。”（《韩非子·定法》）（译：所谓术，就是根据才能是否足以胜任而授予官职，根据职位名称去确证是否名副其实，这样就可以操生杀之权，督促群臣竭尽所能。）“术”就是君主对臣下进行考察、监督、奖惩、控制、调动的管理方法，具有可操作性和针对性。韩非子所讲的术包括用人术、听言术、治奸术等。《鬼谷子》所讲的术，包括捭阖术、反应术、内揵术、飞钳术、忤合术、揣摩术、游说术等。

五、以道御术

西方市场经济发达，以基督教伦理作为“道”，众多管理学家都从企业的经营实践中总结出丰富、有效的管理之术。管理之术是指各种管理方法、管理技术、管理制度、管理规章、管理流程等。美国开国元勋富兰克林在他的自传中提出“十三项美德”：

节制、缄默、秩序、决心、节俭、勤奋、诚信、正义、适中、清洁、宁静、节欲、谦卑，这成为美国资本主义精神的重要内核。[①]马克斯·韦伯写了《新教伦理与资本主义精神》。西方管理学家不太注重讲“道”，因为西方文化中的“道”，在基督教的教化中已在民众中深入人心，不必在管理学中多讲。西方管理学传到中国来，不可能同时将基督教文化带进来成为普遍的信仰，在这样的条件下，如果只学习西方管理学，那就成了有“术”无“道”，产生很大流弊。因此，西方管理学要同中华民族的“道统”相结合，并且“道”与“术”不能处于分裂的状态，两者按“以道御术”的方式相结合，才能体系完整。

① 宋长琨，沈忠秀．儒商商道概论［M］．武汉：武汉大学出版社，2013：2．

第十四章　管理之道：仁

第一节　仁者爱人

〖题解〗

“仁者爱人”是儒家最核心的理念。仁爱是指植根于仁慈善良品质的爱，是源自善良品性去爱护人、关心人、尊重人，维护他人的权益，尊重他人的人格，做有利于他人的事，因而，仁爱是奉献式的爱。仁慈的品性就像是树的根，爱的情感就像是在树根上生长出的枝叶。所以，践行仁爱之道，首先要培养仁慈善良的品性。

与奉献式的仁爱相反的是索取式的贪爱。贪爱源于自己的欲望，当客观对象具有对自己有利的特性时，便产生对客观对象的爱，这种爱是要索取、占有、消费客观对象，如爱物品、爱钱、爱车子、爱房子等。如果以贪爱的方式去面对他人，就可能会侵害他人。

仁爱是有层次的爱，由近及远分为四个层次：自尊自爱、爱亲人、爱人民、爱天地万物。

〖圣贤经典〗

樊迟问仁。子曰：“爱人。”（《论语·颜渊》）

【译】樊迟问什么是“仁”，孔子回答说：“爱人。”

人相交，一言一事皆须有益于人，便是善人。[（清）张英《聪训斋语》]

【译】与人交往，说每一句话、做每一件事都有益于他人，这就是善人。

仁为爱体，爱为仁用。[（宋）朱熹《四书或问·论语或问》]

【译】仁是爱的根本，爱是仁的发用。

不爱其亲而爱他人者，谓之悖德；不敬其亲而敬他人者，谓之悖礼。（《孝经·圣治章》）

【译】在不爱自己的亲人的情况下去爱别人，叫作“悖德”；在不尊敬自己的亲人的情况下去尊敬别人，叫作“悖礼”。

四海之内，合敬同爱。（《礼记·乐记》）

【译】普天之下，互敬互爱。

亲亲而仁民，仁民而爱物。（《孟子·尽心上》）

【译】以亲爱之心对待自己的亲人，以仁爱之心对待人民；以仁爱之心对待人民，推及以爱惜之心对待万物。

百行万善总于五常，五常又总于仁。（《朱子语类》卷六）

【译】千万种行为与千万种善良，可以用仁、义、礼、智、信五常来概括，五常又可以用“仁”字来概括。

第二节　敬天爱物

〖题解〗

“敬天爱物”，就是敬畏天地，珍爱自然万物。敬畏天地是维持人的道德品性与良善行为的重要信仰力量。“天网恢恢”“老天有眼”“苍天在上”“人在做，天在看”，都表达了敬畏天地的意识。人有敬畏天地之心，才不会无法无天，大胆妄为。所谓“无法无天”，就是没有法律意识，也没有敬畏天地的意识。

〖圣贤经典〗

乾称父，坤称母；予兹藐焉，乃混然中处。故天地之塞，吾其体；天地之帅，吾其性。民，吾同胞；物，吾与也。（《正蒙·乾称篇》，《张载集》）

【译】乾是天，就像父亲；坤是地，就像母亲。我是如此渺小，居于天地之中。所以充塞于天地的万物，构成我的身体；天地之间的精神，赋予我的本性；人民是我的同胞；万物是我的同伴。（兹：此，这样。藐：小。塞：充满。与：同党。）

天地之大德曰生。（《周易·系辞下》）

【译】天地的伟大品德就是生养万物。

爱人利人者，天必福之，恶人贼人者，天必祸之。（《墨子·法仪》）

【译】关爱他人、利于他人的人，上天必然赐福于他；仇视他人、伤害他人的人，上天必然会降祸于他。

天地与我并生，而万物与我为一。（《庄子·齐物论》）

【译】天地与我一起生长，万物与我融为一体。

第三节　天理良知

〖题解〗

在中国传统社会，民间使用最多的两个道德概念，就是天理和良知。天理即义理，是道德理念。判断一个人是否有道德，关键在于他有没有良知。道德理念（天理）内化于己，存在于自己的内心，与道德理性、道德情感、道德意志相结合，就形成良知。

良知，在面对亲人、人民、万物时，表现为仁爱之心；在面对处于困境和痛苦中的人时，表现为恻隐之心；在面对自己的错误时，表现为羞耻之心；在面对自己给别人带来的伤害时，表现为愧疚之心；在面对别人的帮助与关怀时，表现为感恩之心；

在面对真理与谬误时，表现为是非之心。

〖**圣贤经典**〗

仁者，天地生物之心，而人物之所得以为心。（《朱子语类》卷九十五）

【译】仁，是天地生养万物的心，人和物得到这种仁，以这种仁作为自己的心。

良知是天理之昭明灵觉处，故良知即是天理，思是良知之发用。[（明）王守仁《王文成公全书》卷二]

【译】良知是天理的灵妙知觉处，所以良知就是天理，意识活动就是良知的发现和运用。

千万世之前有圣人出焉，同此心同此理也；千万世之后有圣人出焉，同此心同此理也。（陆九渊《象山集》卷二十二）

【译】千年万年前有圣人出现，有相同的心，有相同的理；千年万年后有圣人出现，有相同的心，有相同的理。

尔那一点良知，是尔自家底准则。（王守仁《传习录》）

【译】你心中的良知，便是自己行动的准则。

第四节　存养善念

〖**题解**〗

当你内心萌生善念时，一定要守住这个善念，并不断强化，从而产生相应的道德行为。如果念念相续的是善念，时时发生的是善行，善良的品格就会形成。

当你内心萌生恶念时，立即抑制这个恶念，消除这个恶念，从而阻止不良行为的发生。如果一个人念念相续的是恶念，就会有大大小小的恶行相继发生，久而久之，不良的品质就会形成。

〖**圣贤经典**〗

心以思为职。或独坐时，或夜深时，念头一起，则自思曰：这是好念？是恶念？若是好念，便扩充起来，必见之行。若是恶念，便禁止勿思。方行一事，则思之，以为此事合天理？不合天理？若是合天理，便行。若是不合天理，便止而勿行。不可为分毫违心害理之事。（《杨忠愍集》卷三）

【译】心灵以思考作为它的职能。或者是独坐的时候，或者是在深夜的时候，心中有一个念头闪现，就要自己思考："这是良善的念头，还是邪恶的念头？"如果是良善的念头，就要把它扩充起来，必定见诸行动。如果是邪恶的念头，就要禁止自己去想。刚刚做了一件事情，就要去考虑，看看这件事情是符合天理还是不符合天理，如果符合天理，就去行动。如果不符合天理，就禁止自己不要去行动。不可以做半点违背良心、伤害天理的事情。

敬则心存，心存而一静一动皆出于正。（《吴文正集》卷十《陈幼德思敬字》）

【译】专心持守，本性就可以存在。本性存在，一举一动都符合正道。

夫心起于善，善虽未为，而吉神已随之；或心起于恶，恶虽未为而凶神已随之。(《太上感应篇》)

【译】内心生起善念，虽然还没有去做善事，吉神就已经跟随你了；如果内心生起恶念，虽然还没有去做罪恶的事情，凶神就已经跟随你了。

一念之欲不能制，而祸流于滔天。(《二程遗书》)

【译】一个邪恶的念头不能制止，就会产生罪恶滔天的祸害。

第五节　推己及人

〖题解〗

人同此心，心同此理。“恕”的基本含义是，以自己的心推想别人的心，设身处地地为他人着想，能够体会到对方的情绪和意愿，愿意理解对方的立场和感受，并站在对方的立场上思考和处理问题，就能够宽容别人、体谅别人。

〖圣贤经典〗

己所不欲，勿施于人。(《论语·颜渊》)

【译】自己不喜欢的事物，不能强加于别人头上。

己欲立而立人，己欲达而达人。(《论语·雍也》)

【译】自己要立身同时又要使他人立身，自己要通达同时又要使他人通达。

古之君子，其责己也重以周，其待人也轻以约。(韩愈《昌黎先生文集·原毁》)

【译】古代的君子，他们要求自己严格而且周全，他们对待别人宽松而且简单。

以己量人谓之恕。(《贾子道术》)

【译】用自己的心去衡量别人的处境，这就是“恕”。

俗语所谓将心比心，如此则各得其平矣。(朱熹《朱子语类》卷十六)

【译】民间所说的将心比心，如果做到这样，那么每个人都会得到公平。

第六节　修道明德

〖题解〗

“道德”一词是“道”与“德”二字合成的。什么是“道”？也就是中华民族代代相传的道统，具体内容就是仁、义、礼、智、信、忠、孝、廉、毅、和十大义理。什么是“德”？“德”就是得之于己的“道”。

由此观之，道德的本质就是“道”内化于己，见之于行。

〖圣贤经典〗

何以得德？由乎道也。(《道德经》第三十八章王弼注)

【译】如何才能得到德？通过道可以得到德。

尧以是传之舜，舜以是传之禹，禹以是传之汤，汤以是传之文、武、周公，文、武、周公传之孔子，孔子传之孟轲。（韩愈《昌黎先生文集》卷十一《原道》）

【译】尧将道统传给了舜，舜将道统传给了禹，禹将道统传给了商汤，商汤将道统传给了周文王、周武王、周公，周文王、周武王、周公又将道统传给了孔子，孔子又将道统传给了孟子。

子曰："志于道，据于德，依于仁，游于艺。"（《论语·述而》）

【译】孔子说："立志于大道，遵从道德准则，依从于仁道，游身于六艺之中。"

第七节　以友辅仁

〖题解〗

"以友辅仁"指的是，通过交友而提升自己的道德品质，或者以正道引导朋友。两个人长期相处，思想观念与行为习惯，无论是好还是坏，都会深刻地影响对方。如果结交品质低劣的人，不但常常受到他的不良影响，而且自己被伤害的可能性随时存在。如果结交品质好的朋友，不仅得到心灵的慰藉，还可以在品格与才学上相互砥砺，在自己困难的时候还会得到帮助。

〖圣贤经典〗

曾子曰："君子以文会友，以友辅仁。"（《论语·颜渊》）

【译】曾子说："君子用文章和学问来交朋友，用交朋友来培养仁德。"

博弈之交不终日，饮食之交不终月，势利之交不终年，惟道义之交，可以终身。［（清）金缨《格言联璧·接物》］

【译】通过赌博交到的朋友，不到一日就结束；通过饮食交到的朋友，不到一月就结束；通过势利结交的朋友，不到一年就结束。只有通过道义结交到的朋友，才可以终生拥有。

孔子曰："益者三友，损者三友。友直，友谅，友多闻，益矣。友便辟，友善柔，友便佞，损矣。"（《论语·季氏》）

【译】孔子说："有益的朋友有三种，有害的朋友有三种。与正直的人交朋友，与诚实的人交朋友，与见闻、知识广博的人交朋友，是有好处的。与虚伪做作的人交朋友，与谄媚逢迎的人交朋友，与油嘴滑舌的人交朋友，是有害的。"

第八节　仁心善行

〖题解〗

道德包括道德品质、道德理念、道德情感、道德意志、道德体验、道德信仰、道德规范、道德机制、道德风气等，道德建设应当从这九个方面同时推行。仁慈的品质必然表现为一系列外在的行动，善良的心念必定产生良好的行为。如果没有一系列外在的道德行为和良好行为，那么，仁慈的品质可能是缺乏的。

有力者疾以助人，有财者勉以分人，有道者劝以教人。(《墨子·尚贤》)

【译】有力量的人就用自己的力量去帮助别人，有财富的人就和别人分享财富，得道之人就用道去教化别人。

君子成人之美，不成人之恶。(《论语·颜渊》)

【译】君子促成别人好的事情，而不促成别人去作恶。

古之人，得志，泽加于民；不得志，修身见于世。穷则独善其身，达则兼济天下。(《孟子·尽心上》)

【译】古代的人，得志时恩惠施于百姓；不得志时，修养自身以显现于世。穷困时独善其身，显达时兼善天下。

第九节　必仁且智

〖题解〗

董仲舒提出“必仁且智”的主张，认为君子既有仁德，又有智慧。智离开仁，智就成为狡智。当一个人智商高、能力强，但如果缺乏仁爱的品德，极端自私，内心邪恶，那么“智”越高，危害就越大。仁离开智，则仁爱之心在缺乏分辨的情况下就会滥用。在任何情况下，人都要保持一颗仁爱之心。但是，在复杂的情况下，就需要运用理智来分析当下情景，正确地发用仁爱之心。

〖圣贤经典〗

仁而不智，则爱而不别也；智而不仁，则知而不为也。[(汉)董仲舒《春秋繁露·必仁且智》]

【译】有仁德却没有理智，就会只知道爱而不知道如何辨别；有理智却没有仁德，就会只知道善而不去做。

才者，德之资也；德者，才之帅也。(《资治通鉴》卷一)

【译】才是德的依凭；德是才的统帅。

君子挟才以为善，小人挟才以为恶。(《资治通鉴》卷一)

【译】君子倚仗着才华去行善，小人倚仗着才华去作恶。(挟：倚仗。)

第十节　恻隐忧患

〖题解〗

判断一个人有没有仁爱之心，其实很简单，就是看他对待贫困者、弱势者、苦难者、遇难者、病痛者、年老者、年幼者的态度，看他是不是有同情之心（即恻隐之心），是不是伸出援助之手，对他们给予力所能及的关心与帮助。如果面对他们表现冷漠，甚至是幸灾乐祸，那他就缺乏仁爱之心。为自己所爱的对象处于困境或将要面临灾难而感到忧患，这就是忧患意识。在儒家的忧患意识中，所忧的对象有四：忧民、忧国、忧道、忧天下。

〖**圣贤经典**〗

天地万物本吾一体者也。生民之困苦荼毒，孰非疾痛之切于吾身者乎？不知吾身之疾痛，无是非之心者也。[（明）王守仁《王文成公全书》卷二]

【译】天地万物与我本来同是一个整体。人民的艰难疾苦，哪一样不是像我身上的切肤之痛呢？不能将百姓的艰难困苦当作自己身上的切肤之痛，就是没有是非之心的人。

子曰："人无远虑，必有近忧。"（《论语·卫灵公》）

【译】孔子说："一个人如果没有长远的考虑，一定会有近在眼前的忧患。"

生于忧患而死于安乐也。（《孟子·告子》）

【译】在忧患之中生存，在安乐之中死亡。

子曰："德之不修，学之不讲，闻义不能徙，不善不能改，是吾忧也。"

【译】孔子说："不去培养品德，不去讲习学问，听到义在那里却不能去追随，有缺点而不能改正，这些都是我所忧虑的。"

第十一节　仁政惠民

〖**题解**〗

孟子在孔子"仁"说的基础上，提出了著名的"仁政"说。仁政具体包括以下要点：领导者以仁爱之心对待人民，采取利民、惠民的措施；实行王道，反对霸道；改善民生，保障人民的生活条件；推行道德教化，培育良好的社会风气；为政以德，以德服人；为民兴利，为民除害；节用爱民，取之有节；取之于民，用之于民。

〖**圣贤经典**〗

以力服人者，非心服也，力不赡也；以德服人者，中心悦而诚服也。（《孟子·公孙丑下》）

【译】用力量去征服别人，别人不是心悦诚服，只是反抗的力量不够；用道德去降服别人，别人就会心悦诚服。（赡［shàn］：足够）

乐民之乐者，民亦乐其乐；忧民之忧者，民亦忧其忧。乐以天下，忧以天下，然而不王者，未之有也。（《孟子·梁惠王下》）

【译】为人民的快乐而感到快乐，人民也会为君王的快乐而感到快乐；为人民的忧愁而感到忧愁，人民也会为君王的忧愁而感到忧愁。为天下而快乐，为天下而忧愁，然而还不能称王，这是不可能的。

博施于民而能济众。（《论语·雍也》）

【译】广博地施惠于民，而且能救济民众。

远人不服，则修文德以来之。(《论语·季氏》)

【译】远方的人不服从，自己就要修养道德，让他们来归附。

惟仁者宜在高位，不仁而在高位，是播其恶于众也。(《孟子·离娄上》)

【译】只有仁德的人才适宜处于高位，没有仁德的人在高位，就是将他的邪恶传播给民众。

民惟邦本，本固邦宁。(《尚书注疏》卷六)

【译】人民是国家的根本，根本牢固国家才会安宁。

第十五章　管理之道：义

第一节　适宜适中

〖题解〗

“义”是“适宜”，即所做之事具有正当性，并且同客观环境相适应。“义”是“适中”，万事万物都有一个适当存在的度。万事万物在这个度上存在，就符合“义”，达不到这个度，就是“不及”；超过这个度，就是“过”。例如，人要自信，但要保持在适度的状态，才符合“义”，达不到自信，就是自卑；超过了自信，就是自傲。又如，刚柔相济保持在适当的度上，过于柔，则弱；过于刚，则暴。

〖圣贤经典〗

义，宜也，裁制事物使合宜也。[（汉）刘熙《释名・释言语》]

【译】义就是适宜的意思，调理事物使之适宜。

艮，止也。时止则止，时行则行，动静不失其时，其道光明。(《周易・艮卦・彖辞》)

【译】艮就是抑止的意思，该停止的时候就停止，该行进的时候就行进，动与静都不失时机，前途就会光明。

太刚则暴，太柔则懦，太缓则泥，太急则轻。[（宋）司马光《传家集》卷六十一]

【译】太刚强就变得残暴，太阴柔就会变得懦弱，太缓慢就显得拘泥，太急躁就显得轻率。(泥：阻滞。)

第二节　公平正义

〖题解〗

组织需要通过制度建设确立公平的规则，人人遵守，一视同仁。如果缺乏规则，或者建立的规则不公平，或者因为关系、权力、好恶、偏私而破坏规则，就会有人走歪门邪道，阿谀奉承，投机钻营，以谋取私利，而被冷落的人，就会消极抱怨，不能发挥正常的才能。

〖圣贤经典〗

无偏无党，王道荡荡；无党无偏，王道平平。(《尚书・洪范》)

【译】无所偏向，不要结党，王道政治宽广；不要结党，无所偏向，王道政治公平。

公生明，偏生暗。(《荀子·不苟》)

【译】公正就产生光明，偏私就产生阴暗。

知常容，容乃公，公乃王，王乃天，天乃道，道乃久，没身不殆。(《道德经》第十六章)

【译】知道常道，就能包容；包容，才能达到公正；公正，才能成为王者；成为王者，必须符合天意；符合天意，才合乎道；合乎道，才能平安久长，终身没有危难。

惟公则生明，惟廉则生威。[(清)石成金《传家宝·绅瑜》]

【译】唯有公正，产生光明；唯有清廉，产生威信。

第三节　守道行义

〖题解〗

将“义”字同“道”字相联结，合称为道义。“道”是正道，是道德，正义是建立在正道的基础上，建立在道德的基础上。正义应当建立在仁德的基础上，有仁爱之心的人，才会有善良的动机，从而产生正义的行为。道义高于诚信，在两者发生冲突的情况下，就应当选择坚守道义。

〖圣贤经典〗

违上顺道，谓之忠臣。(《申鉴·杂言上》)

【译】违背君上，遵循正道，就叫作忠臣。

义者，行而宜之，合于道则谓义。[(宋)胡瑗《周易口义·说卦》]

【译】义就是在行动上是适宜的，符合正道的要求就是义。

大人者，言不必信，行不必果，惟义所在。(《孟子·离娄下》)

【译】品德高尚的人，说话不一定句句守信，行为不一定处处兑现，只是根据道义来做。(惟：只。)

仁者，义之本也，顺之体也，得之者尊。(《礼记·礼运》)

【译】仁爱是正义的根本，也是和顺的基础。心存仁爱的人就会受人尊敬。(体：基础。)

第四节　义利相生

〖题解〗

当功利与正义相统一时，采取“义利相生”的原则；当功利与正义相对立时，采取“以义制利”的原则。正义的事业能够产生利益，用正确的方式做正确的事，才会有正当的利益。正义也是调整利益关系的根本原则，利益关系只有在正义的调理下才能和顺。

〖圣贤经典〗

义以生利，利以丰民。(《国语·晋语》)

【译】人民有君王，是为了达到正义。正义可以产生利益，利益可以让人民富足。

欲思其利，必虑其害；欲思其成，必虑其败。[(三国·蜀)诸葛亮《便宜十六策·思虑》]

【译】想要利益，必须考虑其中的害处；想要成功，必须考虑失败的可能。

正其谊以谋其利，明其道而计其功。(《四书正误》卷一)

【译】追求正义用以谋求功利，彰显正道同时谋求利益。(谊：义)

天之生人也，使人生义与利。利以养其体，义以养其心；心不得义不能乐，体不得利不能安。[(汉)董仲舒《春秋繁露·身之养重于义》]

【译】上天降生了人，使人产生了义和利两个方面。利是用来供养自己的身体的，义是用来滋养自己的心灵。心灵中没有义，就不会有快乐；身体得不到利，就不会有安适。

第五节　扶助生命

〖题解〗

善与恶是有标准的。伤害生命就是恶，扶助生命就是善。扶助生命，不仅要爱护自己的生命，也要爱护亲人、朋友及其他所有人的生命，对贫者、弱者、老者、病者给予特别的同情、关怀与帮助；不仅要爱护人类的生命，也要爱护大自然中的一切生命。安身立命，即心灵的安顿与身体的安顿。人的身体安顿于物质家园，人的心灵则安顿于精神家园。

〖圣贤经典〗

天之道，损有余而补不足。(《道德经》第七十七章)

【译】天道，减损多余的来弥补不足的。

安其身而安其心者，上也。[(清)黄宗羲《明儒学案·泰州学案一》]

【译】安顿身体而且安顿心灵，这是最好的。

故爱人者人恒爱之，信任者人恒信之，此感应之道也。[(明)王艮《王艮杂著·勉仁方》]

【译】爱护他人的人，他人肯定爱自己；信任他人的人，他人必定信任自己，这就是相互感应的道理。

第六节　以道制欲

〖题解〗

人类的欲望无限膨胀，很多人借助科技手段满足自己的欲望，致使地球资源枯竭，导致生态环境被破坏。个人欲望膨胀，当正当的收入不能满足欲望时，就会想办法用欺诈、抢劫、偷盗、掠夺等方式夺取他人的财物。如何克制人的欲望，使之限制在合理的限度之内？仁、义、礼、智、信、忠、孝、廉、毅、和这十大义理，正是克制恶欲的法宝。

〖圣贤经典〗

欲不可纵，亦不可禁也。不可禁而强禁之，则人不从；遂不禁，任其纵，则风俗日溃。[（清）费密《弘道书》]

【译】欲望不可放纵，但也不可禁断。不可禁断却强行禁断，那么人们就不会依从；只满足而不禁止，任其放纵情欲，那么风俗就日益衰败。

塞得物欲之路，才堪辟道义之门；驰得尘俗之肩，方可挑圣贤之担。[（明）洪应明《菜根谭·修省》]

【译】堵塞住物质欲望的道路，才能够打开道义之门；放下肩上世俗的东西，才能够挑起圣贤的重担。

循天理，则不求利而自无不利；殉人欲，则求利未得而害已随之。[（宋）朱熹《孟子集注大全》卷一]

【译】遵循天理，不去求取利益，自己无往而不利；放纵人欲去求取利益，利益还没有获得，危害已经随之而来了。

第七节　取之有道

〖题解〗

君子在面对利益时，应当取之有道，具体考虑以下四个方面：第一，所面对的利益应当取还是不应当取？第二，获取利益的手段是否正当？第三，获取的利益是否得到公正的分配？第四，所获取的利益是否有节制地享用？

〖圣贤经典〗

君子爱财，取之有道。（《林间录》卷下）

【译】君子如果喜爱钱财，必须通过正当途径获得。

宁在直中取，不向曲中求。[（明）许仲琳《封神演义》]

【译】宁愿用正当的方式去获取，也不用不正当的手段去求得。

富与贵，是人之所欲也，不以其道得之，不处也。贫与贱，是人之所恶也，不以其道得之，不去也。（《论语·里仁》）

【译】富有与高贵，这是人们所想要的，如果不通过正道来取得，就不接受；贫困与低贱，这是人们所厌恶的，如果不能通过正道去抛掉它，就不摆脱。

第八节　以义制利

〖题解〗

在义与利相统一的情况下，采用义利相生的原则；在义与利相冲突的情况下，在义与利两者不可兼得的情况下，只能见利思义、先义后利、以义制利，甚至是舍利取义。以义制利，就是既不否定利，也不否定义，而是用道义来规范、引导、制约逐利的行为，在某些情况下，必须敢于舍弃自己的某些利益，才能实现仁义之目标。以义制利的具体运作是：以正义的原则来确定利益的取舍；以正义的原则调整利益关系；以正义的途径获取利益。

〖圣贤经典〗

德义，利之本也。(《春秋左传注疏》卷十五)

【译】道德仁义，是正当利益的根本。

君子思义而不虑利，小人贪利而不顾义。[(汉)刘安《淮南子》]

【译】君子考虑道义但不考虑私利，小人贪图私利却不顾道义。

有德此有人，有人此有土，有土此有财，有财此有用。德者本也，财者末也。(《礼记·大学》)

【译】有道德才能会集人，会集了人才有土地，有土地才有财富，有财富才有用途。道德是根本，财物是枝末。

仁者以财发身，不仁者以身发财。(《礼记·大学》)

【译】有仁德的人用财物使自身发展，缺乏仁德的人用自身作为工具发财。

君子喻于义，小人喻于利。(《论语·里仁》)

【译】君子明白的是义，小人明白的是利。

第九节　奉公利群

〖题解〗

“公利”是指社会群体的公众利益，是符合“义”的。公共利益就是在某一范围内，所有人共同创造、共同享有的利益。“私利”分两种情况：当个人的利益与“公利”冲突，损害公共利益之时，则私利是违背“义”的；当个人利益与公共利益相一致时，则私利是符合“义”的。奉公利群的对立面，就是徇私，如谋取个人利益，为亲友谋取利益，滥用权力，结党营私，任人唯亲，嫉贤妒能等。

〖圣贤经典〗

故我之出而仕也，为天下，非为君也；为万民，而非为一姓也。[(清)黄宗羲《明夷待访录·原臣》]

【译】所以，我之所以出来当官，是为天下，而不是为了君王；是为了万民，而不是为了一家一姓。

不以一己之利为利，而使天下受其利；不以一己之害为害，而使天下释其害。[（清）黄宗羲《明夷待访录·原君》]

【译】不要把自己的一点私利当作（要谋取的）利益，而要让天下人都得利益；不要把自己的一点祸害当作（要避开的）祸害，而要让天下人都能避开祸害。

国尔忘家，公尔忘私，利不苟就，害不苟去，惟义所在。[（汉）贾谊《新书·阶级》]

【译】因为国而忘掉家，因为公而忘掉私，有利了不苟且趋从，有害了也不苟且回避，只遵循正义行事。（尔：助词，用于句中，无意义。）

利在一身勿谋也，利在天下者谋之。利在一时勿谋也，利在万世者谋之。[（清）金缨《格言联璧·从政》]

【译】利益在自己一人身上，就不要谋取；利益在天下人身上，就要谋取。利益只在眼前一时，就不要谋取；利益在千秋万代，就要谋取。

第十节　正己正人

〖题解〗

身体力行，率先垂范，以身作则，给别人树立正面的形象。在给别人提出道德要求的时候，要先想一想，自己是否已经做到了，别人是如何看自己的。当别人接到要求时，他就会先看你是否按这一道德要求去做了。如果看到你做了，他才会心悦诚服，愉快地按照你的要求去做。如果他看到你只说不做，只要求别人而不要求自己，他就会产生抵触、厌恶情绪。

〖圣贤经典〗

高山仰止，景行行止。（《诗经·小雅·车辖》）

【译】品行像高山一样，人人仰视；行为正大光明，是人们行动的准则。

其身正，不令而行；其身不正，虽令不从。（《论语·子路》）

【译】自身端正，不强行命令政令就能够通行；自身不端正，即使强行命令，也没有人听从。

举直错诸枉，则民服；举枉错诸直，则民不服。（《论语·为政第二》）

【译】如果选用正直的人，让他们居于邪恶的人之上，这样人民就会服从；如果选用邪恶的人，让他们居于正直的人之上，百姓是不会服从的。

君子之事君也，务引其君以当道，志于仁而已。（《孟子·告子下》）

【译】君子对待君王，务必用正道来引导君王，使之有志于弘扬仁道。

第十一节 弃恶从善

〖题解〗

善与恶的标准是什么？符合仁、义、礼、智、信、忠、孝、廉、毅、和十大义理，产生扶助生命的效果，就是善；背离仁、义、礼、智、信、忠、孝、廉、毅、和十大义理，产生损害生命的效果，就是恶。

〖圣贤经典〗

皇天无亲，惟德是辅。(《尚书·蔡仲之命》)

【译】上天无所偏爱，只辅助有德之人。

子曰："德不孤，必有邻。"(《论语·里仁》)

【译】孔子说："有道德的人不会孤立，一定会有追随者。"

多行不义必自毙。(《左传·隐公元年》)

【译】多做不义之事，必定灭亡。

积善之家，必有余庆；积不善之家，必有余殃。(《周易·坤卦》)

【译】累积善良的人家，必定有福；累积邪恶的人家，必定有祸。

祸福无门，唯人所召。(《左传·襄公二十三年》)

【译】灾祸和幸运的降临没有定数，都是由人招致。

一毫之善，与人方便。一毫之恶，劝君莫作。[(唐)吕岩《劝世》]

【译】一丝一毫的善，要给予别人方便；一丝一毫的恶，劝你不要去做。

第十二节 以民为本

〖题解〗

"民本"与"君主"是相对存在的概念，无论是专制君主制还是君主立宪制，都需要以民为本，即君王与官员以百姓为根本，同时，百姓以君王和官员为主人。儒家所设计的太傅教育制度、经筵讲席制度、史官实录制度、灾异罪己制度、朝廷采风制度、选贤举能制度、群臣庭议制度、大臣谏议制度等，都是提高治理水平的有效办法。要实现上述关于民本政治的理想的设计，在实践中主要依靠君王和官员的道德素质。

〖圣贤经典〗

民惟邦本，本固邦宁。(《尚书·五子之歌》)

【译】人民是国家的根本，根本稳固，国家就安宁。

民为贵，社稷次之，君为轻。(《孟子·尽心下》)

【译】人民尊贵，国家处于第二位，君王在最后。

君者，舟也；庶人者，水也。水则载舟，水则覆舟，此之谓也。故君人者，欲安，

则莫若平政爱民矣。(《荀子·王制》)

【译】君王，是船只；平民，是海水。水可以载负船只，也可以颠覆船只，讲的就是这个道理。所以君王如果要得到安宁，最好的办法就是勤政爱民。

所谓大臣者，以道事君，不可则止。(《论语·先进》)

【译】所说的大臣，就是以正道来对待君王，如果行不通就停止。

第十六章　管理之道：礼

第一节　仁义为质

〖题解〗

礼的本质，就是仁与义。礼如果不能以仁与义作为其精神内涵，就是虚礼，是形式主义。

〖圣贤经典〗

人而不仁，如礼何？人而不仁，如乐何？（《论语·八佾》）

【译】一个人如果没有仁德，他怎么能践行礼仪呢？一个人如果没有仁德，他怎么能运用音乐呢？

道德仁义，非礼不成；教训正俗，非礼不备。（《礼记·曲礼上》）

【译】仁义道德，如果没有礼，就不会有所成就；教化民众，端正民俗，没有礼就不完备。

恭而无礼则劳，慎而无礼则葸，勇而无礼则乱，直而无礼则绞。（《论语·泰伯》）

【译】只知道恭敬而没有礼法的约束，则会徒劳无益；只知道谨慎而没有礼法的约束，则会畏缩不前；只知道勇敢而不遵守礼法，则会混乱不堪；只知道正直而没有礼法的约束，则会刻薄伤人。（葸［xǐ］：畏缩，拘谨。）

子曰："质胜文则野，文胜质则史。文质彬彬，然后君子。"（《论语·雍也》）

【译】孔子说："质朴多于修饰，就会显得粗野；修饰多于质朴，就会流于虚浮。既有质朴的内容，又不乏精彩的修饰，这才是君子。"

第二节　诚敬中和

〖题解〗

在礼仪活动中，或者发生道德行为与文明行为时，要坚持诚、敬、中、和的原则。

诚：内心真诚，不能虚情假意。敬：先有恭敬之心，向外通过语言、动作、表情表现出来，让他人感受到被尊重。中：行为规范和礼仪程序的制定，需要遵守中道，无过无不及，既不能过于简单、草率，又不能过于烦琐，铺张浪费。和：宇宙各大星体按自己的轨道运行，才会处于和谐有序的状态。

〖圣贤经典〗

君子敬而无失，与人恭而有礼。(《论语·颜渊》)

【译】君子对待工作严肃认真，不出差错；对待别人恭敬，合乎礼节。

子曰："巧言令色，鲜矣仁。"(《论语·学而》)

【译】孔子说："花言巧语，一副讨好人的嘴脸，这样的人是很少有仁德的。"

礼者，中也，过则为伪，不可谓之礼。[(宋)郭雍《郭氏传家易说》卷四《艮卦》]

【译】所谓礼，就是恰到好处，过头了就成了虚伪，不再是礼了。(谓：称。)

有子曰："礼之用，和为贵。"(《论语·学而》)

【译】有子说："礼在应用中，和谐最为可贵。"

奢自文生，文过则为奢，不足则为俭。(《二程外书》卷六)

【译】奢侈都是从修饰而产生的，修饰得过分就是奢侈，修饰得不足就是节俭。

第三节　克己复礼

〖题解〗

克己复礼，指的是克制自己的欲望、恶念，制止自己的不良行为，按照"礼"的要求，遵守道德行为规范和文明行为规范。道德理念是抽象的、不可见的，中华民族形成一系列的道德行为规范和文明行为规范，并通过圣贤经典表达出来，人们熟知这些规范，践行这些规范，以这些规范为标准校正自己的行为，久而久之，便能将这些规范内在化，与道德理念相结合，形成良好的品性和文明的素养。

〖圣贤经典〗

礼者，所以正身也。(《荀子·修身》)

【译】礼是用来端正自身的。

子曰："君子博学于文，约之以礼，亦可以弗畔矣夫。"(《论语·雍也》)

【译】孔子说："君子广泛地学习文献，再用礼节来加以约束，也就可以不至于离经叛道了。"

子曰："君子有三戒：少之时，血气未定，戒之在色；及其壮也，血气方刚，戒之在斗；及其老也，血气既衰，戒之在得。"(《论语·季氏》)

【译】孔子说："君子有三种戒除：年少的时候，血气尚未稳定，要戒除女色；到了壮年，血气旺盛刚烈，要戒除争斗；到了老年，血气已经衰弱，要戒除贪得无厌。"

第四节　冶情养德

〖题解〗

按照儒家"心统情性"之论，人的心灵存在着"性"(道德本性)与"情"(情绪、情感）。中国博大精深的礼乐文化，形成了一系列的道德行为规范、文明行为规范、文明礼仪，将抽象的道德理念具体化、规范化、日常化、生活化，具有可操作性、实践性、可见性。每个人不需要也不可能自己去探索并制定一套行为规范，而是需要学习圣贤经典，在洒扫应对、居处动作、衣服饮食、为人处世等方面接受现成的行为规范并时时践行；参加冠、婚、乡、射、丧、祭等礼仪，在学习并践行礼的过程中领悟圣贤的教导。

〖**圣贤经典**〗

礼义之经也，非从天降也，非从地出也，人情而已矣。（《礼记·问丧》）

【译】礼与义的基本原则，不是从天而降的，也不是从地下冒出来的，是人的真实情感的表达而已。

凡人虽有性，心无定志，待物而后作，待悦而后行，待习而后定。（郭店楚墓竹简《性自命出》）

【译】人虽然都有本性，但心却没有确定的意识，遇到事物之后便会有所感触，感到喜悦才会行动，多次练习才会形成确定的心理定式。

夫礼，先王以承天之道，以治人之情。（《礼记·礼运》）

【译】礼，先王用来顺应天道，用来矫治人的感情。

“发乎情，止乎礼义。”（《毛诗大序》）

【译】从真实的感情发出的言行，要以礼与义来加以制约。

第五节　敬亲尊贤

〖**题解**〗

“敬亲”，是指以亲爱之心善待自己的亲人，禁止对亲人的伤害。儒家非常重视亲情伦理，具体表现为“尊老爱幼”“长幼有序”“父慈子孝”“夫义妇和”“兄友弟恭”等。“尊贤”，是指敬重圣贤，敬重英烈，敬重有德之人，尊重有才之人。如果一个人缺乏“尊贤”的意识，傲慢无礼，眼中无人，毫无顾忌，不知敬畏，不愿意虚心向圣贤学习，不愿意向有德有才之人学习，就不可能成长。

〖**圣贤经典**〗

礼有三本：天地者，生之本也；先祖者，类之本也；君师者，治之本也。（《大戴礼记·礼三本》）

【译】礼有三个根本：天地是生命的根本，祖先是种族的根本，君王教师是治理的根本。（本：根本，本源，基础。）

孟子曰：“贵德尊士，贤者在位，能者在职。”（《孟子传》卷七）

【译】孟子说：“崇尚道德并尊重士人，让贤明的人居于高位，让能干的人担当要职。”

亲贤臣，远小人，此先汉所以兴隆也；亲小人，远贤臣，此后汉所以倾颓也。（诸葛亮《前出师表》）

【译】亲近贤臣，远离小人，这是西汉兴隆的原因；亲近小人，远离贤臣，这是东汉衰败的原因。

老吾老，以及人之老；幼吾幼，以及人之幼。(《孟子·梁惠王上》)

【译】尊敬我的父母亲，推及尊敬他人的父母亲；爱护我的孩子，推及爱护他人的孩子。

第六节　礼尚往来

〖题解〗

甲方向乙方行礼，乙方向甲方还礼，甲方给予乙方恩惠，乙方回报甲方恩德，这就是“礼尚往来”。在人际交往中，既注重人格平等，也要保持上下有序、长幼有序。在上下级关系中，上级常常处于主动的位置，上级对下级施以恩惠，下级就会对上级保持忠诚；上级对下级冷漠、粗暴、轻蔑，下级就会对上级疏远、畏惧、敌视。人际交往中的礼仪主要有介绍之礼、交通之礼、座次之礼、餐宴之礼、握手之礼、鞠躬礼、拜礼、拱手礼等。

〖圣贤经典〗

太上贵德，其次务施报。礼尚往来，往而不来，非礼也，来而不往，亦非礼也。(《礼记·曲礼上》)

【译】最高的境界是尊崇道德，其次的境界是施与和回报。礼推崇的是有来有往，只有施与而没有回报，不符合礼；只有回报而没有施与，也不符合礼。

君子之交淡如水，小人之交甘如醴。(《太平御览》卷四百六)

【译】君子之间的交情像水一样清淡，小人之间的交往像甜酒一样甜蜜。(醴［lǐ］：甜酒。)

君子敬而无失，与人恭而有礼；四海之内皆兄弟也。(《论语·颜渊》)

【译】君子只要恭敬地修养自己而不犯过错，对待他人谦恭有礼，那么在四海之内的所有人，都是我的好兄弟了。

善者吾善之，不善者吾亦善之。德善。(《道德经》第四十九章)

【译】对善良的人，我以善良对待他；对不善良的人，我也以善良对待他。人人同善同德。

第七节　礼乐教化

〖题解〗

我们可以将礼教区分为人文礼教与封建礼教，我们应当弘扬人文礼教，否定具有等级、尊卑、特权、奴性、严酷、烦琐等特性的封建礼教。人文礼教具有仁义、诚敬、中和的精神特质，充满人性的光辉，可以陶冶性情，培育品质，建立秩序，使人从粗野、庸俗、迷乱的生命境界中提升起来，从审美的维度上提高人的生命境界。《周礼》《仪礼》《礼记》合称“三礼”。应当根据“三礼”，根据儒家人文精神，结合现实因素，重新制定相见礼、成人礼、婚礼、丧礼、祭礼、乡饮酒礼、射礼等传统礼仪规范。

〖**圣贤经典**〗

德音，有德之声音也，言语、教令、声名，皆可称德音。[（宋）严粲《诗缉》]

【译】德音就是有道德的声音，言语、教化、命令、声誉、名望等，都可以叫作德音。

移风易俗，莫善于乐。（《孝经·广要道》）

【译】要想转移社会风气，改变民间习俗，没有比音乐更好的了。

故乐行而志清，礼修而行成，耳目聪明，血气和平，移风易俗，天下皆宁，美善相乐。（《荀子·乐论》）

【译】音乐的流传使人志趣清明，礼义的修明使人行为端正，使民众耳聪目明，气性和悦平顺，社会风俗也随之转变，普天之下都得到安宁，善与美相辅相成而达到乐的境界。

民知尊长养老，而后乃能入孝弟。民入孝弟，出尊长养老，而后成教。成教而后国可安也。（《礼记·乡饮酒义》）

【译】人民知道尊敬长者、赡养老人，然后就能达到孝与悌的境界。人民进入孝与悌的境界，并且尊敬长者、赡养老人，这就教化有成。教化有成，则国家可以安居乐业了。（弟［tì］：通“悌”。）

第八节　礼法共治

〖**题解**〗

礼治是在人的行为产生之前就给予教化、引导、规范的作用，法治是在人的行为产生之后发挥惩治作用；礼治倡导文明的行为、道德的行为，矫正不良行为，制止“微恶”的行为，法治则是惩治违法犯罪行为，无法惩治“微恶”的行为；礼治发挥柔性的作用，以道德、人情、风俗的方式加以表现，法治发挥刚性的作用，具有冷酷无情的特性；礼治发掘人性之善，对人产生持久的、连续的作用，法治遏制人性之恶，对人产生间断的作用。

〖**圣贤经典**〗

子曰：“道之以政，齐之以刑，民免而无耻；道之以德，齐之以礼，有耻且格。”（《论语·为政》）

【译】孔子说：“用政令来教导人民，用刑法来整治人民，人民暂且免于犯罪，但缺乏廉耻感；用道德来教导人民，用礼仪来规范人民，人民有廉耻感而且心悦诚服。”

（道：通“导”，引导，教导。齐：规范，整治。格：亲近，服从。）

礼禁未然之前，法施已然之后。[（汉）司马迁《史记·太史公自序》]

【译】礼是在行为发生之前发挥禁止的作用，法是在行为发生之后才施用。

礼者，因人之情而为之节文。（《礼记·坊记》）

【译】礼是根据人的性情而制作的限制和文饰。

徒善不足以为政，徒法不能以为自行。（《孟子·离娄下》）

【译】只有好心，不足以治理政治；只有好办法，不能够自己实行起来。

立法不难，行法为难。凡立一法，总须实实行之，且常常行之。[（清）曾国藩《挺经》]

【译】立法并不难，切实地执法则为难。凡是立一法规，总得要实实在在地执行，并且坚持不懈地实行下去。

法者，天下之程式也，万事之仪表也。（《管子·明法解》）

【译】法律，是天下共同遵循的程式，也是万物共同遵循的法则。

第九节　赏罚分明

〖题解〗

组织或上级根据一定的目标，运用“赏”的方式，也就是以物质利益与精神利益对人的某种行为进行激励，以使其继续或强化这种行为；运用“罚”的方式，就是用物质利益与精神利益对人的某种行为进行抑制，使其停止或弱化这种行为。以赏立恩，以罚立威。只有恩而没有威，会导致下属放纵；只有威而没有恩，会导致下属怨恨。恩威并施，才能进行有效管理。

〖圣贤经典〗

赏善罚恶，恩威并行。[（晋）陈寿《三国志·吴书·周鲂传》]

【译】奖赏善行和惩罚恶行要结合，恩惠和威严要并行。

凡治天下，必因人情。人情者有好恶，故赏罚可用。赏罚可用，则禁令可立，而治道具矣。（《韩非子·八经》）

【译】治理天下，必须依据人的性情。人的性情中有喜好、有厌恶，所以赏罚就可以运用。赏罚可以运用，禁令就可以树立，治理之道就具备了。

权衡所以定轻重，准绳所以正曲直。[（唐）魏征《贞观政要·公平》]

【译】权衡，是用于确定轻与重；准绳，是用于矫正曲与直。

第十节 仪态庄雅

〖题解〗

根据《礼记·玉藻》，仪态之美表现为：

足容重：步履要稳重、庄重，步伐不能轻飘。

手容恭：用手行礼、接递东西、鼓掌等动作表现出对他人的恭敬，不能有对他人不敬的手势动作。

目容端：眼光要端正，眼睛是心灵的窗户，心正才能眼光正。

口容止：口里不要发出怪声，不要在会场和教室里窃窃私语、吃零食。

声容静：说话声音不要太大，不要在公共场所高声喧哗。

头容直：头要正，不要低头、歪头、仰头。

气容肃：仪态安静严肃，气质高雅。

立容德：站得正直，头不乱动，双肩要平，不东歪西斜，不左顾右盼。

色容庄：神色要庄严，微笑要发自内心，亲切、自然。

〖圣贤经典〗

中国有礼仪之大，故称夏；有服章之美，谓之华。(《左传·定公十年》)

【译】中原有丰富的礼仪，所以称为“夏”；有华美的服装，所以称为“华”。

容貌必庄。必端严凝重，毋轻易放肆，毋粗豪狠傲，毋轻有喜怒。[（宋）程端蒙、董铢《读书分年日程·程董二先生学则》]

【译】容貌必须庄重。必须端庄、严肃、稳重，不要轻慢、放肆，不要粗鲁、恶狠、傲慢，不要喜怒无常。

君子有九思：视思明，听思聪，色思温，貌思恭，言思忠，事思敬，疑思问，忿思难，见得思义。(《论语·季氏》)

【译】君子在如下九种情况下要注意：看的时候要看清楚，听的时候要听全面，脸色要温和，容貌态度要恭敬，说话要忠实，做事要严肃认真，有不懂的地方要向别人请教，愤怒的时候想到可能产生的恶果，看到利益的时候想到道义。

心中斯须不和不乐，而鄙诈之心入之矣；外貌斯须不庄不敬，而易慢之心入之矣。(《乐记·乐化》)

【译】心里有了片刻不和谐、不安乐，奸鄙诡诈的思想就会乘虚而入；外在的容貌有了片刻不端庄、不恭敬，轻慢的思想就会乘虚而入。（斯须：片刻）

第十一节 雅正言语

〖题解〗

尽量说温和的话、善良的话、真诚的话、赞赏表扬的话，尽量说让别人感到舒心或高兴的话，不要说恶毒的话、刻薄的话、虚伪的话、讽刺攻击的话，不说让别人感到恶心或难过的话。在书信、微信及言谈中，对别人使用敬辞，对自己使用谦辞。

〖圣贤经典〗

故与人善言，暖于布帛；伤人以言，深于矛戟。（《荀子·荣辱》）

【译】向别人说良善之言，比布帛还要温暖；用语言伤害别人，比矛戟伤害别人还要厉害。（戟［jǐ］：古代一种合戈、矛为一体的长柄兵器。）

君子耻其言而过其行。（《论语·宪问》）

【译】君子对言语好过行为的现象感到耻辱。

儒有居处齐难。其坐起恭敬，言必先信，行必中正。（《礼记·儒行》）

【译】儒者日常起居庄重小心，他们坐下、站起都很恭敬，讲话必以信用为先，行为必定中正不偏。

赠人以言，重于金石珠玉。（《荀子·非相》）

【译】用善言赠给别人，比金石珠玉还宝贵。

第十二节　谦让宽厚

〖题解〗

儒家主张“温、良、恭、俭、让”，即温和、善良、恭敬、俭朴、谦让。保持谦让之德，可以戒除骄傲之气与争夺之风，以柔和的力量去克制对方，以虚心的态度接受贤能之士的教导。但不能因过度谦让而使自己陷入自卑的状态。保持宽厚之心，厚德载物，以宽大的胸怀包容人，对人切忌刻薄，切勿揭短，崇人之德，扬人之善。但也不能因宽厚让别人有可乘之机，不能无原则地迁就，放纵他人的恶行。

〖圣贤经典〗

企者不立，跨者不行，自见者不明，自是者不彰，自伐者无功，自矜者不长。（《道德经》第二十四章）

【译】踮起脚后跟站立的人反而站不稳，大跨步前进的人反而走不远，自我表现的人反而不明白，自以为是的人反而不彰显，自我夸耀的人反而没有功劳，自高自大的人反而不能长久。（彰：明显，显著。）

子曰：“躬自厚而薄责于人，则远怨矣。”（《论语·卫灵公》）

【译】孔子说：“多责备自己而少责备别人，就避免别人的怨恨了。”

君子泰而不骄，小人骄而不泰。（《论语·子路》）

【译】君子安静坦然而不傲慢无礼，小人傲慢无礼而不安静坦然。

待善人宜宽，待恶人宜严，待庸众之人当宽严互存。（《菜根谭》）

【译】对待善良的君子要宽厚，对待邪恶的小人要严厉，对待一般平民大众应宽严皆用。

第十七章 管理之道：智

第一节 真理义理

〖题解〗

中国的“道”或“理”，包括真理与义理。真理是指与客观事实相符合的认知成果，是实然之理，回答“是什么”，是“见闻之知”，做事要取得成功，需要认识事实真相，遵守客观规律；义理是指人应当如何做的道理，是应然之理，回答“应当如何”，是“德性之知”。义理为价值观确立了方向，符合义理的价值观即为正面价值观，背离义理的价值观即为负面价值观。

〖圣贤经典〗

吾十有五而志于学，三十而立，四十而不惑，五十而知天命，六十而耳顺，七十而从心所欲，不逾矩。(《论语·为政》)

【译】我十五岁开始立志学习，三十岁能自立于世，四十岁不迷惑，五十岁懂得了天命，六十岁能听得进不同的意见，七十岁达到随心所欲而不会违背规矩的境界。

凡人之患，蔽于一曲，而暗于大理。(《荀子·解蔽》)

【译】大凡人的毛病，在于被局部现象所蒙蔽，不清楚大的道理。(曲：局部。)

当局称迷，傍观见审。(《经义考》卷一百四十)

【译】当事人迷惑，旁观者看得清楚。(傍：旁边。审：清楚。)

心有所是，必有所非。若贵一物，则被一物惑；若重一物，则被一物惑。[(宋)赜藏主《古尊宿语录》卷三十二]

【译】心中有所肯定，必定会有所否定。如果珍爱一物，就为一物所迷惑；如果看重一物，就为一物所迷惑。

第二节 认知体证

〖题解〗

体证是心灵生命符合义理的精神活动，也是主体的生命精神与客体的生命精神之间的感应交融过程。体证呈现的是主体、客体的生命精神。认知是大脑进行的认识客观事物的活动，认知呈现的是万象万物的原理、特征、规律。

〖圣贤经典〗

目贵明，耳贵聪，心贵智。以天下之目视则无不见也，以天下之耳听则无不闻也，以天下之心虑则无不知也。（《管子·九守》）

【译】眼要看得清楚，耳要听得明白，心要清楚明白。使用天下人所有的眼睛来看，就没有看不见的东西，使用天下人所有的耳朵来听，就没有听不到的事情，使用天下人所有的心来思虑，就没有理解不了的问题。

子绝四：毋意，毋必，毋固，毋我。（《论语·子罕》）

【译】孔子杜绝四种毛病：不凭空臆测，不绝对肯定，不固执己见，不自以为是。（意：通“臆”，推测。必：确定。固：固执。我：自以为是。）

多见者博，多闻者知，拒谏者塞，专己者孤。[（汉）桓宽《盐铁论·刺议》]

【译】见得多的人知识广博，听得多的人头脑智慧，拒绝接受别人意见的人视听闭塞，独断专行的人会遭到孤立。

兼听则明，偏信则暗。（《资治通鉴》卷一百九十二）

【译】听取多方面的意见，就会清醒明达；而只听信一面之词，就会昏庸糊涂。

第三节　实践践行

〖题解〗

实践是指人改造社会和自然的有意识的客观性活动。实践与认知相联系，产生真理。实践是检验知识是否为真理的基本方式。对某一知识，既要做证实的工作，又要做证伪的工作。只有经过实践，将知识信息与客观事物进行比较，才能加以判断是真还是假。“与客观存在相符合”，这便是检验某一知识单元是否为真理的唯一标准。践行则是指人在文化、道德、审美等精神活动领域中的主观性活动。践行与体证相联系，产生义理。

〖圣贤经典〗

不登高山，不知天之高也；不临深蹊，不知地之厚也。（《荀子·劝学》）

【译】不登上高山，就不会知道天有多高；不走近深谷，就不知道地有多厚。（蹊[xī]：小路。）

无参验而必之者，愚也。（《韩非子·显学》）

【译】没有经过检验而肯定它，那是愚蠢的。（参验：验证。必：肯定。）

博学之，审问之，慎思之，明辨之，笃行之。（《礼记·中庸》）

【译】要广泛地学习各种知识，详细地探究事物的原理，慎重地思考所学的东西，明确地辨别是非曲直，坚定地实现自己的理想。

纸上得来终觉浅，绝知此事要躬行。[（宋）陆游《冬夜读书示子聿》]

【译】从书本上得来的知识，终究体会不深；要透彻地了解某件事，非亲身实践不可。（绝：彻底。躬行：亲自实践。）

第四节　继承创新

〖题解〗

创新与继承，二者相辅相成。抛弃继承而只讲创新，传统的优秀文化就会消失，恒久不变的义理也会丧失；只讲继承而不讲创新，则会陷于保守，丧失活力。在真理方面，在知识领域，倡导在继承的基础上进行创新；在义理方面，在文化领域，应当以继承为主，创新为辅。创新精神与追求真理的精神、捍卫真理的精神、反思精神、批判精神、怀疑精神、自主精神、独立精神是密切相关的。如果只是单独倡导创新精神，而忽略甚至扼杀与之相关的种种精神，则创新精神也将被蚀空。

〖圣贤经典〗

为学患无疑，疑则有进。[（宋）陆九渊《陆九渊集·语录下》]

【译】学习就怕没有怀疑，有了怀疑，才会有进步。

法与时变，礼与俗化。衣服器械，各便其用，法度制令，各因其宜。（《文子》卷上《上义》）

【译】法令制度随时间的变迁而变化，礼仪也随着风俗习惯的不同而改变。服饰器具，各以方便使用为原则，法规制度和命令，都要因地因时而制宜。

两刃相割，利钝乃知；二论相订，是非乃见。[（汉）王充《论衡·案书》]

【译】两把刀互相切割，是利是钝就可以知道；两种见解相互比较，是非就会分明。（订：评议。）

苟日新，日日新，又日新。（《礼记·大学》）

【译】如果能每天除旧更新，就要天天除旧更新，不间断地更新又更新。

学者当自树其帜。[（清）郑燮《与江宾谷、江禹九书》]

【译】学者应当自己独树一帜。

第五节　知行合一

〖题解〗

在知行合一中，知既指真理，也指义理；行既指实践，也指践行。知行合一，既是指真理与实践合一，也是指义理与践行合一。

真理与实践合一，指的是：真理来源于实践，实践即真理的探索、运用与检验的过程；探索真理、学习真理的目的就是在实践中运用真理，真理在实践中接受检验，在实践中得到发展，真理在实践中产生实效；实践的结果是丰富了自己的知识，提高了自己的认知能力与运用知识的能力。

义理与践行合一，指的是：体证到义理，体证到真善美，就依此奉行。体证到非义，体证到假恶丑，就立即克除。践行就是义理在人的生命活动中展现的过程，践行发展了人的智慧，培养了人的品质。人的心灵展开的精神活动，就其内涵而论，为义理；就其活动而对外产生的影响而论，为践行。

〖圣贤经典〗

君子之学也，入乎耳，着乎心，布乎四体，形乎动静。(《荀子·劝学》)

【译】君子所学习的道理，入于耳，保存于心，表现在四肢上，体现在日常行动中。(着：保存。布：表现。四体：四肢。形：体现。动静：举止。)

非知之艰，行之惟艰。(《尚书·说命中》)

【译】认识并不艰难，付诸行动才艰难。

知与行常相须，如目无足不行，足无目不见。[(宋)朱熹《朱子抄释》卷一]

【译】知识与实践相互需要，正如有眼睛没有脚，就不能走路；有脚没有眼睛，就看不见路。(须：通“需”，需要。)

若鄙人所谓致知格物者，致吾心之良知于事事物物也。吾心之良知即所谓天理也，致吾心良知之天理于事事物物，则事事物物皆得其理矣。[(明)王守仁《传习录》]

【译】至于我所说的“致知格物”，是在万事万物中展现我心中的良知。我心中的良知就是天理，将我心中良知所存的天理体现于万事万物之中，万事万物中就存在义理了。

第六节　尊师重道

〖题解〗

尊师重道就要尊崇圣贤、尊崇经典、尊崇道统，当然也应当尊敬授业之师，有坚持真理的勇气。现实与历史中的事事物物，有些是善的，有些是恶的，所以，事事物物既可以印证义理，也可以否定义理，让人陷入迷茫之中。所以，必须以圣贤的教导为指引，才能走上正途。圣贤经典承载圣贤之言，承载义理，蕴含着关于宇宙人生的根本法则，因而具有永恒的价值。

中华民族有一个伟大的道统，起自黄帝、炎帝，历经尧、舜、禹、周文王、周武王、周公，孔子集大成，承上启下，再经由董仲舒、韩愈、二程、朱熹，传至明代王阳明、清代康有为、民国时代孙中山。中华道统的核心就是仁、义、礼、智、信、忠、孝、廉、毅、和十大义理。中华道统塑造了中华民族的道德观和价值观，铸造了中华民族的民族精神，是中华民族生存与发展的精神动力。

〖圣贤经典〗

道沿圣以垂文，圣因文而明道。[(南北朝)刘勰《文心雕龙·原道》]

【译】道通过圣人而显现为经典，圣人通过经典而弘扬道。

师者，所以传道、授业、解惑也。人非生而知之者，孰能无惑？惑而不从师，其

为惑也，终不解矣。[（唐）韩愈《师说》]

【译】教师是传道、讲授学业、解决疑难问题的。人不是生下来就有知识的，谁能没有疑惑呢？有了疑惑而不请教教师，这个疑惑就始终不会得到解决。（惑：疑难。孰：疑问代词，谁。）

三人行，必有我师焉。择其善者而从之，其不善者而改之。（《论语·述而》）

【译】几个人走在一起，必定有我的教师在其中。选择他们的优点来学习，对于存在的缺点就要改正。

孔子之教何在？即在所作《六经》之内。故孔子为万世师表，《六经》即万世教科书。[（清）皮锡瑞《经学历史》]

【译】孔子的教诲在哪里？就在他所编撰的《六经》里。所以，孔子就是万世师表，《六经》就是万世教科书。

第七节　教之有方

〖题解〗

教育可分为两类：一是真理教育，包括知识教育、技能教育；二是义理教育，包括道德教育、价值教育、精神教育、智慧教育。人们重视真理教育，而忽视义理教育。知识教育重在学习，技能教育重在练习，义理教育重在修习。教育之道主要有取其精要、因材施教、系统完整、持续深入、学以致用等。

〖圣贤经典〗

导人必因其性，治水必因其势。[（汉）徐干《中论·贵言》]

【译】诱导人必须依顺其心性，就如同治水一样，必须根据地势的走向和高低进行疏导。

圣贤施教，各因其材，小以成小，大以成大，无弃人也。[（宋）朱熹《孟子集注》卷十三]

【译】圣贤施行教育，必须依据各人的资质。资质差的，就培养成低一级的人才；资质好的，就培养成高一级的人才，不会有被遗弃的人。

教子须是以身率先。[（明）陆世仪《思辨录辑要·修齐》]

【译】教导子女必须自己带头去做。

人无常心，习以成性；国无常俗，教则移风。[（唐）白居易《白氏长庆案·二策项》]

【译】人没有固定不变的心境，习染造就性情；社会没有固定不变的风俗，施行好的教化，自能引导人们移风易俗。

一年之计，莫如树谷；十年之计，莫如树木；终身之计，莫如树人。（《管子·权修》）

【译】如果作一年的打算，最好是种植五谷；如果作十年的打算，最好是种植树木；如果作一百年的打算，最好是培育人才。

第八节 修学有道

〖题解〗

国家要成为学习型国家，社会要成为学习型社会，企业要成为学习型企业，组织要成为学习型组织，个人要成为学习型个人。强调“终身学习”“全员学习”“全过程学习”“团体学习”“工作学习化”“学习工作化”。

中华义理经典教育确立以下八项原则：①诚敬：以真诚之心和恭敬之心面对孔子及历代圣贤，面对经典，才会虚心接受圣贤的教导，并且达致信仰、力行。②理解：要求学生掌握每个字的音、形、义，这是对经典语句的最低限度的理解。此后，随着经典背记量的增加和人生体验的丰富，方能逐步从浅度理解过渡到深度理解。③体证：不仅用大脑去理解，还要用心灵去体证。在学习“仁”时体证到爱心、同情心，学习“义”时体证到正义感，学习“礼”时体证到恭敬心，学习“智”时保持冷静心态，学习“信”时保持真诚心，学习“忠”时保持忠诚心、敬业心，学习“孝”时保持感恩心，学习“廉”时有知耻心，学习“毅”时有无畏心、精进心，学习“和”时有平静心。④集萃：用寻找精华的态度去面对经典，才能找到经典中的精华，而对糟粕部分则采取悬置的办法。弘扬了精华，糟粕自然消退，正如在一间房屋里，点燃光明，才能驱逐黑暗。⑤诵记：诵记包括诵读与背记两个方面。背记让经典进入自己的大脑与心灵之中，随时调用。当背记了大量经典语句之后，每面对一句经典语句时，与此相关的经典语句就会浮现在脑海里，对此句经典就能得到深刻与全面的理解。⑥涵养：人格与心灵的成长，正像一棵大树的成长需要每天吸取阳光、营养、水分、空气一样，也需要每天吸取各种精神元素，如情绪、经验、词语、印象、信息、事物等。在国学文化体系中，每天吸取的是良性的精神元素，人格与心灵就会得到健康成长。⑦信仰：通过礼乐教化，创立与经典相应的生活环境与生活模式，将经典所阐述的思想转化为信仰。⑧力行：王阳明主张“事上磨炼”，就是在实际的生活与工作的过程中进行身心修养，接受现实生活的磨炼，才能培养出践行力、执行力。

〖圣贤经典〗

博学而笃志，切问而近思。(《论语・子张》)

【译】广博学习又能志向专一，恳切地向别人请教又勤于思考当前的问题。

温故而知新，可以为师矣。(《论语・为政》)

【译】温习旧知识时能有新的体会和发现，就可以做教师了。

读书之法，莫贵于循序而致精。[(宋)朱熹《朱子读书法》卷一]

【译】读书的方法，最好是循序渐进，达到精微之处。

虽有嘉肴，弗食，不知其旨也；虽有至道，弗学，不知其善也。是故学然后知不足，教然后知困。知不足，然后能自反也；知困，然后能自强也。故曰：教学相长也。

(《礼记·学记》)

【译】虽然有精美的食物，如果不吃它，就不知道它的味道美；虽然有高深的道理，不学习它，就不知道它的奥妙。所以通过学习，然后才知道不足；通过教，才知道（自己知识的）贫乏。知道自己的不足，然后能反求于自己；知道（自己知识的）贫乏，然后能够自强。所以说，教和学是互相促进的。（旨：味美。困：困惑。）

玉不琢，不成器；人不学，不知道。(《礼记·学记》)

【译】玉石不经过雕琢，就不能成为玉器；人不学习，就不懂得道理。

读书有三到，谓心到、眼到、口到。[（宋）朱熹《说邪》卷七十一《训学斋规》]

【译】读书有“三到”，就是心到、眼到、口到。

君子之学贵一,一则明，明则有功。[（宋）杨时《二程粹言·论学》]

【译】君子的学习，贵在专一，专一就能明白，明白就能取得成功。

第九节　知人善任

〖题解〗

知人善任包括以才配位、以德配位、用人之长、任人唯贤、自知之明、察人知人等原则。

〖圣贤经典〗

故千人同心，则得千人之力；万人异心，则无一人之用。[（西汉）刘安《淮南子·兵略》]

【译】千人齐心，就能获得千人的力量；万人异心各怀其志，就连一个人的作用也抵不上。

尊贤使能，俊杰在位，则天下之士皆悦，而愿立于其朝矣。(《孟子·公孙丑下》)

【译】尊重贤才，使杰出的人物都有职位，那么，天下的人士都乐于在朝廷中任职了。

知人者智，自知者明。胜人者有力，自胜者强。(《道德经》第三十三章)

【译】能了解别人的称为机智，能认识自己的才叫聪明。能战胜别人只能说明有力气，战胜自己才叫刚强。

臣闻忠臣不和，和臣不忠。履正奉公，臣子之节；上下雷同，非陛下之福。(《资治通鉴·汉纪三十五·汉光武帝建武十二年》)

【译】我听说忠臣不善迎合，善于迎合的臣子不忠。履正奉公乃是臣子的节操。如果上下雷同附和，将不是陛下您的福分。

论德而定次，量能而授官，皆使其人载其事而各得其所宜。(《荀子·君道》)

【译】按照品德的高低排定等级，衡量才能的大小来授予职位，从而使人才都能够担负起合适的工作而各得其宜。

第十节 经权达变

〖题解〗

坚守正道（经），具体变化（权）：坚持正道，但随着时代的变化，根据具体境遇的不同，根据每个人的特性不同，作出相应的灵活处理，正道就会显现出不同的具体的形态。

坚守正道（经），理性权衡（权）：在具体的境遇中，面对不同的对象，出于善的念头，运用理智思维能力和理性判断能力，衡量利弊、得失、轻重、本末、大小、成败，在众多的条目中，根据“两义相权取其重，两害相权取其轻”的原则，选择并运用与之相宜的一项或数项。

〖圣贤经典〗

圣人者，应时权变，见形施宜，世异则事变，时移则俗易，论世立法，随时举事。(《文子·道德》)

【译】作为圣人，随机应变，因地制宜，社会变了，事态自然也要跟着变；时代不同了，习俗也跟着而改变。根据时代的不同而立法，随着时间的不同而应变举事。

损益盈虚，与时偕行。(《周易·损卦·彖辞》)

【译】是减少还是增益，是充盈还是空虚，这要根据所在的时空环境来做调整。

权者何？权者反于经，然后有善者也。权之所设，舍死亡无所设。行权有道，自贬损以行权，不害人以行权。杀人以自生，亡人以自存，君子不为也。(《春秋公羊传·桓公十一年》)

【译】什么是权变？权变是违反经典的，但运用权变的结果必须是善的。权的运用，只有在生死存亡的关键时刻才能实行。运用权变的原则，就是要在贬低自己、损害自己的前提下运用权变，而不是在损害别人的前提下运用权变。杀害别人而让自己生存，消灭他人而让自己存在，君子不能这样做。

时止则止，时行则行，动静不失其时，其道光明。(《周易·艮卦·彖辞》)

【译】该静止的时候，必须静止；该行动的时候，必须行动。不论是静止还是行动，都要掌握好时机，这样事业就能有光明前途。

权量轻重，使之合义。(《二程遗书》卷十八）

【译】权衡轻重，使之符合道义。

第十一节 智谋运筹

〖题解〗

心术端正：谋略有阴谋和阳谋之分，反对阴谋而倡导阳谋。阴谋是出于邪恶的动机，以剥夺他人的正当利益为结果。阳谋则是出于善良的动机，以保护正当利益或夺取他人不当利益，识破对方阴谋并有效应对为结果。

因人因事：因人设谋，面对不同的人，根据不同的个性、品质、智能，设计并运用不同的谋略；面对不同的情况，面对不同的事物，设计并运用不同的谋略。

动态变化：事物在不断变化之中，一旦客观对象发生了变化，原来有效的方案可能就会失效，因此，要及时掌握变化的信息，根据变化的情况调整方案。

全面周密：制订解决某一问题的方案，不应当只考虑现实中的某些因素，而要考虑现实中存在的方方面面，考虑现实中与此有关的所有因素。

因势借力：解决问题的方案，是将现实中的各种因素调动起来、组合起来，借助各种现实因素，借助各种力量，最后走向成功。

选取最佳：面对同一问题，可以有多种不同的解决方案，通过比较选取当中最佳的一种，或者是最终方案是将各种方案的合理因素吸纳组合而形成。

正奇相生：正就是按照常规，按照正常的逻辑，按照习惯思维而设计的谋略，而奇就是不按常规出牌，按照非正常的逻辑，打破习惯思维模式而设计的谋略。直为正，迂为奇；刚为正，柔为奇；实为正，虚为奇；真为正，假为奇；动为正，静为奇；进为正，退为奇。

〖**圣贤经典**〗

善用兵者，避其锐气，击其惰归，此治气者也。(《孙子兵法·军争篇》)

【译】善于用兵的人，避开敌人的盛气，乘敌人萎靡不振时打击他，这是提高士气的办法。

故变生于事，事生谋，谋生计。(《鬼谷子·谋篇》)

【译】变化产生事物，事物需要谋划，谋划带来计策。

故曰知彼知己，百战不殆；不知彼而知己，一胜一负；不知彼不知己，每战必败。(《孙子兵法·谋攻篇》)

【译】知道自己，知道对手，就会百战而没有危险；不知道对手而知道自己，就会胜一次负一次；不知道对手也不知道自己，每战必定失败。

是故百战百胜，非善之善者也；不战而屈人之兵，善之善者也。(《孙子兵法·谋攻篇》)

【译】所以，打一百次仗，胜一百次，并不是好上加好。不经战斗而使敌人的军队屈服，那才是好上加好。

凡战者，以正合，以奇胜。故善出奇者，无穷如天地，不竭如江海。《孙子兵法·兵势篇》

【译】但凡战斗，以常规兵法来交战，以奇谋诡计而制胜。善于出奇制胜的人，其战法像天地那样变化无穷，像江河那样奔流不息。

第十二节　阴阳辩证

〖题解〗

“炁”是存在于人体和宇宙空间的非物质能量场，分为“阴炁”和“阳炁”，用符号“--”表示阳炁，用符号“—”表示阴炁。“阳炁”的性质是动、上升、温热、发散、光明、刚强。阴炁的性质是静、下降、寒冷、收敛、黑暗、柔弱。阴炁与阳炁的相互关系主要有阴阳相互消长、阴阳相互转化、阴阳相互包含、阴阳相互依存。阴阳辩证包括一分为二、合二为一、多面一体、过犹不及、物极必反、物无孤立、万物皆化、变而有常、积微而著、相反相成等原则。

〖圣贤经典〗

言因缘者，此有故彼有，此生故彼生。(《大乘稻芊经》)

【译】因缘，即是说因为有此，就会有彼；因为此产生，所以彼产生。

举一纲众目张，弛一机万事隳。[（隋）王通《中说》]

【译】提起网上的总绳，众多的网眼就张开了；关键之处一放松，许多事情就要毁坏。(弛：放松。机：枢纽。隳［huī］：毁坏。)

求木之长者，必固其根本；欲流之远者，必浚其泉源。(《旧唐书》卷七十一)

【译】要想树木长得高大，必须使它的根长得扎实；要想水流得长远，必须疏通它的泉源。(浚［jùn］：疏通。)

星星之火，可以燎原。(《史记疑问・高祖纪》)

【译】细微的火星，可以烧毁原野。

祸兮，福之所倚；福兮，祸之所伏。孰知其极？其无正。正复为奇，善复为妖。(《老子》第五十八章)

【译】灾祸啊，幸福依靠着它；幸福啊，灾祸潜伏在它的里面。谁能知道它究竟如何？实在没有定准！正常转变为奇异，善转变成恶。(极：极限，终止。正：正常。奇：奇异。)

物极必反，其理须如此。(《二程遗书》卷十五)

【译】万物发展到了极点必定会向相反的方向转化，道理就应当是这样的。

人见利而不见害，鱼见食而不见钩。[（清）李汝珍《镜花缘》]

【译】人见利而不考虑危害，就好像鱼见鱼饵而看不见鱼钩一样。

图难于其易，为大于其细；天下难事，必作于易，天下大事，必作于细。(《道德经》第六十三章)

【译】处理困难，要从容易的事入手，实现远大的目标要从细微的小事入手；天下的难事，必定从容易的做起；天下的大事，必定从细微之处做起。

第十三节　因势利导

〖题解〗

因势利导指的是，认识客观现实情况，遵守客观事物规律，顺应客观变化趋势，根据客观现实情况，发挥主观能动作用，将各种有助于目标实现的客观因素加以组合，引导这些客观因素朝着实现目标的方向发展，引导客观事物向有利的方向、好的方向转变。因势利导可具体表现为因地制宜、因时制宜、因人制宜、因材施教、因才任用等。国家制定政策，企业制订方案，个人制定规划，都需要认清客观形势，根据现实情况，遵守客观规律，顺应客观趋势。做到"因势"，行动才有针对性、现实性、有效性、可操作性。管理者要认清客观形势，把握时代潮流，预知事物的发展方向，才能有效应对，抢占先机。决策中出现盲目性、急躁性，就是因为对客观情况认识不清，或者设计的方案超出了客观现实的需要，或者是忽视客观因素而过多地主观想象。

〖圣贤经典〗

谋事在人，成事在天。[（明）叶山《叶八白易传》卷三]

【译】谋划事情在于人，能否成功在于天。

兵无常势，水无常形。能因敌变化而取胜者，谓之神。(《孙子兵法·虚实篇》)

【译】战争没有固定的势态，正如水没有固定的形状一样。能够随着敌方的变化而行动，从而取得胜利，就可称之为神妙。

工欲善其事，必先利其器。(《论语·卫灵公》)

【译】工匠要做好自己的事，必须首先使他的工具锋利。

夫兵形象水，水之形，避高而趋下；兵之形，避实而击虚。水因地而制流，兵因敌而制胜。(《孙子兵法·虚实篇》)

【译】带兵作战就像水一样，水的流动是避开高处而流向低处，带兵作战就要避开实力而打击虚弱；水根据地形而流动，带兵作战则是根据敌情变化而取胜。

第十四节　谦虚谨慎

〖题解〗

谦虚谨慎要从以下几个方面去做：自我反省，长期不懈；严于律己，宽以待人；虚心学习，终身学习；虚怀若谷，广纳谏言；接受监督，限制权力；谨言慎行，居安思危；冷静分析，科学决策。谦虚谨慎的对立面就是骄傲张狂，骄傲张狂不仅会阻断了自己前进的道路，而且会导致自己走向毁灭。谦虚也有一个合理的度，超过合理的度就转变为自卑，转变为虚伪，造成对自己的压抑。凡有德之人都应当自爱，凡有才之人都应当自信。自信有一个合理的度，超过合理的度就转变为自傲。

〖圣贤经典〗

傲不可长，欲不可纵，乐不可极，志不可满。[（唐）吴兢《贞观政要》卷十]

【译】骄傲不可以滋长，欲望不可以放纵，不能让自己志得意满，不应该使自己乐到极端。

满招损，谦受益，时乃天道。（《尚书·虞书·大禹谟》）

【译】自满招来损失，谦虚得到益处，这是自然界运行的规律。

上善若水。水善利万物，而不争；处众人之所恶，故几于道。（《道德经》第八章）

【译】人类中最完善的人的德性就像水一样。水的特性就是善于滋润万物而不和万物相争，水还善于处在别人所厌恶的地方，所以接近于道。

第十五节　有为无为

〖题解〗

有所为有所不为：人的精力与时间有限，如果缺乏自主选择性，每天被动地应付各种事务，则人的智力、劳力、时间、精力就会被引向不同的方向，不能集中于一个方向，结果终生碌碌无为。

生活无为而事业有为：在生活中做到寡欲、清静、节制、俭朴，生活中做到了无为，才有时间、精力、财力、智力用于事业上，在事业上积极有为，创造成就。

君道无为，臣道有为：在现代社会中，上级就是“君”，下级就是“臣”。上级领导做到清净、寡欲、俭朴，不要盲目行动，不要与民争利，戒除扰乱的行为，减少对下级、对人民的过多干预，尊重他们，给他们自由空间，让他们发挥创造性与积极性。

积极有为，无为而治：“无为而治”与“有为而治”相配合，相得益彰。

遵循简明原则：把复杂的事情简单化，分主次、轻重、缓急，减少不必要的环节，减少不必要的开支，减少不必要的机构，减少不必要的人员，减少不必要的会议，减少不合规律的作为，减少各种消耗和浪费。

戒除妄思妄为：将自己的主观意志强加给客观事物，违背客观规律，打乱事物变化的进程，不当做之事却大力去做，不可行之事却强行去做，不可为之事却勉强为之，就是“妄行”。

〖圣贤经典〗

太上，不知有之。其次，亲而誉之。其次，畏之。其次，侮之。（《道德经》第十七章）

【译】最好的统治者，人民不知道有他的存在；其次一等，人民亲近并赞美他；再次一等，人民害怕他；最次一等，人民轻侮他。

人有不为也，而后可以有为。（《孟子·离娄下》）

【译】人要有所不为，然后才能有所为。

子曰：“无为而治者，其舜也与！”（《论语·卫灵公》）

【译】孔子说："能够不妄为而治理天下的人，大概只有舜吧？"

我无为，而民自化；我好静，而民自正；我无事，而民自富；我无欲，而民自朴。（《道德经》第五十七章）

【译】我无为，人民就自我化育；我好静，人民就自然能端正；我不妄动，人民就自然富足；我无欲，人民就自然纯朴。

臣闻人君不亲小事，使百官有司各任其职。（《资治通鉴》卷七十一）

【译】臣听说君王并不亲自管理小事，而是让官吏们各司其职。

第十八章　管理之道：信

第一节　内诚外信

〖**题解**〗

诚字偏于内心，是指内在的心态与品质，有真诚、忠诚、诚实、虔诚之意；信字偏于外在，是外在的言行及其后果，有信任、信誉、信用、信仰之意。丧失诚这一根本，则信任、信誉、信用、信仰就会变成一种谋利的工具，成为伪装自己的伎俩，成为虚假而短暂的东西。所以，将诚与信这两个字结合起来，即为“诚信”，意义较为圆满。内诚外信表现为四种形态：真诚而有信任、诚实而有信用、忠诚而有信誉、至诚而有信仰。

〖**圣贤经典**〗

诚者，真实无妄之谓。[（宋）朱熹《中庸章句》卷一]

【译】诚，就是真实可靠，毫不荒谬。

诚则始终不忒，表里一致，敬信真纯，往而必孚。（《朱舜水集》卷一七）

【译】为人真诚，始终都不会发生差错；表里如一，谨慎有信，真挚纯正，就会得到别人的信服。（忒［tè］：差错。）

人之诚实者作事，自然有始有终。不诚实者，则虽有所为，始勤终怠，所以成不得事。（《明儒学案》卷三）

【译】诚实的人做事，自然会有始有终。不诚实的人，虽然有所作为，开始是勤劳的，后来就懈怠了，所以不能做成事。

智者尽其谋，勇者竭其力，仁者播其惠，信者效其忠。（《旧唐书·列传第二十一》）

【译】有智慧的人竭尽他的智谋，勇敢的人竭尽他的力量，仁慈的人散播他的恩惠，诚信的人献出他的忠诚。

诚无不动者，修身则身正，治事则事理。（《二程粹言》卷上《论道》）

【译】“诚”可以打动一切，用在修身上，则可以使道德高尚；用在治事上，则可以把事情办好。

第二节　正心诚意

〖题解〗

内心意念与外在言行相一致，就是诚意。如果内心意念与外在言行相背离，言行友善而内心邪恶，就是虚情假意，就是意不诚。如看到一个人，口中称赞他，而心中厌恶他，就是虚伪；一个人有某种帮助他人的行动，而内心却想的是通过讨好对方最终达到算计对方的目的，他的内心意念就存在着虚伪。诚意还表现为全心全意去做，真心实意去干，全身心地投入，尽自己最大的努力。只想不做，只说不做，三心二意，敷衍了事，马马虎虎，表面应付，即意不诚。

〖圣贤经典〗

意欲温凊，意欲奉养者，所谓意也，而未可谓之诚意。必实行其温凊奉养之意，务求自慊而无自欺，然后谓之诚意。[（明）王守仁《王文成全书》]

【译】想要父母冬暖夏凉，想好好奉养父母，这都是意，但不可把它叫作诚意。必须是真正把让父母冬暖夏凉、好好奉养父母的心意实现了，务必使自我喜悦而不欺骗自己，然后才叫作诚意。（凊［qìng］：凉快。）

古之欲明明德于天下者，先治其国；欲治其国者，先齐其家；欲齐其家者，先修其身；欲修其身者，先正其心；欲正其心者，先诚其意。（《礼记·大学》）

【译】古代那些想要在天下弘扬光明正大品德的人，先要治理好自己的国家；要想治理好自己的国家，先要管理好自己的家庭和家族；要想管理好自己的家庭和家族，先要修养自身的品性；要想修养自身的品性，先要端正自己的心念；要想端正自己的心念，先要使自己的意念真诚。

作德心逸日休，作伪心劳日拙。（《尚书·周书》）

【译】遵行道德的人，心神清净，福气自来；弄虚作假的人，煞费苦心，一事无成。

君子养心莫善于诚，致诚则无他事矣。（《荀子·不苟》）

【译】君子修养身心，最好的方法就是真诚。达到了真诚的境界，就没有什么障碍了。

第三节　慎独谨微

〖题解〗

所谓慎独，就是在他人不知、己所独知的状态下，在没有人监督的情况下，完全靠自己的良知与信仰约束自己，小心谨慎，戒除邪思邪念，“不愧于屋漏”，不在暗中做坏事，自觉遵守道德原则。“微”是指事物或心念处于细微的状态，他人和自己都不易察知。“谨微”指的是对处于细微状态的事物或心念保持谨慎的态度，防微杜渐，不因善小而不为，不因恶小而为之。

〖**圣贤经典**〗

独者，人所不知而己所独知之地也。……所以遏人欲于将萌，而不使其潜滋暗长于隐微之中，以至离道之远也。（朱熹《中庸章句》）

【译】慎独中的独，就是别人不知道而只有自己一人知道的情况。……所以要在萌芽状态就克制人的欲望，不使欲望在隐蔽的状态和细微的状态中滋长，以至于远离正道。

道也者，不可须臾离也；可离，非道也。是故君子戒慎乎其所不睹，恐惧乎其所不闻。莫见乎隐，莫显乎微，故君子慎其独也。（《礼记·中庸》）

【译】道，是不能离开片刻的；如果可以离开，就不是道了。所以，君子在别人看不到的地方也会谨慎，在别人听不到的地方也会畏惧。再隐蔽的东西也没有不被发现的，再细微的东西也没有不显露出来的，所以，君子在独处的时候非常谨慎。

人间私语，天闻若雷；暗室亏心，神目如电。[（宋）陈元靓《事林广记·警世格言》]

【译】背后私论是非长短，上天知道，字字如雷贯耳；暗地里做亏心事，神灵看得明明白白。

君子当终日对越在天也。（《近思录》卷一）

【译】君子应当是整天时时刻刻想到自己面对着皇天。

慎独则心安。自修之道，莫难于养心；养心之难，又在慎独。能慎独，则内省不疚，可以对天地质鬼神。（曾国藩《诫子书》）

【译】慎独就能做到心安理得。修身养性之道，最难的就是养心；养心中最难的，就是做到在一个人独处时思想、言语、行为谨慎。能够做到独处时思想、言语、行为谨慎，就可以问心无愧，就可以对得起天地良心和鬼神的质问。

第四节　求真务实

〖**题解**〗

“不诚无物”，万事万物之所以存在，就是因为具备真实这一特征。万物以真实的面貌展现在人们面前，万物均按其自身固有的规律运行，绝不作任何遮掩和伪饰。人道取法天道。人道之诚，来源于天道之诚。求真务实需要跳出“假、大、空、繁、浮”的陷阱。

〖**圣贤经典**〗

事莫明于有效，论莫定于有证。[（汉）王充《论衡·薄葬》]

【译】事情有了效果验证，就更明确了；言论有了证据，就更确实了。

君子进德修业。忠信，所以进德也；修辞立其诚，所以居业也。（《周易·乾卦》）

【译】君子提高道德，建立功业。忠于职守，取信于民，这是为了增进道德；言论树立真实的原则，这是为了建立功业。

能必副其所。[（清）王夫之《尚书引义·召诰无逸》]

【译】主体的认识必须符合客观对象。

故言必有三表。何谓三表？子墨子言曰：有本之者，有原之者，有用之者。于何本之？上本之于古者圣王之事。于何原之？下原察百姓耳目之实。于何用之？发以为刑政，观其中国家百姓人民之利。(《墨子·非命上》)

【译】言论必须有三个方面的验证。哪三个方面呢？墨子说：有考察它的来源，有考察它的本原，有用之于实践。从何处考察它的来源？它来源于古代圣王的事迹。从何处考察它的本原？向下考察百姓耳闻目睹的事实。在什么地方用它？把它用在刑罚政务上，从中观察国家百姓的利益（是否实现）。

世之病讲学家者，其说有二，曰伪，曰腐。伪者，行不顾言；腐者，学不适用。[（明）吕坤《去伪斋集·杨晋庵文集序》]

【译】人们说学问家的毛病有两种：一是虚伪，一是迂腐。虚伪，就会言行不一；迂腐，学的东西就不能灵活运用。

第五节　言而有信

〖**题解**〗

“言而有信”主要是讲人与人相处之时，群体与群体相处时，讲真话，道实情，言行一致，对别人的承诺一定要兑现，订立的合约一定要履行。“一言九鼎”“一言既出，驷马难追”，表现了中华民族诚实守信的情怀。言行一致，是指说的话和做的事相一致，朱熹说“信是言行相顾之谓”。

〖**圣贤经典**〗

圣人之诺已也，先论其理义，计其可否。义则诺，不义则已，可则诺，不可则已。故其诺未尝不信也。(《管子·形势解》)

【译】圣人的承诺是这样的，先考虑道义，来决定是否同意。符合道义就承诺，不符合就算了。能做到就承诺，不能就算了。所以，圣人的承诺没有不被相信的。

信言不美，美言不信。(《道德经》第八十一章）

【译】真实的语言不华美，华美的语言不真实。

与朋友交，言而有信。(《论语·学而》)

【译】和朋友交往，说话要讲信用。

言行相符，始终如一。(《梁书》卷四十一《列传第三十五》)

【译】言与行相符合，始终一致。

口能言之，身能行之，国宝也。口不能言，身能行之，国器也。口能言之，身不能行，国用也。口言善，身行恶，国妖也。治国者敬其宝，爱其器，任其用，除其妖。

(《荀子·大略》)

【译】嘴上能够说出来，就能身体力行，这是“国宝”。不善言辞，却能身体力行，这是“国器”。善于言辞，却不能身体力行，这是“国用”。嘴巴上说好的，行为上却是恶的，这是“国妖”。治国者应当敬重“国宝”，爱护“国器”，任用“国用”，除去“国妖”。

第六节 择善而执

〖题解〗

“择善而执”，就是不断地选取良善心念、良善行为、良善事物而加以固守坚持，并持之以恒，长期积累，就向着至诚的境界迈进了。如果只讲仁、义、礼、智，而不讲信，那么，仁、义、礼、智都会变为虚伪的东西。诚信，可以使我们的道德保持其真实性，可以使我们的言行保持其真实性，可以使我们的人际关系保持其真实性，可以使我们所创造的价值保持其真实性。

〖圣贤经典〗

吾辈今日用功，只是要为善之心真切。此心真切，见善即迁，有过即改，方是真切工夫。[(明)王守仁《王文成全书》卷一]

【译】我们今天用功，就是要使为善的心真真切切。此心真真切切，见到善就向往，有过就改正，这才是真真切切的功夫。

惟天下至诚，为能尽其性；能尽其性，则能尽人之性；能尽人之性，则能尽物之性；能尽物之性，则可以赞天地之化育；可以赞天地之化育，则可以与天地参矣。(《尚书全解》卷二十五)

【译】天底下只有至诚的圣人，能够充分发挥自己的善良本性；能够充分发挥自己的善良本性，就能充分发挥他人的善良本性；能够充分发挥他人的善良本性，就能够充分发挥万物的本性；能够充分发挥万物的本性，就可以辅助天地化育万物；可以辅助天地化育万物，就能同天地并列为三了。

诚者，天之道也；诚之者，人之道也。诚者，不勉而中，不思而得，从容中道，圣人也。诚之者，择善而固执之者也。(《礼记·中庸》)

【译】诚，是天道；做到诚，是人道。对于真诚，不用努力就达到，不用思考就获得，举止行动符合中庸之道，这是圣人的境界。做到诚的人，就是指选择善道而坚持实行它的人。

君子养心莫善于诚，致诚则无他事矣，唯仁之为守，唯义之为行。诚心守仁则形，形则神，神则能化矣；诚心行义则理，理则明，明则能变矣。(《荀子·不苟》)

【译】君子要修身养性，没有比诚信更好的方法，达到诚信后就不用刻意做其他事了，只要恪守仁爱，实行正义就行了。诚心恪守仁爱，就能在行为上显现出来，在行为上显现出来就能达到神妙的境界，达到神妙的境界就能感化万民；诚心推行正义，办事就有条理，有条理就能明智，明智就能变通。

第七节 以诚相待

〖题解〗

诚信是人与人之间交往的最基本原则。人人遵守诚信的原则，就可以建立互信、和谐的关系。如果违背诚信原则，相互欺骗、相互猜疑，将会导致人际关系恶化和社会秩序混乱。在人际关系中，只有以诚相待，才能感动他人，以真心换得真心，以真情换得真情。自己的事业得到众多的人帮助，就能走向兴旺发达。

〖圣贤经典〗

父子有亲，君臣有义，夫妇有别，长幼有序，朋友有信。(《孟子·滕文公上》)

【译】父亲与儿子之间有亲情，君王与臣子之间有节义，夫妻之间有区别，年长与年幼者有主次，朋友之间有信任。

大凡敦厚忠信，能攻吾过者，益友也。其谄谀轻薄，傲慢亵狎，导人为恶者，损友也。(《御纂朱子全书》卷五)

【译】凡是厚道、忠诚、守信，能够指出我的过失的人，就是我的好朋友。而谄谀、轻薄、傲慢、亵渎，引导人作恶的人，就是坏的朋友。(谀［yú］：奉承。亵［xiè］：轻慢。狎［xiá］：轻忽。)

是以与善人居，如入芝兰之室，久而自芳也；与恶人居，如入鲍鱼之肆，久而自臭也。(《颜式家训·慕贤》)

【译】与好人在一起，就像是走入了放有芝兰的屋子，时间一久，自己也会带有香气。与坏人在一起，就像走入了卖鲍鱼的市场，时间一久，自己也会带上臭味。

第八节 无信不立

〖题解〗

个人无信不立：诚信是一个人的无形资产，诚信是立身之本。欺诈的行为也许可以迷惑一时，但绝无可能蒙蔽永久；欺诈的行为也许可以迷惑当事者，但不可能迷惑局外人。

企业无信不兴：诚信是市场良好运行的最基本道德准则，诚信是市场经济有序运行的重要保证。“诚实是最好的策略。”“诚信是最好的竞争手段。”

政府无信不威：如果政府官员在民意的基础上制定公正的政策，而不是根据利益集团的需要制定不公正的政策，就能得到人民的支持。如果政府官员廉洁奉公，而不是以权谋私、执法敛财，就能得到人民的拥护；如果政府保障信息的公开，而不是掩盖真实，就能取信于民。

社会无信不安：诚信建立社会信用关系，调整社会关系，促进政治秩序和法律秩序的建立，促进社会的法治建设，减少风险，降低生活成本。

〖**圣贤经典**〗

人而无信，不知其可也。(《论语 · 为政》)

【译】作为一个人却不讲信用，不知他怎么可以立身处世！

诚者，非自成己而已也，所以成物也。成己仁也，成物知也。(《礼记 · 中庸》)

【译】诚，并不只是成就自己，而且用以成就万物。成就自己是仁，成就万物就是智。

公生明，偏生暗，端悫生通，诈伪生塞，诚信生神，夸诞生惑。(《荀子 · 不苟》)

【译】公正会产生聪明，偏私会产生愚昧；端正谨慎会产生通达，欺诈虚伪会产生闭塞；真诚老实会产生神明，大言自夸会产生糊涂。(悫［què］：谨敬。)

非诚贾不得食于贾，非诚工不得食于工，非诚农不得食于农，非信士不得立于朝。(《管子 · 乘马》)

【译】不讲诚信的商人，不能以经商生存；不讲诚信的工人，不能以工作生存；不讲诚信的农民，不能以务农生存；不讲诚信的士人，不能在朝中立身。

真者，精诚之至也。不精不诚，不能动人。(《庄子 · 渔父》)

【译】本真乃是精诚的极致。不精不诚，就不能感动人。

第十九章　管理之道：忠

第一节　忠诚爱国

〖题解〗

爱国，就是热爱祖国人民并为之奉献，热爱祖国土地并加以保卫，热爱祖国文化并加以弘扬。既要有爱国的深厚情感，也要有爱国的实际行动。若要铸造中国的国家认同，必先铸造中华民族的民族认同；若欲铸造中华民族的民族认同，必先铸造中华文化的文化认同；如欲铸造中华文化的文化认同，必先全面推进中华文化的传承与教育。爱国情感是以仁爱心为核心，融认同感、依恋感、归属感、荣誉感、责任感、忧患心为一体而形成的深厚情感。

〖圣贤经典〗

苟利国家生死以，岂因祸福避趋之？[（清）林则徐《赴戍登程口占示家人》其二]

【译】如果有利于国家，就要奉献生命，岂能为了避免灾难而趋向安乐？

风声、雨声、读书声，声声入耳；家事、国事、天下事，事事关心。[（明）顾宪成东林书院联]

【译】风声、雨声、读书声，每一种声音都要用耳倾听；家事、国事、天下事，每一件事情都要用心关注。

天下兴亡，匹夫有责。（顾炎武《日知录·正始》）

【译】天下兴盛或灭亡，每一人都有责任。

忧劳可以兴国，逸豫可以亡身。[（宋）欧阳修《伶官传序》]

【译】忧患、劳累可以使国家兴盛；安逸、舒适可以使自己灭亡。

不临难不见忠臣之心，不趋利不知义士之节。[（宋）李邦献《省心杂言》]

【译】不面对危难，不能看见忠臣的心；不面对财物，不能看见志士的气节。

贤者不悲其身之死，而忧其国之衰。[（宋）苏洵《管仲》]

【译】贤者不为自己将死而悲伤，而为国家的衰败而忧虑。

第二节　公忠为民

〖题解〗

“忠”区分为公忠和私忠，公忠的对象是祖国、人民、正道、正义事业，私忠的对象是个人和利益集团。公忠是官员、公务员最基本的职业道德。公忠为民，要求公务员忠于人民、关心人民、爱护人民，为人民负责，为人民谋福利，全心全意为人民服务，时时刻刻把人民的利益放在第一位，敢于同损害人民利益的坏人坏事做坚决的斗争。

〖圣贤经典〗

忠者，中也，至公无私。天无私，四时行；地无私，万物生；人无私，大亨贞。忠也者，一其心之谓也。为国之本，何莫由忠。(《忠经·天地神明章》)

【译】忠，就是坚持中道，极为公正，无所偏私。上天无偏私，四季正常运行；大地无偏私，万物蓬勃生长；人无偏私，就会事业通达，名声显著。忠，就是专心一意。国家的根本，就在于忠。(亨：通达。)

公家之利，知无不为，忠也。(《左传·僖公九年》)

【译】公共的利益，知道了就一定要去做，这就是忠。

公则四通八达，私则偏向一隅。[(明)薛瑄《读书录》卷六]

【译】公正则会四通八达，偏私则只朝着一个方面。

国尔忘家，公尔忘私，利不苟就，害不苟去，唯义所在。[(汉)贾谊《新书·阶级》]

【译】为了国而忘记家，为了公而忘记私，有利不随便求取，有害不轻易去掉。一切行为要看是不是符合道义。

第三节　忠于正道

〖题解〗

广义的道包括真理与义理，狭义的道则是指义理。道存在于宇宙生命中，存在于大自然中，谓之天道；道存在于人的生命中，谓之人道。任何事都可以区分为道与术(方法)，任何物都可以区分为道与器。道分为平常之道与玄妙之道。平常之道即在日常生活和工作中存在的道，平常之道是与人的生命密切相连的道。修道者必先修平常之道，成为君子，在此基础上再修玄妙之道。

〖圣贤经典〗

人生自古谁无死，留取丹心照汗青。[(宋)文天祥《过零丁洋》]

【译】自古以来有谁不会死呢？要留下一片忠诚之心照耀史册。(汗青：史册。)

当仁，不让于师。(《论语·卫灵公》)

【译】坚守仁道，即使是面对教师，也不能谦让。

君子修道立德，不为穷困而改节。[（宋）李昉《太平御览》卷五十七]

【译】君子修养自身，树立高尚的品德，不会因为穷困而改变节操。

以正辅人谓之忠，以邪导人谓之佞。[（汉）桓宽《盐铁论·刺议》]

【译】用正道帮助人，叫作忠诚；用邪道引诱人，叫作伪善。（佞［nìng］：奸邪。）

路漫漫其修远兮，吾将上下而求索。（屈原《离骚》）

【译】道路漫长啊，我将一往无前地探索。（漫漫：长远的样子。修：长。）

以身殉道不苟生，道在光明照千古。[（宋）文天祥《言志》]

【译】以生命殉道不苟且偷生，道义光明照耀千秋万代。

人能弘道，非道弘人。（《论语·卫灵公》）

【译】人能够弘扬大道，而不是用大道来弘扬人。

第四节　忠于职责

〖题解〗

责任分为职业责任和角色责任两类。职业责任是从事某种职业并以此作为生活来源所应当承担的责任。角色责任就是人在社会中、在大自然中处于一定位置，在此位置上应当承担的责任，如公民角色、父母角色、子女角色、男性角色、女性角色、义工角色、信徒角色、领导角色等。一个组织由许多岗位构成，每个岗位都要有能够承担责任的人置于其中，每个人都明确知道自己所承担的责任是什么、具体要求是什么。自己有足够的才与德，进入相应的"位"之后，才能在"位"上发挥作用，才能在"位"上得到发展，做到以才配位，以德配位，才不至于从"位"上掉下来。

〖圣贤经典〗

当求圣人之道于一身动静应事接物之间，不可专求圣人之道于言语文字之际也。[（明）薛瑄《读书录》卷十一]

【译】应当在身体的一举一动之时，在应对事物之时，去求取圣人之道，不能只在语言文字上去寻求圣人之道。

读书不知接统绪，虽多无益也。为文不能关教事，虽工无益也。笃行而不合于大义，虽高无益也。立志不存于忧世，虽仁无益也。[（宋）叶适《赠薛子长》]

【译】读书不知道承接道统，读得再多也没用。写文章不能教化人，做得再好也没有益处。坚定地做事，如果不合道义，做得再多也没什么价值；立志却没有忧民之心，即使有仁德也没有益处。

居其位无其言，君子耻之。（《礼记·杂记下》）

【译】占据某一职位却没有相应的言行，君子为此感到耻辱。

无功食禄，谓之尸位素餐；谫劣无能，谓之行尸走肉。（程允升《幼学琼林》卷二）

【译】没有功劳却获取俸禄，这就叫尸位素餐；浅薄无能，这就叫行尸走肉。（尸位：古代祭祀时让一人端坐不动，充当祭主，称尸位。谫［jiǎn］劣：浅薄无能。）

第五节　敬业精业

〖题解〗

敬业精神是指尊崇、热爱自己所从事的职业，高度认同职业的价值与意义，专心致志，积极主动地履行职责，从而产生勤奋认真、开拓进取、锲而不舍、坚持不懈、精益求精的行为，创造实际的工作成就与工作业绩，获得内在的充实感和成就感。敬业精神可以细分为正业、乐业、勤业、精业、爱业。正业：在自己的职业生涯中遵循正道，以正心、正德从事正业。乐业：根据发展潜质、个性特征、兴趣爱好的不同，找到相适应的职业，把工作当成一种享受，在工作中获得精神的满足。勤业：勤奋工作，每天的工作任务、学习任务在当天完成。精业：尽心尽力将自己的事情做好，刻苦钻研业务知识，在业务上精益求精，集中精力，专心致志，提高工作质量，在别人的基础上有所创新、有所前进、有所发展。爱业：以积极的心态对待工作，从内心产生对职业的热爱。热爱工作，才能享受工作的乐趣，驱动自己采取主动精神，执着追求，努力不懈。

〖圣贤经典〗

敏于事而慎于言。(《论语·学而》)

【译】敏捷地做事，谨慎地说话。

善在那里，自家却去行他。行之久，则与自家为一；为一，则得之在我。(《性理大全书·力行》)

【译】善的事物在那个地方，自己要去践行它。践行的时间一久，则善的事物与自己就合而为一。合而为一，我就得到了善。

敬业者，专心致志，以事其业也。(朱熹《礼记·学记》注解)

【译】敬业，就是专心致志，用于事业之中。

凡百事之成也，必在敬之；其败也，必在慢之。(《荀子·议兵》)

【译】凡是各种事业的成功，一定在于恭谨小心；它的失败，一定在于怠慢疏忽。

以此知心中醒，口中说，纸上作，不从身上习过，皆无用也。[(清)颜元《习斋四存编·存学编》]

【译】由此可知，心中清醒，口头上说过，在纸上写过，但却不在自己身上践行过，都是无用的。

第六节　忠恕之道

〖题解〗

“恕”由“如”“心”二字构成，意思是，他人的心如同自己的心，应当将心比心，推己及人，用自己之心去体会他人之心，以自己的心来推断、量度、忖度他人之心。

自己所需要的，他人也需要；自己所厌恶的，他人也会厌恶。将心比心可以从两个方面展开：从正的方面讲，就是“己欲立而立人，己欲达而达人”，自己要有生存权、发展权，就要同时给予别人生存权和发展权。从负的方面讲，就是“己所不欲，勿施于人”。自己不愿意别人剥夺自己的生命权、生存权、财产权、名誉权，那么自己就不要剥夺他人的生命权、生存权、财产权、名誉权。

〖圣贤经典〗

以己量人谓之恕。[（汉）贾谊《新书·道术》]

【译】从自己的所思所求来衡量别人，这就是恕。

忠者，内尽于心也。信者，外不欺物。（《礼记·礼器》）

【译】忠，自己向内尽心尽力。恕，就是对外不欺骗他人。

诚心以为人谋谓之忠。[（唐）杨倞《荀子·礼论注》]

【译】真心真意为别人谋划，就叫忠。

其居此官，即欲尽其职；其行此事，即欲尽其心。[宋纁《（明）古今药石、理学名臣官行录》]

【译】担任这个官职，就要尽职尽责；将此事付诸行动，就要尽心尽力。

心尽则职亦尽，自无愧怍于己。[（清）石成金《传家宝》三集卷二《群珠》]

【译】尽心去做，则尽忠职守，自然自己就不会惭愧。（怍[zuò]：惭愧。）

第七节 忠诚不渝

〖题解〗

忠诚不渝是指某人、某事或某种信念始终保持忠诚，不会改变。忠诚不渝的对立面是背叛，背叛是一种恶行。如果仅仅是为了私利而保持忠诚的话，这种忠诚也是不可靠的，因为当更大的私利出现在面前时，忠诚者立即成为背叛者。功利主义泛滥必然导致大量的背叛现象。在一家企业中，培养忠诚奉献的精神，大家同心同德，有集体的荣誉感、凝聚力和战斗力，有共同的方向，有共同的命运，有共同的目标，同舟共济、荣辱与共。如果人们缺失“忠”，各怀异心，各谋私利，不朝一个方向用心用力，就是一盘散沙。

〖圣贤经典〗

仁而不忠，则私其恩；知而不忠，则文其诈；勇而不忠，则易其乱，是虽有其能，以不忠而败也。（《忠经·辨忠章》）

【译】仁者不忠，就会因感恩而行私；智者不忠，就会文饰他的奸诈；勇者不忠，就会产生祸乱。所以，即使有能力，也会因为没有忠之德而失败。（知：通“智”，智慧。）

贫贱之知不可忘，糟糠之妻不下堂。（《资治通鉴》卷四十《汉纪》）

【译】不可忘记贫贱时结交的朋友，不可抛弃患难与共的妻子。

忠也者，一其心之谓也。（《忠经·天地神明章》）

【译】忠，就是心力专一。

我心匪石，不可转也。我心匪席，不可卷也。(《诗经·邶风·柏舟》)

【译】我的心不是石头，不可任由移动；我的心也不是草席，不可任意卷折。(匪：通“非”。)

第八节　珍惜时光

〖题解〗

“时间就是生命”，人的生命是有时间刻度的过程。时间具有唯一性、不可逆转性、不可替代性。浑浑噩噩、得过且过、虚度光阴，就是在浪费自己的生命。在时间、精力有限的情况下，对于不重要、不必须、不紧迫的事情，要学会放弃，学会舍得。将宝贵的时间集中于相对重要、必须、紧迫的事情上。有了明确的目标，才可以集中时间朝着这个目标努力。要善于抗拒干扰，舍弃无关紧要的杂事、小事，简化事务，简化工作流程，集中精力，持之以恒，才能实现远大的目标。

〖圣贤经典〗

明日复明日，明日何其多？日日待明日，万事成蹉跎。世人皆被明日累，明日无穷老将至。晨昏滚滚水东流，今古悠悠日西坠。百年明日能几何？请君听我明日歌。[(明)文嘉《文氏五家集·明日》]

【译】明天又一个明天，明天何等多！每天都等待着明天，一切事情都会错过机会。一般的人苦于被明日牵累，明天很多，衰老将至。早晚看到河水向东流逝，古往今来都看着太阳向西坠落。人一生有多少个明天？请你听取我的《明日歌》。(复：又。蹉跎[cuō tuó]：光阴虚度。)

光阴似箭催人老，日月如梭趱少年。[(元)高明《琵琶记·中相教女》]

【译】时光就像是箭一样飞逝，使人老去；日月像梭子一样飞速运动，消耗着青春年华。(趱[zǎn]：赶)

古人惜阴，一刻千金。一年之间，有许多金子，既不卖人，又不受用，不知放在何处，只是花费无存，可惜。(黄宗羲《明儒学案·甘泉学案》)

【译】古人爱惜光阴，一刻光阴价值千金。一年当中，有许多金子，既不卖给别人，自己又不享用，不知道将它们放在何处，但还是将它们花费了，真是可惜！

圣人不贵尺之璧，而重寸之阴，时难得而易失也。[(汉)刘安《淮南子·原道训》]

【译】圣人不珍重一尺的璧玉，而重视一寸的光阴，时间难以得到而且容易失去。

百川东到海，何时复西归？少壮不努力，老大徒伤悲。(《乐府诗集·长歌行》)

【译】千百条河流向东流到大海，何时又再次向西回归？少年强壮时不努力，老了就会徒自伤悲。

一寸光阴一寸金，寸金难买寸光阴；失去寸金还犹可，失去光阴何处寻？(《惜阴》)

【译】一寸光阴就像一寸黄金，一寸黄金难以买到一寸光阴。丧失了一寸黄金还可以找回，失去了光阴何处寻觅？

第二十章　管理之道：孝

第一节　赡养父母

〖**题解**〗

《吕氏春秋·孝行》说，“赡养”有养体、养目、养耳、养口、养志五个层次。其中，“养体”就是以物质供养父母的身体，提供住所，提供食品，提供衣物，提供其他日常生活的开支，使父母生活舒适、身体健康。“养口”就是调和菜肴的味道，保障营养的均衡。养目、养耳、养志则是精神赡养。

〖**圣贤经典**〗

善养者不必刍豢也，善供服者不必锦绣也。以己之所有尽事其亲，孝之至也。[（汉）桓宽《盐铁论·孝养》]

【译】善于供养父母的人不一定供给他们肉食，也不一定供给他们绣有花纹的丝织衣物。用自己的一切尽心地供养双亲，这就是最大的孝。（刍［chú］：喂牲畜的草。豢［huàn］：喂养。）

世俗所谓不孝者五：惰其四支，不顾父母之养，一不孝也；博弈好饮酒，不顾父母之养，二不孝也；好货财，私妻子，不顾父母之养，三不孝也；从耳目之欲，以为父母戮，四不孝也；好勇斗很，以危父母，五不孝也。（《孟子·离娄下》）

【译】世人认为不孝的表现有五种：四肢懒惰，不好好赡养父母，这是第一种；喜欢下棋喝酒，不好好赡养父母，这是第二种；贪图钱财，偏爱妻室儿女，不好好赡养父母，这是第三种；放纵耳目的欲望，父母因此受到羞辱，这是第四种；逞勇敢好斗殴，使父母遭受危害，这是第五种。（支：通“肢”。从：通“纵”。戮：羞辱、耻辱。很：通“狠”。）

用天之道，分地之利，谨身节用，以养父母，此庶人之孝也。（《孝经·庶人》）

【译】利用上天的规律，分享土地的利益，行为谨慎，节省俭朴，以此来孝养父母，这就是普通老百姓的孝道了。

子夏曰：“事父母，能竭其力。”（《论语·学而》）

【译】子夏说：“侍奉父母，要尽心尽力。”

第二节 爱敬父母

〖题解〗

尊重父母的人格，尊重他们的意愿、自由、信仰、生活习惯，体谅他们的难处。对父母要有温和的态度、和悦的脸色、和善的面容，但这绝不是装出来的，而是来自孝子对父母的爱敬之心。只有从内心敬爱父母，才能有“和气”、“愉色”和“婉容”。如果父母地位低、收入低、职业差，或者残疾、重病，或者年老体衰，或者有历史污点，在社会上往往受到各种歧视，子女应当更加尊重、理解他们，让他们感受到亲情的温暖，有尊严地活下去，绝对不能像外人一样用冷漠的态度对待老人。

〖圣贤经典〗

今之孝者，是谓能养。至于犬马，皆能有养。不敬，何以别乎？（《论语·为政》）

【译】现在人们把能赡养父母当作“孝”。然而，人们也能养狗、养马。如果赡养父母没有尊敬之心，那么，这与养狗、养马有什么不同呢?

曾子曰：“孝有三：大孝尊亲，其次弗辱，其下能养。”（《礼记·祭义》）

【译】曾子说：“孝道有三种：最高的孝行是发自内心地尊敬父母，其次是不让父母受到羞辱，最下等的就是仅仅赡养父母。”

养可能也，敬为难；敬可能也，安为难；安可能也，卒为难。父母既没，慎行其身，不遗父母恶名，可谓能终矣。(《礼记·祭义》)

【译】赡养做到了，尊敬就变得难了；尊敬做到了，使父母安乐便成为难事了；使父母安乐做到了，父母去世后要做好就更难了。父母已经去世，自己慎重行事，不给父母留下不好的名声，这就是能够终生行孝了。

子曰：“孝子之事亲也，居则致其敬，养则致其乐，病则致其忧，丧则致其哀，祭则致其严。五者备矣，然后能事亲。”(《孝经·纪孝行》)

【译】孔子说：“孝子对父母亲的侍奉，在日常起居中，要做到恭敬；在饮食生活上，要保持愉悦的心情；父母生了病，要怀着忧虑的心情去照料；父母去世了，要竭尽悲哀之情料理后事；祭祀先人时，要严肃、恭敬对待。这五个方面都做到了，方可称得上尽到了做子女的责任。”

第三节 孝养心志

〖题解〗

孝养心志包括养父母之心、养父母之志两个方面，也就是使父母精神上愉快、安宁、幸福，具体来说，孝养心志应当表现在以下几个方面：关心父母，尊重父母，让父母免遭羞辱，满足父母的愿望，完成父母的未竟事业。

〖圣贤经典〗

父在，观其志；父没，观其行；三年无改于父之道，可谓孝矣。(《论语·学而》)

【译】父亲活着的时候，要观察他的志向；父亲去世后，要考察他的行为；长期不改变父亲所走的正道，就可以叫作“孝”了。(没：去世。)

上孝养志，其次养色，其次养体。贵其礼，不贪其养，礼顺心和，养虽不备，可也。[(汉)桓宽《盐铁论·孝养》]

【译】第一等的孝是承顺父母的意志，其次是对父母要和颜悦色，再次是保养父母的身体。以礼为贵，不贪图供养东西的多少，只要遵守礼义使父母顺心，即使供养的东西不丰富也可以。

继父志，扬祖德，此诚孝子顺孙之道也。(《白氏长庆集》卷四十一《碑碣》)

【译】继承父母的志向，弘扬祖先的道德，这真正是孝顺子孙的正道。

夫孝者，善继人之志，善述人之事者也。(《礼记·中庸》)

【译】孝，就是善于继承先人的志向，善于继承先人的事业。

第四节　安身立命

〖题解〗

安身立命，原意是指生活有着落，精神有所寄托，可以延伸为，珍重自己的生命，保护自己的身体。以下种种无故损害自己的身体和生命的行为，是违背孝道的：缺乏安全意识违背孝道，自虐自残违背孝道，违法犯罪违背孝道，自暴自弃违背孝道，自杀违背孝道。

仁义高于孝道，在特定情况下，为了践行仁义，需要作出牺牲时，也应当按孔孟主张的“舍生取义”“杀身成仁”去做。

〖圣贤经典〗

君子一举足，不敢忘父母；一出言，不敢忘父母。一举足，不敢忘父母，故道而不径，舟而不游，不敢以先父母之遗体行殆也；一出言，不敢忘父母，是故恶言不出于口，忿言不及于己，然后不辱其身，不忧其亲，则可谓孝矣。(《大戴礼记·曾子大孝》)

【译】君子一举一动都不敢忘记父母，一言一语也不敢忘记父母。举手投足不敢忘记父母，所以走大道而不走小路，乘船而不游泳，不敢用父母所给予的身体去冒险；说话时也不敢忘记父母，所以伤人的恶语便不会说出口，愤怒、怨恨的话也不会落在自己的身上。之后才可能做到不侮辱自己的身体，不让亲人担忧，如此才可称之为孝。(径：小路。殆[dài]：危险。忿[fèn]：愤怒。)

曾子曰：“父母生之，子弗敢杀；父母置之，子弗敢废；父母全之，子弗敢阙。故舟而不游，道而不径。能全肢体，以守宗庙，可谓孝矣。”(《吕氏春秋·孝行》)

【译】曾子说：“父母生下自己，儿女不敢自杀；父母养育了自己，儿女不敢自暴自弃；父母保全了自己，儿女不敢损伤。所以走水路时乘船而不游水，走陆路时走大路而不走小路。能使身体完好无损，以便守住祖庙，就可以叫作孝了。”

夫生不可不惜，不可苟惜。涉险畏之途，干祸难之事，贪欲以伤生，谗慝而至死，此君子之所惜哉；行诚孝而见贼，履仁义而得罪，丧身以全家，泯躯而济国，君子不咎也。(《颜氏家训・养生》)

【译】生命不可不珍惜，也不可以苟且偷生。走危险的道路，做惹祸的事情，贪欲过度而伤害生命，邪恶奸佞导致死亡，这是君子感到痛惜的。践行真诚孝道而受到伤害，践行仁义之道而得罪他人，为了保全家庭而丧失生命，为了拯救国家而丧失生命，君子不会怪罪。(慝［tè］：邪恶。泯［mǐn］：灭亡。咎［jiù］：归罪。)

身体发肤，受之父母，不敢毁伤，孝之始也。(《孝经・开宗明义章》)

【译】自己的肢体、头发和肌肤都是从父母那里得来的，不敢毁坏，这是孝行的开端。

第五节 立身行道

〖题解〗

所谓立身，指的是立命、立业、立言、立德、立功。立命，即安身立命，就是让自己的生命安顿于天道、人道之中。立业，就是学业有成、事业有成。立言是将思想著之于书，传于万世。立德是指品德高尚成为万世民众效仿的榜样。立功是建立功勋，人民世世代代享受恩泽。立言、立德、立功，此为“三不朽”，方能使父母祖先“扬名于后世”，获得无上荣耀，这是孝道的最高境界。要达到孝的最高境界，就必须“行道”，遵循正道。即使在父母、祖父母去世之后，子女与他们的关系并未中止，子女的所作所为仍然影响着他们的名声。

〖圣贤经典〗

立身行道，扬名于后世，以显父母，孝之终也。(《孝经・开宗明义章》)

【译】为人处世能行正道，使自己扬名后世，从而使父母荣耀，这是孝的高级境界。

父母虽没，将为善，思贻父母令名，必果；将为不善，思贻父母羞辱，必不果。(《礼记・内则》)

【译】父母虽然去世了，儿子将要做好事，想到这会给父母带来美名，就一定果敢地去做；如果是将要做坏事，想到这会让父母羞辱，那就一定不去做。(贻［yí］：赠送。)

天子虽无上于天下，犹修持其身，谨慎其行，恐辱先祖而毁盛业也。(《孝经》唐明皇注)

【译】天子虽然在天下的地位是至高无上的，仍然修养自身，行为谨慎，唯恐辱没祖先而且毁坏伟大事业。

曾子曰："慎终追远，民德归厚矣。"（《论语·学而》）

【译】曾子说："谨慎地办理父母的丧事，虔诚地祭祀祖先，民众的道德就归于淳厚了。"

第六节　以道谏诤

〖题解〗

人在幼年时期，缺乏自主判断是非的能力，而父母通常希望子女朝着好的方向发展，故儿童必须认真接受父母的教导，"父母教，须顺承"。在成长到一定年龄之后，渐渐有了主见，有了识别善恶、真假的能力。在此情况下，对于来自父母的教导，就可以分辨什么是对的、什么是不对的。正确的意见，就要虚心接受；不正确的意见，就要加以拒绝。父母的言行，正当的就要加以支持，不正当的就要加以劝谏，及时地劝说、阻止，不可迁就、默许或支持。子女与父母的关系，是伦理亲情的关系，是长幼有序的关系，在子女面前，父母必须保持尊严。所以，在子女劝谏父母时，一定使用委婉劝谏、反求诸己、不宜求全、没有怨气等良好的方法。

〖圣贤经典〗

从道不从君，从义不从父，人之大行也。（《荀子·子道》）

【译】遵从道义而不一味地顺从君王，遵从道义而不一味地顺从父母，是最大的德行。

子曰："事父母几谏。见志不从，又敬不违，劳而不怨。"（《论语·里仁》）

【译】孔子说："侍奉父母时，应该委婉地劝说。当自己的心意没有被听从时，也应该保持恭敬的态度，不触犯他们，即使感到忧愁，也不要怨恨。"（几：轻微，婉转。谏：劝说。违：冒犯。劳：忧愁。）

父母有过，下气、怡色、柔声以谏。谏若不入，起敬，起孝，悦则复谏。（《礼记·内则》）

【译】父母有过错，晚辈就应该用谦恭的语气、和悦的脸色、轻柔的声音来进行劝说。如果父母不听劝说，就尊重他们，孝敬他们，等到他们高兴了再劝说。（怡色：和颜悦色。）

士有诤友，则身不离于令名；父有诤子，则身不陷于不义。（《孝经·广扬名》）

【译】普通的读书人如果有直言劝诤的朋友，那么他的美好名声就不会丧失；为父亲的有敢于直言力争的儿子，他就不会陷身于不义之中。（诤：直言规劝。）

谓阿意曲从，陷亲不义，一不孝也。（《孟子·离娄上》）

【译】无原则地迎合顺从，使亲人陷入不义之地，这是第一种不孝。

父母之行若中道，则从；若不中道，则谏。（《大戴礼记·曾子事父母》）

【译】父母行为如果合乎正道，就跟随他们；如果不合乎正道，就劝谏他们。

第七节　以礼事亲

〖题解〗

以礼事亲分为三种形式：在父母长辈活着的时候，养之以礼；在父母长辈去世之时，葬之以礼；在父母长辈安葬以后，祭之以礼。

养之以礼：如早晚请安，出门请示，回家报告，年长者上座，年长者先行，年长者先进餐，对父母和颜悦色，说话温和文雅，不要当面顶撞，在父母长辈面前不要张狂等，这些都是奉养父母的礼。

葬之以礼：按照儒家的"仁爱""俭约"原则，体现不能"以死伤生"的精神，应当采用薄葬的方式。葬礼的目的是使父母遗体不失尊严，藏于地下。立墓碑的目的是将来祭祀之便。

祭之以礼：祭祀的主要功效是教化人心、显扬孝道、祈求福佑。通过祭祀活动，感念父母祖先的恩德，回忆父母祖先的教诲及高尚品德，表达思念之情，回想父母祖先的音容笑貌，向父母祖先致敬，进入与父母祖先同在的境界，培养对生命的敬畏之情。

〖圣贤经典〗

生，事之以礼；死，葬之以礼，祭之以礼。(《论语·为政》)

【译】父母活着的时候，按礼仪来侍奉；父母去世了，按礼仪来安葬，按礼仪来祭祀。

子曰："礼，与其奢也，宁俭；丧，与其易也，宁戚。"(《论语·八佾》)

【译】孔子说："礼仪，与其奢侈，不如节俭些；丧葬，与其办得尽善尽美，不如心里真诚悲哀。"

丧祭之礼，所以教仁爱也。致爱故能致丧祭，春秋祭祀之不绝，致思慕之心也。(《大戴礼记·盛德》)

【译】丧礼和祭祀之礼，是用以教导人民有仁爱之心。有了仁爱之道，才能举行丧礼和祭礼。春、秋两季不停地祭祀，产生思念、缅怀之心。

是故人道亲亲也，亲亲故尊祖，尊祖故敬宗，敬宗故收族，收族故宗庙严，宗庙严故重社稷，重社稷故爱百姓。(《礼记·大传》)

【译】所以爱其父母乃是人的天性。爱其父母就必然会尊敬祖先，尊敬祖先就必然会尊敬宗子，尊敬宗子就必然会团结族人，团结族人就必然会崇敬宗庙，崇敬宗庙就必然会重视社稷，重视社稷就必然会爱护百姓。

第八节　真诚行孝

〖题解〗

不诚无物，如果缺乏真诚，则孝就存在了。事亲之"诚"，就是在孝心孝行中没有夹杂私欲私利，就是言行一致、表里如一，没有虚伪做作。如果心中有私欲私利，就会遮蔽孝心，唯有扫除私欲私心，才能生起孝心。心中有孝的心愿，但没有通过实际行动体现出来，这是假孝；既有内在的孝心，又有外在的孝行，才是真孝。父母活着的时候，不尽赡养之责，父母去世时大操大办，修筑豪华坟墓，这是假孝；父母活着的时候，尽到赡养之责，父母去世时按简朴的礼仪安葬，年年依礼祭祀，这是真孝。口头上天天讲孝，或者做给别人看，在别人不在的情况下对父母又是另外一个样子，这是假孝；言行一致，无论别人在不在场，对父母都是真诚地行孝，这是真孝。

〖**圣贤经典**〗

孝子之事亲也，居则致其敬，养则致其乐，病则致其忧，丧则致其哀，祭则致其严。(《孝经·纪孝行》)

【译】孝子对待父母，平时要表现得恭敬，赡养父母要表现得愉快，父母生病时要表现得很担忧，父母去世要表现得很悲伤，祭祀父母要表现得很庄重。

且如欲为孝，不成只守着一个孝字？须是知所以为孝之道，所以侍奉当如何，温清当如何，然后能尽孝道也。(《二程遗书》卷十八)

【译】就如要做到孝，难道就守着一个孝字就可以了？必须知道怎样做才是践行孝道，怎样侍奉父母，怎样让父母感到温暖清爽，然后才可以说是尽孝。

不诚，是不曾实有此心。如事亲以孝，须是实有这孝之心。若外面假为孝之事，里面却无孝之心，便是不诚矣。(《朱子语类》卷六十四)

【译】不真诚，就是不曾有过这种心。就像用孝道侍奉父母，必须是真正有这颗孝的心。如果在外面假装做孝的事情，内心却没有孝的心念，这就是不真诚了。

若徒知这个道理，至于事亲之际，为私欲所汩，不能尽其孝。(《朱子语类》卷十四)

【译】如果只是知道这个道理，却在侍奉亲人之时，被自己的私欲淹没，就不能尽孝了。(汩[gǔ]：淹没。)

孝子之有深爱者，必有和气；有和气者，必有愉色；有愉色者，必有婉容。(《礼记·祭义》)

【译】孝子对父母有深深的爱，必定有温和的气象；有温和的气象，必定有喜悦的脸色；有喜悦的脸色，必定有柔顺的容颜。(婉：柔顺。)

第九节 父慈子孝

〖**题解**〗

人不同于其他动物，在其幼年时期和晚年时期，都是十分脆弱的，需要有特别的爱护、供养才能生存下去。而且，社会的复杂性远远超过动物世界，人在幼年时期如果没有接受良好的教育、培养良好的品德，就很难生存下去，甚至会走向自我毁灭。基于这种理由，先秦儒家讲父慈子孝，即父母仁慈、子女孝敬。古代社会，父母读圣贤之书或者生活在圣贤教化的社会里，父母接受圣贤的教导，并将圣贤的教导传递给下一代。而在现代社会，如果父母没有读圣贤经典，拿什么教导孩子呢？只能拿世俗观念来教育孩子，就不可能很好地完成教之责。

〖**圣贤经典**〗

慈父之恩，高如山王；悲母之恩，深似大海。(《心地观经》)

【译】慈父的恩德，高如大山；慈母的恩德，深似大海。

父兮生我，母兮鞠我。拊我畜我，长我育我。顾我复我，出入腹我。欲报之德，昊天罔极！(《诗经·小雅·蓼莪》)

【译】父亲呀你生下我，母亲呀你喂养我。你们护我、疼爱我，养我长大、培育我，想我不愿离开我，出入家门怀抱我。想报父母大恩德，上天高远无极限。(鞠［jū］：养。拊［fǔ］：通“抚”。畜：通“慉”，喜爱。顾：顾念。复：返回，指不忍离去。腹：指怀抱。昊［hào］天：昊天上帝。罔［wǎng］：无。)

君令臣共，父慈子孝，兄爱弟敬，夫和妻柔，姑慈妇听，礼也。(《左传·昭公二十六年》)

【译】国君发令，臣下恭敬，父亲慈爱，儿子孝顺，哥哥仁爱，弟弟恭敬，丈夫和蔼，妻子温柔，婆婆慈爱，媳妇顺从，这是合于礼的。

为人子，止于孝；为人父，止于慈。(《礼记·大学》)

【译】身为子女，应做到孝顺父母；身为父母，应做到慈爱子女。

第十节　由孝立德

〖**题解**〗

行孝符合人的天然本性，而忤逆则违背人的天性。父母与子女之间的情感，是最自然、最真实、最普遍的情感。父慈子孝、夫义妇顺、兄友弟恭呈现的伦理亲情和天伦之乐，每天都能够感受到。每天处于充满伦理亲情的氛围中，就可以保持淡泊宁静、心情舒畅，从而让家庭中的每一个人都健康、长寿。家庭伦理亲情的充实与健全，是人一生幸福的重要标志，在伦理亲情的基础上，容易形成道德情感。“百善孝为先”，践行仁道，应当从孝做起。有了对父母的爱心，有了对子女的爱心，以此爱心为基点，向外一轮一轮地扩展：第一步，将此爱心扩大到对待家族中的其他亲人；第二步，爱心超越家族的界限，扩大到对待他人的父母长辈、他人的兄弟姐妹和他人的晚辈，这就是“老吾老以及人之老，幼吾幼以及人之幼”；第三步，将此爱心扩大到对待自然万物，从而产生敬畏天地之心，这就是“亲亲而仁民，仁民而爱物”。

〖**圣贤经典**〗

子曰：“教民亲爱，莫善于孝。教民礼顺，莫善于悌。移风易俗，莫善于乐。安上治民，莫善于礼。”(《孝经·广至道章》)

【译】孔子说：“教育人民互相亲近友爱，没有比倡导孝道更好的了。教育人民礼貌和顺，没有比服从自己兄长更好的了。转变风气，改变风俗，没有比用音乐教化更好的了。要使君主安心、人民驯服，没有比用礼教办事更好的了。”

夫孝，德之本也，教之所由生也。(《孝经·开宗明义章》)

【译】孝，是道德的根本，教化由此产生。

子曰：“爱亲者不敢恶于人，敬亲者不敢慢于人。”(《孝经·天子章》)

【译】孔子说：“爱父母的人不敢厌恶别人，尊敬父母的人不敢怠慢别人。”

孝子之重其亲也，慈亲之爱其子也，痛于肌骨，性也。(《吕氏春秋·节丧》)

【译】孝子敬重他的亲人，慈祥的亲人爱护自己的孩子，都有切肤之痛，这是人的本性。

仁如水之源，孝弟是水流底第一坎，仁民是第二坎，爱物则三坎也。(《朱子语类》卷二十)

【译】仁就是水的源泉，孝悌就像是水流经过的第一个池子，爱人民就像是水流经过的第二道坎，爱万物就像是水流经过的第三道坎。

第十一节　忠孝一体

〖**题解**〗

忠与孝同出于一理，同出于一心，同出于一人。真正的孝衍生真正的忠，忠臣出于孝子之门。真正的孝道可以衍生出真正的忠道。能在家善待亲人、能为亲人尽心尽力者，在外也能够善待他人、能为工作尽心尽力。“移孝作忠”在现代社会可以运用为：孝道所包括的真诚心、爱敬心、感恩心、责任心诸方面，越出家庭范围，运用于对待国家、对待企业、对待职业、对待正义事业，即成为“忠”。

〖**圣贤经典**〗

孝治一身，一身斯立；孝治一家，一家斯顺；孝治一国，一国斯仁；孝治天下，天下斯升；孝事天地，天地斯成。(《文昌孝经·辨孝章》)

【译】用孝来修身，自己就能立身；用孝来治家，家庭就会和顺；用孝来治国，国家就有仁道；用孝来治天下，天下就会太平；用孝来侍奉天地，天地就有所成就。

夫惟孝者，必贵于忠。忠苟不行，所率犹非其道。是以忠不及之而失其守，匪惟危身，辱及亲也。(《忠经·保孝行章》)

【译】奉行孝道的人，对于忠也必然很重视。如果一个人连忠诚都做不到，那么他所走的就不是正道。因为如果他做不到忠诚或违背了忠诚，他就会失去自身原有的某些可贵的东西，那样不仅会危害自身，还会侮辱自己的父母。

其为人也孝弟，而好犯上者，鲜矣。不好犯上，而好作乱者，未之有也。君子务本，本立而道。孝弟也者，其为仁之本与！(《论语·学而》)

【译】孝顺父母，顺从兄长，而喜好触犯上级，这样的人是很少见的。不喜好触犯上级，而喜好造反的人是没有的。君子专心致力于根本的事务，根本建立了，治国做人的原则也就有了。孝顺父母、顺从兄长，这就是践行仁道的根本啊！

第十二节　感恩报恩

〖题解〗

有了仁心与孝心，才会产生感恩心。仁心发用，才能将感恩的对象从父母亲人扩大到众生，进入“仁者以天地万物为一体”的状态；孝心的发用，将对父母的感恩之心推及到所有对自己有恩的人身上，“老吾老以及人之老，幼吾幼以及人之幼”，这就是“推恩”。天地之恩有天履地载之恩、养育之恩。中国民间树立“天地国亲师”或“天地圣亲师”之牌位并加以敬拜，表达了人们感恩天地的情怀。感念祖先父母之恩：父母之恩有生之恩、养之恩、爱之恩、教之恩，“报本反始”，人应当对祖先、对父母有感恩之心，有报答之行。黄帝、炎帝是中华民族的共同祖先，祭祀黄帝、炎帝也是为表达对他们的感恩之心。

〖圣贤经典〗

知恩者，虽在生死，善根不坏；不知恩者，善根断灭。(《大方广如来不思议境界经》)

【译】懂得感恩的人，虽然还没有超越生死轮回，但是他心中善良的理念并没有泯灭；不懂得感恩的人，他心中善良的理念已经泯灭了。

滴水之恩，涌泉相报。(《增广贤文》)

【译】像水滴一样的恩德，要用喷涌的泉水来报答。

恩欲报，怨欲忘；报怨短，报恩长。(《弟子规》)

【译】得了人家的好处应该想法去报答，和别人结的怨恨要想法去忘掉；抱怨不过是一时，报恩才是长远的事。

投我以桃，报之以李。(《诗经・大雅》)

【译】别人送我桃子，我就回报他李子。

第二十一章　管理之道：廉

第一节　节欲去贪

〖题解〗

中华文化的主题既不是禁欲主义，也不是纵欲主义，而是节欲主义。我们要去除的不是欲望，而是恶欲。恶欲包括邪恶的精神欲望和过度膨胀的物质欲望。恶欲是犯罪的根源，减少犯罪应当从去除恶欲入手。人的恶欲一旦同不受限制的权力结合起来，就会借助权力的力量而泛滥；人的恶欲一旦同资本结合起来，就会借助资本的力量而膨胀；人的恶欲一旦同科技相结合，就会借助科技的力量而膨胀。由恶欲横流而产生的物质主义、消费主义、享乐主义、拜金主义会对人类产生极大的危害。

〖圣贤经典〗

乐不可极，极乐成哀；欲不可纵，纵欲成灾。[（唐）吴兢《贞观政要·刑法》]

【译】快乐不可过度，过度就会产生悲哀；欲望不可放纵，放纵就会产生灾难。

取之有度，用之有节，则常足；取之无度，用之无节，则常不足。（《资治通鉴》卷二百三十四）

【译】索取有限度，使用有节制，就能常感富足；索取没有限度，使用没有节制，就会常感不足。

玩人丧德，玩物丧志。（《尚书·旅獒》）

【译】戏弄人就会丧失良好的德行，玩赏物品就会丧失志向。

一念之欲不能制，而祸流于滔天。（《读书录》卷七）

【译】不能制止一时的欲念，就会酿成天大的祸患。

有欲甚，则邪心胜；邪心胜，则事经绝；事经绝，则祸难生。（《韩非子·解老》）

【译】贪欲严重，邪心就会占上风；邪心占上风，办事的准则就没有了；准则没有了，灾难就会发生。

人生而有欲。欲而不得，则不能无求；求而无度量分界，则不能不争；争则乱，乱则穷。（《荀子·礼论》）

【译】人一生下来就有欲望。欲望得不到满足，就不得不去追求；这种追求如果没有一定的限度，就会发生争斗；一旦发生争斗，就会引起混乱；一旦有混乱，国家就会陷入困境。

蝎盛则木朽，欲胜则身枯。[（晋）嵇康《嵇中散集》卷四《答难养生论》]

【译】蝎子太多木头就会腐朽，欲望太盛身体就会枯竭。

第二节　克己自律

〖题解〗

自律是人以自己内在的理性、德性、感性力量制约自己的行为，节制自己的物欲，断除自己的恶欲，控制自己的情绪，达到“从心所欲不逾矩”的境界。内心的力量有多强大，自律的力量就有多强大。自律的本质就是自由、自主、自为。自由是人处在由自己的意志支配而不是由外在的力量支配的状态。自主是指人在自由的环境中，进行独立的思考、分析、评价，进行自由的选择。自为是在自由和自主的状态之下产生的行为，并承担相应的责任。

〖圣贤经典〗

小不忍则乱大谋。(《论语・卫灵公》)

【译】小的事情不忍让，就会破坏大的计划。

君子有三戒：少之时，血气未定，戒之在色；及其壮也，血气方刚，戒之在斗；及其老也，血气既衰，戒之在得。(《论语・季氏》)

【译】君子有三件事要警惕戒备；少年时，血气未定，要警惕贪恋女色；壮年时，血气正旺，要警惕争强好斗；等到年老了，血气已经衰弱，要警惕贪得无厌。（血气：精力。未定：未成熟，未固定。得：贪得无厌。）

主不可以怒而兴师，将不可以愠而致战。合于利而动，不合于利而止。怒可以复喜，愠可以复悦，亡国不可以复存，死者不可以复生，故曰明主慎之，良将警之。(《孙子・火攻》)

【译】一国之主，不能凭一时之愤怒决定兴师；一军之将，不可以凭一时之愤怒率众出战。符合我方利益就行动，不符合我方利益就停止。因为愤怒可以重新欢乐，怨恨可以重新喜悦，但国亡不可复存，人死不会复活。所以，对于战争，君王要谨慎，忠臣良将要警惕。（愠［yùn］：怒。）

克己复礼为仁。(《论语・颜渊》)

【译】克制自己，复归礼仪，这就是仁。

匹夫见辱，拔剑而起，挺身而斗，此不足为勇也。天下有大勇者，卒然临之而不惊，无故加之而不怒，此其所挟持者甚大，而其志甚远也。[（宋）苏轼《留侯论》,《东坡全集》]

【译】普通人一旦受到侮辱，就拔出宝剑跳起来，挺身去决斗，这可谈不上勇敢。世界上有堪称“大勇”的人，当突然面临意外时不惊慌失措，当无故受到侮辱时，也不愤怒，这是因为他们的抱负很大，志向又很远。（卒［cù］：同“猝”，突然。）

第三节　反省改过

〖题解〗

人的思维习惯就是意识的方向指向外，指向他人，反省中的“反”字，也就是将自己意识的方向指向自己，认知自己，看到自己的缺点。反省改过的第一个前提：道德反省必须在自己的内心树立是非善恶的标准，即以仁、义、礼、智、信、忠、孝、廉、毅、和十大义理为衡量标准。反省改过的第二个前提：恭敬谦虚，自尊自爱。权威、面子、虚荣、自私、自负、自傲，产生一种拒不承认错误的力量，阻碍反省改过。反省改过的第三个前提：自由之精神与独立之人格。只有人格独立、自主自律的人，自己对自己的行为承担责任，承担后果，才谈得上真正的反省与改过。

〖圣贤经典〗

能下人，故其心虚；其心虚，故所取广；所取广，故其人愈高。[（明）李贽《焚书·高言说》]

【译】能居于人之下，所以内心谦虚；内心谦虚，所以能广泛猎取；广泛猎取，所以就愈加高明。

不迁怒，不贰过。(《论语·雍也》)

【译】不迁怒于人，不再犯以前犯过的错误。

君子以见善则迁，有过则改。(《周易·益卦·象辞》)

【译】君子看到善行就向它看齐，有了过错就要改正。

子曰：“见贤思齐焉，见不贤而内自省也。”(《论语·里仁》)

【译】孔子说：“见到贤者就要向他看齐，见到不贤的人就要在内心中自我反省。”

行有不得者，皆反求诸己。(《孟子·离娄上》)

【译】行动如果达不到预期的结果，就要反过来在自己身上找原因。

曾子曰：“吾日三省吾身；为人谋而不忠乎？与朋友交而不信乎？传不习乎？”(《论语·学而》)

【译】曾子说：“我每天必定从三个方面反省自己：替人谋事有没有不尽心尽力的地方？与朋友交往是不是有不诚信之处？师长的传授有没有练习？”

故非我而当者，吾师也；是我而当者，吾友也；谄谀我者，吾贼也。(《荀子·修身篇》)

【译】所以恰当批评我的人，就是我的教师；赞同我而得当的人，就是我的朋友；阿谀奉承我的人，就是害我的人。

第四节　有耻且格

〖题解〗

“耻”字在古代写作“恥”，“耳”字表明耻与社会舆论相关，“心”字表明耻与良心有关。知耻是一种道德情感，是一种道德体验。知耻是内心善的力量在挣扎，如果恬不知耻，就表明内心缺乏善的力量。所以，有良知的人、有道义感的人，当自己的行为符合义理时，就感到荣，产生欢欣、平静、安宁、踏实、幸福、自我赞赏、自我肯定等体验，从而激发向善的行为；当自己的行为背离义理时，就感到耻，产生羞愧、内疚、不安、懊悔、自我谴责、自我否定等体验，从而制止恶的行为。“厚黑学”以脸皮厚和心肠黑代替了廉耻之心，培养出无耻之徒。

〖圣贤经典〗

知耻是由内心以生，闻过是得之于外，人须知耻，方能过而改，故耻为重。(《朱子语类》卷九十四)

【译】羞耻心是在内心中产生的，听到别人讲自己的过错，这是来自外部的信息，人一定要知道羞耻，这样才能勇于改正错误，所以知耻是最重要的。

四维不张，国乃灭亡。……何谓四维？一曰礼，二曰义，三曰廉，四曰耻。(《管子·牧民》)

【译】四条纲领不能伸张，国家就会灭亡。……四条纲领是什么？就是礼、义、廉、耻。

心无羞耻，天良已绝，日习日邪，愈趋愈下，与禽兽相去几希。[(清)石成金《传家宝·人事通》]

【译】没有羞耻心，良知就会断绝。天天染习，天天邪恶，品德越来越低下，以至于与禽兽没有差别。(几希：很微小。)

知耻近乎勇。(《中庸》)

【译】知道羞耻，就接近于勇敢了。

故君子耻不修，不耻见污；耻不信，不耻不见信；耻不能，不耻不见用。(《荀子·非十二子》)

【译】所以君子以缺乏修养为耻辱，不以被人诬蔑为耻辱；以不讲信用为耻辱，不以不被别人信任为耻辱；以没有才能为耻辱，不以不被任用为耻辱。

君子义以为质，得义则重，失义则轻；由义为荣，背义为辱。(《象山集》卷十三《与郭邦逸》)

【译】君子以正义作为根本，得到正义是重要的，失去正义则是轻微的；遵循正义是光荣的，违背正义则是耻辱的。

第五节　涵养正念

〖题解〗

人的生命由身、心复合而成，身体无时不在进行新陈代谢，心灵无时不处于念念相续的状态，即每时每刻都有一个念头在心中，此前有念头已逝去，此后有念头即将涌现。念头可以分为正念与妄念。正念是善念、纯念（与当下所做之事相关的念头）、正见（正确的见解），妄念是恶念、杂念（与当下所做之事无关的念头）、邪见（错误的见解）、妄想（贪、嗔、愚、痴、烦恼、忧郁、焦虑、痛苦等）。正念与妄念，正如光明与黑暗一样，光明显现，黑暗就会消退，生起正念，妄念自会消失。

如果一个人念念相续的是正念，正念导致善行，则此人必定走向健康、吉祥、快乐、成功；如果一个人念念相续的是妄念，妄念导致妄行，则此人必定走向病态、不幸、痛苦、失败，呈现出人格扭曲、心理变态、品质低劣、违法犯罪等现象。

正己修身必须从自己的心念上下功夫！行善，要从自己的起心动念处开始，生起正念，行善的行为才是真实的、持久的。改过，要从自己的起心动念处开始，将自己的妄念、邪念去除，斩草除根，错误的行为失去内在的动机，自然会停止。

〖圣贤经典〗

好色则一心在好色上，好货则一心在好货上，可以为主一乎？是所谓逐物，非主一也。主一是专主一个天理。[（明）王守仁《传习录上》]

【译】好色，就一心扑在好色上；好财物，就一心扑在好财物上，这可以叫作专心吗？这是追逐物欲，并不是专心。专心，是专注于天理。

破山中贼易，破心中贼难。区区剪除鼠窃，何足为异？若诸贤扫荡心腹之寇，以收廓清平定之功，此诚大丈夫不世之伟绩。[（明）王守仁《王文成全书》卷四]

【译】破除山中贼寇容易，破除心中贼寇则很困难。消灭小股盗贼，不足为奇。若像众圣贤那样除掉心中的贼寇，产生心灵廓清、安宁的功效，这才真是大丈夫超凡的伟大业绩。（廓：肃清。）

我善养吾浩然之气。……其为气也，至大至刚，以直养而无害，则塞于天地之间。其为气也，配义与道；无是，馁也。是集义所生者，非义袭而取之也。行有不慊于心，则馁矣。（《孟子·公孙丑上》）

【译】我善于培养我的浩然之气。……这种气，最浩大、最刚强，用正道去培养而不加伤害，就会充满天地之间，无所不在。这种气，要同义和道相配合；没有义与道，气便不够盈满。这种气，是聚集了正义才产生的，不是凭偶尔的正义之举所能获取的。行事于心有愧，这种气便不够盈满。（慊［qiè］：满足。）

善念存时，即天理。此念即善，更思何善？此念非恶，更去何恶？此念如树之根芽。立志者长立此善念而已。[（明）王守仁《传习录上》]

【译】心存善念，这就是天理。既有此善念，何必要另外再去思考善？此念头并非恶，何必还要去除恶？此善念就如树的根和芽。立志就是使善念成长起来。

子曰：“《诗》三百，一言以蔽之，曰‘思无邪’。”（《论语·为政》）

【译】孔子说：“《诗经》中的三百多首诗，用一句话来概括，就是没有邪思邪念。”

人心惟危，道心惟微，唯精唯一，允执厥中。（《尚书·虞书·大禹谟》）

【译】人心危险，道心精微，要精研要专一，诚实地坚守中道。（允：真诚。厥[jué]：其。）

人只有一个心，但知觉得道理底是道心，知觉得声色臭味底是人心。（《语类》卷七十八）

【译】人只有一个心，感知到道理的心，就是道心；感知到声色气味的心，就是人心。

春有百花秋有月，夏有凉风冬有雪；若无闲事挂心头，便是人间好时节。[（宋）慧开禅师《无门关》]

【译】春天有开放的百花，秋天有皎洁的月亮，夏天有习习的凉风，冬天有飘舞的雪花。如果没有烦心的事情放在心头，便能感受到四季时时都是良辰美景。

身似菩提树，心如明镜台；时时勤拂拭，莫教惹尘埃。（《坛经》，神秀偈语）

【译】身体就像是一棵菩提树，心灵就像一座明亮的台镜，时时不断地将它掸拂擦拭，不让尘垢障蔽了光明的本性。

才觉私意起，便克去，此是大勇。[（明）胡居仁《居业录·学问》]

【译】刚刚感觉到私欲产生，便克除，这是大勇。

无事时，将好色、好货、好名等私逐一追究搜寻出来，定要拔去病根，永不复起，方始为快。常如猫之捕鼠，一眼看着，一耳听着。才有一念萌动，即与克去。斩钉截铁，不可姑容，与他方便。不可窝藏，不可放他出路，方是真实用功。[（明）王守仁《传习录上》]

【译】无事之时，将好色、好财、好名等各种私欲，一一追查、搜寻出来，一定要拔除心灵上的病，使之永远不再发作，才叫痛快。就像猫捉老鼠一样，一边眼睛看着，一边耳朵听着。刚刚有一个邪念萌生出来，就立即克除它。斩钉截铁，不能姑息纵容，给邪念提供方便。不可窝藏邪念，也不可将邪念放出来害人，这才是真正的功夫。

夫清其流者必洁其源，正其末者须端其本。[（唐）魏征《隋书·列传·李文博》]

【译】要使流水清澈必须使其源头清洁，要使末梢正直必须端正其根本。

善念发而知之，而充之。恶念发而知之，而遏之。[（明）王守仁《传习录上》]

【译】善念萌生，知觉并加以扩充。恶念萌生，知觉并加以节制。

第六节　虚静空明

〖题解〗

虚实相生：老子发现了“虚无”之大用就是容纳万象万物，就如器具因为内部空无，才能装东西。古诗词、国画追求“象外之象”“景外之景”“韵外之致”“画外之画”“言外之意”“言有尽而意无穷”“不著一字，尽得风流”。

动静相生：动与静皆是生命存在的状态。如果只有动，久动则衰；如果只有静，久静则息。儒家以动为主，提倡积极进取、刚健有为、自强不息。道家以静为主，倡导虚静无为、任物自然、任性自然。

虚静空灵：心灵排除各种精神毒素的浸染，排除身体感官、外在事物、内在情志的干扰，抑制认知活动，处于空虚宁静而又凝神专注、灵感勃发的状态。虚静只是排除与当下意识主题无关的杂念，而不是排除一切心念。

心灵虚静有以下功用：虚静审美、虚静应物、虚静养生、虚静明察、虚静养德。

〖**圣贤经典**〗

“菩提本无树，明镜亦非台；本来无一物，何处惹尘埃？”（惠能《坛经》）

【译】身体原本就不是菩提树，心灵也不是明亮的镜台。本来就是四大皆空，哪里会染上尘埃？

正其心，平其气，如以镜照物而镜不动，常炯炯地，是谓以我观书，方能心与书合一。[（明）湛若水《湛甘泉先生文集·大科训观》]

【译】端正自己的心，使自己心气平和，正如用镜子照见万物，而镜子本身却寂然不动，心中常常是一片光明，这样就叫用心来看书，才能达到与书合一的境界。（炯：光明。）

若一志！无听之以耳，而听之以心；无听之以心，而听之以气。听止于耳，心止于符。气也者，虚而待物者也。唯道集虚，虚者心斋也。（《庄子·人间世》）

【译】意识专注于一处！你就不用耳朵去听，而是用心灵去体会；进而不用心灵去体会，而是用自身的气场去感应。耳朵的功能只能听到有声之音，心灵只能感受到有形之物。气则是空明虚静的，它能容纳一切。在虚静的状态体证道，虚静的状态就是“心斋”。

凝神遐思，妙悟自然，物我两忘，离形去智。[（唐）张彦远《历代名画记》]

【译】意识集中，想象丰富，感悟自然，忘记外物，忘记自我，离开形体，去除智诈。

半亩方塘一鉴开，天光云影共徘徊。问渠那得清如许，为有源头活水来。[（宋）朱熹《观书有感》]

【译】在一方池塘水面上，阳光、月影、云彩，都一一映现出来；要问池塘水为何如此清澈，就是因为有活动的水从源头流来。

第七节　崇俭戒奢

〖**题解**〗

俭以养身：饮食过量，营养过多，积存于身体中就成为负累，生活清淡，饮食有节，节俭可以养身。

俭以养心：回归到简单、朴素的物质生活方式，可以减轻精神压力，有闲暇时光修养身心以享受高级的精神生活。

俭以养德：节俭者节制欲望、淡泊明志、坚守节操。奢侈者放纵欲望、玩物丧志、放弃操守，被物化、奴化。物化就是自己全力追求物质享受而淡化精神追求，使人际关系变为金钱利益关系。奴化就是被物质商品控制，成为钱奴、卡奴、房奴、烟奴、酒奴等。

俭以成就："成由节俭败由奢"。简朴的物质生活会让人获得大量的时间。节俭可以锻炼自我控制能力、忍受困难与痛苦的能力和克服困难的意志力，可以使人更加坚毅、刚强。

俭以养廉：奢侈产生腐败，节俭导致清廉。某些官员之所以走向腐败，就是因为官员这种特殊职业需要付出大量的金钱来取得和维护官位，需要大量金钱来抬高自己的地位，需要大量金钱来建立各种关系，需要大量金钱来维护奢侈生活。

节俭的生活包括以下诸多方面：

清心寡欲：减少欲望是建立俭朴生活模式的前提。欲望是锅下面的火，高消费就像是锅里沸腾的汤，在熊熊大火之上"扬汤止沸"是不行的，只能是"釜底抽薪"。

实用为要：以实用、实惠为目的，而不是以攀比、炫耀、时髦、虚荣、面子等心理需要为目的。

善于共享：不要追求独占而是寻求共享，善于享受公园、草地、图书馆、公共交通、泳池、运动场等公共资源，善于享受花草、山水、阳光、空气等自然资源。

消费有度：每个人根据消费符合国情、地球生态承载能力、家庭经济收入、个人的收入等情况来确定消费的限度，可以不花的钱就尽可能不花，可以少用的物就尽可能少用，生活方式符合环保要求。

物尽其用：最大限度地提高资源的使用效率，用最少的资源消耗换取最大的经济效益，切勿暴殄天物。

简化礼仪：婚礼、丧礼、成人礼、节日礼、庆典礼、祭祀礼、宴请礼等礼仪活动应当统一制定简化的礼仪程序与节俭的用物标准，以避免相关从业者将简单的礼仪过程复杂化，提高道具、物品的档次，丰富道具、物品的种类，以谋取更多利益。

奢侈之风导致环境污染、生态破坏、资源枯竭，导致道德堕落，导致精神生活空虚化、混乱化、物质化、感官化，造成对人的身心健康的损害，导致社会畸变。

〖**圣贤经典**〗

俭则约，约则百善兴；奢则肆，肆则百恶俱纵。[（清）金缨《格言联璧·持躬类》]

【译】节俭就能约束自己，约束自己就有善行出现；奢侈就会放纵，放纵就会产生种种恶行。（兴：产生。）

夫君子之行，静以修身，俭以养德，非淡泊无以明志，非宁静无以致远。[（三国·蜀）诸葛亮《诫子书》]

【译】君子以虚静的方式修养身心，以节俭的方式培养品德，只有在淡泊之中才能够明确志向，只有在宁静之中才能达到高远的境界。

俭则无贪淫之累，故能成其廉。[（清）石成金《传家宝》]

【译】俭朴就没有贪婪淫乱的牵累，所以能保全自己的廉洁。

骄则善言不入，而过不闻。侈则善道不立，而行不顾。[（清）张廷玉《明史·陶安传》]

【译】骄傲就不易听到各种有益的意见，听不到批评有过失的声音。奢侈就不能走正道，而不顾及行动后果。

孔子曰："益者三乐，损者三乐。乐节礼乐，乐道人之善，乐多贤友，益矣。乐骄乐，乐佚游，乐宴乐，损矣。"（《论语·季氏》）

【译】孔子说："有益的快乐有三种，有害的快乐也有三种。以得到礼乐的调节为快乐，以称道他人的好处为快乐，以多结交贤明的朋友为快乐，是有益的；以骄奢淫逸为快乐，以游玩无度为快乐，以吃吃喝喝为快乐，则是有害的。"

天地生财，自有定数，取之有制，用之有节，则裕；取之无制，用之无节，则乏。[（明）张居正《论时政疏》]

【译】天地生产财物，自然有一定的数量，获取有限制，使用有节制，就会充裕；获取无限制，使用无节制，就会匮乏。

人生衣食财禄皆有定数，若俭约不贪，则可以养福，亦可以致寿。（康熙《圣祖仁皇帝庭训格言》）

【译】人的一生，衣服、食物、财富、俸禄，都有一个定数，如果节俭朴素，不贪婪，就可以长养福气，也可以延长寿命。

俭于嗜欲，可以保元养神；俭于言语，可以息是非养精气；俭于饮食，可以养脾胃；俭于思虑，可以壹心静志；俭于交游，可以省酬应；俭于忿怒，可以免怨尤。[（清）王师晋《资敬堂家训》]

【译】在嗜好欲望方面节俭，可以保护元气、养护精神；在言语方面节俭，可以平息是非，养护精气；在饮食方面节俭，可以养护脾胃；在思考方面节俭，可以让自己专心致志；在交往游玩方面节俭，可以减省应酬；在愤怒上节制，可以避免结下怨仇。

仁人之所以多寿者，外无贪而内清净，心和平而不失中正，取天地之美以养其身。（董仲舒《春秋繁露》卷十六）

【译】仁爱的人之所以大部分是长寿的，就是因为对外没有贪欲，在内心保持清净，心灵平和而且不丧失中正之道，法取天地之大美来养护自身。

第八节　清正廉明

〖**题解**〗

廉洁是为政者最重要的德行，由廉洁产生公正，由廉洁产生威严，由廉洁维护法律的尊严，由廉洁产生行政的效率。腐败是个人或集团，为谋取个人利益和集团利益，利用公共权力或公共资源，损害他人利益或公共利益的行为。清廉 = 权力 + 道德高尚权力 + 受到限制和监督，腐败 = 权力 + 道德败坏 + 权力不受限制和监督。中国历代封建王朝陷入“打江山、坐江山、吃江山、败江山”的恶性循环之中，原因就在于没有将有效的限制的权力与自私的人性相结合，君与臣都要通过权权交易和钱权交易来营建关系网络以维护权力，形成腐败势力的自我维护机制。在现代社会，防范腐败的八个对策是权力来自选举，有效制约权力，政务公开透明，建设廉洁文化，强化人民监督，加大惩罚力度，培养道德素质，法治德治并重。

〖**圣贤经典**〗

廉者常乐无求，贪者常忧不足。[（隋）王通《中说·王道》]

【译】廉洁的人总能因为没有太多的欲求而快乐，贪婪的人则总是因为贪心不足而忧戚。

惟淡可以从俭，惟俭可以养廉。[（明）周顺昌《忠介烬余集》卷二]

【译】只有淡泊才可以节俭，只有节俭才可以培养清廉。

天下官吏不廉则曲法，曲法则害民。[（宋）范仲淹《范文正公集·再进前所陈十事》]

【译】天下的官员不廉洁就会破坏法律，破坏法律就会危害百姓。

在官惟明，莅事惟平，立身惟清。清则无欲，平则不曲，明能正俗。三者备矣，然后可以理人。(《忠经·守宰章》)

【译】为官就在于清明，理事就在于公平，立身就在于清白。清白就会没有欲望，公平就能不扭曲，清明就能端正风俗。这三者具备了，才能去管理别人。(莅［lì］：治理。)

吏不畏吾严，而畏吾廉；民不服吾能，而服吾公。公则民不敢慢，廉则吏不敢欺。公生明，廉生威。(《曹月川集·年谱》)

【译】衙吏不畏惧我严厉，却畏惧我清廉；人民不服气我的才能，却服气我的公正。公正，那么人民不敢怠慢；清廉，那么衙吏不敢欺侮。公正产生严明，清廉产生威信。

文臣不爱钱，武臣不惜死，天下太平矣。(《宋史·岳飞传》)

【译】文臣不贪图钱财，武臣不顾惜死亡，国家就得到太平了。

第九节　清贫乐道

〖**题解**〗

“清贫”是指以淡泊的心态对待贫困，或者在富裕的条件下过俭朴的生活，绝不为了摆脱贫困或追求奢侈而不顾廉耻，泯灭良知，背离正道。安于清贫的人，不会出卖人格以求取财富，也会做一些对社会有价值但对自己没有利润的事。乐有感官之乐与心灵之乐两类。心灵之乐又有“体道之乐”“人情之乐”“审美之乐”三类。幸福的真正含义是：人既要有感官之乐，也要有“体道之乐”“人情之乐”“审美之乐”。如果只有满足衣、食、住、行需要的感官之乐，而心灵则充满了痛苦、烦恼、妄念，那不可能是幸福的。

“乐道”即“体道之乐”“得道之乐”“学道之乐”。“乐道”的最高境界是，摆脱人与道的分离状态，达到“与道合一”，人的主观精神与道合为一体，在自觉、自由的状态中呈现出道的精神。一个感官欲望强烈的人不容易进入“乐道”的状态，一个高消费的人不容易进入“乐道”的状态，远离“道”的人、背离“道”的人，就不可能获得“体道之乐”。

〖**圣贤经典**〗

君子乐得其道，小人乐得其欲。(《礼记·乐记》)

【译】君子为得道而快乐，小人为满足欲望而快乐。

人心本自乐，自将私欲缚。私欲一萌时，良知还自觉。一觉便消除，人心依旧乐。(王艮《乐学歌》)

【译】人心本来处于快乐状态，只是自己用私欲束缚自己。私欲出现时，良知仍需自我觉醒。良知一旦觉醒，欲望便会消除，人心依然是快乐的。

私欲既去，天理流行，动静语默，日用之间，无非天理，胸中廓然，岂不可乐。(《朱子语类》卷三十一〉

【译】私欲既然除去了，天理就彰显出来，在活动、安静、说话、沉默之中，在日常生活之中，都是体现天理。胸怀开阔，哪有不快乐的呢?

君子修道立德，不为穷困而败节。(《孔子家语·在厄》)

【译】君子修行正道培养品德，不会为贫困而丧失气节。

君子谋道不谋食……君子忧道不忧贫。(《论语·卫灵公》)

【译】君子谋求正道不谋求食物……君子忧虑大道沦丧而不忧虑贫困。

第二十二章　管理之道：毅

第一节　立志弘毅

〖**题解**〗

“士不可以不弘毅”，弘就是志向远大，毅就是意志坚强。人既要立道义之志，也要立事业之志。道义之志是指向道义目标或道德修养目标所立的志。事业之志是为成就某项事业、做好某种工作所立的志。理想与欲望的差别在于，理想是符合道义的欲望，缺失道义的人只有欲望，没有理想。

立志弘毅具体体现为：立志高远、立志坚定、淡泊明志、行有定向、聚精会神、时时践履、人各有志、念念在兹、树立目标、持之以恒。

〖**圣贤经典**〗

三军可夺帅也，匹夫不可夺志也。(《论语·子罕》)

【译】左、中、右三军的主帅可以被夺去，匹夫的志向是不可以被改变的。

士不可以不弘毅，任重而道远。仁以为己任，不亦重乎？死而后已，不亦远乎？(《论语·泰伯》)

【译】士人不可以不刚强坚毅，因为他的责任重大，奋斗的历程遥远。将仁道作为自己的责任，不也是重大吗？至死方休，不是遥远吗？

士志于道，而耻恶衣恶食者，未足与议也。(《论语·里仁》)

【译】一个人如果真正立志于修道，却又怕自己穿的衣服不好，怕自己吃的东西不好，那和这样的人就没有什么可谈的了。

古之立大事者，不惟有超世之才，亦必有坚忍不拔之志。(苏轼:《东坡全集·晁错论》)

【译】古时成就大事的人，不仅有超越天下人的才能，也必须有坚忍不拔的志向。

志不立，如无舵之舟，无衔之马，漂荡奔逸，终亦何所底乎？［(明)王守仁《王文成公全书·教条示龙场诸生·立志》］

【译】志向不确立，就像没有舵的船，没有缰绳的马，到处游荡奔跑，不知道最终要停在什么地方。(衔：横在马口中备抽勒的铁，此指马的缰绳。底：止。)

为天地立心，为生民立命，为往圣继绝学，为万世开太平。［(宋)张载《张子全书·近思拾遗录》］

【译】为天地树立良心，为人民安身立命，为过去的圣人继承中断了的学说，为千秋万代开创太平盛世。

性痴则其志凝。故书痴者文必工，艺痴者技必良。[（清）蒲松龄《聊斋志异·阿宝》]

【译】心神专注，则志向就会执着。专注于书的人文章必然高妙，专注于艺术的人演技就一定绝好。

志利欲者，便如趋夷狄禽兽之径；志理义者，便是趋正路。（《朱子语类》卷一百二十）

【译】一心追求利益欲望的人，就像走上禽兽的道路；一心追求仁义真理的人，便是走上正路。

若志不强毅，意不慷慨，徒碌碌滞于俗，默默束于情，永窜伏于凡庸，不免于下流矣！（诸葛亮《诫外甥书》）

【译】如果志向达不到坚强刚毅，意志达不到慷慨激昂，只是碌碌无为，沉溺于世俗之中，为私情所困，永远混杂在平庸的人群之中，难免沦落为不入流之人！

第二节　自尊自信

〖题解〗

自尊是对自我人格的肯定性评价，尊重自己，维护自己的人格尊严、荣誉、形象、合法权益，既不向别人卑躬屈膝，也不允许别人歧视、侮辱。人的生命价值是平等的，每个人拥有的金钱、地位、外貌等外在的东西的增加和减少不能决定人格的高低。

自尊的人通常有知耻之心，不做庸俗卑贱的事情，有尊严地生活。自私侧重欲望，自尊侧重道义，自信侧重能力。自私的人缺乏自尊，只考虑虚荣与面子。

如何培养人的自尊？弘扬圣贤之道，用之于正己修身，提高人格修养，树立正面的价值观，即培养自尊。中华文化为自尊开辟了宽广的道路，佛教认为人人皆可顿悟成佛，道教认为人人都可修道成仙，儒教认为人人都可修养成圣。维护民族尊严、国家尊严，并将个人的自尊置于民族尊严和国家尊严之中。良性的社会舆论让有德者受到尊敬，促进自尊的形成。恶性的社会舆论（如嘲笑英雄、抹黑先进、歪曲历史等）会误导人们的思想与行为，毁坏人的自尊。

相信并高度评价自己的知识、能力、智慧就是自信，期望提高自己的知识、能力、智慧并采取行动，也是自信。如何培养自信？以下方面有助于人的自信心的培养：人在做事的过程中取得成就，验证自己的能力，用成功的经历激励自己；人在学习的过程中取得进步，提高自己的能力；不断挖掘自己的潜力，发挥自己的特长，同时避开自己的短处；采取积极主动的行动，如主动发言、主动提出建议、主动采取行动；用微笑、挺胸、正视对方、大步向前等自信的表情和肢体语言带动自信的感觉；用激励的语言自我暗示；同自信的人多交往，避开自卑者；在民主的氛围中成长，自己得到尊重、信任，敢于提出不同的意见；受到他人鼓励与赞赏。

自尊自信有益于身心健康，有利于调动自身的精神和能力，推倒压在自己身上的巨石，让自己的能量自由地发挥出来。自暴自弃和自卑则是消极的情绪，有损身心健康，从自身产生压制自己的力量。

〖圣贤经典〗

自安于弱，而终于弱矣；自安于愚，而终于愚矣。[（宋）吕祖谦《东莱博议·葵邱之会》]

【译】自己安于贫弱，最终只能是贫弱；自己安于愚昧，最终只能是愚昧。

自信者，不可以诽誉迁也；知足者，不可以势利诱也。（《淮南子·诠言训》）

【译】自信的人，不因别人的攻击或吹捧而改变；知足的人，不会为权势、利益所引诱。（诽［fěi］：非议。）

自暴者，不可与有言也；自弃者，不可与有为也。（《孟子·离娄上》）

【译】自己损害自己，不可以同这样的人谈话；自己抛弃自己，不可以同这样的人共事。

恻隐之心，仁之端也；羞恶之心，义之端也；辞让之心，礼之端也；是非之心，智之端也。人之有是四端也，犹其有四体也。有是四端而自谓不能者，自贼者也。（《孟子·公孙丑下》）

【译】同情心是仁的发端，羞耻心是义的发端，谦让心是礼的发端，是非心是智的发端。人有这四种发端，就像有四肢一样。有了这四种发端却自认为不行的，是自暴自弃的人。

人当自信自守，虽称誉之、承奉之，亦不为之加喜；虽毁谤之、侮慢之，亦不为之加沮。（《读书录》卷一）

【译】人应当自信守节，虽然有人称赞或承奉，也不会因此而更加高兴；即使有人毁谤自己、欺侮自己，也不应当为此而沮丧。（慢：轻慢。）

第三节　自主自为

〖题解〗

依赖性人格是在缺乏磨炼的环境中、在过度溺爱的环境中、在具有专制作风的环境中、在灌输式教育的环境中形成的。自主自为表现为自我克制、自主选择、自我反思、自主学习、独立思考、自主行动、独立自主、自我担当。

〖圣贤经典〗

君子敬其在己者，而不慕其在天者，是以日进也；小人错其在己者，而慕其在天者，是以日退也。（《荀子·强国》）

【译】君子看重自身的因素，而不指望天助，所以日益进步；小人放弃自身的努力，而指望天助，所以日益退步。（慕：指望。错：通“措”，放置。）

心者，形之君也，而神明之主也，出令而无所受令。自禁也，自使也，自夺也，

自取也，自行也，自止也。（《荀子·解蔽》）

【译】心灵，是身体的君王，也是精神的主宰，它发出命令而不是接受命令。它能够自行约束，自行运用，自行取消，自行获取，自行活动，自行停止。

君子求诸己，小人求诸人。（《论语·卫灵公》）

【译】君子向自己提出要求，小人向别人提出要求。

人生为己，天经地义，人不为己，天诛地灭。（《佛说十善业道经》）

【译】人生一世，要做好自己，这是天经地义的；人如果做不好自己，就会遭到天地的诛灭。（为［wéi］：做。为己：做好自己。人们将“为”误读为wèi，于是就将“为己”误解为“为了满足自己的私欲”。）

莫非命也，顺受其正；是故知命者，不立乎岩墙之下。尽其道而死者，正命也；桎梏死者，非正命也。（《孟子·尽心上》）

【译】无一不是命运，要以顺应的态度去接受正命；所以知道命运的人，不站在有可能倒塌的墙壁之下。尽力行道结果却死了，就是正命；犯罪戴着镣铐而死，就不是正命。（桎梏［zhì gù］：脚镣和手铐。）

祸福无门，惟人自召。（《太上感应篇》）

【译】祸和福都是人自身招来的，不是外界的原因造成的。

古之人目短于自见，故以镜观面；智短于自知，故以道正己。故镜无见疵之罪，道无明过之怨。目失镜则无以正须眉；身失道则无以知迷惑。（《韩非子·观行》）

【译】古代的人，眼睛看不见自己，所以用镜子照着观察面孔；才智不足以认识自己，所以用正道来修正自己。因此镜子照出毛病，这不是镜子的罪过，正道暴露自己的过失，不应引起我们的怨恨。眼睛离开镜子，就不能修整胡子、眉毛；人们离开正道，就不能辨别是非。（疵［cī］：毛病。）

知人者智，自知者明。胜人者有力，自胜者强。知足者富。强行者有志。不失其所者久。死而不亡者寿。（《道德经》第三十三章）

【译】了解他人的人是智者，了解自己的人才是明白人。能战胜别人的人是有力量的，能战胜自己的人更加强大。知道满足的人才是富有人。坚持力行的人有志向。不丧失本分的人就能长久。身虽死而“道”犹存的人，才算真正的长寿。

第四节　事上磨炼

〖题解〗

坚强意志不是天生就有，也不是通过知识灌输而得。坚强意志从何而来？是从艰难的磨炼中而来。人生甘甜的滋味从何而来？是从痛苦的对比中获得。人的知识是学习而得来的，人的能力是练习得来的，人的品性是修习得来的。练习、修习，都是事上磨炼。缺乏事上磨炼的功夫，人就不可能有丰富的经验。

缺乏事上磨炼，会出现懦弱、空谈、心胸狭窄、意志薄弱、耐受力差、自制能力差、自理能力弱、心理障碍、心理疾病等问题。过度追求安逸舒适的生活，使人失去奋斗的压力，使人丧失了吃苦的精神，使人安于现状，让人产生回避艰苦事物的惰性，就会变得越来越孱弱。开展磨炼教育、挫折教育，将人放在正常的社会环境中，放在恶劣的自然环境中，或放在虚拟的训练环境中，甚至给予各种尖锐的批评，让人经受各种压力、考验、挫败，可以锻炼人的坚强意志和承受能力。在孤岛、密林、荒漠、高原等特殊条件下的生存训练，可以培养人的生存能力。

〖**圣贤经典**〗

故天将降大任于是人也，必先苦其心志，劳其筋骨，饿其体肤，空乏其身，行拂乱其所为，所以动心忍性，曾益其所不能。(《孟子·告子下》)

【译】所以上天要将重任降临在一个人肩上，必定首先磨砺他的心灵，使他四肢劳累、腹中饥饿、生活贫困，并扰乱他的行为，这样，便可以震动他的心灵，磨炼他的品性，增强他的能力。(拂：违背。曾：通“增”。)

夫民劳则思，思则善心生；逸则淫，淫则忘善，忘善则恶心生。(《国语·鲁语下》)

【译】人们辛劳就会思虑，思虑就会产生善心；安逸就会淫乱，淫乱就会忘记善，忘记善就会从心中产生恶念。

人须在事上磨炼，做功夫，乃有益。若只好静，遇事便乱，终无长进。(《王文成全书·传习录下》)

【译】人必须在做事时磨炼，在做事上下功夫，这才有益处。如果只是喜好宁静，遇到事情时就会慌乱，最终没有长进。

玉不琢，不成器；人不学，不知道。(《礼记·学记》)

【译】玉石不雕琢，就不能成为有用之器；人不学习，就不会懂得道理。

自古雄才多磨难，从来纨绔少伟男。(王宝池《劝学》)

【译】自古以来凡是做成大事的英雄豪杰都是经历过很多磨难的，而那些富贵人家的子弟很少有人能成就大事的。

故习于己而不能达于事者，谓之腐儒，厥罪小；援圣假经而循利于时者，谓之俗儒，厥罪大。[(明)王廷相《王廷相集》第三册《慎言·潜心篇》]

【译】所以，在自己身上修习，但不能在事物中顺利地运用，这叫腐儒，这样的罪是小的；背靠圣人、假借经典，而在现实中谋利的人，就是俗儒，这种罪是很大的。[厥(jué)：那个。]

生于忧患而死于安乐也。(《孟子·告子下》)

【译】在忧患之中生存下去，在安乐之中走向死亡。

第五节　自强不息

〖**题解**〗

目标远大：目标远大是一个人自强不息的前提。如果一个人设立的是小目标，或者是没有目标，就不可能有持之以恒的长期奋斗。孔子树立弘扬大道的目标，度过了

“自强不息”的一生。

持之以恒：事业的成功，都必须付出别人不能付出的努力，长久不懈地坚持下去，持之以恒，不能浅尝辄止，不能朝秦暮楚，不能半途而废，更不能功亏一篑。最后的胜利，存在于坚持到底的努力之中。许多失败者，其实是中途放弃者，没有付出百分之百的努力。

永不放弃：在竞争激烈的社会，在竞争的路上你追我赶，只有付出了超出别人的努力，才能取得超越别人的成就。

意志坚强：克服的困难越多、越大，个人的意志就越坚强，个人的经验就越丰富。坚强的人遭遇挫折，不气馁、不退缩，总结经验，继续奋斗；懦弱的人遭遇挫折，则不能自拔，心灰意冷，一蹶不振。

无欲则刚：林则徐曾写过这样一副对联：“海纳百川，有容乃大；壁立千仞，无欲则刚。”在“无欲则刚”的同时，还需要“有愿则刚”，放下自己的贪欲，内心产生宏大的心愿，才能坚强起来，有力地抗拒外来的诱惑。

〖**圣贤经典**〗

天行健，君子以自强不息。（《周易·乾卦·象》）

【译】天道运行刚健，君子因此而自强不息。

故不积跬步，无以至千里；不积小流，无以成江河。（《荀子·劝学》）

【译】所以，不一步一步去走，就不能达致千里之远；不汇聚小的河流，就不能成为江河海洋。（跬［kuǐ］：举足一次为“跬”，举足两次为“步”。）

锲而舍之，朽木不折；锲而不舍，金石可镂。（《荀子·劝学》）

【译】雕刻一下便放弃，即使是腐朽的木头也不能被折断；雕刻并且持之以恒，就算是金石也能被雕刻。（锲［qiè］：刻。镂［lòu］：雕刻。）

有恒则无所不破，水滴石穿，绳锯木断，间断无所能成。（康有为《孟子微》卷七）

【译】有恒心则没有东西不被攻破，水滴可以穿透石块，绳子可以锯断木头，如果间断了，就不能成功。

子曰：“吾未见刚者。”或对曰：“申枨。”子曰：“枨也欲，焉得刚？”（《论语·公冶长》）

【译】孔子说：“我未曾见过刚强的人。”有人回答：“申枨是这种人。”孔子说：“申枨这个人欲望太多，怎么会刚强呢？”（枨［chéng］：人名。焉：怎么。）

天下无往非难境，惟有胆力者无难境；天下无往非畏途，惟有胆力者无畏途。（梁启超《饮冰室合集》专集之四《新民说·论尚武》）

【译】天下无处不是艰难的处境，只是有胆魄、有力量者能走出艰难的处境；天下无处不是艰险的道路，只是有胆魄、有力量者能走完艰险的道路。

富贵不能淫，贫贱不能移，威武不能屈，此之谓大丈夫。（《绎史·曾子制言上》）

【译】富贵不能使自己沉溺，贫贱不能使自己改变志向，暴力不能使自己屈服，这就叫大丈夫。

见善明，则重名节如泰山；用心刚，则轻死生如鸿毛。［（宋）林逋《省心录》］

【译】如果是清楚地看见善道，就会把名节看得像泰山一样重；如果用心刚正，就会把死亡看得像鸿毛一样轻。

第六节　正义之勇

〖题解〗

孔子倡导的勇，即义理之勇。他认为，仁、智、勇是三种最可贵的品质。孙子把勇同仁、智结合起来，说“将者，智、信、仁、勇、严也”。评判一种勇敢的行为是善还是恶，就要看它是否符合道义。如果勇敢用于正当的事业上，就是善的；如果用于邪恶的事上，就是恶的。如果用于谋取个人的私利又同时践踏他人的利益，这就是恶的；如果用于谋取人类、国家、社会、他人的利益，这就是善的。

可以将勇气或勇敢分为血气之勇与义理之勇。

血气之勇：勇气既可以同怒气、怨气、仇恨相结合，可以同情绪冲动、盲目、霸气相结合，形成血气之勇，这种勇是恶性的，需要我们戒除。血气之勇表现为鲁莽蛮干、盲目冒险、强梁霸道、凶残逞强。

义理之勇：勇气也可以同仁、义、礼、智、信、忠、孝、廉、毅、和相结合，同浩然正气相结合，形成义理之勇，这种勇才是良性的，需要我们倡导。义理之勇是指那种为了正义事业而不惧强暴、不畏权势、不怕艰险、不顾利害、不计生死而一往无前的道德品质。

〖圣贤经典〗

人情有所不能忍者，匹夫见辱，拔剑而起，挺身而斗，此不足为勇也。天下有大勇者，卒然临之而不惊，无故加之而不怒。此其所挟持者甚大，而其志甚远也。[（宋）苏轼《苏东坡全集・留侯论》]

【译】有不能忍受之事，是人之常情。一般人受到羞辱，拔剑而起，挺身而出进行斗争，这算不上勇敢。天下有大勇之人，事情突然降临而不惊恐，无缘无故地强加给他，也不感到愤怒。这是因为他所凭借的东西很大，他的志向很高远。

轻死而暴，是小人之勇也。义之所在，不倾于权，不顾其利，举国而与之不为改视，重死持义而不挠，是士君子之勇也。（《荀子・荣辱》）

【译】轻视生命而又暴虐，这是小人的勇敢。站在正义立场上，不屈服于权势，不顾利害得失，把整个国家给他，他也不改变看法，看重生死大义，坚持正义，绝不屈从，这是士君子的勇敢。（挠：屈服。）

志士仁人，无求生以害仁，有杀身以成仁。（《论语・卫灵公》）

【译】有志向和仁德的人，不会为了保住自己的生命而损害了仁德，只会献出自己的生命来成就仁德。

君子义以为上。君子有勇而无义为乱，小人有勇而无义为盗。（《论语・阳货》）

【译】君子把正义看作最重要的。君子只有勇敢而没有正义就会作乱，小人只有勇敢而没有正义就会当强盗。

赴汤火，蹈白刃，武夫之勇可能也；克己自胜，非君子之大勇不可能也。(《二程粹言》卷上《论学篇》)

【译】赴汤蹈火，面向刀刃，有武夫的勇敢就可以了；克制自己，战胜自己，如果不具备君子的大勇敢，是不可能的。

血气之勇不可有，义理之勇不可无。[(清)张伯行《困学录集粹》卷五]

【译】血气冲动的勇敢不能有，坚守义理的勇敢不能没有。

朝闻道，夕死可矣。(《论语·里仁》)

【译】早晨若能得知大道，当晚死去也值得。

第七节　刚柔相济

〖**题解**〗

儒家文化以刚性为主，主张刚健、有为、进取，道家文化以柔性为主，主张柔和、无为、虚静，形成刚柔相济的格局。人要根据情况，能屈能伸，能进能退。一味向前，则是过于刚；一味后退，则是过于柔。宜进则进，宜退则退，方是刚柔并济。过于刚强，只进不退，引发冲突，极易折断。不顾客观条件如何，硬着头皮往前冲，以卵击石，必遭失败。过于柔弱，只退不进，压制自己，放纵对方。

刚柔相济的管理模式。刚性管理是订立规章制度和纪律，建立绩效评价机制，采取监督措施，运用奖惩手段，进行规范化、标准化、制度化的管理，注重原则性。柔性管理是运用正道文化培养人的品质、能力、兴趣，“为政以德”，“修己安人”，彰显伦理亲情，培养人的价值观，培养人的责任心，调动人的主动性、积极性、创造性，让人产生与组织目标相一致的自觉行动，让人进行自我管理，让人充分发挥潜能，从而增强组织的凝聚力与竞争力。

〖**圣贤经典**〗

天下莫柔弱于水，而攻坚强者莫之能胜，其无以易之。弱之胜强，柔之胜刚，天下莫不知，莫能行。(《老子》第七十八章)

【译】天下再没有什么东西比水更柔弱了，而攻坚克强却没有什么胜过水，没有什么可以替代它。弱胜过强，柔胜过刚，遍天下没有人不知道，但是没有人能实行。

强弱相成，刚柔相形。[(南唐)徐锴《说文·通论》]

【译】强与弱相辅相成，刚与柔相辅相成。

张而不弛，文武弗能也；弛而不张，文武弗为也。一张一弛，文武之道也。(《礼记·杂记下》)

【译】一直把弓弦拉得很紧而不松弛一下，这是周文王、周武王也无法办到的；一直松弛而不紧张，那是周文王、周武王也不愿这样做的。有时紧张，有时放松，宽严相济，这才是周文王、周武王治国的办法。

持而盈之，不如其已。揣而锐之，不可长保；金玉满堂，莫之能守；富贵而骄，自遗其咎。功遂身退，天之道。（《道德经》第九章）

【译】执持盈满，不如适时停止；显露锋芒，锐势难以保持长久。金玉满堂，无法守藏；如果富贵而又骄横，给自己留下祸根。事情成功，就要收敛，这是天道。

刚柔相推，变在其中矣。（《周易·系辞下》）

【译】刚与柔相互激荡，变化就从中产生。

第八节　勤劳奋进

〖题解〗

成功的六要素是正道、勤奋、天才、机遇、目标、方法，其中勤奋是必不可少的要素。古今中外的成功人士，没有一个不付出努力而获得成功。只有空想没有行动，或者只有口号没有行动，或者只有会议没有行动，就没有任何结果。

心灵空虚，心灵之门大开，烦恼、忧伤、倦怠、怨恨等各种消极情绪就会乘虚而入，占据心灵，挥之不去。劳动能够让人发挥聪明才智，保持活力、体力充沛、思维敏捷、毅力坚强，摆脱好逸恶劳、萎靡不振、懈怠懒惰的不良精神状态，促进人的道德完善。懒惰的人枯燥乏味，心绪烦乱；无精打采，死气沉沉；耽于幻想，只说不做；没有激情，没有冲动；不敢竞争，不想面对；消磨时间，无聊空虚。

〖圣贤经典〗

子曰："默而识之，学而不厌，诲人不倦，何有于我哉？"（《论语·述而》）

【译】孔子说："默默地记住所学知识，学习永不满足，教导别人而不倦怠，对此，我做到了哪些呢？"（识：记取。厌：满足。诲：教诲。）

克勤于邦，克俭于家。（《尚书·虞书·大禹谟》）

【译】能为国家大事不辞辛劳，居家生活俭朴。

业精于勤，荒于嬉；行成于思，毁于随。[（唐）韩愈《韩昌黎集·进学解》]

【译】学业由于勤奋而精通，但它却荒废在嬉笑声中；事情由于反复思考而成功，但它却能毁于随随便便。

民生在勤，勤则不匮。（《左传·宣公十二年》）

【译】老百姓的生计在于辛勤劳作，只有勤于劳作，财物才不会匮乏。（匮：竭尽。）

精神爽奋，则百废俱兴；肢体怠弛，则百兴俱废。[（明）吕坤《呻吟语·治道》]

【译】精神振奋，就会百废俱兴；身体懈怠，就会百事荒废。

一年之计在于春，一日之计在于晨，一家之计在于和，一生之计在于勤。（《增广贤文》）

【译】一年中最关键的时间是春天，一天中最关键的时间在黎明，一个家庭最宝贵的东西是和睦，一个人要成功最重要的东西是勤奋。

百工居肆以成其事，君子学以致其道。（《论语·子张》）

【译】工匠在作坊里完成产品，君子通过学习来领悟道理。（肆：古代制造物品的场所。）

第九节　执行有力

〖题解〗

执行力指的是将意图、规划、设想、思路、战略、决策、部署付诸现实的主观努力，是按质按量地完成工作任务的操作能力和实践能力。执行有力表现在以下几个方面：目标清晰、沟通协调、制度保障、明确责任、表率示范、监督考评等。

〖圣贤经典〗

合抱之木，生于毫末；九层之台，起于累土；千里之行，始于足下。（《老子》第六十四章）

【译】合抱的粗木，是从细如针毫时长起来的；九层的高台，是一筐土一筐土筑起来的；千里的行程，是一步又一步迈出来的。

人一能之，己百之；人十能之，己千之，果能此道矣，虽愚必明，虽柔必强。（《中庸章句》第十九章）

【译】人家一次就学通的，我如果花上百次的功夫，一定能学通。人家十次能掌握的，我要是学一千次，也肯定会掌握的。——如果能这样做，即使是愚蠢的人，也必定变得聪明；即使是柔弱的人，也必定变得坚强。

不闻不若闻之，闻之不若见之，见之不若知之，知之不若行之。（《荀子·儒效》）

【译】对于知识，没听到不如听到，听到不如看到，看到不如了解，了解不如去实行。

言必信，行必果。（《论语·子路》）

【译】说话必定践行，行动必定果敢。

工欲善其事，必先利其器。（《论语·卫灵公》）

【译】工匠想要使（他的）工作做好，一定要先使工具变得锋利。

第十节　正道成功

〖题解〗

成功学分为两类：一类是邪道成功学，另一类是正道成功学。邪道成功学具有以下特征：无限夸大、拜金主义、不择手段、权术至上、厚黑为本等。正道成功学是遵循仁、义、礼、智、信、忠、孝、廉、毅、和十大正道而获取成功的学说，也是运用正道管理学而取得成功的学说。

正道成功学从大我的角度而不是从小我的角度来界定成功的含义。一个人的生命整体即大我，包含两项内容：一是生命个体所拥有的身体、灵魂、精神、道德、事业、言语。有的人以不道德的方式赚钱，满足了自己的身体欲望，但同时又对自己的灵魂、精神、道德、事业、言语造成损害。二是生命个体的生存环境，既指与他的生命相关的空气、阳光、气温、土地、植被等自然环境，又指与他的生命相关的人际关系、文化、气氛等人文环境。有的人在个体获得利益的同时，又给自己生命的另一部分（即与自己相关的自然环境和社会环境）带来损害。

〖**圣贤经典**〗

良将不怯死以苟免，烈士不毁节以求生。(《太平御览》卷三百十一)

【译】良将不会因怕死而苟且免于死亡，烈士不会玷污节操而偷生。

人固有一死，死，或重于泰山，或轻于鸿毛。[（汉）司马迁《通志》卷九十九]

【译】人固然是要死的。同样是死，有的人比泰山还重，有的人比鸿毛还轻。

大丈夫宁可玉碎，不能瓦全。(《北齐书·列传》卷四十一)

【译】大丈夫宁可像玉石一样粉碎，也不能像瓦片一样完好无损。

夫大块载我以形，劳我以生，佚我以老，息我以死。故善吾生者，乃所以善吾死也。(《庄子·大宗师》)

【译】大地负载着我的形体，生活使我劳累，衰老使我安逸，死亡使我得以安息。所以，把生当作好事的，也把死看作好事。

世俗以形骸为生死，圣贤以道德为生死。赫赫与日月争光，生固生也，死亦生也。碌碌与草木同腐，死固死也，生亦死也。[（清）汪汲《座右铭类编·摄生》]

【译】世人都以肉体的存在与否确定人是生是死，圣贤则以道德的存在与否确定生和死。光辉灿烂，与日月争辉，活着固然活着，死了也如同活着一样。碌碌无为，与草木一起腐烂，死了固然就是死了，活着也同死了一样。（骸［hái］：骨头。）

太上有立德，其次有立功，其次有立言，虽久不废，此之谓不朽。(《左传·襄公二十四年》)

【译】最高级的是立德，其次是立功，再次是立言，虽然时间久远，却不废止，这就是“三不朽”。

山径之蹊间，介然用之而成路。为间不用，则茅塞之矣。今茅塞子之心矣。(《孟子·尽心下》)

【译】山坡间的小径，经常有人行走便踏成了一条路；过一段时间没有人去走它，又会被茅草堵塞了。现在茅草也把你的心堵塞了。（蹊［xī］：小路。）

不飞则已，一飞冲天；不鸣则已，一鸣惊人。[（汉）司马迁《史记·滑稽列传》]

【译】不飞也就罢了，一飞就直冲云霄；不叫也就罢了，一叫就发出惊人的声音。

自天子以至于庶人，壹是皆以修身为本。(《礼记·大学》)

【译】上自天子，下至平民，一切都要以修身为为人处世的根本。

第二十三章　管理之道：和

第一节　中庸之道

〖题解〗

中即中正、中和、中道，如果将庸解作平常、平凡、平易可行、普遍适用，那么，中庸之道就是中正、平常之道；如果将庸字解作运用，中庸之道就是中正之道的灵活运用与具体运用。中庸之道要求人们坚守正道而不偏离，故孔子反对无原则、无是非、和稀泥的行为，批评四面讨好、八面玲珑、同流合污的老好人。

适度存在：任何事物都是在一定的度上存在，未达到此度，或超过了此度，事物即不存在。

过犹不及：事物存在着两个极端，就是“过”与“不及”，人做事时如果处于这两个极端，就是错误的。应当在这两个极端之间，找到一个适当的点。

变通时中：持守中道，应当审时度势、与时俱进，根据事物在不同时期的变化而采取适当的措施。

不偏不倚：中庸之道主张，不偏向一个方面，绝不偏听、偏信、偏执、偏爱、偏激。既不要偏左，也不要偏右。

执两用中：“执两”就是考察、认识事物相互对立或相对存在的两个方面，但是，不偏向其中一方，不固执其中一方，而是站在公正、中立的立场上，兼顾双方，在双方之间找到一个平衡点。

各安其位：自然万物各有其性，世间人物各有其性，存在着差异，不同的事物应当有不同的位，给万事万物以合理、合宜的定位，才能使其各安其位、各得其所。

矫而得中：当出现偏向时，要纠正这种偏向，使之达到中和之态。

物极必反：任何事物在某一方向上，不能过度，不能走得太远，不能推向极端。当事物处于极盛状态时，就意味着要走向衰败了。

〖圣贤经典〗

喜怒哀乐之未发，谓之中；发而皆中节，谓之和。中也者，天下之大本也；和也者，天下之达道也。致中和，天地位焉，万物育焉。(《礼记·中庸》)

【译】喜怒哀乐未发之时，处于不偏不倚的状态，这叫“中”；喜怒哀乐已发之时，能够都符合正道，这叫“和”。中，是天下通行的根本法则；和，是天下通行的大道。

达到“中”与“和”，天地就会各安其位，万物就会生长。

世以随俗为和，非也，流徇而已矣。君子之和，和于义。(《二程粹言·论事》)

【译】世人认为追随世俗就是和，这是不对的，这只是“流徇”罢了。君子的“和”，是符合正义。

与时迁移，应物变化，立俗施事，无所不宜。[(汉)司马谈《论六家要旨》]

【译】随着时间的变化而变迁，适应事物的变化而改变，建立风俗，处理事务，都能适宜。

中庸者，不偏不倚，无过不及而平常之理。(朱熹《四书集注·中庸章句》)

【译】中庸是不偏不倚，没有过与不及，而且是平常的道理。

尊德性而道问学，致广大而尽精微，极高明而道中庸。(《礼记·中庸》)

【译】君子尊崇道德本性，而又认真求教和学习；既进入宽广博大的境界，又深入到精微细妙之处；自己达到高尚与文明的境界，又能遵循不偏不倚的中庸之道。

有鄙夫问于我，空空如也。我叩其两端而竭焉。(《论语·子罕》)

【译】有一个乡下人问我，我对他谈的问题一点也不知道。我只是从事物的正反两个方面进行调查研究，这样问题就可以全部搞清楚了。

过犹不及。(《论语·先进》)

【译】“过”与“不及”都是一样错误的。

君子惠而不费，劳而不怨，欲而不贪，泰而不骄，威而不猛。(《论语·尧曰》)

【译】君子给人民好处，而自己却无所耗费，(使百姓)劳累但不(因过度而)产生怨恨，自己欲仁欲义但不能叫作贪婪，庄重但不骄傲，威严但不凶猛。

万物庶事莫不各有其所，得其所则安，失其所则悖。(《伊川易传》卷四)

【译】万事万物无不是各有其位置，得到它的位置就安宁，失去它的位置就悖逆。(悖[bèi]：混乱，相冲突。)

体正则不待矫而弘，未正必矫，矫而得中，然后可大。(《正蒙·中正篇》)

【译】自身端正，不必矫正就可以伟大。如果不端正，必须矫正，矫正而得到中正，然后可以变得伟大。

偏于柔者，矫之以刚，然或失则傲；偏于慈者，矫之以毅，然或失则刻；偏于奢者，矫之以俭，然或失则陋。凡矫而无节，则过；过则复为偏。故君子之论学也，不曰矫，而曰克。克以胜其私，私胜而理复，无过不及矣。(王阳明《王文成全书·矫亭说》)

【译】偏向于柔弱者，用刚强来加以矫正，然而有时会产生骄傲的偏失；偏向于慈悲者，用刚毅来加以矫正，然而有时会产生刻薄的偏失；偏向于奢侈者，用节俭来加以矫正，然而有时会产生简陋的偏失。凡是矫正而没有节制，就会产生过度的情况；过度了又产生偏失。所以，君子论学问，不用“矫”字，而用“克”字。克就是用来克服他的私欲，战胜了私欲，道理就重现了，就不存在“过”与“不及”的问题了。

是以圣人去甚，去奢，去泰。(《道德经》第二十九章)

【译】所以，圣人不去走极端，杜绝奢侈，不傲慢。

《关雎》，乐而不淫，哀而不伤。（《论语·八佾》）

【译】《关雎》，快乐而不过分，忧愁而不过度悲伤。（淫：过分。雎［jū］：古书上说的一种鸟。）

第二节　兼容并包

〖题解〗

中华民族创立了兼容并包的文化模式，故儒家、道家、佛家之间虽然存在着很大差异，从其主要倾向来讲，可以说是“以儒治世，以佛治心，以道治身”。在中国大地上，从未发生过西方式的宗教战争，也未出现过大规模的长期对异教徒的迫害活动。在一个团队里，应当形成开放宽容、兼容并包的风气，鼓励人们提出各种建议，提供不同意见，才能及时发现存在的问题，为解决问题提供多种方案，才能有创新和突破，才会充满活力。

〖圣贤经典〗

万物并育而不相害，道并行而不相悖。小德川流，大德敦化，此天地之所以为大也。（《中庸》第二十九章）

万物一起生长而互不妨害，大道同时并行而互不冲突。小的德行如河水一样长流不息，大的德行使万物敦厚淳朴。这就是天地的伟大之处啊！

天下同归而殊涂，一致而百虑。（《周易·系辞》）

【译】天下万物沿着不同的道路走向共同的目标，使千百种思虑合并为统一的观念。（涂：通“途”。）

泰山不让土壤，故能成其大；河海不择细流，故能就其深；王者不却众庶，故能明其德。（《明文衡》卷四十五）

【译】泰山不拒绝每块泥土，所以能成就它的高大；河海不舍弃细小的水流，所以能成就它的深广；君王不摒却平民百姓，所以能使他的德行圣明。

君所谓可而有否焉，臣献其否以成其可。君所谓否而有可焉，臣献其可以去其否。是以政平而不干，民无争心。（《左传·昭公二十年》）

【译】国君认为正确的东西，而如有错误的地方，臣子要指出其错误以完善其正确的意见。国君认为错误的东西，而如有正确的地方，臣子要指出其正确而要去除其错误的地方。如果能够这样，政治就会平顺而没有违背之事，老百姓也就没有争斗之心。（献：进言。干：犯，违背）。

若夫党同伐异，必至是非蜂起，为人心世道之害，故夫子深戒之也。（程树德《论语集释》）

【译】如果纠结同党，讨伐异己，必然导致是是非非蜂拥而起，成为世道人心的危害，所以孔夫子深加警戒。

第三节　和合共生

〖题解〗

任何事物既然都是由不同的要素构成的，那么，在同一个事物内部，我们就要允许有差异性存在，让不同的要素甚至是对立的要素，统一存在于事物之中，通过调和众多不同因素，协调众多矛盾关系，形成互补、共生、共荣的和谐态势。另外，某一事物处于孤立的状态，就会僵化，只有与外界众多不同事物产生联系，从外部汲取不同的因素，才能得到发展，生生不息，充满活力。如果一味地追求同一，排斥不同观点、不同事物、不同要素，就会陷入思想僵化、迷信盛行的困境之中。一个组织如果是由不同才能、不同个性、不同思想、各有特长的人组成，则人们各安其位，各负其责，协同互助，各自发挥特长，形成有活力的团体。如果企业是由单一才能、单一思想的人组成，则企业就是僵化的，缺乏活力。每家企业的管理者要知道本企业的长处与短处，同时了解与本企业相关的各企业的长处与短处，将自身的长处与其他企业的长处相结合，优势互补，从而形成整体优势。

〖圣贤经典〗

夫和实生物，同则不继。以它平它谓之和，故能丰长而物生之；若以同裨同，尽乃弃矣。(《国语・郑语》)

【译】不同因素之间和谐相处，就能产生新的事物；相同因素的累积，事物就不会得到发展。把许多不同的东西结合在一起而使它们得到平衡，这叫作和谐，所以能够使万物成长起来，使万物归附。如果是把相同的因素相加在一起，就会无所成就。

声一无听，物一无文，味一无果，物一不讲。(《国语・郑语》)

【译】只有一种声响，就不能成为音乐；只有一种物品，就不能形成丰富的文采；只有一种味道，就不能成为美食；只有一种事物，就无法去论说。

《易》穷则变，变则通，通则久。(《周易・系辞上》)

【译】《周易》之道，是处于困境中就要变化，变化了就可以通达，通达了就可以长久。

道生一，一生二，二生三，三生万物。万物负阴而抱阳，冲气以为和。(《道德经》第四十二章)

【译】道产生元气，元气产生阴阳二气，阴阳二气结合为三（和气），和气产生万物。万物包含着阴与阳，阴阳二气的互相激荡而形成和气。

凡物参和交感则生，不和分散则死！（《二程遗书》卷六）

【译】所有事物互想感应，和合就能产生，不能和合，分散开，就死亡。

第四节　阴阳和谐

〖**题解**〗

中国历来多用“阴阳”一词，而少用“矛盾”一词。“阴阳”一词的概括面更广，而“矛盾”一词则专指对立的双方及双方处于斗争的状态。“阴阳”这对范畴可用于描述自然和社会中广泛存在的现象，将各种现象归纳为阴与阳。“阳”具有刚强的、动态的、向上的、亢奋的、开放的、积极的性质；阴则具有柔弱的、静态的、向下的、平静的、收敛的、消极的性质。

阴阳正位：男性定位为阳，女性定位为阴。如果女性定位在阳位上，缺乏阴柔之美，以泼辣为尚；如果男性定位于阴位上，缺乏阳刚之气，以退让为尚，就发生阴阳错位的现象。

阴阳相反：善与恶、正与邪等范畴，就是具有阴阳相反的特性，双方处于对立之中，处于斗争之中。“矛盾”一词就表达了阴阳相反的关系，矛与盾只能有一方获胜，要么是矛刺穿盾，要么是盾挡住了矛。

阴阳互含：在太极图中，有两条黑白的阴阳鱼，黑色的代表阴，白色的代表阳。阴阳两鱼处于对立的状态，又相互紧密结合在一起。黑鱼有一白眼，白鱼有一黑眼，代表了“阴中有阳，阳中有阴”的阴阳互含关系。

阴阳相成：儒家文化与道家文化就具有阴阳相成的关系。儒家重视阳刚、有为、社会，道家重视阴柔、无为、自然，儒家与道家相辅相成。

阴阳转化：事物处于变化之中，阴会转化为阳，阳会转化为阴。老子提出“反者道之动”，向相反方面转化，这是变化的规律。

阴阳互动：“孤阴不生，独阳不长”，阴和阳之间相互作用，推动事物发展。

阴阳互补：阴和阳具备相反的特性，刚柔相济、动静相宜、缓急相和，就产生阴阳互补的效果。

阴阳交感：阴与阳之间相互感应、相互作用，万物生生不息。

阴阳平衡：阴阳保持平衡，谓之“中正”“中和”。中医治病，其目的就是恢复身体气场的阴阳平衡。

阴阳消长：阴阳共存于整体之中，相互依存，阳长则阴消，阴消则阳长。

〖**圣贤经典**〗

日往则月来，月往则日来，日月相推而明生焉。寒往则暑来，暑往则寒来，寒暑相推而岁成焉。(《周易·系辞下》)

【译】太阳落之时，月亮就升起；月亮落之时，太阳就升起。太阳和月亮相互交替，光明就产生了。寒冷消退，暑热来临；暑热消退，寒冷来临。寒暑交替，年岁就形成了。

故有无相生，难易相成，长短相形，高下相倾，音声相和，前后相随。(《老子》

第二章）

【译】所以有与无相互生成，难与易相互促成，长与短相互显现，高和低相互依存，音和声相互和谐，前与后相互跟随。

天地合而万物生，阴阳接而变化起。（《荀子·礼论》）

【译】天与地交合而产生万物，阴与阳交合而发生变化。

一阴一阳之谓道，继之者善也，成之者性也。（《周易·系辞上》）

【译】一阴一阳的运行变化称为道，人从天道变化中获得了善，人性使天道赋予人的这种善得到完成。

政宽则民慢，慢则纠之以猛，猛则民残，残则施之以宽。宽以济猛，猛以济宽，政是以和。（《春秋左传注疏》卷四十九）

【译】政事宽大百姓就怠慢，怠慢就用威猛来纠正。威猛就会让百姓伤残，伤残就实施宽大政策。用宽大调剂威猛，用威猛调剂宽大，政事因此调和。（残：毁坏）

太刚则暴，太柔则懦；太缓则泥，太急则轻；饥甚则气虚竭，饱甚则气留滞；寒甚则气沉濡，热甚则气浮躁。此皆执一而不变者也。善为之者，损其有余，益其不足；抑其太过，举其不及。大要归诸中和而已矣。（《传家集》卷六十一《答李大卿孝基书》）

【译】太刚强就会产生暴力，太柔弱就会懦弱；太缓慢就会拘泥，太急迫就会轻浮；过于饥饿，气就会虚弱；过于饱食，气就会滞留；过于寒冷，气就会下沉、迟滞；过于炎热，气就会浮躁。这些都是执于一端而且不知道权变的。做得好的人，减少多余的，补充不足的；抑制过分的，抬举不及的。总之就是归于中和之态罢了。（泥［nì］：阻滞。濡［rú］：迟缓。抑：遏制。）

第五节　仇必和解

〖题解〗

应当倡导良性斗争与良性竞争，否定恶性斗争与恶性竞争。良性斗争是在符合仁义的原则下展开的，斗争的方向是走向和解、共存；恶性斗争是在违背仁义的前提下展开的，斗争的方向是走向破坏、毁灭。竞争分为良性竞争与恶性竞争，良性竞争是符合道德原则和法律的竞争，是公平、合法、诚实的竞争，竞争的结果是优胜劣汰，恶性竞争则是违背道德原则和法律的竞争，是欺诈、违法、不公平的竞争，竞争的结果是逆向淘汰。

缺乏良性斗争，姑息纵容，邪恶势力就会膨胀。如果放弃良性斗争和良性竞争，缺乏适度的斗争精神，生命力就会减弱，丧失活力，自己就会出现僵化封闭、无是无非、无欲无求、一团和气、愚昧麻木、奴化顺从等状态，丧失锐意进取、自强不息的刚毅之气。

〖圣贤经典〗

有象斯有对，对必反其为；有反斯有仇，仇必和而解。［（宋）张载《正蒙·太和》］

【译】任何现象都有对立的方面，有对立的方面必定产生相反的作用，产生相反的作用就造成仇恨，有了仇恨最终要和解。

相反相仇则恶，和而解则爱。[（清）王夫之《张子正蒙注》]

【译】相互对立，互相仇恨，就会产生恶；和谐相处，互相谅解，就会产生爱。

以善和人者谓之顺，以不善先人者谓之谄，以不善和人者谓之谀，是是、非非谓之知。(《荀子·修身》)

【译】用正确的东西去与人协同，这是和顺。用不正确的东西去引导别人，这是献媚；用不正确的东西去迎合别人，这就是阿谀，判断是是非非，这就是智。(先：引导。)

第六节　和而不同

〖**题解**〗

事物以“和而不同”的方式而存在，不同的因素，甚至是相互对立的各种要素互济、互补、互动，达到平衡、和谐的状态，构成事物的统一体。

事物以“和而不同”的方式得以发展，任何事物都是从外部接收到新的要素，或者从内部产生新的要素，从而得到发展。对待“异”有三种方式：党同伐异、求同存异、敬其所异。党同伐异是错误的，求同存异、敬其所异则是正确的。让“异”的因素存在，吸取“异”的因素，事物才能得到发展。如果不同的因素处于无休止的冲突或对抗状态，不能以“和”的方式形成整体，则新事物就不会产生。坚持同一，只需要同一的因素，则会使事物保持原来的形态，处于僵化的状态，得不到发展。

〖**圣贤经典**〗

君子和而不同，小人同而不和。(《论语·子路》)

【译】君子讲求和谐，但不必和别人完全相同；小人讲求与别人完全相同，但不追求和谐。

君子矜而不争，群而不党。(《论语·卫灵公》)

【译】君子庄重而不同别人争执，团结众人而不结党营私。(矜：庄重。党：结党营私。)

君子周而不比，小人比而不周。(《论语·为政》)

【译】君子是广泛团结而不与少数人私相亲密；小人与少数人私相亲密而不能广泛团结。(比：偏私。周：亲密。)

君子心和，然其所见各异，故曰不同。小人所嗜好者同，然各争利，故曰不和。(《论语注疏》卷十三《魏何晏集解》)

【译】君子心灵和谐，但是他们的见解各有差别，所以说是“不同”。小人的嗜好是相同的，但是各自争夺利益，所以说“不和”。

履正奉公，臣子之节；上下雷同，非陛下之福。(《后汉书·任延传》)

【译】走正路奉行公事，是臣子应有的操守；上下官员随声附和，并非陛下的福分。（履：实行。）

第七节　中和之美

〖题解〗

美是表示心灵进入充实、畅快、丰满、自由的状态。美的本质即在于，符合义理的生命精神，是与人的高尚本质相一致、能满足人的健康的精神生活需要的生命精神。具有“中和”生命精神的审美客体与具有“中和”生命精神的审美主体互相感应，即生成中和之美。

文学艺术的根本使命是“文以载道”。何谓“道”？“道”即指义理和真理。文学艺术主要的价值是道德教化、性情陶冶，提高精神生活品质，改良社会风气，促进社会发展。中华民族的中和之美具体有以下内涵：气韵生动、形神兼备、虚实相生、阴阳和合、中和雅正等。

〖圣贤经典〗

物在灵府，不在耳目。[（唐）符载《观张员外画松石序》]

【译】万物之美由心灵感知，而不存在于耳目上。

情以物迁，辞以情发。[（南朝・梁）刘勰《文心雕龙・物色》]

【译】情感因外物的变化而变化，文章因抒发情感的需要而产生。

读万卷书，行万里路，胸中脱去尘浊，自然丘壑内营，立成鄞鄂，随手写出，皆为山水传神矣。[（明）董其昌《画禅室随笔・画诀》]

【译】读万卷书，行万里路，心中洗去尘埃污浊，自然在心内营造了丘陵沟壑，构建了城市风貌，随手画出，都能传递出山水的精神。（鄞［yín］：地名，在浙江。鄂：湖北省的别称。）

文，所以载道也。[（宋）周敦颐《通书・文辞第二十八》]

【译】文章，是用来传载道的。

以道制欲，则乐而不乱；以欲忘道，则惑而不乐。（《荀子・乐论》）

【译】用正道来节制欲望，就会快乐但不淫乱；因欲望太高而忘却正道，就会迷惑而且不快乐。

道沿圣以垂文，圣因文而明道，旁通而无滞，日用而不匮。[（南朝・梁）刘勰《文心雕龙・原道》]

【译】道理靠圣人的文章显示，圣人凭借文章来阐明道理，贯通至一切而没有边际，每天运用不觉得不足。（滞：边际。匮：乏。）

第八节 心性和谐

〖题解〗

人的生命由身体生命和心性生命构成，前者简称为身，后者简称为心。健康既是指身体的健康，也是指心性的健康。痛苦既指身体上的病痛，更是指心性上的苦难与冲突。心性和谐，就是指心性生命处于安宁、祥和、充实、畅快、健康的良好状态，是心性摆脱了痛苦、烦恼、冲突、混乱的不良状态。儒家讲的心性之学，道家讲的性命双修，佛家讲的心灵和谐，就是通过自我修养，不断地改善、提高心性的生命境界。（参见本书“第八章自我性情管理”）。

〖圣贤经典〗

身惹尘埃沾尚浅，心随欲境染尤深。堪怜举世忘源者，只洗皮肤不洗心。[（宋）吴秀《人天宝鉴》]

【译】身体沾惹了尘埃只在浅层，心在贪欲之境中被污染得很深。可怜世人忘却了根本，只去洗净皮肤却不洗净内心。

雁无遗踪之意，水无留影之心。[（宋）释普济《五灯会元》卷十六]

【译】飞雁没有在天空中留下踪迹之意，水潭没有留下事物踪影之心。

静坐非是要如坐禅入定，断绝思虑。只收敛此心，莫令走作，闲思虑，则此心湛然无事，自然专一。[（宋）朱熹《朱子语类》]

【译】静坐并不是要像坐禅入定一样，断绝一切思虑。只是收敛自己的心，不要让它走失，放下思虑，那么，自己的心便是湛然空明，自然保持精神的专一。

至人之用心若镜，不将不迎，应而不藏，故能胜物而不伤。（《庄子·应帝王》）

【译】得道高人用心如同明镜，去不送，来不迎，只如实映照，无所隐藏，所以能常照物而不被外物所伤。

与人和者，谓之人乐；与天和者，谓之天乐。（《庄子注·天道》）

【译】与人和谐，这是人乐；与自然和谐，这是天乐。

父母俱存，兄弟无故，一乐也；仰不愧于天，俯不怍于人，二乐也；得天下英才而教育之，三乐也。（《孟子·尽心上》）

【译】父母健在，兄弟无病无灾，是第一乐事；抬头无愧于天，低头无愧于人，是第二乐事；得到天下的人才而教育他们，是第三乐事。（怍［zuò］：惭愧。）

和气迎人，平情应物。[（清）王永彬《围炉夜话》]

【译】心平气和地与人交往，以平常的心情去处理事情。

第九节　中和养生

〖题解〗

养生既需要转变个人的生活方式，也需要营造有利于养生的自然环境和社会环境。如果自然环境恶劣，污染严重，有毒食品、垃圾食品泛滥，或者社会严重不公，或者出现战乱，有的人缺乏最低的生活保障，少数人骄奢淫逸，养生的外部环境就很恶劣。

中国有博大精深的养生文化，而养生最重要的法宝就是中和之道，在养生中，做到形与神、阴与阳、动与静、劳与逸、乐与悲、刚与柔等各对范畴的和谐统一。其基本要求是顺应自然、动静平衡、劳逸有度、饮食有节、虚静养生、以德养生、少私寡欲等。

〖圣贤经典〗

凡病兼虚者，补而和之；兼滞者，行而和之；兼寒者，温而和之；兼热者，凉而和之。[（明）张介宾《景岳全书》]

【译】凡是生病有体虚症的人，用补的办法使之平衡；有滞而不通症状的人，用疏通运行的办法使之平衡；有寒症的人，用温的药物使之平衡；有热症的人，用凉的药物使之平衡。

虚邪贼风，避之有时；恬淡虚无，真气从之；精神内守，病安从来？（《黄帝内经·上古天真论》）

【译】对虚、邪、贼、风等致病因素，应及时避开；心情保持淡泊、清净、虚无，真气顺畅运行；在内心守持健康的精神，疾病何从发生？（恬：安静，安然，坦然。）

养生有五难：名利不去为一难；喜怒不除为二难；声色不去为三难；滋味不绝为四难；神虑精散为五难。[（唐）孙思邈《千金要方》卷八十一]

【译】养生有五大难题：不去除名利之心是第一难题，不去除喜怒之心是第二难题，不去除声色享乐是第三难题，不放弃美味佳肴是第四难题，精神因过多思虑而耗散是第五难题。

仁人之所以多寿者，外无贪而内清静，心平和而不失中正，取天地之美以养其身。(《春秋繁露·循天之道》)

【译】仁德之人之所以能够长寿，是因为他们向外没有贪欲而且内心保持清静，心地平和而没有失去中正，获取天地之精华，用来滋养自己的身体。

故心和则气和，气和则形和，形和则声和，声和则天地之和应矣。(《前汉书》卷五十八）

【译】因此，人心和顺，气息就和顺；气息和顺，身体就和顺，身体和顺，声音就和顺；声音和顺，天地之间的和气就随之相应。

第十节　和合齐家

〖题解〗

《大学》提出的“八条目”：格物、致知、诚意、正心、修身、齐家、治国、平天下。齐家是中间一个环节，对于个人而言，齐家是修身的成果；对于国家、对天下而言，齐家则是个人迈向社会的起点。家庭是社会的基本细胞，家庭和谐是社会和谐的根本，家庭败坏是社会败坏的根源。夫妇之伦包括阴阳感应、相互爱敬、阳刚阴柔、忠贞不渝、琴瑟之好、劳而不怨、夫妇有义等要求；父子之伦包括父慈子孝、教子有方、教之以道等要求；兄弟之伦包括兄友弟恭、兄爱弟悌、长幼有序等要求。

〖圣贤经典〗

家门和顺，虽饔飧不继，亦有余欢。[（明）朱柏庐《朱子家训》]

【译】家门和睦相处，即使吃饭上顿不接下顿，也有很多欢乐。（饔飧［yōng sūn］：饔：早饭，飧：晚饭。）

居家戒争讼，讼则终凶；处世戒多言，言多必失。[（明）朱柏庐《朱子家训》]

【译】在家里要戒除争吵，争吵最终都是祸害；为人处世要戒除话多，话多了必定会有过失。

夫妻相和好，琴瑟与笙簧。（《增广贤文》）

【译】夫妻之间亲密和睦，就像琴瑟、笙簧一样和谐弹奏。

兄弟同胞一体，弟敬兄爱殷勤；须是同心竭力，毋分尔我才真。[（清）石成金《传家宝·安乐铭》]

【译】兄弟同胞浑然一体，弟要恭敬，兄要慈爱、殷勤；必须是同心尽力，不分你我，才是真正的兄弟。

父子笃，兄弟睦，夫妇和，家之肥也。（《礼记·礼运》）

【译】父子亲厚，兄弟和睦，夫妻和谐，家庭就能丰裕。（笃［dǔ］：深爱。肥：使强大。）

昔三代明王之政，必敬其妻也有道。妻也者，亲之主也，敢不敬欤？（《礼记·哀公问》）

【译】从前三代的圣明君王推行的政治，必定按一定的规矩来尊敬他的妻子。妻子，是亲人的主人，敢不尊敬吗？（欤［yú］：助词，表示疑问、感叹、反诘等语气。）

父父、子子、兄兄、弟弟、夫夫、妇妇，而家道正。正家，而天下定矣。（《周易·彖辞·家人》）

【译】父亲像个做父亲的样子，儿子像个做儿子的样子，兄长像个做兄长的样子，弟弟像个做弟弟的样子，丈夫像个做丈夫的样子，妻子像个做妻子的样子，这样，家道就端正了。家道端正，天下就安定了。

第十一节　修齐治平

〖题解〗

一切冲突的根源来自人心的败坏。如果人心不正，自私、贪婪、傲慢、暴戾、嫉妒，则人与人的冲突就不可避免地普遍发生，结果就是两败俱伤，或弱肉强食。如果发心纯正，就会大大减少冲突的发生，即使偶有冲突，也会以共赢互惠的方式解决。所以，儒家“八条目”就是将诚意正心作为通向“齐家”“治国”“平天下”的必要环节。

礼是道德行为规范和文明行为规范。内心的道德不可见，而外在的行为是可见的。当社会形成了道德行为规范和文明行为规范，大家共同遵守，各依其礼，各行其道，社会就会处于有序状态。

法是指法律、规章制度。法有善法与恶法之分，善法是相关的群体、相关的人在公平博弈、平等协商的基础上建立的法律，具有公正、公开、平等、共赢互利、执行有力的特征。恶法则是在相关的人、相关的群体中，有权有势的人单方面建立的法律，弱势者在制定法律的过程中被排除在外，这种法律具有维护特权、暗箱操作、缺乏正义、弱肉强食、执行不力的特征。规章制度也是如此，有好的规章制度，也有恶的规章制度。

如何达到社会和谐？按照仁、义、礼、智、信、忠、孝、廉、毅、和十大义理去做，按照中庸之道、兼容并包、和实生物、心灵和谐、阴阳和谐等条目去做，就能够实现社会和谐。正心诚意是从德治的路线推进社会和谐，而明礼重法则是从法治的路线推进社会和谐。单纯依靠德治，或者单纯依靠法治，都会产生不良后果。

〖圣贤经典〗

子曰：“为政以德，譬如北辰，居其所而众星共之。”（《论语·为政》）

【译】孔子说：“按道德的标准从政，就像是北极星，处在自己的位置上，众多的星辰环绕着。”（共［gǒng］：通“拱”。）

子曰：“其身正，不令而行；其身不正，虽令不从。”（《论语·子路》）

【译】孔子说：“为官者自身端正，不强行命令就能推行各项举措；为官者自身不端正，即使发号施令也没有人服从。”

远人不服，则修文德以来之，既来之则安之。（《论语·季氏》）

【译】边远的人不归服，就以施仁政、兴礼乐招徕他们，他们来归附了，就使他们安定下来。

以德服人者，中心悦而诚服也。（《孟子·公孙丑下》）

【译】用道德来使别人信服，让别人心中喜悦而且真心佩服。

古之欲明明德于天下者，先治其国；欲治其国者，先齐其家；欲齐其家者，先修其身；欲修其身者，先正其心；欲正其心者，先诚其意；欲诚其意者，先致其知，致知在格物。（《礼记·大学》）

【译】在古代，要在普天之下弘扬光明道德，必定要先治理好自己的国家；要治理好自己的国家，必定要先管理好自己的家庭和家族；要管理好自己的家庭和家族，就必须先修身养性；要修身养性，必须先端正自己的心思；要端正心思，必须先使自己的意念真诚；要想意念真诚，必须先有智慧；要有智慧，就必须探究事物。（格物：穷究事物的原理。）

天时不如地利，地利不如人和。（《孟子·公孙丑下》）

【译】天时有利不如地理有利，地理有利不如人与人和谐。

善政不如善教之得民也。善政，民畏之；善教，民爱之。善政得民财，善教得民心。

【译】良好的治理不如良好的教化那样得民心。良好的治理，使人民畏惧；良好的教化，得到人民的爱戴。良好的治理得到人民的财富，良好的教化得民心。

且天之生民非为王也，而天立王，以为民也。故其德足以安乐民者，天予之；其恶足以贼害民者，天夺之。（《春秋繁露·尧舜不擅移汤武不专杀》）

【译】上天生育老百姓不是为了帝王，而上天设立帝王是为了老百姓。所以，如果一个帝王的德行足以让老百姓过上安乐的日子，上天就把权力赋予他；反之，如果他没有德行，是贼害老百姓的人，上天就会把他的权力夺掉。

政之所兴，在顺民心；政之所废，在逆民心。（《管子·牧民》）

【译】政治的兴起，在于顺从民心；政治的荒废，就在于背离民心。

第十二节 沟通交流

〖**题解**〗

沟通是在人与人之间、群体与群体之间、人与群体之间顺畅地进行信息、思想、情感、体验传递与反馈的过程。沟通的基本原则包括环境静和、频道同步、热情主动、双向互动、互惠共赢、内外兼备、心性良好、道义为基、礼敬谦和等。

〖**圣贤经典**〗

大凡君子与君子以同道为朋，小人与小人以同利为朋，此自然之理也。[（宋）欧阳修《朋党论》，《宋文选》卷一]

【译】大体说来，君子与君子，是以理想目标相同结成朋党；小人与小人，以暂时利益一致结成朋党。这是很自然的道理。

二人同心，其利断金；同心之言，其臭如兰。（《周易·系辞上》）

【译】两人心意相同，犹如利刃可以切断金属；心意相同的语言，气味就像兰草一样芳香。（臭［xiù］：气味的总称）

天下之人皆相爱，强不执弱，众不劫寡，富不侮贫。（《墨子·兼爱中》）

【译】天下的人都相爱，强大者就不会控制弱小者，人多者就不会强迫人少者，富足者就不会欺侮贫困者。

与智者言，依于博；与拙者言，依于辩；与辩者言，依于要；与贵者言，依于势；与富者言，依于高；与贫者言，依于利；与贱者言，依于谦；与勇者言，依于敢；与过者言，依于锐。(《鬼谷子·权篇》)

【译】和聪明的人说话，要见识广博；和笨拙的人说话，要有辨析能力；与有辨析能力的人讲话，要突出重点；与地位高的人说话，态度要轩昂；与有钱的人说话，要保持高贵；与穷人说话，要给予他利益；与地位低下的人说话，要谦逊有礼；与勇敢的人说话，不能稍显怯懦；与过激的人说话，要挫其锋芒。

第十三节　天人合一

〖**题解**〗

在传统文化典籍中，“天人合一”主要有四种含义：自然之天与人的身体合一、神灵之天与人的灵魂合一、义理之天与人的德性合一、命运之天与人的活动合一。这里主要讲自然之天与人的身体合一。

随着人类能力的提高和科学技术的发展，由于人的物质欲望的膨胀，征服利用的科技观把自然世界当作征服的对象和利用的客体，人类改变了传统的自然的生活方式，取而代之的是高生产、高消费的工商文明生活模式。西方文明建立的天人对立的生存模式给人类带来污染严重、生物灭绝、资源枯竭、人口膨胀、战争威胁等危机。尽管人类已采取了许多保护生态的措施并在局部取得了某些效果，但从整体来看，人类生存的大环境正在从适宜于人类生存的状态向着不适宜人类生存的状态转变。

人类应当从天人对立的生存模式转向天人合一的生存模式。天人合一的生存模式就是讲，人类要投入到自然循环系统之中，回到自然的生存状态中，利用自然万物的自然形态生存下去，辅助自然万物的生命健康成长，建立人同自然万物的和谐、共生的关系。具体做法就是重建生态伦理，消除自我中心主义，打破资本的逻辑，高碳生活模式转向低碳生活模式。

〖**圣贤经典**〗

竭泽取鱼，非不得鱼，明年无鱼。焚林而畋，非不获兽，明年无兽。[（唐）吴兢《贞观政要·直谏》]

【译】将湖塘抽干来捕鱼，不是捕不到鱼，而是第二年就没鱼可捕了。焚毁树林来打猎，不是得不到禽兽，而是第二年就没有禽兽可得了。（畋［tián］：打猎。）

天地节而四时成，节以制度，不伤财，不害民。(《周易·节卦·彖辞》)

【译】天地有节制，四季才形成，节制确立了限度，不伤害财物，不伤害民众。

以辅万物之自然而不敢为。(《道德经》第六十四章）

【译】辅助万物的自然变化，不敢妄为。

人法地，地法天，天法道，道法自然。(《道德经》第二十五章）

【译】人以大地为法则，大地以天为法则，天以道为法则，道以自然为法则。

既雕既琢，复归于朴。（《庄子・山木》）

【译】又雕刻又琢磨，再回归到自然朴实的状态。

昔者圣人之作《易》也，将以顺性命之理，是以立天之道曰阴与阳，立地之道曰柔与刚，立人之道曰仁与义。（《周易・说卦》）

【译】从前圣人创作《易》，用它来顺从性命之理，因此天道确立阴与阳，地道确立柔与刚，人道确立仁与义。

尽其心者，知其性也。知其性，则知天矣。存其心，养其性，所以事天也。殀寿不贰，修身以俟之，所以立命也。（《孟子・尽心上》）

【译】尽心去做，就能知道人的善性。知道人的善性，也就知天命。保持人的本心，培养人的本性，以此来侍奉上天。无论短命长寿，我都不三心二意，只是培养身心，等待天命，这就是安身立命的根本。（殀［yǎo］：夭折。俟［sì］：等待。）

天地与我并生，而万物与我为一。（《庄子・齐物论》）

【译】天地与我共同生存，万物与我合为一体。

下篇

组织管理

第二十四章　组织管理概论

第一节　组织管理的四种模式

在组织管理中，首先介绍四种模式：王道管理、霸道管理、科学管理、人本管理。组织管理是一个大系统，大系统又分出若干管理的子系统，诸如目标管理、计划管理、决策管理、创业管理、学习管理、创新管理、信息管理、环境管理、人才管理、团队管理、沟通管理、顾客管理、品牌管理、营销管理、义理管理、行为管理、激励管理、绩效管理、战略管理、流程管理、权力管理、质量管理、制度管理、成本管理、危机管理、变革管理等，这些管理的子系统将在本编中得以一一阐明。四种不同的管理模式运用于每一个管理的子系统中，都会显现出不同的特征。也就是说，这些管理的子系统如果与不同的管理模式相结合，就会显现出不同的特征。例如，就目标管理而论，王道管理的目标是以民为本，霸道管理的目标是以君为上，科学管理的目标是利益，人本管理的目标是道义。就权力管理而言，王道管理重在德，霸道管理重在法，科学管理重在集权，人本管理重在分权。至于到底哪一种管理模式更有价值，这就取决于特定的管理对象、特定的环境和运用者的素质。

一、王道管理与霸道管理之比较

中国传统的管理学关于组织管理的实践主要是政权组织管理，特别是在春秋战国时期这样复杂的社会环境中，产生了许多宝贵的管理思想，形成王道管理与霸道管理两种不同的管理模式。

（1）儒家提倡王道，王道推行德治、礼治，法家提倡霸道，霸道推行君王之法、刑罚之治。孔子曰："为政以德，譬如北辰，居其所而众星共之。"（《论语・为政》）荀子更加重视制度建设："圣也者，尽伦者也；王也者，尽制者也。"（《荀子・解蔽》）

（2）王道的支撑点是得正道、仁德、民心，霸道的支撑点是法、术、势。"无偏无党，王道荡荡；无党无偏，王道平平。"（《尚书・洪范》）领导者必须具有大公至正之心，没有偏心、私心，谋取人民的公利。孟子曰："得道者多助，失道者寡助"，"天时不如地利，地利不如人和"（《孟子・公孙丑下》）。"得天下有道：得其民，斯得天下矣；得其民有道：得其心，斯得民矣。"（《孟子・离娄上》）

在霸道管理模式中，韩非子主张运用刑德二柄对臣民进行掌控："明主之所导制其臣者，二柄而已矣。二柄者，刑德也。”“杀戮之谓刑，庆赏之谓德。”（《韩非子·二柄》）韩非子还主张：“以法为教”“以吏为师”（《韩非子·五蠹》）。

（3）霸道短期见效，但难以长久维护；王道需经过漫长时期的教化才能建立，但可以维持长治久安。原因是：霸道以实力压制他人，如果实力衰减或分裂，国家立即处于崩溃之中；王道以道德感化他人，让人们心悦诚服，产生凝聚力和向心力。正如孟子曰：“以力服人者，非心服也，力不赡也；以德服人者，中心悦而诚服也。”（《孟子·公孙丑上》）

（4）两种管理模式的效果不同：孔子曰：“道之以政，齐之以刑，民免而无耻；道之以德，齐之以礼，有耻且格。”（《论语·为政》）

“道之以政，齐之以刑”就是霸道的管理模式，结果就是人们因畏惧惩罚而不去犯罪，但不会有道德感、羞耻心，人们生活在“猛于虎”的“苛政”下，十分悲惨；“道之以德，齐之以礼”则是王道的管理模式，可以培养人们的道德观和羞耻心，人们生活在利民养民的“仁政”下，才会幸福安乐。

（5）王道管理模式的前提是“性善论”，统治者“以不忍人之心，行不忍人之政”（《孟子·公孙丑上》），面对的是有善良本性的君子，而霸道管理模式的前提是“性恶论”，统治者从自己的私心私利出发，面对的是趋利避害的小人，运用严刑峻法，威逼利诱。

（6）王道管理模式以人民为根本，安民、利民、养民、教民、富民，“制民之产”，让人民拥有一定的物质生活条件，王道追求国家富强，以便让人民过上更好的生活；霸道管理模式则是以人民为敌人，《商君书》有驭民五术：壹民（统一思想）、弱民（使人民虚弱）、疲民（使人民疲于奔忙）、辱民（使人民毫无自尊自信，相互检举揭发）、贫民（使人民贫穷，只能依赖政权），霸道也追求国家富强，以便让统治者能够安居庙堂之上奢侈享受。

总体说来，王道管理模式优于霸道管理模式，但霸道管理模式中也有重视实力、重视制度、赏罚分明、利益调动等合理要素，应当形成以王道为主、兼取霸道合理因素的管理模式。《汉书·元帝纪》记载，宣帝说：“汉家自有制度，本以霸王道杂之，奈何纯任德教，用周政乎！”

在漫长的封建社会，多数统治者因缺乏高尚的品德，而面对的又多是有私心私欲的小人，通常采用以霸道为主、以王道为辅的治理模式。在中国封建时代，有的统治者将人们作为实现他们利益的工具，他们害怕人们有道德、有理想、有尊严、有思想、有人格、有独立性，他们通过宣扬尊卑、特权、愚忠、奴性等思想，企图将人们变成唯利是图的小人，变成只会听话、顺从、称颂、唯上的奴才，然后用蝇头小利去调动他们、控制他们，用严刑峻法去威慑他们，从而使整个社会处于僵化状态，这就是中国封建社会后期走向衰落的重要因素。

二、科学管理与人本管理

在现代组织中，存在着两种不同的管理模式：科学管理与人本管理。泰勒是美国

19 世纪末 20 世纪初盛行的科学管理运动的创始人，在西方被称为“科学管理之父”。从 20 世纪 30 年代开始，行为科学学派的研究者开始关注组织中人的因素，强调人本管理。埃尔顿·梅奥是人本管理思想的早期代表。日本一方面学习美国的科学管理，另一方面充分吸收儒家思想的精华，发展人本管理。

科学管理与人本管理比较如下：

（1）科学管理以利为本，人本管理以人为本

科学管理是在科学调查与分析的基础上，在操作规程、工作定额、差别工资制度、职能分工等方面，实行科学的组织、合理的安排，以此来减少浪费，降低成本，提高效率，提高质量，增加产量，追求利润最大化。如果管理者从利润最大化的角度出发，将人作为实现利益目标的手段和工具，那么，在每一个组织中，管理者对操作规程、工作定额、职能分工的设计，就会出现这种现象：对节省无生命的钢和工具十分认真、细致，而对一个活生生的人，工人的精力和切身利益却完全熟视无睹，这就是整个泰罗制的最鲜明特征。瓦克斯维勒医师在美国工人工资调查报告中指出：“在泰罗制下，工人的精神系统比钢铁制造的机器磨损得更快！”工人在工作中因疲劳而进行短暂的休息，从管理者的角度看，就是“偷懒”。

人本管理的原则是：人是管理活动的核心和组织最重要的资源，尊重人，关心人，依靠人，服务人，以合乎人性的方式进行管理，激发人的潜能，满足人的物质需求与精神需求，实现人的目标和价值，注重自我管理及人的全面和自由发展，提高员工个人素质、生活质量，认真履行企业所承担的社会责任。

人本管理中的“人”，是包括客户、员工、股东、管理者、社区成员在内的利益相关者，不能以其中一方的非法利益去损害其他各方的合理利益。

对于员工来说，“以人为本”具体体现为：

① 尊重员工：满足员工的情感需求，维护员工的尊严，维护员工的体面，保护员工的权利，员工才会真正发自内心地做好事情，心甘情愿地付出，为管理者分忧解难。

② 平等待人：以平等之心对待他人，不因性别、年龄、民族、地区、性格、认识的不同而采取不同的对待方式，取消少数人持有的特权，给员工平等的学习机会、发展机会，同等的工作成就应当享受同等的待遇。

③ 给予员工自由活动的空间：不需要严格监管员工的一举一动，不能让员工成为完全受管理者支配的“木偶”，要给予员工自由活动的空间，让员工主动承担并进行创造性的工作。知识型人才的活动大多是内心活动，外在的监督很难到位，反而容易引起不信任、反感、抗拒等负面情绪。管理者的相关知识通常达不到知识型人才的专业水平，许多监管措施都造成资源浪费。

④ 鼓励员工提出意见：维护员工说话的权利，对于有价值的建议应予奖赏，对于不同的意见应予包容。集思广益，才能修补组织的漏洞，将组织建设好。

⑤ 促进员工自我管理：使组织成为员工的发展平台，鼓励员工根据组织的总体目标和发展战略，制定自己的职业规划，落实学习、修养、发展计划，给予员工磨炼的机会，挖掘员工的潜能。

⑥保障员工的生命安全，尊重员工生命的价值：对于客户来说，“以人为本”体现为：争取人心，孟子曰：“得其心有道：所欲与之聚之，所恶勿施尔也。”（《孟子·离娄上》）（译：得民心的方法是：人民需要的，就给他们；人民厌恶的，就不能强加给他们。）；仁慈待人，以仁爱之心善待他人，不忍心看到他人处于灾难与痛苦之中。以德服人，孟子曰：“以德服人者，中心悦而诚服也，如七十子之服孔子也。”

（2）科学管理注重标准化，人本管理注重个性化

科学管理强调专业化、标准化、职能化、定量化，要求人们严格遵守纪律、规则、程序和制度，在一定程度上否定了人们在工作中的个性、自主性、创造性。科学管理要求管理者把过去工人们通过长期实践积累的大量的知识、经验，记录下来，同时对劳动者的每一个动作和工作流程进行观察，然后将它们概括为规则或流程，形成科学的工作方法，在全厂中推行。科学管理设计的工作环境，注重工作场所能否帮助员工运用科学的方法与既定的动作实现高效率生产，并且通过严格、科学的方法培训工人，实行严格的监督，对下属的授权程度小，工人在工作时自由度不大，管理过于程序化，员工在工作中没有足够的弹性。

人本管理则是充分尊重人的个性、自主性和创造性，表现为：管理过程的主动参与，工作内容的丰富，工作方式的灵活多样，工作小组的自主决策，员工的自主发展，员工的自我实现。人本管理强调设计以人性化、舒适度为主的工作环境，重视环境对员工身心健康、情绪的影响，对下属的授权程度大，只规定完成工作的大体原则，员工可以在实际工作中按照自己的想法灵活处理问题。

（3）科学管理更多地运用外在的赏罚、监督、控制，人本管理更多地运用内在的自我激励、自我控制、自律。

科学管理基于人的人性恶、好逸恶劳、追求眼前利益、追求低级需要等特性，严格执行各种制度，加强监督与控制，运用“胡萝卜＋大棒”的方式，以扣发工资、处分、降职、解雇为罚，以提薪、发奖金、晋级为赏，来实现组织目标；人本管理则基于人性善、勤劳、追求自我实现、追求高级需要等特性，创造宽松环境，营造发展平台，让人们展现自己的个性，发展自己的才能，做到自觉、自律、自我激励、自我控制，来实现自我目标和组织目标。

（4）科学管理的理论前提是“经济人”，人本管理的理论前提是“全面发展的人”

科学管理的理论前提是“经济人”和性恶论。“经济人”的特征是，活动的动机仅仅是赚钱。基于“经济人”而设置的管理原则就是：建立契约关系，明确职权职责，严格纪律控制，注重个人绩效，保障个人利益，实施物质激励。马尔库塞在《单面人》中提出：由机器、技术、市场、物质产品等元素构成一个单面的社会，它的标准化、批量化、模式化把统一的行为和生存方式强加给个人，它在提供丰富的物质资源满足人的物质需求的同时，压抑了人的精神自由，扼杀了丰富性，从而泯灭了个性，人变成了单面人。科学管理善于用强迫、控制、指挥、惩罚的方式对待人，这些管理方式可以有效地遏制偷懒取巧、好逸恶劳、损人利己等人性之恶，但不能够满足甚至是压制了尊严、归属、自我实现等高级要求，使组织丧失精神动力，从而陷入利益冲突的

困境中。

人本管理的理论前提是“全面发展的人”。我们需要从六个方面全面地了解人性，认识到员工不仅有赚钱的需要，还有多种精神上的需求，而且员工的精神需求会转变成推动事业发展的精神力量，充分发挥人性之善，需要采用各种激励方式。

科学管理与人本管理各有存在的理由，各有所长，两种管理模式应当结合起来，扬长避短、相互补充，而不是将这两种管理模式对立起来只选择其中之一。美国管理学家加里·哈默尔曾经讲过：“现代管理理论的发展无非就是对两样东西的追求，让管理更加科学，让管理更富人性色彩。”管理大师彼得·德鲁克在《卓有成效的管理者》再版序中讲：“现代管理 = 管理科学 + 管理哲学 = 法治管理 + 人本管理。”

领导者应当根据企业所处的不同时期，根据企业的具体情况，合理分配科学管理与人本管理的比重。例如，在企业发展的早期，科学管理的比重要大一些，随着企业的发展，特别是随着企业文化的建立，人本管理的比重逐渐增加；在劳动密集型企业，科学管理的比重要大一些，在知识密集型企业，人本管理的比重要大一些；在小人多的企业，科学管理的比重大一些，在君子多的企业，人本管理的比重大一些，这样，既能让君子、能人、好人充分地发挥自己的潜能和价值，也能防止小人、坏人、庸人利用人本管理的宽容、开放、自由而采取“搭便车”、吃免费午餐、以邻为壑、损人利己等行为。19 世纪末 20 世纪初，用科学管理代替传统的经验管理，来提高劳动生产率，而在知识经济时代和信息时代，随着科学技术的发展，人们的文化素质提高了，人的需求更加复杂化、多样化，需要在工作中有较大的自主性、创造性、弹性，是无法进行量化管理和严密督导的，更需要人本管理。

中国企业界提出的“狼性管理”，只能对事，而不能对人，不能用“狼性管理”排斥“人性管理”“人本管理”。华为公司创始人任正非先生总结狼的四大特性“贪”“残”“野”“暴”，并不是将这四大特性用于处理人与人的关系，而是用这四大特性面向所做之事，面对困难，要有进取精神、战斗精神、拼搏精神、竞争精神，这是对在“大锅饭”“铁饭碗”的环境中滋生的“不愿竞争”现象的校正。如果有人在企业中用“狼性管理”来对人进行管理，将人与人之间的关系变成狼与狼之间的关系，则是严重的误导。

第二节 人的六大属性

管理的主体是人，管理的对象也主要是人，所以，只有了解人性，特别是了解人性中的善与恶，才能真正理解管理。在组织管理中每一个管理原则的设定，每一种管理方法的运用，既是基于事物的特性，也是基于人的属性。所以，本节从多个角度、多个层次对人的属性进行完整的认知。

了解人性有多种方法，列举如下：

（1）反观法：研究者可以反观自己的内心，了解自己的心性，从而认知他人的心性。

（2）修炼法：道家、佛家有许多修炼的法门，可以通过自己的修炼而体悟到隐藏最深的心性，感知真我的本质。

（3）调查法：通过访谈法、问卷调查法了解到现实社会中人们的所思所想，认识到现实世界中人性存在的现状。

（4）实验法：通过设置特定环境和条件，使人的心性得到更清晰的呈现。主题统觉测验是由亨利·默瑞于1935年编制的测量工具，做法是：给被试者提供各种人物图片，要求被试者根据图片内容按一定要求讲一个故事，被试者在讲故事时会将自己的思想感情投射到图画中的主人公身上。这种方式更适合用来测量被试者内隐的、潜意识的动机。[①]人性决定管理模式，反之，管理模式也会影响人性。用管理君子的模式管理一群人，制定君子的标准让人们遵守，久而久之，这群人中就会有许多人变成君子；用管理小人的模式管理同样一群人，制定防范小人的标准，让人们相互利用、相互攻击，久而久之，这群人中就会有许多人变成小人；用管理敌人的模式管理同样一群人，制定对待敌人的标准，大量采用惩罚的措施，久而久之，这群人中就会有许多人变成敌人。

人性处于不断的变化之中，不同时代就会有不同的人性，同一个人在不同时期会有不同的人性。人性是可以塑造的，是可以通过教化、建立良好的制度、建设良好的社会环境而加以改变的。孔子曰："性相近也，习相远也。"（《论语·阳货》）人性通过"习"，也就是通过教化、学习、修养而改变。告子认为，人的本性就像水，将水放在流向东方的沟渠里，水就向东流；将水放在流向西方的沟渠里，水就向西流。

人性是复杂的、多层次的，单纯从某一个角度只能看到人性的某一方面，例如，单纯从经济的角度只能看到人性趋利的一面。

人性是极其复杂的，为了能够全面地认识人性，笔者将人性划分为人的自然属性、社会属性、道德属性、情感属性、文化属性、信仰属性六个层面。这六个层面，有的表现为善，有的表现为恶，有的表现为非善非恶。所谓人的全面发展，就是六个层面人性朝着正道的方向全面提升。

一、人的自然属性

人的自然属性是指人有身体，具有动物的属性，并且人的身体是大自然长期进化的产物，由人的身体而产生生理需求。

法家认为人有"好利恶害"或者"趋利避害"的特性，韩非子举例说，造车的工人做成车子后，希望富贵的人越多越好；做棺材的匠人做成棺材后，希望早死的人越多越好。这不是因为造车的人仁慈而做棺材的人残忍，其实大家都是为了利益。每个人都在追求自己福利的最大化。"凡治天下，必因人情。人情者有好恶，故赏罚可用。"（《韩非子·八经》）管理只能"因人之情"，根据人的自然本性来设计薪酬、晋升和奖

① 惠宁. 20位影响世界的管理学家经典管理思想与评论［M］. 北京：中国经济出版社，2013：267.

罚制度。在社会管理中，我们也要防范这种现象：根据“趋利避害”的人性，设计一套操纵人的管理模式，将众人作为满足自己欲望的工具。

人性之恶主要从人的自然属性中产生。人的高度的自由意志，可以选择为善，也可以选择为恶；由于人的能力大大提高，人有群体的力量，所以，人如果选择为恶，其后果就比其他动物更严重。

主张性恶论者，主要是看到人的自然属性。荀子就认为人天生“好利”“疾恶”“有耳目之欲”，只要听之任之，人性之恶就会产生。为了防止恶的产生，就需要用“君上之势”“礼义”“法”“刑罚”来加以制止。正因为看到了人性有恶的一面，所以需要建立外在的制度来加以制约，用强制力量加以训导。对于人性中的恶，仅依靠道德的力量来制约是不够的，还必须采用果断的惩治方式加以克制。

人的自然本性的异化：人的自然本性受到外在的名、利、事物等身外之物的影响，就会产生扭曲；人的自然本性受到外在事物的引诱，就会使其欲望膨胀；人的自然本性会在社会统一的规范中失去个性。如何克服异化，回归自然本性，道家开出的药方就是“虚无”“清静”“柔弱”“朴素”等，推行“无为而治”的管理模式。

仅仅看到人的自然属性或人性恶的一面是远远不够的。马斯洛在《动机与人格》一书中否定了弗洛伊德的观点，认为：“研究残疾、发育不良、不成熟、不健康的样本，只能形成有缺陷的心理学的哲学思想。”①

市场经济如果只是片面地追求经济利益最大化，强化人的自然属性，失去传统文化、传统宗教的制衡，忽视人的社会属性、道德属性、情感属性、信仰属性、文化属性，就会严重扭曲人性。为了纠正此偏向，当代管理学呈现出伦理化、人性化的倾向，将西方管理学的科学精神与东方管理学的人文伦理精神相结合。

二、人的社会属性

人在社会生活中，通过各种关系将种种因素融入人性之中，形成人的社会属性。人的社会关系包括：

（1）血缘关系：父母子女关系、兄弟姐妹关系。

（2）地缘关系：邻里关系、同乡关系。

（3）业缘关系：同事关系、同学关系。

（4）神缘关系：因信仰同一宗教或同一位神而形成的关系。

（5）亲缘关系：血缘关系、朋友关系。

（6）政治关系：阶级关系、民族关系、国家关系。

即便是在对某一人一无所知的情况下，我们可以这样询问：他是哪个国家的人，是哪个民族的人，是谁的配偶，是谁的子女，是谁的同乡，是谁的同事，等等，通过对以上问题的回答，我们大致就了解了此人的一些情况。

人的许多属性是在社会生活和关系中形成的，也就是说，社会环境决定了人的许

---

① ［英］克雷纳．管理百年［M］．闾佳，译．北京：中国人民大学出版社，2013：153．

多特质。不同的社会形态中形成不同的人格，好的社会环境会形成良好的人格特质，不良的社会环境会形成不良的人格特质。

由社会属性而产生权力需要和成就需要。权力需要是影响或控制他人的需要，成就需要是争取获得更大成功的需要。荀子认为，人之所以比牛马更有力量，就是因为人能形成群体，而维持一个群体，就必须在群体中形成权力的差别，形成领导与被领导的关系，荀子曰："两贵之不能相事，两贱之不能相使。"（《荀子·王制》）（译：两个同等尊贵的人在一起，不会相互服务；两个同等卑贱的人在一起，也不能相互使唤。）

基于"社会人"的特性，在管理中就需要注重人际交往问题，管理者需要进行沟通、引导、精神激励，提高士气，加强协作。企业中存在着员工在共同工作和人际交往中形成的非正式组织，有着特殊的感情和倾向，维持着个人品德和自尊心，私下交换那些不便在正式渠道提出的意见，影响着员工的行为。

三、人的道德属性

儒家倡导性善论，认为人不同于动物的本质，就是人具有道德属性。动物按其生物本能而生存，遵循自然规律。老虎吃了人，我们不能去指责老虎不道德，只能怪我们自己管理不善。人除了遵循自然规律（"实然"），还应当按道德理念（"应然"）去做。

有没有良心，这是衡量一个人有没有道德的重要标志。孟子曰："人之所以异于禽兽者几希；庶民去之，君子存之。"（《孟子·离娄下》）人与禽兽的不同之处，就是人讲仁义。孟子认为，人天生具有恻隐之心、是非之心、羞恶之心、恭敬之心。

人本管理就根植于人的道德属性，其本质就是心性管理。稻盛和夫 13 岁患肺结核面临死亡时，读到《生命的实相》一书，领悟出"境由心造"这个道理："我们内心描绘的事物，会通过现象在我们周围显现。"领悟出"善念生善果，恶念结恶果"这一法则，他将内心的善念显现出来，一生为社会、为世人做贡献，取得了非凡的成就。

稻盛和夫在《经营为什么需要哲学》一书中，主张把利他之心、关爱之心、慈悲之心放在经营的核心位置。"境由心造"，就是管理者和员工都发扬利他之心、关爱之心、慈悲之心，则企业环境就会转化为道场，充满道义的光辉和情义的光芒。身处其中，"心随境转"，就会感到舒心、愉快，建立相互信任的关系，更积极、更有效地工作。相传最早出自尧、舜、禹禅让之时的"十六字心传"："人心惟危，道心惟微，唯精唯一，允执厥中"，人心就是人的自然属性，道心就是人的道德属性。

四、人的情感属性

心是一系列感觉、情感的集合，并通过记忆存储起来，通过联想联结起来。由人的道德属性不仅产生出人的亲和需要与爱的需要，也产生出寻求被他人喜爱和接纳的需要。感情的融洽有利于提高管理效率，"动之以情"则成为重要的管理手段。

五、人的文化属性

卡西尔认为："人是能利用符号去创造文化的动物。"富兰克林认为："人是能创造劳动工具的动物。"《Z 理论》《日本的管理艺术》《追求卓越》《公司文化》等将企业成员视为"文化人"，既汲取东方管理学的智慧，又适应文化多元化、信息化、知识化、全球化、网络化的时代需要。

作为中国企业，应当用中华优秀文化来建设企业，充分发展人的文化属性，不能让企业变成文化荒漠。英国著名历史学家汤因比说："中国文化如果不能取代西方而成为人类的主导，那么整个人类的前途是可悲的。"①这种说法给予中国文化极高的评价，但我认为，中华传统文化应当成为人类文明的重要组成部分。

六、人的信仰属性

世界上大多数人有宗教信仰，管理者不能无视这种现象，而应在顺应人的信仰属性的条件下设计管理模式。一位记者在日本参观松下公司时发现："那里有一种近乎宗教的氛围，好像工作本身被认为是一种神圣的事。"②尊重人们的宗教信仰，善于运用信仰所激发出来的善心和精神力量，这是人本管理的重要特征。

中国传统的儒释道三教，关于人的信仰方面，有以下共识：

（1）每个人都面临着死亡，都想追问人死之后是以何种形态存在，如果人死之后还有灵魂存在，就会给人带来希望。

（2）每个人都面对种种苦难，如果宗教能引导人忍受现世的苦难就能享受来世的幸福或天堂的荣光，人们才不会被苦难击垮。

（3）每个人在做善事时，都需要有一个理由，而通过所信之神来维持一套精神价值体系，就成为人做善事的有力支点。

所以，人对于信仰的需求，如同对吃饭穿衣的需求一样，是必不可少的。因而，人具有信仰属性。涩泽荣一说："我相信儒教，将它作为我言行的规范。"③

人从何处来？宗教通常回答说，是神创造了人，或是灵魂附于肉体之上就形成了人。有人说人是由大自然进化而来，但至今没有找到可靠的证据。

人向何处去？宗教的说法是，人的灵魂或进入天堂，或进入地狱。而要进入天堂，就必须行善积德；如果罪恶累累，即便在人间没有受到惩罚，死后灵魂也会堕入地狱。宗教的理论给人带来了希望，并且引导人们行善积德。稻盛和夫认为，死亡的是肉体，灵魂是永存不灭的，将轮回转世。于是，他认为人生的目的就是提高心性，净化自己的灵魂，使自己的灵魂变得更高尚，并且他将这个信念终身付诸实践。他创造了一家伟大的企业——京瓷，但他认为，一旦肉体死亡，那么就算有几千亿的财产也没有任

---

① 余焕新．儒家行为管理［M］．北京：经济管理出版社，2017：33．

② 圣吉．第五项修炼——学习型组织的艺术与实践［M］．张成林，译．北京：中信出版社，2009：14．

③ ［日］涩泽荣一．左手论语，右手算盘［M］．李建忠，译．北京：九州出版社，2013：128．

何意义，唯一有价值的，就是净化自己的灵魂。[①] 稻盛和夫在《活法》一书中讲：如果有人问我："你为何来到这世上？我会毫不含糊地回答：'是为了在死的时候，灵魂比生的时候更纯净一点，或者带着更美好、更崇高的灵魂去迎接死亡。'"[②] 他在《活法》一书中还说："人死后肉体消亡，但灵魂永存不灭。我有此信仰，在我看来，现世的死亡，归根到底，无非是意味着灵魂开始新的征程。"[③]

中国传统文化中有这种观念：灵魂上寄存着人的前世今生所作所为而形成的业障，消除业障有三种方式：一是行善积德；二是灾难也可消除业障；三是坐禅和瑜伽等修行，可以像研磨镜片一样，将业障一层一层地磨掉。

儒家认为，人可以通过"立功""立德""立言"而达到"不朽"。人的身体归于尘土，但他的道德、功勋、思想却能永存于世。

综上所述，每个人都具有以上六种属性，但这六种属性分别呈现出不同的状态，有的呈现出良好状态，有的呈现出败坏状态。

由人的自然属性和社会属性产生了人与人之间的契约关系。人与人之间产生冲突，双方进行协商而产生契约，契约需要得到共同遵守，契约明确每个人的权利和义务，以"惩恶"的方式制止人对人的侵犯。契约明确而且具有可操作性，为人们设置了底线，但契约关系将人投入到冰冷的世界中。人的生活丰富多彩，行为千差万别，境遇也变化无穷，人与人之间仅仅存在着契约关系是不够的。

由人的道德属性、信仰属性、文化属性产生了人与人之间的道义关系。中国文化中的仁、义、礼、信，就是通过"扬善"建立人与人之间的道义关系。水泊梁山一百零八将，他们会聚在忠义堂，相互之间形成道义的关系，因而具有凝聚力和战斗力。刘备、关羽、张飞桃园三结义，他们之间也建立了道义关系，同生死，共患难。马克斯·帝普雷认为："合同只是一个关系中的一小部分。一个完整的关系所需要的是信约……信约关系要基于一种共享的承诺——要实践的理念、要解决的问题、要实现的价值、要完成的目标，以及要经历的管理过程等。信约的关系反映的是和谐的统一、优雅的善意和泰然的自信。它表达了人际关系的神圣性。"[④]

由人的情感属性、信仰属性、文化属性产生了人与人之间的情感关系。索尼公司董事长盛田昭夫说："一个日本公司最主要的使命，是培养它同雇员之间的关系，在公司创造一种家庭式感情，即经理人员和所有雇员同甘苦、共命运的情感。"[⑤] 人与人之间的契约关系可以阻止人向坏的方向堕落。人与人之间的道义关系和情感关系可以引导人向好的方向前进。

---

① ［日］稻盛和夫．心法——稻盛和夫的哲学［M］．曹岫云，译．北京：东方出版社，2015：26–27．
② ［日］稻盛和夫．活法［M］．曹岫云，译．北京：东方出版社，2014：6．
③ ［日］稻盛和夫．活法［M］．曹岫云，译．北京：东方出版社，2014：253．
④ 圣吉．第五项修炼——学习型组织的艺术与实践［M］．张成林，译．北京：中信出版社，2009：143．
⑤ 彦涛．不可不学的管理学32定律［M］．上海：立信会计出版社，2015：17．

第二十五章　目标管理

第一节　目标管理的特征与程序

目标管理是管理专家彼得·德鲁克1954年在其名著《管理实践》中最先提出的。他说："组织中的上级和下级管理者一起制定组织的共同目标，根据预期效果规定个人的主要职责范围，并用这些衡量尺度作为单位经营的指导方针和评定个人所做贡献的标准。"①

孔子提出管理的目标就是"修己安人"，孔子曰："修己以安人"，"修己以安百姓"。行政管理的目标就是"惠民"，包括安民、保民、养民、富民、教民。"德惟善政，政要养民。"(《尚书·虞书·大禹谟》)

一、目标管理的特征

（一）层次性

根据组织系统来分解，组织的总目标居于最高层次，总目标往下分解成分公司的目标，分公司的目标往下分解成部门目标，部门目标往下分解成小组目标，小组目标往下分解成个人目标。这些目标方向一致，环环相扣，相互配合，形成协调统一的目标体系。

"千里之行，始于足下。"长期目标与短期目标要统一起来。根据时间来分解，则分为长期目标、中期目标、近期目标、当下目标。需要根据长期目标来确定中期目标，根据中期目标来确定近期目标，根据近期目标来确定当下目标。

企业的总目标由董事会和最高层经理人员来确定，但是，当总目标向下分解到分公司、部门、小组、个人时，就需要让组织中各层次上的人都参与进来，共同制定各层级的目标。通过民主参与的方式，实现个人需求与组织目标的结合。如果上司利用权力一厢情愿地把自己制定的目标强压给下属，下属就可能会产生抗拒。

（二）协调性

任何一个目标都不是独立的，必须同其他目标相关联。在实现某一目标的过程中，还应当为正在实现的相关目标的他人提供协助与配合。企业具有各个层次上的目标，

① 胡海波．中国管理学原理［M］．北京：经济管理出版社，2017：277.

而每个层次上的目标有多个，每个层次上的各个目标之间和上下层次上的各个目标之间，都具有相关性和协调性。组织中的各个分支机构在制定目标时，必须与其他分支机构相协调，避免产生矛盾。德鲁克在《管理：任务、责任和实践》一书中说："企业必须有多种目标而不是唯一目标。管理一个企业就是在各种目标之间进行平衡。"[①]如果组织中的各种目标之间没有建立相互关联、相互协调、相互支持的关系，则组织成员往往采取对自己、对本部门有利但对整个公司不利的行动。

（三）衡量性

目标应该是明确的、具体的，而不是模糊的，可以通过一组明确的数据，或者通过一系列的具体指标、事件来加以衡量，或者通过流程来加以衡量。"你们好好干"就是一种含糊其词的表述。在目标设置中，避免使用"进一步""更加""更好""更快"等形容词，这些都是概念模糊、无法衡量的描述。在企业中，许多目标都可以在数量、质量、成本、时间、满意程度等方面进行衡量。可以将目标细化后加以衡量。比如，如果将目标描述成"增强客户意识"，这个目标就是难以衡量的，如果将"增强客户意识"细化为降低客户投诉率、提高服务水平、使用规范礼貌用语、采用规范的服务流程等，就可以进行衡量。

目标可以衡量，才可以进行考核；可以进行考核，才能评价其成效或绩效。由此每个人对公司的贡献就变得非常明确。不断地将实现目标的进展情况反馈给个人，方便他们能够调整自己的行动。

（四）时限性

时限性指目标是有时间限制的。根据工作任务的权重、事情的轻重缓急，拟订出完成目标项目的时间，定期检查项目的完成进度。没有时间限制的目标，就没有办法进行考核。各个目标如果没有时间限制，在时间上就不能保持协调一致，在行动上也就不能保持协调一致。

（五）可行性

目标不是空想，必须切合实际，是具备一定的现实条件，通过人的努力可以达到的。同时，为某个人树立目标，必须是他愿意接受的，不是通过外来的压力强制他接受的，最好是通过同他进行沟通、协商来确定。

（六）挑战性

如果一个目标对接受者没有多大意义，或者是接受者根本无法实现，那么，接受者就没有动力去实现这个目标；如果一个目标很容易实现，那么接受者也没有动力去努力。所以，要制定"跳起来"（通过努力）可以实现的目标，不能制定"跳起来"永远实现不了的目标，也不能制定不用"跳"就可以实现的目标。要避免以下两种倾向：一是制定难以完成的过高过大的目标；二是制定轻松就能实现的目标。

（七）崇高性

崇高的目标可以吸引品质优异的人。企业的目标不能仅定位为赚钱，正如战争的

① 龚俊恒．德鲁克管理思想大全集［M］．北京：中国华侨出版社，2011：137．

目标不能定位为杀人一样，因为这样的目标不具有崇高性。在军事管理中，应当将作战的目标确定为“止战”“去杀”“安人”“爱民”等崇高目标，司马穰苴说：“杀人安人，杀之可也；攻其国，爱其民，攻之可也；以战止战，虽战可也。”（《司马法·仁本篇》）（译：如果杀人是为了让更多的人获得安宁，那就杀吧；如果攻打一个国家是为了爱护这个国家的国民，那就攻打吧；如果用发动战争的方式达到制止战争的目的，那就发动战争吧。）德鲁克说：“经济规模的扩大和发展并非以其自身为目标。只有当它们成为实现社会终极目标的手段时，才会有意义。”①

日本京瓷集团在培训员工时，让员工明白，自己努力工作不仅仅是为了企业的发展、个人生活水平的提升，更多的是为了造福社会，让我们身边的每一个人都生活得更好。

二、目标管理的基本程序

（一）总体目标的制定

企业领导层根据企业的使命、宗旨、愿景和长远战略，分析客观环境带来的机会和挑战，确定企业的总体目标。企业总体目标既要包括现实工作指标，也要体现产品研发、市场开发、人力资源开发等保证企业未来发展的指标；既包括定量目标，也包括定性目标。

在军事上，《孙子兵法》提出“以利动”的目标，强调的是长远的利益远大于害的利益，强调的是以最小的代价获得的利益。

（二）目标的分解

上下级的目标之间通常是一种“目的—手段”的关系，下级的目标就是实现上级目标的手段。确定了总体目标之后，就要审查现有组织结构。按照现有组织结构将总体目标分解到各级机构，然后分解到个人，上级和下级在充分协商的基础上就实现各项目标所需的条件以及实现目标后的奖惩事宜达成协议。协议必须解决以下问题：① 责、权、利相统一，在明确每个员工的责任与任务的同时，授予下级或员工相应的权力，也要明确员工实现目标后能够获得的利益。② 每个员工以书面形式设定目标清单，阐述各项目标的具体要求，每个员工要熟记目标清单，并且能够准确无误地向别人复述组织目标和个人目标。③ 必须确保各项分解目标的一致性，各项目标朝着同一方向，确保个人目标与企业总目标一致。④ 保障各项分解目标在进度上的统一。⑤ 规定实现目标的日期。⑥ 目标确定时应考虑员工的能力素质、以往的业绩和意愿。⑦ 目标分解也应具有如下含义：大目标分解成若干个小目标，逐一完成小目标，最后实现大目标。⑧ 企业总体目标、各部门的分目标、员工个人的目标，环环相扣，相互配合，形成协调统一的目标体系。任正非说：“公司的总目标是由数千数万个分目标组成的，任何一个目标的实现都是英雄的英雄行为所为。我们不要把英雄神秘化、局限化、个

---

① ［美］德鲁克，马恰列洛. 德鲁克日志［M］. 蒋旭峰，王珊珊，等译. 上海：上海译文出版社，2014：196.

体化。无数的英雄及英雄行为就组成了我们这个强大的群体。”①

（三）目标的实施

在目标实施阶段，企业要为目标的实现创造良好的工作环境，形成团结互助的工作氛围。员工依据目标管理的要求进行自我控制，发挥自主性和积极性。管理者不需要事必躬亲，但要根据目标体系对员工实行有效控制。召开目标实施工作会议，进行定期检查，通报进度，总结经验，解决在实现目标过程中相互协调的问题，保证信息及反馈渠道的畅通，以便及时发现问题并加以改正，甚至修改目标。

（四）目标的考核

根据一定的标准对各级机构和员工实现目标的情况进行考核，并根据考核的结果进行奖惩。既要肯定成绩，也要指出问题，总结成功的经验和失败的教训。有的目标只需要很短时间就可以实现，则需要设立较短的考核周期。如果及时进行考核，对工作及时进行评价和反馈，则有利于及时地改进工作。需要较长时间才能实现的目标，则需要较长的考核周期。

第二节　目标管理的优点与难题

一、目标管理的优点

明确任务：各级主管及成员都明确了组织的总目标、部门的目标及各自的任务，明确了各自拥有的权力，并配置了相关资源。各级管理者和工作人员专心于实现自己的目标，不需要等待指示，也不会出现茫然不知所措的情形。

改良组织：在目标管理实施的过程中，发现组织机构存在的缺陷，按照实现目标的要求来设置和调整，各个职位也应当围绕所期望的成果来建立，这就会使组织结构更加合理与有效。各级目标是通过充分地沟通和协商而制定的，在实现目标的过程中需要得到他人的协助，而各层级的目标最后又指向总目标，所以，目标管理更容易形成团体意识，增强凝聚力。

提高效率：为了保证目标的实现，各级管理人员必然要深思熟虑实现目标的方法和途径，考虑相应的组织机构和人选，以及需要怎样的资源和哪些帮助。让每个员工都牢记公司的总体目标和个人目标，不停地思考，不断地在脑海中浮现未来发展的成功景象，就会在潜意识中形成强有力的动机。在目标明确的情况下，员工会主动去探索实现目标的最佳途径，以更小的代价实现目标。目标管理重在目标确定，并不详细规定各个层次、各个部门及各个成员完成各自目标的方式和手段，给大家自由创新的空间。

没有实行目标管理的企业，存在以下问题：工作任务由管理者进行安排，有的人

① 李慧群，王伟立. 华为的管理模式［M］. 深圳：海天出版社，2012：68.

由于没有明确的任务而处于闲散状态，有的人又由于任务过重而难以承受；目标没有分解到个人，依靠统一指挥必然会造成管理上的僵化；大家等待着管理者的指令，无指令就不动；管理者的指令如果有不到位之处，员工的工作就不能到位，特别是工作中的细节，在没有明确的指令下就会处理不当；许多员工的工作或行为背离了公司的总体目标但没有被觉察；缺乏明确目标的工作容易产生混乱状态；由于工作需要靠指令，责任难以划清，则赏罚无法公正地进行；依靠各级管理者的指令而进行的工作，人们关注的是如何在管理者面前的“表现”，而不是实际的工作成绩。

形成激励：人们看到明确的目标，就会振奋精神，激发斗志；人们必须通过一定的努力才能实现目标，因而有利于激发人们的积极性和创造性；人们在目标实现之时，会产生满足感、成就感、自豪感；实现目标就能获得相应的报酬和奖励，产生明显的激励效果。稻盛和夫说：“我现在所做的经营，是以心为本的经营。……它采用员工认可的奋斗目标来凝聚大家，激发大家共同关注企业的发展。此外，还将员工的利益和企业的目标统一起来，建立一个坚强有力、办事公平的领导集体。”①

控制有效：当组织形成一套明确的可考核的目标体系时，各级管理者就有了进行监督控制的最好依据。管理者对比目标，经常检查，进行评比，如果出现与目标相偏离的情况，就采取措施纠正。员工明确了自己的工作目标，管理者要的是成果，就不需要对员工实现目标的过程进行全程干预，而是要给员工留下发挥的空间。德鲁克说：“目标管理的一个好处就是能以员工的自我管理取代强制管理。”②

二、目标管理的难题

（一）目标设置的困难

一个团队通过共同协作而实现的目标，很难具体地分解到每一个人，从而很难确定甲做多少、乙做多少。理由是：在一个团队中，每个人都有不同的特长，通过互补才能产生成效；每个人的能力大小不同，不能给予他们同等的要求；有的工作任务就是一个整体，不同的人去做这个整体的不同方面。

有的企业只注重定量目标，缺乏定性目标。经营指标可以量化，但工作态度、思想、品德、精神面貌、不能直接产生结果的努力等就难以量化。如果只重视量化的目标，难以量化的工作任务就会被淡化、被忽视，造成工作体系的失衡。戴尔公司新任CEO为了提升销售额，他要求每名销售人员增加拨打电话的次数，并为每个员工制定了具体目标。为了增加拨打电话的次数，员工不得不加快自己的语速，挂客户电话的情况也日益增多，导致戴尔公司的服务质量下降。

（二）目标分解发生变形

公司的总体目标如果不能分解成一系列的具体目标，并合理地分配到每个部门、每个人，每个人对于分解到自己手上的目标理解不到位，就不能形成“同心同德”的

① 成杰．商道即人道：稻盛和夫给创业者的人生课［M］．北京：中国华侨出版社，2011：109．

② 龚俊恒．德鲁克管理思想大全集［M］．北京：中国华侨出版社，2011：138．

局面，就不能保障大家劲往一处使，总体目标就难以实现。例如，公司的利润增长这一总体目标，如果不能分解为投资增加目标、成本控制目标、增加人员目标、培训人员目标、技术采用目标等一系列具体目标，总体目标就是抽象的、空洞的，难以实现。

（三）强调短期目标

短期目标容易设置、容易分解、容易考评，导致在管理中强调短期目标而忽视长期目标，导致短期行为，甚至以损害长期利益为代价去实现短期目标。

（四）目标修正不灵活

目标一旦确定就不能轻易改变，轻易改变目标会给组织带来混乱。但是，如果客观环境和主观因素发生变化，导致原有的目标无法实现或者原有目标已丧失价值，就需要调整目标。如果僵化地死守原来的目标，也会导致失败。

（五）目标制定参与性较差

在制定总体目标和分解目标的过程中，如果能让相关人士参与进来，充分沟通、讨论，就能将各种现实因素考虑进来，增强协调性，调动积极性，容易得到大家的认可。如果不让相关人士参与进来，就会造成目标不接地气，滋生本位主义，执行力差，难以协调。

（六）没有充分授权

在确定每个部门、每个人的具体目标的同时，应当给予每个部门、每个人充分的权力，给予他们实现目标所必备的资源和条件，给予他们培训的机会。但是，官僚主义者不愿意下放权力，又控制着各种资源，导致“又要马儿跑又要马儿不吃草”的现象。

（七）缺乏工作追踪

在目标分解到每个部门和每个人之后，在执行的过程中，管理者还要进行追踪，看其有没有偏离目标方向，如果发现偏离，就应当及时反馈并及时纠正。其实，实现目标的过程也是重要的，正确的过程才会有正当的结果。如果管理者只关注最终的考核结果，会使员工产生一种过程不重要、结果才重要的错觉。为了实现目标，各级管理人员、员工有可能会出现不择手段的行为。所以，考核不仅面对结果，还要考察实现目标的过程。给道德的行为以奖励，给不道德的行为以惩罚。在追踪过程中，一定要尊重员工，给予员工自由发挥的空间，不能大事小事都指手画脚，更不能对员工的一举一动都进行监视。

（八）忽略目标的挑战性

目标定高一点或难一点，实现目标的时间表定得紧一点，给大家以一定的紧迫感和压力感，反而有利于激发斗志。有的人在参与制定目标的过程中，更多地强调困难，更多地争取资源，降低自己的目标以减轻自己的压力，最后使制定出来的目标缺乏挑战性。

第三节　企业愿景、企业宗旨、企业使命、企业目标

一、企业愿景、企业宗旨、企业使命、企业目标的内涵

企业愿景、企业宗旨、企业使命都是企业领导层基于某些价值理念而形成的对于企业目标、企业未来的设想。三者的内涵在很大程度上是重合的，三者有时可以相互替代。企业愿景包括企业使命，企业使命是企业愿景的一个方面。企业使命和企业宗旨是同义语。在具体运用中，有些公司为了全面地表述，就运用这三个概念去表达不同的方面，侧重点各有不同。

愿景是企业领导层基于核心价值观和使命感对企业未来前景的设想。愿景是对企业未来发展的一种期望和描述，明确界定公司的未来是什么样子，回答了“我们的核心价值观是什么？”“我们要到哪里去？”“我们的长远目标是什么？”“我们希望成为怎样的企业”等问题。

愿景确立了企业全体员工努力实现的长远目标，明确了企业的发展方向，对股东、员工、管理者及其他利益相关者产生激励、导向的作用，激发人们强大的凝聚力、向心力，激励着企业奋勇向前，拼搏向上。

企业使命又称企业宗旨。德鲁克在《管理：使命、责任、实务》一书中说：“管理就是界定企业的使命，并激励和组织人力资源去实现这个使命。”

企业使命包括以下三个定位：

（1）企业生产经营的目的定位：明确企业存在的原因或者理由，明确企业的社会责任，诸如“提供某种产品或者服务”“满足某种需要”“承担某个不可或缺的责任”等。

（2）企业生产经营的哲学定位：为企业确立了基本指导思想、原则、价值观、经营理念。

（3）企业生产经营的形象定位：它反映了企业试图为自己树立的形象，回答“我们是一家什么样的企业”。

德鲁克认为，企业管理有八个目标：营销目标、创新目标、人力资源目标、财务资源目标、实体设备目标、生产力目标、社会责任目标、利润需要目标。[①]德鲁克认为，企业使命应回答下列问题：我们的事业是什么？我们的顾客群是谁？顾客的需要是什么？我们用什么特殊的能力来满足顾客的需求？如何看待股东、客户、员工、社会的利益？

企业家与暴发户最大的区别，就是暴发户只是为了自己或自己的家人，而企业家则必须有“达则兼济天下”的情怀，既有为自己、为家人谋取更好生活的动机，也有为员工、为社会、为国家、为人类的远大志向。

---

① 詹文明. 德鲁克谈企业管理［M］. 北京：东方出版社，2009：40–50.

二、如何设定企业愿景、企业宗旨、企业使命、企业目标

既然企业愿景已经包括了企业宗旨、企业使命、企业目标，故以下行文主要讲企业愿景，其他三者类似。

（一）企业愿景与个人愿景相统一

企业愿景与个人愿景不仅要相向而行，而且要同步构建。将企业愿景建立在个人愿景的基础上，企业愿景才会通过每一个人的真诚努力去实现。《孙子兵法·九地篇》："齐勇若一，政之道也。"（译：士卒齐心协力、勇敢向前，这是治军之道。）企业愿景只有统合个人愿景，才能达到"同心同德"的局面。《尚书·泰誓中》："受有亿兆夷人，离心离德。予有乱臣十人，同心同德。"（译：商纣王受辛有亿万臣民，却离心离德；我（周武王）有治国能臣十人，大家同心同德。）

如果愿景是某个人或某个群体强加给企业中每一个人的，就会造成企业愿景与个人愿景的分裂，造成"离心离德"现象。"他人的愿景"或"他们的愿景"会导致执行者的冷漠甚至反抗，最多只能带来强制性顺从，而不能振奋精神，焕发生机，激发勇气。只有将企业愿景植根于个人愿景之上，企业愿景才能从"他的愿景"或"他们的愿景"转变成"我们的愿景"。引导员工制订"员工发展计划"，正是实现个人愿景与企业愿景相统一的最佳方式。

要成就伟大事业，就必须树立崇高的愿景，公司通过企业文化建设，将崇高的愿景置入员工内心，转化为个人愿景，让员工看到未来、产生希望，使员工在实现自身价值的过程中，获得充实而丰满的人生意义。

（二）企业愿景应有丰富的内涵

物质欲望是一个人最基本的欲望，个人愿景最基础的部分就是赚钱，相应地，公司愿景最核心的部分也是获取利润。公司通过员工薪酬分级制度、奖惩制度解决金钱激励的问题。但是，"员工赚钱"和"公司取得利润"这样的愿景通常不需要直接表达出来：第一，"赚钱"和"利润"既然是所有公司和员工共同的追求，那么直接在公司的愿景中表达出来，不但显得俗气，缺乏品位，而且无法显现公司的个性。第二，"个人赚钱"和"公司利润"是不学而知的、不教就会的，是公司发展、个人事业成功带来的成果，所以，只需要强调公司的发展和个人的成功就可以了。第三，如果过度强调"赚钱"和"利润"，甚至将"赚钱"和"利润"作为唯一目标，在实践中是有害的：将员工培养成唯利是图的小人；使员工除了金钱之外就没有动力；公司为了"利润"不择手段，导致公司利益受到损害；公司排除了金钱之外的众多目标，就会造成公司的片面发展、畸形发展；公司会为了眼前利益而放弃长远利益；企业为了追求利润而丧失绝佳的商业机会。如果一味地使用金钱去驱使员工，没有给员工精神上的动员与满足，企业只能走向失败。

高德在美国作了三次大规模的离职调查，结果显示有八个原因促使一个人选择辞职：为了创业（在公司仅仅是为自己将来创业做准备）、为了发展（个人的发展空间受到限制，或者公司的发展目标与自己的发展目标不一致）、为了挑战和升职、某种选择

（因找不到合适的定位而频频跳槽）、为了金钱、感觉主宰行动的人、因为习惯（追求新鲜感、摆脱复杂的人际关系）、被动选择（与上司或同事经常发生摩擦）[①]，这说明人的需求是多方面的，金钱只是其中之一。

（三）企业家要敢于创造梦想

中外著名的企业家，都是善于创造梦想的人，他们身后都跟着一批相信梦想的人。企业家站得高，看得远，敢于创造梦想，将一份美好的前景放在员工面前，让他们感动，并愿意为之付出。企业家在创造梦想之后，要招聘那些认同梦想的人，驱逐那些质疑梦想的人，营造群体的氛围，让梦想在员工中相互传递。

企业家创造的梦想，首先是自己要真诚地相信，并以实际行动展现给大家看。如果企业家自己都不相信自己创造的梦想，并且以自己的行动破坏梦想，那就是在制造骗局。只要是企业家带领大家朝着梦想的方向进行真诚的努力，即使最终没有全部实现梦想，那也是在实现梦想的道路上获得了不同程度的成功！

（四）企业愿景应当建立在人的属性与需求之上

《黄石公三略·上略》中讲："主将之法，务揽英雄之心，赏禄有功，通志与众。"（译：主将的要诀，在于务必笼络英雄豪杰的心，重赏有功之人，使大家同自己有共同的志向。）在构建企业愿景和个人愿景的过程中，要充分了解人的自然属性、社会属性、道德属性、情感属性、文化属性、信仰属性（参见本书第二十四章）和人的六种需求（参见本书第三十三章）。要了解人心，顺应人性，遏制不良的欲望，提升需求的层次，激发正当的需求，满足合理的要求。弱势者更需要梦想的支撑，他们需要从梦想那里得到安慰，获得精神的力量。

（五）个人愿景和公司愿景可以分为三个层次

（1）成就事业：个人的成功不仅能带来财富，还能带来荣誉感、成就感。企业的发展不仅产生利润，也给企业带来荣誉，树立形象，扩大影响力。

（2）帮助亲人：在企业中推行孝道教育、感恩教育、亲情教育，让孝亲、家庭责任成为员工的一种强大的工作动力。在家族企业中，创业者对于自己子孙后代的责任感也是他办好企业的强大精神动力。

（3）回报社会：有仁爱之心、感恩之心的人都有回报社会、承担社会责任的情怀。人人都需要有归属感、荣誉感、安全感，而只有在回报社会的过程中，才能获得。"产业报国"是许多著名企业设定的愿景。华为集团在《致新员工书》中讲："我们以'产业报国'的方式去关心、去爱自己的国家。"[②]日本松下电器放在第一位的经营目标就是"产业报国"。阿奇·卡罗尔认为，企业的社会责任包括经济责任（生产或提供社会需要的商品或服务）、法律责任（遵守所有的法律法规，完成所有的合同义务）、伦理责任（合乎伦理地开展经营活动，避免损害利益相关者的利益）、慈善责任（企业自愿的慈善活动或行为）。

---

① 高德．洗脑术——怎样有逻辑地说服他人［M］．南京：江苏文艺出版社，2013：52-53.

② 高德．管理术——如何运用宗教的智慧做管理［M］．青岛：青岛出版社，2015：9.

（六）企业愿景应当综合考虑利益相关者的愿望

在行政管理中，应当综合考虑各方面的利益和愿望。“凡为天下国家有九经，曰：修身也，尊贤也，亲亲也，敬大臣也，体群臣也，子庶民也，来百工也，柔远人也，怀诸侯也。”（《礼记·中庸》）

企业领导层在设定企业愿景时，要考虑顾客、员工、股东、供应商的需求，平衡各方面需求，分别设立顾客目标、员工目标、股东目标、供应商目标。顾客目标主要是为顾客提供最佳使用价值，提高并保持产品质量和服务水平方面的领导地位；员工目标主要是为员工提供良好的环境、发展的平台、生存的空间；股东目标主要是确保企业创造真正的价值，让投资产生最大的收益；供货商目标主要是加快供货速度，分享企业利益。

（七）开发个人愿景

如果没有个人愿景，则企业愿景就是纸上谈兵。共同愿景是在群体中个人愿景的基础上诞生的，要建立共同愿景，就要激励组织成员去开发个人愿景。“我们还是要把梦想实现时的情景，到达梦想的过程，在头脑里反复模拟演练，将它们具体化、形象化，以至能‘看见’实现的过程和情景。这样，实现梦想的真实道路就会逐渐清晰。同时，在日常生活中就能获得种种启示，帮助自己一步一步接近梦想中的目标。”[①] 个人愿景的实现强有力地推动企业愿景的实现。稻盛和夫说：“愿望强烈的程度，促使你睡也想，醒也想。一天 24 小时不断地思考，透彻地思考。从头顶到脚底，全身充满了这种愿望，如果从身上某处切开，流出来的不是血，而是这种‘愿望’。抱着这样的愿望，聚精会神地、一心一意地、强烈而透彻地进行思考，这就是事业成功的原动力。”[②]

三、企业愿景、企业宗旨、企业使命、企业目标具有的价值

（一）提升企业协同力

《淮南子·兵略训》中讲：“千人同心，则得千人之力；万人异心，则无一人之用。”企业有了总体目标，总体目标又分解到每个部门、每个人，责任明确，但又是需要相互配合的。每个人在完成自己的目标的同时，就是在推动企业总目标的实现。每个部门、每个人在实现自己的目标的同时，还应有协助其他部门、其他人的义务，必须避免出现孤立、封闭的现象，每个人都可以通过信息通道获得必要的信息，通过各种渠道获得必要的帮助。由于部门目标和个人目标是根据公司总体目标而设定的，所以可以避免在公司内部出现小利益集团现象。美国迪士尼公司创始人华特·迪士尼说：“在我做过的所有事情中，最重要的就是协调那些为我们工作的人才，指引他们朝着一个特定的共同目标努力。”[③]

---

① ［日］稻盛和夫．活法［M］．曹岫云，译．北京：东方出版社，2014：78-79．

② ［日］稻盛和夫．活法［M］．曹岫云，译．北京：东方出版社，2014：37．

③ 唐华山．商界领袖管理语录大全集［M］．北京：人民邮电出版社，2012：354．

（二）累积企业的努力

一家企业要获取巨大的成功，最关键的因素就是持之以恒地努力。对于没有航向的船来说，任何方向的风都是逆风。持之以恒地努力之所以能取得成效，是因为树立了明确的目标，围绕目标调动资源、安排时间、集中力量、运用智慧，每天都朝着目标一步步地迈进，日积月累，最后才能取得巨大的成功。有的企业很努力，但不成功，主要原因就是因为追逐短期利益不断地变换目标，将资源、时间、精力、智慧分散在许多点上，每个点上的累积都很少。

（三）打造企业命运共同体

孟子曰："乐民之乐者，民亦乐其乐；忧民之忧者，民亦忧其忧"。（《孟子·梁惠王》）要将企业打造成"同甘苦，共患难"的命运共同体，就必须有共同愿景。彼得·圣吉认为，愿景分三个层次：组织大愿景、团队小愿景、个人愿景，共同愿景是建立在个人愿景的基础上。《孙子兵法》中讲："上下同欲者胜"，就是从将军到士兵，上上下下都有共同愿景，才能取得战争的胜利。当个人愿景同组织愿景保持一致，个人利益与组织利益保持一致，个人目标与组织目标保持一致，就可以避免个人在企业中因谋取私利而损害企业利益。

（四）吸引人才

企业设立愿景、使命、宗旨，"物以类聚，人以群分"，凡是认同者就会会聚过来，凡是不认同者自然会远离。崇高的使命可以吸引内部和外部的人才，各尽所能，去成就伟大的事业。

（五）提高竞争力

苏洵说："为将之道，当先治心。"（《心术》）企业设置了愿景、使命、宗旨，并以此为基点推动企业文化建设，使企业增强了文化、道德、精神上的竞争力量。企业制定长期的愿景，保持战略的连续性，使管理模式不断地锤炼，企业文化不断地积累，竞争对手在短时间内只能片面地模仿，很难全面超越。"道者，令民与上同意也，故可以与之死，可以与之生，而不畏危。"（《孙子兵法·始计篇》）（译：用兵之道，在于让士兵与主帅同一条心，可以同生死、共患难，无所畏惧。）

第二十六章　计划管理

第一节　计划的类型、特点、原理

明代刘伯温《百战奇略·计战》："凡用兵之道，以计为首。"不能因为对所做之事胸有成竹而不制订计划，放在心中的计划总是残缺的、混乱的、易失的；不能因为忙而不制订计划，因为计划是开展行动的第一步，没有计划就是徒劳；不能因为存在着变化而不制订计划，计划可以随着变化而调整。

计划具有两重含义：一是作为动词，指的是计划工作，即设定目标，确定实现目标的战略、方式，制订方案，以便整合和协调各种活动；二是作为名词，指的是计划形式，即用文字和指标等形式所表述的在未来一定时期内关于行动目标、内容、方式安排的管理文件。

广义的计划工作包括制订计划、执行计划和检查计划的执行情况，狭义的计划工作就是制订计划。计划工作的内容主要包括做什么、为何做、谁去做、何地做、何时做、怎样做。

合理的计划为组织的稳定发展提供保证，为管理者和非管理者提供指导，为有效筹集和合理配置资源提供依据，为检查、考核和控制组织活动确定目标或标准，降低不确定性，提高效率，降低风险，减少浪费。创办企业首先要写一份创业计划书，并在实践的过程中不断地修改、完善。

决策与计划相互联系、相互交织，但也有一定的区别：决策是计划的前提，决策为计划的任务安排提供了依据；计划是决策的逻辑延伸，计划为决策所选择目标的实现提供了保证。

一、计划的类型

计划的分类如下：

（1）按计划对组织的影响范围和程度分类，计划可分为战略计划和战术计划

战略计划是确定组织未来发展方向的长远计划，战略计划具有以下三个特征：一是长期性，时间跨度长，通常为 5 年甚至更长。二是整体性，其是基于组织的整体而制订的。三是由组织最高层管理者加以领导和控制。战术计划是已知的组织目标如何实现的具体实施方案，其具有以下三个特征：一是短期性，时间跨度比较短；二是局

部性，覆盖的范围相对较窄；三是由组织的具体部门或人员加以实施，具有明确性和可操作性。

（2）按计划的时间，可将计划划分为长期计划和短期计划

长期计划往往是战略性计划，一般是在5年以上，它规定组织在较长时期的发展方向、目标、要求，绘制组织长期发展的蓝图。短期计划一般是在1年以内，它规定组织在相对较短的时期内应该从事的活动及具体要求。“人无远虑，必有近忧。”如果一个组织缺乏长期计划，就无法把握发展的方向，短期的行为就可能是混乱的。

（3）按计划内容的明确性，可以将计划分为指导性计划和具体性计划。指导性计划只规定某些一般的方针和行动原则，给予行动者较大的自由处置权；具体性计划具有明确规定的目标，不存在模棱两可，更易于执行、考核及控制。

（4）按企业的职能分类，可以将计划分为生产计划、财务成本计划、供应计划、劳资计划、安全计划、人员培训计划、研究与开发计划、销售计划等。

（5）按形式分类，可以将计划分为使命、目标、战略、政策、程序、规则、方案、预算等。

① 使命：宗旨或使命，回答了组织是干什么的和应该干什么的问题，指明组织在社会上应起的作用、所处的地位，这样，组织的存在才有意义。比如，企业的使命是生产和分配商品与服务，大学的使命是教书育人和科学研究，研究院所的使命是科学研究，医院的使命是治病救人。日本索尼公司的宗旨是“索尼是开拓者、永远向着那未知的世界探索”。德鲁克说：“一个企业最好去避免做一些不符合本身价值观的事情。对于新技巧和新知识，我们很容易就学会，但我们很难去改变自己的本性。”①

② 目标：组织的宗旨或使命过于抽象，需要进一步具体转化为组织在一定时期的目标和各部门的目标，目标具体规定了组织及其各部门的经营管理活动在一定时期达到的具体成果。通常可以用量化的方式表达。

③ 战略：战略是指导全局和长远发展的总计划，战略是要指明方向，确定重点，明确资源分配的优先次序。

④ 政策：政策是组织在决策或处理问题时用来指导沟通思想与行动方针的明文规定。政策有助于将一些问题事先确定下来避免重复分析。政策与规则的主要区别是，政策鼓励下级在规定的范围内自由处理问题，主动承担责任。组织为了促使目标的实现，就要使其政策保持连续性和完整性。

⑤ 程序：程序规定了如何处理那些重复发生的例行问题的标准方法，对所要进行的活动规定时间顺序。程序是指导如何采取行动，而不是指导如何去思考问题。程序与政策的不同之处是，它没有赋予行动者自由处理问题的权利。

⑥ 规则：规则是在具体场合和具体情况下，允许或不允许采取某种特定行动的规定。规则与政策的区别在于，规则在应用中不具有自由处置权；规则与程序的区别在于，规则不规定时间顺序。

---

① 龚礼财．彼得·德鲁克教你最有效的企业管理之道［M］．北京：中国纺织出版社，2013：43．

⑦ 方案：方案是一个综合的计划，它包括目标、政策、程序、规则、任务分配、执行步骤、使用的资源以及为完成既定行动方案所需要的其他因素。

⑧ 预算：预算是“数字化”的计划，是用数字表示预期结果的报表。预算促使人们去详细制订计划，去平衡各种计划。

二、计划的特点

（1）首位性：计划工作相较于其他管理职能处于首位，计划在前，行动在后。

（2）目的性：计划旨在促使企业或各类组织的总目标和一定时期目标的实现。为了使组织能够更好地服务于社会并实现自身价值，有时就需要重新确定使命和目标。

（3）普遍性：计划工作是各级主管人员的一个共同职能。如果将主管人员的决策权限制得过严，就会束缚他们的手脚，使他们养成依赖上级的习惯。

（4）效率性：计划工作是在众多方案中选择最优的资源配置方案，以求合理利用资源，进而提高效率。

（5）创造性：计划工作是针对需要解决的新问题和可能发生的新变化、新机会而作出的决定的，因而具有创新性。

三、计划工作的原理

（1）限定因素原理：主管人员越是能够了解对实现目标起主要限制作用的因素，就越是能够有针对性地、有效地拟定各种行动方案。

（2）许诺原理：任何一项计划都是对完成各项工作作出的许诺，必须合理地确定计划期限并且不应随意缩短计划期限。许诺越大，实现许诺的时间就越长，实现许诺的可能性就越小。

（3）灵活性原理：制订计划要留有余地，计划中体现的灵活性越大，由意外事件所引起损失的危险性就越小。

（4）改变航道原理：计划的总目标不变，但实现目标的进程（即航道）可以因情况的变化而随时改变。

第二节　计划的制订

一、制订计划的程序

（1）确定目标：描绘组织的未来状态，可以为组织整体、各部门、各成员指明方向，并且明确了可以用来考核绩效的标准。在计划过程中还应当将组织目标进行层层分解，以便落实到各个部门、各个活动环节乃至每个人，同时将长期目标分解为各个阶段的分目标。

（2）认清现在：认清现在相关情况，认清组织的优势、弱点及所处的地位，分析不确定因素对组织可能产生的影响，认清组织利用机会的能力，从而发现机会。诸葛亮“草船借箭”之所以成功，就是因为他预测3天后江上会起雾，而曹军有不习水性不敢迎战的特性，从而找到机会。对于企业来说，最重要的现实因素就是顾客。德鲁克说：“顾客是企业生存发展的基础，失去了顾客，企业就失去了生存的条件。”①

（3）研究过去：从过去发生的相关事件中寻找到规律，找到经验、教训，得到启示。

（4）放眼未来：计划者要通过现实因素的考察，把握未来的发展方向，顺应潮流，才能取得成功。德鲁克说：“如果不着眼于未来，最强有力的公司也会遇到麻烦。”②他又说：“善于利用结构性趋势的人很容易获得成功。如果想要对抗趋势，不仅极其困难，也是毫无前途的。”③

（5）确定前提条件：分析计划实施时的预期环境，明确计划的前提条件。按照组织的内外环境，可以将计划工作的前提条件分为外部前提条件和内部前提条件；还可以按可控程度，将计划工作的前提条件分为不可控的、部分可控的和可控的三种前提条件。德鲁克说：“管理者常问：作为决策依据的前提条件是否已经‘过时’。”④

（6）拟定可供选择的可行方案：“条条道路通罗马”，实现某一目标的方案途径是多条的，可以拟定多个可供选择的方案。

（7）评价可供选择的方案：运用正确的标准进行评价，明确各个标准所赋予的权数，使用运筹学中的矩阵评价法、层次分析法、多目标评价法进行评价。评价时需要注意：第一，认真考察每一个计划的制约因素；第二，看到计划中的风险和隐患；第三，要用总体的效益观点来衡量计划；第四，既要考虑计划中有形的和可以用数量表示出来的因素，又要考虑无形的和不能用数量表示出来的因素；第五，不仅要考虑计划执行所带来的利益，而且要考虑计划执行所带来的损失；第六，考虑综合平衡，评估各项任务之间是否平衡，评估组织活动的进行与资源供应之间是否平衡，分析不同环节在不同时间的任务与能力之间是否平衡。

（8）选择方案：在对多个方案进行评价和比较之后，选择其中的一个方案。如果余下的方案中还有可行方案，则可以考虑作为后备方案。

（9）制订派生计划：选择了一个方案之后，还要根据这个方案制订派生计划。如当一家公司决定采用开拓一项新业务的方案时，还要制订雇用和培训各种人员的计划、筹集资金计划、广告计划等，作为支持。

（10）编制预算：计划工作的最后一步就是把计划转变成预算，使计划数字化，一方面是为了使计划的指标体系更加明确，另一方面是使企业更易于对计划执行进行控制。

---

① 龚礼财. 彼得·德鲁克教你最有效的企业管理之道［M］. 北京：中国纺织出版社，2013：40.
② 龚礼财. 彼得·德鲁克教你最有效的企业管理之道［M］. 北京：中国纺织出版社，2013：36.
③ 龚礼财. 彼得·德鲁克教你最有效的企业管理之道［M］. 北京：中国纺织出版社，2013：32.
④ 龚礼财. 彼得·德鲁克教你最有效的企业管理之道［M］. 北京：中国纺织出版社，2013：34.

二、计划工作应注意的问题

（1）如果方案是由高层管理者制订并沿着组织等级链向下传递到每一组织层级，就会产生如下弊端：因不能同各层级所面对的实际情况相适应，方案可能会成为充斥无用信息的文件，或者在高层的压力下勉强执行方案而导致不良后果。如果在制订方案的过程中，由不同组织层级和不同工作部门的人员共同参与，则可以避免上述弊端。

（2）处于不确定的环境中，或者是制订方案者对各种相关因素了解不充分，就需要方案保持一定的弹性。在方案执行过程中，如果出现新的情况，或发现计划方案存在问题，应当及时将信息反馈到制订者那里，让制订者调整计划。如果计划中的基本条件或者政府的政策发生了变化，或者出现意外的重要因素，都需要对计划作出调整。在分阶段执行的计划中，当上一阶段结束时，可以根据上一阶段计划执行的情况，对下一阶段的计划进行调整，以便做到前后衔接。

（3）不能为了迎合上级的喜好或自己的偏好而忽略计划的合理性与可行性，不能为了迎合上级的需要或自己的私利而伪造或传递虚假信息。

（4）切忌有一偏之见：任何计划的制订者都不可能了解到相关的全部信息，但掌握的信息越多，则计划的合理性越强。如果应当掌握的信息出现重大遗漏，就会造成计划的失误，破坏计划的整体性。专家也不知道本专业之外的许多知识，部门管理者常常为了部门的利益而提出一偏之见。荀子在《天论》中讲："万物为道一偏，一物为万物一偏，愚者为一物一偏，而自以为知道，无知也。"（译：万物都只是彰显了"道"的某些方面，一物也只是显示了万物的某些方面，愚蠢的人看到的只是一物或者一物中的某些方面，就自以为认知了"道"，这就是无知的表现。）

（5）计划者与执行者要经常保持沟通：计划者如果缺乏实践经验，可能会提出不切实际的想法，需要执行者加以纠正；计划者不可能规定执行中的每个细节，需要执行者灵活处理细节；执行者有时会有偏离计划目标的行为，需要领导者发现并加以制止；领导者在计划执行的过程中，可以实施必要的监督、控制、考核，但对于执行者可以完成的事务，则不必插手或干预。

（6）计划者和执行者要抱着"有失误首先从自己身上找原因，有功劳应当同大家分享"的心态，以纠正在现实中经常出现的"争功诿过"现象，避免组织陷入争吵之中。

第三节　计划的执行

王阳明说："知是行之始，行是知之成。"（《传习录》）这清楚地说明了计划与执行的关系。

一、执行计划的责任落实到相关的每个部门、每个人

每个部门、每个人都应知道：计划的总目标是什么？自己工作的目标是什么？自

己要承担什么样的责任？实现目标的考核标准是什么？自己当下应当做什么？每一个任务的完成日期是什么？每一个任务的负责人是谁？优秀的管理者不是事事都去做，而是集中精力做好自己擅长的事务，其他工作交给相关人员去完成。例如，华为公司会统计前一年的工作成绩，然后对新一年的工作提出新的要求和目标，包括客户满意度、人均销售收入、销售订货、销售发货、销售净利润等指标，并要求所有干部都要签订绩效承诺书。每一个人的工作都会被纳入考核范畴，达标员工会得到一定的奖励，不达标的员工则会受到相应的惩罚，甚至被淘汰。①

二、定期召开计划落实工作会议

不能以会议落实会议，以文件落实文件，而客观事实却没有发生显著变化。

定期召开计划落实工作会议，在会议中，主要讨论如下问题：

（1）计划落实的进展情况。

（2）具体的运作方法与经验的交流。

（3）需要什么条件？需要什么资源？

（4）存在什么样的问题？如何解决这些问题？

（5）各个环节对相关方面的要求是什么？

（6）绩效的考核。

（7）上级对自己的要求是什么？

（8）行为有没有偏离目标？

（9）执行计划的过程中出现什么意见？

（10）离期限还有多远？

有价值的会议具有以下特征：

（1）只有在绝对必要的情况下才开会，不要让会议变成让人们不得不参加的例行公事。开会要有明确的目的，主要是告知信息、收集信息、讨论建议、协调工作、安排任务等。

（2）会前要明确会议的主题及议事日程，只请那些与会议日程相关的人员参会。将会议的主题及议事日程传递给相关人员，要求在会上发言者事先做好充分准备，至少要求他们列出发言的要点。

（3）必须按通知的会议开始时间准时开会，如果形成惯例，人们就会根据会议的时间调整他们的事务。

（4）会议不能偏离会议主题及议事日程，规定每一项发言或讨论的时限并严格执行。允许人们在会上提出新问题，但不宜对新问题展开深入讨论，可以将提出的新问题列入下次会议的议事日程。

（5）会上要形成行动要点及其要求，会后要将行动要点及其要求通过邮件发送给全部与会人员。

---

① 黄继伟. 华为工作法［M］. 北京：中国华侨出版社，2016：34–35.

（6）建立会议任务追踪系统，用于跟踪、监察会议的落实情况。让会议参与者在这个系统里看到自己的任务完成的日期、目前完成的进度。对于不能按时完成的事项要追究个人责任。

三、记录计划执行情况

每一位计划执行的管理者都需要有计划地落实跟踪笔记，对上述问题在平时就有记录，在开会时一边讨论相关问题一边记录。

四、消除执行障碍

在计划者方面存在的障碍：如果计划者陷入“假、大、空”模式中，计划做得不具体、不明确，充满空洞抽象、模糊不清的词语，使执行者不知从何下手，不知道做什么；如果计划者缺乏足够的权威，就不能够形成强大的压力使下级立即执行，下级产生各种意见以阻碍计划的落实；如果计划者缺乏果断的风格，将计划改来改去，使计划丧失可信度，执行者无所适从；给执行者传达计划，却不给执行者完成计划所必需的资源支持；任务下达后，没有定期进行检查；搞形式主义，走过场，而不是追求实效。

在执行者方面存在的障碍：遇到困难不去找办法，而是找借口；出现问题不从自己身上找原因，而是将责任推给别人；员工不服从上级的命令，自行其是；员工脱离上级领导的监管，偷奸耍滑；员工忽视公司的规定，另搞一套；各部门处于自由散漫的状态，缺乏统一性；相互之间不配合，冲突不断；自认为领导是错的、计划是错的，拒不执行；对自己有利的事做一下，对自己无益的事则放在一旁；只愿意听奉承的话，不愿意听批评的声音；阳奉阴违，当面一套，背后一套；没有给自己设定时间限制，故意拖延时间，以减轻自己的压力；缺乏主动性和创造性，发现问题不及时处理，只是消极等待领导的指示和命令；对于已经有明文规定的、成为惯例的、琐碎的小事，事事都向领导请示；做事情不专注，不能长时间持续关注一件事并进行不断的改进；不去主动寻找完成计划所需要的资源。

执行者要有“外圆内方”的智慧。外圆指的是做事具有灵活性，内方指的是做事具有原则性。要让执行者形成这样的习惯，如果执行过程中发现问题，在向上级管理者提出问题时最好附带一个解决问题的建议。执行者如果在执行的过程中发现计划中存在问题，应当在做的同时及时向上级反映，只有在预知到执行计划会产生灾难性后果时，才能暂停执行并立即向上级反映。有的企业组织员工军训，训练员工绝对服从命令的习惯，培养员工遵守纪律的习惯。

五、处理好每一个细节

老子曰：“天下难事，必作于易；天下大事，必作于细。”（《道德经》第六十三章）许多细节并没有出现在计划书里，但是，为了高质量地完成计划，就必须认真处理好每一个细节。例如，万达的年会会务手册里，有以下详细的内容：时间、地点、会议日程、参会人员信息、餐饮安排、交通安排、住宿安排、座位号、着装要求、天气情况、会务人员联系电话等。

六、考核与赏罚

形成对事负责而不是对人负责的考核机制。如果领导对下属的表现进行考核，下属就形成对领导负责而不是对事负责的习惯：僵化地执行领导的指示，事事向领导请示，处处向领导表现；大量的时间消耗在人际关系上；缺乏敢闯敢干精神，明哲保身；滋生宗派主义，产生利益团伙。所以，考核只能指向员工所做之事，而不能指向员工的表现。

韩非子在《二柄》中讲："为人臣者陈而言，君以其言授之事，专以其事责其功。功当其事，事当其言，则赏；功不当其事，事不当其言，则罚。"（译：臣下发表某种言论，君主根据他的言论授予相应的职事，并就他的职事责求产生功效。功效达到了职事应有的要求，职事符合他的言论，就赏；功效没有达到职事应有的要求，职事不符合他的言论，就罚。）

第二十七章　决策管理

第一节　决策过程

决策的定义：为了实现特定目标，收集相关信息，分析相关问题，形成多个备选方案，从中选择一个方案付诸实行。《大学》："知止而后有定，定而后能静，静而后能安，安而后能虑，虑而后能得。""知止"就是选择目标，"定"就是对目标的明确和坚守，"静""安"就是保持心态的宁静平和，"虑"就是思考、分析，"得"就是获得认识、获得方案。

一、综合分析

（一）收集信息

要收集全面的、真实的、必要的、重要的、及时的信息。信息的片面性或虚假性是导致决策错误的重要原因。分清哪些信息是必要的，哪些信息是不必要的。分清哪些是重要的信息，哪些是不重要的信息。要掌握最新的信息，以便了解变化了的情况。不要让眼前的信息遮住自己而看不到远处的信息，不要让细碎的信息缠住自己而看不到重要的信息。《管子·九守》中，管子曰："目贵明，耳贵聪，心贵智。以天下之目视则无不见也，以天下之耳听则无不闻也，以天下之心虑则无不知也。"（译：眼贵在能看得明，耳贵在能听得清，心贵在有智慧。用天下人的眼睛来看，就没有看不见的；用天下人的耳朵来听，就没有听不见的；用天下人的头脑来考虑，就没有不知道的。）

（二）环境分析

审时度势，分析自己或组织所处环境中的有利因素和不利因素；分析哪些是必然因素，哪些是偶然因素；分析事物发展的必然趋势，预测可能发生的事情。

（三）主体分析

我或者我们需要什么？什么对于我或我们来说是重要的、必需的？自己或本组织的优势和劣势是什么？

（四）面对问题

我或我们面对什么样的问题、难题、困难？面对的是一般性问题还是特殊性问题？是经常发生的问题还是偶尔发生的问题？在面对的一系列问题中，哪个问题要优先解决？哪些问题是根本性问题，哪些问题是枝节性问题？例如，面对"我需要新的电脑”这个问题，可以围绕这个问题，将与决策相关的因素提取出来，并且为这些因素分配权重，如存储的权重为10、电池寿命的权重为8、载重的权重为6、保修期的权重为4、显示屏质量的权重为3。下一步，就去看各种品牌的电脑根据上述权重而得出的评分，将评分排序，最后作出选择。①

（五）识别机会

是否存在着行动取得成功的机会？我或我们有什么样的条件抓住机会？成功的概率大还是小？如果不存在可以制胜的机会，则果断放弃。

（六）系统思考

思考问题时，常常只有一种观念或一种信息占据大脑，根据这种观念或这种信息作出的决定就常常是错误的。在进行综合分析时，可以运用思维导图，将相关的问题一一列在纸上，并分成几个板块，在做决定时就要同时考虑关于此事物的诸多方面。要做到统筹兼顾，不能只偏向一方面而忽视其他方面。《孙子兵法》中讲，要从“道、天、地、将、法”五个方面去判断战争的胜负。

例如，王某考虑是留在大城市还是回到小城镇，就要同时考虑发展前景、工作压力、自身条件、人际关系、生活便利、家人团聚、照顾父母、生活环境、子女教育、医疗条件等问题，并将这些问题按照重要性进行排序。

（七）明确目标

决策必须有具体、明确的目标，同时还要考虑目标的价值大小，考虑目标有没有实现的可能性。如果没有目标，则决策就是盲目的。目标有近期目标、中期目标、长期目标之分。综合分析的其他多个方面都贯穿着明确目标这一要素。例如，根据目标，才能判断哪些信息是有用的、重要的、必需的；根据目标，才能分析环境中的哪些条件有利，哪些条件无利；等等。

（八）明确必要条件

必要条件是足以实现目标所必须具备的条件。如果不清楚必要条件是什么，或者不具备这些必要条件就开始行动，或者忽略了一些必要条件，都会导致失败。《孙子兵法》：“夫未战而庙算胜者，得算多也。”（译：在开战之前，在筹划时就知道能够取胜的，是因为己方考虑到胜利的主客观条件充分。）李嘉诚说：“做任何决定之前，我们要先知道自己的条件，然后才能作出选择。在企业的层面，要知道自己的优点和缺点，更要看对手的长处，掌握准确、充足的资料，才能作出正确的决定。”②

二、拟定备选方案

如果只有一个备选方案，就不存在决策的问题。必须先拟定两个或两个以上的备选方案，才有选择、比较的余地。充分发动大家贡献各种方案，“智者千虑必有一失，愚者千虑必有一得”。方案要解决“为何做？”“做什么？”“谁来做？”“什么时间、

① ［美］罗宾斯，库尔特．管理学［M］．刘刚，梁晗，程熙鎔，等译．北京：中国人民大学出版社，2017：39–41．

② 陈永华．李嘉诚长江管理日记［M］．北京：中国铁道出版社，2011：209．

地点做？”“怎么做？”等问题。

拟定了多个备选方案后，若有必要，就要在一定范围内对这几个备选方案进行实验。许多真实而可靠的信息，不是靠收集获得的，而是在实验中获得的。

三、评估备选方案

主要从以下几个方面评估备选方案：

（1）评估备选方案是否合理。评估备选方案是正确的还是错误的，或者评估每个备选方案当中的正确因素是哪些，错误因素是哪些。

（2）评估备选方案是否合法，是否符合道德准则。

（3）根据目标，评估备选方案的价值，明确每个备选方案价值的高低。如果决策者不采用某个方案，事情也会正常地发展下去，那么，这个方案就是不必要的，没有价值的。德鲁克说："没有必要的决策完全是一种资源浪费。"①

（4）评估备选方案的质量，不去看方案是谁提供的。不能因为提供者是官大、财多或关系亲近而特别加以重视，也不能因提供者人微言轻而加以轻视。

（5）评估各个备选方案的可行性。结合现实条件评估每个备选方案的成功概率。

（6）评估并且比较各个备选方案的预期成本。达到同一结果的方案中，成本小的方案优于成本高的方案。

（7）评估各个备选方案的不确定性和风险。《孙子兵法·谋攻篇》中讲："上兵伐谋，其次伐交，其次伐兵，其下攻城"，列出四个方案，并且按优劣进行排序。

四、作出决定

面对各种备选方案，作出如下决定：从多种方案中选出其中之一，或者将多种方案合并成一个方案来执行，或者对多种方案同时否决。如果方案中呈现许多不确定性，许多决策者会放弃或犹豫不决，在这种情况下，如果领导者凭借高于常人的智慧、经验、直觉、胆识作出决策，就可能抓住难得的机会。艾柯卡说："绝不能在没有选择的情况下作出重大决策。"② 如果面对的只是一种方案，则不应当作决定。

应排除影响作出决定的因素：

（1）决策者的主观爱好和情绪：方案符合决策者的主观爱好，则容易被接受；反之则不容易被接受；在决策者心情好的情况下容易作出决定，在决策者心情不好的情况下容易作出否定。

（2）方案的语言表达：方案的写作者如果多用积极的语言，则容易被接受；同样内容的方案如果多用消极的语言书写，则不容易被接受。例如，对一个患者讲，甲方案这个手术的生存率是90%，乙方案这个手术的死亡率是10%，患者则多倾向于选甲方案。

（3）优柔寡断、胆小怕事的性格会使本应当作出决定的方案久拖不决，从而错过

---

① 龚俊恒．德鲁克管理思想大全集［M］．北京：中国华侨出版社，2011：231．

② 唐华山．商界领袖管理语录大全集［M］．北京：人民邮电出版社，2012：76．

时机；草率行事、鲁莽蛮干的性格会使尚未成熟的方案胡乱拍板，从而导致失败。德鲁克说："如果什么都不做事态就会恶化的话，就必须采取行动。"①14世纪法国哲学家布利丹讲了一个寓言故事："一头饥饿至极的毛驴站在完全相同的两捆草料中间，可是它却犹豫不决，不知道应当先吃哪一捆，结果被活活饿死了。"②加利福尼亚大学在一份分析了3000多名失败者的报告中得出结论，在30多种常见的失败原因中，优柔寡断占据榜首。③"谋贵众，断贵独"，在谋划之时要让大家参与，但是，每个人的决定是靠自己作出的，而不是靠别人帮助自己作决定。

作出决定并不一定要决定做什么，作出放弃的决定，或者作出不做的决定，也是有价值的决定。德鲁克说："就像优秀的外科医生不做没有必要的手术，我们也不要做没必要的决定。"④

"凡事预则立，不预则废。"选定一个方案执行，有时还需要有第二个预备方案。当形势有变，第一个方案无法执行时，就果断采用第二个方案。

五、实施所选方案

实施方案主要落实以下几个要素：

（1）谁需要了解这个方案？有没有向决策者解释清楚？

（2）何人、何时、何地执行这个方案？

（3）应该采取什么行动？方案的执行步骤是什么？行动要达到的标准是什么？

（4）谁来监督、检查这个方案的执行情况？

（5）执行方案的条件有没有准备好？配套措施有没有同时推出？

李嘉诚说："决定一件事，事先应小心谨慎，研究清楚，当决定后，就勇往直前去做。"⑤

六、监督和评估

监督和评估主要发挥以下功能：

（1）审视方案执行的情况并向决策者反映。

（2）在执行方案的过程中发现方案本身存在的错误并及时向决策者反映。

（3）在执行方案的过程中发现主观条件不具备或客观条件的变化已使方案的某些方面产生不适应，将需要调整方案的意见向决策者反映。

（4）发现执行中出现的偏差并及时向决策者反映。向决策者反馈信息时，既要报喜也要报忧。

---

① ［美］德鲁克．卓有成效的个人管理［M］．杨剑，译．北京：机械工业出版社，2017：137．

② 彦涛．不可不学的管理学32定律［M］．上海：立信会计出版社，2015：134．

③ 龚俊恒．德鲁克管理思想大全集［M］．北京：中国华侨出版社，2011：239．

④ ［美］德鲁克．卓有成效的个人管理［M］．杨剑，译．北京：机械工业出版社，2017：136．

⑤ 陈永华．李嘉诚长江管理日记［M］．北京：中国铁道出版社，2011：202．

（5）决策者应将方案执行的结果和预期的结果进行比较、分析，从中可以找到问题所在，并且从中汲取经验。决策者应到方案执行的现场去看，才能真实了解方案执行的效果。希腊医学之父希波克拉底的行医之道就是，给患者开出药方之后，把预测的治疗效果记录下来，并将自己的预测和患者的实际情况进行比较。

七、改进方案或重选方案

即使选择并执行了方案，但方案仅仅是决策者在决策之时相对满意的方案，并非绝对正确的方案。决策者在接到反馈的信息，或者亲临现场了解到真实的情况，如果发现方案存在着局部的错误就需要调整方案，如果发现方案存在着整体的错误，或者发现了更好的方案，则需要重选方案。

第二节　决策的相关问题

一、方案的局限性

任何方案都有局限性。决策者所选择的方案，只是对于决策者来说相对满意的方案，而非绝对正确的方案。如果有一个备选方案能较好地满足定下的最基本要求，决策者就感到满意，他就不愿意再去研究或寻找更好的备选方案了。

理由如下：

（1）决策者能力（包括思维能力、设计能力、计算能力、想象能力、分析能力、判断能力、实践能力等）有限、知识有限、智慧有限，不可能产生完美无缺的决策方案。

决策者不可能收集到与方案相关的所有信息，至少有一部分信息是遗漏的；受决策时间和可利用资源的限制，某些必要的信息尚未显现出来；也不能保证所有信息都是真实的，至少有一部分信息是虚假的；有些重要的信息因为获得的难度和成本较高而被放弃。人不是在真实的环境中行动，而是在他通过获取信息而认识的环境中行动。

（2）方案中所列的手段、方法、途径与方案所列的目标，并非完全对应，并非完全具有因果关系。

（3）不能假定决策者永远不会犯错误，不能假定决策者在道德上、人格上没有任何缺陷。自私、狭隘、怨怒会使决策方案出现重大偏差。

德鲁克说："不能从一开始就假设只有一种行为是正确的，其他的行为都是错误的，也不能假设只有自己是正确的，其他人都是错误的。"①

（4）方案决策者避免不了感情用事，无法完全排除情绪的影响。有的人甚至为了

---

① ［美］德鲁克．卓有成效的个人管理［M］．杨剑，译．北京：机械工业出版社，2017：133．

面子，而不愿意认真听取反对意见。

（5）人的潜意识、潜藏的功利动机、行为习惯等，也对决策具有重要影响，使决策偏离正确的轨道。行为会改变一个人的态度和想法，错误的行为会使人产生错误的态度和想法。

（6）人对于事物的认知和选择受到自己的成见、动机的过滤或制约。

（7）客观世界的不确定性和变化性。

在选定方案时，还要做好最坏的打算，万一客观条件发生重大变化，或者预料中不可能出现或出现概率低的不利因素突然出现，能够更好地应对。经营者要想到：万一经济形态急转直下怎么办？万一重要的原材料断供了怎么办？万一自己所依赖的重要人员走了怎么办？万一出现新的竞争对手怎么办？等等。《孙子兵法·九变篇》："用兵之法，无恃其不来，恃吾有以待之；无恃其不攻，恃吾我所不可攻也。"（译：用兵的方法，不是期待敌人不来，而是靠我有准备地等待着敌人；不是期待敌人不进攻，而是依靠我有不可破的实力。）

所以，任何方案都不可能是完全有利或完全有害，而是利害相杂的。"是故智者之虑，必杂于利害。杂于利，而务可信也；杂于害，而患可解也。"（《孙子兵法·九变篇》）（译：明智者考虑问题，必须充分兼顾利和害两个方面，考虑到有利的一面，则事情就会顺利进行；考虑到有害的一面，则能够排除隐患。信：通"伸"，伸张。）

二、个人决策的优点与缺点

（一）个人决策的优点

（1）个人决策简便、迅速。在企业创立之初，有的企业家就是凭借自己独特的智慧与眼光进行个人决策，抓住了机会，得到很大发展。

（2）决策责任明确，可以根据"谁决策、谁负责"的原则，建立决策责任追究制度。

（二）个人决策的缺点

（1）受个人的能力、经验、知识、智慧的限制，如果决策者个人缺乏虚心包容的态度，搞"一言堂"，其他人提供的方案只是个陪衬，则很难出现多个有价值的备选方案；受个人见识所限，个人所选择的方案不一定是备选方案中最好的方案。

（2）受个人私欲私心的制约，所选的方案可能会更多地满足个人的私利。

（3）出现错误的概率高，风险较大。领导者"拍脑袋"决策，不搞实地调查，不尊重他人意见，刚愎自用，凭自己的脑袋"灵光一闪"即作出决策，这样的决策出现错误的概率最高。个人独断式决策，在形势危急而又莫衷一是的情况下，由强权铁腕人物乾纲独断，并以强制的方式保证决策的贯彻落实，确实有一定的价值。但是在企业中，个人独断式决策潜藏着巨大的风险，如果决策者个人昏庸、残暴、贪婪、自私，则会给企业带来巨大的祸害。

（4）决策时或执行中若出现错误，缺乏纠错的力量和纠错的机制。

三、集体决策的优点与缺点

（一）集体决策的优点

（1）群体决策可以集中众多决策参与者的智慧，每个人的知识、能力、智慧不同，形成互补，所选定的方案可以吸纳多人的智慧，使方案更加全面。

（2）有利于形成更多的备选方案。具有不同背景、不同经验、不同关系的人收集到的信息、看到的问题、解决问题的思路各不相同，因而能够形成多个备选方案，使决策有很大的选择余地。

（3）群体决策参与者来自不同的部门，或来自不同的群体，他们能将各部门、各群体的真实信息、意见、共识带来，使所形成的方案更加容易被各部门、各群体理解和接受，便于方案的执行，利于调动各方的积极性。

（4）决策的风险相对较小。

（5）决策时或执行中若出现错误，有纠错的力量和纠错的机制。

（二）群体决策的缺点

（1）决策过程复杂，争论多，决策速度慢。群体决策以 5~8 人最好，人太多很难达成共识。

在创业阶段，企业需要有一个灵魂人物作为最后决策者，才能抓住机会，步调一致。

（2）责任不明确，出现错误则以集体之名推脱责任。

（3）如果在群体中个人树立了绝对权威，则群体中的其他人就会放弃自己的意见，转而赞同权威个人，由此所产生的缺点就同个人决策的缺点一样。只有在群体决策中引入民主决策的机制，才能避免上述难题。

（4）群体决策的要求是“少数服从多数”，但是，在某些需要超高智慧才能看透的问题上，常常是“少数人正确而多数人错误”，由此，群体决策就会出现错误。著名物理学家丁肇中讲过一段精辟的话：“科学是多数服从少数的，专家评审制度并不是绝对有用的，因为专家评审依据的是现在的知识，而创新和发现是颠覆现在的知识。”

四、群体决策的模式

韩非子在《八经》中提出“一听而公会”。“一听”就是一一听取意见，“公会”就是集体讨论。先“一听”，后“公会”，如果不先去一一听取意见就进行集体讨论，许多人为了附和众议或者慑于权势，就会隐藏自己的意见。

（一）头脑风暴法

头脑风暴法，通常是把有兴趣解决某问题的人集合在一起开会，会议规则是：第一，在没有讲完所有的意见和建议之前，不以任何方式评论它们。第二，建议越多越好，思路越宽越好，参与者想到什么就说出来。第三，鼓励每个人独立思考，想法越新颖越好。第四，欢迎对别人的原建议作出改进、补充。

（二）列名小组法

列名小组法，又称德比克法，具体做法是：首先，把专家请来，分成若干个小组，每人发一张卡片；其次，专家即使在一个小组内，也互不通气，只用书面形式回答问题；再次，小组负责人把答案收集后，将多种意见都公布出来，请专家进一步考虑，然后投票表决，只表示同意与否，不作辩论；最后，形成小组意见后，再开全体专家会议讨论，重新投票，取得最终意见。

（三）德尔菲法

不需要参与者面对面开会，而是主持者以函询方式，向参与者征求意见，请各位参与者独立提供自己的意见；主持者把第一轮得到的意见汇总整理后，再发给参与者，由他们进行第二轮的分析判断；经过几轮反复，就可能会在相关问题上取得较为一致的意见。

（四）电子会议法

在会议桌上摆上电脑，每个人一台，在主持人提出要讨论的问题之后，参与者将自己的意见输入电脑，通过会议室的大型银幕呈现给全场的人。参与者可以匿名提供意见。

五、如何避免决策失误

组织管理最大的失误是决策的失误，组织最大的浪费是决策失误造成的浪费。一个英明的决策可以让企业起死回生，一个错误的决策会把企业推向万丈深渊。

（一）避免情绪干扰

在情绪激动的情况下作出的决策往往是错误的决策。在情绪激动时，人的理性思考能力大大减弱，理性思考甚至处于停顿的状态，或理性成为情绪的俘虏。

（二）避免成见阻挠

成见包括过去的经验、自己原有的想法、自己的知识结构、自己的行为习惯、自己的思维模式、自己的预期等。在收集信息阶段，自己的“成见”对于信息有过滤的作用，凡是与自己的成见相异的信息，即便是重要的信息，也可能“熟视无睹”；凡是与自己的“成见”相同或相似的信息，则可能会引起关注，将不重要的信息视为重要的信息。如果有喜欢一个人的成见时，就会尽看他的优点；如果有厌恶一个人的成见时，就会尽看他的缺点。

在决定阶段，凡是与自己的成见相同或相似的方案，即使是错误的方案，也可能会选择它；凡是与自己的成见相异的方案，即便是正确的方案，也可能会加以排斥。避免成见干扰的方法：对于不同信息、不同意见、不同方案，要给予特别关注，认真思考，虚心接纳，给予提出者尊重。

荀子曰：“凡人之患，偏伤之也。见其可欲也，则不虑其可恶也者；见其可利也，则不虑其可害也者。”（《荀子·不苟》）（译：凡人们的祸患，往往是片面性害了他们。看见那值得追求的一面，就不考虑它可厌的一面；看到它有利的一面，就不考虑它有害的一面。）

（三）避免私欲误导

《荀子·不苟》中讲：“公生明，偏生暗。”决策者在制定公共政策时，必须站在公正立场上。如果决策者私欲膨胀，在进行涉及公共利益的决策时，就会选取实现自己私利而危害公共利益的方案，选取表现自己政绩或功劳的方案而不选择给人民带来真正利益的方案。在进行个人问题的决策时，只愿意看到好处而不愿意看到坏处，“鱼见饵而不见钩”，只愿意看眼前利益而不愿意看长远利益，需要放弃的方案却硬要坚持，从而产生错误决策。孔子曰：“欲速，则不达；见小利，则大事不成。”（《论语·子路》）

（四）避免妄自尊大

如果企业中的最高决策人妄自尊大、自以为是，在决策程序的八个环节中，如果只有企业最高决策人的声音，其他所有的声音都被屏蔽，就会造成决策失误。德鲁克曾经提出：“决策的第一条规则便是：没有反对的意见，便没有好的决策。”[①]

（五）避免偏听偏信

用自己的眼睛去观察，用自己的脑袋去思考，通过多种渠道了解情况，向观点各异的人咨询，辨别信息的真假，才能避免偏听偏信。《韩非子·内储说上七术》中讲：“听有门户则臣壅塞”，如果君主是通过某些固定的渠道来听取意见，则就会被臣下蒙蔽。解决的办法就是：“人主以一国目视，故视莫明焉；以一国耳听，故听莫聪焉。”（《韩非子·定法》）（译：君主用全国人的眼睛去看，所以没有比他看得更清楚的；用全国人的耳朵去听，所以没有比他听得更清楚的。）

（六）建立“纠错机制”

在企业中，出现“异己者”并不一定是坏事，因为“异己者”有时会成为纠错的力量。不能按“顺我者昌，逆我者亡”的方式来消灭“异己者”，也不能为了自己的面子而拒绝承认错误。打引号的“异己者”是指与自己目标相同、方向相同而意见不同的人。在创制方案时，鼓励人们提出不同的方案；在讨论方案时，鼓励人们发表不同的观点；在执行方案时，重点收集“坏消息”，而不是只让人传递“好消息”。丘吉尔建立了坏消息反馈制度，成为胜利者！

（七）建立重大决策终身责任追究制度

因重大决策失误而导致巨大损失，责任追究主要从以下几个方面进行：

（1）审查重大决策有没有按照决策的程序进行。决策的八个程序平时都应当有记录，建立档案保存。如果在决策中随心所欲，胡乱作为，不按一定的程序进行，就会导致巨大损失。

（2）审查在决策过程中有没有出现徇私舞弊的现象，有没有出现行贿受贿的现象，有没有在决策方案执行的过程中出现损公肥私的现象。

（3）审查在决策过程中有无个人专断、“一言堂”，排斥不同意见，打击持不同意见者的现象。

因客观条件发生重大变化导致执行方案失败，或者在新的领域进行探索而产生的失误，如果出现这两种情况可以免除问责。

为保证问责的公正性，审查最好由独立于问责主体与被问责主体之外的第三方机构进行。

---

① ［美］德鲁克，马恰列洛. 德鲁克日志［M］. 蒋旭峰，王珊珊，等译. 上海：上海译文出版社，2014：306.

第二十八章　创业管理

第一节　创业管理（上）

创业管理主要研究个人或组织创造新事业的行为或在事业推进的过程中不断创新的行为。创业管理重点研究创业方向、创业者、创业团队、环境、资源、机会、风险、创新、发展等问题。韩国三星集团创始人李秉哲说："创业的四大原则是：第一，必须敏锐地洞察时代的动向；第二，必须抑制贪心，不能超越自己的能力去经营企业；第三，必须绝对避免投机心理；第四，办企业要有多种准备，当上策受挫或失败时，你要果断地放弃上策，毅然采取中策或下策，做到有备无患。"①

中国企业家既要学习西方管理学，也要学习中华文化。融合东西方管理精华的正道管理学，是成为企业家的必修功课。

一、创业方向

任何创业者首先都要明确创业方向，解决"做正确的事"这一难题。创业者在明确创业方向时，需要考虑以下几个问题：

（1）自己的核心优势是什么？在能力、技术、资金、资源、关系等方面，创业者要考虑自己拥有的超出一般人的核心优势在哪里，这种核心优势能保持多长时间。

（2）创业者能否长期甚至终身对某一方向保持专注？创业者只有在某条道路上朝着某个方向长时间向前奔跑，才能将大多数人甩在后头。确定了创业方向之后，就要将自己的时间、精力、物力、财力、资源、关系等要素朝着创业方向聚焦。可以每周或每月专门找时间反省，找出本周或本月有哪些时间、精力、物力、财力、资源、关系不是用于创业方向上，并想办法改进。

创业者最忌讳的事就是，当在某一领域创业失败或创业受到挫折，就立即离开此领域，转向新的领域，在新的领域又是从零开始；或者是吃着碗里的，看着锅里的，眼睛老是盯着其他领域，在条件不成熟的情况下贸然转战其他领域，分散自己的注意力，分散自己的财力和精力。当然，专注也不是一条路走到黑，不是选定了一个具体的目标之后就不可以改变。可以考虑在大方向不变的情况下，调整具体的目标，调整

---

① 唐华山．商界领袖管理语录大全集［M］．北京：人民邮电出版社，2012：2.

小的方向。

（3）在选择创业方向时能否站得高、看得远？目光短浅的人只看到当下或近期的目标，看不到长远的目标。跟风者只能跟随他人，而不能在他人未发现目标之前发现目标，不会在别人发现机会之前发现机会。马云就是在选择创业方向时，能够看到人们没有看到的目标，从而发现了人们发现不了的机会。

（4）能否根据创业目标而给自己正确的定位？要根据自己的核心优势和客观环境来明确自己的定位。许多人为什么不能够给自己恰当的定位，就是因为其没有目标。就像一条在大海中漂泊的船，如果船长都不能确定这条船的航行目标，那么，这条船到底是在哪个位置上，就显得毫无意义了。目标和定位，是相对存在的概念，没有正确的目标，就不会有正确的定位。找到自己的定位，就可以从当下做起，从小事做起，一步一个脚印地慢慢发展，避免好高骛远，避免华而不实。

二、创业计划书

创业者需要撰写一份创业计划书，因为，放在脑子里的信息容易被忘记，没有经过思考、整理的创业信息是杂乱的，容易被其他大量的信息淹没。

创业计划书必须处于高度保密状态，只能是创业者本人持有，其中只有部分内容可以向适合的对象提供。

因为创业是一个复杂、漫长的过程，所以创业计划书必须是动态的，创业者应当对创业计划书进行不断的修改。

创业计划书大致包括以下内容：

（1）创业方向与目标：创业的大方向以及在大方向之下确立的具体目标，阐明创业者要做什么。

（2）创业环境：分析创业相关的环境，列出有利条件和不利条件，从中识别机会，从中看到风险。

（3）创业资源：陈述创业可以运用的资金、技术、材料等资源，分析如何获取这些资源。

（4）创业关系：陈述创业可以动用或拓展的关系，分析哪些人际关系会对自己的创业构成障碍。建立同其他人、其他企业的协作关系，将某些非常专业的事情外包给专业的公司去做，将自己不擅长的事交给擅长的人去做。

（5）竞争对手研究：竞争对手提供的产品、服务及其特征，竞争对手的规模和盈利能力，竞争对手的市场定位、定价、物流，竞争对手拥有的竞争优势，竞争对手的弱点和劣势，等等。

（6）可行性分析：背景描述、产品与服务描述、会计事项、管理事项、市场事项、财务事项、法律事项、税务事项等。

（7）团队建设：如果创业需要一个团队，就需要建立分工明确、执行有力、团结合作的团队。

（8）创业战略：既从宏观的角度制定创业战略，又从微观的角度处理好每一个细节。战略的失误可能导致不可挽救的失败，细节处理不当，也容易导致失败，但通常会有改正的机会。

（9）产品与服务：明确创业要向顾客提供什么产品或服务、有什么竞争优势、有什么特色。许多产品的开发不可能一步到位，在推出时都会带有一定的缺陷或不足，可以在听取使用者的意见之后，不断改进。

（10）推广宣传：以何种方式进行推广宣传才能吸引各种人才参与，吸引投资人投资，引起顾客的关注。

（11）经验积累：每向前一步，产生的经验都可以记录下来，以供将来使用。

（12）教训反思：每次失误或失败，都会产生各种教训，记录下来，避免将来再犯。

（13）面临难题：列举面临的各种难题，思考如何解决这些难题。

（14）创业信息：通过调研、考察、阅读等活动，回顾自己的经历，收集到与创业相关的大量信息，并进行分类整理。

三、团队建设

创业由自己主导，但自己不可能事事亲力亲为，必须依靠一个分工协作的团队。创业团队建设需要注意以下几点：

（1）利益共享，风险共担：对于经济领域中的创业团队，经济利益是将团队成员聚集起来的主线。建立创业团队时，需要通过订立合伙协议，明确每个人的权利与义务，明确创业成功后每个人的所得利益，明确创业失败后每个人应承担的损失，明确成员退出或加入团队的条件。

（2）建立规章制度：制度可以使每个人都处在相同的行为准则下朝着共同的目标前进，避免每个人自行其是。

（3）为人才搭建平台：团队不能是一个封闭的小团体，必须向外敞开，用优越的条件吸引人才，并且让人才有发挥才能的空间，形成能力互补、知识互补的团队。任正非说："企业家不可能事事都知道，样样皆精通，他们需借助各方面的专门人才，发挥'狈'的作用，通过专家们出谋划策、运筹帷幄，才能保证企业家决策的果断性与正确性。"①

（4）形成统一价值观：统一的价值观是团队合作的精神纽带，如果缺乏统一的价值观，很容易产生内部冲突，在创业遭遇到困难或在短期内看不到效益时，团队很容易瓦解。如果团队成员仅仅是为了钱，暂时没有钱或钱少，就会散离。

四、经验积累

创业要经过一个漫长的成长之路。老子曰："合抱之木，生于毫末；九层之台，起于累土；千里之行，始于足下。"（《道德经》第六十四章）

---

① 唐华山. 商界领袖管理语录大全集［M］. 北京：人民邮电出版社，2012：207.

学校毕业生脑子里装的是教科书上的知识，这些知识是通过背记和理解而储存于大脑之中，如果这些知识没有相应的工作经验、生活经验加以验证，通过自己的生命实践加以活化，通过与现实的结合具体化，这些知识就是抽象的、空洞的“死知识”。学校毕业生由于缺乏经验，一般不应在毕业之时或毕业之后的几年内去独立创业。

贸然闯入一个知之甚少的陌生领域的创业者通常会失败，因为他有可能会陷入别人运用信息不对称原理编织的各种美丽陷阱，而这种陷阱套上美丽的花环就成为创业者所谓的“机会”。

创业者在选定创业方向之后，应当先到与创业方向一致或相近的企业里进行长期的锻炼。若干年后，如果自己能上升为中层以上的管理者，拥有丰富的实践经验，才具备独立创业的能力。创业可以另起炉灶，但这种风险较大；也可以在企业内部创业，创立由自己负责的新项目，借助公司的资本实力、共享资源、人才条件、品牌影响力而获得成功，这种风险较小。

需要在创业方向上持之以恒地努力，持续不断地积累经验。在非创业方向上积累的经验，有许多是不能移植到创业方向上的，会造成时间与精力的浪费。如果一个人在不同的创业方向之间不断切换，造成的浪费更大。

第二节　创业管理（中）

一、创造客户

在经济领域，创业的本质就是创造客户，通过向客户提供他们需要的产品或服务，为客户创造价值。德鲁克在《管理实践》一书中指出：“关于企业的目的，唯一正确而有效的定义就是创造客户。”在推出产品或服务时，不是推出自己认为好的东西，不是推出完美无缺的东西，而是推出为顾客带来价值、让顾客满意、让顾客惊喜的东西。创业者要问清楚顾客这些问题：这款产品给你带来的益处是什么？哪类人会从这款产品中受益最多？你希望我们如何进一步改进这款产品？如果缺失这款产品你会感到失望吗？这款产品对你是必需的还是可有可无的？爱立信总裁柯德川说：“我觉得要想保持你的竞争优势，就必须理解客户到底需要什么服务，需要什么产品，需要什么解决方案，并且要给他们提供出更好的服务或者是产品。”①

产品宣传需要客户在最短的时间内知道：他们为什么要用你的产品，他们能通过产品做到什么，他们接下来该做什么。

新技术为顾客创造新的价值，给顾客带来新的体验。技术不在于有多完美，而在于能否给顾客带来他们所需要的价值。伪科学技术、实验室技术、淘汰技术、有违法律和道德的技术会给创业者带来灾难。

---

① 唐华山．商界领袖管理语录大全集［M］．北京：人民邮电出版社，2012：191．

在被人忽视的边缘地带，可能存在着潜在的市场。即便是在拥挤的市场上，如果你具备比对手更强的竞争优势，如果市场上存在着结构性的缺陷，如果还存在着发展的空间，创业者仍然可以进入。

二、环境分析

创业者必须作完整细致的环境分析与市场调查，了解国家的法律与政策，列出环境中的有利条件和不利条件，找出环境中的机会与风险。如果环境中时机不对，条件不具备，付出再多的努力都会失败，甚至越努力，越失败。德鲁克确定了企业家可能在外部环境中发现机遇的七种潜在来源，包括意外、不协调之事、流程需要、行业和市场结构、人口趋势、认知变化和新知识。

当前流行着几个错误的创业观念：

有人认为创业很自由。其实，创业者要能够进行自我管理，要同更多的人打交道并接受他人的约束，还要创立自己必须带头遵守的规章制度。

有人认为创业很轻松。其实一般员工可以在下班之后自由安排时间，但创业者通常没有上班与下班之分，非常辛苦，需要有健康的身体和坚持的意志作支撑。

有人认为创业只靠运气。其实，创业成功需要具备主观与客观的种种因素。运气好成为成功者的矫饰，运气不好成为失败者的托词。

有人认为创业只靠勇气。其实，创业需要理性配合勇气，更需要持之以恒的精神。成功学的案例常常会激励人们不顾一切向前冲，结果是很多向前冲的人掉进了陷阱里。

三、风险控制

创立者需要评估付出的成本（如金钱、时间、职业、个人声誉、心理、机会等）的大小、风险产生的可能性高或低、评估风险造成的损失是不是在“可承受”限度内。如果付出的成本高、风险出现的可能性高或者风险造成的损失超出了自己可以承受的限度，就应当放弃。创业失败给自己造成的最大伤害就是负债累累、身心疲惫。一般情况下，创业者应当将投入创业的资金控制在自己拥有资金的50%以内。

人们倾向于将成本和风险估计得过低，而将收益估计得过高，过度的自信与乐观会阻碍人们去面对风险。

风险有多种类型，有政策风险、法律风险、决策风险、市场风险、扩张风险、人事风险等。

四、资源整合

创业资源包括行业知识、资金、材料、人力资源、客户资源、技术资源、经营管理资源、行业经验资源、行业信息资源等。

资源整合应当做到：

（1）创业者不仅要拥有必要的资源，还要拥有别人没有的独特的资源，拥有独特的资源才会形成独特的竞争力。有些项目别人做了会成功，你做了，即使你的能力比别人强，却也遭遇了失败，就是因为你拥有的资源不如别人，却在资源有所欠缺的情况下匆匆上阵。

（2）有些资源是自己拥有的，有些资源则是通过维持同某些人的良好关系而获得的，这些关系必须是持久和稳定的，一旦关系破裂，这些资源就会丧失，从而影响自己的创业。比如，如果要同投资人建立长期的合作关系的话，就必须取得投资人的信任。

（3）创业要通过长时间的持续奋斗才能获得成功，保持所拥有的资源的持续性，不能造成资源链条的断裂。例如，需要对创业项目进行持续不断的资金投入，但实际上，许多创业者对创业的资金成本估计得过低，而且预期盈利的时间过早、预期效益偏高，或者摊子铺得太大，或者出现风险，造成资金链断裂，从而导致失败。

（4）有些资源在缺乏的时候可以找到替代者，有些资源在缺乏的时候却找不到替代者；有些资源是通过金钱购买而获得的，有些资源却是有钱也买不到的。当缺乏有钱也买不到的资源，或者当资源缺乏又找不到替代者时，就会导致创业失败，如创业者的经营能力、优秀的合伙人、良好的人际关系等。

（5）结交优秀人才、成功人士，在高端的平台上起步，如同站在巨人的肩膀上发展。

五、人际关系

在经济领域的创业者，没有良好的人际关系是很难获得成功的。创业者营造良好的人际关系主要取决于以下几个因素：第一，互利共赢。创业者要同所有的合作者建立互利共赢的关系，不能独占利益，不能侵犯合作者的利益。第二，素质保障。创业者具有专业知识，有较强的能力，有丰富的经验，有善良的品格，有良好的性格，从而可以给人以良好的印象。第三，诚实守信。遵守承诺，按时完成任务，不隐瞒，不伪装，承认自己的错误，让人们觉得可靠。欺骗只会短暂得逞并导致关系恶化，唯有诚实才能维持长久的关系。

六、创业者精神

创业者需要有特殊的精神气质，如动机强烈、目标明确、高度自信、积极主动、精力充沛、善于创新、自主思考、勤于学习、危机意识等。

（一）创新精神

创业者必须在某个方面保持创新的领先地位，才有成功的可能。创业者需要有创新精神，保持好奇心，渴望新事物，拒绝僵化，拥抱变化，善于从他人的意见中得到启发，善于从危机中找到机会，善于从意外的成功中看到机遇。在企业中，如果谁创造了新的项目，就应当委任谁作为新项目的负责人，同时让他在新项目中占有一定的股份。苹果公司创始人史蒂夫·乔布斯说：“你们的时间有限，所以不要把时间浪费在别人的生活里。不要被条条框框束缚，否则你就会生活在他人思考的结果里。不要让他人的观点所发出的噪声淹没你内心的声音。最为重要的是，要有遵从你内心和直觉的勇气，其他事情都是次要的。”①

有的创业者认为，什么火爆就去做什么。有人说：“只要站在风口上，猪也可以飞起来。”但是，如果飞起来的猪仍然是猪，没有变成鹰的话，风一停，就会摔下来。

（二）谦虚谨慎

创业者要有一定的自信，但不能骄傲自满、目空一切、自以为是。有的创业者在某个时期获得成功之后，就立即自我膨胀，追求做大做强，一路疯狂扩张，将此前成功的经验错误地移植到新的领域，拒绝听取他人意见，最后走向失败。

（三）永不放弃

创业者数十年都在同一个方向上努力，最终才会走在众人的前头，获得成功。在失败的时候，在遇到挫折的时候，在看不到眼前利益的时候，仍然坚持朝着这个创业的方向走下去，持之以恒、坚持不懈，这就是“永不放弃”。“永不放弃”不是用于具体项目上，而是用于创业方向上。如果有的具体项目已走入死胡同，就果断放弃它，然后在同一创业方向找到新的项目，继续奋斗下去。隔行如隔山，有的创业者在某个创业方向上遇到挫败，就立即离开这个创业方向，转到其他方向上，从零开始，那又要付出更多的代价。李嘉诚说：“创业的过程实际上就是恒心和毅力坚持不懈的发展过程。”②

（四）充满激情

充满持久的激情，是创业者的内在驱动力。创业往往要经历多次失败、多次试错、多次磨难，如果创业者内心只有短暂的激情，就很容易被浇灭，受到一点打击就会一蹶不振。

（五）超强能力

创业者需要有思维能力、实践能力、操作能力、执行能力、思维能力、知识运用能力、创新能力等，这些能力基本上不是在课堂中学到的，而是在工作中通过活动、练习而获得的。创业者最需要有抽象思维、自主思维、创造性思维、批判性思维、系统性思维等。

第三节　创业管理（下）

一、知识信息

创业者应当具备创业方向上的专业知识，阅读创业方向上的代表著作，多接触相关的专业协会、团队、人员，阅读成功人士、创业者的传记，与同行交流、分享在专业方向上的各种知识与信息。马云说：“我们与竞争对手最大的区别就是我们知道他们

① 唐华山．商界领袖管理语录大全集［M］．北京：人民邮电出版社，2012：5．
② 唐华山．商界领袖管理语录大全集［M］．北京：人民邮电出版社，2012：8．

要做什么，而他们不知道我们想做什么。”[①]

善于倾听别人的建议，“兼听则明，偏听则暗”。

围绕创业的目标收集并整理各种数据、信息、知识、思想。东方希望集团董事长刘永行说：“我现在每天有七八个小时的时间在学习。因为，对中国企业家而言，企业变得越来越没有国别，面临的竞争是全球的竞争，不学习马上就会被淘汰。”[②]

二、竞争合作

竞争是个体或群体间力图胜过或压倒对方的心理需要和活动。竞争有积极作用也有消极作用。积极作用是振奋精神、经受磨炼、取长补短、提高效率，消极作用是恶化关系、破坏团结、损害公平、急功近利。如果处于无竞争的环境中，就难以激发起斗志。竞争双方有相同的方向，按一定的规则进行，否则就是斗争。竞争从动机上区分，可以分为善意竞争和恶意竞争。竞争从法律上区分，可以分为正当竞争与不正当竞争。不正当竞争行为包括混淆行为、强制性交易行为、行政强制经营行为、商业贿赂行为、虚假宣传行为、侵犯商业秘密的行为、低价倾销行为、搭售和附加不合理交易条件行为、不正当有奖销售行为、诋毁商誉行为、招标投标中的串通行为等。

企业竞争既有硬实力的竞争，也有软实力的竞争。企业竞争力可以体现在各个方面，包括产品竞争力、品牌竞争力、管理竞争力、服务竞争力、质量竞争力、财务竞争力、商业模式竞争力等。沃尔玛超市创始人山姆·沃尔顿说：“当大家在按同一固定模式行事时，你不妨按另一种模式去做，这样更有可能取得成功。”[③]万通地产董事长冯仑说：“市场竞争一定是从有形走向无形，产品很容易同质化，不能复制的是情感、文化与价值。”[④]企业的核心竞争力是由企业依靠赖以生存和发展的核心人员、核心技术、核心资源、核心价值观等关键要素而形成的竞争力。海尔集团董事局主席张瑞敏说：“企业的核心竞争力，就是一个企业的创新能力，表现出来就是非常有效而对手又无法复制和模仿的东西。”[⑤]

企业核心竞争力需要从以下几个方面进行建设：

（1）方向性：企业核心竞争力与企业的目标、长远规划、发展战略相一致。

（2）价值性：企业核心竞争力能够显著地降低成本，提高质量，提高效率，为顾客寻求最大利益。

（3）稀缺性：企业核心竞争力必须是稀缺的，只有少数的企业拥有它。

（4）不可替代性：企业核心竞争力难以被竞争对手替代。企业在构建核心竞争力时，既要分析自己所拥有的资源和能力，又要对市场和竞争对手进行分析，找出相较

---

① 唐华山．商界领袖管理语录大全集［M］．北京：人民邮电出版社，2012：193.

② 唐华山．商界领袖管理语录大全集［M］．北京：人民邮电出版社，2012：195.

③ 唐华山．商界领袖管理语录大全集［M］．北京：人民邮电出版社，2012：2.

④ 唐华山．商界领袖管理语录大全集［M］．北京：人民邮电出版社，2012：194.

⑤ 唐华山．商界领袖管理语录大全集［M］．北京：人民邮电出版社，2012：195.

于其他企业的优势资源和能力并加以强化。

（5）难以模仿性：企业核心竞争力是竞争对手难以模仿的。企业应看准竞争对手的弱点，乘虚而入，建立竞争优势。

（6）独特性：企业具有特色和个性，有助于企业进行差异化经营。

（7）累积性：根据普拉哈拉德和哈默的定义，核心竞争力是指组织中的积累性学识，特别是关于如何协调不同的生产技能和有机结合多种技术流的学识。企业建设成为学习型组织，应不断累积经验、方法、知识，不断学习标杆企业的优点。竞争对手即便进入知识积累过程，但总是存在着时间差。

关键要素流失、过度多元化、过度低成本扩张、过度依赖个别领导人、追逐赚钱热点、制度僵化等，都会阻碍企业建立企业核心竞争力，或者造成核心竞争力丧失。

合作是个人与个人、群体与群体、个人与群体之间为达到共同目的，彼此按统一的规范，在相互信赖的气氛中发生相互配合的行动。杰克·韦尔奇说："我能够给你们的最大忠告，就是千万不要企图自己来单独完成某件事情。你必须精于和你统领的团队里的每一位聪明的家伙打交道，与他们建立良好的合作，并充分激励他们。"①

企业与企业之间建立合作竞争的关系。合作竞争降低了企业的外部交易成本和内部组织成本，通过优化组合、资源互补、资源共享、相互学习，可以充分利用对方的异质性资源，提高本企业资源的利用效率，使各自的相对优势得到了更大程度的发挥，增强企业的创新能力、应变能力，降低企业的风险。企业联盟是以核心企业为盟主，以客户、供应商、外包商、合作伙伴、同行企业等为盟友，形成资源共享、利益共沾的联盟。企业为了专注核心业务、提高资源利用率，将其他业务委托给比自己更加具有成本优势和专业知识的企业去经营。李嘉诚说："如果一单生意只有你自己赚，而对方一点儿不赚，那么这样的生意绝对不能做。"②

三、家族企业长久之道

全世界约 70% 的企业是家族企业，在这批企业中，大概有 80% 的家族企业的生命在第二代的手中完结，约有 13% 的家族企业能够传到第三代，美国家族企业的平均寿命长达 24 年，而中国家族企业的平均寿命只有 2.7 年。③ 人们常说"富不过三代"，大约一半的家族企业在交接过程中倒闭，仅仅约 10% 的家族企业能延续到 60 年以后。④

（一）培养家族企业继承人

家族企业的创立者，是经过商海大浪淘沙之后的胜利者，他们无疑具备企业家的素质。家族企业的继承人则未经历过千辛万苦的创业过程，通常是由创立者选择并加

① 彦涛. 不可不学的管理学 32 定律［M］. 上海：立信会计出版社，2015：51.

② 唐华山. 商界领袖管理语录大全集［M］. 北京：人民邮电出版社，2012：207.

③ 李海波. 道商智慧 中国式经营的思想精髓［M］. 北京：化学工业出版社，2016：243.

④［美］沃德. 家族企业治理：永续经营——成功家族企业的50条法则［M］. 陈宁，高皓，译. 北京：东方出版社，2014：3–5.

以培养。首先就是在一个很狭小的范围内比较之后作出选择或者不作比较就选择，通常是出于天性选择自己的子女。有些人不具备企业家的天然素质，即便是用心培养，也难以挑起重担。更何况，培养也主要是通过学校教育之后，将继承人放在自己所创办的企业中，在自己的庇佑与指导下成长，与创业者当初的成长环境完全不同，很难培养出同创业者相近的素质。家族企业要保持长盛不衰，就应当在更大范围内通过比较选择一位或数位继承人加以培养，不一定选择自己的子女；应当建立候选继承人独立成长、独立锻炼的环境，通常让他们去领导一个独立的项目或独立的部门，甚至让他带着一笔钱去独自创业。创业者应当在适当的年龄退位，退位之后让继承人有独立带领企业的机会，以便创业者能够对继承人“扶上马，送一程”。继承人通常是躺在现有果实上获得满足，而缺乏创业者那种身背“无法完成”的使命而具有的不断进取的精神；继承人身处顺境，缺乏创业者所拥有的通过不断试错而获得的经验。

（二）打造成人才发展平台

家族企业中存在的血缘关系，常常成为阻碍外来人才的壁垒。创业者要及早制定家族成员加入家族企业的聘用条件、聘用政策，给予家族成员明确的预期，让大家遵守同一规则。在经营管理团队中，在聘用政策上应当对家族成员和非家族成员一视同仁，按能力、绩效、贡献、努力程度、品格等因素加以考核并任用，绝对要杜绝家族成员在经营管理过程中享有特权、享有更多利益的做法，不能将情感、关系、好恶作为用人的依据。如果不遵守上述原则，任人唯亲，人才就会大量流失，留在家族企业的就可能是绩效低、能力差的家族成员。如果要有意照顾家族成员的话，应当将他们放在某些不重要的岗位上，要让他们认识到，他们的特殊利益是通过占有股份而获得的，不是在工作中通过特权而获得的。在企业高管中，多聘请非家族成员担任企业高管，为非家族人才创造升职空间，在有一定规模的企业中，家族成员在企业高管中不多于1/3。由非家族成员担任独立董事。家族企业在薪资待遇上具备很强的竞争力，在薪资待遇和经费使用上，家族成员与非家族成员都采用同一标准。为非家族人才提供创造财富的机会，制定股权激励方案，设立优先购股权、终生养老金、长期奖金制等。

（三）铸造团结合作精神

不同的家族成员由于存在着不同的价值观、兴趣、目标、期望，同辈家族成员拥有平等的发言权，分配不公平容易产生嫉妒和仇恨，很容易导致冲突发生；在家族成员与非家族成员之间，也存在着相互排斥的现象。所以，家族企业必须重视团结合作精神的培养。以“老吾老以及人之老，幼吾幼以及人之幼”的精神，将伦理亲情从家族成员扩充至非家族成员，将家族企业办成包括家族成员和非家族成员共有的大家庭。

（四）家族企业制度建设

创业者需要制造自己不在场而公司仍然健康运行的机制。在家族企业的创业阶段，创业者通常是家族企业的灵魂、表率、核心，但创业者为了长久之计，必须通过制度建设、文化建设将自己的理念、精神、原则、运作机制全面植入企业的肌体中，当自己离开企业时，不会将这些理念、精神、原则、运作机制带走。

（五）建立家族成员退出机制

在高遗产税的国家，企业创立人尽可能早地将拥有的股份送给下一代子女，可以躲避一定数量的遗产税。如果家族成员不愿意或者不适合继续留在家族企业中，应当有方便他们转让股权的机制。家族会议要制定家族成员出售股权的条件和条款。

（六）召开家族会议

定期召开家族会议，确保家族成员之间可以有效沟通，分享信息，分享投资机会，增加家族的身份认同，增强家族的凝聚力，维护家族的长远利益。注重长远利益、长远规划，相互信任，有效控制风险，应当是家族企业的优势。“如果这个决定在 15 年内增加了企业的生存能力、延长了企业的寿命、提高了企业的持续力、增强了企业的实力，那么，这就是一件好事。”①

（七）建立家族法典

家族法典规定家族成员的道德标准与行为规范，传递家族价值观，形成家族成员的共识，为家族成员的沟通与合作提供有效的指引。中国古代有大量的家规、族规可以借鉴。

① ［美］沃德．家族企业治理：永续经营——成功家族企业的50条法则［M］．陈宁，高皓，译．北京：东方出版社，2014：145．

第二十九章　学习管理

第一节　建设学习型组织

知识在不断地增加，事物在不断地变化，各种组织和个人在不断地发展，自身会出现各种各样的问题需要解决，每个组织或个人都处于不进即退的状态。国家要成为学习型国家，社会要成为学习型社会，企业要成为学习型企业，组织要成为学习型组织，个人要成为学习型个人。

学习型组织可以分为学习型家庭、学习型企业、学习型社团、学习型民族、学习型国家。

在过去，组织中只有一个或几个人学习，由他们制定各种政策、计划，下面的人只需要听话照做就可以了。在知识经济时代，则需要组织中的每个人都进行学习，领导者不能掌握组织生存和发展所需要的所有知识，领导者所欠缺的知识必须由组织中的下属来加以弥补，甚至领导者所犯的错误也需要下属加以纠正。

在竞争激烈的时代，任何组织不可能在保持原状的情况下生存，只能是在“持续改善”中生存，而“持续改善”就必须“持续学习”。任何组织一旦停止学习，就是走向死亡的开始。Sun 软件公司的首席专家 Bill Jon 估计，每个公司每年大约有 20% 的知识过时。

学习型组织根据工作的需要，创造学习环境，提供学习条件，引进学习资源，落实学习规划，将团队学习与个人自主学习相结合，从而推动组织的发展和个人的成长。学习型组织主要的学习任务：实现组织生存和发展的知识的系统化，运用系统思维解决问题；不断试错，总结经验教训；学习其他组织的成功经验；不断创新，实验新方法；迅速、有效地传播知识。

彼得·圣吉是学习型组织理论的奠基人，他用了近 10 年的时间对数千家企业进行研究和案例分析，于 1990 年完成其代表作《第五项修炼——学习型组织的艺术与实务》。

一、通过共同愿景设立学习总体目标

要成为学习型组织，首先必须建立组织的学习总体目标，然后将学习总体目标分解到下属各单位、各部门及每一个人，将其纳入个人职业规划之中。企业的学习总体目标、个人的学习目标来源于共同愿景。共同愿景来源于员工个人愿景而又高于个人

愿景，它能使不同个性的人凝聚在一起，朝着组织共同的目标前进。如果企业没有形成清晰的目标体系，则学习型组织建设就丧失了方向。

协同校正：在许多团队中，由于每个人有不同的目标，目标的指向不一致甚至相互冲突，每个人朝着自己的目标使劲，非常努力地工作，但是，个人的努力或许会相互抵消，不能形成团队的绩效。经过协同校正之后，调整每个人的目标，使每个人的目标同团队的整体目标保持一致，共同愿景成为个人愿景的延伸和扩展，而且每个人相互之间协同良好，减少内耗，互助互补，可以大大提高团队的效率。

二、团队学习与个人自主学习相结合

学习型组织采用团队学习与个人自主学习相结合的模式，此模式包括以下要素：

（1）终身学习：组织中的成员均应养成终身学习的习惯。

（2）全员学习：企业组织的决策人员、管理人员、员工都要投入学习，层级越高，越需要学习。

（3）全过程学习：学习必须贯穿于组织系统运行的整个过程之中，组织只要存在一天，都要进行学习。

（4）学习与工作相结合：所学的知识或文化必须有利于个人素质的提高和企业素质的提高，必须是根据工作的需要，将学习与工作结合起来，工作学习化，学习工作化。

（5）良好的团队文化氛围：学习型组织必须建立团队文化，建设尊师重道、尊重人才的气氛，建设拥有丰富学习资源、具备优良学习条件的环境，形成开放、自由表达意见的氛围。

（6）团队学习可以采用多种形式：面授、在岗训练、线上学习、经验分享、复盘、研讨式学习、实践式学习、游戏化学习、社会化学习等。

三、系统知识与系统思考

在建设学习型组织时，必须根据组织生存与发展的需要，根据组织的长远战略目标，设计出供员工和管理者学习的系统知识，如果在某一方面存在着知识的空白，就可能导致失误。如果企业在知识、技能、经验、智慧中的某个具体方面存在着缺失，那就是企业存在的短板和漏洞，必须想办法通过招聘人才或者通过学习来加以弥补。一家企业的培训体系和课程体系要完善，要实现知识、技能、经验、智慧的全覆盖。当一家企业通过长期的积累而建立了自己独特的知识系统之后，任何一个参观者、考察者、学习者只能看到并模仿其中局部的东西，而无法将这个组织的知识系统整体移植到另一个企业。

在一个学习型组织中，并不需要每一个人面面俱到，什么都要学，什么都要懂。在学习型组织中，虽然每一个人的知识面、技能、经验、智慧与他人有所不同，但是，将每一个人的知识面、技能、经验、智慧累积起来，能够实现组织生存和发展所需要的知识面、技能、经验、智慧的全覆盖。管理者应当将组织内部每个员工的个人知识系统整合成一个组织知识大系统，打造可供组织内员工共享知识的平台，每个员工除了运用自己的知识外，还可以通过他人的协助运用他人的知识。拥有不同知识面的工作者存在于一个团体中，通过交流与协作就可以形成默契。当其中一个人离开这个团队时，他只能带走属于他个人的知识，但带不走团队或组织的知识库，也带不走属于整个团队的默契。

所谓系统思维，就是管理者必须思考组织生存和发展的方方面面，若其中一方面考虑不周，就会产生失误；管理者在考虑任何一个问题时，都要将这个问题放在组织存在的环境这一大系统中考虑，了解每一个行动带来的一系列后果，而不是孤立地考虑；整体与局部相互联系，既要通过局部看到整体，也要通过整体看到局部。

四、学习型组织的角色转变与管理模式转变

非学习型组织中的个人主要任务就是工作，而学习型组织中的个人任务是工作与学习。非学习型组织中管理者的主要任务是管理，而学习型组织中管理者的任务是管理、学习、教化。学习型组织更多地采用自主管理、民主管理，因为通过学习，员工的素质提高了，有了工作的主动性和积极性，能够提供更多、更好的建议。企业中的领导者和管理者要担负起教化的责任。教化与教育不同，教化一定要使对方发生变化，教化一定是结合工作和生活来展开。企业教化的主要任务是传递知识、培养技能、传播文化、培养道德、树立愿景等。

五、深度会谈与商讨

在《第五项修炼》一书中，彼得·圣吉详细论述了深度会谈。在深度会谈的场合，要做到以下几个方面：

（1）每个参与者要意识到自己的观点和想法存在着片面性、不连贯性，存在着某些方面的缺陷。

（2）每个参与者都需要将自己的权力、特权、地位、面子、利益放在深度会谈的场合之外。在深度会谈的场合中，是各种观点、想法之间产生碰撞，而不是人与人之间产生冲突。

（3）每个参与者要将自己的观点和想法陈述出来，并将自己的观点和想法“悬挂”起来，使之成为别人讨论甚至质疑的对象。

（4）不要力图用自己的观点战胜别人的观点，决不妥协的姿态只会破坏深度会谈的流动性。

（5）每个参与者要平等地对待对方，做到“坦诚相待”，允许、鼓励他人发表自己的看法，保护他人说话的权利。

（6）让每个参与者提供自己的想法和建议，彼此用心聆听，让思想在人与人之间自由流动，大家一起思考、一起交流。

（7）深度会谈是发散性的，它的目标不是寻求意见一致，而是发现新观点。

（8）深度会谈的主持人不应当居高临下，应当对所有参与者提出的观点持平等对

待的态度，要阻止有人将深度会谈的模式拉向辩论的模式，阻止有的人不让讨论某个问题，更要阻止出现人身攻击现象。

先进行深度会谈，再进行商讨。在商讨过程中，大家共同分析、比较各种不同观点，有的人可以坚持自己的观点，为自己的观点进行充分的辩护，但必须对不同的观点持开放、宽容的态度，吸纳他人的合理意见，最后，通过商讨得出比个人思考更正确、更全面、更有价值的结论，形成共识，达成协议，作出决策。

在一个平庸的团队里，或者为了保持表面的团结而压制不同的意见，或者为了保持领导者的权威而强迫他人接受，或者各种对立的观点相互冲突，彼此不会作出妥协。

六、团队智慧

组织成员建立团队学习的气氛，以团队为学习单位，相互交流，相互启发，教学相长，集中众人的智慧，形成团队智慧，形成团队的学习力与竞争优势。先进的信息网络技术，为团队学习提供了便捷的技术保障和广阔的互动平台。

个人学习是团队学习的基础，但不能说，学习型组织就是由个人学习的简单相加而形成的。每个人在积极认真学习的同时，还必须将获得的信息、知识与智慧能快捷地让团队其他成员获得分享。通用电气公司前总裁杰克·韦尔奇提出了无边界行为，提倡员工之间、部门之间、地域之间进行广泛的相互学习，汲取新思想，他说："你从越多的人中获取智慧，那么你得到的智慧就越多，水准被提升得就越高。"

七、差异互补

在国家的统一指导下编制并运用多样化的教材，能产生差异互补的成效。如果各高校的同一课程都使用同一教科书，只要是同一个专业毕业的学生，他们的知识结构、知识覆盖面、思想、观念就大致相同。假设来自北京大学、云南大学、中山大学的3名毕业生，被分配在同一家单位，由于他们的知识结构、知识覆盖面、思想、观念大致相同，3个人脑子里装着相同的知识，3个人有时只能发挥一个人的作用；假设北京大学、云南大学、中山大学同一专业的同一课程使用不同的教材，从这3所大学毕业的3名学生，被分配在同一单位，他们的知识结构、知识覆盖面、思想、观念有较大差异，那么，3个人就会发挥3个人的作用。

在企业内部，大家来自同一专业，在读书时使用的是同一种教材，在入职之后又接受同样的训练，久而久之，他们就拥有相同的知识覆盖面，拥有相同的想法。一个人解决不了的问题，换另一个人也解决不了。

所以，一家企业在建构企业自主知识技能体系时，一定要注重形成内部成员在知识面上、思想观念上的差异。这种差异并不会导致企业的分裂，而是会产生一种互补的关系。如果企业中众多拥有不同自主知识体系的人组合在一起，就会使企业自主知识技能体系覆盖面极广，非常有利于企业的生存与发展。

团队智慧并不是由团队成员个人智慧简单相加而形成的，而是经过长期的工作实践、实习演练，使团队成员之间相互了解、相互信任、相互协作，形成高度的默契。

就像一支出色的篮球队，就像一个交响乐团，其成员间的默契是长期训练的结果。

第二节　教化之道

一、三类教育

在家庭教育、学校教育、企业教育、组织教育、社会教育中，教育可分为三类：知识教育、技能教育、义理教育。其中义理教育包括道德教育、价值教育、精神教育、智慧教育、管理教育。“教以言相感，化以神相感。”[（清）魏源《默觚·治篇》]（译：“教”是用言语来感染对方，“化”是用精神来感染对方。）人们重视知识教育和技能教育，忽视义理教育，常常混淆这三类教育的方法，常常将真理教育的方法运用于义理教育之中。其实，以上三项教育的方法虽有共同之处，但也有区别：知识教育重在学习，技能教育重在练习，义理教育重在修习。

企业管理者同员工一起制订培训计划，主要可以达到以下四个目的：

（1）填补差距。在同一个岗位上，记录目前员工的知识与技能，设定员工将工作做到优异水平所需要的知识与技能，两者之间的差距就是培训需要填补的差距。管理者要在企业中保持优异地位，不是靠阻碍员工去参加培训，而是要通过学习提高自己，走在他人前头。

（2）适应岗位转移。工作岗位转移了，就需要培养新的工作岗位上所需要的知识与技能。

（3）适应企业发展。企业某一岗位所需要的知识与技能不是固定不变的，随着企业的不断发展，同一岗位所需要的知识与技能就需要不断更新，培训必须为企业的发展做准备。

（4）接受企业文化理念。联想集团将自己的文化打造成一个坚硬的模子，该模子由理想、目标、精神、情操、行为凝结而成，新员工入职后，先要“入模子”。

德鲁克说：“所有的学习方法中没有哪一项比这种方法更重要、更有效，那就是现身说法。”让取得成绩的管理者或员工向大家讲述自己是如何做的、方法是什么、经验是什么。

二、教化之道

（一）学习精要

每个组织要明确发展方向和战略目标，然后根据发展方向和战略目标来选择并设置学习内容。那么，何谓精要？即符合组织发展方向和战略目标的学习内容，提高组织成员素质的学习内容，与自身相关、对自身有价值的学习内容就是精要。如果没有明确的方向，人们就会迷失在人类知识的海洋中，学到了大量对自己无价值的知识，自己却得不到提高。对于人类来说，凡是知识、技能都有价值；但对于某个具体的人来说，对于某个具体的组织来说，能提高自身素质的义理之学、符合自身发展方向的知识与技能，才是有价值的。如何在浩繁的文献中择其精要，一般人没有时间、精力去做，也没有能力去做，必须由专门的研究者和教育工作者来做。

（二）系统学习

一个组织在某个领域的某一方向上发展，需要汲取与此方向相关的系统知识、技能、义理，如果缺失某些方面，都会阻碍组织的发展。一个人如果在某一发展方向上缺失了某些知识或技能，他的发展就会受到限制，甚至会在工作中产生严重失误。为了组织的全面发展，为了个人人格的全面发展，义理教育要做到系统、完整。仁、义、礼、智、信、忠、孝、廉、毅、和十个方面，缺少哪一方面的教育，都会造成缺陷。

（三）持续深入

学习与修身，对于个人来说是一个持续终生的过程，对于组织来说也是持续深入的过程。世俗环境对人的影响是一个持续终生的过程，人对圣贤经典的学习也必须是一个持续终生的过程。如果人在某个时间段停止修习，则会在习染的作用下发生倒退的现象。一个组织一旦停止学习，也就丧失了发展的活力。每一个组织都应当拥有自主知识技能体系和自主精神体系，只有通过持续深入的学习与修身，才能使这两大体系每天都在生长之中。“一年之计，莫如树谷；十年之计，莫如树木；终身之计，莫如树人。”（《管子·权修》）（译：如果作一年的打算，最好是种植五谷；如果作十年的打算，最好是种植树木；如果作一百年的打算，最好是培育人才。）

（四）学以致用

学与用断裂为两截，或者学与用不相关，都是在浪费时间。组织中的知识学习与技能学习，必须考虑在组织中是否有运用的价值，是否能产生运用的成效，同时，学习的方式也是学习与运用相结合。组织中的义理教育，则需要按照“知行合一”的原则，将义理落实于修身之中，落实于践行之中。要将自己放在生活境遇中，在践行中修身，否则就是空谈心性。

（五）因材施教

“圣贤施教，各因其材，小以成小，大以成大，无弃人也。”［（宋）朱熹《孟子集注》卷十三）］（译：圣贤施行教育，必须依据各人的资质。资质差的，就培养成低一级的人才；资质好的，就培养成高一级的人才，不会有被遗弃的人。）知识教育与义理教化面对的是每一个生命个体，而每个人的精神特性有很大的区别。针对每个人的特性不同，应当采用不同的教育内容，使用不同的教育方式，才能有纠偏补缺的效果。“导人必因其性，治水必因其势。”［（东汉）徐干《中论·贵言》］（译：诱导人必须依顺其心性，就如同治水一样，必须根据地势的走向和高低进行疏导。）在十大义理的教育中，一百多个条目，就是一百多个治精神之病、治心性之病的药方，可以根据每个人的病情不同，采用不同的药方。如果对方冷酷暴戾，就要进行“仁”的教育；如果对方欲望过盛、心绪不宁，就要进行“廉”的教育；如果对方懒散怠慢，就要进行“忠”的教育；如果对方傲慢无礼，就要进行“礼”的教育；如此等等。

（六）兼容并包

“海纳百川，有容乃大。”一个组织应向外部敞开，接受来自外部的知识、信息，特别是要接纳与本组织原有观点相异甚至相反的知识与信息。一个组织内部也需要创造宽松自由的环境，让不同的观点、意见同时并存于组织之中。

三、组织中的学习障碍与误区

创建学习型组织不是“一阵风”，不是短期行为，而是持续的长期行为。一旦学习型组织的建设过程中断，企业会走向衰败。不能造成学习内容与工作需要的脱轨，需要根据现实的工作需要和未来的工作需要安排学习内容，要学以致用，在实践中学习，又将学习的内容用于实践。

彼得·圣吉认为，组织中存在着七种学习障碍：我就是我的职位、敌人在外部、掌控的幻觉、执着于事件、煮蛙寓言、从经验中学习的错觉、管理团队的神话。[①]根据彼得·圣吉的理论，结合中国的实际情况，我们就可以看到个人和组织中存在的学习障碍和误区，具体体现在以下几个方面：

（1）只从外部寻找失败的原因：个人的失败或组织的失败，既有外部原因，也有自身原因，如果只想从外部找原因，自己就不会去反思自己存在的问题与不足，也就不会去通过学习让自己获得进步。

（2）经验主义：从自己的经验中学习是必要的，但是远远不够。因为自己的经历是有限的，一个只学自己经验而不学习他人经验，不从古今中外杰出人物的经验和教训汲取智慧，则永远是肤浅的、短视的；如果不去学习相关理论，那么就无法正确思考自己的经验，就不能透过自己的经验去找到一般性的规律，甚至会错误地解读自己的经验。

（3）教条主义：经验主义者不注重书本的学习，而教条主义者只注重书本的学习，迷信书本上的结论，不注重对现实的调查研究，也不善于将书本中的观点放到实践中去检验。

（4）缺乏危机意识：个人不学习、组织不学习而产生的危机，不会突然降临，而是会像温水煮青蛙一样，灾难、失败、危机是通过长久的积累而到来的。当然，通过学习而获得的利益也不是突然来到的，也是要经过一个漫长的过程，正像一棵树需要漫长的成长过程一样。

（5）缺乏学习的系统性：每天关注个别发生的事件，每天接受各种支离破碎的信息，在大脑中堆积大量的信息碎片，如果不去持续地学习载负系统化知识的专著，就无法将这些信息碎片串联并组合起来，形成自己的系统化知识。

（6）权威与面子：在一个组织中，有的管理者为了自己的权威和面子，为了显示自己比别人高明，对于善于学习、善于思考的人并不尊重，而是实施各种打压，不让他们提出不同意见，不让他们展现自己的才华。越是愚蠢的管理者，越是喜欢这样做。而那些智商不高的人，也常常是嫉贤妒能，对认真学习的人冷嘲热讽。处在这种环境

① ［美］圣吉．第五项修炼——学习型组织的艺术与实践［M］．张成林，译．北京：中信出版社，2009：19–28
．

中的人，自然就丧失了学习的积极性。放下面子，向敌人学习，向对手学习，向竞争者学习，向西方虚心学习。《华为之歌》唱道："学习美国的先进技术，汲取日本的优良管理，像德国人那样一丝不苟，踏踏实实，兢兢业业。"任正非的《我们向美国人民学习什么》，确定了师从 IBM 的管理变革目标，花了几十亿元请 IBM 的专家到华为来推行管理变革。①

（7）习惯性防卫：由于害怕暴露自己的弱点，害怕别人在自己的推理过程中发现谬误，于是摆出盛气凌人的架势，采取各种方式维护自己的观点，掩盖真相，压制不同意见，从而使自己避免窘迫、威胁。在一个团队中存在着习惯性防卫，也就存在着学习的障碍。

（8）本位主义：只顾自己，不顾大局，对他人漠不关心，对整体缺乏责任感；只关注自己的职位，把自己的工作混同为自己的身份，把自己的责任限定在自己的职位界限之内，对所有职位之间因相互关系而产生的结果缺乏责任感。本位主义者只会选择与自己的利益相关的、与自己的职位相关的知识进行学习，从而造成发展的障碍。

① 陈广，赵海涛．华为的企业文化［M］．深圳：海天出版社，2012：241，244，245．

第三十章　创新管理

第一节　创新原则与创新环境

“日新之谓盛德，生生之谓易。”(《周易·系辞上》)(译：每天都有新的进步，就是盛德；使之生生不息，谓之变化。)创新是在现有资源的基础上，改进或创造出新的事物、知识、方法、制度、元素、环境等，并获得一定的有益效果的行为。创新涵盖政治、军事、经济、社会、文化、艺术、科技等众多领域，有政治创新、军事创新、经济创新、社会创新、文化创新、艺术创新、科技创新、观念创新、理论创新、产品创新、工艺创新、体制创新、组织创新、管理创新等。

企业创新主要有战略创新、产品创新、服务创新、技术创新、组织创新、制度创新、管理创新、营销创新、文化创新、模式创新、流程创新、标准创新、观念创新等，企业创新的核心目标是创造客户。德鲁克认为：“从已经发生到人们感受和接纳这种改变之间存在着时间差，创新就是要运用这种时间差。”[①]

创新是一个民族兴旺发达的动力。企业不断创新，才能生存。当一个民族丧失了创新力，就会处于停滞状态，在竞争中处于不利地位。开拓创新，让一个国家充满活力；僵化保守，使一个国家丧失生机。

创新人才是在创新的环境中，通过创新型教育或自主学习培养起来的具有既博又专的自主知识技能体系，同时具有创新精神、创新思维、创新能力的人才。创新能力包括学习能力、分析能力、综合能力、想象能力、批判能力、创造能力、解决问题的能力、实践能力、组织协调能力等。“学者当自树其帜。”[(清)郑燮《与江宾谷、江禹九书》](译：学者应当自己独树一帜。)

处理好创新与继承的关系。在继承现有的文明成果的基础上，才能进行创新，否则，创新就失去了基础，也无法判断自己的创新成果是否与他人重复。面对中华传统文化，应当以继承为主，创新为辅，《论语·季氏》中写道：“君子有三畏：畏天命，畏大人，畏圣人之言。”讲的是面对文化，要心存敬畏，才能将文化传承下去。如果面对传统文化，面对传统道德，只讲创新而不讲继承，就是在毁灭文化、毁弃道德。所谓“大破大立”，其实就是“大破不立”，因为“大破”已破坏了文化生态系统，使之

① 龚俊恒．德鲁克管理思想大全集［M］．北京：中国华侨出版社，2011：365．

荒漠化，荒漠上不可能栽植树木鲜花，荒芜的精神家园里不可能产生优秀的文化成果。文化上无传统根基的创新，会导致低俗、庸俗、媚俗文化的泛滥。

英国心理学家沃勒斯提出创新的“四阶段理论”，认为创新的发展分四个阶段：

准备期：在知识和经验长期积累的基础上，收集必要的事实和资料，发现问题，提出问题，了解自己提出问题的社会价值。

酝酿期：对收集的资料、信息进行加工处理，让各种设想在头脑中反复组合、交叉、撞击、渗透，探索解决问题的方法与途径。

明朗期：豁然开朗，创造性突破在瞬间实现，找到了解决办法。

验证期：把明朗期获得的结果加以整理、充实、完善，在理论上进行验证，在实践中进行检验，评估创新成果的价值及风险，并且不断改进创新成果。

一、创新原则

（一）遵守科学原理原则

创新必须遵循客观规律，遵守科学技术原理，任何违背科学技术原理的创新都将失败。在进行创新时，要考虑以下三点：

（1）要对发明创造设想进行科学原理相容性检查。如果关于某一创新问题的初步设想，与人们已经发现并获实践检查证明的科学原理不相容，则不会获得最后的创新成果。如“永动机”的发明，就是因为违背“能量守恒”的科学原理而失败。技术创新要以科学理论的创新为基础，如果缺乏科学理论的支持，就是一种盲目的探索，而且也走不远。

（2）要对发明创新设想进行技术方法可行性检查。如果设想所需要的条件超过现有技术方法可行性范围，则在目前该设想还只能是一种空想。

（3）对创新设想进行功能方案合理性检查。如果通过创新而增加的功能不合理，则该设想不具有推广应用的价值。

（二）市场评价原则

技术创新成果必须经过市场的严峻考验，才能实现商品化、市场化。要从市场寿命观、市场定位观、市场特色观、市场容量观、市场价格观、市场风险观六个方面入手考察创新成果，重点考察创新成果在以下几个方面的表现：解决问题的迫切程度、功能结构的优化程度、使用操作的可靠程度、维修保养的方便程度、美化生活的美学程度。哈佛大学特蒙罗教授提出了“技术浪费”这个词，指的就是那些没有市场或者无法转化成实际价值的技术。摩托罗拉无视客户需求，盲目投资 50 亿美元搞“铱星计划”，导致失败。华为公司基于端到端的研发流程，使得整个研发建立在市场需求——显性的客户需求与隐性的客户需求之上，失误率降低了很多。华为公司建立起了端到端的流程，以客户的需求为基础，从了解市场开始，到产品的研发，再到生命周期管理，每一步都直接面对客户。① 日本索尼公司创始人盛田昭夫说：“我们深信，利用科

① 黄继伟. 华为内训［M］. 北京：中国友谊出版公司，2016：217.

技创造新产品让人们享用才是最重要的。”①

（三）相对较优原则

创新不可盲目追求最优、最佳、最美、最先进，而是要将自己的创新成果同他人的同类创新成果进行比较，按照相对较优的原则进行选择。主要比较以下方面：从技术先进性上比较谁更领先、更超前，从经济合理性上比较谁更合理、更节省，从整体效果上比较谁更全面、更优秀。华为公司确定了“领先半步是先进，领先三步成先烈”的原则。有些创新成果先进到别人还没有对它完全认识与认可，消耗了大量的人力、物力、财力，拥有很高的成本，却没有客户前来购买或使用。

（四）简单原则

创新成果要遵循简单原则，避免出现结构复杂、功能冗余、使用烦琐的现象。现代人类会出现肠胃的过度负载、耳眼的过度负载、大脑的过度负载等现象，创新应当减少而不是增加人类的各种负载。马云说：“我觉得技术，就应该是傻瓜式服务。技术应该为人服务，人不能为技术服务。……我要求阿里巴巴技术非常简单，使用时不需要看说明书，一点就能找到想要的东西，这就是好东西。”②

（五）出奇制胜原则

奇思妙想不一定有价值，关键是要将创新成果运用于实际之中并取得胜利，取得领导地位、优先地位。《孙子兵法·势篇》：“故善出奇者，无穷如天地，不竭如江河。”（译：善于出奇制胜的人，战术变化就像天地万物那样无穷无尽，像江河之水那样长流不竭。）

（六）不轻易否定原则

在评价各种创新成果时，不能轻易否定创新成果。因为评价者的认知水平和实践能力一般来说达不到创新者的程度，评价者也通常会考虑自己的利益而不能持公正的立场，轻易否定创新成果，会对创新造成极大损害。

（七）宽容失败原则

在创新过程中失败，是极为正常的事情。失败就证明了此路不通，是在探索中必须经历的过程。对失败者采取宽容的态度，才能让创新者大胆地往前走。保证一个人百分之百不失败，只有一种办法，就是这个人什么事情都不做。不作为就不会冒险，不冒险就不会成功。

（八）继承创新原则

创新者不是在无知的基础上创新，而是在继承人类文明成果的基础上创新。创新就是在现有的文明成果的基础上向前走了一步，所以，创新者必须通过长期的、系统的学习，了解人类现有的文明成果。挖掘过去成功的经验，才能顺利地走向未来。但是，如果只讲继承而不讲创新，总是停留在过去的成就上，骄傲自满，不断复制过去成功的经验，将过去成功的经验照搬到另一个领域，就会造成落后或失败。敢于“放弃昨天”，放弃旧的思维、旧的模式、旧的产品、旧的服务，才能有效地进行创新。

---

① 唐华山. 商界领袖管理语录大全集［M］. 北京：人民邮电出版社，2012：159.

② 唐华山. 商界领袖管理语录大全集［M］. 北京：人民邮电出版社，2012：162.

（九）聚焦原则

在科学技术的创新上，由于现代知识体系的庞大，创新者必须按照分工的原则，将自己的创新集中在一个方面上，才能获得突破。企业的技术创新，也必须围绕创业的战略方向展开，不能偏离企业发展的主航道。

二、创新环境

（一）公平竞争的环境

消除特权，减少垄断，防范权力的干预，才能造就公平竞争的环境。对资源、资金、机会、人员、技术、管理、文化等要素实行有效配置。如果某些人利用权力介入配置过程，压低资源价格，提供优惠资金，提供特别机会，就会诱引企业去想办法争取这些条件，而不会将心思放在人员、技术、管理、文化等要素的创新上，因为那样做难度更小、见效更快、代价更低。

（二）法治的环境

通过法治"把权力关进制度的笼子里"，发挥市场在资源配置中的决定性作用，防止某些人的"有形之手"成为伸向竞争领域的黑手，让各行业的创新者都得到尊重、受到保护。完善知识产权保护制度，建立知识产权法院，加大知识产权侵权案件的惩罚力度。创新具有高风险、高收益的特征，知识产权得不到有效保护，对创新成果的模仿与剽窃行为盛行，企业和个人的创新就是高风险、低收益的行为。

（三）激励创新的环境

建立创新激励机制，通过知识产权保护制度、技术入股制度、奖励制度等，让创新者获得相应的利益。现实中存在着以下问题：在"脱实向虚"的环境中，实体经济中的创新者就得不到应有的利益，反而是让善于投机的人捞取好处；真正有创新成果的学者得不到尊重，而那些凭借关系并善于投机的人却很风光，善于炒作的人获得巨大利益。企业如果追求利润最大化，就会去从事周期短、难度低、见效快的"短、平、快"创新活动。著名咨询机构麦肯锡对比中美两国企业的创新活动后发现，中国企业更多的是进行客户中心型创新与效率驱动型创新，这两类创新所需要的研发周期大多不足 2 年；而美国企业更愿意进行科学研究与工程技术方面的创新，这两类创新所需要的研发周期一般在 5 年以上（MGI，2015）。当然，这些情况最近几年有所改变。比尔·盖茨说："当一个人为生计发愁时，他就会发挥自己的潜能，进行创造性思维。"①

（四）尊重人才的环境

以权力、金钱、娱乐为中心的社会，人们尊重的是官员、富人、明星，不会尊重人才。在一个愚人成堆的环境中，愚人们联合起来制定符合他们需要的"笨蛋法则"，这些"笨蛋法则"足以对各种人才进行压制、排斥、剥夺，确保愚人的既得利益，让愚人过得逍遥自在。古训有"木秀于林，风必摧之"，民谚有"枪打出头鸟"之称。

---

① 唐华山．商界领袖管理语录大全集［M］．北京：人民邮电出版社，2012：167.

（五）自由宽松的环境

家庭环境分为三种类型：民主型、专制型和溺爱型，民主型家庭环境中的孩子更容易产生创新思维。自由宽松的环境，包容奇思妙想，接受风险，宽容失败，鼓励试错，人们没有顾虑，可以心情愉快地投入创新。在企业中，官僚作风、专制作风、以势压人，造成了压制创新的环境。

（六）容错纠错的环境

鼓励人们打破迷信经验、迷信本本、迷信权威的惯性思维，摒弃不合时宜的旧观念、旧做法、旧体制，允许探索者出现因经验缺乏、认知不足而导致的失误，对探索失败者持宽容、尊重的态度，对开拓者、创新者给予鼓励，给他们纠正错误的机会。“故言之而是，虽异于己，乃益于己也；言之而非，虽同于己，适损于己也。”［（明）王守仁《王文成全书》卷二］（译：所以，正确的言论，即便与自己的意见不同，也对自己有益；错误的言论，即便与自己的意见相同，也对自己有损害。）

（七）实践活动丰富的环境

创设实践活动丰富的环境，提供给人们用于创新的必要资源，让人积极参与实践，以此来培养他的创新能力，提供给他创新的机会，才会有大量的创新成果出现。

第二节　创新型教育与创新精神

一、创新型教育

著名的“钱学森之问”：“为什么我们的学校总是培养不出杰出的科技创新人才？”我们应当看到，在一些地方存在的应试教育、教育产业化、学术界与教育界的腐败现象正是创新型教育的障碍。应试教育是培养创新能力的最大障碍。教育产业化是以学生作为赚钱的工具，导致教育质量大滑坡。学术界与教育界的腐败现象，使学术、文化、教育、科技围绕权力与金钱运转，破坏了学术、教育自身的发展规律。

应试教育不仅不能培养人的创新能力，反而扼杀了人的创新能力。应试教育的缺陷有以下几个方面：第一，重视知识灌输，忽视能力、智慧、品德的培育。原因很简单，应试教育的核心是分数，凡是能通过分数表现出来的学习内容就受到重视，凡是不能够通过分数表现出来的学习内容就会被忽视。死记硬背学到的知识可以通过分数表现出来，而人的能力、智慧、品德却很难通过分数表现出来。第二，造成知识面的狭隘。考试是以教学大纲、教材为考察的范围，为了获得高分，学生就会将所有的时间与精力投放在教材上，而对教学大纲、教材之外的更多、更有价值的知识和文化却采取忽视、排斥的态度。应试教育以教师为中心，以分数为中心，以教材为中心，而不是以学生的素质培养为中心。如果让学生被动地接受知识，而不是主动地参与知识的建构，使其没有独立思考的空间，缺乏自主发展的能力，其就不可能具备创新能力。

人的能力包括创新能力、实践能力、运用知识的能力、自主学习能力、自我发展能力、抽象思维能力等，只有将应试教育转变为素质教育，才能有效地培养人的上述能力。

培养人的创新能力，应采取以下措施：

（一）丰富教育内容

超越教科书，拓展知识面：在中小学教育阶段，要求学生用20%以上的时间学习教科书以外的知识、文化。在大学教育阶段，要求学生用50%以上的时间学习教科书以外的知识、文化。

（二）改变教育方式

（1）培养学生的独立人格和独立思考的能力。教师要为学生创设一个愉悦、和谐、民主、宽松的人际环境，不要完全用“听话服从”来要求学生，引导学生提出问题，鼓励学生提出不同意见，接受学生质疑。

（2）尊重学生的个性发展。因材施教，针对学生的特质引导学生形成自己的个性特征。不能管得过死，不能用同一模式、同一标准来要求所有的学生，也不能用“全面发展”来抹杀学生的个性，允许偏才、奇才、怪才的生存与发展。

（3）建设实践平台，设置问题情景，建设第二课堂，举办学术讲座，举办学术讨论会，发展学生社团组织，采用小组合作学习模式，举办各种形式的竞赛活动，鼓励学生参加社会实践，让学习者到公园、博物馆、剧院、艺术馆、图书馆、企业、农场、实验室中去学习，通过实践教学来提高学生的创新能力。

（4）采用启发式教学，引导学生深度思考，引导学生进行探索式学习，不能只强调记忆而不重视思考，也不能只强调灌输而不重视启发。

（三）改变考核方式

有标准答案的考试，主要是考查学生对知识的记忆，这种考查方式引导学生只采用死记硬背的方式学习。考试要设计多样化的考试内容和考查方式，考查学生的思考能力、分析能力、解决问题的能力。

二、创新精神

创新精神是由创新动机、创新意志、怀疑精神、批判精神、独立自主精神、兼容并包精神、求实精神、实践精神等共同构成的。如果有人一方面强调创新精神，另一方面又否定怀疑精神、批判精神、独立自主精神、兼容并包精神，这实际上就是将创新精神抽空了。

（一）创新动机

好奇心、求知欲、兴趣可以形成创新动机，目标明确、意志坚定也可以形成创新动机，通过激励机制也可以形成创新动机。强烈的创新动机推动和维持人们进行创造性活动。有强烈创新动机的人通常具有冒险精神，德鲁克说：“一个需要万事俱备才能行动的人是不可能成为创业家的。”[①]创新是有风险的，但不创新的风险更大。创新者不

① 龚俊恒．德鲁克管理思想大全集［M］．北京：中国华侨出版社，2011：338．

是偏爱风险，而是为了抓住机遇而不得不冒风险。

（二）创新意志

创新充满各种阻力和风险，可能遇到重重困难、挫折甚至失败，具有坚韧不拔的创新意志的人，会全身心地投入创新活动中，克服困难，冲破阻碍，经受挫折，从失败中站起来，锲而不舍，直至成功。如果缺乏创新动机和创新意志，即使是有创新能力和创新思维的人，也会停下来。

（三）兼容并包精神

孔子曰："君子和而不同，小人同而不和。"君子要在实践的基础上坚持自己的观点。社会中存在不同的观点，这完全是正常现象。因为社会是复杂多面的，不同的观点其实反映了社会的不同方面。"百花齐放，百家争鸣"，是社会宽容、和谐、进步的表现。周海中说："没有思想自由，就不可能有学术创新。""两刃相割，利钝乃知；二论相订，是非乃见。"[（汉）王充《论衡·案书》]（译：两把刀互相切割，是利是钝就可以知道；两种见解相互比较，是非就会分明。订：评议。）

（四）独立自主精神

养成顺从习性的人，会丧失独立思考的能力，将大众的意见或权威人士的意见作为必须服从的真理。正如海德格尔所说，人只有将自我"沉沦"到公众中才能获得安宁。马云自述："我对技术几乎不懂，到目前为止，我对电脑的认识还是停留在收发邮件和浏览页面上。"[①]但他通过独立自主探索，找到了一条发展的道路，用他的智慧引领企业的发展。

（五）批判精神

"为学患无疑，疑则有进。"[（宋）陆九渊《象山集·象山语录》]（译：学习就怕没有怀疑，有了怀疑，才会有进步。）必须通过思考才能创新，而疑问就是在思考中产生的。必须先对各种错误产生怀疑，才能进行批判，进而纠正这些错误。鼓励人们大胆质疑，倡导"吾爱吾师，吾更爱真理"，是培养创新意识的重要途径。批判精神也包括"自我批判"，反省自己的错误，纠正自己的错误，才能不断进步。巴尔扎克说："打开一切科学的钥匙无疑是问号。"

（六）求实精神

所有创新都有一个前提：对客观规律的认识，对客观事实的了解。在"假、大、空"的基础上进行创新，不能解决实际问题，只能算是妄想，没有任何意义。

---

① 赵伟. 马云：我的管理心得［M］. 北京：企业管理出版社，2014：242.

第三十一章　信息管理

第一节　信息管理相关问题

人类已经进入“信息化”“网络化”和“全球化”时代，数据、信息、知识已成为组织中最为宝贵的资源，拥有充分的数据、信息、知识，才能拥有强大的竞争力；数据、信息、知识的贫乏、混乱或不正当控制，将会严重损害组织的竞争力。在企业中，物质和能量流动的过程与信息流动的过程相互依存。

信息管理（Information Management）是人类综合采用技术的、经济的、政策的、法律的和人文的方法和手段，对信息资源和信息活动的各种相关因素（主要是人、信息、技术、机构等）进行科学的计划、组织、控制和协调，以实现信息资源的合理开发与有效利用的过程。在现代社会，一切有效的管理都离不开信息的管理。管理者应高度重视信息管理，人们很少同“具体的事情”打交道，而更多的是同“事情的信息”打交道。

一、数据、信息、知识、智慧

数据：是以文字、数字、图形、图像、声音和视频等格式对客观事物进行记录的符号，这些符号是未经加工的原始素材，可供鉴别、保存、传递和处理。数据可以是连续的值，如声音、图像，称为模拟数据；也可以是离散的，如符号、文字，称为数字数据。

数据经过解释并赋予一定的意义之后，便成为信息。相同的数据在不同的环境下表示不同的含义，产生不同的信息，即数据 + 背景 = 信息。例如，“100”是一个数据，但“100”同个人、金钱、分数相联系，就是“100 人”“100 元”“100 分”，这就转变为信息。数据与信息的区别和联系：数据经过加工处理之后而被赋予一定的含义，就成为信息；而信息需要经过数字化转变成数据，才能存储和传输；信息是对事物运动状态和特征的描述，而数据是载荷信息的物理符号；数据常常是孤立的，只有将一连串孤立的数据用来描述客观事物和客观事物的关系，形成有逻辑的数据流，才能被称为信息。

知识：人们基于一定的认识模式，对信息进行系统化的研究和抽象化的处理，进行归纳、演绎、整合、推理，结合情境、经验，去伪存真，去粗取精，将具有永久价值的、反映事物共性的内容沉淀下来，融入人类现有的知识体系中，就成了知识。知识具有系统性、规律性和可预测性。知识可以储存、学习、运用、传播、交流，具有可操作性。信息具有时效性，信息的价值会随着时间的流逝而衰减，我们要突破时间的限制找到具有永久价值的知识；信息具有特殊性、偶然性，我们要透过特殊性找到普遍性的内容，透过偶然性找到必然性的内容。

智慧：人通过深度的理解和思考，就能将知识纳入存在于自己大脑中的知识结构中，变成自己的思想与观点，同时自己也具有运用知识解决问题的能力，具备运用知识的正确价值导向，从而产生智慧。

数据、信息、知识、智慧四者是递进的关系：在数据的基础上形成信息，在信息的基础上形成知识，在知识的基础上形成智慧。

二、信息化管理

信息化管理就是运用现代信息技术，转变生产方式、经营方式、业务流程、传统管理方式和组织方式，从而提高组织效率。信息技术是关于信息的产生、发送、传输、接收、变换、识别和控制等应用技术的总称。企业应当重视软件的开发与运用，利用云计算，建设数据库，建设信息网络平台。

在信息时代，软件的应用领域越来越广，并朝着个性化的方向发展，软件已经成为公司的核心竞争力之一。

美国国家标准与技术研究院（NIST）给出的定义是：云计算是一种按使用量付费的模式，这种模式提供可用的、便捷的、按需的网络访问，进入可配置的计算资源共享池（资源包括网络、服务器、存储、应用软件、服务等），这些资源能够被快速提供，只需投入很少的管理工作，或与服务供应商进行很少的交互。

“数据库”是以一定方式储存在一起、能与多个用户共享、具有尽可能小的冗余度、与应用程序彼此独立的数据集合。管理者依靠数据和信息制定战略决策，通过数据分析发现企业出现的问题，依据数据不断改进工作流程。建立数据库，方便数据的提取利用，减少或消除数据的重复现象。

企业要虚实互动，即产品与服务的实体平台同资本经营、网络经营两个虚拟平台互动。信息网络平台可以将企业的内外资源进行整合，并通过电子商务建设创造更广阔的市场。

三、信息管理的目标

（一）保障工作顺利进行

“知己知彼，百战不殆。”现代社会极其复杂，做事要获得成功，必须掌握相关的知识和信息。在企业经营中，“彼”可以指外部环境，包括自然条件、经济状况、人文环境、政治环境、市场需求、竞争对手等。

应当在企业中建立资源共享、信息共享、人员共享机制，任何一个部门或任何一个员工只要有需求并提出来，其他部门和员工必须在第一时间给予足够的支持。要让员工顺利地工作，必须提供给他充足的信息或者让他有机会了解必需的信息，需要解决以下问题："我的组织需要什么信息？""我需要什么信息？""我从何处获得这些信息？""我应当向谁提供信息？"有的企业内部出现孤立、封闭现象，出现信息"私藏"现象，自己想要找到需要的信息，别人不提供；自己掌握的信息，也不愿意提供给别人。

要确保会议成功召开，应当在会前将会议主题告知参会人员，让每个参会人员收集与会议主题相关的信息和知识，在信息充分的条件下，会议才能取得成效。

销售人员在推销产品时，也要收集关于产品的各种信息，尤其是客户所关注的信息，将其整理成资料提供给客户，或者将充分的信息告知客户。

（二）降低生产成本

信息同知识、文化、思想一样，具有可再生性，可以重复使用，并且在使用中不但不会减少，反而会不断增加；信息同知识、文化、思想一样，也具有共享性，可以通过学习而掌握，某些信息可以供大家共同享用。信息并不会随着使用量的增加而使成本递增，相反，随着使用者的增多、使用量的增加，其成本会递减。

（三）提高工作效率

在企业的生产经营活动中，信息流随着物流同时流动，管理者正是通过驾驭信息流来控制物流，进而达到管理和控制生产经营活动过程的目的。想要作出科学的预测，除了掌握科学的预测方法外，还必须拥有充分的信息资料。

以下举措有助于提高积极性：①企业的信息透明可以增加信任度，增加员工对企业的关注。稻盛和夫认为，"透明经营"可以促进管理者与员工之间的信任关系。②将企业的各种好消息，特别是企业技术进步和销售额增长的情况告知员工，可以鼓舞员工。③定期公布奖惩结果，激励先进者，鞭策落后者。④有时企业也会把企业的经营困境状况告知全体员工，可以增强员工的危机感。

（四）改良组织

在信息时代，开放的网状组织将取代自上而下的金字塔层级组织。在金字塔层级组织中，信息自上而下层层传达，信息自下而上层层上报，在传递过程中会造成信息的减损或变异，而且传递的成本很大。而在开放的网状组织中，每个人都可以直接从网络中获得信息，作出自己的分析和判断，提供自己的意见，积极参与管理。在信息时代，应当减少组织的层级，使组织更加扁平化，由项目组替代原有的一些层级。企业项目组可以自主地发挥其功能，直接面向市场、面向客户。

（五）信息透明可以减少腐败与欺诈

在各类组织中，只有信息公开和透明，让公众看清领导者、管理者的一举一动，才能有效地监督领导者、管理者的行为。

第二节　信息管理的基本要求

对于信息管理，应做到：时间上要及时，数量上要适当，质量上要准确，内容上要适用。由于现代社会中每个人都可以通过手机、电脑自主地发布信息，如果管理缺失，就会产生极大的混乱。

一、适用性

从内容上讲，每个人、每个组织的目标不同，领域不同，所需要的信息就不同。相同的一条信息，对甲有用，对乙则是无用。因此，每个人要根据自己的目标和任务来收集信息、处理信息。相关信息是指信息接收者所接收到的信息与其所进行的工作任务或者思考的问题有关，反之则是无关信息。对于一个组织来说，如何分辨哪些信息是相关信息、有用信息，哪些信息是无关信息、无用信息，这是一项艰巨而复杂的任务。提高管理者和信息工作者识别信息的能力尤其重要。无用信息不仅会浪费大量时间，还会对工作产生干扰。

二、适量性

信息接收者接到的信息对于他的工作或生活而言是适量的，就是适量信息；信息接收者接到的信息对于他的工作或生活而言是过量的，就是过量信息。现代信息社会中，人通过微信、电脑、电视、电话接收到的信息通常是过量信息，许多人会在信息的海洋中迷失。

随着生活与工作越来越复杂，交往越来越广泛，承载信息的方式越来越多，当代社会信息量迅速增长。随着信息技术的飞速发展，信息处理和传播的速度越来越快。信息加工处理方法不仅需要一般的数学方法，还要运用数理统计、运筹学和人工智能等方法。

三、正确性

信息与其所反映的客观事物是相符合的、相对应的，就是正确信息；信息与其所反映的客观事物相背离，则是错误信息。错误信息会对决策产生误导，对工作产生破坏，对组织造成伤害。

四、及时性

信息的收集、加工、传递一定要快，一定要赶在事情还没有出现大的变化之前就将信息提供给相关决策者和工作人员，以便他们针对事情采取正确的对策。如果事情发生了变化，那么，反映事情变化的信息就应及时传到决策者和相关工作人员那里。

随着决策者和工作人员使用过时的信息处理事情，必然会导致失误。过时信息应当被清理之后存放在文档中。与时空背景有着紧密联系的知识，一旦时空背景发生变化，也会变成过时的知识。过时的信息只能用于书写历史，过时的知识只能用于总结经验教训。

信息收集者要有面向未来的眼光，有预测未来发生的事情的能力，才能及时捕捉到最新出现的信息。

德鲁克说："企业往往不愿意放弃昨天的束缚，因而也就无法获得明天可以利用的资源。"（《动荡时代的管理》）"昨天的束缚"就包括既得利益的束缚、过时信息和过时知识的束缚、陈旧的思维模式的束缚等。

五、共享性

信息可以重复多次使用而不会衰减，反而会在重复使用中增量或改进。信息的共享性就是指不同个人、不同领域、不同层次、不同部门、不同单位往往都可以共同使用某种信息资源。充分发挥信息的共享性，信息可以自由流动，就充分发挥信息的价值，可以避免在信息的收集、加工、传输、储存等方面的重复劳动。因特网的建立、信息高速公路的诞生，使信息的共享性达到前所未有的程度。信息独裁是对信息共享性的破坏，是指少数人控制、垄断了某些信息，剥夺了他人的信息享有权，少数人利用信息不对称性，对他人进行欺诈、压迫，以谋取更大私利。在企业中，信息共享可以使信息极大增值，使企业运作更加敏捷和高效。在社会中，信息共享可以推动民主、法治建设。

六、完整性

信息的完整性是指管理信息的收集和加工不仅应全面、系统，而且应具有连续性。完整信息引导人们作出全面的认识，而残缺的信息、碎片化的信息则引导人们得出片面的认识。企业的生产经营活动是一个复杂的系统，如果收集的信息不全面，或者收集的信息不能反映变化的情况，则可能产生认识不清而导致工作出现失误。

七、安全性

信息得到安全、长久的存储，以备份的方式防止丢失，采取安全措施防范病毒侵袭；信息采用分级管理方式，不同的人拥有获取信息的权限不同；某些重要的信息要做好保密工作。为了信息安全，可以进行必要的控制，掌握信息公开的度，但如果对信息进行过于严格的控制，就会降低人与人之间的信任度，也会让工作者得不到必要的信息，给业务带来不便。某些信息具有独占性，即某些信息是由某个人、某个组织付出一定的劳动与支出，由某个人、某个组织占用并使用，排斥他人占有并使用这些信息。由信息的独占性而产生出信息的保密性。

第三节　如何收集信息

企业要建立收集信息的机构，落实收集信息的职责，以确保企业能够收集到生存与发展所需要的信息。

一、调查研究

不能凭空想象，想象出来的东西可能只是主观产生的幻想；不能单纯依靠别人提供的报告，因为报告通常是报喜不报忧，不会将存在的问题、危机、矛盾呈现出来；不能单纯依靠别人提供的信息，因为别人看问题的角度、看问题的方式、分析问题的能力与你不一样；不能靠道听途说或身边人的言语，因为存在着谗言、诽谤、献媚。要了解真实的情况，收集到真实的信息，避免陷入上述种种困境中，只能亲自到事情发生的现场，甚至参与到事情之中，进行实地的调查研究。在企业管理中，提倡“走动式管理”，管理者不能只是坐在办公室，而是要经常亲临第一线，出现在工作现场，深入员工中间，才能获得真实信息，才能发现平时无法觉察到的问题。

二、利用一切机会收集信息

各种场合都会出现大量的信息，要利用一切机会收集并记录信息。阅读书籍、参加会议、闲聊、阅读报章杂志、上网、看电视、旅游等，都是收集信息的机会。凡是有用的信息都要及时记录下来，有用的信息要打上标志，并且写下自己的感言。

判断某一信息是否有用，有三个标准：一是看这一信息是否对自己的素质提高有价值；二是看这一信息是否同自己的发展方向、任务、工作、目标相关；三是看这一信息是否同自己所在的组织相关。

如果不养成上述习惯，则会在信息的海洋中迷失。最后，大量的反复出现的信息、有强烈刺激的信息留下了，大量的有用信息则被忽略了。

三、善听诤言

“纳谏”是一个领导者必备的素质。对别人发表的不同意见，领导者应当保护说话者的说话权利，尊重说话者人格，虚心听取不同意见，认真思考不同意见，并对照不同意见反省自己的错误，纠正自己认识上的偏差。柳传志说：“当我和同事都有看法，分不清谁对谁错，发生争执的时候，我采取的办法是，按你说的做，但是我要把我的忠告告诉你，最后要找后账，成与否要有个总结。”① “亡国之主不可以直言。不可以直言，则过无道闻，而善无自至矣。”（《吕氏春秋·壅塞》）（译：“亡国的君主不可以告知他真话。不可以告知他真话，那么，有了过错就没有办法知晓，良善也不会自然而然地来到他这里。”）

四、善于提问

以谦虚的态度、礼貌的方式提问，体现出领导者的道德素养；而要问哪些问题，则可以体现一个领导者的见识与能力。领导者的提问，可以引导大家思维的方向，提供给大家关注点，从而收集到所需要的信息。

---

① 李铁红. 领导力：中国九位顶级商界领袖的财富兵法［M］. 北京：人民邮电出版社，2013：45.

五、善听怨言

玫琳凯在《玫琳凯谈人的管理》一书中讲："不善于倾听是管理者最大的疏忽。"她认为，管理者最优先的事，就是倾听员工的心声与抱怨。[①]在企业中，管理者要保持员工怨言、顾客怨言反映渠道的畅通，并从员工的怨言中发现经营管理中存在的问题，及时改进，消除产生怨言的根源。如果对怨言听而不闻，或对发怨言者进行打压，则问题依然存在并日益严重，怨气依然存在并日益加深，员工消极怠工，顾客会"用脚投票"。

六、以对方的立场看问题

面对同一个问题，站在不同的角度，可以看到问题的不同方面。若管理者能站在对方（员工、顾客及其他利益相关者）的角度看问题，就能跳出自以为是的陷阱，获得更加真实、更为全面的信息。

七、确保反馈渠道畅通无阻

建立快速而灵敏的信息反馈系统，确保反馈渠道畅通无阻。任何人都不能确定自己百分之百正确。计划在执行的过程中，政策在推行的过程中，出现的各种结果、各种问题、各种意见，产生的各种具体的、真实的信息，都需要通过一定的渠道（如访谈、民意调查、反馈报告、他人监察结果等）及时反馈给上级管理者，以便管理者不断调整计划，修改政策。如果对执行中出现的偏差反应迟钝，在造成较大失误之后才发现，就会造成巨大损失。如果管理者自以为绝对正确，不需要获取任何反馈信息，则会导致失败。

美国心理学家约瑟夫·卢夫特和哈里·英厄姆提出了分析人际关系和传播的约哈里之窗，约哈里之窗包含四个区：公开区（自己知道别人也知道的方面）、隐秘区（自己知道而别人不知道的方面）、盲区（别人知道而自己却不知道的关于自我的方面）、未知区（自己和别人都不知道的方面）。[②]

八、切忌偏听偏信

魏征对唐太宗讲过"兼听则明，偏信则暗"的道理。在企业中，如果领导者能多听各方面的意见，采纳下面的正确主张，就是明智；如果领导者只听单方面的意见，就会受到蒙蔽。围绕在领导者身边的小人，专讲领导者喜欢听的话，让领导者听不到不同的声音，看不见事情的真相，用错误的信息误导领导者。围绕在领导者身边的小人，还喜欢进谗言，"打小报告"，为了维护自己的地位或争取更大利益，诬告有才有德之人。领导者凡是听到"谗言"，就要首先考虑被诬告之人同进谗言者有没有利益上

---

① 胡志强. 领导不可不知的 98 个管理经验［M］. 北京：企业管理出版社，2010：36.

② ［英］麦克格拉斯. 管理问题书——经理人必知的76个管理真相［M］. 赵欣，胡柏翠，译. 北京：中国人民大学出版社，2016：16–17.

的冲突，同时要派与进谗言者无利益关系的人去核查。

九、切忌“假、大、空”

许多管理者不去收集有用的信息，不去面对实际问题，而是进入“假、大、空”的模式中。所谓“假”，就是讲假话，讲违背事实与真理的话，讲连自己都不信的话；所谓“大”，就是好讲抽象的话、好高骛远的话、自吹自擂的话；所谓“空”，就是讲空洞的套话、正确的废话、人人皆知的话、没有实际内容的话。管理者一旦进入“假、大、空”的模式中，就会远离实际，“空谈误国”，上瞒下欺，大量的真实、有用的信息就会被“假、大、空”淹没！

十、兼容并包

由于客观世界的复杂性、多面性、矛盾性，反映客观世界的信息也必须是复杂的、多面的、矛盾的，管理者应以“兼容并包”的心态去接纳各种不同甚至相互矛盾的信息。蔡元培出任北京大学校长之后，提出“思想自由”“兼容并包”原则，实施“囊括大典，网罗众家”政策，聘请了陈独秀、胡适、李大钊、钱玄同、刘半农、周作人、沈尹默等一批新文化运动干将；同时，又聘请了政治上保守但有深厚国学造诣的辜鸿铭、刘师培、黄侃等，在北大造就了思想繁荣的景象，将北大创办成世界著名大学。

第三十二章　环境管理

第一节　环境管理（上）

组织本身就是一个由人、财、物、技术、文化、信息、机构等因素组成的大系统，其内部又分成许多小系统。其中，某一因素的变化，或某一小系统的变化，都会引起其他因素或其他系统的变化。管理者要从组织大系统这一全局出发，关注组织内部的各个要素，关注大系统内部的各个系统，不使其中某一要素或某一系统的缺失而影响全局，同时协调各要素、各系统之间的相互关系，以便从整体上产生良好效应。

管理者常犯的错误是疏忽了其中某一因素或某一小系统，或者顾此失彼，或者因小失大。管理者需要去一一检查组织大系统中的各个要素、各个小系统，去改进各个要素、各个小系统，调整它们之间的相互关系，才能使组织得以生存和发展。

组织是一个相对独立的系统，但这个系统又放置于环境这个大系统之中。公司的生存与发展，离不开环境这个大系统，公司的行为又对环境大系统产生影响。

一个组织不可能离开环境而独立存在。环境具有复杂性、多面性、可变性。管理者必须面对环境，去认识环境、分析环境、改善环境、管理环境，充分利用环境中的有利因素，避开或改变环境中的不利因素。

面对环境中存在的种种因素，应当考虑以下方面：组织需要依赖环境中的哪些因素？组织的利益相关者是哪些？环境中某一因素对组织的存在有多重要？环境中这一因素的稀缺程度如何？这一因素的不确定性有多大？如何获得这一因素？有没有这一因素的替代者？这一因素的拥有者能否与本组织顺利合作？面对这一因素需要如何改变自己？

一、环境分析

（一）知己知彼，百战不殆

环境分析包括组织的外部环境分析和组织的内部环境的分析。组织所要面对的外部环境包括政治环境、经济环境、法律环境、自然环境、文化环境、民族环境、生活环境等方面。

（1）政治环境：政治是稳定还是混乱？政府对财产的保护力度有多大？权力对经济的干预力度有多大？

（2）经济环境：包括利率、通货膨胀、可支配收入的变化、股市变化等，是垄断的经济环境还是自由的经济环境？产品过剩的程度有多严重？

（3）法律环境：了解环境中的相关法律和政策，以免因触犯法律而付出代价。

（4）文化环境：文化传统、价值观、道德观、生活方式、宗教信仰、行为模式等。信息技术的采用导致信息的广泛和低成本传播，顾客的选择范围扩大，顾客的选择成本下降；世俗文化泛滥，高雅文化萎缩。霍夫斯德发现管理者与员工在国家文化的四个向度上有差异：①个人主义与集体主义；②权力距离；③不确定性之规避；④生活的质与量。[①]

（5）人口环境：年龄、种族、性别、教育水平、地理位置、收入、家庭构成、人口增长率等。

（6）全球化环境：企业产品既要开拓国内市场，也要开拓国际市场；企业产品既要同国内产品竞争，也要同国外产品竞争。企业管理者要了解产品推销所在国家的文化背景、政治面貌、法律环境、生活状态，以便作出相应的调整。如果将在国内形成的认知或模式照搬到国外，很容易失败。

（二）利益相关者分析

一个组织的利益相关者主要有员工、顾客、股东、竞争者、工会、社会团体、社区、行业协会、供应商、政府、媒体等。

（三）内外关联分析

判断一个组织所面临的有利条件或不利条件的依据有两点：一是组织的目标，有利于实现组织目标的因素就是有利条件；反之则是不利条件。二是组织自身的优势和劣势，能够发挥本组织优势的外部条件就是有利条件，能显现出本组织的劣势的外部条件就是不利条件，组织可以凭借自己的优势将别的组织所认为的不利条件转化为自己的有利条件。

（四）SWOT 分析法

SWOT 分析法是 20 世纪 80 年代初由美国旧金山大学的管理学教授韦里克提出的。SWOT 由优势、劣势、机会、威胁四个英文单词的第一个字母组成，主要分析以下四个方面：

（1）组织的内部优势：竞争能力强、资金充足、企业形象良好、拥有核心技术、设备先进、产品质量好、市场份额高、成本低、管理良好等。

（2）组织的内部劣势：竞争能力弱、资金短缺、企业形象不佳、缺乏核心技术、设备落后、产品质量差、市场份额低、成本高、管理混乱等。

（3）组织的外部机会：经济繁荣、需求旺盛、新市场、市场壁垒消除、竞争对手失误等。

（4）组织的外部威胁：经济衰退、需求低迷、市场紧缩、行业政策变化、竞争对手出现、替代产品增多、突发事件等。

---

① 邱毅．邱毅开讲：新管理学［M］．北京：中国友谊出版公司，2012：524．

美国经济学家穆尔（Moore）提出了“商业生态系统”的概念。商业生态系统是指以组织和个人的相互作用为基础的经济联合体，是供应商、生产商、销售商、市场中介、投资商、政府、消费者等以生产商品和提供服务为中心组成的群体。每个参与者在商业生态系统中各自承担着不同的功能，但又相互依存。商业生态系统如果健康，每个参与者都得益；商业生态系统如果发生病变，每个参与者都受损；商业生态系统中每一个环节遭到破坏，每个参与者都会受到损失。

准确定位必须建立在对自己的优势、劣势的把握和对环境的全面分析上。

二、因势利导

《孙子兵法》中讲：“故善战者，求之于势，不责于人。”（译：善于作战的人，要善于利用态势，而不只是求之于人。）

（一）审时度势

《孙子兵法》中讲：“知己知彼者，百战不殆。”审时，就是审视现在及未来会出现的情况；度势，就是考察形势及其变化。

（二）营造态势

营造对自己有利的态势，正如孙子所说：“故善战人之势，如转圆石于千仞之山者，势也。”（《孙子兵法 · 势篇》）将圆石推到高山之上，造成向下冲击的“势”。如果自己处于优势，就先发制人，主动调动对方而不被对方牵着鼻子走。《孙子兵法》中讲：“故善战者，致人而不致于人。”（译：善于作战的人，能够调动敌人而不被敌人调动。）又说：“故善动敌者，形之，敌必从之；予之，敌必取之；以利动之，以卒待之。”（译：所以善于调动敌人，以表相迷惑敌人，敌人必定跟随而来；给予敌人甜头，敌人必定前来争夺；用好处来调动敌人，暗置将士伏击敌人。）如企业最早推出新产品、率先大幅降价、开展大规模的促销等行为，都是争取主动权的行为。

如果自己处于劣势，就需要“后于人以待其衰”（《百战奇略 · 后战》），等待对方衰落之时，再采取攻势，后来者居上。在企业经营中，先行者会面临技术路线尚不确定、行业发展前景不明朗、行业发展的支撑环境尚未形成等不确定因素，在探索中出现各种失误等，从而付出更大的代价。后来者可以拥有更加明确的信息，汲取别人的经验，采用先进的设备，避免先行者所走的弯路，获得后发优势，后发制人，果断采取行动，取得胜利。

“投之亡地而后存，陷之死地而后生。”（《孙子兵法 · 九地篇》）这是一个奇招，但用此招有一个前提，即主帅有能力营造态势，使态势朝着有利于自己的方向转变。

（三）顺势而为

客观环境中存在着“势”，即存在着各种资源、各种力量，这些资源和力量组合而形成个人或组织所面对的“形势”。人要善于观察形势，根据形势的需要和变化采取相适宜的行为。“故兵无常势，水无常形，能因敌变化而取胜者，谓之神。”（《孙子兵法 · 虚实篇》）（译：所以用兵作战没有固定不变的方式，就像水流没有固定的形状一样，能依据敌情的变化而取胜的，称得上神妙。）要预测市场行情，根据市场形势发生的变化及时决策并行动。如果领导者顺应潮流，就能取得“四两拨千斤”的效果；如果领导者逆潮流而动，则只能是“螳臂当车”，被压得粉碎。

（四）因地制宜、因人制宜

组织的某项措施是否正确，需要将此项措施放在组织所处的环境中，如果与环境相适应并能取得预期成果，就是正确的措施。《吕氏春秋》中说：“圣人不能为时，而能以事适时。”

从管理模式上体现因地制宜原则，不存在与西方管理模式完全不同或基本不同的管理模式，只存在与西方管理模式基本相同但又有自身特殊性的中国特色管理模式。司马迁在《史记·货殖列传》中讲：“故善者因之，其次利道之，其次教诲之，其次整齐之，最下者与之争。”（译：最好的管理是国家顺应自然态势；其次是通过利益来加以引导；再次就是加以教诲；又次，就是强行要求整齐划一；最下策是与民争利。）

成功的跨国公司都在进行全球化运营和本土化管理的结合。百胜餐饮集团总裁诺瓦克认为，本土化应表现为“开发具有中国口味的快餐品种”。他们在研究了中国人的饮食习惯后，推出“老北京鸡肉卷”“嫩牛五方”“麻椒鸡翅”“盖浇饭”等。可口可乐公司董事长伍德鲁夫实行“当地主义”，在产品销售国当地设厂，在当地招募工人，在当地筹措资金，只是持有可口可乐的秘密配方，派一名全权代表主持有关工作，便产生了巨额利润。①

吴起提出“因形用权”，根据客观的不同形态而采取不同的对策。例如，如果对方将领愚蠢而且容易轻信人，那么，就可以派人引诱他；如果对方将领贪婪而不顾名声，就可以派人去收买他；如果对方将领缺乏谋略，就可以派人不断地骚扰他。②在企业管理中，应针对不同特性的员工，采取不同的管理风格。

（五）避实击虚

“水之行，避高而趋下；兵之形，避实而击虚。”（《孙子兵法·虚实篇》）以自己的劣势去攻击对手的优势，那是“以卵击石”，必定失败。面对对手，要避免对手的优势（坚实之处），攻击对手的劣势（虚弱之处）。“出其不意，攻其不备。”对手没有防备，就露出了虚弱之处。美国本土汽车公司大规模生产大型豪华汽车，购车成本高，用油量大，但随着人民生活水平的提高，出现了对实用性、经济性汽车的大量需求，但美国本土汽车公司没有注意到，出现了薄弱环节，丰田、本田等日本汽车品牌乘机大规模进入美国市场。

（六）遵守客观规律

《黄帝阴符经》中讲：“观天之道，执天之行。”意思是，观察宇宙万物变化发展的规律，遵循天地万物运动变化的规律。

---

① （春秋）孙武. 商道博弈：孙子兵法中的商业智慧［M］. 富杰，译. 北京：新世界出版社，2010：40.

② 吴照云. 中国管理思想史［M］. 北京：高等教育出版社，2010：168.

（七）顺应人性

《淮南子》提出，先王制法，就是顺应人性并加以节制，“故因其性则天下听从，拂其性则法县而不用”。（《淮南子·泰族训》）（译：顺应人民的天性，人民就会听从；违背人民的天性，即使有法律也不起作用。县：同“悬”。）例如，顺应情欲之性而制定婚姻之礼，顺应亲情而制定慈孝之道，顺应友情而制定悌敬之道，顺应人民心灵慰藉与道德教化之需，就有神道设教。

（八）知难而退

当态势对自己不利，自己又处于劣势中，就应当知难而退。诸葛亮说：“善战者不败，善败者不亡。”（《将苑·不陈》）敢于正视失败的人，当退则退，不去碰壁，懂得放弃，不会自取灭亡，寻找机会，又会东山再起。企业经营中，一旦出现失败的项目或没有前途的项目，如果没有挽救的良策，就要敢于“毒蛇噬手，壮士断腕”，采用“减法”，果断地放弃，使之不会拖累整个企业。《淮南子·兵略训》中讲：“实则斗，虚则走。”通用电气 CEO 杰克·韦尔奇运用“数一数二”的原则，如果某项业务不能居于全球数一数二的位置，或者不具有远高于一般水平的投资回报率，或者不具备明显的竞争优势，就将其放弃。

第二节　环境管理（下）

一、把握机会

有眼光的人才能识别机会：某种机会存在于环境之中，但不是对所有人显现出来，只有那些有准备在此方面发展的，那些在此方面长期努力的人，那些有眼光的人，才能去识别机会。有的机会存在于未来，那就通过预测未来，事先识别存在于未来的机会，在机会到来之前要耐心等待。

有能力的人才能抓住机会：机不可失，时不再来。无能力的人，即便是看到机会，也会眼睁睁地看着其流失，看着有能力的人夺取机会。“乘之即为机，失之即无机。”（《兵经百言》）

有远见的人才能创造机会：通过创新，出现新的事物，也就出现新的机会；通过创造事物发展的有利条件，使事物得以发展，机会就会显现出来。

二、体察实情

管理者通常会犯这个错误：依赖下级的汇报，并根据汇报的信息进行决策。但下级的汇报往往是从自己的利益出发，夸大自己的成绩，通常是报喜不报忧，尽可能地回避问题、危机、矛盾；另外，下级的汇报存在着片面性。管理者根据片面的甚至错误的信息会作出错误的决策。所以，管理者要体察实情，所谓“体”，就是管理者要亲自到工作现场、生活实境中，直接去看、去听，由此了解真实存在的情况，特别是存在的各种问题、危机、矛盾。企业管理中提倡“走动式管理”，即直接到生产第一线去了解情况。

张居正在《答福建巡抚耿楚侗》中讲：“治理之道，莫要于安民。安民之道，在于察其疾苦。”[①] 要深入民间，去了解人民的呼声，了解人民的所思所想，了解人民的痛苦，了解各项政策落实的情况及其得失。

三、乘势而起

领导者要有“威势”，“威势”包括领导者个人拥有的权力、实力、地位、名望、高端的平台、广泛的关系、众多的拥护者、巨大的影响力等。韩非子说：“权势不可以借人，上失其一，臣以为百。”(《韩非子·内储说下六微》)(译：如果权势下放，只要君主失掉一点权势，臣下就会百倍地加以利用。)领导者得“威势”则伸，失“威势”则曲。领导者的“威势”越强，领导的效率就越高；领导者的“威势”越弱，领导的效率就越低。慎子举例说，飞龙腾云驾雾，如果没有云，没有雾，飞龙就像蚯蚓一样。韩非子也举例说，像尧、舜这样的圣人，如果没有了“威势”，即便是挨家挨户地去劝说，也会连三户人家都治理不好。

某些管理者善于为自己造“威势”，但是，如果脱离正道去追求“威势”，如果营造“威势”是出于私心而不是为了公众之利，将“威势”作为谋取私利的工具，则爬得越高、摔得越重。

四、整合资源

在现代社会，单凭个人的力量，很难有大的成就，必须是“积力之所举，则无不胜也；众智之所为，则无不成也”。(《淮南子·主术训》)(译：拿出全部的力量去做事情，就没有不成功的；集中众人的智慧做事情，也没有不成功的。)

整合资源去做某项事业时，应考虑如下问题：①自己拥有的独特资源在某项事业上是不是具有竞争力？②做好某项事业所必须具备的各种资源，通过哪些关系可以找到？这些资源是否容易获得？获取这些资源的成本自己能否承担？如果不能获得，有无替代资源？获取这些资源的手段是否合法？在事业推进的过程中，有时就是因为事先没有考虑清楚，事到临头才发现缺乏某项资源，从而导致失败。③如果公司过度依赖某种资源，这种资源的缺失甚至会导致公司倒闭，那么，就一定要做到对这种资源实行有效控制，不要将希望寄托在别人身上，也不要幻想情况不会发生变化。

一个组织应当设置这样的体制：管理者在推进一个项目时，应当有权力、有条件、无障碍地调动并运用组织内部和组织外部的各种资源。在僵化的体制下，人的行为往往会受到种种限制，使人陷于单打独斗的困境中，很难获得有效的资源，甚至会有许多人出来阻挠、拆台，这样工作的效率就会大大降低，同时会减弱人们整合资源的意

① 胡海波，等. 中国管理学原理［M］. 北京：经济管理出版社，2017：198.

识。应当保障员工在工作中及时得到各种资源，以便工作顺利推进。例如，华为的员工在进行市场开发时，可以在短时间内从研发部门拿到产品的数据，从财务部门拿到必需的资金，从产品部门获得客户反馈的信息，从客户那里了解市场行情。

整合资源不是将最多、最好的资源整合起来，而是将“合适”的资源整合起来，否则就会造成巨大的浪费，人才不是越高端越好，厂房不是越大越好，技术也不是越先进越好，而是根据生产的需要、客户的需要找到“合适”的资源，“不求最好，只求正好”。

有的公司就是建立平台，发挥自己的优势，通过信息网络，将分散的资源集中起来协同运行。马云说：“我们的公司只是一个平台，唱戏的是别人，要开放、透明、分享，我们不仅跟客户分享，跟员工分享，跟股东分享，跟需要的任何人分享。让小企业更好地存在、发展，让老百姓更便利地享受服务，这是我们存在的意义。”①

五、先胜后战

《孙子兵法·形篇》：“先为不可胜，以待敌之可胜。”先造成必胜的态势然后再去求战。日本偷袭美国的珍珠港，从战术上讲是成功的，但从战略上讲，则是失败的。此役为日本制造了一个强大的敌人，最后在美国的攻击之下惨败。《孙子兵法》：“故善战者，立于不败之地，而不失敌之败也。是故胜兵先胜而后求战，败兵先战而后求胜。”（译：所以善于作战者，自己立于不败之地，而不放过击败敌人的机会。所以，胜利的军队先造成必胜的态势，然后再去寻求与敌交战；失败的军队先寻求与敌交战，祈求侥幸取胜。）

在推行一个重大计划之前，在决战之前，先要分析自己的优势、劣势，分析对手的优势、劣势，分析环境中存在的种种因素，就可以判断出自己是赢还是输。在判断自己能赢的情况下，才能去决战，而不是盲目地进行决战，以求侥幸取胜。《孙子兵法》中就讲，在决战之前，要比较一下：哪一方的君王讲道义？哪一方的将领有智谋才能？哪一方得天时占地利？哪一方的法令能够严格执行？哪一方的兵力比较强大？哪一方的士卒训练有素？哪一方赏罚分明？《孙子兵法·谋攻篇》中也讲：“知胜有五：知可以战与不可以战者胜；识众寡之用者胜，上下同欲者胜，以虞待不虞者胜，将能而君不御者胜。”（译：知道什么情况下可以与敌人作战，知道什么情况下不可以与敌人作战，这就会胜利；知道兵力多与兵力少应当如何作战，这就会胜利；官兵上下级同心同德，这就会胜利；自己做好了准备，来对付没有做准备者，这就会胜利；将领有能力而且国君不干预掣肘，这就会胜利。）

六、生态环境管理

当前人类的生态环境面临着环境污染、生态破坏、物种灭绝、资源枯竭等问题，企业都应当承担生态环境管理的责任。

---

① 孙世阳. 马云的经营哲学——谁会成为下一个阿里巴巴［M］. 北京：北京联合出版社，2016：159.

（一）发展低碳经济

走低能耗、低污染、低排放的道路，通过技术创新、制度创新、产业转型、新能源开发、新设备使用等多种手段，尽可能减少煤炭、石油等高碳能源的消耗，减少温室气体排放，减少污染物排放。

（二）发展循环经济

循环经济是指对资源的高效利用和循环利用，以“减量化、再利用、资源化”为原则，做到自然资源的低投入、高利用，做到废弃物的低排放甚至零排放，大力回收和循环利用各种废旧资源，形成“资源—产品—再生资源”的物质反复循环流动过程。

（三）发展绿色产业

绿色产业就是要积极采用清洁生产技术，采用无害或低害的新工艺、新技术，大力降低原材料和能源消耗，尽可能减少甚至消除污染物。

第三十三章　人才管理

第一节　人力资源管理

人力资源管理过程包括以下几个环节：人力资源规划、招聘（或解聘）、甄选、上岗、培训、员工培训、绩效管理、薪酬与福利、职业发展。本章所述的人才管理，只是人力资源管理的一个方面。

评估目前的人力资源和未来的人力资源需求，制定规划以满足目前和将来人力资源需求。合理的人力资源管理规划要根据组织的目标、战略、发展规划，根据产品和服务的需求来制定，避免人员短缺和人员过剩。

在招聘时向应聘者提供关于组织的真实情况，如果过度粉饰，就会让那些不适合的人才进入企业，适合的人才反而丧失了进入企业的机会。

人才管理要营造公平的竞争环境，有利于人才成长。孔子曰："举直错诸枉，则民服；举枉错诸直，则民不服。"（《论语·为政》）公平的人才管理，可以激发员工的热情与忠诚，反之，则不得人心。

人才是公司的重要资源，只有尊重人才、善待人才、保护人才，企业才能立于不败之地。

一、员工第一

在企业经营中，到底应当将谁放在第一位？不同的人站在不同的角度有不同的看法。有的人认为顾客第一，顾客是上帝，这是站在了服务者角度；有的人认为股东第一，把股东的利益摆在第一位，这是站在了董事会角度；有的人认为应当是员工第一，将员工放在第一位，这是站在了管理者角度。

稻盛和夫曾说："公司经营的目的，首先应当是为了员工的幸福。这是我办企业的一贯宗旨。"[①] "我是为了包括我本人在内的所有京瓷员工的幸福才创建了这家公司。"[②]在员工、顾客这二者关系中，员工在先，顾客在后，只要将员工放在第一位，善待员工，员工就会真心地为公司着想，就会善待顾客；只要管理者爱护员工，员工就会尊重客

---

① 李文勇．管法：稻盛和夫给管理者的60个忠告［M］．北京：化学工业出版社，2013：15.

② 李文勇．管法：稻盛和夫给管理者的60个忠告［M］．北京：化学工业出版社，2013：13.

户，就不会将不满情绪发泄到客户身上。在员工与股东的关系中，员工在先，股东在后，只有善待员工，让员工有归属感和荣誉感，员工才会主动地为公司奉献，大家共同维护公司利益，股东才能获利；如果为了股东的利益，管理者要求员工作自我牺牲，员工会反感，会采取消极行为，股东的利益就会受损。稻盛和夫说："每一位员工都是企业的合伙人，我们需要用自己的热情与激情努力地工作，树立企业的标杆，让我们的合伙人感受到企业朝气蓬勃的力量，从而让企业获得更好的发展。"① 研究发现，《财富》杂志"最佳雇主"排行榜前100名公司股东的平均投回报率，显著高于标准普尔500指数公司。②

二、培养人才

松下幸之助提出："造物之前，要先造就人才。"国外有人曾统计过，大学所学到的知识仅为实际工作中要求的10%，其余90%需要在工作以后不断补充。③ 对管理人员的培养可以通过以下方式：设置中高级管理者助理的职位，让受训者在助理的职位上得到锻炼；当某个管理职务出现短期空缺时，由受训者临时担任此项工作；受训者应当在不同的部门轮换工作，积累多方面的管理经验，了解公司的整体情况及各部门之间的相互关系；安排受训者担任某个临时性的"代理"职务，给他锻炼的机会，并以此检验他能否胜任。韩非子主张从经过基层锻炼的人中选拔人才："宰相必起于州部，猛将必发于卒伍。"(《韩非子 · 显学》)

《华为基本法》规定："高、中级干部任职资格的最重要一条，是能否举荐和培养出合格的接班人。不能培养接班人的领导，在下一轮任期时应主动引退。"④企业与员工之间是合作关系，企业为员工提供工作场所、设备、资金、管理、报酬，员工为企业提供体力劳动与脑力劳动，提供智慧与知识，提供精力与时间。企业发展得越好，员工得到的实惠就越多；员工的成就越大，对企业的贡献就越大。

三、对人员的评估方式

《韩非子 · 六反》主张："听其言必责其用，观其行必求其功。"（译：听取他们的言论时，一定要责求它的实际效用；观察他们的行为时，一定要责求它的功效。）

观察：员工在工作过程中被直接观察或录像。

面谈：对员工进行单独或多人的面谈。

问卷：通过问卷了解员工的知识、技能、态度等。

工作日记：让员工将其每日活动与思考记录在工作日志或笔记本上，然后加以评估。

---

① 石川康. 稻盛和夫的经营哲学［M］. 北京：现代出版社，2016：109.

② 龚俊恒. 德鲁克管理思想大全集［M］. 北京：中国华侨出版社，2011：314.

③ 周三多，陈传明，贾良定，等. 管理学——原理与方法［M］. 上海：复旦大学出版社，2018：354.

④ 黄继伟. 华为内训［M］. 北京：中国友谊出版公司，2016：178.

工作抽样：让员工独立完成某一项工作任务，根据实际执行的情况，就可以考察员工所具备的知识与技能。通用电气董事长杰克·韦尔奇说："事实上某些在官僚体系里游刃有余的人，一旦独立承担工作和责任，他们会原形毕露。"①

重要事件：选取员工重要的或关键的行为加以评估。张瑞敏提出："赛马不相马。"判断一匹马是不是千里马，只有把这匹马放在赛场上，通过公开的比赛，才能知道。

过往经历：让人员书写过往经历，包括学习经历、工作经历、生活经历，测试者分析人员的过往经历，就能得到大量的信息。

多人比较：将个人的绩效与另一个人或多人进行比较。

团体次序：将员工与团体中的其他人进行比较，排列次序。

四、对人员的评估标准

任正非对接班人提出两个基本要求："一个企业能长治久安的关键，是它的核心价值观被接班人确认，接班人又具有自我批判的能力。"②

马歇尔有六条用人的原则：不用跑官要官的人；不用文过饰非的人；不用事必躬亲的人；慎用性格粗犷的人；不用悲观主义者；不用制造分裂的人。

韦尔奇认为人才必须具备四个条件：精力旺盛、能调动别人的激情、有决策的勇气、能够落实政策。

管仲认为有四种人不可用：嫉妒心强的人、追求眼前利益而不考虑长远之计的人、把事情看得过于简单的人、轻诺说大话的人。③

猎头公司选人的标准："卓越的工作能力"占42%，"丰富的工作经验"占31%，"知名公司背景"占16%，"优秀的人格魅力"占9%，"跳槽频率低"占1%，"高学历"占1%。

（一）标准的全面性

标准的全面性应从以下几个方面对人才加以全面考量：

知识：文凭是衡量一个人知识水平的标志，但是，文凭通常只代表教科书的知识，还要看应聘者是否有阅读课外书的习惯，以及读了哪些课外书。

能力：包括思维能力、学习能力、操作能力、实践能力、发展能力等。

经验：包括社会经验、工作经验、专业经验等。

品德：可以从仁、义、礼、智、信、忠、孝、廉、毅、和十个标准去衡量。品质低劣者不适合领导者的岗位。

性情：具有某种性情倾向的人不适合某些工作岗位。如过于内向的人不适合营销的工作，过于外向的人不适合研究的工作。

---

① 唐华山. 商界领袖管理语录大全集［M］. 北京：人民邮电出版社，2012：92.

② 黄继伟. 华为内训［M］. 北京：中国友谊出版公司，2016：179.

③ 何菲鹏. 中国式商道——三国商学院+36计商学院［M］. 北京：中国华侨出版社，2011：49.

价值观：招聘者向应聘者宣示公司价值观，检测应聘者对于公司价值观的认同程度。对于不认同公司价值观的人，应当排除在外。如果公司的价值观缺乏或者价值观混乱，那么，就只能招到价值观缺乏或者价值观混乱的人。

身体条件：身体是否健康也是用人应考虑的因素。公关类的工作对于人的外貌的要求相对较高。

（二）标准的明确性

不能使用诸如组织能力、计划能力、工作能力、沟通能力等抽象概念作为评估标准，而需要将抽象概念具体化、明确化。例如，可以将“组织能力”细分为以下几个方面：①是否让下属知晓自己的工作职责？②下属是否了解组织的目标和自己的目标？③对下属有没有合理授权？④是否对下属采取必要的控制措施？⑤对下属有没有进行正确的评估？⑥对下属的意见反馈有没有保持畅通的渠道？

（三）标准的公正性

由主管领导直接对下属进行评估，难免出现以下两个问题：一是主管领导为了减少自己的责任，倾向于使用宽松的标准评估下属，并且回避存在的问题；二是下属为了得到好评，以媚上的方式获得上司的赏识，而不去扎扎实实地工作。

如果评估的标准不公正，很容易在组织中产生大量的小人，小人的特性之一就是以“媚上”的方式往上爬，英国的劳伦斯·J. 彼得发现：“在实行等级制度的组织里，每个人都崇尚爬到能力所不逮的层次。”①

第二节　用人之道（上）

一、以德配位

孟子提出：“贤者在位，能者在职。”（《孟子·公孙丑章句上·第四节》）在用人之道中所讲的“德”，是从广义上讲，包括人的道德品质、人格特征、精神状态、价值观念、性格爱好等。美国西南航空公司的创始人赫布·凯莱赫的管理信条是：“更好的服务 + 较低的价格 + 雇员的精神状态 = 不可战胜。”

在管理职位、服务职位、政治职位、教育职位上，“德”比“才”更重要。有了“德”，方能保证“才”朝着正确的方向发挥作用。缺少“德”的引导，“才”越大，危害越大。诸葛亮指出：有八种人不能用：“一曰，贪而无厌；二曰，妒贤嫉能；三曰，信谗好佞；四曰，料彼不自料；五曰，犹豫不自决；六曰，荒淫于酒色；七曰，奸诈而自怯；八曰，狡言而不以礼。”（《诸葛亮集·将苑·将弊》）

职位越高，权力越大，影响就越广，若无德，产生的后果就越严重，散布的恶就越多。官员失德，祸及所辖全境。企业领导失德，导致企业衰败。

---

① 周三多，陈传明，贾良定. 管理学——原理与方法［M］. 上海：复旦大学出版社，2018：356.

按人的品德高下，将人分为圣人、君子、小人、罪人四个层次。罪人就是给他人、给组织造成损失的人。在当代社会，圣人基本上不存在。企业领导者只能在自己的企业中培养君子，控制小人。

荀子说，“国宝”就是“口能言之，身能行之”，“国妖”就是“口言善，身行恶”，应当“敬其宝”“除其妖”。

二、以才配位

现代社会的急剧变化，出现了众多的职业，创造了无数的岗位。组织的发展，也会创造出新的岗位，必须为新的岗位准备人才、培养人才。任何一个组织要保持有效运转，就必须确保机构中的每一个工作岗位都有适当的人并发挥作用。如何用人？孔子曰：“器之”，也就是说，用人就像用器具一样，什么样的器具就派上什么样的用场。孔子又说“君子不器”，是说领导者需要从大局出发，具备多方面的知识、能力、品质。在优秀的企业中，通常是将最好的岗位、最好的机会提供给最有能力的人。德鲁克在《成果管理》一书中讲：“最好的机会一定要搭配最有能力及绩效最好的人才。”①又说：“一流人才必须分配到最有可能产生最大效益的领域中。”②给一流人才挑战性强的任务，既是对他们的锻炼，也是对他们的鼓励。

在等级特权的社会里，领导者通常害怕出现比自己更强的人，抢了自己的风头，功高盖主，让自己丧失权力。领导者应当聘用在某些方面比自己更强的人，同时鼓励他们在某些方面发挥比自己更大的作用。

组织用人的原则就是“因事择人”，而不是“因人设事”。管理者应及时将不合适的员工调离岗位，但是，不能将这样的员工像处理垃圾一样赶走，而是要为其找到合适的岗位。

“才”指的是一个人的知识、技能、实践能力、创造能力、思维能力等。自己要先培养“才”，然后根据自己的“才”，找到相应的岗位，使自己的“才”在适宜的岗位上得到发挥、得到锻炼、得到发展，使工作的热情得到激发，使自己也能享受工作的乐趣。管理者进行人才管理的目的，就是要尽可能地发挥人才的价值，挖掘人才的潜能。如果“才”同“位”不相适宜，不但产生不了效益，而且使自己的“才”受到限制，不断走向萎缩。人才放错了地方就可能变成“垃圾”，出现“大材小用”“怀才不遇”“小材大用”的现象。百事可乐前总裁唐纳德·M. 简道尔主张：“企业要尊重人、培养人、锻炼人，各尽所能，人适其位，把适当的人选配到最适合的位置上去。”站在重要职位上的人，不能让他成为无可替代的人，一旦此人出现任何纰漏，随时都要有人替补上去，所以曾国藩说：“做大事以寻找替手为第一要义。”

“才不配位”是造成人才流失的重要原因。如果企业不能给人才提供恰当的岗位，企业就留不住人才。神州数码的用人标准就是“重能力，不重学历；重业绩，不重资

---

① 龚俊恒. 德鲁克管理思想大全集［M］. 北京：中国华侨出版社，2011：50.

② 龚俊恒. 德鲁克管理思想大全集［M］. 北京：中国华侨出版社，2011：53.

历”。吉姆·柯林斯在《从优秀到卓越》一书中讲，卓越的领导人第一步不是决定要去哪里，而是决定有谁跟自己一起去。在索尼公司的内部小报上，经常刊登各部门的“求人广告”，员工可以秘密地前往应聘，他们的上司无权干涉，通过这种方式，员工可以找到适合自己能力发挥的岗位。

岗位管理实行一人一岗，员工各司其职，但也有一个缺点，就是对其他岗位的工作不太关注。可以用全员经营的做法来弥补其不足。全员经营就是全体员工以经营者身份参与企业经营，通过各种渠道和方式提出自己的建议和意见，甚至直接参与决策会议。

创业者带着几个人开创了事业，这几个人成为“元老”，如果他们丧失了进取的精神，或观念陈旧，或形成排斥人才的利益集团，就需要妥善安置他们：购买他们手中的股份、给他们丰厚的奖励和福利、给他们位高但无权的职位等。

三、用长避短

对人才不能求全责备，“金无足赤，人无完人”，任何人都有长处和短处，不能因为人有短处而弃之。其短处可以不用，而专用其长处，将其安置于能发挥长处的位置上。孔子对其弟子的才能和心性特点了解得非常清楚，把他们分为几类：长于德行的有颜渊、闵子骞、冉伯牛、仲弓；长于“言语”的有宰我、子贡；长于“政事”的有冉有、子路；长于“文学”的有子游、子夏，让他们在不同的领域发挥作用。

如果用人求全责备，要求对方完美无缺，则天下无可用之人。德鲁克在《卓有成效的管理者》一书中指出：“倘要所用的人没有短处，其结果至多只是一个平平凡凡的组织。所谓‘样样都是’，必然一无是处，才干越高的人，其缺点也往往越显著。”诸葛亮智慧通达、品德高尚，但《读通鉴论》评价他用人总是“察之密，待之严”，用人要用完人，对一些有特长而又有缺点的人才弃而不用。魏延长于谋略，但由于太傲，不被诸葛亮重用；李严押运粮草出了一些问题，诸葛亮把他罢归田里，结果出现“蜀中无大将，廖化作先锋”。德鲁克在《卓有成效的管理者》一书中讲：“管理者要将注意力集中到人的长处上，而一些小缺陷则可以忽略不计，除非这些缺陷会影响他现有长处的充分发挥。”①

老子曰：“圣人常善救人，故无弃人；常善救物，故无弃物。”领导者或管理者要有广阔的胸怀，要有雅量，对于超过自己能力的人，不要有嫉妒心，而要有赞赏心，不能有“武大郎开店”的心态；对于有缺点、有个性、冒犯自己的人，要有包容的恢宏气度。美国钢铁大王卡耐基在人生的最后时刻，当一位记者问他这一生最大的贡献是什么时，他回答：“我这一生的最大贡献就在于我不断地发现比我强的人，并加以重用。”

企业将所用人才的长处集合在一起，就成为企业的优势。

---

① 龚俊恒．德鲁克管理思想大全集［M］．北京：中国华侨出版社，2011：52．

四、大局为重

站在公正的立场上，以大局为重，不能以局部利益、个人私心、个人好恶而排斥打击人才。如果出于私心，则必任用能满足其私欲的邪恶之人；如果出于公心，才会任用利于众生的善良之人。出于公心，才能在用人上保持公正、公开、公平，才能吸引真正的人才。陈寿《三国志》：“古者以天下为公，唯贤是与。”对于有怨仇的人，孔子主张“以直报怨”（《论语·宪问》），朱熹解释说：“对于所怨恨的人，是爱还是恨，是任用还是舍去，都应当按‘公而无私’的原则去处理，这就是‘直’。”①

五、用人不疑

唐太宗说：“为人君者，驱驾英才，推心待士。”《旧唐书·魏征传》：“任贤勿猜，可以兴矣。”对所用之人，给予信任，给予其自由发挥的空间，给予一定的处置权利。当然，可以根据制度给予必要的监督、检查、控制，但不是人为地、随意地加以干涉或怀疑。

“人君苟任臣而勿自躬，则臣皆事事矣。”（《慎子·民杂》）（译：如果君王信任臣下，不要事必躬亲，那么，臣下就会事事负责了。）有的领导者害怕员工超过自己，害怕员工“翅膀硬了”飞走，害怕员工不听命于自己，就对员工施加种种限制，不愿意提供学习与发展的机会，不愿意提供发展的平台，这样做就会挫伤员工的积极性，从而给组织造成内伤。有的企业到处安装摄像头和监控设备，监控员工的一举一动，对员工的大事小事都严加盘问，这就是对员工的不信任，很容易引起员工的反感。管理者的信任，有利于维护员工尊严，有利于激发员工的积极性，有利于提高分工协作水平，有利于形成团队精神。猜忌与怀疑，则会产生相反的结果。

六、合理搭配

将不同年龄、性别、专业、能力、知识、性格的人组合在一起，各尽所长，相互补充，发挥整体效应。每个人的才能各有所长，尧、舜有治国大才，但在文采修饰方面，尧、舜的才能不及画工；在刺绣纺织方面，尧、舜的才能不及一个弱女子。

甚至在人的长处之中，也存在着短处。如刚正不阿的人，常常会制造矛盾；勇猛向前的人，考虑问题不周全；温和谦虚的人，常常犹豫不决；刚正坚强的人，又过于固执；廉洁自守的人，又过于拘谨；光明磊落的人，对人常常疏于防范；直率的人，不善于隐蔽自己；有智谋的人，又会出现狡诈；稳重的人，行动又过于迟缓。

所以，在组织中应注意将具有各种倾向的人搭配在一起，用一个人的长处去弥补另一个人的短处。《西游记》中的取经团队：唐僧目标坚定但过于仁慈，孙悟空英勇勤奋但过于放纵，猪八戒乐观豁达但过于懒惰，沙和尚脚踏实地但过于刻板，这四个人在一起就可以取长补短。

---

① 谭志浩. 论语商道［M］. 广州：广东经济出版社，2014：170.

第三节　用人之道（下）

一、切忌任人唯亲

李嘉诚说："亲人未必亲信。如果你任人唯亲的话，那么企业就一定会受到挫败。"用人应当突破亲人的圈子，从更广泛的范围去选择。三国时的陈寿说"苟得其人，虽仇必举"（《三国志·蜀书·许靖传》）。在家族企业中，可以使用家族成员，但前提是他们至少能和非家族成员的雇员一样能干和勤奋，并且享受同等待遇；在高层职位或关键职位上，应当大量使用非家族成员的专业人士。许多家族企业决策与管理的核心层，由创业者的家属、亲戚、朋友占领，将优秀人才排斥在核心层之外，这是导致家族企业走向失败的重要因素。

二、切忌重用小人

在一个组织中不可能全部清除小人，许多小人还是有才之人，可以将小人放在能发挥其才的位置上，并且通过制度加以制约，通过文化加以改造。但不宜将小人放在十分重要、难以控制、可以自由发挥的位置上。孔子主张"远佞人"（《论语·卫灵公》），权势人物身边存在的小人，最大的本领就是花言巧语、八面玲珑，他们之所以这样做，无非是为了获得利益。如果满足小人的需要，就会使自己陷入违法犯罪的泥坑，如果不满足小人的需要，小人就会埋怨报复。得罪小人，小人就会变成敌人。唐朝大将郭子仪为大唐王朝立下汗马功劳，他的处世之道就是"宁可得罪君子，不可得罪小人"。在一般人身边，也时常有小人出现。他们的眼睛盯着利益，伺机而动，不讲原则，不择手段。小人不断制造麻烦，消磨时间，造谣生事，挑拨离间，兴风作浪，将自己拖入各种困境中。美国IBM公司总裁小托马斯·沃森说："最容易使人上当受骗的是那些言听计从、唯唯诺诺的人。我宁愿用那种脾气不好，但敢于讲真话的人。"①小人的特征是见利忘义、阳奉阴违、无事生非、拉帮结派。联想研究院有三条议事规则：缺乏反对意见的重大决策需慎重决定；提倡建设性冲突；只有专家，没有权威。

三、切忌用人有偏见

用人的偏见主要有以下几种：管理者在用人方面可能会因为种族、性别、民族、年龄等方面存在的差异而持有偏见；有的领导者是考虑个人的志趣、爱好、脾气相投等因素，重用自己喜欢的人，疏远自己不喜欢的人；有的领导者则是根据人的声誉来用人；有的领导则是根据别人的举荐来用人；有的领导者甚至嫉妒人才。

如果领导者将个人好恶作为用人的依据，那么下属就会投其所好，阿谀奉承；如

---

① 唐华山．商界领袖管理语录大全集［M］．北京：人民邮电出版社，2012：94．

果领导者将声誉的好坏作为用人的依据，那么，下属就会相互勾结去制造对对方不利而对自己有利的传闻，许多人才就是倒在谗言之下；如果领导者是将别人的举荐作为用人的依据，那么，下属就会相互勾结而形成朋党关系，许多人才就被排斥在外。

领导者要放弃偏见，就要像周文王和周武王任用姜太公，刘邦任用张良、韩信等一样，所谓“英雄不问出处”。

四、尚贤使能

荀子提出：“尚贤使能”（《荀子·王制》），要“不恤亲疏，不恤贵贱，唯诚能之求”（《荀子·王霸》）。韩非子提出：“明主治吏不治民”（《韩非子·外储说右下》）。“程能而授事”（《韩非子·八说》），衡量才能而授予职事。国家尊重人才，才能走向繁荣；敬重有德之人，道德风气才会好转。

韩非子说：“明主使法择人，不自举也；使法量功，不自度也。”（《韩非子·有度第六》）（译：圣明的君王根据一定的标准来选择人，不是根据自己的主观选择；根据功劳的大小加以任用，不是根据自己的主观喜好。）如果君王有某种喜好显露出来，臣下就会投其所好，伪装自己，蒙蔽君王。有的领导者怀着嫉妒之心，对能力超过自己的人总是想办法打压，以致许多下属在他面前只能伪装。

如果君王将任用官员的权力移交给某位大臣，就会以这位大臣为中心，形成自己的党羽，产生派系斗争，贤能之人和正直之士反而受到排斥，出现“逆者必有祸，而顺者必有福”（《韩非子·三守》）的现象。在企业中，有的管理者也会在用人之时出于私心，将听话顺从或阿谀奉承的小人放在自己周围，形成自己的势力。在这样的环境中，能力与成绩反而不重要了，每个人往上爬主要是靠关系、靠奉承。

五、精减人员

工作任务的简化及合并、组织管理层级的减少、工作任务的变化，都会使组织中的某些人员成为多余的，而盘根错节的利益关系又使得多余人员继续存在于组织之中，因此，领导者为防止机构臃肿而导致成本增加，应当定期检视组织的各个岗位，发现有多余的人员，及时精减。

六、防止奸邪

在一个组织中，要防止权力过度集中于一人而没有合理的制约。手中握有大权就会滥用权力。对于专权擅权者，众人出于趋利避害之需，曲意逢迎。专权擅权者出现错误，没有人指出，没有人纠正，错误就会不断扩大，危害到整个组织。

刘向在《说苑》中，把大臣们分为“六正六邪”。

“六正”的大臣分别是：

（1）圣臣：事态发展还未萌芽，征兆还未显现，能未卜先知，洞察存亡之机，得失之要，提前应对于发生之前，使君主从容地立于显荣之地。

（2）良臣：谦虚尽力，每天讲善道，规劝君主以礼义治国，为君主出谋划策，表彰美好的事物，修正恶劣的行为。

（3）忠臣：废寝忘食，进谏不懈，历数前朝兴衰行事，使君主引以为戒。

（4）智臣：明察成败，早早就能预防而挽救，堵塞其产生的一切源头，化祸为福，使君主高枕无忧。

（5）贞臣：遵守法律条文，当官做事，不接受馈赠，饮食节俭。

（6）直臣：国家昏乱，所作所为不随波逐流，敢于触犯龙颜，直面指出君主过失。

“六邪”的大臣分别是：

（1）具臣：只是安于当官，贪图富贵，不务公事，随波逐流，左右观望。

（2）谀臣：对君主所说的话都说好，所做的事都说行。隐藏自己的喜好而投君主所好，从而阿谀奉承，讨好君主，不顾及后果危害。

（3）奸臣：内心奸诈，外貌精明，巧言令色，妒善嫉贤。对想提拔的人，则极力说其长处，隐藏其短处；对要打击的人，则大力说其坏话，对其长处视而不见。使君主赏罚失当，号令不行。

（4）谗臣：智谋足以文过饰非，口才犀利，对内离间骨肉之亲，对外干扰朝政。

（5）贼臣：专权擅政，以谋取私利为重，结党营私，搜刮钱财，擅改君主圣旨，使自己显贵。

（6）亡国之臣：迷惑君主，陷君主于不义之地，结交朋党，蒙蔽君主，使白黑无别，是非不分，把君主的恶行散布于境内、传播于四邻。

“水至清则无鱼，人至察则无徒。”在防范奸邪方面，也不能因为某人曾经犯过某种错误而耿耿于怀，只要不是重复地犯同样的错误，只要不是出于恶意或故意而犯的错误，都应当原谅。

七、宽以待人

领导者应当为人才创造自由、宽松的环境，减少对他们的干预，必须给人才自由发挥的空间，给人才成长的空间，给人才探索的机会，给人才犯错并改正的机会。韩国三星集团创始人李秉哲说：“人才是最难得的一种资源。因此，一旦发现人才，不光要留住他，更重要的是要培育他，重用他，给他创造充分施展才华的环境。”①杰克·韦尔奇也说：“掐着他们的脖子，你是无法将自信注入他们心中的。你必须松开他们，给他们赢得胜利的机会，让他们从自己所扮演的角色中获得自信。”②诺基亚树立“帮助员工成功”的理念，壳牌公司在评价管理者的绩效时，有一项就是考核其对下属能力的培养。

用宽容的心态对待他人的失误。比尔·盖茨说：“我们招聘那些爱学习、适应能力强、善于从错误中吸取教训的人。在招聘面试时，我们总是提出这样的问题：你有过

① 唐华山. 商界领袖管理语录大全集［M］. 北京：人民邮电出版社，2012：84.

② 唐华山. 商界领袖管理语录大全集［M］. 北京：人民邮电出版社，2012：93.

什么大的失败？你从中吸取了什么教训？”[①]

八、充分发挥人才价值

韩非子讲：“下君尽己之能，中君尽人之力，上君尽人之智。”（《韩非子・八经》）（译：下等的君王用自己的能力治国，中等的君王用众人的气力治国，上等的君王则用众人的智力治国。）管理者不仅要让员工出力，还要让员工奉献智慧。有的企业让员工或员工代表参与决策过程及各级管理工作，有的企业鼓励员工提出各种建议，深刻地理解企业的目标与战略，加强组织内的沟通与协调，让员工获得信任感、责任感与成就感。马云说：“我们这些不懂技术的人创造了全球最大的电子商务公司，所以我认为外行是可以领导内行的，关键是要尊重内行。”[②]慎子讲：“是以人君自任而躬事，则臣不事事，是君臣易位也，谓之倒逆。”（《慎子・民杂》）（译：所以君王只相信自己而事必躬亲，那么，臣下就会无所事事，这是君臣之间的位置互换，这就是颠倒设置。）

马歇尔将军在用人时，遵循五个步骤：第一，仔细考虑任务是什么；第二，同时考察几个符合条件的人选；第三，考察这3~5个候选人过去的绩效记录，从而找出他们各自的特长；第四，会和曾与候选人共事过的人一起讨论，取得最可靠的消息；第五,一旦敲定人选，就务必确保候选人明白任务是什么。[③]

九、建立淘汰机制

三星集团对业绩排在前面的20%的员工给予奖赏，对于业绩排在中间的70%的员工则鼓励他们进步，对于业绩长期处于最后的10%的人，则以人道的方式淘汰。[④]

十、平等待人

在组织中，平等主要表现为：面对规章制度，人人平等，不能让一部分人拥有特权；在发展方面，机会平等；在报酬方面，同工同酬。在思科公司，所有管理者无论级别高低，办公室的面积都是一样的，管理者的办公室一般都设在写字楼的中央，靠窗子、采光好的位置全部留给普通员工，体现了平等精神。

第四节　察人之道

一、自知者明

老子曰：“知人者智，自知者明。”（《道德经》第三十三章）古希腊一座智慧神庙

---

① 唐华山．商界领袖管理语录大全集［M］．北京：人民邮电出版社，2012：105．
② 孙世阳．马云的经营哲学——谁会成为下一个阿里巴巴［M］．北京：北京联合出版社，2016：88．
③［美］德鲁克，马恰列洛．德鲁克日志［M］．蒋旭峰，王珊珊，等译．上海：上海译文出版社，2014：120．
④ 易发久．领袖的风采——企业家从优秀到卓越的9重洗礼［M］．北京：电子工业出版社，2011：97．

的大门上，写着一句箴言："认识你自己。"全面认识自己的品德、性格、兴趣、爱好等，才知道自己能做什么、朝哪个方向发展，从而走向成功，同时知道自己不能做什么、不能朝哪个方向发展，避免失败，这就是"人贵有自知之明"。有自知之明，才能给自己正确的定位，既不好高骛远、妄自尊大，又不妄自菲薄、畏缩不前。缺乏自知之明，轻则失败，重则毁灭。

认识自己为什么比认识他人更难呢？主要原因如下：

（1）人们形成了向外认识客观对象的心理习惯，所以很难将认识的方向转向自己，认识自己。就像自己的眼睛，只看到别人，却看不到自己。

（2）认识自己，常常受到自己的虚荣心、自尊心的干扰，产生护短的心理，看不到自己的缺点，或者有意掩盖自己的缺点。

（3）认识自己，常常受到自己利益与欲望的干扰，只看到自己的长处和贡献，看不到自己的短处和失误。

自我认识存在一个很大的误区，就是"自以为是"。自己长期以来习惯的错误行为，以及头脑中的错误认识，如果用自己的错误眼光来看，自然发现不了错在何处。有自知之明的人，就需要用圣贤这面镜子来照自己，用他人这面镜子来照自己，虚心接受圣贤的教导，虚心听取他人的意见，在自己的人生经历中，不断反省自己。集思广益，通过不同渠道取得不同意见。

二、知人者智

用人必经考察，孟子曾讲："逄蒙跟羿学射箭，学得了羿的技巧后，他便想，天下只有羿的箭术比自己强了，于是便杀死了羿。这事也有羿自己的罪过。"羿犯了用人失察之过。评定一个人的才干如何、品行如何，不是根据他的自我陈述，也不是根据考试分数，要将他放在真实的环境中，甚至放在困难的环境中，让他承担责任，处理事务。"事修而谤兴，德高而毁来。"（韩愈《原毁》）由于功业和德行卓著，会损害小人的私利，容易招致人们的嫉妒，从而产生各种诽谤与谣言。所以，在考察人时，一定要让当事人拿出事实来证明自己的清白。

笔者根据孔子、姜太公、《吕氏春秋》、庄子、诸葛亮等的论述，整理得到以下观点：

（1）临之以财，以观其廉：用私利财物来诱惑他，以此观察他是否廉洁。

（2）咨之以计，以观其见：向他征询有关计策谋略，以此观察他的见识。

（3）降之以难，以观其勇：让他面临敌人和危难，以此观察他临危是否英勇无畏。

（4）期之以事，以观其信：约定期限托付他以事情，以此观察他是否能够守信完成。

（5）乘之以猝，以观其变：让他有猝不及防的遭遇，从而了解他的应变能力。

（6）伺之以独，以观其守：看他自己独处时是怎么做的，从而可以知道他的操守如何。

（7）论之以理，以观其识：同他交谈理论，以观察他的学识。

（8）言之以义，以观其志：同他谈论义理，以观察他的价值取向。

（9）委之以任，以观其能：指派他独立做事，以观察他的实际能力。

（10）杂之以处，以观其品：让他处于各种交往中，看他的人品如何。

（11）谏之以言，以观其量：给他提出各种意见，看他的度量如何。

（12）临之以哀，以观其仁：让他面对悲惨的人或事，看他是否有仁爱之心。

（13）察其眼神，以观其心：观察他的眼睛，可以知道他的内心活动。眼睛明亮清澈的，为正派之人；眼睛昏暗晦涩的，为邪曲之人；目露凶光的，为凶恶之人；目光慈祥的，为仁爱之人；目光炯炯有神者，为勇敢之人；目光闪忽不定者，为奸邪之人；目光镇定有神者，为正义之人。

（14）辨其细微，以观其心：观察他的细微的表情、神态、动作等，从他自己都没有意识到的举动，可以读懂他的内心。例如，通过对方握手的力度知道这个人是支配型还是顺从型，通过对方笑容和说话的速度判断这个人的性格是外向还是内向，通过对方的站姿、手势和面部表情的综合考量，判断这个人的心态和目的。一个人在说谎时，虽然他会用一些动作来加以配合，但他的无声的细微动作与表情还是会如实反映其内心。

（15）父子之间，观其孝慈：在父母子女相处之中，去观察他有无孝心、慈心。

（16）朋友之间，观其品性：在他同朋友相处的过程中，观察他是否讲信誉；根据他所交的朋友，观察他的人品与价值取向。

（17）动之以情，验其心性：让他处于喜、怒、哀、乐、惧之中，分别观察他的情绪表现。

（18）听其言，观其行，以辨真假：如果只听其言而不观其行，则花言巧语之人就会迷惑众人。

（19）验之以实，以识真伪：识人不仅要看表象，更重要的是透过表象看到他的本质；识人不仅要看他现有的才能，更重要的是看他的天赋，看他的发展潜能。

第三十四章　团队管理

第一节　团队管理的目标

企业如果将所有的希望寄托在出现强人身上，这将是企业的灾难。当强人为所欲为时，企业原有的秩序和制度将会遭到严重破坏；当强人离开企业时，依托强人而建立的秩序、机制将会瘫痪。即便是一家企业由一个强人从小带大，这位强人也应当在企业中建立离开自己也能够正常运转的秩序、制度、机制、文化。

团队是为了完成某个特定的共同目标，由能力互补、知识互补的成员组成的群体。虚拟团队是指利用信息技术把分散在各地的成员联结起来以实现某个共同目标的团队。目标相同、能力互补、理念一致、兴趣相通、品性相融、相互信任、相互协作是建立一个高效率团队的必要条件。

美国通用电气公司 CEO 杰克·韦尔奇说："我的成功，10% 是靠我个人旺盛无比的进取心，而 90% 是依仗着我的那支强有力的团队。"①

团队管理的目标如下：

（1）激发成员潜能：团队中不同的成员拥有不同的能力、经验、知识，在团队中形成互补，相互竞争、相互依赖、相互学习、共同提高。成员要想维护团队的集体荣誉，得到团队的认可，获得团队中其他队员的认可，只能更加努力。

（2）提高工作效率：现代社会许多复杂的工作不可能通过个人而只能通过团队去完成。团队成员之间能力互补、经验互补、知识互补，相互协作，产生整体效能，覆盖更广的工作面，有更多的灵活性和适应性，从而有效提高工作效率。马云的"十八罗汉"、史玉柱的"四个火枪手"、小米的"八大罗汉"都具有很高的工作效率。德鲁克说："管理者的任务便是去创造一个有机的整体，使它的效用能够大于各组成部分效用的总和。"②

（3）促进信息沟通：不同成员掌握着不同的信息，拥有不同的信息渠道，在团队中互相沟通信息，并且对外保持开放性，从外部获得更多信息。

（4）整合各种资源：在同一个团队中，每个成员都可以将自己所拥有的资源带到

---

① 李慧群，王伟立．华为的管理模式［M］．深圳：海天出版社，2012：66.

② ［美］德鲁克，马恰列洛．德鲁克日志［M］．蒋旭峰，王珊珊，等译．上海：上海译文出版社，2014：75.

团队里。每个人都有自己的关系网，团队的关系网就是由个人的关系叠加而成。团队依托更广的关系网而展开更有效率的活动。

（5）营造工作环境：团队营造良好的工作环境，形成工作氛围，提高士气，从而使成员进入工作状态。良好的团队，可以激发人的善念，慰藉人的心灵，让人们有归属感、凝聚力、认同感，享受工作和沟通的乐趣。美国企业界的“精神管理”：每周选一个固定时间，公司的经理、助手和雇员们坐在一起，进行1小时的思想、情感交流，激发自信与热情，消除抑郁和忧愁。

（6）强化目标导向：团体的整体目标分解成为每位成员的小目标，各位成员齐心协力朝着同一个目标努力。

（7）实现行为控制：个人的行为常常是无序的、散乱的，只有身处一个团队之中，接受这个团队的理念、规则并加以长期训练，方能有效地控制自己的行为。

第二节　团队建设的原则（上）

一、和而不同

孔子曰：“君子和而不同，小人同而不和。”（《论语·子路》）何晏在《论语集解》中解释道：“君子心和然其所见各异，故曰不同；小人所嗜好者同，然各争利，故曰不和。”（译：君子心中平和但看法各有差异，所以说是“不同”；小人的嗜好是相同的，但是各自争夺利益，所以说是“不和”。）和而不同用于团队建设，指的是，在同一团队中，不同的人应当有不同的思想、不同的个性、不同的知识结构、不同的能力、不同的经验，但是，这些不同的要素应当相互协调、相互补充，不应当因不同而造成团队的内耗、争斗乃至破裂。

有的团队管理者为了自己的权威，为了团队的和谐，走上否定“不同”之路，不容忍个性的存在，不容忍个人自由发挥空间的存在，不容忍不同意见的存在，强调高度的统一，强调严密的控制，扼杀不同的声音，结果造成效率低下，出现错误却无人纠正。团队有时会对成员形成无形的压力，要求大家的观点保持一致。有的团队成员存在从众心理，为了让自己被团队接纳，故意不表达可能会给团队带来效益的不同意见。

二、多元互补

团队内部要进行分工，设立不同的岗位，由适当的人进入不同的岗位。不能要求团队中的每个人面面俱到，每个人都有自己的长处，也有自己的短处。在团队中，取人之长，补己之短，形成个性互补、知识互补、能力互补、经验互补、思想互补的最佳结构，产生“1+1 ＞ 2”的效果，使团队具有战斗力。发挥相互协作的精神，做事情不能只顾自己，只考虑自己的利益。例如，在一个团队中，有具备管理能力的人，也有具备创新能力的人；有踏实干活儿的专业人士，也有善于公关的人。战国时期的平原君赵胜，其“门客”拥有各类能力，所以能够顺利解除“邯郸之围”。团队的管理者如果看到自己的团队中有某方面比自己强的人才，要倍加珍惜而不能以嫉妒之心待之。按照“木桶”原理，团队中缺乏某一方面的人才，或缺乏某一方面的知识技能，就是短板，团队建设就要补短板，通过引进人才或培训解决这个问题。

英国学者 Meredith Belbin 认为，一个优秀团队必须具有的八种人才：总裁、造型师（能有力地推动任务进展的项目领导）、生产者（最富于创造性和最为聪明的成员）、监测评估者（检查工作并指出缺陷）、资源调查者（让团队与周围世界保持联系的联络人）、公司工作人员、团队工作人员、捕鱼人（严格跟踪任务并保证团队按时完成任务）。①

团队的人不是越多越好，要设定最佳人数。有时管理人员越多，工作效率反而越低。按照苛希纳定律，在管理中，如果实际管理人员比最佳人数多两倍，工作时间就要多两倍，工作成本就要多四倍；如果实际管理人员比最佳人数多三倍，工作时间就要多三倍，工作成本就要多六倍。在团队管理中，要做到资源共享，特别是知识共享、信息共享。但是，有的知识拥有者、信息拥有者有独占心理，或者他们担心共享资源之后自己得不到相应的激励，所以不愿意与他人共享资源。

保持自己的个性，保持自主性，坚持自己的正确主张，敢为人先，勇于创造，善于思考，善于发现问题。团队领导要明确授权范围，并根据授权对象进行调整，让员工知道哪些事情需要请示、哪些事情可以自主处理。遇事想办法解决，不要随便去敲上司的门。

三、同心同德

“上下同欲者胜。”（《孙子兵法·谋攻》）团队中既要有“同”的方面，也要有“异”的方面。“同”的方面表现在有共同的目标、共同的规则、共同的价值观、共同的道德准则等，可以用“同心同德”概言之。内部存在着较大分歧、相互缺乏协作的团队，效率就必然会受到严重损害。物以类聚，人以群分，价值观不同的人，不可能有共同的目标和理念，实现目标的手段与途径也不相同，所以很难在一起共事。如果将赚钱作为目标，有的人是“君子爱财，取之有道”，有的人则会通过欺诈、抢、盗的方式。团队中若出现严重违背团队的共同价值观的人，必须及早清除，以免其成为害群之马。

团队目标必须以书面形式加以明确，必须将团队目标传递到每个成员那里，分解到每个成员那里，得到每个成员的认同，从而形成与团队目标相一致的个人目标。一个组织中会存在若干团队，每一个团队成员都必须清楚地知道组织目标、团队目标和个人目标，确保这三种目标保持一致性，从而让组织中的每一个人劲往一处使，朝着共同的方向前进。

如果团队的目标不能与组织的目标保持一致，采取损害组织整体利益的方式满足团队利益，滋生小团体主义，团队就可能成为破坏组织的力量。孔子认为，君子应当

① 余世维. 打造高绩效团队［M］. 北京：北京联合出版公司，2012：16–17.

"群而不党""周而不比"，要普遍团结人而不能结党营私，不拉帮结派。如果只强调团队利益而不重视团队中个体的利益，就会"假维护团队利益之名，行损害个体利益之实"，会造成个人目标与团队目标的分离，压制个体的创造性和积极性。

一个团队要有共识，即共同的想法、共同的目标、共同的责任、共同的危机感。特别需要指出的是，在团队中强调统一的思想、统一的声音时，并不能因此压制不同的思想、不同的声音，因为，不能确定由团队的管理者认定的统一的思想、统一的声音就一定是正确的，团队中允许存在不同的思想和不同的声音，才能使纠正错误成为可能。团队中存在着不同的声音，就会给团队带来更全面的知识与信息、多元化的视角以及多样化的选择方案。

四、有效沟通

在团队中，由于不同的人的知识结构不同，所掌握的信息不同，只有相互沟通，才能使知识与信息在个体之间无障碍地流动，让大家分享。成员与成员之间的工作交接，也需要有效沟通。每位成员都有责任向团队管理者和其他成员提供建议、观点、想法，进行及时的信息反馈，纠正错误的观点和做法。团队中存在的误解与冲突也需要沟通加以化解。在团队内部，还需要有情感的交流，多赞美和感恩，少抱怨与敌对，营造欢乐气氛，营造积极上进的氛围。

五、学习成长

在学习型团队中，为成员提供学习和成长的平台，营造学习的良好氛围，安排并检查成员相关的学习任务，成员就很容易发展成为学习型个人；而在非学习型团队中，成员受到集体氛围的影响，学习的积极性受到压制，学习型个人也可能变成非学习型个人。

每个团队在工作中都累积了大量的经验、教训，每个成员都应接受这些经验、教训，团队和成员都在成长。团队成员之间可以相互传递知识与技能，特别是能力强者对能力弱者的指导。

"问渠哪得清如许，为有源头活水来。"团队要保持生命力，就需要从外部不断获取新的知识。团队根据完成目标的需要，对于团队成员中所欠缺的知识与技能进行培训。如果一个团队只依靠过去的知识、经验，就可能会陷入"僵化"，有可能"死在自己手里"。

六、化解冲突

冲突有多种类型：目标冲突、认识冲突、情感冲突、利益冲突等。无论是个人与个人的冲突，还是群体与群体的冲突，抑或是个人与群体的冲突，不能对冲突视而不见，或者掩盖冲突，或者强制停止冲突，因为，冲突既有恶性功能，也有良性功能，我们应当降低冲突的恶性功能，增强冲突的良性功能。

（一）冲突的恶性功能

（1）冲突导致关系恶化：恶化的关系会破坏协作，甚至导致敌对行为。

（2）冲突导致认知偏见：冲突一方总是坚持自己的观点是正确的，认定对方的观点是错误的，导致分歧扩大、共识减少。

（3）冲突导致情绪恶化：情绪恶化会导致对立情绪甚至仇视情绪，人在极端情绪的推动下容易产生错误的想法和行为。

（4）冲突导致沟通减少：沟通减少甚至中断，不利于问题的解决。

（5）冲突导致议题扩大：冲突是从某一点开始，然后向其他领域扩大，反而使议题焦点变得模糊不清。

（二）冲突的良性功能

（1）冲突有助于发现问题：许多问题可能会在一团和气中掩盖掉。GE 的前 CEO 杰克·韦尔奇有这样一个观点：谁是团队里最差的成员并不残忍，真正残忍的是对成员存在的问题视而不见、文过饰非，一味地充当老好人。

（2）冲突有利于解决问题：即便是发现了问题，但由于缺乏压力，相关方面便没有解决问题的动力。冲突所制造的压力，可能转变为解决问题的动力。

（3）冲突有助于反省：冲突给当事人提供一面反省的镜子，让人知道问题出在哪里，知道别人对自己有哪些意见。

（4）冲突有助于磨炼自己：个人的意志在冲突中得到磨炼，个人的能力、心智在冲突中得到提升。

（三）化解冲突的方法

（1）求同存异：找到冲突双方的目标、价值观、道德理念、认识、立场等方面的共同之处，在某些方面达成共识，同时，允许对方在某些方面存在与己方有分歧之处，不能强求完全一致。

（2）忠恕之道：具体原则就是“己欲立而立人，己欲达而达人”“己所不欲，勿施于人”。

（3）就事论事：双方先是从某一点引发冲突，随着关系的恶化、情绪恶化，双方都有可能将冲突引向更多、更广的领域，将问题复杂化。解决的办法是，双方回归到引发冲突的具体事件上，就事论事，解决这一焦点问题。

（4）寻求双赢：不要试图以一方全面压倒另一方，制造出“全输”或“全赢”的局面，而是双方都作出适当的让步，站到对方立场思考，肯定对方的某些合理意见，承认自己的错误，让对方获得一定的利益，事情才会得到解决。

第三节　团队建设的原则（下）

一、制度规则

孟子曰：“不以规矩，不能成方圆……徒善不足以为政，徒法不能以自行。”（《孟子·离娄上》）组织中的团队，首先要遵守组织确立的各项规章制度，同时，也可以根据团队生存与发展的需要，自行制定独特的规章制度，将团队精神的具体内涵通过制度体现出来，或者将组织的某些规章制度细化、具体化，建立自身独特的约束机制，形成奖惩机制、分配机制，做到“位、责、权、利”相统一。通过团队的游戏规则的制定，让每位成员知道自己的岗位、职责和权力，以及可能获得的利益与惩罚。

当然，团体的规章制度不能过于严苛和细致，不给成员自由发挥的空间。德鲁克说：“管理者必须给下属提供必要的配套条件，给他们思想驰骋的空间和自由度。”（《知识型员工的生产率》）[①] 团队因人数较少，不能只有冰冷的制度，相互之间除了工作之外，要给对方人文关怀，充满亲和力和人情味。

任正非说：“淡化英雄色彩，特别是淡化领导者、创业者们的个人色彩，是实现职业化管理的必由之路。”[②]

二、激励机制

团队中存在着“社会惰化”现象：团队中的个体，当他们发现其他人没有完成他们相应的分内工作，就会通过降低自己的努力程度以使工作负荷变得更加平等；或者当个体认为自己的贡献无法衡量时，自己会不努力，寄希望于群体努力而给自己带来好处；或者认为自己的努力得不到应有的奖励，自己会吃亏，所以会降低努力的程度。团队中如果缺乏竞争机制，缺乏赏勤罚懒、赏优罚劣，就容易形成“大锅饭”现象：干多干少一个样，干好干坏一个样。“财散人聚”，团队所创造的成果，应当由团队成员分享，才不会导致分裂，但不是以平均主义的方式分享，平均主义的分配会导致人才流失，导致“惰化”。

管理者运用激励手段时，对团队成员应不分亲疏、一视同仁，团队中领导者的亲戚、朋友、同学、同乡不能享有特殊利益，要让成员感受到团队的公正，让大家认识到只有靠自己的努力与贡献才能得到更好的待遇。在这样的情况下，激励才会发挥作用。如果管理者做不到制度面前、规则面前一视同仁，就为小人当道创造了机会，小人没有本事，没有业绩，只靠巧言令色、阿谀奉承而得到管理者的赏识，获得特殊的利益。管理者为了避免将自己陷于不义之地，就需要公私分明，不能将私人感情和私人利益带到自己的团队中。稻盛和夫说：“企业领导者的工作不是让员工被动地去执行企业的决策，而是让员工积极主动地去完成自己的工作。”[③]

如果团队中出现“惰化”现象、人员流失现象、人浮于事现象，就说明现有的薪酬考核体系不合理。有资料显示，一个人在没有激励的情况下只能发挥 30% 的潜能，而一旦得到鼓励，会发挥 80%~90% 的潜能。合理的薪酬考核体系能够调动成员的积极性，从而推动团队业绩的提高。

团队应当制定成功的标准，让每一位成员了解成功的标准，让成员的成功标准同

---

① 龚俊恒．德鲁克管理思想大全集［M］．北京：中国华侨出版社，2011：81．

② 黄继伟．华为工作法［M］．北京：中国华侨出版社，2016：183．

③ 石川康．稻盛和夫的经营哲学［M］．北京：中国出版集团现代出版社，2016：17．

团队的成功标准保持一致，从而保障成员的目标同团队的目标保持一致。有的公司会设置一些团队合作项目，如果团队中某个成员不能达标，就会让整个团队受到惩罚，以此来培养员工的团队意识。

激励可分为物质激励与非物质激励。物质激励包括薪金、奖金、津贴、红利、股份等。非物质激励包括肯定、表扬、奖励他人的贡献，排除他人面临的障碍和困难，提供工作的机会和发展的平台，提供学习的机会和锻炼的平台，营造良好的职场氛围，使得工作扩大化、丰富化等。

三、相互信任

团队不仅是一个工作群体，也是一个伦理群体，成员之间不仅存在着工作关系和经济关系，而且存在着伦理关系和情感关系。以友善的态度对待团队中的成员，不能在团队中制造分裂，不能以嫉妒之心对待他人，不能以排斥行为对待他人。

弘扬儒家的家道，可以将团队建设成拟家庭组织。儒家家庭观的核心是父慈子孝、兄友弟恭、夫义妇和。按照孟子所言的“老吾老以及人之老，幼吾幼以及人之幼”，可以将家庭伦理扩充到团队中。团队就像是一个家庭，管理者就是一家之长，以慈爱之心去关心爱护每一位成员；成员之间就像兄弟姐妹一样相互关心、相互照应，使每一个人都感受到温暖。许多日本企业都具有家庭化的色彩，采用“终身雇佣制”“年功序列制”“职业培训制”、集体决策制。但是，在团队中不能将伦理关系替代经济关系、契约关系，不能因人伦角度而模糊职能角色，不能重视人情而放松纪律约束，不能因信任而放弃监督控制，不能因感情因素而放弃奖罚或者不公平地使用奖罚，否则，团体的家庭化就会产生消极的后果。

在团队成员相互尊重、相互沟通，做到公平公正、公开透明，遵循同样的规则，管理者以身作则，敢于负责，都有利于促进团队中的信任关系。团队内部若出现小集团，或者相互拆台，就会破坏信任与团结。如果一个团队中有大量的低素质的人，就会产生“螃蟹效应”。渔夫在篓子中放一群螃蟹，不必盖上盖子，螃蟹是爬不出去的，因为只要有一只往上爬，其他螃蟹便会纷纷攀附在它身上，结果是把它拉下来，最后就是没有一只螃蟹能够爬出去。

四、和谐共生

企业与相关者之间，既有利益关系，又有伦理关系。例如，企业与股东之间有“投资伦理规范”，企业与员工之间有“劳资伦理规范”，企业与消费者之间存在“顾客伦理”，企业与同行之间存在“竞争伦理”，企业与上下游厂商之间存在“交易伦理”，企业与社区之间存在“环境伦理”，企业与政府之间存在“政商伦理”，企业与社会之间存在“公益伦理”。日本人有机地把西方科学管理的工具和技术与东方的儒家思想相整合，而儒家思想则成为日本人本管理的核心。

企业内部人员之间的和谐。企业内部人员包括股东、管理者、员工。企业对员工的责任是：为员工所付出的劳动支付相应的工薪报酬，以满足员工生存的需要；为每一位员工提供广阔的生存和发展空间，制定公正公平的奖惩制度以公平地对待每一位劳动者，不断提高员工的能力，以满足员工发展的需要；给员工提供符合安全和卫生要求的工作场所，合理安排工作时间与工作强度，实施人性化管理，创造令人愉快的氛围，提供优良的精神产品，以满足员工精神的需要，让员工感到愉快、幸福。

企业与企业之间的和谐。企业与企业之间存在着利益关系和伦理关系。例如，契约明确了企业之间的权利与义务，但是，由于信息不对称，事物在变化，履约过程存在随机性，如果双方只考虑利益问题，就会尽量缩小自己的责任而扩大自己的权利，造成冲突。要建立和谐关系，就应当按道德原则来办。

为了提高顾客对企业的忠诚度，提高顾客对产品的满意度，就必须以道德的方式对待顾客，对顾客关心、理解、体贴，开展人性化服务。对于顾客的正当需求则应当想办法满足，对于顾客的不正当需求则应当拒绝。毒品、武器、黄色文化、暴力文化、有害食品，造成资源浪费或环境污染的产品，危害人的心灵健康的文化产品等，都是不正当需求。

企业与社会之间的和谐。企业要承担社会责任，企业的发展要与社会进步协调一致，企业对社会所承担的社会责任与社会给予企业的回赠协调一致。企业要真诚地服务社会，积极从事慈善事业，热心扶助社会弱势群体，从事捐赠灾民、赞助办学等社会公益活动，为员工建立养老、医疗、扶困等保障体系，为社会生活的安定和谐做出积极的贡献。

企业与环境之间的和谐。企业要承担保持环境的责任。如果企业过度地消耗资源、破坏生态环境，就会给企业的生存和发展带来严重威胁。

第三十五章　沟通管理

第一节　沟通过程

沟通是在个人与个人之间、群体与群体之间、个人与群体之间顺畅地进行信息、知识、思想、情感、态度、印象的传递、接收、理解、反馈的过程。沟通过程也是说服过程，“说”是手段，“服”是目的，要让对方心悦诚服，才能达到目的。

一、有效沟通的重要性

有效沟通可以化误解为理解，化冲突为和谐，化腐朽为神奇，化愚昧为智慧，化平庸为高贵，化干戈为玉帛。沟通是企业发展的基础。在企业中，企业建立沟通制度，如接待日、座谈会、意见箱、个别交谈、企业刊物等，创造人人能沟通、时时能沟通、事事能沟通的氛围。既要开辟员工向上反映情况的通道，也要开辟管理者向下了解情况的通道。

（1）有效沟通是正确决策的前提。正确的决策需要通过有效沟通获得全面的、真实的信息。

（2）有效沟通能够保障工作的顺利进行，提高工作效率。有效沟通能够促进信息、思想、知识流动，促进工作顺利进行。通过有效沟通才能发现工作中存在的各种问题，并将问题传递到解决者手中，及时解决问题。

（3）有效沟通能够改善人际关系，控制员工行为，激励员工，整合团队，增进彼此的了解，铸造认同感、归属感、尊严感，消除误解、隔阂和猜忌，激发员工的创造性和工作热情，促进团结与合作。做到“近者说，远者来”（《论语・子路》）（译：使近处的人感到喜悦，远处的人就会来投奔归附。说：通“悦”）。

如果人与人之间、部门与部门之间缺乏沟通和交流，引起摩擦、矛盾、冲突、误解，就会影响员工士气，影响工作效率，使企业难以形成凝聚力，进而产生怀疑和不信任的情绪，导致员工流失。

（4）沟通是组织同外部环境建立联系的桥梁。

（5）沟通是个人发展的阶梯，也是提升自身素质的重要方式。人的知识、经验、能力、修养，常常在沟通的过程中不断得到提高。成功学大师卡耐基得出结论：“专业知识在一个人成功中的作用只占 15%，而其余的 85% 则取决于人际关系。”关系网品位高，可以将这个人高高托起；关系网品位低，则会将这个人朝下拉住。

二、沟通的五个要素

沟通过程应包括五个要素，即沟通主体、沟通客体、沟通内容、沟通环境、沟通方式。

（一）沟通主体

沟通主体是指有目的地对沟通客体施加影响的个人和团体。沟通主体需要知道：为何说？说什么？对谁说？何时说？何地说？怎么说？

沟通能力包含表达能力、倾听能力、设计能力、争辩能力、思维能力、理解能力等。设计能力是指形象设计、动作设计、环境设计等。

提高沟通能力的途径如下：

（1）多参加活动，多同人交往，在具体的环境中不断训练。

（2）在沟通中自信、积极、大胆、主动。

（3）培养幽默感和制造快乐气氛的能力。

（4）应根据对象的不同采取不同的沟通方式，根据沟通的效果不断反思自己的沟通方式存在哪些问题。

在沟通之前，沟通主体要进入充分的准备状态：

（1）有良好的心情，注意力集中。“孝子之有深爱者，必有和气；有和气者，必有愉色；有愉色者，必有婉容。”（《礼记·祭义》）（译：孝子有深沉的爱，必定产生和气；有和气者，必定有快乐的神色；有快乐的神色者，必定产生委婉亲善的面容。）

（2）收集、整理与沟通内容相关的资料，条理清晰，重点突出。

（3）了解沟通对象的想法、目的、经历、身份、背景、兴趣等，以便找到相应的对策。比如，在见客户之前，需要了解客户的需求与期望，设计合适的服务，制订合理的合作方案，提供合适的产品。

（二）沟通客体

沟通客体是指接受沟通主体影响的个人和团体。沟通客体必须将接收到的东西转换成自己可以感知、可以理解的信息、知识、思想、情感等。信息传递过程中存在遗漏、失真，抑或接收者不能全面理解、完全认同发送者的想法和要求，所以沟通客体要积极反馈。沟通主体在接收到沟通客体反馈的信息后，就知道是否存在着误解、是否需要再次进行沟通。

（三）沟通内容

沟通主体将沟通内容影响、作用于沟通客体。在沟通过程中，沟通内容必须具备以下特征：

（1）透明性：确保信息接收者能理解沟通内容。最忌讳的是，不停地灌输自己的观点，不顾对方的反应。

（2）相关性：信息必须与接收者需要知道的内容相关联。

（3）简明性：越是简明的方式，越可能为接收者所了解。

（4）组织性：整理沟通内容，使之具有连贯性、逻辑性、结构性，并且突出重点。信息经提炼后再传递给对方，更容易理解和记忆。先将所要阐述的问题的观点或结论说出来，让对方在第一时间知道要讨论的问题是什么，以便让对方集中精力。

（5）重复性：重复强调重点有利于接收者了解和记忆。

（6）适度性：传递的沟通内容并非越多越好，应根据沟通的目的设置适当的量。

（7）真实性：提供的沟通内容符合客观实际，不能虚假。在沟通过程中适当使用准确的数据，可以增强说服力。

（四）沟通环境

沟通环境是沟通主体与沟通客体所处的社会整体环境、区域环境、具体境遇。沟通环境如果充满自由、鼓励、和善，就会大大提高沟通效率；沟通环境如果充满专横、压抑、仇怨，就会大大降低沟通效率。例如中国古代建立的纳谏制度，如果同时诛杀进谏者，则纳谏制度就形同虚设。只有像唐太宗那样虚心纳谏、尊敬进谏者，才能让进谏和纳谏蔚然成风。唐太宗在位 20 年，仅魏征就进谏 200 余事，数十万言，成效显著。可以将沟通对象带入一定的环境中，在环境气氛的感染下进行沟通，也可以利用环境中存在的物品作为沟通的道具。

（五）沟通方式

沟通方式是指沟通内容从沟通主体传达给沟通客体的途径、方式、渠道。

沟通的过程分为以下四个阶段：

第一阶段：沟通主体将信息、资料、观点、知识等转换为沟通客体可以接收并理解的形态，即成为沟通内容。

第二阶段：沟通主体通过一定的沟通渠道，采用一定的沟通形式，将沟通内容传递给沟通客体。

第三阶段：沟通客体接收沟通内容，并且将沟通内容转换为自己可以理解的形态，加以理解。

第四阶段：沟通客体向沟通主体进行反馈，沟通主体借此来了解他想传递的沟通内容是否被对方准确无误地接收。

第二节　沟通方式

要选择什么样的沟通方式，主要考虑：成本是大还是小？沟通的内容全面还是残缺？对方是否容易接收并理解？对方能否给予快速反馈？沟通双方能否保证他们的信息仅仅被目标接收者接收？能否突破时空限制？是否具有人情人文关怀的色彩？耗时多长？等等。

一、正式沟通与非正式沟通

正式沟通是指在组织系统内，依据一定的组织原则所进行的信息传递与交流，如公函来往、文件传达、会议、情报交换、参观访问、市场调查等。正式沟通的优点是沟通效果好，比较严肃，约束力强，易于保密；缺点是比较刻板，沟通速度慢。

非正式沟通是在正式沟通外进行的信息传递或交流，如私下交换看法、传播小道消息等。非正式沟通的优点是避免了正式场合的拘束感和谨慎感，灵活、迅速、翔实，缺点是易于失真、存在曲解、易被人利用等。在召开重要会议之前，核心人物要进行非正式沟通，形成共识，在开会的时候，就能够顺利地作出决定。

二、上行沟通、下行沟通和平行沟通

上行沟通是指下级的意见、信息向上级反映。上行沟通存在的问题：害怕受打击报复，不愿反映真实意见；报喜不报忧。在向上级请示工作时，最好先预备几个答案，以便上级从中选择。

下行沟通是组织中的上层领导按指挥系统从上而下的信息沟通。下行沟通的形式有会议、发布指示、个别谈话等。下行沟通的缺点是，过多使用就会在下属中造成上级高高在上、专横的印象，也会由于层层传递而出现信息被曲解的现象。

在上行沟通和下行沟通的过程中，一般要遵守逐级沟通的原则。但在特殊情况下，也可以越级沟通。

平行沟通是指组织中各平行部门人员之间的信息交流。在平行沟通中，要以商量的口吻与对方沟通，就对方可能遇到的困难提出解决意见甚至提供一定的帮助，尽量多听取对方的反馈意见。平行沟通的缺点是，头绪过多造成混乱，容易传播负面消息。

三、单向沟通、双向沟通

单向沟通：沟通主体将信息、资料、想法、观点等传递给对方，并不一定需要对方反馈，如做报告、发指示、作讲演等。

双向沟通：沟通双方都有发表意见的机会和权利，双方进行互动式信息传达，如交谈、协商、会谈等。

四、口头沟通、书面沟通、非语言沟通、电子媒介沟通

口头沟通包括交谈、讲座、会议、电话等，优点是直接、迅速、及时、充分反馈。书面沟通则是用图、文的表现形式进行沟通，包括报告、备忘录、信件、文件、内部期刊、布告等，优点是传递的信息作为档案或参考资料保存下来，可以核实。非语言沟通包括声光信号（如红绿灯、警铃、旗语、图形、服饰、标志等）、体态（如手势、肢体动作、表情等）、语调。电子媒介沟通包括传真、电视、互联网、局域网、电子邮件、微信、视频会议、音频会议等，优点是容易复制、信息量大、远程快速传递，使信息交流突破时间和空间的限制。“走动式管理”，就是让管理者走出办公室，到基层去，同员工进行面对面沟通，同时运用了口头沟通和非语言沟通，而且得到沟通对象的及时反馈。

庄子讲：“言不尽意”，用语言不能表达出所有的意思，有的意思是用语言进行暗

示，或者用语言进行铺垫、引导，或者用非语言沟通的方式展现出来，然后让听者自己去领悟。

运用暗示的力量：语言中的每个词、每句话，只要说出来，人的大脑就会有所反应。积极暗示就是对自己或他人持肯定的态度，如说“我今天心情很不错”，然后你的心情就会变好。如果用积极暗示的方式对待沟通对象，肯定他的“心情好”，肯定他具有判断能力，肯定他具有丰富的经验，这些暗示都会引导他朝着你所期望的方向前进。如果向对方施加消极暗示，就可能为沟通设置障碍。

中国人在沟通时，喜欢“不明言”，让别人有想象的空间，引出对方的意图；让自己有回旋的余地，不容易被对方抓住把柄。

发问的艺术：要问没有抗拒点（即对方不愿意回答）的问题，要问对方容易认同的问题，问对方容易回答的问题，问对方回答“是”的问题，问对方二选一的问题，问自己知道答案的问题，问引起对方兴趣的问题。向对方请教，可以增强对方的存在感与参与感。

在进行口头沟通时，要发言准确，适时停顿；应当根据话题的内容和所处情景来控制说话的节奏，语速当急则急、当缓则缓，需要听者特别注意的事情，语速要适当放慢；根据讲话内容的变化而使自己的声调高低起伏，面部表情要同讲话内容相配合。

身体语言：身体语言包括目光、表情、姿势、动作等，是重要的沟通方式。在沟通过程中，要有意识地运用身体语言表达自己的想法，注意身体语言与自己所说的话保持一致；注意身体语言要与自己的角色相称，要避免掏耳朵、挖鼻孔、梳理头发、打响指、狼顾（回头看）等无意义的动作，检验自己以往使用身体语言是否有效，善于从对方不自觉的姿势表情或神态中发现对方的真实想法。在沟通过程中，要注重观察对方的细微反应。例如，如果对方东张西望、撇嘴、坐卧不宁、远离自己站到一边、双手做一些毫无意义的小动作，就表示对方反感，在这种情况下，沟通就难以进行。古代波斯商人知道，当顾客遇到自己喜欢的东西时，瞳孔会不由自主地变大，他们就根据顾客瞳孔的大小来要价。

《论语·泰伯》就是讲恰当运用身体语言而产生的效果：“动容貌，斯远暴慢矣；正颜色，斯近信矣；出辞气，斯远鄙倍矣。”（译：使自己的容貌庄重严肃，这样可以避免粗暴、放肆；端正自己的脸色，这样就接近于诚恳；说话注意言辞和语气，这样就可以避免粗野无礼。）

五、外部沟通和内部沟通

外部沟通：导入 CIS 企业形象识别系统，通过公共关系手段，利用大众传媒、内部刊物等途径，与社会各界进行沟通，创造良好的发展氛围，提高知名度、美誉度。

内部沟通：建立健全公司会议系统，展开“合理化建议”活动，创办公司内部刊物，建立管理者与员工定期见面制度，定期举办联欢会、运动会、表彰会等活动，促进公司内部信息的充分流动与分享。

第三节　沟通原则（上）

一、清晰简洁

明确沟通的目的、内容、方式和渠道，清楚地表达出来，传递给对方。同时，要去除不必要的信息，不要绕来绕去。一个人的注意力通常只能维持十多分钟，如果十多分钟还不能将一个问题讲清楚，别人可能就听不下去了。当然，也不能为了简洁而遗漏所要传递的内容。表达的内容要全面完整，解决“全不全”的问题。口头沟通、书面沟通做到“敏于事而慎于言”，因为“言多必失”，“病从口入，祸从口出”。涩泽荣一说：“口是祸之门，也是福之门。”①

二、具体明确

不能仅仅提供抽象的道理，要描述一些必要的细节和事实，让对方能够理解你所描述的事情。表达的意思要准确无误，解决好“对不对”的问题，使对方在理解时不出现偏差。

三、环境静和

沟通要有良好的环境和气氛，环境要安静，气氛要和谐。不要做环境的破坏者，不要做气氛的污染者。有意识地营造有利于达到沟通目的的环境，将沟通信息的接收者移入这样的环境中，移情入境，通过环境的氛围感动他们。

四、频道同步

沟通双方要经过调整，同时放到一个频道上。“君子与君子，以同道为朋；小人与小人，以同利为朋。”（欧阳修《朋党论》，《宋文选》卷一）（译：君子与君子，是以理想目标相同结成朋党；小人与小人，以暂时利益一致结成朋党。）双方要情绪同步，同悲者可以同病相怜，同喜者可以共享欢乐；双方要思想同步，思想差距太大，就存在着很大的沟通困难，思想水平高的人，需要找到通俗易懂的方式，才能将自己的思想传递给对方；双方价值、需要、目标同步，双方都有共同的目标和需求，都有共同的价值观，则容易沟通，如果双方的目标、需求、价值观差距太大，则沟通困难。大家有了共同的信念、共同的愿景，才会朝着同一个方向行进。德鲁克说：“沟通在与听者的价值观、欲望和目标一致时会变得强而有力。然而不一致时，沟通就不会成立甚至会被排斥。”②

---

① ［日］涩泽荣一．左手论语，右手算盘［M］．李建忠，译．北京：九州出版社，2013：64．

② ［美］德鲁克．卓有成效的个人管理［M］．杨剑，译．北京：机械工业出版社，2014：106．

抛出对方感兴趣的话题，引起对方的共鸣，接下来的沟通就会更加顺利。如果沟通双方都对同类事物有相同的感情，那么，双方就找到了感情共通点。

君子与小人，是在不同的频道上的人，他们之间的沟通就极为困难。《论语》对此作了对比：“君子周而不比，小人比而不周。”（《为政》）“君子怀德，小人怀土；君子怀刑，小人怀惠。”“君子喻于义，小人喻于利。”（《里仁》）“君子坦荡荡，小人长戚戚。”（《述而》）“君子成人之美，不成人之恶。小人反是。”（《颜渊》）“君子和而不同，小人同而不和。君子泰而不骄，小人骄而不泰。”（《子路》）“君子上达，小人下达。”（《宪问》）

五、动之以情

白居易在《与元九书》一文中说：“感人心者，莫先乎情。”用感情打动人心，才能进而说服别人。冷漠的人缺乏沟通的主动性。热情主动者，往往能向各方传递更多信息，产生广告效应。在与人谈话时，不仅是传递信息，还通过语音、语调、表情、动作来传递情感。如果对方在情感上认同你，双方发生情感的共振，对方就会用心倾听，并且积极互动。好的故事分享，不仅可以让抽象的道理变得生动有趣，而且能感动人心。

六、双向互动

有的人只顾向对方灌输自己的观点、想法，无视对方的反应。如果只是甲方向乙方单方面传递信息、思想、情感、体验，而乙方没有向甲方传递任何信息、思想、情感、体验。甲方得不到回馈，就无法知道乙方接收了多少，无法知道会对乙方产生何种效果，也不能从乙方那里获得有价值的信息和思想，甲方也就不能判断下一步向乙方传递什么。通过反馈，让对方明白自己的态度和想法，以便澄清“表达”和“倾听”过程中可能出现的误解和失真。在接受反馈时，一定要抱着谦虚的、真诚的态度倾听他人的反馈意见。沟通主体要根据沟通客体接收到信息时的反应而及时修正信息的传递。

七、互惠共赢

损人利己、利人损己，都不能持久保持关系。先利人后利己，才能长久。自己要想到为对方服务，做有利于对方的事，作为彼方的回报，自己才能获得合理的利益。如果总是考虑自己的利益，只是盯着对方的口袋，就会做欺骗对方的事，最后自己也会受到对方的惩罚。为了一己之利，置他人利益于不顾，最后落得损人害己、两败俱伤的下场。在讲演中，需要了解听众，知道他们想要什么，知道他们期待什么，他们的接受程度如何，他们的兴趣在哪里。

八、心性良好

“口乃心之门户”，良好的心态向外表现为良好的语言与动作。沟通所需要的良好心态有仁爱心、喜悦心、包容心、赞美心、同情心、感恩心、同理心等。心亡为忙，丧失了良心，就处于忙乱的状态；亚心为恶，丧失了善心，就进入邪恶之中。心态良好，才能正确思考，正面表达。

仁爱心。以“仁者爱人”之心对待对方，并产生帮助对方的行为。高级的推销员想的应当是“我今天要尽力多帮助一些人”，而不是“我今天要尽力多卖出一些产品”。著名企业家松下幸之助先生提倡“替员工端上一杯茶”的精神，对员工的辛苦工作表示感激。维也纳著名心理学家阿德洛说：“一个不关心别人、对别人不感兴趣的人，一生中不仅困难最多，同时对别人的伤害也极大。人类的失败，都出自这种人。”

喜悦心。表现为微笑表情与喜悦的眼色。翟鸿燊说：“人际沟通最忌讳的，就是一脸死相。”喜悦心表现在语言上，包括“我很高兴为您服务”“见到你很高兴”等。

包容心。尊重对方立场，包容对方缺点，容纳不同意见。

赞美心。赞美能让人坚持正确的事情，坚定正确的立场。赞美心表现在语言上，包括：“太好了！”“好极了！”“太棒了！”

认同心。表现为站在对方立场上看问题，使用如下语言：“我很认同您的观点”“我刚开始也是这样认为的”“您说得对”，等等。

同理心。站在对方的角度和位置上，客观地理解对方的内心感受与真实想法，且把这种理解传达给对方。使用语言“你的意思是”“让我看看理解得是否对”。你可能告诉对方，我们的目标是一致的，只是方法有差异而已。

同情心。摆脱冷酷、孤独的状态，对别人的事感兴趣，分担他人的痛苦，共享他人的快乐。

第四节 沟通原则（下）

一、道义为本

道义是人与人沟通的基础，缺乏这一基础，人与人之间就不可能进入心灵的深层次沟通，也不可能建立持久的关系。孟子曰：“友也者，友其德也。”（《孟子・万章下》）即在双方道德高尚的基础上建立深厚的友谊。戊戌六君子之一刘光第说：“惟以性情交兼道义交者，为能淡而弥久，久而无敝。”刘备、关羽、张飞桃园三结义，一直是千古美谈。他们的盟言是：“念刘备、关羽、张飞，虽然异姓，既结为兄弟，则同心协力，救困扶危，上报国家，下安黎庶。”他们的牢固关系就是建立在报国救民的道义之上。

“君子以同道为朋，小人以同利为朋。”（欧阳修《朋党论》）（译：君子以志同道合结为朋友，小人因有共同的利益结为朋党。）有人将朋友分为八种类型：“有道德相亲而交者，有学问相成而交者，有气节相感而交者，有然诺相信而交者，有政治相助而交者，有才技相合而交者，有诗文相尚而交者，有山水相娱而交者。”建立在利益基础上的关系，当有共同利益时，就能维持；如果出现祸害时，就争相避开；如果利益不一致时，就反目为仇。违背道义的沟通方式有提供虚假信息、有意歪曲、篡改数据、错误地选择沟通内容、有意遗漏必须传递的沟通内容、不尊重隐私、不注意信息安全等。

二、礼敬谦和

彼此尊重是沟通的基础，双方要有谦卑的心态，以礼貌的方式对待对方，真诚地赞美对方，即使在批评对方时也不能伤害对方的自尊。尽量少用批评、责备、抱怨、攻击等手段，更不能恶言伤人，使事情恶化。

在沟通时避免出现东张西望、心不在焉、摆弄物品、抖晃四肢、缺乏回应等不良肢体语言。

使用委婉的语言。例如，美国总统林肯每天面对办公室里面冗长、复杂的官样报告，他无奈地说道："当我派一个人去买马时，我并不希望这个人告诉我这匹马尾巴上的毛有多少根，我只希望知道它的特点何在。"这是用比喻的方式委婉地表达自己的意思。鬼谷子提出的"飞钳之术"。"飞"即"飞扬"之意，就是制造声势，对游说对象首先要大加褒扬，讨其欢心，取得对方信任，对方在得意扬扬的状态下就会露出实情，现出弱点。"钳"即"钳制"之意，及时抓住对方弱点，控制对方人心。向对方讲真话，有时甚至可以讲一些对自己不利的真话，给对方一种真实感，会赢得对方的信任。

三、感知理解

沟通主体发出的符号，沟通客体必须能够收到、感受到，并且能够将符号转变为有意义的信息，能够理解，为此，沟通主体必须明确沟通的目的，用对方熟悉的语言，依据对方的期待、要求、经验、教育背景、理解能力来进行编码。有人认为，"慢速沟通比快速沟通更有效"，因为说话的速度慢，聆听者在了解前面的问题后，非常急于听到后续的问题，所以会集中精力去听。有人问："若林中树倒时无人听见，会有声响吗？"答曰："没有。"树倒时没有人听到，那就只有声波而没有响声。

四、因人而异

明确谁是说服的对象，然后要去了解说服对象的教育背景、职业背景、家庭背景等，然后针对不同特征的人，采用不同的表达方式。对不同性别、不同年龄、不同性格、不同民族、不同经历、不同文化背景、不同身份的人，采用不同的沟通方式，传递不同的信息。如果对方爱慕虚荣，就对他多多夸赞；如果对方爱占小便宜，就给他一些优惠。要了解对方的兴趣何在，抓住对方的兴奋点。《鬼谷子·权篇》中讲："和聪明的人说话，要见识广博；和笨拙的人说话，要有辨析能力；与有辨析能力的人讲话，要突出重点；与地位高的人说话，态度要轩昂；与有钱的人说话，要保持高贵；与穷人说话，要给予他利益；与地位低下的人说话，要谦逊有礼；与勇敢的人说话，不能稍显怯懦；与过激的人说话，要挫其锋芒。"

五、换位思考

将心比心，设身处地，从对方的角度出发，站在对方的立场上，才能真正感受到对方的情感，理解对方的想法，洞察对方的目的。你应当这样对自己说，“如果我处在他的困难中，我将有怎样的感受，我又会作何反应？”你可以对对方说：“如果我是你的话，我也会有同样的感觉。”销售不是自己卖东西，而是帮顾客买东西。鬼谷子提出“揣情”和“摩意”。所谓“揣情”，就是揣度游说对象的真实心情。所谓“摩意”，就是探测游说对象的真实想法。在“揣情”和“摩意”之后，就从对方感兴趣的话题入手，从对方可以认同的话开场，紧紧围绕对方的利益展开话题，通过提问诱出对方的想法和态度。《大学》就讲了换位思考：“所恶于上，毋以使下；所恶于下，毋以事上。”（译：厌恶上级对待我的态度，我就不要用同样的态度去对待自己的下属；厌恶下属对待我的行为方式，我也不要用同样的行为方式侍奉我的上司。）

孔子倡导忠恕之道。“己欲立而立人，己欲达而达人”（译：自己要立身，同时帮助别人立身；自己要发达，同时帮助别人发达）是忠，“己所不欲，勿施于人”（译：自己所不喜欢的事物，就不强加于别人）是恕。伏尔泰说：“行孔子之道的时代，才是世界上最幸福的时代，最令人向往的时代。”①

六、求同存异

在沟通中，双方要找到共同之处，才能化解冲突。而对于不同之处，各自保持自己的意见。

七、善于倾听

做一个善于倾听的人，认真地听，安静地听，用心地听，鼓励别人多谈谈他们自己。有效的倾听能使你更多地了解对方的想法、目的、需要、信息，从而找到说服对方的方法。任正非说：“我的优点是民主的时候比较多，愿意倾听大家的意见。”

鼓励对方先开口，向对方提出问题；聆听时不打断、不插嘴；避免出现使人的注意力分散的动作或手势，不发出声音、不东张西望；眼睛要注视对方，表示你有兴趣；不时地点头、微笑，表示赞同；让人把话说完，说一些鼓励、确认和追问的话，营造安全、祥和的气氛。

在倾听中，应当记录一些重要内容。世界著名广告公司奥美集团调查发现：演讲之后的一天后，人们会忘掉 80% 的内容；一周之后，人们会忘掉 95% 的内容。

第五节　沟通障碍

有效沟通需要化解以下障碍：

---

① 左言东．人类危机呼唤孔子智慧［M］．北京：知识产权出版社，2012：166．

1. 环境障碍

外部干扰。受到自然界各种物理噪声、设备故障的影响或被其他事物干扰打扰。信息泛滥、信息轰炸、媒介扩张、入侵式营销、骚扰电话、垃圾邮件是当代社会很普遍的现象，许多人被淹没在信息的海洋里，造成信息疲劳，真正有价值的信息反而传不到需要者那里，或者不能引起需要者的注意。

沟通渠道过长。组织机构庞大，从最高层传递信息到最底层，或从最底层传递信息到最高层，中间环节太多而形成障碍。沟通渠道越长，沟通所用的时间就越长，失真率就越大。

沟通渠道闭塞。组织机构臃肿，机构设置不合理，各部门之间职责不清，造成沟通渠道的阻塞。

空间障碍。双方距离太远而沟通不便，影响沟通效果。

2. 认知障碍

沟通双方由于见识、爱好、背景和经历等方面的不同，对事物的态度和观点也必然不同，造成沟通障碍。沟通的一方如果对另一方有成见，也存在着先入为主的障碍。在信息沟通中，如果双方经验水平和知识水平差距过大，就会产生沟通障碍。

3. 心理障碍

沟通者的畏惧感、强烈的情绪、不信任的心态、缺乏诚意等都会造成沟通障碍。个体的性质、气质、态度、情绪等的差别，都会成为沟通障碍。强烈的情绪会扰乱、扭曲沟通过程，所以，在沟通之前必须冷静下来，使自己的情绪处于可控状态。

4. 我执障碍

以自我为中心，维护自己的权威，一切从自己出发，自以为是，主观武断，缺乏客观公正之心，不会设身处地地站在对方的角度考虑问题，不重视甚至排斥他人的反馈意见。有的人不断地谈论自己，却不愿意仔细听别人讲话，也属于我执障碍。

5. 利益障碍

与自己相关的、符合自己利益的信息，就很容易接受；与自己无关的、损害自己利益的信息，就会受到排斥或歪曲。

6. 关系障碍

在关系亲密、相互信任的条件下，沟通就会顺畅；如果关系疏远或互不信任，则沟通就会有障碍。如果上级压制不同意见，造成上下级的紧张对立关系，沟通就存在障碍。如果上级只看重下级的表现，下级往往会报喜不报忧，夸大成绩。如果双方发生冲突，反驳对方，激怒对方，常常将“不”挂在嘴上，就制造了沟通障碍。德鲁克说：“沟通必须是在‘我们’之间进行，这样才会有效果。”[①]要想将自己的愿望、目的、想法传递给对方，最好的办法是就让对方参与进来，和自己处于同一阵营之中，而不是将对方隔离在外。

上述障碍的存在，使沟通双方对沟通内容有选择性，发出者有选择性，接收者也

① 龚俊恒．德鲁克管理思想大全集［M］．北京：中国华侨出版社，2011：441．

有选择性，从而破坏了沟通内容的完整性、系统性、全面性。

7. 方式障碍

如果缺乏适合的沟通方式，或者选择了一种不适合的沟通方式，就会造成障碍。例如，如果选择的语言不是对方所熟知的，或者对同一词汇有不同的理解，就会造成沟通障碍。

8. 技巧障碍

使用一些错误的沟通办法，就会制造技巧障碍。

使用“直接的”表达而不是“攻击性的”表达；使用温和的表达而不是暴力的表达；就事论事，不人为地扩大讨论范围，也不要转向人身攻击；不要过分地侵入私人领域。

沟通的最高技巧，就是让对方一直连连称：“是！”“是！”尽可能防止他说：“不！”当一个人说“不”时，他的整个心态就处于拒绝的状态；当一个人说“是”时，他的整个心态就处于接纳的状态。

第三十六章　顾客管理

第一节　顾客需求

顾客是指已经来或可能来购买或接受我方的产品或服务的单位和个人。

顾客需求由顾客的实际需要决定，顾客的需求量总是受顾客收入水平的限制。顾客的收入增加，有利于消费支出的增加。只有提高商品的档次，才能满足收入增加后的消费者的实际需要。只有倾听顾客的声音，才能了解顾客的显性需求和隐性需求。任正非说："我们公司以前也是盲目创新的公司，也是崇拜技术，我们从不管客户需求，我们研究出一个好东西，就反复向客户介绍，怎么好，让客户买。客户说的话我们根本听不进去，所以在下一代交换机 NGN 上，我们也曾犯了主观主义的严重错误。"①

一、顾客在购买商品或服务时要满足的需求

价值。顾客通过购买商品或服务所得到的收益高于顾客花费的成本（包括顾客的金钱、时间、精力、体力、精神等成本），顾客才认为这种商品或服务有价值。例如，麦当劳的一份快餐的货币价格相对较低，麦当劳接待一名顾客的时间不超过 1 分钟，进入麦当劳消费所付出的体力和精力成本很低。企业必须创造满足顾客需求的价值，同时要与顾客进行沟通来阐释其所提供的价值。满足多种需求的产品和服务肯定比满足单一需求的产品和服务具有更高的价值。

质量。顾客期望企业提供的产品或服务能满足其需要的水平，顾客正是将预期质量与体验质量进行比较，然后对产品或服务质量进行评估，达到了顾客的这一期望，顾客会感到满意，否则，顾客就会感到不满。要重视产品或服务的可靠性，确保对顾客所做的承诺能够反映真实的服务水平。

低价。对于同质商品而言，价格越低越受消费者欢迎。对于商品的生产商而言，需要降低生产成本，降低流通成本。对于商品的经销者而言，则需要实现规模经营，分摊到每个经营商品上的固定成本才可能最小，也才可能享受大批量进货的折扣，使

① 黄继伟. 华为内训［M］. 北京：中国友谊出版公司，2016：237.

每件商品的采购成本降到最低。沃尔玛超市创始人山姆·沃尔顿说："你们不是在为商店讨价还价，而是在为顾客讨价还价，我们应当为顾客争取到最好的价钱。"①

特色。消费者之所以愿意用不同的价格去购买可以相互替代的商品，是因为替代商品之间存在一定的差异。差异表现为商品特色、服务特色、企业形象特点、信息便利的特色、满足个性化特色、体现智能化管理特色等多个方面。德鲁克说："顾客之所以付钱，为的是购买自我需求的满足。"②

即使是同一个人，在不同经济条件下的需求都有所不同，在不同年龄阶段的需求也会有所不同。例如，一个女子在年轻时，对鞋子的需求主要是款式、时髦，价格和耐用性是次要的；而当这个女子变老之后，她就可能重点考虑耐用性、价格、舒适感等因素。

销售人员在与客户接触的过程中，通过沟通，了解到客户需要的是什么产品和服务，再有针对性地提供量身定做的产品方案；华为的投资决策是建立在对多渠道收集的大量客户需求进行分析、理解的基础上。

《现观庄严论》中讲："发心为利他。"不要只想我要怎么样，而是要想别人需要我怎么样，满足别人的需求，自己才能得到发展。

德鲁克说："真正的营销不是对顾客说'这是我们的产品'，而是对顾客说'这些能够满足你们的真正需求'。"③

二、需要转换的需求

负需求。负需求是指市场上众多顾客不喜欢某种产品、某种服务。要分析人们不喜欢这些产品的原因，并针对目标顾客的需求重新设计产品，或者改变顾客对某些产品或服务的认知与信念。例如，有人担心化纤纺织品中的有毒物质损害身体而不敢购买化纤服装，企业就要设计有益身体健康的服装。

无需求。无需求是指目标市场顾客由于对某种产品不熟悉，或者因生活方式的不同而毫无兴趣或漠不关心。

潜在需求。潜在需求包括消费者对某种产品或服务有需求，但此种产品或服务的质量不能满足消费者的需求；或者消费者对某种产品或服务有需求，但缺乏相应的购买力；或者消费者对某种产品或服务有需求，但因为有某种后顾之忧而暂时不消费；或者是消费者对某种产品或服务有需求，但在短期内不打算购买。企业发现潜在需求后，需要有针对性地采取措施，使消费者的潜在需求变为现实需求。

下降需求。下降需求是指目标市场顾客对某些产品或服务的需求出现了下降趋势。企业要了解顾客需求下降的原因，并有针对性地采取措施，或改变产品的特色，或改变营销模式，或寻求新的目标市场。

---

① 唐华山. 商界领袖管理语录大全集［M］. 北京：人民邮电出版社，2012：269.

② 龚俊恒. 德鲁克管理思想大全集［M］. 北京：中国华侨出版社，2011：157.

③ 龚俊恒. 德鲁克管理思想大全集［M］. 北京：中国华侨出版社，2011：245.

第二节 顾客心理

顾客心理具体体现在以下方面：

恐惧心理。消费者为了免除或减轻对贫穷、肥胖、疾病、衰老、死亡、失败、落后、危险等的恐惧而进行消费。营销者要找到消费者的恐惧点，加以放大。

好奇心理。营销者设计各种离奇古怪的营销活动，使用人们从来没有见过的方式，激发人们的好奇心理。

从众心理。消费者购物时喜欢到人多的商店，抢购大家都在购买的商品，选择市场占有率高的品牌，选择热点旅游城市和热点旅游线路。

权威心理。对权威人士推荐或使用的产品，无理由地选用。

占便宜心理。通过提供赠品、免费体验、打折、低价等方式满足顾客的占便宜心理。希尔顿连锁酒店创始人康拉德·希尔顿说："所有客人都有一个共同心理，他们愿意花大钱，却喜欢占小便宜。"①

贪婪心理。通过某些营销方式激发人的贪婪之心，使其感觉买到了就相当于赚到了，从而购买超出自己实际需要的物品。

攀比心理。客户为了维护自己所处的阶层的身份、地位的认同感与归属感，为了面子，或者为了妒忌，将所在阶层人群的消费作为参照，进行攀比，你有我也有。

稀缺心理。限量提供某种商品，造成供不应求的现象，人们在"物以稀为贵"的心理作用下，积极地购买。

沉锚效应。人们在对某人某事作出判断时，易受第一印象或第一信息支配，就像沉入海底的锚一样，把人们的思想固定在某处。"要这一件还是那一件？""要大杯还是中杯？"面对顾客的提问，就是将顾客的思想引向必买的位置。

炫耀心理。张扬我拥有比别人好的事物，从而获得满足感和优越感。

回报心理。提供给顾客一定的利益，增加相互之间的情感，使顾客产生亏欠感，产生感恩、报恩之心，从而促成交易。

逆反心理。如果抓住顾客就喋喋不休地推荐，会给顾客造成强买强卖的感觉，就是激起了顾客的逆反心理。对顾客要热情、周到，给顾客留有一定的空间，又不能让顾客感觉到受冷落。

第三节 顾客导向

德鲁克说："企业的宗旨只有一个正确而有效的定义——创造顾客。顾客是企业的

---

① 唐华山. 商界领袖管理语录大全集［M］. 北京：人民邮电出版社，2012：271.

基础，并维系着企业的存亡。”[①]

顾客导向体现在以下方面：

（1）基于客户需求导向的产品投资决策和产品开发决策。企业作出决策之前，在设计产品与设计服务之前，就应当对顾客的消费需要、消费能力、消费偏好、消费行为等进行全面、细致的调查分析，对顾客价值取向的发展趋势作出正确的判断，对未来市场竞争趋势作出正确的阶段性预测，将对顾客的调查所获取的信息融入产品或服务的设计之中，避免脱离顾客实际需求的产品生产或对市场的主观臆断，产生顾客不需要的产品，从而造成浪费。根据顾客的需求去生产产品，而不是根据自己的主观想象去生产产品，然后强加给顾客。许多公司倒闭，是因为技术先进到别人还没有对它完全认识与认可，消耗了大量的人力、物力、财力，却没有人来购买。在华为公司，任何产品一立项就成立由市场、开发、服务、制造、财务、采购、质量人员组成的团队，对产品整个开发过程进行管理和决策，确保产品一推到市场就满足客户需求。日立公司广告课长和田可一说过：“在现代社会里，消费者就是至高无上的王，没有一个厂商胆敢蔑视消费者的意志，蔑视了消费者，一切产品就会卖不出去。”德鲁克说：“企业内部认为自己所了解的市场情况很有可能是错的，因为只有顾客才真正了解市场。”[②]

（2）围绕客户需求搭建企业内部结构并建立相应的管理制度。随着企业规模的扩大，越来越多的员工远离最终客户，客户意识淡薄，自我意识膨胀。为此，就要围绕客户需求搭建企业内部结构，建立相应的管理制度。例如，建立客户委员会，建立客户服务中心；将客户满意度作为各级管理者和员工的重要考核指标；要求管理者定期会见客户，保持与客户的沟通；要求管理者和员工每人每天都要记工作日记，记录与客户沟通的情况及其他工作内容，主管领导审批，定期抽查，存入数据库。

（3）顾客需求贯穿企业活动的全过程。不是仅仅在销售环节才去考虑顾客需求，而是在企业的目标设置、产品的功能设置、技术研发、产品生产的计划、产品生产的流程、产品的质量检测、产品的销售等所有环节都要考虑顾客需求，将顾客需求贯穿企业的整个过程，把消费者是否满意以及满意的程度作为衡量企业营销工作的标准。很多企业认为占领市场是市场营销或推销部门的事，如果产品没能赢得消费者，便认为是营销人员不够优秀或者营销方式不对，这显然是片面的。如果产品质量低、价格高，或者不适合顾客的需要，再强有力的营销都无济于事。德鲁克说：“只有当顾客愿意购买商品与服务时，企业才能把经济资源转变成财富。”[③]

（4）跟上消费者需求变化的步伐。消费者的需要处于不断变化之中，企业必须经常研究市场的新动向，及时掌握市场变化的趋势，及时提供能够满足消费者需求的创新性产品。德鲁克说：“成功的管理者会走进人群，去观察顾客，从而了解到顾客的期

---

① ［美］德鲁克，马恰列洛．德鲁克日志［M］．蒋旭峰，王珊珊，等译．上海：上海译文出版社，2014：80．

② 龚俊恒．德鲁克管理思想大全集［M］．北京：中国华侨出版社，2011：153．

③ 龚俊恒．德鲁克管理思想大全集［M］．北京：中国华侨出版社，2011：152．

望及需求。”

（5）以顾客导向为主，竞争者导向为辅。有股东，不能保证企业存在，有员工也不能保证企业存在，只有拥有大量的客户，才能保证企业的存在。竞争者导向是指企业追踪竞争者的行动，注意竞争对手的行动意图，根据竞争者的行动和反应采取相应对策。以我国的微波炉为例，许多企业为了超越竞争对手，拼命地在产品功能上下功夫，于是，产品功能一个比一个复杂，其实很多功能消费者是不需要的，企业这样做就是偏离了顾客导向。海尔集团张瑞敏说：“既然客户永远是对的，剩下的错误都是企业的，那么你每天要检讨这个错误，每天要改进这个错误。”①

（6）对顾客的真实利益负责。真正对顾客负责，维护顾客的利益，而不是为了赚钱就一味地满足顾客的需要。

（7）完善顾客价值链。顾客价值链是从顾客角度对顾客消费过程的描述。顾客价值链的每个片段由若干价值活动组成，企业要找到价值链上影响顾客价值感知的重要价值活动，每一个价值活动都是顾客与企业的接触点。企业为顾客提供售前、售中、售后服务。购买前，企业要考虑如何刺激消费者需求、选择何种沟通方式以及寻找品牌差异性；购买时，企业就必须深入研究影响顾客购买决策的因素，要考虑购买过程的体验；购买后，企业应分析影响消费者满意度的因素以及决定顾客继续购买的因素。加强同顾客的沟通，为顾客提供交易、使用的便利，提供高质量的售后服务。售后服务包括使用服务、维修服务、更新服务、配套服务、回收服务。

德鲁克说：“衡量创新以及衡量质量，关键不在于‘我们喜不喜欢’，而在于‘顾客是否想要，是否乐意花钱买我们的产品’。”②

（8）提供给顾客个性化产品。依托现代最新科学技术建立的柔性生产系统，生产非标准化或非完全标准化的顾客化产品，面向不同的顾客提供不同的产品和服务。

（9）良好的服务态度。主动热情、诚实不欺、耐心周到、文明礼貌、尊重顾客。

（10）创造顾客价值。顾客价值是指产品或服务向顾客提供的效用以及顾客从中感受到的满足程度。德鲁克说：“顾客的唯一问题是：这对我有什么好处？”③要求的一致性、产品的适宜性、价格的合理性、品牌的优异性、服务的完美性，是决定顾客感受强弱的主要因素。顾客价值由产品价值、服务价值、人员价值、形象价值等构成。产品价值由产品功能、特性、技术含量、品质、品牌、交货时间、可持续性、运作成本等组成。服务价值是指伴随产品实体的出售，企业向顾客提供的各种附加服务。人员价值主要表现为服务态度、专业知识、服务技能等。形象价值是指企业及其产品在社会公众中形成的总体形象所产生的价值。许多部门为了使自己的部门利益最大化，就可能损害顾客价值，破坏顾客价值链，所以，公司需要围绕创造顾客价值，通过建立新产品落实程序、存货管理程序、订货收款程序、顾客服务程序，整合、协调各部门

---

① 唐华山．商界领袖管理语录大全集［M］．北京：人民邮电出版社，2012：272.

② ［美］德鲁克，马恰列洛．德鲁克日志［M］．蒋旭峰，王珊珊，等译．上海：上海译文出版社，2014：70.

③ 龚俊恒．德鲁克管理思想大全集［M］．北京：中国华侨出版社，2011：156.

的活动。从创造顾客价值的角度出发，就可以找到并减少那些没有增加顾客价值的企业活动。

第四节 寻找潜在顾客

寻找潜在顾客，就是寻找对推销人员的产品或服务确实存在需求并具有购买能力的个人或组织。寻找潜在顾客，需要首先界定目标市场，然后在目标市场中确定推销对象的范围。在寻找潜在顾客时要考虑两个问题：潜在顾客是否有意与本企业保持密切的关系？本企业是否需要与潜在顾客保持密切的关系？

一、寻找目标顾客的方法

寻找目标顾客的方法如下：

（1）逐户访问。推销人员在任务范围内或特定地区、行业内，用上门探访的形式，对预定的可能成为准顾客的单位、组织、家庭乃至个人无一遗漏地进行寻找并确定准顾客。

（2）连锁介绍。推销人员请求现有顾客介绍未来可能的准客户。

（3）中心人物。推销员在某一特定推销范围内发展一些有影响力的中心人物，并在这些中心人物的协助下把该范围内的组织或个人变成准顾客。中心人物的购买与消费行为，就可能在其崇拜者心目中形成示范作用与先导效应，从而引发崇拜者的购买与消费行为。

（4）个人观察法。推销人员依靠个人的知识、经验，通过对周围环境的直接观察和判断，寻找准顾客。

（5）委托助手。推销人员雇用他人寻找准顾客的一种方法。委托一些有关行业与外单位的人充当助手，在特定的销售地区与行业内寻找客户及收集情况，然后由推销员去接见与洽谈。

（6）广告开拓。推销人员利用各种广告媒介寻找准顾客的方法。对于使用面广泛的产品，如生活消费品等，适宜运用电视广告、电台广告、报纸杂志广告、招贴广告、路牌广告等开放式广告寻找潜在顾客。对于使用面窄的产品（如一些特殊设备、仪器等）和潜在顾客范围比较小的情况，则适宜采用邮寄广告、电话广告等封闭式广告来寻找潜在顾客。

（7）资料查阅。推销人员通过收集、整理、查阅各种现有文献资料，来寻找准顾客。

（8）市场咨询。推销人员利用社会上各种专门的行业组织、市场信息咨询公司、工商行政管理部门、各级统计和信息部门等机构所提供的信息寻找准顾客。

（9）网络搜寻。推销人员运用各种现代信息技术与互联网通信平台搜索准顾客。

（10）交易会寻找。利用各种交易会寻找准顾客。

（11）电话寻找。推销人员在掌握了准顾客的名称和电话号码后，用打电话的方式与准顾客进行联系而寻找准顾客。

（12）问询寻找。首先通过问询开启交谈，从中发现和激发顾客的需求，同时找到合适的切入点；其次通过问题性的问询，将顾客的注意力转移到不满意的地方；再次通过暗示性的问询，让顾客意识到小问题不解决是会出大问题的；最后通过效益性的问询，让顾客意识到产品确实能够解决他的问题。

二、寻找潜在顾客的技巧

寻找潜在顾客的技巧如下：

（1）鼓励顾客设立更高的生活目标。顾客在提高标准之后，就会觉得现在的生活状态有不如意的地方，认识到自己目前的状况并非其想象得那么好，也就产生了新的需求。

（2）满足顾客多方面的需求。顾客购物时会考虑多种因素，而各种因素在顾客心目中的权重是不同的。

$$\text{顾客利益} = u\text{（市场上产品服务的效能）} + b\text{（品牌价值）} + r\text{（关系价值）} - c\text{（产品服务的成本）} - t\text{（时间成本）}$$

在不同的顾客看来，上述五个因素的权重不同。低收入的顾客也许会把较高的权重放在 c 之上，而高收入的顾客会把较高的权重放在 b 之上。

（3）提供简单的免费服务以吸引顾客。例如，许多会计师事务所都提供免费的咨询服务以吸引新的客户。

（4）要找到顾客的痛点，有的放矢。顾客关心的不是你所述说的无数个卖点，也许只是自己心里一个小小的买点。在款式、价格、材质、工艺等方面，推销员要判断顾客看重的是什么，然后有的放矢。

（5）重视老顾客，保持现有顾客并且扩充新顾客。

（6）应对顾客异议："褒贬是买主，无声是闲人"，顾客的异议具有两面性：既是成交障碍，也是成交信号。推销员通过对顾客异议的分析可以了解对方的心理，知道他为何不买，从而对症下药，给顾客以满意的答复，促成交易。

第五节　维护顾客关系

维护顾客关系，培养忠诚顾客。忠诚顾客是指那些持续关注并且购买企业产品或者服务的顾客。开发一个新客户的成本一般比维系一个老顾客的成本高出 5~10 倍，维系一位老顾客给企业带来的价值比开发一个新顾客带来的价值却大得多。

企业可以通过以下途径维护顾客关系：

（1）建立全面的顾客数据库和完善的客户关系管理（CRM）系统。顾客档案包括顾客的姓名、性别、爱好、性格、年龄、生日、家庭情况、职业、收入情况、联系电话、成交情况。通过客户关系管理系统，收集、追踪和分析每一个客户的信息，加强与忠诚顾客的交流，观察和分析忠诚顾客的行为对企业收益的影响，把握客户需求，减少新产品的投资及开发风险，缩短新产品的开发周期，使企业与忠诚顾客的关系及企业盈利都得到最优化。采用数据库技术更加深入地了解个别顾客的行为、新兴需求和消费形态，可以进行客户忠诚度分析、客户利润分析、客户性能分析、客户未来分析、客户产品分析、客户促销分析、顾客转换成本分析。

（2）做好个性化跟踪服务。当好顾客的消费顾问，主动为顾客提供消费指导，为顾客提供新的解决方案；主动询问客户情况，免费提供相关服务，提供常规的日常维护。根据顾客的特性提供针对性强的服务。例如，亚马逊书店不仅研究个别使用者浏览和购买的产品，而且把这种顾客资料与类似的形态相结合，以便对个别顾客提出新的建议。又如，通用汽车把从不同部门获得的顾客资料库整合成一个单一的资料库，并且运用这种信息创造出涵盖各目标市场的不同品牌的新车型。

（3）与客户保持联络。赠送客户生日礼物、节假日礼物，邀请客户参加公司各种活动，如感恩年会、顾客联谊会、组织旅游等，定期向客户赠送企业刊物等。

（4）提供优质产品和优质服务。既可以“卖产品送服务”，也可以“卖服务送产品”。赢得忠诚的顾客和订单的最佳方式就是提供比竞争对手更加优质的产品质量和服务。除了在客户购买之前为他们提供优质的服务外，还要在他们购买之后提供良好的售后服务。劣质的产品或劣质的服务，会造成企业与顾客关系的破裂。企业给予某些顾客以超出正常水平的社会地位和服务，当他们受到优惠待遇时，通常会产生回报的义务感。

（5）及时处理好顾客纠纷的善后工作。服务失误伤害了顾客的感情，必然会引起顾客的不满、投诉甚至背离，及时妥善处理顾客的投诉、质询、批评和纠纷，做好善后工作，以合理的方式处理顾客纠纷，给顾客明确而清楚的信息反馈，化解顾客对立情绪。如果企业能够及时进行补救，如通过道歉、送礼物、免费提供额外服务等方式向顾客表达真诚的歉意，则可以重新赢得顾客的信赖。

（6）做好客户转介绍工作。提供给顾客的产品或服务比客户预期的要好，提高顾客的满意度；让客户对产品或服务的内涵和价值有深入的了解，客户转介绍出去的信息就会多一些；让客户在转介绍中得到一定的回报。

（7）同顾客建立共享价值观。顾客受其所处的社会阶层、社交圈或成长环境的价值观和规范影响，会持续购买并使用某种产品。在其他交易条件不变的情况下，当顾客感觉某一企业的经营理念和行为符合自己的价值观时，通常更愿意与该企业保持长期关系。例如，在韩国，由于受到整个社会强烈的民族主义的影响，大多数韩国消费者对本国农产品、汽车等有明显的偏好。

（8）同顾客保持持续消费的关系。顾客由于转换成本太高或对未来有较高的收益期望而不得不持续消费某品牌产品。顾客转换成本是指顾客从一个产品或服务的提供者转向另一个提供者时所要付出的成本。

（9）与顾客建立情感纽带。如果顾客对某品牌产品有强烈的喜爱依恋之情，或者顾客对企业人员有友好的情感，就会持续使用相关产品。

（10）以诚信的态度获得顾客信任。讲究诚信，不能向客户提供虚假信息，也不要做关于产品和服务的不真实承诺，不能让顾客有上当受骗的感觉。

（11）与顾客进行个性化沟通。与顾客沟通的记录，能够让你关注顾客曾经提到过的特别的细节、他们说过的话或者提过的要求。如果你重新提起，会让客户感觉自己受到重视。你要让客户知道你对他们的感恩、知道你对他们的欣赏。

（12）建立贵宾制或会员制。提供给会员或贵宾购买折扣，或免费物品，或免费服务，增加他们与企业的联系。

（13）教育客户。将你拥有而且顾客也想知道的知识和信息传播给顾客，培养顾客的兴趣爱好，努力成为客户的一个有效信息来源渠道，让客户了解本行业最新的产品或者科技，引导顾客对企业的产品持续关注。

（14）接受客户反馈。让顾客提出建议，从客户那里接受反馈，将这些反馈归纳成问题，然后解决它们，从而改善服务和产品。

（15）在线与客户进行互动。在一些社交媒体平台建立公司账号，与客户沟通的时候将这些社交媒体的链接发给他们，用这些社交媒体发布一些与客户相关的内容，为客户提供优惠活动信息，通过电子邮件列表向客户发送优惠券，让客户获得折扣或免费试用产品或服务。通过与客户的互动，让客户提出建议，将客户的意见融入产品开发之中，开发出来的产品就更能满足顾客的需求。

（16）正确处理顾客的抱怨。以良好的态度应对顾客的抱怨，了解顾客抱怨的原因，按照顾客的期望处理，用实际行动来化解顾客的抱怨情绪，通过另外的补偿，让抱怨的顾客获得惊喜。根据美国学者的调查研究，一位不满的顾客会把他的抱怨传达给 8~10 个人，而企业如果能当场为顾客解决问题，95% 的顾客会成为回头客；假如顾客的投诉没有得到正确处理，将有 91% 的顾客流失率。[①]

（17）建立公共关系。企业同顾客的关系是多重关系，而不仅仅是营销关系。企业与顾客之间还可以发展经济的、技术的和社会等非商品交换型的联系，增进相互信任和了解，可以发展为相互依赖、相互帮助、同甘共苦的伙伴关系，让企业获得一个忠实的顾客群。

（18）建立普遍客户关系。不分订单量的大小，都要一视同仁给予客户同等的待遇和尊重；客户单位中不分职务高低，只要是和产品销售有关的人员，都必须与其建立良好的关系。

将顾客置于自己优先考虑的位置，得到顾客的信任，才能发展起来。老子曰："后其身而身先，外其身而身存。"（《道德经》第七章）（译：遇事谦退无争，反而能在众人之中领先；将自己置之度外，反而能保全自身生存。）

① 梁齐. 领导管理 100 戒［M］. 哈尔滨：哈尔滨出版社，2008：227.

第三十七章　品牌管理

第一节　品牌的定义、特征与作用

一、品牌的定义

品牌是某一主体独有的某类产品或服务，以确定的名称、标志、形象、价值、理念、利益、特色为顾客所认知、体验、识别而形成的无形资产。英文中的品牌（Brand）一词，来源于古挪威文字“brandr”，意思是“烙印”，当时游牧部落在马背上打上不同的烙印，用以区分自己的财产。公司通过品牌使自己的产品或服务具有差异性，将自己的产品同市场内的其他产品区分开来。公司通过品牌创造了独特的价值，当顾客感知到这种独特的价值，就会去购买。

1960 年，美国营销学会（AMA）对品牌给出了定义：品牌是一种名称、术语、标记、符号和设计，或是它们的组合运用，其目的是借以辨认某个销售者或某销售者的产品或服务，并使之同竞争对手的产品和服务区分开来。现代营销学之父科特勒在《市场营销学》一书中认为，品牌是销售者向购买者长期提供的一组特定的特点、利益和服务。

中国是一个商标大国，又是一个品牌弱国。商标是由注册人按法定程序向商标注册机构提出申请，经审查予以核准的名称和标记。未经商标注册人许可，任何人皆不得仿效或使用。商标可以成为品牌的一个组成要素，而品牌的形成则需要漫长的过程。

品牌的价值包括用户价值和自我价值两部分，品牌的用户价值包括品牌的功能、质量和价值三个要素，品牌的自我价值包括知名度、美誉度和普及度三个要素。知名度是指某个品牌在市场上有多少人知道及知道些什么；美誉度是指某品牌被社会公众信任和赞许的程度。品牌的普及度可以用两个指标来衡量：一是市场覆盖率，是指品牌所辐射市场范围的大小；二是市场占有率，即品牌在全部同类商品销量中所占的比例。

当一个企业拥有的文化、理念、管理、人才、科技、资产、设备等具备了其他同类企业所无法复制和模仿的高度，那么，这个企业所创造的品牌就是独一无二的。品牌存在于消费者的心目中，企业的一举一动都会影响到消费者对该企业拥有的品牌的认知和体验。

二、品牌的特征

品牌的专有性。品牌拥有者经过法律程序的认定，享有品牌的专有权，其他企业或个人不能仿冒和伪造。

品牌的表象性。品牌是企业的无形资产，没有占据空间的实体，需要通过载体来表现自己。品牌的直接载体主要是文字、图案和符号，间接载体主要有产品的质量、产品服务、知名度、美誉度、市场占有率等。

品牌的扩张性。企业可以利用品牌的识别功能开拓市场，利用品牌资本进行扩张。

品牌的统一性。企业将经营的所有系列产品使用同一品牌，公司品牌设计与公司的产品、服务相统一，公司的品牌宣传与产品和服务的实际情况相统一。如果花巨资去作广告宣传，却不愿意花钱进行研发、招聘人才、改善管理，就会破坏这种统一性。

三、品牌的作用

品牌能为企业增值。品牌是公司的无形资产，品牌所包含的价值、个性、品质，能够给产品增加更多的价值。同样的产品，如果贴上不同的品牌标识，就会产生价格的差异。企业缺乏品牌，就只能进行高度同质化竞争，缺乏可持续的竞争优势。

品牌能够降低成本。品牌可以使顾客建立品牌偏好，有效地降低营销成本和渠道开发成本。当顾客形成品牌忠诚度，就会重复购买产品。

品牌促进产品销售。当人们有需求并且想通过购买来满足需求时，首先就会想到自己心目中已经存在的品牌，选择自己心仪的品牌产品进行消费。不同的品牌代表着不同的产品特性、不同的文化背景、不同的设计理念、不同的心理目标，顾客可以根据自己的需要进行选择。品牌可以让产品卖得更多，卖得更贵。没有强势品牌的企业，会产生营销成本高、利润低的问题。

品牌促进企业扩张。企业借助品牌的扩展能力，带动企业进入新市场，或者带动新产品打入市场，也可借助特许经营等形式实现企业的扩张。

第二节　品牌定位

品牌定位包括市场定位、价格定位、形象定位、地理定位、人群定位、渠道定位等。通过品牌定位，使某一品牌在消费者心目中占据一个独特而有价值的位置，当消费者产生相关需求时，就会想到并选择该品牌。品牌市场定位是指为某个特定品牌确定一个适当的市场位置。品牌的市场定位主要是细分市场，选择目标市场，具体定位。成功的品牌定位可以充分体现品牌的独特个性、差异化优势，当消费者被品牌的独特个性吸引时，品牌与消费者之间能够建立长期、稳固的关系。如果不能有效地对品牌进行定位，以此树立特定的消费者认同的品牌个性与形象，必然会使企业的产品淹没在众多同类的商品中。有了品牌定位，企业就可以根据品牌定位来明确发展目标，塑造自身，整合资源。

品牌定位要考虑到消费者的心理习惯。在各种消息、资料、新闻、广告铺天盖地的信息社会里，人们只看他们愿意看的事物，排斥与其消费习惯不相关的事物，对同种事物的记忆是有限的，往往只能记住市场上排名第一、第二的品牌。

任何一个品牌都不可能为全体顾客服务，只能根据自己的具体情况选择具有优势的细分市场。唯有定位明确的品牌，个性鲜明，才会形成一定的品位，让特定的顾客得到情感和理性的满足，才会形成稳定的消费群体。

市场细分是指企业根据自己的条件和营销意图把消费者按不同的标准分为一个个较小的、有着某些相似特点的子市场的做法。市场细分的主要依据有地理标准、人口标准、心理标准和行为标准。按地理标准细分，就是按国家、省、地区、县、市或居民区等，将市场分为不同的地理单位。按人口标准细分，就是根据消费者的年龄、性别、家庭规模、家庭生命周期、收入、职业、受教育程度、宗教信仰、种族以及国籍等因素，将市场分为若干群体。按心理标准细分，就是根据消费者所处的社会阶层、生活方式及个性特征对市场加以细分。按行为标准细分，就是根据消费者对品牌的了解、购买的时机、购买的频率、购买的目的、使用情况、态度等因素对市场进行细分。在进行市场细分时，要分析拟进入的市场是否可以衡量、预测，是否具有一定的人口数量规模，是否可以借助一定的途径进入。

在进行品牌定位时，应当分析品牌产品与客观环境之间的关系，不仅要分析外部环境条件，分析同类其他产品的特征和属性，还要分析本企业的实际情况，分析自身产品的特征和属性。在产品严重同质化的情况下，通过展示某一品牌产品背后的故事、生产产品企业的形象、产品所体现的感情色彩、文化内涵、服务以及企业给消费者带来的利益，才能使这一品牌产品与同类产品区别开来。

品牌定位具体体现在以下方面：

类别定位：依据产品的类别建立起品牌联想，力图在消费者心目中形成该品牌等同于某类产品的印象。例如，喜之郎提出了“果冻布丁喜之郎”的口号，让人们提到果冻布丁就想起喜之郎，提到喜之郎就想起果冻布丁。

比附定位：以竞争者品牌为参照，攀附竞争者名牌，借助知名品牌的声誉来提升本品牌的形象。例如，内蒙古的宁城老窖定位为“宁城老窖——塞外茅台”，蒙牛提出了“为民族争气、向伊利学习”的口号。

利益定位：根据产品或者服务能为消费者提供的利益来定位。例如，海飞丝定位于“去头屑”；潘婷则定位于“护发”。

USP 定位：寻找产品中最符合消费者需要而且竞争对手所不具备的独特部分加以定位。例如，在汽车市场上，宝马宣扬“驾驶的乐趣”，沃尔沃定位于“安全”，奔驰定位于“高贵、王者、显赫、至尊”。

目标消费者定位：以某类消费者为对象进行定位，针对目标消费者的需求提供相对应的产品和利益，通过名称、广告等方式让目标消费者产生心理上、情感上的认同。例如，“太太口服液”，就明确指向“太太”。20 世纪 30 年代，美国菲利普·莫里斯烟草公司推出了万宝路香烟，由于带过滤嘴，焦油含量较低，被人们认为是“女性香烟”，影响了销路。公司为了吸引男性消费者，就引入“男性”因素，改换代表热烈、勇敢和功名的红色包装，让壮实粗犷的牛仔担任万宝路香烟广告的主角，终于使万宝路香烟的销量和品牌价值位居世界香烟排名榜首。

市场空白点定位：通过细分市场，占领市场上未被人重视或者竞争对手还未来得及占领的细分市场，推出能有效满足这一细分市场需求的产品或者服务。

档次定位：不同档次的品牌会带给消费者不同的心理感受和情感体验，如酒店、宾馆按星级划分为1~5个等级。高档次品牌会给消费者带来自尊和优越感，如价格高昂的劳力士表是财富与地位的象征。台湾顶新集团以“康师傅”品牌占据中档方便面市场，又以“福满多”品牌进军低档方便面市场。

质量/价格定位：结合质量和价格来定位，以满足不同消费者的需求，如有的需求“高质高价”，有的需求“物美价廉”。

文化定位：将某种文化内涵融入品牌之中，形成文化上的品牌差异。例如，金六福融入中国“福运文化”，定位于“金六福——中国人的福酒”。

比较定位：通过与竞争对手的客观对比，抓住知名竞争对手的弱点来向消费者推销自己的优点。例如，泰诺宣传：“为了千千万万不宜使用阿司匹林的人们，请大家选用泰诺。”

情感定位：运用产品直接或间接地冲击消费者的情感体验，用恰当的情感唤起消费者内心深处的认同和共鸣。例如，“娃哈哈”结合儿童的天性为品牌命名。

首席定位：强调自己在同行业或同类产品中处于领先地位。例如，百威啤酒宣传自己是“全世界最有名的美国啤酒”。

自我表现定位：展现品牌的某种独特形象，宣扬品牌的独特个性，让消费者借助品牌产品表达个人价值观、审美情趣、个性特征。例如，李维牛仔宣传：“不同的酷，相同的裤。”

功能性定位：将品牌与一定环境、场合下产品的使用情况联系起来，以唤起消费者在特定情景下对该品牌的联想。例如，“王老吉”的广告词“怕上火喝王老吉”，体现了“王老吉”的凉茶功能。

第三节　品牌塑造

品牌塑造是一项长期的系统工程，包括品牌定位、品牌形象设计、品牌形象整合传播、品牌形象建设及维护。品牌塑造主要做好以下几方面的工作：

一、产品与服务的高品质

没有高质量的产品和服务，品牌建设就是一句空话。许多品牌就是因为产品和服务的质量出了问题而倒下。著名品牌都拥有高质量的经典产品。每个强大的品牌背后一定有企业强大的产品研发团队作支撑。乔布斯带领团队潜心于创新技术的开发和创新产品的研发，才能让苹果品牌再度崛起。曾宪梓说："优良的品质是名牌产品的根本保证。一种商品如果质量不过关或不稳定，不管你花多大的宣传费也不会畅销的。"①

二、品牌差异化建设

通过品牌的差异化建设，使品牌与众不同、别具一格、保持个性，让大众易于识别并且印象深刻。要根据消费者需求、企业本身的优势和竞争环境情况等因素推进品牌的差异化建设。不符合消费者需求的差异化，没有任何价值。

三、保持领先

永远保持在某个领域的领先地位，是许多知名品牌成功的法宝。领先包括标准领先、特色领先、科技领先等方面。

四、建设企业文化识别系统

企业文化识别系统包括理念识别系统、视觉识别系统、行为识别系统。理念识别系统放在精神管理一章论述，行为识别系统放在行为管理一章论述，在此重点论述视觉识别系统。

视觉识别系统（VIS），是借助视觉传播媒体，将企业文化的抽象语意转换为人们可以识别和记忆的具体符号或图案。企业名称、专用品牌标准名称、企业标志、企业标准字、企业标准色、产品专用标志等是企业视觉识别体系的基础要素。企业视觉识别体系的基础要素应用于企业空间结构布局、企业环境、企业产品、企业办公用品、企业服装服饰、运输工具等方面，并通过企业广告、企业宣传画册、企业展示、企业雕塑、企业礼品、企业文化宣传栏、企业影视、企业数字化传播系统、企业文化内刊、企业文化园等方式进一步延伸和拓展，从而形成鲜明而统一的企业整体视觉形象。企业空间结构布局方面包括厂容厂貌、厂房造型、场地绿化、交通布局、车间布局、店铺橱窗、内部装饰等。企业环境方面包括工作环境（照明、温度、湿度、色彩、绿化程度、安静程度、整洁程度、音乐等）和生活环境（居住条件、环境卫生、配套服务设施等）。企业产品方面主要体现在产品质量、产品形象、产品包装上。企业数字化传播系统包括企业网站、OA 系统、博客、微博、微信、电子邮箱、电话、QQ 等。

企业在品牌建设过程中，应当重视品牌价值的可视化，让消费者直接感知到品牌的核心价值。例如，服务员当着顾客的面把封装的牛油放进火锅里，这就是火锅品牌使用好牛油这一理念的可视化传递。

五、赋予产品文化内涵

赋予品牌深刻而丰富的文化内涵，增加产品的附加值，让产品成为文化的载体，

① 唐华山．商界领袖管理语录大全集［M］．北京：人民邮电出版社，2012：243．

使有追求文化品位的消费者在使用产品时得到精神方面的满足，以此形成消费者对品牌在精神上的高度认同，借助文化的持久性，使品牌得以长久存在。例如，一家生产茶具的企业将清代的茶文化嵌入其中，刻上每月的应时花卉，制成“乾隆御杯”。品牌在发展过程中会不断留下史实、证据、故事、相关物件，是品牌的文化沉淀，弥足珍贵，要妥善保管并适时展现。

六、突出的终端表现

品牌产品的终端表现对品牌塑造有直接的影响。终端表现力包括终端能见度、终端陈列规范、终端人员的素质等。保持良好的品牌产品终端能见度，保持终端陈列的美观度，让消费者在不同的终端售点都能够看到自己的品牌产品，产生很好的产品使用体验，留下深刻的印象，形成良好的口碑。通过活动进行产品营销，让消费者对产品有直接体验，增强顾客的购买欲望。活动营销具有很强的互动性，主办方能及时得到顾客的反馈，并进行调整。

七、有效的广告宣传

通过广告提升品牌的知名度和美誉度。品牌建设需要取一个好名字，设计一个好标识。企业在宣传自己产品时，切忌四面开花，而是要对产品需要突出的绝对优势加大宣传，形成点睛之笔，打造产品的亮点。“海飞丝”的功效是多方面的，但使用“去屑升级，无懈可击”的口号，就突出了重点。广告创作要从消费者的需求出发，为消费者制造一种满足感，创造一个消费的理由。中小企业可以运用低成本的宣传媒体，比如终端 POP 广告、网络广告、公交车体广告、横幅广告、墙体广告、经销商门头广告、直邮广告、报纸挂牌广告、短信广告等。大型企业的企业领袖的宣传或企业领袖的自我宣传，都有助于提升品牌价值，如乔布斯之于苹果、盖茨之于微软、柳传志之于联想、马云之于阿里巴巴。品牌的知名度可以凭借广告的狂轰滥炸在短期内达到，但广告无法建立品牌的美誉度和忠诚度。

八、坚守核心价值

美国兰德公司曾耗时 20 年跟踪了 500 家世界大公司，发现其中百年不衰的企业的共同特点就是始终坚持四种价值观：一是人的价值高于物的价值；二是共同价值高于个人价值；三是社会价值高于利润价值；四是用户价值高于生产价值。实际上，企业如果拥有这四种价值观，就是去发现并满足了顾客的需求。例如，手机制造商发现用户有“拍照”的需求，就去研发手机拍照功能。又如，马云倡导的“让天下没有难做的生意”，作为阿里巴巴的价值理念，满足了众多商家的需求。

九、保持稳定性

“合抱之木，生于毫末；九层之台，起于累土；千里之行，始于足下。”（《道德经》第六十四章）品牌需要通过持之以恒的努力加以打造。品牌建设就像是一棵树的成长，每天生长一点点，长久积累，经历漫长的过程而成长为参天大树。品牌建设要保持稳定性和连续性，如果创建过程中经常变动品牌定位、品牌形象、品牌个性，就会给大众以模糊和混乱的印象。在企业更换新的策划公司和新的策划人员时，新来者为了体现技高一筹，通常会否定此前的策划方案，从而破坏稳定性。但也不能一成不变，在建设过程中可以有以下变化：为品牌开发新的产品载体、提升品牌的产品载体形象、对品牌的 LOGO 进行升级改造、提升品牌理念、更新广告诉求等。

十、注重整体性

企业品牌是由企业历史、经济效益、社会效益、企业文化、员工素质、技术水平、产品质量、经营特色、管理水平等要素构成的，整体形象是由各个要素的具体形象综合而成的。对于社会大众而言，他们不可能关注到企业品牌的方方面面，他们只会看到舆论所关注的某一方面或某些方面，如果这一方面或这些方面表现良好，就会在公众心目中留下良好印象，如果这一方面或这些方面表现不好，就会在公众心目中留下坏的印象。品牌延伸要非常谨慎，在品牌关联度高的产品范围内延伸，向品牌联想性强的产业延伸，不能因延伸到某些产品而导致品牌形象的破坏。

第三十八章　营销管理

第一节　市场营销

一、市场的定义

市场是实现资源有效配置的主要方式。只有民主法治和信息透明，才能确保经济行为主体的权、责、利界定分明，确保竞争的有效性和公平性，确保政府实行必要的、有效的宏观调控。

市场调节原理是，在理想的市场制度中，供给和需求通过价格涨落机制得到灵活调节和自动平衡。但由于信息的残缺性、滞后性、自发性、盲目性，由于根据价格信号及时投资的灵活转移需要成本并且需要时间，由于资源是有限的，就会产生“市场失灵”的现象。政府可以通过打压垄断、鼓励竞争、规范市场、激励生产等方式，对经济进行干预。

市场定位包括产品定位（包括质量、成本、特征、性能、可靠性、款式）、企业定位（即企业形象塑造品牌、员工能力、知识、言表、可信度）、竞争定位（确定企业相对于竞争者的市场位置）、消费者定位（确定企业的目标顾客群）。

二、营销的定义

营销是个人或组织通过构思、创造、传播、交换产品或服务，满足顾客需要，并为交易双方带来价值的一系列活动。

营销的定义包含以下方面：

（1）营销提供的不仅是产品，还有服务；不仅是物质产品，还有精神产品。

（2）营销不仅包括销售，而且涵盖了产品和服务从调研、构思、创造、定价、传播、销售到售后服务的全过程。

（3）满足顾客需要才能吸引顾客、获取顾客、维持顾客。

（4）营销至少有两个主体，营销给交易双方都带来价值，在为顾客提供产品和服务的同时，给自己带来利润。

（5）营销贯穿企业活动的全过程，需要企业各部门相互协作：技术开发部门根据顾客的需要开发人们愿意购买的商品，财务部门按照市场营销需要供给资金，生产部门生产顾客需要的产品，销售部门向存在需要的顾客进行销售。

市场营销目标应包括：销售量、利润额、市场占有率等量的目标，提高企业形象、知名度、获得顾客等质的目标，还有市场开拓，新产品的开发、销售，现有产品的促销等其他目标。

随着市场营销学应用范围的扩大，市场营销学从基础市场营销学扩展为工业市场营销学、服务市场营销学、社会市场营销学、政治市场营销学及国际市场营销学。

三、营销的基本流程

营销的基本流程包括：①市场机会分析；②市场细分；③目标市场选择；④市场定位；⑤新产品开发；⑥吸引客户（寻找和识别潜在顾客，营销策划、品牌推广、市场宣传、产品展示、洽谈签约等）；⑦订单执行（产品供应、发货运输、货款结算等）；⑧售后服务；⑨信息反馈。

四、营销渠道

营销渠道是指产品或服务转移所经过的路径。德鲁克说："企业只有具有一个畅通的销售通路，才能把产品运送到顾客手中。"①

渠道的结构如下：

（1）长度结构

零级销售渠道：生产者→消费者。产品或服务直接由生产者销售给消费者，大型或贵重产品以及技术复杂、需要提供专门服务的产品销售主要采取零级渠道。

一级销售渠道：生产者→零售商→消费者。

二级销售渠道：生产者→批发商→零售商→消费者。

三级销售渠道：生产者→代理商→批发商→零售商→消费者。

生产者→批发商→中间商→零售商→消费者。

（2）宽度结构

渠道的宽度结构分为以下三种类型：

密集型分销渠道：制造商在同一渠道层级上选用尽可能多的渠道中间商分销自己的产品。

选择性分销渠道：在某一渠道层级上选择少量的渠道中间商进行商品分销。

独家分销渠道：在某一渠道层级上选用唯一的一家渠道中间商。

（3）广度结构

许多公司实际上使用了多种渠道的组合，即采用了混合渠道模式进行销售。比如，有的公司针对大的行业客户，在公司内部成立大客户部直接销售；针对数量众多的中小企业客户，采用广泛的分销渠道。

---

① 龚俊恒．德鲁克管理思想大全集［M］．北京：中国华侨出版社，2011：256.

第二节 营销方式（上）

以下各种营销方式可以交叉使用。

目标营销：企业把市场区隔成几个明显的消费群，选择一个或多个市场区隔作为进入的目标，根据所选择的目标市场来开发产品，开展营销活动。在评估市场区隔时，要检视潜在的区隔是否具备适当的规模、获利的潜力、成长的特性，是否符合公司的目标与资源。史蒂夫·乔布斯说："苹果公司未来衰落的最根本的原因将是没有生产出顺应市场需要的产品。"①

市场区隔通常有以下四类：

（1）地理区隔：即将市场分割成不同的地理单位，如不同的国家、不同的省份、不同的市，针对区域性需求及偏好差异，调整其营销策略。

（2）人口统计变量区隔：以年龄、性别、家庭形态、所得、职业、受教育程度、宗教、种族等人口统计变量来分割市场。

（3）心理变量区隔：以社会阶层、生活形态、人格等因素来分割市场。

（4）行为区隔：以消费者的知识、态度、使用状态或对产品的反应来分割市场。

数据库营销。通过收集和积累消费者大量的信息，建立、维护和利用顾客数据库，给产品精确定位，预测消费者的购买倾向和消费行为，有针对性地制作营销信息，建立并维护客户关系。

直复营销。通过个性化的沟通媒介向目标市场成员发布信息，以寻求对方直接回应（问询或订购）。有直接邮购营销（经营者自身或委托广告公司制作宣传信函，分发给目标顾客）、目录营销（经营者编制商品目录，并通过一定的途径分发到顾客手中）、电话营销、电视营销、电脑网络营销、整合互动营销等方式。

关系营销。企业与客户和其他利益相关者之间建立、保持并稳固一种长远的关系，通过满足客户的想法和需求，赢得客户的偏爱和忠诚。

绿色营销。企业为了迎合消费者绿色消费的消费习惯，向消费者提供科学的、无污染的、有利于节约资源使用和符合良好社会道德准则的商品和服务，并采用无污染或少污染的生产和销售方式，引导消费者满足有利于环境保护及身心健康的需求。

病毒营销。利用客户口碑传播的原理，信息传播可以像病毒一样迅速蔓延，这种传播是客户之间自发进行的，几乎不需要费用。常用于网站推广、品牌推广等。

危机营销。企业在面对危机、灾难时采取的一系列营销措施，以期最大限度地减少危机给企业造成的不良影响。企业管理者必须及时发现可能发生的危机，并迅速准确地判断危机产生的原因及影响程度，马上对危机进行控制，防止其进一步恶化，力争将"危险"转化为"机会"，提升企业竞争力。

---

① 唐华山. 商界领袖管理语录大全集［M］. 北京：人民邮电出版社，2012：48.

知识营销。通过知识与信息的传播，让消费者建立新的产品概念，进而使消费者萌发对新产品的需要。知识营销增加营销活动的知识含量使客户在消费的同时学到新知识；挖掘产品文化内涵，注重与消费者形成共鸣的观念价值；形成与消费者结构层次上的营销关系；培训顾客，进行针对性的销售。

个性化营销。企业建立消费者个人数据库和信息档案，与消费者建立更为个性化的联系，及时了解市场动向和顾客需求，按顾客要求进行生产，向顾客提供一种个性化的销售和服务。为了获得某些个性化服务，在个人信息可以得到保护的情况下，用户才愿意提供有限的个人信息，这正是开展个性化营销的前提保证。

创新营销。把创新理论运用到市场营销中，进行营销观念创新、营销产品创新、营销组织创新和营销技术创新，抢在别人之前淘汰自己的产品。

整合营销。制造商和经销商营销思想上的整合，两者共同面向市场，将广告、促销、公关、直销、包装、新闻媒体、客户的直接沟通等一切传播活动加以综合，将广告、销售团队同消费者的口碑结合起来，协调使用各种不同的传播手段，发挥不同传播工具的优势，对分散的传播信息进行整合，将统一的传播资讯传达给顾客，产生最有效的传播影响力。

文化营销。赋予产品更丰富的文化内涵，彰显产品的文化特色，从而使产品具有更高价值和更大吸引力。

消费联盟。某个营销主体以自愿入会的方式吸纳消费者加盟，消费者取得该主体及其营销网络的消费资格，营销主体将消费者在其营销网络中的累计消费金额折算成消费积分，然后根据消费者积分的多少，按一定比例给予消费者回报，从而建立忠实的消费者群体。

后端收益营销。在能够获得更多的新顾客量的情况下，或者在保证顾客有后期消费的情况下，为保证长远利益而牺牲眼前利益，企业可以在做第一次交易时实现保本甚至赔本。

连锁营销。总部是法人，实行统一管理、统一进货、统一核算、统一商号、统一库存、统一定价、统一服务规范，实行专业化、标准化、简约化管理。物流集中配送，可以取得价格优势，不断提高选购商品的准确性和科学性，而各分店则能享受到集中进货带来的低成本优势。

广告营销。锁定目标客户，将广告投向特定的消费群；根据顾客的需求点，定位产品的卖点；为顾客考虑能否解决他的问题，能否给他带来好处，能否给他创造价值；用最简单的语言去和客户沟通，而不是用专业的语言去沟通。通过广告宣传，使产品与理想的生活结合起来，变成身份的象征，变成消费的时尚。

事件营销：企业通过策划、组织和利用具有新闻价值、社会影响以及名人效应的人物或事件，吸引媒体、社会团体和消费者的兴趣与关注，以求提高企业或产品的知名度、美誉度，树立良好的品牌形象，并最终促成产品或服务的销售。

第三节　营销方式（下）

体育营销。体育营销是指以体育活动为载体来推广自己的产品和品牌的一种市场营销活动。

活动营销。主办方以活动为核心载体，通过整合相关社会资源、媒体资源、受众资源、赞助商资源而构建的一个全方位的内容平台、营销平台、传播平台，为主办方及活动参与各方带来一定的社会效益和经济效益。活动营销大致可分为企业活动营销、城市活动营销、媒体活动营销、非营利组织活动营销等。

网络营销。是指以互联网为基本手段营造网上经营环境的各种活动。网络营销的特点是即时互动和即刻交易（下订单），网络营销包括互联网营销（电子商务）。企业自己建立网站，将网站的广告信息发布到用户浏览量较高的商务网站上，通过网站推广提高网站的浏览量。网络营销的职能包括网站推广、品牌展示、信息发布、在线调研、顾客关系、顾客服务、销售渠道、销售促进、在线交易九个方面。在传统媒体时代，信息传播自上而下进行单向线性流动，消费者只能被动接受。在网络媒体时代，信息传播是“集市式”，信息多向、互动式流动。常用的网络营销有搜索引擎营销、电子邮件营销、即时通信营销、BBS 营销、博客营销、播客营销、RSS 营销、SN 营销、创意广告营销、口碑营销、体验营销、趣味营销、知识营销、整合营销、事件营销等。搜索引擎营销就是根据用户使用搜索引擎的方式，利用用户检索信息的机会通过搜索引擎返回的结果，尽可能将营销信息传递给目标用户，以此来获得更好的销售或者推广效果。

体验营销。由于消费者情感消费的比重提高了，个性化需求增加了，更加注重接受产品时的感受，消费过程变为一种体验过程，以关注顾客体验为核心的体验营销便成为企业的必然选择。如苹果公司开设的专卖店，任何光顾者都可以使用店中摆放的电脑，免费上网、听音乐、看电影、打游戏等，使顾客体验苹果带来的激情享受，进而从感情上接受苹果。

情感营销。借助情感包装、情感促销、情感广告、情感口碑、情感设计等策略来实现企业的经营目标。它注重和顾客、消费者之间的感情互动，能抓住消费者的心理，适用于一对一的诉求。

黏性营销。企业为了能够使顾客持续购买企业的产品，不断推出后续产品，使顾客对企业的产品产生依赖性。美宝莲推出第一款睫毛膏之后，又顺势推出眼影、眼线笔、粉底、唇膏、指甲油等化妆品，让那些忠于美宝莲的顾客，接连购买其推出的各种新产品。

联合营销。是指两个以上的企业或品牌拥有不同的关键资源，而彼此的市场有某种程度的区分，为了彼此的利益，进行战略联盟，交换或联合彼此的资源，合作开展营销活动，以创造竞争优势。

公益营销。企业通过公益等实际行动，既表达企业的社会责任感，又使社会受众群体对企业产生良好的印象，推广其商品或服务。

上门营销。由推销人员携带产品的样品、说明书和订单等走访顾客，推销产品，可以针对顾客的需要提供有效的服务，方便顾客。

奖励营销。是指在受众接受营销信息的同时可以获得奖励，或者在购物时获得奖励。有以下多种方式：购物时赠送赠品；奖励推荐；将营销信息附加在赠品上；提供优惠券；免费试用；抽奖；有奖竞猜。

整体营销。由企业内部的各个部门相互之间协同作战，共同做好市场营销工作：市场调研部门要提供准确的市场需求信息；经营管理部门要把市场需求预测资料转变成生产指令；技术开发部门要完成产品设计和技术准备工作；生产部门要在顾客产生需求之前将相应的产品生产出来；财务部门要筹集到资金并提供给采购部门；人事部门要对工人进行技术培训和岗位责任教育；公共关系部门要在顾客心中建立高尚的企业形象和企业产品形象；广告宣传部门要有效地展开广告宣传攻势；促销部门要组织对潜在顾客有吸引力的促销活动；销售渠道和网络管理部门要争取尽可能多的中间商经销或代销企业的商品。

大市场营销。美国营销学家菲利浦·科特勒提出，企业为了进入特定的市场，并在那里从事业务经营，在策略上应协调地运用经济的、心理的、政治的、公共关系等手段，以获得各有关方面如经销商、供应商、消费者、市场营销研究机构、有关政府人员、各利益集团及宣传媒介等的合作及支持，从而达到预期目的。大市场营销十分注重调和企业与外部各方面的关系，以排除来自人为的（主要是政治方面的）障碍，通过企业的各种活动施加影响或运用权力疏通关系去改变某些环境因素，打通产品的市场通道。

风险逆转营销：针对每个产品找出顾客的抗拒点（即顾客不愿意购买，或者有顾虑难以下决心购买产品的原因），针对顾客的每个抗拒点制订具体的风险逆转方案，承诺顾客将来如对产品不满意，可以退还所有货款，或者可以获得相应的补偿，也就是将风险从顾客身上转移到自己身上，从而打消顾客的顾虑，实现最终成交。

第四节　市场营销组合

市场营销组合是指企业针对目标市场的需要，综合考虑环境、能力、竞争状况，对自己可控制的各种营销因素（产品、价格、分销、促销等）进行优化组合和综合运用，使之协调配合，扬长避短，发挥优势，以取得更好的经济效益和社会效益。

一、市场营销的 11P 组合

1960 年，麦卡锡（E. J. McCarthy）在《基础营销》一书中提出 4P 组合的概念，科特勒在原 4P 的基础上形成 6P 组合，又提出新的 4P 组合，后来又有人提出要加上为人们（People）服务的正确的指导思想，形成了市场营销的 11P 组合。

11P 分别为：

（1）产品（Product）：包括产品的特性、质量、外观、附件、品牌、商标、包装、担保、服务等要素，还包括新产品开发、产品生命周期、品牌策略、交货期等。

（2）价格（Price）：包括确定定价目标、制定产品价格原则与技巧等内容，其影响因素包括付款方式、信用条件、基本价格、折扣、批发价、零售价等。

（3）促销（Promotion）：企业与消费者沟通，将产品信息传播给目标市场。促销的形式则包括广告宣传、公共关系、促销活动、人员销售、口碑操作等。

（4）分销（Place）：是指为了达到产品分销目的而建立合适的销售渠道。让产品更顺畅地到达顾客手中，既要保证分销成本低廉，又要保证满足顾客对送货期、送货量、装配服务、疑难咨询等方面的要求。

（5）政治（Politics）：依靠两个国家政府之间的谈判，打开另一个国家市场的大门，依靠政府人脉，打通各方面的关系。

（6）公共关系（Public Relations）：利用新闻宣传媒体的力量，树立对企业有利的形象报道，消除或减缓对企业不利的形象报道。

（7）探查（Probe）：就是市场调研，通过调研了解市场对某种产品的需求状况。

（8）分割（Partition）：市场细分的过程，按影响消费者需求的因素进行分割。

（9）优先（Priorition）：选出目标市场。

（10）定位（Position）：为自己生产的产品赋予一定的特色，在消费者心目中形成一定的印象。

（11）人员（People）：People 不单单指员工，也指顾客。

20 世纪 90 年代，美国市场学家罗伯特·劳特伯恩（Robert Lauterborn）提出了“4C”组合：顾客（Customer）、成本（Cost）、便利（Convenience）、沟通（Communication）。21 世纪初，美国学者唐·舒尔茨（Don Shultz）提出了基于关系营销的“4R”组合：关联（Relevance）、反应（Response）、关系（Relationship）和回报（Return）。“4R”组合主要关注以下问题：企业必须通过某些有效的方式在业务、需求等方面与顾客建立关联，及时地倾听顾客的希望、渴望和需求并及时作出反应来满足顾客的需求，与顾客建立长期而稳固的关系，注重企业在营销活动中的回报。

二、市场营销组合的相关分析

市场营销组合的相关分析具体体现在以下方面：

（1）运用营销因素组合时，必须分析自己的优势和劣势，以便扬长避短。不同行业的不同产品，侧重使用的营销因素应当不同。

（2）企业有必要充分了解目标顾客的需要、消费模式、购买行为特点，了解顾客的所在地、人口方面的特点及供求状况等，以便规划合理的营销组合。市场营销组合中的各个因素应围绕明确目标市场进行最优组合。

（3）系统论的整体观强调整体的功能大于各要素功能之和，且具有各要素都不具备的新的属性和特点。各个营销要素之间的组合，产生一种整体协同作用，而整体协同作用大于原来每一种要素的作用之和。

（4）系统与外部环境的联系是将物质、能量、信息输入系统转换，再将物质、能量、信息输出系统。充分考虑营销环境对市场营销组合的制约性和适应性，随着市场竞争和顾客需求特点及外界环境的变化，必须对营销组合进行随时纠正、调整，使其保持竞争力。

（5）注重市场营销组合中各个因素之间的协调性。企业在重点使用某一营销因素时，要重视其他因素的配合作用，才能达到理想的效果。市场营销组合是一个动态组合，只要改变其中的一个要素，就会出现一个新的组合，产生不同的营销效果。

（6）企业不仅要考虑开拓客户数，还要有效管理投资者、监管者、雇员、合作者、社团等利益相关各方，才能得到发展。

第五节　营销策略

具体的营销策略如下：

（1）无差异性目标市场策略。只推出单一产品，以统一的广告宣传方式和统一的宣传内容进行宣传，把整个市场作为一个大目标开展营销，强调消费者的共同需要，忽视其差异性。若企业投放市场的是同质的或相似的产品，如汽油、食盐等，那就采取无差异营销策略。优点在于，有利于标准化与大规模生产，有利于降低生产、存货、运输、研究、促销等成本费用。局限性在于，同行业中如果有几家企业都实行无差异市场营销时，在较大的子市场中竞争将会日益激烈，而在较小的子市场中需求将得不到满足。任正非曾经提出：在争抢大数据流量机会点时，华为所占市场份额最好控制在 1/3，而剩下的留给竞争对手。这是为了让自己与竞争对手共同构成良好的生态圈，让自己时时感到竞争的压力，从而保持自己的生命力。[①]

（2）差异性目标市场策略。把整体市场划分为若干细分市场作为其目标市场，设计不同的产品，并在渠道、促销和定价方面都加以相应的改变，以适应各个子市场的需要。当市场上同类产品的竞争对手众多时，企业为强化购买者对该产品的印象，采用差异营销。通过多样化的渠道和多样化的产品线进行销售，通常会使总销售额增加，但也会使企业的生产成本和市场营销费用增加。任正非发现大型跨国企业垄断了城市的通信市场，而农村市场则无人问津，这就为华为的生存创造了空间。

（3）集中性目标市场策略。选择一个或几个细分化的专门市场作为营销目标，集中企业的优势力量，对某细分市场采取攻势营销战略。资源有限的中小企业或是初次进入新市场的大企业，由于生产和市场营销方面实现专业化，比较容易在这一特定市场占据有利地位。因为目标市场范围比较狭窄，一旦市场情况突然变坏，企业可能陷

---

① 黄继伟. 华为内训［M］. 北京：中国友谊出版公司，2016：243.

入困境。通用电气公司董事长杰克·韦尔奇说："你不要去办一个食堂——让一个食品公司去做吧；也不要开一个打印车间——让一家打印公司去做吧。你们应当明白，你们真正的附加值在何处，这样你们才可以将最优秀的员工和最丰富的资源集中在某个地方。"①

（4）功效优先策略。将产品的功效视为影响营销效果的第一因素，优先考虑产品的质量及功效优化。

（5）价格适众策略。产品的价位要得到产品所定位的消费群体大众的认同；产品的价值要与同类型的众多产品的价位相当；确定销售价格后，所得利润率要与经营同类产品的众多经营者相当。价格不应仅由卖方设定，而应由买卖双方共同决定。德鲁克说："产品定价的出发点应该是顾客支付得起并且也愿意支付的价格。"（《管理的实践》）

（6）品牌提升策略。改善和提高影响品牌的各项要素，提高品牌知名度和美誉度。购买者通过品牌可以了解各种产品的质量好坏，品牌化有助于购买者提高购物效率。

（7）现身说法策略。现身说法策略就是用真实的人使用某种产品产生良好效果的事实作为案例，通过宣传手段向其他消费者进行传播，达到刺激消费者购买欲望的策略。

（8）媒体组合策略。媒体组合策略就是将宣传品牌的各类广告媒体按适当的比例合理地组合使用，刺激消费者购买欲望，树立和提升品牌形象。

（9）单一诉求策略。单一诉求策略就是根据产品的功效特征，选准消费群体，准确地提出最能反映产品功效，又能让消费者满意的诉求点。

（10）终端包装策略。根据产品的性能、功效，在直接同消费者进行交易的场所进行各种形式的宣传。主要形式：在终端张贴介绍产品或品牌的宣传画；在终端拉起宣传产品功效的横幅；在终端悬挂印有品牌标记的店面牌或门前灯箱、广告牌等。

（11）网络组织策略。根据营销的区域范围，建立稳定有序的相互支持协调的各级营销组织。

（12）动态营销策略。根据市场中各种要素的变化，不断地调整营销思路，改进营销措施，使营销活动动态地适应市场变化。

（13）直接营销策略。产品的所有权从生产者手里直接转移到用户或最终消费者手里，省去了传统营销渠道中的诸多中间环节，有利于降低售价，有利于改进产品和服务。

第六节　市场调查

市场调查要注意以下原则：

（1）掌握的信息是全面的而非片面的。

（2）掌握的信息是双向的而非单向的。既要看到有利的因素，也要看到不利的因

---

① 唐华山. 商界领袖管理语录大全集［M］. 北京：人民邮电出版社，2012：46.

素；既要看到机会，也要看到威胁。

（3）掌握的信息是真实的而非虚假的。

（4）掌握的信息是必要的而非繁杂的。

一、消费者研究

消费者研究是对消费群体通过认知、态度、动机、选择、决策、购买、使用等阶段实现自身愿望和需要进行的研究，主要包括消费者需求研究、消费行为与态度研究、客户满意度研究三个方面。通过消费者研究能有效解决以下问题：产品定位、市场细分、新产品开发、产品定价、分销渠道的选择、广告和促销策略的制定、品牌管理等。腾讯形成一个"10/100/1000 法则"：产品经理每个月必须做 10 个用户调查，关注 100 个用户博客，收集反馈 1000 个用户体验。①

消费者权利主要包括：

（1）安全权：包括人身安全权和财产安全权。

（2）知情权：知悉商品和服务真实情况的权利。

（3）自主选择权：消费者享有自主选择商品或者接受服务的权利。

（4）公平交易权：消费者享有公平交易的权利。

（5）求偿权：消费者享有依法获得赔偿的权利。

（6）结社权：消费者享有依法成立维护自身合法权益的社会团体的权利。

（7）获得有关知识产权：消费者享有获得有关消费和消费者权益保护方面的知识的权利。

（8）人格尊严权：具体表现为名誉权、肖像权、姓名权、隐私权、荣誉权。

（9）监督权：消费者享有对商品和服务以及保护消费者权益工作进行监督的权利。

德鲁克说："了解顾客并不容易，但与他们进行近距离接触是最好的方法。"②

二、宏观市场营销环境分析

市场营销环境是企业营销活动的资源基础，是企业制定营销策略的依据。环境给企业营销带来机会，环境也会给企业营销带来威胁。

宏观市场营销环境是指企业无法直接控制的因素，是通过影响微观环境来影响企业营销能力和效率的一系列巨大的社会力量。既要看到宏观市场营销环境的变化对企业的市场营销活动产生有利的影响，也要看到宏观市场营销环境的变化对企业的市场营销活动产生不利的影响。

（1）人口环境：人口总量、年龄结构、地理分布、婚姻状况、出生率、死亡率、人口密度、人口流动性、文化教育水平、职业、疾病、城市化、客流的移动特点等。

（2）经济环境：国内生产总值、收入与支出水平、购买力、储蓄与信贷情况、经

① 张继辰．腾讯的企业文化［M］．深圳：海天出版社，2015：13．

② 龚俊恒．德鲁克管理思想大全集［M］．北京：中国华侨出版社，2011：162．

济发展水平、外贸收支情况等。

（3）自然环境：矿产资源、森林资源、土地资源、水力资源等资源的分布情况，自然资源的丰富或短缺，环境污染的轻或重等。

（4）政治法律环境：政治环境是指企业市场营销活动的外部政治形势和状况以及国家的方针和政策。法律环境是指各项法规、法令和条例等。

（5）科学技术环境：科学技术是社会生产力中最活跃的因素，作为市场营销环境的一部分，科技环境不仅直接影响着企业内部的生产和经营，同时还与其他环境因素互相依赖、相互作用，尤其与经济环境、文化环境的关系更为紧密，如新技术革命，既给企业的市场营销创造了机会，也造成了威胁。

（6）社会文化环境：包括社会阶层、民族特征、文化传统、宗教信仰、教育水平、生产方式、就业预期、人口增长率、保护消费者运动、社会结构、风俗习惯、消费习俗、审美观念等。

三、微观市场营销环境分析

微观市场营销环境是指与企业紧密相连、直接影响企业营销能力和效率的各种力量和因素的总和，主要包括企业自身、供应商、营销中介、消费者、竞争者及社会公众。可将企业自身、消费者作为一个独立的板块进行分析。

（一）供应商

供应商是指向企业及其竞争者提供生产经营所需资源的企业或个人。供货的稳定性、供货的及时性、供货的价格变动、供货的质量水平均会对企业营销活动产生影响。

（二）营销中介

营销中介是指为企业融通资金、销售产品给最终购买者提供各种有利于营销服务的机构。营销中介包括以下几个方面：

（1）中间商：是指协助企业寻找消费者或直接与消费者进行交易的商业企业，包括代理中间商和经销中间商。

（2）实体分配公司：主要是指协助生产企业储存产品并将产品从原产地运往销售目的地的仓储物流公司。

（3）营销服务机构：主要是指为生产企业提供市场调研、市场定位、促销产品、营销咨询等方面的营销服务，包括市场调研公司、广告公司、传媒机构及市场营销咨询公司等。

（4）金融中介机构：主要包括银行、信贷公司、保险公司以及其他对货物购销提供融资或保险的各种金融机构。

（三）消费者

消费者是企业服务的对象，也是营销活动的出发点和归宿。“神秘顾客”（Mystery Customer）是指进行一种商业调查的经过严格培训的调查员。他们在规定或指定的时间里扮演成顾客，对事先设计的一系列问题逐一进行评估或评定。该调查方式能真实、准确地反映客观存在的实际问题。

（四）竞争者

竞争者是指与企业存在利益争夺关系的其他经济主体。要通过比较去分析各竞争品牌的销售量与销售额、市场占有率、产品优缺点、市场区域与产品定位、广告费用与广告表现、促销活动、公关活动、定价策略、销售渠道等，分析整个产品市场的规模。

（五）社会公众

社会公众是指对企业实现营销目标的能力有实际或潜在利害关系和影响力的团体或个人。企业所面临的公众主要有以下几种：融资公众、媒介公众、政府公众、社团公众、社区公众、一般公众、内部公众（企业内部的公众包括董事会、经理、企业职工）。

德鲁克说："一个领先企业的失败，其真正的根源不是被市场冷落，而是因为企业自身掉以轻心——他们抗拒创新，从而难以适应日趋变化的市场需求。"（《管理：使命、责任、实践》）[①]

四、企业自身情况的分析

企业自身情况的分析包括：企业的知名度与影响力、产品的质量问题、产品的优点和缺点、产品的潜在市场、产品的市场发展前景、产品的包装问题、产品的价格定位问题、产品的销售渠道问题、产品的配套服务问题。

① 龚俊恒．德鲁克管理思想大全集［M］．北京：中国华侨出版社，2011：247.

第三十九章　义理管理

第一节　企业义理体系的基本概念

1982年，特雷斯·E.迪尔和艾兰·肯尼迪在其合著的《西方企业文化》一书中指出，企业文化包括企业环境、价值观、英雄人物、习俗仪式、文化网络，并指出企业价值观是核心要素。汤姆·彼得斯（Tom Peters）和罗伯特·沃特曼（Robert Waterman）在他们的经典管理学著作《追求卓越》（*In Search of Excellence*）中，提出的"企业文化七要素"理论，即7S模型，包括 战略（Strategy）、结构（Structure）、系统（Systems）、风格（Style）、员工（Staff）、技能（Skills）、共同价值观（Shared Values）。理论界一般认为，广义的企业文化包括企业物质文化、行为文化、制度文化、精神文化。企业的物质文化包括企业产品、企业外貌、企业建筑、包装、形象设计、自然环境、生产环境等。本章所讲的企业义理体系大致相当于上述所讲企业文化中的精神文化。

为研究与运用之便利，本书将企业价值观、企业理念、企业道德、企业精神、企业愿景、企业使命、企业责任七项，归纳为企业义理体系。企业价值观、企业理念、企业道德、企业精神是相似的概念，企业愿景、企业使命、企业责任也是相似的概念。我们很难将这些相似的概念作出明确的区分，正如我们很难将连成一片的海水作出明确的区分一样。在实践中，这些相似的概念遵循同样的原则，采取同样的途径、方法，具有同样的功能、作用。当然，在为某一企业表述义理体系时，仍然可以从企业价值观、企业理念、企业道德、企业精神、企业愿景、企业使命、企业责任七个方面去讲，从不同的角度来展现企业的义理体系。

企业文化体系主要包括企业行为体系、企业制度体系、企业义理体系。企业行为体系的建设，可简称为礼治（中国古代的礼，主要就是道德行为规范与文明行为规范）；企业制度体系建设，可简称为法治；企业义理体系建设，可简称为德治。因此企业治理系统就包括了法治、礼治、德治三大系统。孔子曰："道之以政，齐之以刑，民免而无耻。道之以德，齐之以礼，有耻且格。"（《论语·为政》）（译：用政令来引导他们，用刑罚来规范他们，民众只是免于犯罪；用道德理念来引导他们，用礼来规范他们，民众有羞耻感并且能够自我约束。）在孔子的这番言论中，将法治、礼治、德治三个系统结合了起来。

现将企业义理体系中的企业价值观、企业理念、企业道德、企业精神、企业愿景、企业使命、企业责任等分别简述如下：

一、企业价值观

企业价值观是企业倡导的关于某些事情值得做、应当做的观念，是企业成员对自己的行为是否有价值的评价标准。企业价值观回答“我们如何追求”的问题。价值观为员工提供了行动的指南，员工知道公司坚持什么样的价值观，就会采取体现这些价值观的行动。韦尔奇说：“员工的价值观与企业价值观的违背，很可能会导致企业崩溃。”①

美国管理学家德鲁克提出的关于企业的三个经典式问题：“我们的企业是什么？”“我们的企业将是什么？”“我们的企业应当是什么？”美国管理学家阿索斯和帕斯卡尔在《日本企业管理艺术》一书中，通过对日本松下电器公司和美国国际电报电话公司的比较而得出结论：美国企业重视战略、结构、制度这三个“硬性”因素，而日本企业重视人员、作风、技巧、价值观这四个“软性”因素，并认为日本企业成功的“秘密武器”，就在于它确立起了全体员工共享的价值观。日本松下电器公司则把企业的价值观概括为“产业报国，光明正大，和亲一致，奋斗向上，礼节谦让，顺应同化，感恩图报”。现在，越来越多的美国企业重视价值观建设。例如，惠普公司的价值观是“信任和尊重个人，鼓励追求卓越的奉献”，摩托罗拉的价值观是“我们将从根本上改变人类的沟通方式，赋予人们力量与权威”。德鲁克说：“一个企业组织最好去避免做一些不符合本身价值观的事情。”②汉普登在调查中发现：“任何企业产品的品质，早先决定于创办人的价值观，后来则决定于整个企业的工作价值观。”③

二、企业理念

关于企业理念，学术界通常的定义是：企业理念是得到员工普遍认同的、体现企业自身个性特征的、促使并保持企业正常运作以及长足发展而构建的反映整个企业明确的经营意识的价值体系。真诚地、坚定地发自内心对理念的认同，就转化为信念。巴金说：“支配战士行动的是信仰，有了信仰他能够忍受一切艰难痛苦而达到他所设定的目标。”④

美国学者威廉·詹姆斯指出：“人的思想是万物之因。你播种一种观念，就收获一种行为；你播种一种行为，就收获一种习惯；你播种一种习惯，就收获一种性格；你播种一种性格，就收获一种命运。总之，一切都始于你的观念。”

---

① 张志诚. 中国式领导智慧［M］. 北京：新世界出版社，2012：198.

② 龚俊恒. 德鲁克管理思想大全集［M］. 北京：中国华侨出版社，2011：199.

③ 周三多，陈传明，贾良定. 管理学——原理与方法［M］. 北京：复旦大学出版社，2018：174.

④ 高德. 管理术——如何运用宗教的智慧做管理［M］. 青岛：青岛出版社，2015：14.

三、企业道德

企业道德是企业及其成员在经营、生产、管理的过程中体现出来的道德认知、道德原则、道德规范、道德品质、道德情感、道德信念、道德行为。企业不仅是工作共同体，还是生活共同体、道德共同体。企业成员在进入企业之前，其道德是在家庭、学校、社会中形成的，当个人进入企业时，便将个人道德带入企业之中，个人在企业中道德素质或提高，或下降，这就由企业的道德环境来决定。当社会的道德状态恶化之时，不可能指望企业独善其身。

如果仅仅从利害得失的算计出发来建立企业道德，就会出现这种情况：只有在通过道德能够树立正面形象、获得好评的情况下，才会有企业道德；有时通过道德伪装而获得好评并取得效益时，便存在伪道德；当事人没有意识到道德能带来效益，或者没有意识到邪恶会给企业带来负面影响时，就会产生邪恶；出于同样的功利动机，当事人认为不道德的手段能够给自己或企业带来利益时，就会采用不道德手段。当企业面对竞争、风险、不可控因素带来的压力时，或企业员工面对管理者施加的压力时，为减轻压力，就可能采取不道德的行为。在不良环境中，当不道德行为带来的利益超过其带来的损失时，企业的不道德行为就会大量产生。所以，仅仅从利益的角度来建设企业道德是不可靠的。如果从道德品质、道德良知、道德情感、道德信念等方面来建设企业道德，才有可能出现高尚的道德：当遵守道德规范会带来短期的损失，或者当违背道德规范会带来短期的利益时，企业仍然遵守道德规范。

法律只能限制企业的违法犯罪行为，但不能有效地减少企业中的不道德行为，也不能有效地增进道德行为、文明行为。如果一个企业仅仅奉行“只要守法就行”的原则，就会放弃对高尚道德的追求。

如果一个企业不能将道德理念内化成为企业良心，即企业成员共有的道德意识、道德认知、道德情感、道德信念，那么，道德规范就仿佛是从外部强加给企业的“枷锁”。马克斯·韦伯认为，新教伦理产生了资本主义精神，即在“天职”观念的基础上形成劳动价值观，在“蒙恩”观念的基础上形成独特的财富观，在“节俭”观念的基础上形成独特的消费观。约翰·加尔文说：“克己的工作把人提高到了天赋使命之上，工作是人为上帝之选的唯一标志。”“道德文化弱的组织中，88% 的员工报告说看到了不当行为。……道德文化强的组织中，只有 20% 的员工报告说看到了不当行为。……道德界公布的全球最具道德企业名单中的公司与其他公司相比，利润高出 20%，股东回报率高出 6%。”零点公司一项“中国企业家的商业伦理指南”的调查显示，企业经营者只有 15% 能全面理解商业伦理的概念。[①]

四、企业精神

王水嫩教授在《企业文化理论与实务》一书中给出了企业精神比较完整的定义：

① 张德. 企业文化建设［M］. 北京：清华大学出版社，2003：241.

"企业精神是企业在整体价值观念体系的支配和滋养下，在长期经营管理中经精心培养而逐渐形成的，是全体成员共同一致、彼此共鸣的内心态度、意志状况、思想境界和理想追求。"美国著名的管理学者托马斯·彼得曾说："一个伟大的组织能够长期地生存下来，最主要的条件并非结构、形式和管理技能，而是我们称之为信念的那种精神力量以及信念对组织全体成员所具有的感召力。"

五、企业愿景

企业愿景是对企业未来发展蓝图的期望和清晰描述，是企业未来 10~30 年努力实现的宏大远景目标。企业愿景回答"我们追求什么"的问题，有可以通过努力而实现的特性，具有振奋人心、鼓舞斗志的作用。

六、企业使命

企业使命是企业存在与发展的根本目的和理由，是指企业在经济发展和社会进步中所应当承担的责任和扮演的角色，回答"我们为何存在"的问题。企业使命使成员明确工作的真正意义，可以激发他们的使命感，激发他们内心深处的工作动机。中国传统士大夫的使命就是"为天地立心，为生民立命，为往圣继绝学，为万世开太平"。中国很多企业的经营者缺乏使命感。有一项"中国企业经营者成长与发展问题"的调查，对于"您对企业家精神如何理解？"这一问题的回答，排在第一位的是"追求利润最大化"（35.4%）。①

七、企业责任

儒家主张"格物、致知、诚意、正心、修身、齐家、治国、平天下"，"亲亲而仁民，仁民而爱物"（《孟子·尽心上》），"穷则独善其身，达则兼济天下"。（《孟子·尽心上》）这些表达了儒者对自己、对家庭、对国家、对人类、对自然万物都应承担责任。

利益相关者理论认为，企业的责任除为股东追求利润之外，也应当为顾客、股东、债权人、供应商、员工、政府、社区等利益相关者提供利益。企业管理者除主要考虑利益，还要考虑长远的生存、良好的名声与形象，还要出于良知、正义感、责任感而承担各种社会责任。松下幸之助说："要认识到我们身为工业家的责任，通过商业活动，将自己投身于社会的进步和发展当中，改善人民的福利，提高整个世界的生活质量。"②

经济责任：企业要提供合格的产品和服务，促进社会经济发展并赚取利润。

法律责任：企业要遵纪守法，依法经营。

道德责任：营造道德环境，遵守道德原则，避免对相关利益者造成伤害。

---

① 张德. 企业文化建设［M］. 北京：清华大学出版社，2003：247.

② ［英］克雷纳. 管理百年［M］. 闾佳，译. 北京：中国人民大学出版社，2013：59.

慈善责任：对社会有所贡献，促进人类社会道德的提升。

环境责任：改进产品设计，提高资源利用率，遵守有关污染防治的法规，增添污染防治设备，处理废弃物，减少污水废气排放，减少对环境的污染，开发绿色产品，倡导绿色消费，促进和改善环境。

在联合国前秘书长安南的倡导下形成的《联合国全球契约》10 项原则如下：

人权原则 1：企业界应支持并尊重国际公认的人权。

原则 2：保证不与践踏人权者同流合污。

劳工标准原则 3：企业界应支持结社自由及切实承认集体谈判权。

原则 4：消除一切形式的强迫和强制劳动。

原则 5：切实废除童工。

原则 6：消除就业和职业方面的歧视。

环境原则 7：企业界应支持采用预防性方法应对环境挑战。

原则 8：采取主动行动促进在环境方面更负责任的做法。

原则 9：鼓励开发和推广环境友好型技术。

反腐败原则 10：企业界应努力反对一切形式的腐败，包括敲诈和贿赂。

第二节　企业义理建设的原则

企业义理建设的原则如下：

（1）以义制利原则。企业以营利为主要目的，员工以赚钱为主要目的，企业道德应当以道义法则调整各种利益关系，企业不应追求利润的最大化，而应追求利润的合理化。

（2）群体原则。企业作为一个密切的工作群体和生活群体，群体的感染力很强，企业的文化环境、舆论、风气对个人的道德观、价值观、精神状态、理念产生极大的影响，个人的思想与行为对群体产生影响。企业义理体系建设可以有组织、有计划、有步骤地进行，依靠组织的力量，采取制度、纪律、奖惩、监督等确定性的手段。

（3）实践原则。企业义理不是空洞的说教，而应当是落实于生产经营活动之中，落实于员工的群体生活之中。企业道德规范具有可操作性，是在企业的生产经营实践中总结、提炼、检验、批判中形成的。

（4）积累减损原则。企业作为社会的有机组成部分，企业义理的积累或减损是建立在中国社会义理体系的积累或减损的基础之上的。在中国社会义理体系过度减损的情况下，企业义理体系的积累就要加以弥补，如果中华传统文化教育缺失，那么，企业就需要通过中华传统文化教育来补课。

企业义理体系经历一个漫长的积累过程或减损过程，随着时间的推移而不断改变，具有相对稳定性，不可能在短期内形成，也不可能在短期内发生重大改变，也不会随着企业内外因素的变化而摇摆不定。企业必须根据不同历史时期的客观需要，调整企业义理的内容，不要让那些僵化的、过时的思想观念阻碍企业的发展。只有在积累的基础上创新，创新才不是妄想。

（5）关系原则。企业处于复杂的关系网络中，在内部，有管理者与员工的关系、员工与员工的关系、管理者与股东的关系；在外部，有企业与合作者的关系、企业与社会的关系、企业与国家的关系、企业与消费者的关系、企业与自然环境的关系。企业义理可用于正确处理这些关系，并且透过关系向企业外部输出种种影响。

（6）目标原则。企业价值观、企业理念、企业道德、企业精神不是追求一种自我圆满的状态，而是要同企业愿景、企业使命、企业目标相结合，具有目标指向，围绕着企业战略目标而设定，将个人的小目标融入企业的大目标之中。要树立追求卓越的精神，理想植根于现实之中，高于现实状态，是人们通过努力争取达到的境界。

（7）自主原则。企业义理存在的前提是企业具有自主性，是真实的主体，唯有存在自主性，才能独立自主地选择自己的行为并对自己的行为后果负责。

（8）共性个性原则。不同企业的义理体系，有共同的内涵、相同的建设方法及建设途径，有相同的功能与作用，体现出共性特征。一个企业如果忽视企业义理共性方面的建设，就会使企业存在某些方面的缺陷。但每个企业又由于地域不同、行业不同、文化背景不同、创办者及管理者的素质不同、发展的历程不同等因素，从而在本企业的义理体系上形成具体的、独特的内涵，这就体现出个性。如果一个企业在义理体系建设方面缺乏个性和特色，表述雷同，空泛抽象，人们就很难识别出该企业及其产品。

（9）共识原则。企业道德、企业理念、企业精神、企业价值观等，不在于有没有人提倡，不在于有没有写在文件上，不在于是否为少数人所拥有，而在于其在企业中是否成为绝大多数人的“共识”，即是否真实地存在于企业中每个人的心灵深处，是不是通过每个人的具体行动表现出来，是否通过企业中的事事物物表现出来。“真正起作用的不只是价值观本身，而是人们对它共同的信奉。”① 只有当道德、理念、精神、价值观由企业中绝大多数人所拥有，成为“共识”，才能称之为企业道德、企业理念、企业精神、企业价值观。当一个企业的创立者和管理者选定价值观内涵之后，通过宣传教育、实践践行让企业选定的价值观进入企业成员的内心，企业选择使用认同这些价值观的人，淘汰那些拒斥这些价值观的人。如果员工对企业有认同感，认为企业是属于自己的，就容易达成共识；如果员工与企业的创始人、管理者之间存在着亲密、信赖的关系，认为企业领导者、管理者心目中有我的存在，就容易产生共识。通用电气（GE）公司就把公司价值观作为评价员工的标准，总经理杰克·韦尔奇说：“即使工作成绩出色，但如果不能具备公司的价值观，那么这样的人公司也不会要。”德鲁克说：“想要在企业内部取得成就，个人的价值观必须与企业的价值观能够兼容。”（《21 世纪的管理挑战》）

墨家提出“尚同”的主张，就是要有共同的理念，描述了理念冲突造成的恶果：“是以一人则一义，二人则二义，十人则十义。其人兹众，其所谓义者亦兹众。是以人

① ［美］肯尼迪，迪尔．西方企业文化［M］．北京：中国对外翻译出版社，1989：12.

是其义，以非人之义，故交相非也。是以内者父子兄弟作怨恶，离散不能相和合；天下之百姓，皆以水火毒药相亏害。”（《墨子·尚同上》）（译：所以一人就有一种意见，两人就有两种意见，十人就有十种意见。人越多，他们不同的意见也就越多。每个人都认为自己的意见是对的而别人的意见是错的，因而相互攻击。所以在家庭内父子兄弟常因意见不同而导致怨恨、离散，不能和睦相处；天下的百姓，都用水火毒药相互残害。）

（10）系统原则。企业义理体系的建设从内容上讲要系统完整，不能支离破碎，不能残缺不全；从建设的方法与途径上讲，也要具有系统性，运用多种方法，从不同的方面，通过不同的途径，形成系统工程。

（11）亲密原则。在企业中人们相互尊重、相互信任、相互关心，建立亲密的、友善的关系，管理者与员工融为一体，形成温馨和谐的气氛，将企业建设成一个大家庭，将每一个员工视为“家人”。在亲密的环境中，企业成员的情感需要不仅可以满足，而且更容易形成共同的价值观、道德观，形成共同的理念，树立共同的目标。在亲密的环境中，人们才会坦诚沟通，自由交换意见，激荡创意，充满生机与活力。相反，在一个分化严重的群体中，在一个有严重对立情绪甚至有敌对情绪的群体中，人们往往容易唱反调，形成种种障碍，压制了人们的积极性和创造性。

（12）实效原则。企业义理体系建设，不仅仅是改善个人和企业的精神状态，还必须结合企业实际，有针对性、可操作性，与企业的生产经营结合起来，以产生实效、提高业绩。

第三节　企业义理体系建设的功能

《孙子兵法·始计篇》认为战争应当考虑五个方面：“一曰道，二曰天，三曰地，四曰将，五曰法。”“道”是什么？孙子解释道：“道者，令民与上同意也。”也就是在一国之内，上上下下同心同德。在一个企业之内，通过企业义理建设，管理者与员工同心同德。

在企业义理建设缺失的情况下，存在着“非人性化”的现象：仅仅将人作为会说话、会干活的工具，而不是将人作为目的；无视人的精神需要，仅仅考虑人的物质需求；仅仅从经济指标来衡量人的价值，而不是从多方面体现人的价值。

通过义理建设，让一个组织具有良好的精神状态。吴起说：“内修文德，外治武备。”（《吴子兵法·图国》）但是，仅仅靠制度、命令、控制、监督、处罚，不可能建设一个伟大的企业。《管子·牧民第一·四顺》中讲：“刑罚不足以畏其意，杀戮不足以服其心。”《司马法》中讲：“凡战，以力久，以气胜。”依靠实力才能持久，士气旺盛才能够取胜。尉缭说：“气实则斗，气夺则走。”（《尉缭子·战威》）士气旺盛就能够勇猛战斗，士气低落就逃走。

一、激励功能

组织成员有多方面、多层次的需求，不能仅依靠物质来激励员工，企业义理建设能够满足员工的精神需求、道德需求、情感需求，使员工受到尊重，得到关爱，有归属感、成就感，就可以产生强大的激励效果。同时，使企业管理者和员工获得道德的力量和精神的力量，激发员工强烈的荣誉感、责任感和使命感，发挥道德的约束功能、调节功能、导向功能，实现自我管理、自我调节、自我塑造、自我激励，提高生产积极性，从而提高企业的生产效率。企业面对各种困难和危机时，企业义理体系就会发挥强大的精神支柱作用，这种精神支柱作用将化为无穷的力量，帮助企业摆脱困境。企业情感管理调动人的积极情绪，消除人的消极情绪。当人受到尊重、关心、信任时，当人感到兴奋、满意、喜爱、愉快时，其智力水平和活动能力就会提高，工作效率也随之提高；当人受到鄙视、排斥、怀疑时，当人感到痛苦、恐惧、愤怒、不满、憎恨、忧伤时，其智力水平和活动能力会降低，工作效率也随之降低。员工遇到困难时，管理者能及时给予帮助，员工就会心存感激，加倍努力来回报企业。微软的“内部电子邮件系统”，把员工的心声和企业管理层连接起来，从而更好地得到了员工对企业的认同。美国著名的管理学家托马斯·彼得斯曾疾呼：“你怎么能一边歧视和贬低员工，一边又期待他们去关心质量和不断提高产品品质！”

在短期内或在某些具体行为上，忽视严格道德准则会带来更多的利润，但从长期或在一系列行为上看，遵循道德标准才能增加企业利润。许多大企业设置了“伦理主管”，负责员工价值观的培养和基本职业、行为道德的培训。

二、协调功能

企业义理是企业建立长期稳定的市场关系的必备条件，也是企业获得社会认可的必要条件。企业义理体系建设有利于协调各方关系，营造企业生存环境。企业成员履行对其他成员、利益相关者、社会、自然环境的责任和义务，协调企业内部成员之间的关系，协调所有者、顾客、供应商、竞争者、政府、社区等利益相关者的关系，协调企业与社会的关系，提高顾客忠诚度、员工忠诚度、股东忠诚度、融资资信度、供销稳定度、同行联系度、社区融洽度和社会美誉度，从而为企业的生存创造良好的环境。沃伦·巴菲特说：“和一个道德品质败坏的人是无法完成一桩好交易的。”①

社会分工越来越细，任何个人、任何企业都不能单独依靠自己的力量去完成任务，都需要同他人进行合作。合作之时就会产生矛盾，企业义理体系可以有效化解各种矛盾和冲突。斯蒂芬·R. 柯维认为在企业与利益相关者关系中，双赢是唯一可行的方案。与信誉好的企业做生意，风险低、成本低、效率高。在道德贫乏的企业之间，为了应对商业欺诈，就需要通过多方途径和各种手段去了解对方的人品、对方的信誉、对方所提供信息的真伪，使用各种检测手段检验商品的真伪，签订烦琐的多份合约，寻求

---

① 唐华山. 商界领袖管理语录大全集［M］. 北京：人民邮电出版社，2012：33.

第三方所作的担保，发生冲突之后走各种司法程序，大大提高了交易成本。而在道德良好的企业之间，则可以避免以上问题，减少交易成本。

许多国家对进口产品制定环境检测标准，限制没有环境标志的产品进口，审查进口产品生产中对环境的影响等，只有强化企业的生态环境责任，才能保证其产品顺利进入国际市场。

三、提升功能

企业道德建设有利于树立企业形象、提升企业品位、提升企业知名度和美誉度。企业义理确保企业朝着符合道义的正确方向发展，消除各种反道德因素对企业的危害，促使企业制造出优良产品，提供优良的服务，承担一定的社会责任，有利于提高企业信誉，树立良好的企业形象，增加客户的信任与满意度，提高顾客的忠诚度，形成更大的竞争优势。良好的企业声誉给企业带来更多的商机，吸引预期的客户、雇员、合作者、投资者，使企业占据更多的市场份额。因为，在同等条件下，人们更愿意同那些具有道德理念的企业打交道。企业义理体系建设，不可能短期完成，也不可以简单仿制。一旦形成了企业独具特色的义理体系，就会成为企业一项巨大的无形资产，通过理念识别系统、行为识别系统、视觉识别系统向社会大众展示着本企业成功的管理风格、良好的经营状态和积极的精神风貌，让社会大众形成深刻的、美好的印象，社会大众便会从众多的同类产品和同类服务中识别出本企业的产品和服务，加以接纳。单纯地追求利益会导致企业道德堕落，企业道德的沦陷必定导致企业业绩的下滑，企业违背道德的行为公之于众，企业就会名誉扫地，企业义理的缺失是许多企业倒下的重要因素。鲁冠球说："经营风险可以预测，可以规避，而道德败坏带来的损失，是无法想象的。"①管仲将"礼、义、廉、耻"作为国家的"四维"，指出："四维不张，国乃灭亡。"(《管子·牧民·国颂》) 企业也是如此，如果支撑企业的十大义理塌倒了，企业必定会破产。

纽约沃克集团在1995年进行的一项研究表明，90%的顾客认为，当质量、服务、价格相同时，他们会购买在履行社会责任方面声誉最佳的企业的产品。"日本企业之父"涩泽荣一认为："只要对国家公众有益的事业，必定可久可大，应该出于'义'的考虑去做，即使目前有所亏损也在所不辞。而对国家公众无益的投机之利，必不久远，而不应该出于私利去考虑。"

四、规范功能

企业义理建设是企业管理体系的重要组成部分。企业义理建设能够为企业创造温暖的、和谐的、充满人情味、充满亲情、令人舒畅的人文环境。企业义理能够在企业制度触及不到的地方发挥作用，弥补制度控制的不足，提高企业控制的有效性。企业义理体系的建设，通过个体的自觉与自律，通过群体氛围、共同意识、舆论环境的作

① 唐华山. 商界领袖管理语录大全集［M］. 北京：人民邮电出版社，2012：338.

用，对管理者和员工的思想、情感、行为起到规范作用，使员工避免各种错误，使员工步调一致，使企业员工在具体问题上容易达成共识，减少内耗和纷争，从而大大节省企业运营成本，提高企业的经营效率。例如，某种违背企业义理的言行一经出现，就会受到群体舆论的无形约束，同时使员工产生自我警醒。同仁堂药店主张的“济世养生、精益求精、童叟无欺、一视同仁”，约束着全体员工必须严格按工艺规程操作，严格质量管理。如果企业缺失义理体系，缺失了对员工的规范功能，很难依靠员工的自觉与自律达到完善的治理状态，那就必须花费大量的人力、财力、时间去建立监督控制系统，而这种外在的监督控制系统又会压制员工的主动性与积极性。

五、凝聚功能

企业本身就是一个利益共同体，加上树立共同的道德观、价值观，确立共同的企业目标，就很容易形成一个步调一致、同舟共济的命运共同体。企业义理建设，协调好员工与员工、员工与领导、员工与企业之间的关系，消除人与人之间的隔阂与疏离，形成相互尊重、团结友爱、相互信任、和睦相亲的气氛，强化团体意识，提高员工对企业的归属感和认同感，提高员工的忠诚度，形成牢固的精神纽带，产生强大的凝聚力和向心力。企业关爱员工，保障员工利益，赢得员工对企业的忠诚，从而留住人才。企业义理能增强企业的凝聚力，提高员工的忠诚度，培养员工的群体归属感，特别是当企业陷入困境时，只能依靠道德力量和精神力量，齐心协力，重振雄风。日本经营之圣稻盛和夫说过：在管理中人心比什么都重要，世界上再也没有比心的结合更牢固的东西。

六、导向功能

企业价值观建设为员工确立正确的价值导向，企业道德建设为员工的行为明确了正确的方向，员工可以对照企业义理，发挥自己的优势，纠正自己的偏差，力求使自己的行为符合企业目标的要求。企业目标、企业愿景、企业使命的确立，使员工个人的目标与企业目标保持一致性，使员工个人的行为、思想、感情与企业的整体利益协调一致，产生统一的合力，从而使企业上下同心协力，朝着共同的目标努力。如果一个企业内部行为的方向不一致，各种不同的力量将企业拉向不同的方向，各种力量相互抵消，就会使企业陷入混乱或止步不前。美国学者托马斯·彼得斯和小罗伯特·沃特曼在《追求卓越》一书中指出：“我们研究的所有优秀公司都很清楚它们的主张是什么，并认真建立和形成了公司的价值准则。事实上，一个公司缺乏明确的价值准则或价值观念不正确，我们则怀疑它是否有可能获得经营上的成功。”

第四节　企业义理建设存在的问题

企业义理建设的步骤如下。

一、调查研究阶段

通过问卷法、文献法、访问法、观察法等方式在企业中进行调查。通过调查发现存在的问题，从而可以采取有针对性的措施；通过调查了解企业义理建设的障碍在哪里，以便采取相应的对策；通过调查可以了解到企业义理建设现有的基础是什么，义理建设的工作必须在现有基础上向前推进；通过调查了解到义理建设现有的资源有哪些，思考如何运用这些资源，如何从这些资源中进行提炼。

二、提炼导入阶段

从企业创办人、管理层的现存理念与现有经验中提炼有价值的因素，从企业现存的各种事物中提炼有价值的因素，运用抽象思维，透过现象看本质，舍弃事物中的非本质属性，把握事物的本质属性。同时，还要从外部导入义理体系。将从外部导入的义理体系同本企业现有的义理因素相结合，从而在理论上建构适合本企业的义理体系。

三、全面推进阶段

将理论上形成的义理体系，通过多种渠道向企业的方方面面进行推进：通过教育宣传使员工获得清晰的认识；通过群体氛围的营造使员工受到感染；通过各种具体方式使抽象的理念以具体、生动、形象的方式展现在人们面前；根据企业义理的要求设计、改造相关的各种制度，形成与企业义理相统一的系列制度；根据企业义理的要求设计企业员工行为规范。例如，松下电器利用"工作现场悬挂经营理念""早会诵读经营理念""企业纪念日诵读经营理念""入社教育讲授经营理念""升职教育强化经营理念"等手段，使松下的经营理念真正深入人心。

四、评估改进阶段

疏通信息反馈的通道，收集各种信息。对企业义理建设的情况进行评估，推行相关的奖罚措施。

企业违背义理的行为：浪费资源、污染环境、权钱交易、偷税漏税、商业贿赂、违法生产、违法经营、唯利是图、缺德经营、制假售假、诚信缺失、背信违约、虚假宣传、操纵价格、恶性竞争、商业欺诈、践踏劳动者权益、忽视员工利益等。

企业义理建设存在的问题如下：

（1）雷同化：企业义理建设没有自己的特色，企业创办人缺乏创新意识，没有将自己独特的理念与精神带入企业中，也没有将自己的管理实践经验加以概括和提炼，完全从表面上照搬照抄其他企业的经验，有从众心理和赶时髦的心态，或者使用各种现成的政治口号、政治术语，将国家的政策方针简单复制过来。

（2）形式化：做表面文章，用形式化的东西点缀门面，只是做给别人看，做给上级看，不愿意用真功夫将表面化的东西渗透进看不见的里层，而仅仅是制造一层伪装。注重搞一些唱歌、跳舞、打球等可见的文体活动，或者只注重建设一些文化体育活动的设施等可见的东西。企业义理只是说在嘴上，写在纸上，画在墙上，没有进入内心，没有表现在行动上，也没有体现在制度中，更没有落实到企业的各项事务中。

（3）菜单化：许多企业设计了企业精神的菜单，设计了企业价值观的菜单，设计了企业理念的菜单，但是，仅仅停留在提供菜单的阶段，却没有将企业精神、企业价值观、企业理念变成真实的存在，没有渗透进入企业的各项事务之中，没有进入员工的内心，更没有产生实效。菜单式的企业理念或企业精神，几个人坐在一起商量一番，一夜之间就“生产”出来了，或者请外面的专家进行抽象的设计。松下幸之助说：“经营理念如果只停留在纸面上是没有任何意义的，只有当其成为每一个人血肉的一部分时才会发挥作用。因此，要利用一切机会反复强调。”海尔公司有“真诚到永远”的理念，沃尔玛公司有“让顾客永远买到最便宜的商品”的理念，如果只停留在口号上，没有落实到经营管理的每一个环节上，落实到每一名员工的行为上，就没有什么价值。

（4）僵死化：企业义理建设维持在僵化的状态中，不能适应新的环境、新的形势，没有新的变化，许多观念已经过时，但仍然墨守成规。

（5）抽象化：向企业员工提供一些关于企业道德、企业理念、企业价值观、企业精神的抽象词语，让员工记住这些抽象词语，没有将抽象词语具体化，缺乏实质性的内容，缺乏可操作性。如何将抽象词语具体化？主要有四种方式：一是提供相关案例；二是提供古今中外人士对此抽象词语运用的具体感悟；三是树立现实中的典型；四是可以使用向下展开式。什么是向下展开式？举例说明：“以人为本”就是一个抽象词语，应当将这个抽象词语向下展现为一、二、三、四等方面，这是第一层级的展现；还可以将第一层级中的“一”向下展现为1、2、3、4等方面，这是第二层级的展现，第一层级中的“二、三、四”可以依次类推向下展现。按照上述方式，还可以进行第三层级、第四层级的展现。

第五节 企业义理建设的途径与方法之一

一、建立惩恶赏善的机制

中华文化本有善恶报应之观念，《周易·坤卦》中讲：“积善之家，必有余庆；积不善之家，必有余殃。”儒家还有“德福一致”的理念，《尚书·洪范》中有“五福”（五种幸福）、“六极”（六种不幸）的观念：“五福：一曰寿，二曰富，三曰康宁，四曰攸好德，五曰考终命。”“六极：一曰凶短折，二曰疾，三曰忧，四曰贫，五曰恶，六曰弱。”“好德”是“五福”之一，“恶”是“六极”之一。儒家认为，善恶报应不仅仅是个人的行为所致在个人身上得到报应，也会在自己的家人及子孙后代身上得到报应。在一个健康的社会中，善恶报应通常在现实世界中实现。

而在人类历史上，现实中常常出现好人得不到好报、恶人得不到恶报的现象，如何解释这个问题？于是佛家有因果报应之论。佛家认为人有灵魂，人的灵魂经历前世、今生、后世三世，今世的遭遇是前世种下的“因”所结的“果”，今世的行为又是来世遭遇的“因”，种善因者得到善果，种恶因者得到恶果。报应的方式有三种：现报、生报、后报。在儒释道三教的影响之下，传统中国人民“深信因果”，结合“人在做、天在看”，“抬头三尺有神明”等理念，因果报应论成为传统中国人道德信仰的核心支柱。

健康的社会中应当形成现世报的机制，在企业内部也应当形成现世报而且是短期就得到报应的机制。在社会中建立惩恶赏善的机制，讲道德的企业获得利益，受到奖赏；无道的企业损失利益，受到处罚。只有这样，讲道德的企业才会越来越多。市场既有“无形之手”，每个人都遵守等价交换的原则，还有“隐形之眼”，时刻都在监视着市场中的每一个人。没有人愿意购买价格高、质量差的产品或服务，也没有人愿意再次上当受骗。假若一个企业违背市场规则，以“不道德”的方式去牟利，最终轻则被驱逐出市场，重则受到法律的严惩。假若一个企业提供优良的产品和服务，使他人受益，为他人创造价值，就会树立良好的信誉，赢得更多的顾客，最终得到更好的发展。

要在组织内部建立公平，包括分配公平、程序公平、人际公平、信息公平。在企业内部形成惩恶赏善的机制，员工符合义理的行为能获得利益，受到奖赏；员工违背义理的行为就会损失利益，受到处罚。只有这样，讲道德的员工才会越来越多。

这种机制要让每个员工清楚地知道，自己的道德行为必定会给自己带来利益；自己的反道德行为一定会给自己带来损害。企业管理者要审视企业中存在的制度、规则、潜规则、文化、亚文化及各种事物，如果发现有违背惩恶赏善的机制的现象，就应当加以清除。

在企业义理体系建设的过程中，应当以赏为主，以赏为常态，而不应常使用罚的手段。因为，道德素养和精神面貌从来不是通过惩罚来建立的。

二、建立利人利己的市场机制

在企业中、企业外部，通常存在着四种现象：利人利己、损人利己、损人损己、利人损己。利人损己只有道德崇高的人才会去做，如果按这个标准要求一般人，结果就是悬在空处。损人利己和损人损己则是需要加以改变的不良现象。利人利己是正确的而且可以通用的机制。在市场环境中，存在着“好坏都由别人说了算，自己说了不算”的机制，我们在追求自身利益的同时也在为别人创造价值，在为别人创造利益的同时也在为自身创造价值。亚当·斯密在《国富论》中提出：私利与公益两者之间，通过一双“看不见的手”的调节而达到和谐与一致。

企业的活动如果能为相关利益者（包括客户、供应商、职员、股东、当地社区以及利益群体）提供利益，相关利益者就会给企业提供种种支持与回报，尽管这在短期内会增加成本，但长期来看会使公司受益。

在社会环境中，如果政府官员过多地干预经济，某些官员以腐败的方式介入经济领域，政府的政策摇摆不定，法治存在着许多漏洞，那么，就自然会形成“损人利己”的机制，某些企业以不道德的手段得到发展，讲道德的企业反而举步维艰。在有着

"损人利己"机制的社会环境中，有道德的企业就会在与"不道德"企业的竞争中处于劣势，出现"劣币驱逐良币"现象，企业道德就会被消解。

在社会环境中，如果要为企业建立"利人利己"的机制，就必须确立企业的财产权利，正确处理企业与政府的关系，建立有效的权力制衡，健全法治环境，确保企业具有独立自主的地位，确保企业的道德是出于企业的自主选择而非出于被强制。在这些条件下，企业的道德才能够产生可以远期兑现的利益，通过"利人"而达到"利己"。

在企业内部建立共同利益基础，建立"利人利己"的机制，将企业发展成利益共同体，消除企业内部的分化，当企业内部一个人获利时，企业内部其他人也获得利益，而不是受到损害。《史记·管晏列传》指出"仓廪实而知礼节，衣食足而知荣辱"。在有共同利益的基础上，就容易形成共同目标。有了共同的目标，个人和团体力量的发挥才有汇聚点，才有一致的方向，否则各种执行的力量就会相互冲突，相互抵消。通过沟通协调，群策群力，集思广益，形成共同的认知，形成同心同德的局面。

三、企业义理的社会环境建设

中国传统的道德观、价值观、理念、民族精神，成为中国企业义理建设的重要资源。但由于当代中国的社会环境已发生重大变化，故中国传统的道德观、价值观、理念、民族精神需要作出调整。中国社会环境所产生的重大变化表现在以下几个方面：

（一）从熟人圈子转变为公众生活

在传统中国社会，自给自足的小农经济决定了人们的工作与生活不必离开故土，宗族社会也会将人的活动圈子限定于家庭、家族之中，人们依托血缘关系、地缘关系、同学关系、师生关系、同事关系而形成关系网，以上三种因素使得古代的中国人生活在熟人圈子里，形成的价值观就是适应熟人圈子的价值观。例如，在友善观方面，人们对熟人圈子里的"自己人"通常很友善，而对熟人圈子外的"陌生人"则是另外一副面孔。儒家主张"亲亲"，具体规范就是"君仁臣忠""父慈子孝""兄友弟恭""夫义妇和""朋友有信"，讲的都是熟人圈子里的关系准则。当然，儒家也主张将仁爱之心扩充到大众身上，提出"泛爱众，而亲仁""老吾老以及人之老，幼吾幼以及人之幼"，主张"凡是人，皆须爱，天同覆，地同载"（《弟子规》），但是，在熟人圈子的社会里，这些主张常常成为美丽的幻想。由于公共生活空间的萎缩，许多人在公共空间里表现得很冷漠或者是不知所措，有设防心理，缺乏信任感，无法表达应有的善意，甚至产生怀疑、不安与焦虑的情绪。社会分化、阶级对抗、贫富对立更加剧了对陌生人的疏离感。人们的道德需求在熟人圈里得到满足，"爱有差等"在实践中会出现这种情况：对同自己关系较远的人，爱的情怀与伦理责任就会非常稀薄乃至于无。

在现代社会中，社会具有开放性、流动性，传统的乡土社会的解体，人口流动程度越来越高，现代社会公共化程度越来越高，形成集体劳动的环境，形成公共生活空间，人们从狭隘的熟人圈子中走出来，进入由熟人和陌生人共同组成的公共空间，友善的对象扩展了。人们不仅要善待熟人，还要善待陌生人，友善的价值观必须突破传统友善观以血缘和亲缘为基础的熟人界限。友善这个范畴朝着普遍化、规范化的方向转变，以便实现“一视同仁”。现代的友善观，在面对陌生人时，不需要有一定特殊的情感作为支撑，而是理性地遵守整齐划一的道德规范，其行为就能符合普遍性的社会期待。在公共领域，就需要养公德，确立人们在公共领域的行为准则。就诚信观而言，传统中国社会的诚信也主要是用来面对熟人，对熟人讲面子，讲诚信，而对陌生人总是抱有提防之心，甚至是欺诈。在市场经济环境中，在共同的政治环境中，人际交往日益频繁、复杂，交往常常跨血缘、跨地域、跨文化、跨种族、跨国家进行，这就要求诚信具有社会性、开放性、平等性，将熟人之间的特殊信任转变为对社会成员的普遍信任，强化现代公民权利意识，强化契约精神，建设诚信制度，将诚信从“私德”发展成为“公德”。

（二）小农经济向市场经济的转变

在小农经济中，在天人合一的框架中，结合宗族生活环境，培育了浓厚的和谐观。但是，在市场经济条件下，人与人之间充满了竞争，和谐观中就应当包括良性竞争，就应当包括竞争合作。就公正观而言，传统社会重道义、轻功利，而在市场经济环境中，经济规律、价值规律对人的价值观产生重要的作用，形成义利并重的公正观。

在封建时代，在自给自足的自然经济、专制集权的政治环境、浓厚的行帮主义的氛围中，存在着排斥竞争、技术封锁、眼光狭隘、保守固执等问题，将技术视为“奇巧淫技”，重视义务，忽视权利。而在现代社会，敬业精神同时应当具有明显的竞争意识和开拓创新意识，有敢于打破常规的勇气，有不迷信权威的魄力，追求技术上的精益求精，强调权、责、利的统一。现代敬业观要破除束缚传统敬业观的社会关系障碍，破除传统敬业观中的封建等级对人的创造性的压制，突破社会角色固化，结合现代社会实际状况和新的时代精神赋予更为积极的内涵，根据现实的需要进行转变。

（三）从封建社会到民主法治社会转变

中国传统的价值观经历了漫长的封建社会，必然带着封建社会的烙印。封建社会存在着专制、特权、等级、尊卑，形成等级森严的人际关系，形成了人与人之间的附属关系，剥夺了个体在社会存在中的自主性，扼杀了个体自我的创造性。而在民主法治社会的时代条件下，义理应同“民主”“法治”“自由”“平等”等价值相联系。随着民主、法治建设的推进，随着自由开放的公共生活空间的形成，人们需要形成社会公共意识，以公民的身份广泛参加各项社会事务，获得真正独立的人格，维护自己的合法权益，从而形成人与人之间平等、互惠、互信的关系。在封建等级社会中，思想家们重点追求道德平等与精神平等，而不可能去追求政治平等、经济平等。中华传统文化是与中国的国情条件相结合的，只有深入认识中华传统文化，并且根据现实中的国情条件，结合改革开放的伟大实践，才能对传统的平等观进行创造性转化。

中华传统文化注重人情关系，注重道德教化，注重树立权威，注重集体主义、注重家庭，这同西方社会注重理性、注重法律制度、注重平等自由、注重社会、注重个人主义有很大的不同，所以，如果中国企业全盘照搬西方企业的价值观、道德观、企业精神、企业理念，就会出现不适应甚至混乱的现象。

改良社会风气。社会风气影响了企业风气，在社会风气良好的情况下，企业就更容易建立良好的风气。

发挥消费者、社会舆论、政府对企业的监督作用。发挥新闻媒体的监督作用，保障人民的民主监督权利，保障人民的知情权、参与权、表达权、监督权，企业如果出现失德行为，大众传媒就可以将企业曝光于大众视野之下。

第六节 企业义理建设的途径与方法之二

一、固化于制：企业义理的制度配套建设

在传统中国社会中，法律与制度的建设不系统、不完整、有偏差，执行力弱，所以，人民的价值观与道德观主要是通过道德教化，由人们的道德自律和民俗民风来加以维持。在现代社会中，法律与制度的建设更加系统、更加完善，执行力强，所以，人民的价值观、道德观就可以通过道德自律与制度他律双重力量来加以维护。

企业中的德治（义理体系建设）与法治（规章制度建设），如鸟之双翼，相辅相成，缺一不可；两者不可相互替代，两者互相补充，密不可分。德治在行为发生之前发挥导向作用，法治在行为发生之后发挥惩治作用；德治调整人与人之间的精神关系，法治调整人与人之间的利益关系。例如，诚信观，在传统中国社会，维持的主要力量是依靠良知，依靠自我约束，采用“自我反省”的方式。现代社会中，诚信不仅仅靠道德修养来维持，还需要通过制度建设来加以保障，还需要通过诚信体系建设来加以落实。失信者应当接受法律的制裁，仅仅靠良心的谴责是不够的。为了将诚信观真正落实，必须建设以下制度：建立透明公开制度，真正做到“阳光作业”，坚决杜绝“暗箱操作”；建立完善责任制度，做到有权必有责，用权受监督，侵权须赔偿；建立制度的监督机制，建立健全举报机制。

企业外部的法治建设会对企业产生一定的约束力。例如，推进信用体系的建立和完善，实施《中华人民共和国消费者权益保护法》《中华人民共和国食品卫生法》《中华人民共和国反不正当竞争法》《中华人民共和国合同法》《中华人民共和国广告法》《中华人民共和国环境资源保护法》等。如果企业外部的法治建设中存在着许多漏洞，有的企业就会钻法律的空子，出现偷税漏税、骗取贷款、暗箱操作、钱权交易等失德行为，从而牟取非法利益。比如在环境违法方面，如果法律上设定的行政处罚上限太低，就会出现环境违法成本低、守法执法成本高的现象。

在企业内部，通过建立健全企业治理结构及管理组织结构，通过建立和完善企业的组织制度、管理制度、责任制度、民主制度等，使企业所倡导的义理规范化、制度化、具体化、量化、细化，比单纯说教、抽象的理念能产生更显著的效果。制度对员工是一种“硬约束”，具有严肃性、权威性、稳定性、强制性、可操作性，要求员工严格遵守和执行。用规章制度规范员工的行为，而且通过检查考核使员工遵守，员工在

遵守行为规范的过程中，就自然而然地吸取企业义理。

建立信息情报管理、计划管理、营销管理、客户管理、信用管理、生产管理、物流管理、资本运营及财务管理、人力资源管理、行政管理和生活福利事业管理等管理制度，分工明确、职责清楚、相互协作，可使管理人员和员工有章可循，知道做什么、如何做。

建立民主管理制度，如实现员工在本岗位上自主管理，举行职工代表大会，落实合理化建议、民主评议管理干部等措施，切实保障员工生产与管理的地位与权利，是在真正践行“以人为本”的理念，培养员工的主人翁精神。

如果在企业内部不重视制度建设，只强调义理建设，企业存在大量非制度化、非标准化管理的领域，那么，企业就会滑向人治深渊：企业不是主要基于制度而是主要基于人情和关系进行管理，领导者的主观判断和情感好恶经常占据主导地位，领导者的品质败坏严重地影响企业，个人的意见、批语、指令就可代替法规，领导者以个人的权威破坏制度，个人独断产生的错误可以毁掉企业，企业内部没有纠正领导者错误的力量。许多企业出现：“中国的管理既不像日本一样强调精神的力量，也不像西方管理那样强调严谨与科学。”

二、充分运用中华传统文化资源建设企业义理

不同文化背景下的企业，运作的机制和模式不同。日本公司的管理模式在其国内取得了巨大的成功，但如果将这套管理模式照搬到文化背景差异较大的美国，就不会产生令人满意的效果。企业义理要落实到个人去践行，不同文化背景中的员工，其思维方式和精神特质也不相同。中国企业如果不能植根于博大精深的中华优秀传统文化的深厚土壤中，就会变成无根的企业，就会缺乏生命力。

员工通常是将在家庭中、学校中、社会生活中形成的道德观、价值观、思想理念带到企业里。在企业义理建设的过程中，必须设立适合企业需要的中华优秀传统文化教化内容。企业通过中华优秀传统文化教化体系，将中华优秀传统文化在企业中一点一滴地建立起来，一天一天地累积起来、沉淀下来。

西方众多企业以基督教作为文化背景，中国企业在学习西方企业的管理经验时，不可能移植西方企业的基督教背景，而只能以中华优秀传统文化作为企业生存的文化背景。儒家的性善论、仁政思想、德治思想都是建设企业义理体系的重要资源。中华优秀传统文化中的许多思想，如仁爱、敬诚、忠恕、孝悌、诚信、以义制利、和为贵、勤奋、敬业、节俭等，都可以直接运用于企业义理建设之中。儒家的财富理念是“君子爱财，取之有道”，孔子曰：“富与贵，是人之所欲也；不以其道得之，不处也。”(《论语·里仁》)(译：富和贵，是人所想要的，如果不通过正道得到它，就不要获取。)

儒家主张走修身、齐家、治国、平天下之路线，通过“立德、立功、立言”而达到“不朽”。儒家的家国情怀，出于对国家、对家族、对家庭的责任，出于对国家、家族、祖上的感恩而发展经济事业，这同西方企业强调的个人主义、自由主义、契约精神有极大不同。山西商人席铭的豪语：“丈夫苟不能立功名于世，抑岂不能树基业于家

哉！”东亚许多企业推行一种“家族化管理”，企业就是一个大家庭，企业主就是大家长，员工被视为家人，实行终生雇佣制、年功序列制。儒家的德治思想运用于企业中，就是“以德治企”。

一批在全球具有影响力的日本、韩国、新加坡、马来西亚企业都是以儒家文化作为文化根基。涩泽荣一说：“在我看来，算盘有了《论语》而打得更好；而《论语》加上算盘才能让读者悟出真正的致富之道。”

第七节　企业义理建设的途径与方法之三

一、内化于心：企业义理教化

义理内化于心，原本可以通过学校、家庭、社会、企业四个渠道共同推进。如果家庭、学校、社会缺失义理的话，就只能由企业承担更多的教化责任。教化应当通过多种形式、多种渠道、多种载体，具体形象地把义理融入工作、融入生活，将企业义理植入心中。企业义理教化的目的，不仅仅在于向人们传递基本理念和行为规范，更重要的是要培养人的善良品格和践行义理的素养。因为，善良的品格是一个人稳定的心理特质，有了善良的品质，才能发生一系列的、持续的善行，真正做到：“勿以恶小而为之，勿以善小而不为。”（《三国志·蜀书·先主传》）用大脑去理解，用心灵去体悟，用身体去践行，长期修习，才能形成良好的品质。修习是一个持续终生的过程，世俗环境对人的习染是一个持续终生的过程，人对文化经典的修习也必须是一个持续终生的过程。如果人在某个时间段停止修习，则在习染的作用下发生倒退的现象。中华传统文化的核心就是道德文化，我们要对文化经典进行挖掘、整理、分类、取舍、阐释、诵记、理解、体证、修身、践行、运用，才能真正用传统文化资源滋养人们的心灵。人格与心灵的成长，正像一棵大树的成长需要每天汲取阳光、营养、水分、空气一样，也需要每天汲取各种精神元素，如情绪、经验、词语、印象、信息、事物等。如果每天汲取的是良性的精神元素，人格与心灵就会得到健康成长。

有善良品质并且有社会实践能力的人，才会有正义感，才会具有公正的价值观。有理性思维能力的人，能够遵守道德行为规范和文明行为规范的人，才会具有正确的文明观。具有独立思考的能力、自由表达的能力、参与公共事务能力、社会活动能力、分析判断能力、选择能力的人，才能说拥有正确的自由观。

企业要建设成学习型组织，所学的对象不仅仅是知识技能，还有企业义理。往往企业重视知识技能的教育而忽视企业义理的教化。企业义理的教化不同于知识技能教育，通过谈心、关怀、集体感染等方式，动之以情，晓之以理，寓情于理，情理交融。企业义理只有通过内心的体验、深刻的理解、情感的激荡，才能进入人的内心。

企业义理的教化，要有针对性、实效性。需要针对的现实情况是：价值观的多元化、价值观的虚无、价值观的混乱、道德观念虚无、道德标准混乱、道德品质低下、理想丧失、目标模糊、极端利己主义、极端个人主义、享乐主义、拜金主义、消费主义。如果企业义理教化不能纠正以上现实中存在的问题，克服这些现象带给企业的消极影响，就是失败的。

在现实中，企业义理教化的内容抽象而不具体、单薄而不丰富，所以，需要从中华传统文化经典中、从西方优秀文化中、从古今中外的企业实践案例中、从古今中外的杰出领导者及管理者的思想与经验中整理并形成企业义理教化的体系。本书正在试图探索并初步形成了企业义理教化的体系。

儒家通过道德教化、礼教、乐教、诗教、神道设教等多种方式对全民进行教化，使义理深入人心，是儒家治国理政的一大特色。宗教具有神道设教的特色，即宗教首先树立神的权威，树立人们对于神的信仰，在群体感染的气氛中，民众接纳或遵循神所主张的一系列道德原则和价值理念。儒家的祭祀之礼充分显现了神道设教这一特色。

佛教徒时常念佛经，基督教徒时常诵念《圣经》，并举行祷告、礼拜等宗教仪式和宗教活动，反复强化，就可以将宗教理念转化为信仰。企业义理的宣传不是一次完成，而是常态化地反复进行，只有让员工多读、多看、多听、多想，在各种仪式和活动中多体验、多践行，才能铭刻于员工心中，转化为员工的真诚信念。

企业应同时建立培训体系和教化体系。培训的内容是知识与技能，教化的内容是企业义理。

二、以身作则

存于书本中的企业义理是抽象的、僵化的，是一套语言符号体系，语言符号能够描述对象，但不同于对象本身。可以用手指指月亮，但手指并不等同于月亮；可以用“月亮”这个词来表达月亮，但“月亮”这个词绝不等同于月亮本身。写在墙上的价值观不等于真实存在的价值观。

只有存在于管理者心灵中、行为中的企业义理才是具体的、鲜活的，能够被他人感知，能够感染他人，所以，企业的管理者必须先行一步，首先具备企业义理的教养，才能以身作则，以自己的良言善行影响他人。《大学》中讲：“君子有诸己而后求诸人，无诸己而后非诸人。”自己做到了，然后再要求别人做，才会产生“以德服人”的效果。孟子曰：“以力服人者，非心服也，力不赡也；以德服人者，中心悦而诚服也，如七十子之服孔子也。”（《孟子・公孙丑上》）管理者还要做到表里如一，言行一致，前后一致，持之以恒。管理者倡导的，应当由管理者先做；管理者要求禁止的行为，由管理者率先禁止不做。孔子曰：“其身正，不令而行；其身不正，虽令不从。”（《论语・子路》）（译：自身端正了，即使不发布命令，人们也会去做；自身不端正，即使发布命令，人们也不会服从。）如果管理者缺失义理，“上梁不正下梁歪”，就会对他人产生负面影响，带坏整个企业的风气。管理者以身作则，才能形成凝聚力。

三、典型示范

根据企业的实际需要，结合企业义理的内涵，挖掘典型人物，树立标杆企业，进行广泛的宣传，号召大家学习，以先进典型激励和引导大家的意识和行为。“见贤思齐”，认真学习标杆企业的长处，是企业获得迅速成长的捷径。自己所在企业的先进人物，就在身边，更富有感染力和说服力，形成学、比、赶、帮、超的良好氛围。

第八节 企业义理建设的途径与方法之四

一、建设体现企业义理的事事物物

价值观、道德观主要是由文化铸造的，有什么样的文化，就有什么样的价值观和道德观。所以，需要将中华民族的传统文化体系传承下来，进行创造性转化。人民生活在具有丰富的价值观资源的文化环境中，受到熏陶，自然就能形成正确的价值观。要使中国的企业建立义理，首先要在文化环境中溢满义理的光辉。

社会的各个领域都存在各种事物，人们生活在由各种事物所构成的环境中。按社会存在决定社会意识的规律，只要人们身边的事事物物能够体现价值观，那么，人们自然而然地通过身边的事事物物接受价值观。例如，诚信观并非可以孤立存在，而是人处于体现诚信观的事事物物中，才能具有真正的诚信观。体现诚信观的事事物物包括：重视诚信的道德风气、完善的诚信约束体系、赞赏诚信的舆论氛围、有效的失信惩罚机制、良好的社会信用关系、企业信用征集系统、市场信誉监督管理体系、国家信用管理制度等。在良好的制度环境中，失信者受到惩罚，诚信者得到奖励。又如，如果在各个领域中存在着平等观，在经济领域，实现分配平等；在法律领域，实现立法平等、司法平等和守法平等；在政治领域，实现权利平等；在社会领域，实现机会平等与义务平等，那么，处在这样的社会环境中，人更容易形成平等观。公正观的形成，也有赖于社会各个领域存在着公正的事事物物。例如，在经济领域，公正体现为保障平等的自由竞争的市场环境，实行“按劳分配”为主的按要素分配原则；在政治领域，以公正为政治目的，并在社会政治结构和体制运行中实施公正；在教育领域，通过普及化、大众化的教育，让每个社会成员平等地享有社会教育资源。对于友善观而言，中国传统节假日，如春节、清明节、中秋节、重阳节等，都充满了亲情、孝道，和家、睦邻等精神，按传统的习俗过传统节日，也有助于培养友善的精神。

在赏罚分明的环境中，如果违背正确的价值观，就会得到不利的后果，如果践行正确的价值观就会产生有利的结果，这样确实有助于树立正确的价值观。趋利避害是人的生物本性，是进行赏罚的根据。如果友善的行为得不到奖赏，甚至招来痛苦、灾难、误解、指责，那么人们就会不断地减少友善的行为；如果邪恶的行为得不到惩罚，甚至带来更多的好处、赞扬、追捧，那么，人们就会不断地增加邪恶的行为。

中华传统礼仪是文明行为规范和道德行为规范，承载了传统的价值观。人与人之间的友善，首先存在于人的内心善念之中，但是，人的内心是不可见的，人只有通过外在的行为将内心的善念表现出来。中华民族自古有丰富的礼文化，有《周礼》《仪礼》

《礼记》等传世之作。礼就是中华民族的道德行为规范与文明行为规范，是将内在的友善表现出来的程式化、固化的行为方式。与其搞空洞的道德说教，还不如认真推广礼仪教育，设置大量的礼仪活动，让人们通过礼仪去培养人的善良品质，让人们通过礼仪去感受人间存在的善，从而培养正确的价值观。

设立企业义理建设委员会，作为企业义理建设的常设机构，将企业义理建设作为一个系统工程来做，制订计划，安置人员，投入经费，建设物质设施，形成运行机制。企业义理建设规划包括企业义理实践运行条件分析、企业义理实践概况、企业义理建设目标、企业道德规范、企业员工行为规范、企业义理建设评价、企业义理建设奖惩等。

二、企业义理建设的考评与监督

企业考核分为两类：一类是对经济指标完成情况的定量考评，通常是对结果进行考评；另一类是对企业义理建设、企业文化建设的考核，主要是进行定性考评，通常是对过程进行考核。定性考评是指用划分优、良、中、差等级或使用精练的短语来评价员工工作表现、品质、能力的方法，主要描述在一定期间内发生了什么事、做了什么事，这些事对企业义理建设起了什么样的作用。

定性考评因主观性、模糊性、笼统性而产生一定的偏差，为减少主观性和模糊性，可以分两个步骤进行：第一步，将定性指标往下细分为几个方面或几个维度，并根据重要性程度确定各维度所占的权重。考核维度可以分为时间、质量、数量、成本、风险等。第二步：针对每一个考核维度，制定相应的考核办法，设定具体的考核标准，使考核具有可操作性，尽量减少考评者主观因素的影响。

考核方法主要有：

等级描述法：将工作成果或工作履行情况区分为优秀、良好、一般、及格、不及格五个级别。等级描述法适用于考核那些经常或重复进行的工作。

预期描述法：考核双方对工作要达到的预期标准进行界定，然后根据被考核者的实际完成情况同预期标准进行比较，从而对被考核者的业绩进行评价。

关键事件法：针对工作中的关键事件，制定相应的扣分和加分标准，从而对被考核者的业绩进行评价。

影响定性考评公正性的因素有考评者的素质、考评者与被考评者的关系、人情因素、面子因素等。如果使用“大公无私”“全心全意为人民服务”“善良”等抽象指标进行考评，则很难产生公平的考评结果。

企业的外部监督：包括政府监督、信用体系的制约、社会监督组织的监督、大众媒体舆论监督等。政府监督表现在：完善市场监管机制，明确市场监管权力界限，保持适度的市场监管力度。有的企业同政府官员相勾结，不仅避开了政府监督，而且背靠政府官员的权力保护，产生以次充好、走私骗汇、偷税漏税、恶意逃避债务等行为。需要建立全国性的、公开的、综合的社会信用信息网络。如果缺乏正规权威的信用评价机构，则易存在对企业的信用评价标准不一，操作不规范，不公平、不公正、不客观的现象。

企业的内部监督：制定内容具体的、科学的道德伦理准则，建立健全可行的监督制度，开展道德审计，建立双向公开的信息沟通渠道，开通举报道德问题的途径，开展必要的调查或顾客意见反馈等。道德审计就是对企业的道德实践状况进行评估，公布审计结果，实施必要的惩罚或奖励活动，提出必要的整改计划，通报具体事件改进情况。监督在员工之间、员工与管理者之间、管理者之间进行，但监督不能滥用，否则会造成人人自危，破坏相互之间的信任，破坏相互之间的感情。

第九节　企业义理建设的途径与方法之五

一、践行锤炼

在学校中进行的道德教育和价值观教育，因为没有真实的生活场景和工作场景作为践行的平台，收效甚微。在企业中，有真实的生活场景和工作场景作为践行的平台，在生产经营过程中，在企业管理实践中，在企业的内外交往活动中，将企业义理贯穿到生产经营与管理的每项具体工作中，贯穿到每一个环节中，能验证真伪，发现问题，纠正偏差，产生效果，同时通过践行使个人得到锤炼，使企业义理深入人心，融入品质之中，培育员工践行企业义理的素质，形成良好的道德品质和道德行为习惯。在企业义理的推行中，存在的问题就是知行分离、知而不行，导致道德实践虚无化，造成道德虚伪的现象。必须制定企业员工道德守则，并且让员工切实遵守，出现不遵守的情况，就立即加以惩办。

二、企业义理个性化建设

企业义理既有共性，也有个性。共性指的是，每个企业所拥有的企业义理有共同之处。个性指的是，每个企业拥有不同于其他企业、为自身所独有的义理特质。共性与个性都可以分层次来说明。

第一层级是人类，即全人类的企业都存在着某些相同的企业义理。

第二层级是国家或民族，即在同一国家、同一民族中的企业，存在着相同的企业义理。

第三层级是行业，即在同一行业中的企业，存在着相同的企业义理。

在这三个层级上，企业如果表现出与其他同层级的企业的不同义理特征，那么这个企业就具有了个性或特殊性。

在企业义理建设的过程中，个性化特征来自以下几个方面：

（1）来自民族文化。中国人或海外华人开办的企业，应当有来自中华文化的特征。

（2）来自行业特征。例如，以下两家企业的企业义理就具有不同的特征。中华老字号“同仁堂”药店的企业文化的精髓是“同修仁德，济世养生”。武汉钢铁（集团）公司特色的核心价值理念是“质量效益、诚信共赢、创新超越”。

（3）来自企业的不同发展历程。从企业成长和发展的艰难历程和经验教训中积淀出和总结出企业的价值观。企业义理是稳定性和动态性的统一，企业义理随着企业的发展变化而不断发展，更加丰富。企业理念和企业精神，常常隐藏在一些企业发展的关键事件之中。企业义理就是通过企业发展历史上的典型案例、典型故事、典型人物显现出来的。在企业文化的宣传文件中，在表达某一理念的词语之后，通常用某些典型案例、典型故事、典型人物来加以说明。

（4）来自企业创办人、领导者的精神特质，来自企业中的典型人物的精神特质。企业创办人和领导者在创办企业和经营企业的过程中，将个人或群体所拥有的理念、价值观、道德观植入企业文化中。

当一个企业具备企业义理的共性时，这个企业才有厚实的生存与发展基础。

当一个企业具有个性时，才会使这个企业对内激发更具体、更鲜明的生命力和凝聚力，对外产生特别的标志作用，让大众更容易将它识别出来。

三、培育企业家精神

企业的灵魂是企业家，缺乏企业家的企业就缺少灵魂，不可能长久生存。公平的市场环境、平等的主体地位、宽松的政策环境，减少权力的干预，保护企业家财产权利和企业知识产权，是企业家精神自然成长的必要条件。企业家精神产生还有一个必要条件，就是在社会中、教育中存在着浓厚的中华传统文化和西方优秀文化。如果市场要素扭曲，公权力介入过多，潜规则横行，腐败官员四处伸手，再加上文化教养的缺失，那么，在权钱交易中胜出的企业经营者通常会成为暴发户，而不是成为企业家。

企业家是企业精神的发起者、设计者和践行者。企业家在企业中的独特地位，对企业的核心价值观的形成产生极其重要的作用。企业家为事业的献身精神、创新精神、冒险精神，企业家所具有远见卓识和非凡的魄力与能力，是形成企业核心竞争力的重要因素。创业者的一举一动对企业都会产生影响。世界著名的管理咨询公司埃森哲在26个国家和地区与几十万名企业家交谈中发现，其中79%的企业领导认为，企业家精神对于企业的成功非常重要。

四、创建情感文化

中国文化讲“情、理、法”三者的统一，表现在企业中，就是人性化、合理化、制度化三者的统一。如果企业管理系统全部实现制度化，制度进入每一个角落，那么，人情就没有立足之地了。

在宣讲企业义理时，宜采用“由情入理”的方式：宣讲者对受教者讲道理，对方能否听得进去，不仅取决于道理本身正不正确、有没有说服力，还要看是不是给对方面子，对方对宣讲者有没有感情，对方是否存在良好的情绪，宣讲者有没有在对方面前树立威信。甚至会出现两种极端的情况：宣讲者在受教者面前树立威信，在宣讲现场调动了受教者的情绪和情感，给予受教者面子和尊严，营造了浓厚的可以相互传染的气氛，那么，即使宣讲者是向受教者传递歪理邪说，受教者都会欣然接受；如果宣讲者在受教者面前没有威信，没有给受教者足够的面子尊严，没有营造相互感染的气氛，没有培养情感，没有调动情绪，那么，受教者就会处于“蛮不讲理”的状态，即使宣讲的道理正确而且非常有价值，受教者也听不进去。

如果为公共利益和他人利益着想而产生的“人情”，就是正当的人情；如果只为自己的私利着想而产生的“人情”，或者通过“谄媚”“奉承”等手段而产生的人情，就是自私的或虚伪的人情。企业中应当培育正当的人情，消除自私或虚伪的人情。让一个人在企业中有面子，维护他的尊严，可以调动他的积极性；如果让一个人在企业中丢了面子，就会挫伤他的积极性。

管理者如果以专横的方式、冷漠的态度、压制的方法、怀疑的眼光、傲慢的姿态对待员工，管理者与员工之间的人情就不复存在。管理者需要通过立威、树德、施恩来影响下属。管理者对员工的施恩，应当有一个合理的限度，如果一味讨好，会助长员工的不良倾向，陷入“一团和气，一事无成”的困境。管理者不能做违背人性、人情之事，讲人情，但是要“发乎情，止乎礼义”（《文选·卜商〈毛诗序〉》）。

朱子说：“凡在天地间，无非感应之理，造化与人事皆是。……如父慈则感得子孝，子孝则感得父愈慈。”[①] 企业之中，人与人也存在着相互感应，管理者的关怀可以感应出员工的忠诚，管理者的冷漠可以感应出员工的叛离。管理者尊重、关心、爱护员工，员工才会与之同生死、共患难。“视卒如婴儿，故可与之赴深溪；视卒如爱子，故可与之俱死。”（《孙子兵法·地形篇》）（译：将官对待士卒像婴儿，士卒就可以和他一起去跳急流深谷；对待士卒像爱子，士卒就可以和他一起去战场赴死。）

在工作场合，要营造善良、美好、温馨、友爱的气氛，每个人都受到礼貌的对待，每个人都受到尊重，每个人都维护自己的尊严。

企业通过义理体系建设，满足员工在精神上、情感上的需要，让员工对企业产生归属感、认同感、依赖感，对管理者产生敬畏感，对同事产生亲切感，对工作产生神圣感，在工作中产生快乐。

① 曾仕强．管理就是修己安人［M］．北京：北京联合出版公司，2014：69．

第四十章　行为管理

第一节　法治与礼治

组织行为管理是指研究一定组织中人的心理活动规律和行为规律，并通过掌握这些规律，实现组织目标。组织行为管理就是要对人的六大属性进行正向培育与引导，培育其中的积极因素，消除消极因素，从而产生和增加人们的积极行为，避免或减少人们的消极行为。管理者单纯运用下命令让下属服从的这种模式已远远不够，还要对下属采取支持、爱护、引导、教化、服务、鼓励等方式。

根据行为的性质，可以将组织行为分为积极行为与消极行为。组织中的积极行为来源于组织中人的道德品质、良好性情、思想理念、自信、希望、乐观等。仁慈之心显现在行动上，就是善良之行。在企业中，善良之行就是生产合格优质的产品，提供优质周到的服务。有善心的员工，有善行的企业，才能生产“善品”，参与社会公益事业，参与社会慈善事业。考察世界知名企业，我们会发现，这些企业都不以营利为目的，而是以服务社会、造福人类作为自己的崇高使命。组织的积极行为总是能够促进组织运作效能，有些是按要求发生的，有些则是自愿的；有些纳入薪酬体系之中，有些则在薪酬体系之外。

组织中的消极行为具体表现为态度消极，不求进取，多一事不如少一事；或者固守既得利益，丧失创造精神，习惯于现有模式的运行，厌恶变革与变化，抗拒不同意见，等等。

根据组织目标，可以将组织行为分为正向组织行为和反向组织行为。正向组织行为是指组织成员表现出的一切有利于组织目标实现的行为。反向组织行为是指组织成员表现出的阻碍组织目标实现的行为。反向组织行为包括不遵守纪律、缺勤、迟到、制造混乱、偷窃、暴力、欺骗等。

一、通过礼乐教化改变人的行为

动物受到智能的限制，被定格在自然生态食物链的一个具体环节上。人与动物相比，有更高更强的智能，高居于自然生态食物链的顶端。如果不用礼乐文化对人进行一定的制约，人就会成为地球上最凶恶的动物。礼乐文化的主要功能就是教化民众，它可以抑制人的残暴、自私、野蛮、无耻、混乱，使人向着善良、公正、文明、典雅、有序的方向转变。周公“制礼作乐”，使周王朝变成文化共同体与道德共同体，从此形成中华民族礼乐文化。成王、康王之时，40年不用刑罚，史称“成康之治”。中国古代将礼、乐、政、刑四者并提，主张礼乐教化与行政法治相辅相成。礼乐教化可以培养人的道德品质，扶正气，祛邪气，激发人的善心，抑制人的恶念，改良社会风气，引导人们走正道。自南北朝北周开始设立礼部，隋唐以后礼部为六部之一。

儒家认为“德音之谓乐”，“乐者，通伦理者也”，根据道德原则将音乐分为“奸声”与“正声”，“淫乐”与“和乐”，“善乐”与“不善乐”。现代音乐歌曲可以分为四大类：具有道德教化功能的音乐歌曲，谓之“善乐”；具有败坏道德的音乐歌曲，谓之“恶乐”；具有审美价值、陶冶性情、精神愉悦的音乐歌曲，谓之“美乐”；缺失审美价值、污染性情、精神错乱的音乐歌曲，谓之“丑乐”。孔子看到了“恶乐”“丑乐”的危害性，主张“放郑声”，因为“郑声淫”。创作者不要创作“恶乐”“丑乐”，而要创作“美乐”“善乐”，民众不要听“恶乐”“丑乐”，而要听“美乐”“善乐”。由于道德缺失与人性扭曲，创作者用音乐表现欲望，而不是用音乐表现“道”，用音乐歌曲宣泄情感，而不是用音乐歌曲升华情感。

春秋战国时代，出现“礼崩乐坏”的现象，孔子创立的儒家文化竭力进行挽救。秦始皇重视政治、法治而忽视礼治、文治、德治，并以“焚书坑儒”的手段摧毁礼治、文治、德治系统。在低俗、庸俗、媚俗文化流行，商业文化流行，厚黑学泛滥的时代，“礼崩乐坏”的现象再度出现。“礼崩”指的是良好的礼仪丧失、恶性的礼仪涌现，如奢侈浪费的礼仪、缺失道德内涵的礼仪等。“乐坏”指的是音乐品位的败坏，由于道德缺失与人性扭曲，造就了一大批人只对“恶乐”“丑乐”有感觉，而对“美乐”“善乐”失去了感知的能力。

二、礼治与法治共同塑造人的行为

在中国古代，礼法与法治两大系统常常混合在一起，所以有“礼法”之称谓。中国古代的礼有双重意义：一是指典章制度、政治、法律法规，《周礼》所载内容大多属于此类。二是指文明行为规范和道德行为规范。《仪礼》所载内容大多属于此类。孔子继承周公之道，主张“道之以政，齐之以刑，民免而无耻；道之以德，齐之以礼，有耻且格。”（《论语·为政》）其中所讲的政、刑、德、礼就是政治、法治、德治、礼治。“礼之所去，刑之所取，失礼则入刑，相为表里者也。”（《后汉书·陈宠传》）

在当今社会的各类组织中，应当形成法治、德治、礼治、文治四大治理系统。如果只有法治系统而缺乏德治、礼治、文治系统，就如班固批评法家：“及刻者为之，则无教化，去仁爱，专任刑法而欲以致治，至于残害全亲，伤恩薄厚。”（《汉书·艺文志·诸子略》）“礼之用，和为贵”，只有在企业中建立德治、礼治、文治系统，才会形成团结、温馨、信任、积极、友好的集体氛围，使人产生奋发向上的活力。德治、礼治、文治系统在企业中的功用是教化管理者和员工，塑造价值观，传递企业理念，培育情感，陶冶情操，规范行为，树立企业形象。

德治、礼治、文治系统的败坏或缺失，会使人颓废、沮丧、抱怨、离心离德。但注意不能打着德治的旗号，走向人治，绝不能以管理者个人的好恶、个人的意志、个人的任性、个人的专横、个人的愚昧危害企业。

礼治与法治的区别在于：

（1）法治的作用是惩治，是在违法犯罪行为发生之后，针对违法犯罪行为进行惩治。礼治的作用是引导，是在行为发生之前，为行为提供规范，潜移默化中起到教化的作用。

（2）法治的功能是限制权力、保障权利，礼治的功能是规范行为、培育品德、倡导道德行为规范与文明行为规范。

（3）法治惩治具有危害性的违法行为、犯罪行为，而礼治矫正不良行为、微邪行为。微邪行为是指轻微的邪恶行为，恶劣程度比违法犯罪行为轻。管仲认为："微邪者，大邪之所生也。"（《管子·权修》）现在有一种片面观点，"法无禁止皆可为"，是讲除了违法犯罪之外的一切行为，都是可以容忍的。其实，法律并不能覆盖人的行为的方方面面，从消极的角度讲，现代社会过度强调人的自由，禁忌的防线被冲垮，在违法犯罪行为之外，还存在着大量的不良行为和微邪行为，而这些不良行为和微邪行为，只能通过礼教来消除。

（4）法治采取强制性，偏重理性，具有冷酷无情的特性；礼治则依靠自觉性，偏重人情，具有温情活泼的特性。国有国法，家有家规。没有规矩，不成方圆。国家、地区、团体、企业、单位、家庭都要制定明确的规章制度和法律法规。规章制度和法律法规有明确的目的性和相对的稳定性、持续性，在实施上具有权威性和强制性，让人们有章可循，有法可依，行为受到约束。否则，人们将随心所欲，按习惯、按功利需要、按潜规则办事，行为错乱乃至走上邪道。建立规章制度，可以避免管理中的随意性、混乱性，避免人情因素。企业建立规章制度，为员工行为提供明确的标准，也为员工的冲突提供解决的依据，员工通过履行制度而形成相应的行为习惯。

仅仅依靠法治，会导致严刑峻法、人情淡薄，必须以礼治辅之。秦始皇只关注法治，重视战争、赏罚、严刑、狱讼等，礼乐废弛，秦朝二世而亡。仅仅依靠礼治则会疲软无力、人治泛滥、各行其是，必须以法治辅之。法治与礼治相结合，恩威并施、刚柔兼济，才能进行有效管理。

（5）法治与势相结合，礼治则与习相结合。推行法治的主体，必须具有权威与势力。在专制时代，法治的权威与势力来自君王的地位、权威；在民主时代，权威与势力来自人民的授予。规章制度和法律法规必须执行有力。在执行中坚持人人平等的原则，官僚特权、人际关系、人情因素常常是执行中的障碍。礼治则是在个人生活中养成良好的习惯，在公众生活中形成良好的习俗。在企业中，管理制度的权威来自管理者的权威，同时也来自被管理者的认同。

（6）法治具有标准性与明确性，可以在规模庞大的组织中推行，而礼治具有非确定性和非标准性，容易在规模小的群体中推行。礼治依靠人的判断、自觉，有时很难做到公正，无法实现管理的标准化与强制化。明王朝和清王朝非常重视礼治，却不能推行法治，大臣们常常陷入各种礼仪道德的争论之中，整个王朝没有通过一个强有力的法治系统有机地组合起来，形成战斗力，而是分裂成家族，分裂成各种利益集团，个人不能通过公正、公开、公平、有效的规章制度与法律法规进行有机组合而形成群体，造成公共秩序和公共利益的缺失，处于“一盘散沙”的状态，最终走向崩溃。

（7）礼治具有持续性，而法治则具有间断性。法治常常在人们违背法律、违背规章制度时才能显现其功能，而礼治则可以贯穿人们活动的全过程。据《申鉴·政体》记载，有人对荀悦说：“人的本性就像是熔炉里的金属，温度高了就变成液体流动起来，灭掉炉火又变回坚硬的状态。或者说人的本性就像是水车中的水，水车开动起来，水就上升了，可是水车一停它又会落下去。这个样子的人性，如何能够治理好呢？”荀悦回答：“只要你不灭掉炉火，金属就总是液态的；只要你不停止车水，水就始终往上流，因此营造一个‘大冶之炉’，就可以使变成液态的金属不变回原样；营造一台永不停息的‘踊水之机’，就可以使水总是上升而不往下流。善于教化的人也是如此，则人性便得到治理。”礼治、文治、德治就是永不熄灭的“大冶之炉”和永不停息的“踊水之机”。

（8）法有良法、恶法之别，礼教也有封建礼教与人文礼教之别。只有在相关各方相互制衡、平等协商的基础上，才能产生既约束权势者又规范弱势者的规章制度和法律法规，并有广泛的认同性，从而形成良法。由权势者单方面制定的规章制度和法律法规通常只会保护权势者的特权、私利，并侵犯弱势者的正当权利，违背公正、公开、公平的原则，产生“恶法”。法治建设既是“恶法”不断消除的过程，也是“良法”不断建立的过程。封建礼教具有等级、尊卑、特权、专横、奴性等封建特征，而人文礼教则具有仁爱、和谐、诚敬、平等、互动、秩序等人文特征，我们要弘扬人文礼教，批判封建礼教。

（9）人性之善，是推行礼治与德治的前提；人性之恶，是推行法治的前提。荀子在性恶论的基础上，主张运用礼治“化性起伪”，转恶为善。韩非子则在性恶论的基础上不做改变，而是顺应其趋利避害的特性推行赏罚和法治。

中国法家的法治与现代社会的法治有根本区别：法家的法来自君王的利益和意志，以维护君王地位、权势为目标，君王或特权官僚可以凌驾于法律之上；现代法治则来自人民的利益和意志，以维护人民的权利、尊严为目标，任何个人与集团不能凌驾于法律之上。法家的法治存在着一个逻辑缺陷，即注重公共利益而忽视个人利益。如果扼杀个人利益，则所谓公共利益就是虚假的，公共利益就变成了君王的利益或特殊利益集团的利益。

第二节 企业行为识别系统

行为识别系统是企业理念识别系统的外化和表现，是通过对所有企业行为、员工操作行为实行系统化、标准化、规范化的统一管理，以便形成统一的、良好的企业形象。企业行为识别系统由一系列的规范性准则构成，这些准则具体体现在全体员工上下一致的日常行为中。企业行为规范不仅表现为规章、制度、准则等成文的规定，而且表现为传统、习惯、禁忌等不成文的行为规范。

企业行为识别系统是企业理念识别系统的外化和表现，企业理念识别系统的内涵、品位、特色、真伪，决定了企业行为识别系统的内涵、品位、特色、真伪。社会大众和消费者通过认知、体验、识别不同企业的行为识别系统，形成对不同企业的印象。

一、行为识别系统中的行为

行为识别系统中的行为可分为内部行为和外部行为。

（1）内部行为包括：教育、培训、宣传、产品开发、制度的制定与实施、工作软环境的再创造、员工选聘行为、员工考评行为、员工培训行为、员工激励行为、员工岗位行为、领导行为、决策行为、沟通行为、协调行为等。

（2）外部行为包括：市场调查、创新行为、交易行为、谈判行为、履约行为、竞争行为、服务行为、广告宣传行为、推销行为、公关行为、社会公益工作、对外协调等。

二、行为识别系统的特征

行为识别系统的特征如下：

（1）统一性：通过企业信息及时、准确和完整地传递，要求企业的全体员工和各个部门在开展各项活动时必须具有统一的目的，要求所有工作人员在活动中的语言传播、行为表现具有统一性，要求企业的各项活动表现必须与企业的理念系统、视觉识别系统相一致，要求行为规范要与企业已有的各项规章制度保持一致，要求行为规范体系中的各项标准协调一致，要求行为规范对普通员工、各级领导者和管理者保持一致。

企业识别系统（CIS）由三个要素（子系统）构成，即理念识别系统（MIS）、行为识别系统（BIS）和视觉识别系统（VIS）。这三个系统既独立发挥作用，又相辅相成。无形的、内在的理念应当通过有形的、外在的行为表现出来。如果理念识别系统不能通过行为识别系统得到充分体现，那么，理念就成为空洞的口号，无法真正发挥作用。人们往往是透过企业行为留给他们的印象，去了解一个企业的理念。组织行为应当同组织理念相符合，如果组织行为与组织理念相悖，这些行为就是被动的、虚伪的、表面化的。所以，要改变组织行为，必须先改变组织理念。

（2）独特性：企业的行为及活动应当体现出企业的个性和独特性，显示出与其他企业的不同风格；企业的行为规范既要体现一般性，也要从本企业的实际出发，具有针对性，才不致空泛无用。对企业中存在的不良行为进行矫正，对企业中存在的良好行为加以强化。不能因强调本企业的独特性而否定本企业同其他企业所具有的共性。

（3）稳定性：企业行为识别系统的建设是一个长期的过程，企业行为规范不仅表现为规章、制度、准则等成文的规定，而且表现为传统、习惯、禁忌等不成文的行为规范，所以，企业行为要保持一定的持续性和稳定性。

（4）可操作性：行为规范应力求详细、具体、简明，具有可操作性，不能只是提供空洞的原则或口号，无法落到实处。

组织对员工进行过度管理，提出过于细小、过于繁杂的要求，完全不必要，在多数情况下，要依靠员工的自我管理。

第三节　如何建立企业行为识别系统

一、进行环境分析

组织处于开放状态，环境的改变会对组织造成巨大影响。在不同的环境和不同的组织中，使用不同的管理方式、原则、方法，就会有不同的组织行为。所以，管理学应当列举出多种多样的管理方式、方法、原则，以供备用、选用，而不是确定某种方式、方法、原则作为放之四海、普遍适用的真理。

在现代社会中，组织所处环境的变化性、复杂性增加，而稳定性、确定性减弱，由此导致组织行为的问题越来越多，冲突越来越大，反应式行为越来越不适应环境的变化。信息技术的突飞猛进，特别是计算机技术和互联网技术的广泛应用，正在改变组织的管理方式。

生态观念运用于组织与环境中，就要求组织面对协作者和竞争者时，将平等互利、共生共赢、合作共享作为处理各种关系的行为准则；生态观念运用于组织内部，组织中的个体之间、个体与群体之间建立休戚相关、荣辱与共、互惠共赢的关系，形成工作共同体和生活共同体。

二、进行人性分析

管理方式因人而异。有的人自然属性较明显，可以称为“经济人”，对于这种人，可以用物质刺激的方式调动他的积极行为。有的人社会属性较明显，可以称为“社会人”，对于这种人，需要用满足其社会需要的方式调动他的积极行为。有的人则是文化属性较明显，可以称为“文化人”，对于这种人，需要用满足其文化需要的方式调动他的积极行为。

管理者只有对人的个性、品质、心理、需要、欲望等方面进行全面了解，才能采取有针对性的、有效的管理方式。管理者不仅要关注员工的生产效率，还要关注员工的生活质量，关注员工的工作满意度、安全、健康、压力等问题，关注员工的工作与家庭、工作与生活的平衡，关注员工的人际关系，有效地减缓员工的工作压力和工作倦怠，关心弱势群体。影响人际关系的因素有距离的远近、交往的频率、态度的相似性、需要的互补性，而在一个组织中，这四个要素都是存在的。

人的差异表现在诸多方面：个性的不同、社会经历的不同、文化知识程度的不同、价值取向的不同。组织中的员工的价值观趋于多元化，不同地域、不同文化背景、不同宗教信仰、不同组织领域的工作者的价值观存在差异，不同职位、不同学历、不同年龄、不同性别的工作者的价值观也存在差异。例如，知识员工具有较高的自主性、独立性、创造性、流动性，对组织的依赖性较弱，轻视来自组织的指令和管制，比较看重工作的意义。现代管理是以人为中心的管理，随着脑力劳动者比例的提高，对于人的管理的复杂性越来越高。体力劳动者与脑力劳动者的人数比例，在手工操作为主的企业中是9 ∶ 1，在中等机械化程度的企业中是6 ∶ 4；在自动化企业中是1 ∶ 9。

三、建立奖善惩恶的机制

要培育积极行为，消除消极行为，就要建立奖善惩恶的机制。

操作条件反射学习理论由美国学者斯金纳创立。斯金纳用一个有小窗口的箱子关着一只鸽子。鸽子最初四处啄箱子，最后碰巧啄到窗子，于是它获得了由自动装置送来的食丸，鸽子获得食丸后就会倾向于重复啄窗子的动作。斯金纳认为，人或动物为了达到某种目的，会采取一定的行为作用于环境，当这种行为的后果对他有利时，这种行为就会重复出现；对他不利时，这种行为就减弱或消失。管理者可以运用这个理论，对员工的积极行为给予奖赏，从而使积极行为得以强化；对员工的消极行为给予惩罚，从而弱化其消极行为。

行为塑造包括四种方式：

（1）正强化：对某人的某一行为给予令人愉快的诱因，使此人的这一行为得到保持，或提高该行为重复出现的可能性。例如，对某人积极工作给予奖励，使其保持积极工作的状态。

（2）负强化：对某人的某一行为撤除令人不快的诱因，使此人的这一行为得到保持，或提高重复出现的可能性。例如，用不扣工资的方式，使某人准时上班。

（3）惩罚：对某人的某一行为加以惩罚，使其放弃这种行为，或者降低这种行为出现的可能性。

（4）自然消退：消除维持某一行为的正强化和负强化，使这一行为逐渐消失。

在一个组织中，管理者要认真分析，哪些是积极行为，哪些是消极行为，对积极行为采取正强化或负强化的方式，对消极行为采取惩罚或自然消退的方式。

在道德的环境中，形成奖善惩恶的机制：善行得到受益者的感恩与回报，得到社会的赞扬与奖赏，恶行得到受害者的回击与报复，得到社会的批评与惩罚，那么，善行就得到强化，就会越来越多地出现，恶行得到弱化，就会越来越少地出现。

反之，在反道德的环境中，形成奖恶惩善的机制。恶行得到回报、赞扬与奖赏，恶行就得到强化，就会越来越多地出现；善行受到打击、批评与惩罚，那么，善行得到弱化，就会越来越少地出现。

在一个组织中，如果管理者私欲过重，他就可能对邪恶的行为采取正强化或负强化的方式，而对善良的行为则采取惩罚或自然消退的方式。

四、理念需要见之于行

实践是指人改造社会和自然的有意识的客观性活动。践行则是指人在文化、道德、审美、宗教等精神活动领域中的主观性活动。理念、道德、价值观如果只是说在嘴上、写在墙上、想在心上而没有落实到行动上，就不会对客观事物产生作用，就不可能真实地存在。按照中国传统的“知行合一”的理念，价值观需要通过实践与践行体现出来，通过实践活动将价值观要素植入各种事物中，使价值观依托各种事物而真实地存在。在社会的各种事物中体现理念、道德、价值观，人们在接触到事物的时候，就会自然而然地接受价值观的熏陶。企业理念、企业精神、企业价值观要融入员工的日常生活中，渗透到日常生活的每一个细节，内化于心，见之于行，在落细、落小、落实上下功夫，让人们养成体现理念、道德观、价值观的生活习惯与生活方式。如果理念、道德观、价值观离开体证，离开了践行，就是空疏的，不能用于修身，也不能产生实际的成效。宋代诗人陆游说：“纸上得来终觉浅，绝知此事要躬行。”（《冬夜读书示子聿》）

五、发挥典型示范作用

社会性学习是指，人可以在社会场所观察他人、模仿他人或以他人为榜样，而后自己尝试与他人行为相类似的行为，若结果是积极的，他就重复这种行为；若结果是消极的，就弱化这种行为。

企业的最高决策者发生错误时，如果在企业内部缺乏制止或纠正力量，那么，这种错误就会转化为整个组织的错误。德国动物学家霍斯特做了一个试验：将一条较为强健的鲦鱼脑后控制行为的部分割除后，这条鲦鱼便丧失自制能力，行为紊乱，而其他鲦鱼仍然像从前一样盲目追随，整个鲦鱼群的行为就发生紊乱，这就是“鲦鱼效应”。

在遵守行为规范方面，管理者、领导者首先要以身作则，以身示范，作出表率。树立和宣传企业模范人物，使企业的价值观“人格化”，使人们有学习的榜样。典型榜样的大量积极行为，以供员工效仿，并且同时建立机制，凡是效仿典型的行为所产生的行为，都会给予奖赏，如此，大量的积极行为就在组织中出现。在法治和文治两个系统完善的前提下，员工为了得到认同，会在群体氛围中相互感染、相互仿效。

“其身正，不令而行；其身不正，虽令不从。”（《论语・子路》）

六、对行为作出系统的明确规范

企业行为规范分为道德行为规范、作业规范、礼仪规范、纪律规范、安全规范、环卫规范、专项行为规范、特定群体行为规范等。有的行为规范从价值理念出发，结合典型工作场景进行演绎，如阿里巴巴员工行为规范；有的行为规范从不良行为出发，进行归纳，形成规范。罗宾斯认为，在企业中，有六种重要的员工行为：员工生产率、缺勤、离职、组织公民行为、工作满意度、工作场所不当行为，工作场所不当行为又包括异常行为、攻击性行为、反社会行为、暴力行为。①

企业建立行为识别系统，需要制定、完善、执行一系列具有可操作性的制度和规范。日本本田公司为了鼓励员工提出各种合理化建议，于是建立了奖励制度，按提出建议的数量与质量进行评分，分值每到一定程度就可以获得各种奖项。

---

① ［美］罗宾斯，库尔特．管理学［M］．刘刚，梁晗，程熙镕，等译．北京：中国人民大学出版社，2017：405-406
.

企业文化手册通常包括以下内容：

（1）序言概论：阐述企业的发展历程、当前的发展态势、今后的发展规划、企业文化的意义等。

（2）文化阐述：阐述企业文化的总纲、宣言、实质、内容、特征、宗旨、定位等。

（3）主体：刊载企业理念识别系统、企业行为识别系统、企业形象识别系统。

（4）案例：主要刊载正面案例。

（5）附则：刊载执行时间、解释权、制定者等说明性条款。

通过教育、宣传、培训、仪式、活动，使企业理念深入人心，让员工熟悉企业的各项制度，让每个人都清楚地知道自己在行为识别系统中应当做什么、怎么做。以形成共同的观念。此外，提高管理者的综合素质，运用更好的管理方式，提高管理水平，有助于推进行为识别系统的建立。

七、建立良性潜规则

显规则是以正式的规范性文本表达的，并由组织机构通过强制执行力实施的规则，短时间内即可建立；潜规则是以隐蔽的方式存在并且人们私下认可的行为规则，潜规则没有外在的强制约束力，当事人可以自主选择是否遵守，当事人遵守潜规则就得利，违背潜规则就受损，潜规则需要经过一段时间的磨合才能形成。显规则有良性的也有恶性的，同样，潜规则也有良性与恶性之别。良性潜规则是对良性显规则的有益补充，在显规则没有涉及的领域或失效的领域产生作用，缓解显规则过于刚性而产生的负效应。恶性潜规则常常对良性规则产生破坏作用，滋生官僚主义和机会主义，偏离组织目标，压制人们的积极性，降低工作效率，败坏社会风气。重视面子、重视关系、家族本位、人治社会、公权力的私有化、熟人圈子的形成，等等，这些因素都是潜规则形成的土壤。

稻盛和夫说："如果无节制地使用自由，就会成为'失控的、无法驾驭'的人。放任欲望的自由行动就是造恶。因此，必须适当地抑制自由以免造恶。……用'持戒'来抑制自由，防止作恶；用'布施'来帮助关爱他人，这样就能成为菩萨。相反，听凭自然、放任欲望去自由行动，就会变成恶魔。"①

八、企业仪式促进积极行为

企业仪式是指将企业的重要工作或生活环节进行戏剧化处理，固化为一个个的仪式程序，让人们在仪式所营造的气氛中受到感染、教育和激励，从而接受企业的理念和精神。企业仪式主要有社交礼仪、文化仪式、节日庆典等。企业的文化仪式主要有企业的升旗仪式、新员工加盟仪式、老员工退休仪式、企业合作签约仪式、新项目开工建设奠基仪式、结项庆功仪式、表彰仪式、团拜仪式、上班自警仪式、下班反省仪式等。

① ［日］稻盛和夫．心法——稻盛和夫的哲学［M］．曹岫云，译．北京：东方出版社，2015：44–45.

第四十一章　激励管理

第一节　赏罚的八项原则

人为了满足自己的需要，就要确定自己行为的目标，就会产生动机。动机包含三个要素：努力、方向、持续性。满足人的需要，就能产生激励作用。趋利避害是人的本性，是进行赏罚的根据。韩非子说："凡治天下，必因人情。人情有好恶，故赏罚可用。"（译：凡是治理天下，必定根据人的本性。人的本性趋利避害，所以就能够运用赏罚手段。）

一、赏罚的原则

赏罚分明要做到以下八个方面：

（一）赏罚目标的正义性

赏罚的目标要明确，要有明确的方向，不因主观好恶而行赏罚，不因感情冲动而行赏罚，也不因关系亲疏而行赏罚，赏罚实施者要确定通过赏引导人们进入什么状态，通过罚引导人们脱离什么状态。

赏罚的方式既可能用于正义的目的，也可能运用于邪恶的目的，我们必须对此有清楚的认识。法家比较重视运用赏罚的手段。当目标正义时，可能对善的行为实施赏，同时对恶的行为实施罚。当目标邪恶时，就有可能对善的行为实施罚，而对恶的行为实施赏。历史上，邪恶势力往往运用赏罚的手段对反抗者打击迫害，对顺从者大行封赏，以确保其邪恶目标的实现。我们应当认真考察实施赏罚者的目的何在，如果赏罚者的目的是邪恶的，就不可领受他们的赏赐，要抗拒他们的惩罚。

（二）赏罚过程的公正性

公正性既有客观的指标，也有主观的感受。公正性的客观标准是一视同仁、功过分明，赏罚的措施要适当。只要发生同类行为，不管对方是亲是疏、是强是弱，都应采取同等的赏罚措施。孔子曰："举直错诸枉，则民服。"（《论语·为政》）姜子牙提出"诛大赏小"论：主将以诛杀地位高的人来树立威信，以奖赏地位低的人来体现明察。商鞅提出："所谓壹刑者，刑无等级，自卿相将军以至大夫、庶人，有不从王令、犯国禁、乱上制者，罪死不赦。"（《商君书·赏刑》）功与过不能互相抵消，有过者不能因为曾经有功就免于受罚，有功者不能因为曾经有过就免于受赏。主观感受的公正性，是受赏者或受罚者将自己当下受到的罚赏与情况类似于自己与他人进行横向比较后感到满意，与自己过去所受的赏罚进行纵向比较时感到满意。

（三）赏罚之物的准确性

赏罚的手段有三类：一是物质利益，如金钱、物品；二是精神利益，如地位、荣誉、权力；三是行为赏罚，赏的行为有关心、帮助、赞扬、鼓励等，罚的行为有谩骂、攻击、批评、折磨等。在风气败坏的环境中，面对不知廉耻的人，行为赏罚很难产生效果。不同的个人，特点不同，需求不同。即使同一个人，在不同的时间需求也不同。当一个人的某种需求正处于“亏空”状态时，赏或罚就能够产生明显作用。对于经济困难中的人来说，最好是以金钱给予奖励；对于有发展要求的人来说，最好的奖励就是为他创造能充分表现自己才能的机会。

（四）赏罚运用的教化性

赏罚应当与教育相结合，必须让受赏者明白为何受赏，让受罚者知道为何受罚。老子曰：“民不畏死，奈何以死惧之。”（《道德经》第七十四章）孔子反对“不教而诛”，在没有向对方进行教育的情况下就去诛杀对方，是一种暴虐的行为。罚的目的是使当事人知过、悔过、改过，并让他人引以为戒，而不是发泄施行者的愤怒。《六韬》中记载着姜子牙说过的一句话：“杀一人而三军震者，杀之；赏一人而万人悦者，赏之。杀贵大，赏贵小。”赏罚是为了让当事人坚持其正确的行为，并让他人学习效仿，而不是表现施行者的喜好。只有让受赏者和受罚者明白道理，他们才会心悦诚服，不会产生消极情绪。

由于惩罚会带来冲突、敌对、混乱等消极的影响，因此，应尽可能少用惩罚的手段。对于某些不符合组织目标的行为，只要采取忽略的态度，这些行为就会逐渐消失。

（五）赏罚实施的及时性

掌握好赏罚的时机，赏罚措施何时该用、何时不该用，都要根据具体情况进行具体分析。及时进行调查，在掌握情况之后就应立即宣布赏罚措施。“雪中送炭”和“雨后送伞”的效果是不一样的。如果久拖下去，就会造成人们的疑惑，人心涣散，不良的风气不断蔓延。

奖励最好是分批、多次进行，不能一次全部给予。一次性给予大量的奖励，吊起了胃口，如果此后长时期没有奖励，则会造成不满。惩罚则是一次性地及时给予，反复重复的惩罚会导致对方习以为常，并产生怨恨。

（六）赏罚指向的具体性

韩非子说：“立可为之赏，设可避之罚。”奖罚应指向人的具体行为，而且取决于被赏的行为是否可以通过努力而做到，被罚的行为是否可以通过努力而避免。诸葛亮说：“赏以兴功，罚以禁奸。”应当使他们明确地知道：为什么会受到奖励或惩罚。

（七）赏罚结果的有效性

赏罚有要力度。《东周列国志》中讲：“赏罚不明，百事不成；赏罚若明，四方可行。”通用电气前 CEO 杰克·韦尔奇说：“作为一个管理者，我所做的最重要的一件事就是论功行赏，奖罚分明。”

赏罚要讲信用。《韩非子·外储说左上》讲："赏罚不信，则禁令不行。"（译：如果赏罚不讲信用，那么禁规、法令就无法推行。）赏罚的价值体现在：形成竞争环境，调动积极性，激发创造力，吸引人才，发挥潜能。老子说："轻诺必寡信。"（《道德经》第六十三章）如果轻易许诺而不能兑现，就丧失了信用。

美国心理学家弗罗姆于 1964 年提出了期望理论，认为：激励的效用 = 期望值 × 效价，如果其中有一个变量为零，激励的效用就等于零。期望值是指某一具体行动可带来某种预期结果的概率。效价是指个人对达到某种预期成果的偏爱程度，或某种预期成果可能给行为者带来的满足程度。更进一步讲，发挥激励的作用，除考虑期望值、效价这两个因素之外，还要考虑以下因素：

（1）绩效情况：绩效不仅给自己带来报酬，还满足了自己的成就感和责任感。

（2）付出的努力：付出得越多，得到的报酬就应当越多。反之，则不会产生激励作用。

（3）公平感：将自己的"投入与报酬之比"同他人的"投入与报酬之比"相对照而产生公平感。

（4）成功或失败的原因，是主观上的努力、能力原因，还是环境中的机遇、任务难度之类的原因，如果是主观原因，激励才能发挥作用。

（八）赏罚程度的合理性

赏罚的程度不能过轻，也不能过度。《管子·正世》曰："赏不足劝，则士民不为用；刑罚不足畏，则暴人轻犯禁。"古人说："赏无度则费而无恩，罚无度则戮而无威。"（《孙子兵法》杜佑注）激励程度是指激励量的大小，即奖赏或惩罚标准的高低。过量的赏罚或不足量的赏罚，达不到预期的目的，可能还会产生消极的后果。过分优厚的奖赏可能会使人享受现有的成果而丧失进取的精神，过分苛刻的惩罚可能会导致人的摔破罐心理。过于吝啬的奖赏或过于轻微的惩罚，可能会导致人的无所谓心理。

应坚持"赏不遗小，罚必就大"的原则。如果赏能遍及小人物，或人的细微之处，就能使人奋进，关注细节，不断改进。但是，如果罚遍及人的细微之处，就让人感到处处受监视，时时被控制，则会损害人的自由、自尊、自主，造成"水至清则无鱼，人至察则无徒"。对于小的过失，不要动不动就处罚，最好的办法是管理者去找犯错者面谈，让犯错者知道为什么错了，并带着羞耻之心改正。

第二节 需求的十个层次

如何留住人才？人才管理的目标是"安人"，就是安身立命，既有身安，也有心安。《管子·牧民》篇中说："政之所兴在顺民心，政之所废在逆民心。民恶忧劳，我佚乐之；民恶贫贱，我富贵之；民恶危坠，我存安之；民恶灭绝，我生育之。"

根据马斯洛需求层次理论，结合中华传统文化进行扩充，就形成需求十层次论。以下，我们将说明管理者如何满足员工的十层次需求，达到"安人"之效。

（1）生理需求：生理的需要是指衣、食、住、行等需要。员工及其家人有衣、食、住、行及身体健康的需要，而要满足这些需要，就应当给员工一定的报酬。企业的报酬和福利应当有竞争力，如果一个企业支付给员工的报酬低于同行业、同地区的平均水平，则会造成员工的不满，导致员工大量流失。美国福特汽车公司创始人亨利·福特指出："认为工资低廉就可以生产低廉的产品，那是从前企业家的陈腐想法。只有优良的工人，才能制造优良的汽车；有优厚的待遇，才能有优良的工人。"[①]松下幸之助认为，人的本性是自私的，员工来到企业首先是为了自己，员工在满足自己的同时，客观上也为企业作出了贡献。[②]企业要关注员工的健康状况，有健康的体魄才会有高效率的工作。生理需求是基础性需求，在生理需求得不到满足的时候，人就会放弃或压制其他方面的需求；但在生理需求得到满足之后，人就需要在其他方面得到满足。

（2）安全需求：需要保障自身安全，摆脱各种威胁。在工作环境和生活环境中有充分的安全设施、安全措施为员工提供充分的保障；人身安全不受犯罪活动、恐怖活动、压迫的威胁；社会稳定、生活稳定，心中没有恐慌。

（3）归属感及爱的需求：人需要归属于一个群体并成为群体中的一员，从而相互关心和照顾；希望爱别人，也渴望得到别人的爱。

员工需要有对祖国的归属感、对民族的归属感、对宗教的归属感、对组织的归属感、对家庭的归属感，如果受到排斥而产生孤独、寂寞，就缺失了归属感。由于人性本善，所以，爱与被爱都是符合人性的，也可以满足人性的需要。爱的缺失，对人的身心健康极为不利。将企业营造成大家庭，将员工视为家人，或者将企业营造为一个相互协作的团队，将员工视为合伙人，员工就会有归属感。日本索尼公司创始人盛田昭夫说："你要发挥人的作用，就应该把他们融为一家，对待他们像对待受尊敬的家人一样。"[③]海尔集团张瑞敏说："要让员工心里有企业，企业就必须时时惦记着员工；要让员工爱企业，企业首先要爱员工。"在员工过生日时表达祝贺，在员工生病时亲自去探望，关心员工的家庭生活状况，等等，这些都是用实际行动表达对员工的关爱。

（4）尊重的需求：自尊和受人尊敬的需要。在企业中，尊重是通过以礼相待，通过认可、肯定、赞扬、奖励的方式体现出来，在企业中形成温馨的氛围，让员工真实地感受到。尊重员工的人格，尊重员工的权利，尊重员工的隐私，在每个重要的节日问候员工，在员工生日表示慰问，避免一切形式的歧视。管理者对下属付出真心和真情，就会得到下属的拥戴。若无尊重，则会造成失落、自卑、怨恨、苦闷等消极情绪。

（5）自我实现的需求：实现个人的理想、抱负，发挥个人的能力，希望在工作上有所建树，在事业上有所成就。企业应当成为员工成长的平台，要让员工看到希望和未来。自我实现最高的境界，就是像稻盛和夫那样，净化自己的灵魂，突破身体的限制，让自己的生命在其他宇宙空间找到更好的归宿。

---

① 唐华山．商界领袖管理语录大全集［M］．北京：人民邮电出版社，2012：113.

② 易发久．领袖的风采——企业家从优秀到卓越的9重洗礼［M］．北京：电子工业出版社，2011：79.

③ 唐华山．商界领袖管理语录大全集［M］．北京：人民邮电出版社，2012：111.

职业生涯规划的制定分为以下六步：①企业评估员工的现状，员工对自己进行评估；②分析企业现状及社会环境；③分析员工所面临的机会；④结合公司的目标来确定员工的职业生涯目标；⑤制订行动方案；⑥在方案实施的过程中进行评估、反馈和改进。

（6）道义的需要：由人性本善而产生对于道义的需要。

（7）责任的需要：为他人、为社会承担责任的需要，儒家的忠与孝就属于责任的需要。

（8）健康舒适的需要：保持身体处于健康、舒适的状态，注重养生。企业提供舒适的工作条件和工作环境，避免恶劣的工作条件给员工带来压力。但只能适当地满足员工的舒适需要，应当通过绩效考核、竞争机制、发展规划给员工制造一定的压力，以免员工懒散成性，不思进取。

（9）愉快舒畅的需要：保持心情的愉快、宁静、祥和、舒畅，还有审美的需要。管理者设定合理的工作流程，创造令人愉快的文化环境。管理者对员工有亲和力，以平等、公正、友好、尊重的方式对待员工，把员工的疾苦放在心上，认真听取员工的意见，就会使员工精神愉快。管理者为员工设计的工作内容不能过于单调、枯燥，而是要多样化，让员工在工作中发挥自主性，尽量将一项完整的工作交给一名员工去负责，让员工及时看到自己的工作成就，及时收到肯定的信息反馈。

（10）终极关怀的需要：终极关怀是人们希望突破生命的有限性，追求生命的永恒，或者追求在另一个世界的安乐幸福。张岱年先生指出，古今中外的终极关怀有三种类型：①皈依造物主的终极关怀；②返归本原的终极关怀；③发扬人生之道的终极关怀。儒家的“三不朽”之论，提供了实现生命价值永恒的路径。

孔子曰：“安无倾。”如果一个国家满足人民的多层次的需求，这个国家的人民就会有幸福感、尊严感，就会充满活力。如果员工在企业中得到多层次需求的满足，做到了“安”，则员工忠诚于企业，认真工作，努力发展，挖掘自身的潜力，贡献自己的力量。如果做不到“安”，则人心浮动、不思进取、相互推诿，乃至跳槽。

孔子认为行政管理要达到最佳状态即“近者悦，远者来”，识别人才、争夺人才、留住人才，这是企业发展必须解决的问题。企业要留住人才，就必须全面满足员工多层次的需要。对于真正的人才，如果不能满足他们全方位的需要，他们就会潇洒地离开。金钱是留住人才的重要因素，但仅仅有竞争力的薪酬是不够的，人才需要有安全、优良的工作环境，人才需要公司有自己认同的价值观和使命，人才需要有令人鼓舞的领导方式，需要在“任人唯贤”的环境中受到尊重和重用，人才需要富有挑战性的工作，需要得到持续的锻炼和培养，需要不断发展的空间。

企业可以同员工签订《培训服务协议书》，规定员工接受某类培训之后在本企业中的最低服务年限，如服务期未满就离职，员工应补偿企业已经支付的相关培训费用。

按照儒家“修己安人”的管理模式，如果能够正当地满足以上种种需要，就达到了“安人”的目的。

对需求的十层级，我们作出如下分析：

（1）生理需要是最基本的需要，但由于人的欲望不断膨胀，对生理需要的满足只能是适度满足，而不能是无限度满足。孔子认可人们追求符合“义”的利，孟子则认为“有恒产者有恒心，无恒产者无恒心”，说明生理需要的重要性。对绝大多数人来说，金钱就是最重要的激励因素。当生理需要得到适当满足，其他需要才会显露出来。当然，也会有特殊情况，“士为知己者死”，就是尊重的需要压倒了生理的需要。邓小平说：“不重视物质利益，对少数先进分子可以，对广大群众不行；一段时间可以，长期不行。”在农村推行的联产承包责任制取得很好的成效，就是因为这种制度通过满足人的生理需要而产生巨大的激励效果。

（2）前述第3~10种需要，并不存在层级递进关系，并不是前一层次需要得到满足之后，才能满足下一层次的需要。

（3）从现实的情况看，并非人人都具有这十种需要，例如，内心残酷的人缺乏爱他人的需要，自卑者缺乏自尊的需要，没有责任感的人缺乏责任的需要。

（4）凡是提供满足十种需要之物，都会产生激励作用；凡是对满足这十种需要之物的剥夺，都会产生惩罚的作用。在一定时期，那些表现最强烈、感觉最迫切的需要，才能引发人的动机。在某种需要得不到满足的情况下，给予使这种需要得到满足的事物，就能产生激励作用。原来迫切的需要，在得到满足之时，需要的迫切性也随之消除，个体在当下不再受到满足此种需求之物的激励。

（5）不同的人，或者不同文化背景的人，或者同一人在不同的条件下，在以上各个方面需要的程度不同。孔子曰：“君子喻于义，小人喻于利”，小人可能更多地要求满足其生理需要，君子则更多地要求满足其精神需要。对于无神论者来说，终极关怀的需要十分微弱。对于高层次人才来说，自我实现的需要是更迫切的需要。对于经济压力较大的人来说，生理需要就是最迫切的需要。对一个人有效的激励方式，可能对另外一个人毫无用处。

（6）人的需要有正当的需要和不正当的需要之分。满足人的正当需要所产生的激励效果，可能有助于组织的正当目标之实现，但是，满足人的不正当需要所产生的激励效果，可能有损于组织的正当目标之实现。

（7）对人进行道德教化，其目的就是将人的需要复归于正，在此前提下，才能围绕着正当目标进行激励。也就是说，先将正当的、良善的需求植入人的内心，再提供满足这些需求的正当之物、良善之事，从而产生激励作用。

（8）人性中存在着善恶两端，从而也会产生善的需要与恶的需要。满足善的需要而产生的激励，有助于实现组织善的目标；满足恶的需要而产生的激励，有助于实现组织恶的目标。

麦格雷戈提出两种关于人性的假设：X理论和Y理论。X理论认为人类本性是懒惰，厌恶工作，尽可能逃避责任，所以，必须用强制办法乃至惩罚、威胁等方式，使他们为实现组织目标而努力；Y理论认为人的本性就是喜欢工作，能够自我控制，主动承担责任，所以，可以通过信任、启发、诱导的方式，使他们为实现组织目标而努力。在现实中，这两种情况同时存在，针对不同的情况使用不同的激励方式。

第三节 激励的方式

一、情感激励

管理者营造温馨、和谐、信任的氛围，建设良好的人际关系，关心爱护员工，在分配上遵循公平的原则，运用语言、表情、动作、姿态、手势等方式激励员工，使员工产生归属感、荣誉感、公平感，使员工保持积极情感，消除、抑制消极情感，从而提高工作效率。脸色不好看，下属就能够反省。语气温和，下属就会受到鼓励。经常使用赞美的语言会产生良好的效果。孔子主张“色思温，貌思恭”（《论语·季氏》），孟子讲“与民同乐”，就是对百姓的情感激励。《唐太宗李卫公问对》中说道：“爱设于先，威设于后，不可反是也。”威廉·詹姆士精辟地指出：“人性中最为根深蒂固的本性就是渴望得到赞赏。”美国玛丽·凯公司的总裁玛丽·凯说：“赞美是激励下属最有效的方式，也是上下级沟通中最有效果的手段。”①

二、目标激励

《孙子兵法》中讲：“上下同欲者胜。”设立具体明确而且有挑战性的目标，并且这种目标符合人的期望，个人目标与组织目标相一致，能够诱发人的动机，从而对人产生导向和激励作用。如果员工在实现目标的过程中能够获知进展情况，让他们识别出自己所做的结果与他们想要的目标之间的差距，他们就会表现得更好。

三、民主激励

民主激励可以满足人的社交需要、尊重需要、自我实现需要。建立民主管理的机制，奖励员工提出合理化建议，让员工有机会发挥自己的才智，认可员工的工作成就，使员工担任某种领导角色，培养员工的主人意识，使员工感到受重视、被信任，进而使他们产生责任心、参与感、向心力。相反，如果专制作风蔓延，就会极大地挫伤员工的积极性。稻盛和夫说，“10个员工中肯定有一个就是经营者”，京瓷公司设立的1000多个阿米巴，每个阿米巴就有一个领导人。

四、生存激励

生存激励是以金钱、住房、环境、休假等涉及人的生存的因素给予的激励。环境包括适合的空间、适宜的温度、令人舒适的设施、清洁整齐的卫生条件等。人工作的基本动机是为了生存，为了自己和家人的生存。不同经济条件的人的生存压力不同，生存压力越大的人，越需要得到生存激励。孔子主张给人民以恩惠，“君子惠而不费”，

---

① 吕国荣，魏小奋．读《论语》悟管理［M］．北京：电子工业出版社，2011：71-72.

"因民之所利而利之"(《论语·尧曰》)。

德鲁克说:"管理者必须真正地降低物质奖励的必要性,而不是把它们当作诱饵。"(《管理:使命、责任、实践》)金钱激励是必要的,但也是有局限性的,表现在以下三个方面:①对于没有生存压力的人来说,金钱之外的其他需要有时更为迫切;②过于频繁地使用金钱激励,会刺激人的贪欲并使之膨胀,出现难以满足的情况;③有的管理者只注重或者只习惯于使用金钱激励,对于情感激励、发展激励、人格激励不重视,造成管理效益低下。

人为财死,鸟为食亡。贪图利益成为人性的共同弱点。FBI一名特训主管斯蒂科特说过:"一切侦查都利用了人的欲望。欲望可以帮助你追踪恐怖分子的线索,抓住任何蛛丝马迹,并最终查到他们的落脚之处。"[①]

五、发展激励

发展激励是向人提供成长机会、锻炼条件、工作指导、培训学习、适合职务且具有挑战性的工作,从而产生激励效果。管理者对员工最大的恩惠就是为员工提供了工作的平台、发展的平台、锻炼的平台、修养的平台。孔子讲的"学而优则仕",也是面向弟子的发展激励。美国行为科学家弗雷德里克·赫茨伯格(Fredrick Herzberg)提出双因素理论,他将公司政策、管理措施、监督、人际关系、物质工作条件、工资等因素称为保健因素,并认为,当人们认为这些因素缺乏时,便会产生不满;当这些因素充分时,它只是消除了不满,并不会导致积极的态度;他将能满足个人自我实现需要的因素,诸如成就、认可、工作本身、责任、晋升、成长等称为激励因素,并认为,如果具备这些因素,就能对人们产生更大的激励。

值得注意的是,这种理论是赫茨伯格和他的助手在美国匹兹堡地区对200名工程师、会计师进行了调查访问的基础上提出的,这就说明,这个理论更适合已经解决了生存问题的高层次的人才,对有生存压力的人来说不一定适用。

六、人格激励

德鲁克说:"每一个企业员工都是具有完整人格的人,而非机器上的零件,对人的重视不仅仅是手段,更是目的,所以必须尊重人、关心人,并致力于发挥每个人的优势和能力。"[②]

人格激励主要指:向人提供符合其人格特征(包括能力、情绪、气质、性格和体质等)的工作或事物,使之产生更高的效率;尊重人、相信人,维护对方的人格尊严;以身作则,以高尚的人格对人产生强烈的示范作用;运用宣传和教育树立典范、树立榜样。孔子提出"其身正,不令而行,其身不正,虽令不行",讲的就是人格激励。黄石公认为,国君注重礼义,用礼节来接待贤士,用大义来激励贤士,就能吸引智谋之

---

① 高德. 洗脑术——怎样有逻辑地说服他人[M]. 南京:江苏文艺出版社,2013.

② 龚俊恒. 德鲁克管理思想大全集[M]. 北京:中国华侨出版社,2011:418.

士前来投奔并为之效力。

中国的“礼、义、廉、耻”四维，很看重羞耻观和面子，面子代表一个人的尊严、名声、荣誉、人格，常言道：“人要脸，树要皮。”

实施人格激励的前提是，被管理者需要有良好的人格。对于一个有道德的人来说，道德激励才是有效的。

七、工作激励

如果工作安排能够符合员工的特长和爱好，能够激发员工的工作热情，带给员工丰富多彩的体验，给员工以充实感，那么，工作本身就对员工产生激励作用。美国盖洛普民意调查发现，70% 以上的美国员工对工作失去了兴趣。[①]

通过横向地扩大工作范围，纵向地丰富工作内容，通过技能运用的多样性（设计范畴较广的工作模块）、任务的完整性（将工作设计成完整的、有意义的整体）、任务的重要性、工作的自主性、工作反馈（让人了解工作的进展情况），使工作变得更有意义，也会产生激励的效果。

八、股权激励

股权激励可以将企业中重要人物的长远利益同企业的长远利益捆绑在一起，使他们在为自己的利益奋斗的同时，也在为公司的利益而奋斗。

晋商把股份分成身股和银股，银股是根据投资人所投入的资金多少而占有的股份，身股是掌柜、伙计按职位、能力、资历的不同而持有的股份。

在现代公司制中，经营权和所有权是分离的，这会导致股东和管理层两大利益群体发生冲突。管理者会增加在职消费，操纵信息蒙蔽股东，为了掌握更多资源而过度投资。股权激励的出现，就是要将股东与管理者的利益趋同化。

由于有的人急功近利，有的人擅于争权，有的人急于提前兑现回报，所以，在运用股权激励时，应当将公司的控制权和激励机制分开。例如，对企业中某些人的股权激励仅仅限于业绩、利润分成，不可轻易让他们成为原始股东。按照《公司法》的规定，涉及公司重大事项的股东决议都必须有小股东的签字。

九、竞赛激励

在组织中，个人或个人之间、小组与小组之间开展竞赛，并根据竞赛的结果进行奖惩。竞赛要先定规矩，确保各方遵守相同的规则，竞赛结束就立即奖惩，并且总结经验，改进工作。

---

① 罗宾斯，库尔特．管理学［M］．刘刚，梁晗，程熙镕，等，译．北京：中国人民大学出版社，2017：435.

第四节 薪酬管理

狭义的薪酬指货币和可以转化为货币的报酬。薪酬结构是由基本薪酬、福利薪酬、各种津贴、激励薪酬构成的。基本薪酬由职位工资和技能工资两部分组成，福利薪酬包括医疗保险、失业保险、养老保险以及由企业自行设计的福利项目等。各种津贴是由于存在一些比较特殊的工作，或者在企业中担任特殊的职务，或为企业作出特殊贡献，因而有权接受的特殊优惠待遇。激励薪酬是根据考核结果确定其应享受的绩效工资。

广义的薪酬除了包括狭义的薪酬，还包括获得的各种非货币形式的满足，如个人发展、教育培训、锻炼机会、文化生活等。

一、薪酬设计依据

在进行薪酬设计时，要考虑岗位、能力、绩效、资历、市场、企业状况等多种因素。不同行业，不同企业，根据自己的实际情况，考虑上述因素时，权重有所不同。

（1）岗位：管理者进行组织设计、层级关系设计、工作分析和岗位设计，编写岗位说明书，对有关岗位在组织中的定位、工作使命、工作职责、能力素质要求、关键业绩指标以及相关工作信息进行书面描述。在此基础上，比较企业内部各个职位的相对重要性，得出职位等级序列。薪酬的支付就是根据各个岗位对企业经营目标的贡献，根据岗位的相对价值来确定的，实现同岗同酬。

（2）能力：将人的能力作为评定薪酬的依据。在同一岗位上，因能力不同，完成工作的质量会有所不同。评价能力不是一件容易做好的事情，能力的评价可以从学历、专业、工作经验、技能考核、既往的工作成绩等方面进行。

（3）绩效：管理者将绩效作为制定薪酬的依据之一，将工作者的绩效同制定的标准相比较，以确定其绩效工资的额度。绩效工资可以有效地衡量员工的有效付出，避免出现“干好干坏一个样”的不公平现象。绩效工资的缺点是，员工为取得好的个人绩效而减少团队合作，不能纳入绩效指标的有益的事情就没有人去做。为避免出现上述情况，就需要在评价个人绩效时，也要评价小团体的绩效，在绩效指标之外设立特殊项目考核，将更多有益于企业的事务纳入考核范围。

（4）资历：按照员工为企业服务期的长短而确定薪酬，员工在企业的工龄越长，工资越高。这种方式有助于培养员工对企业的忠诚，不利之处是容易形成论资排辈的氛围，不利于人才成长。

（5）市场：根据地区及行业人才市场的薪酬调查结果，考察与本企业有竞争关系的公司或同行业的类似公司的薪酬情况，然后参照上述情况，确定本企业的薪酬水平。企业通常以高于同行业的薪资标准挽留人才，提高企业竞争力。

（6）企业状况：根据企业的经营状况、盈利能力、支付能力，根据企业的发展战略、战略目标和人才价值观等企业文化，根据人才稀缺度及招聘难度来确定企业薪酬总额及其分配。

二、薪酬管理的原则

各种利益是相互关联的，其中一种利益受到损害，相关的另一种利益也会同时受损；利益也是可以相互交换的，可以用自己拥有的利益同别人拥有的利益进行交换，各取所需；利益是相互冲突的，在利益总量不变的前提下，一方多占利益，就意味着另一方失去利益；利益具有整体性，只有在整体利益存在的前提下，个体利益才能得到保障。

（一）效率原则

用适当的薪酬成本给组织带来最大的价值。良好的薪酬体系可以吸引人才，留住人才，使人才发挥作用，使人才变得越来越聪明；可以促进人力资源在各部门之间合理流动，从而达到人力资源的最佳配置；可以增强员工的归属感，调动员工的积极性。制定薪酬时，要考虑企业自身的情况和支付能力，同时要保持本企业的薪酬水平高于当地同类型企业和行业市场水平，才能在人才市场上保持竞争力。

（二）公平原则

公平原则体现为机会公平、过程公平、分配公平。机会公平是指组织赋予所有员工同样的发展机会。过程公平是指组织在决定任何奖惩决策时，所依据的决策标准或方法符合公正、公开、一致、明确等原则。分配公平包括内部公平与外部公平。根据亚当·斯密的公平理论，当员工发现自己的“收入—付出比”与其他员工的“收入—付出比”相同时，他就会获得内部公平感；反之，则产生内部不公平的感受。当员工认识到，自己的薪酬与同一行业、同一地区或同等规模的不同企业中类似职务的薪酬基本相同时，即产生外部公平感，否则，就会产生外部不公平感。当员工产生不公平感时，就会消极怠工或者辞职离开。

通常人们总是过高地估计自己的投入量，而过低地估计自己所得到的报酬。在“收入—付出比”中，“付出”是指为企业创造价值的“有效付出”，而不是无效益的瞎忙。这里讲的“收入”除工资收入之外，还包含培训、晋升机会、发展机会、生活质量等非物质回报。公平不是平均主义，而是根据每个人的能力、有效付出、绩效的不同，在分配上拉开适当的距离。

分配公平具体可以表述为同工同劳同酬。如果在同一工作岗位上，有的人比较忙碌，有的人又比较轻松，就是同工不同劳，这说明岗位工作安排出了问题，需要改正。不同层级岗位之间应当存在着一定差距，但是，如果差距过大，企业中高层岗位的薪水与基层员工的差异达到 8~10 倍，则会造成基层员工情绪低落。

（三）合理原则

儒家讲“君子爱财，取之有道”，佛家认为，只有通过正当的途径或辛勤劳动获得的钱财才是“净财”，才可用于供养佛、法、僧。薪酬制定要符合国家、地区的法律法规、政策条例的要求；薪酬结构要合理；薪酬支付要及时；对薪资的扣除必须事先有明确的约定。

（四）透明原则

企业高层在制定薪酬时要充分吸取管理者和员工的意见，将薪酬信息准确地传达给员工，解答员工疑问，做好沟通工作，使员工充分理解，使员工有获得感和公平感，也使员工明确自己在企业中的发展路线。薪酬保密既难以做到，也容易引起各种猜疑和不满。

第四十二章　绩效管理

第一节　绩效管理的基本环节

绩效管理是指各级管理者和员工为了实现组织目标共同参与的绩效计划制订、绩效辅导沟通、绩效考核评价、绩效结果应用、绩效目标提升的持续循环过程。

产生效益是管理的目标。效率是指单位时间内所取得的效果的数量，效益是有效产出与投入之间的一种比例关系。德鲁克说："管理是一种实践，其本质不在于'知'而在于'行'；其验证不在于逻辑，而在于成果；其唯一权威就是成就。"①

绩效是衡量管理是否成功的标准。要放弃那些没有产生绩效的事情、业务、程序，甚至可以让没有绩效的企业消失，而要将精力集中于能够产生绩效的事情、业务、程序。韩非子讲："当今争于气力"，通过农耕和作战，产生国家的绩效。

绩效管理促进组织绩效和个人绩效的提升，激励人才的成长，促进管理流程和业务流程优化，保证组织战略目标的实现。

获取利润是企业的主要目标，但不能是唯一目标；应当追求利润的合理化，但不能追求利润的最大化。德鲁克说："只强调利润，将会误导管理者，以至于危害企业的生存。"②如果企业只关注利润，谋求利润的最大化，就会不肯加大研究与开发投入，使企业的创新停滞，轻视那些具有市场潜力的产品，避开不利于利润测量的基本支出，不肯花成本去提高员工的技术水平和素质，为了短期利润而放弃长远利益，放弃对利益相关者的责任，放弃社会责任，甚至为利润不择手段，竭泽而渔，等等，这些都会误导企业、危害企业。柳传志说："利润好像一个鸡下的金蛋，我更喜欢下金蛋的母鸡。"③这就需要对产生利润的要素进行考核。李嘉诚说："如果一单生意只有自己赚，而对方一点不赚，这样的生意绝对不能干。"④这种说法就是在考虑利益相关者的责任。

员工绩效管理可以运用以下几个表格：《员工关键绩效指标管理卡》《员工业绩档

---

① 龚俊恒．德鲁克管理思想大全集［M］．北京：中国华侨出版社，2011：63.

② 龚俊恒．德鲁克管理思想大全集［M］．北京：中国华侨出版社，2011：167.

③ 唐华山．商界领袖管理语录大全集［M］．北京：人民邮电出版社，2012：85.

④ 唐华山．商界领袖管理语录大全集［M］．北京：人民邮电出版社，2012：284.

案记录卡》《员工绩效反馈卡》《员工绩效改进计划》《员工绩效申诉表》《绩效管理满意度调查表》。

绩效管理有以下五个环节：

一、绩效计划制订

绩效计划包含绩效考核指标及权重、绩效目标以及评价标准等方面，根据组织战略目标、角色分工、工作流程、工作重点、关键因素、岗位职责来制订组织绩效计划、部门绩效计划、个人绩效计划，组织绩效计划、部门绩效计划、个人绩效计划是相互依赖、相互支持的，细化到每个岗位的指标要素设计是构建绩效管理体系的重中之重。

绩效计划提供了对组织和员工进行绩效考核的依据，为完成绩效计划提供资源支持，为员工提供努力的方向和目标，保证组织、部门目标的贯彻实施。绩效目标制定必须合理、可行，绩效目标定得过高或过低，会降低薪酬的激励效应，达不到激发员工积极性的目的。

进行职位分析，确定职位目标，设定各个岗位的工作量，避免苦乐不均。制定一份科学有效的职务说明书非常重要，离开了职务说明书，绩效管理只能是空谈。

二、绩效辅导沟通

绩效辅导沟通是指绩效计划执行者的直接上级及其他相关人员通过沟通、交流或提供机会，给执行者以指示、指导、培训、支持、监督、纠偏、鼓励等帮助的行为。

绩效沟通分为以下三个方面：

（1）绩效计划沟通：在组织者、考核者与被考核者之间充分地沟通，根据公司的战略、目标与员工岗位职责相结合来设定绩效指标，目标不能定得太高或太低，同时通过培训将绩效管理的知识传递给大家。

（2）绩效实施沟通：在绩效辅导、绩效计划执行、绩效考核过程中，在考核者或管理者与被考核者之间进行绩效实施沟通，以便管理者掌握员工工作进展状况，及时纠正工作中的问题。

（3）绩效结果沟通：在绩效结果的应用以及绩效反馈过程中，考核者或管理者与被考核者之间进行沟通，目的是查找产生良好绩效和不良绩效的原因，提出改进的措施和方法，提高组织和员工的业绩。

三、绩效考核评价

运用恰当的评价方法，根据战略目标体系、目标责任体系、指标评价体系、评价标准，根据岗位职责、考核方案，依据工作的原始记录，依据平时的检查记录，收集、分析、传递有关个人在其工作岗位上的工作行为、表现和工作结果，运用数据和事实说明其工作成果。

四、绩效结果应用

绩效考核的结果应用在薪酬上。薪酬分解为固定工资和绩效工资，绩效工资必须体现绩效考核的结果。

绩效考核的结果应用在奖惩上。对表现优秀的员工进行激励，对表现不好的员工进行惩罚。应当将考核的结果同员工培训、职位升迁、个人成长、发展机会等结合起来。如果考核的结果不用于薪酬和奖惩，就不会引起员工的高度重视，也就发挥不了考核的作用。

五、绩效目标提升

管理者要将绩效考核结果通过面谈的方式告诉员工，让员工正确理解，并提出建设性的改进意见。如果绩效结果不理想，就要找到个体原因和组织原因，反思下一步如何更有效地提升业绩，提出更好的解决方案，通过改进，进入下一个考核周期。

企业要定期对绩效管理体系进行系统的诊断，从中发现存在的问题和不足，然后加以改进。如果通过绩效管理反而导致优秀员工流失，降低员工工作的积极性，个人的绩效好而部门的绩效差，就要反省绩效计划是否合理，绩效沟通是否到位，考核方式是否恰当。

建立绩效考核投诉制度，当员工对评估结果有争议时，可提出申诉。德鲁克说："只要能够帮助员工提高绩效，促进员工对企业增加贡献，任何组织结构都是最好的。"①

第二节 考评方式

在制定考评指标时，要将企业战略目标层层分解，分解到每个岗位上，避免出现个人目标与企业战略目标的脱离；提炼出最能代表绩效的若干关键指标体系，抓住那些能有效量化的指标进行考核；要对企业组织进行梳理，避免考评过程中出现指标重叠或空白现象；要注重关键指标的落实，避免出现空泛现象。

可以将以下各类绩效考评的方法进行综合运用，以提高绩效考评结果的客观性和可信度。

（1）等级评估法：将被考评岗位的工作内容划分为相互独立的几个模块，在每个模块中用明确的语言描述完成该模块工作需要达到的工作标准，将标准分为"优、良、合格、不合格"几个等级，对被考评人在每个模块的完成情况进行评估。

（2）目标考评法：将企业目标通过层层分解下达到部门以及个人，根据被考评人完成工作目标的情况来进行考核。

---

① 龚俊恒. 德鲁克管理思想大全集［M］. 北京：中国华侨出版社，2011：126.

（3）序列比较法：首先要确定考评的模块，将相同职务的所有员工在同一考评模块中进行比较，根据他们的工作状况排列顺序，工作较好的排名在前，工作较差的排名在后。最后，将每位员工几个模块的排序数字相加，就是该员工的考评结果。

（4）小组评价法：由两名以上熟悉该员工工作的经理，组成评价小组进行绩效考评。

（5）重要事件法：考评人在平时注意收集并记录被考评人的优秀表现和不良表现，根据这些书面记录进行整理和分析，最终形成考评结果。

（6）评语法：由考评人撰写一段评语来对被考评人的工作业绩、工作表现、优缺点和需努力的方向进行评价。

（7）情景模拟法：员工在评价小组人员面前完成类似于实际工作中可能遇到的活动，评价小组根据完成的情况对被考评人的工作能力进行考评。

（8）简单排列法：由上级主管按照下属的整体工作表现由好到坏依次排列，这种方法比较适合用于规模较小的组织。

（9）主管述职评价法：企业中、高层管理人员做述职报告，报告本人的工作完成情况、履行岗位职责的情况、知识技能的发展情况等。

（10）平衡计分卡法：从财务、顾客、内部业务过程、学习与成长四个方面来衡量绩效，不仅考核当前的情况，还考核将来；不仅考核结果，还考核过程。内部业务过程为何纳入考核内容？本田公司创始人本田宗一郎说："为提高工作效率，应当研究节省每道工序用时的方法。这里节省一秒，那里节省一秒，日积月累，就能节省几万秒、几十万秒。"①

福特公司创始人亨利·福特说："要把为顾客服务的思想放置于利润之上。利润不是目的，只不过是为顾客服务的结果而已。"②这种说法就是要将顾客满意度作为考核的内容。在企业中运用平衡计分卡时，不可能一步到位，而是在实践中发现指标的遗漏和指标的不可用，根据更全面的信息不断地调整。

（11）360度反馈法：由与被评价者有密切关系的人，包括被评价者的上级、同事、下属和客户等，分别匿名对被评价者进行评价。此种方式克服单一评价的局限，让被评价者清楚自己的长处和短处。

考评的类型：按时间不同可分为日常考评、定期考评；按主体不同可分为主管考评、自我考评、同事考评、下属考评、顾客考评；按形式不同可分为定性考评、定量考评；按内容不同可分为特征导向型考评、行为导向型考评、结果导向型考评；按意识不同可分为客观考核方法、主观考核方法。

单位时间核算制是稻盛和夫绩效考核体系的基石，这种核算方式有效地提高了公司员工的时间意识和生产效率。"附加价值"就是销售额扣除生产产品所需的原料费、设备折旧费等劳务费之外的所剩金额，而单位时间附加价值就是用总附加价值除以总

---

① 唐华山．商界领袖管理语录大全集［M］．北京：人民邮电出版社，2012：290.

② 唐华山．商界领袖管理语录大全集［M］．北京：人民邮电出版社，2012：283.

劳动时间计算出来的。[①]

第三节　绩效管理注意事项

绩效管理注意事项如下：

（1）不能只重视量化指标，而忽视非量化指标。非量化的考核包括素质、态度、精神、风格等。如客服人员接听客服电话，要求电话记录的项目完整无缺项，缺一项扣三分，这是可以量化的。但客户是否产生好感，是否解决客户的问题，则是无法量化的。按量化指标进行考核，反而使服务质量下降。

（2）设立例外考核事项。考核指标限定在某些方面，考核指标之外的事，或者达不到考核指标要求的事，即使对组织的发展有价值，也没有人去做。为避免出现这种现象，应当在考核指标之外设立例外考核事项，专门记录员工所做的考核指标之外的有益于组织的事，并给予一定的分值，以此来鼓励员工去做考核指标之外的有益的事，让员工不是被动地等待别人告诉他应当做什么，而是主动地去做。

（3）重视整体绩效，不能强调个人效益、部门效益而忽视整体效益。个人只专注于达到自己的考核指标，减少对他人的帮助，减少相互之间的协作，出现"各人自扫门前雪，不顾他人瓦上霜"的问题，团队力量及集体智慧难以发挥，出现个人绩效高而整体绩效低的情况。当局部效益与整体效益发生冲突时，局部利益必须服从整体利益。德鲁克说："卓有成效的管理者会询问组织的上司、同事及下属：你需要我哪些支持才能提升你对组织的贡献。"[②]

（4）在对员工进行绩效考评时应该同时关注两方面的内容：一是"任务绩效"，即员工的工作结果，任务绩效的考评通常可以用质量、数量、时效、成本、他人的反应等指标来进行考量评估；二是"关系绩效"。鲍曼和摩托维德罗于 1993 年描述了关系绩效的五个方面：自觉完成额外工作；当被需要完成重要工作时，保持热情；帮助并与他人合作；甚至当个人不便时也遵守规则；公开赞同、维护和支持组织目标。如果只注重"任务绩效"而不重视"关系绩效"，就会令人投机取巧、急功近利，甚至不择手段。

（5）如果考评的目的主要是奖惩，那么考评的周期与奖惩的周期保持一致；如果考评是为了续签聘用协议，则考评周期与员工聘用周期一致；任务绩效考评，可能需要较短的考评周期；关系绩效考评，则需要相对较长的考评周期才能得出判断。

（6）考核的客观性：考评者根据考核标准，收集客观考评资料进行评价，确保考评的客观公正。以下这些问题会损害客观性：①面子：为了维护面子而不去面对存在的问题。面子是在我国进行考核的障碍之一，在一个团体中，管理者要广结善缘，不

① 姜美芝．中国企业的活法［M］．北京：中国友谊出版公司，2011：94．

② 龚俊恒．德鲁克管理思想大全集［M］．北京：中国华侨出版社，2011：5．

能轻易得罪人，维护他人的面子就很重要。②人情：出于自己的主观感情，不去面对事实真相。③关系：在自己的关系网中的人就得到更有利的评价。④光环效应：当一个人在某一方面有显著优点的时候，人们会误以为他在其他方面也有同样的优点。⑤盲点误差：考评人由于自己有某种缺点，而无法看出被考评人也有同样的缺点。⑥类己效应：对那些和自己的某一方面（诸如种族、籍贯、性别、学历、专业、母校、志趣、业余爱好等）相类似的人，有偏爱而给予较有利的评估。⑦近因效应：考评者关注时间较近的事，而忽略或忘记较久远的事。⑧折中主义：考评者回避矛盾，掩盖问题，充当“好好先生”，习惯于你好、我好、大家好，拉不开差距。

（7）不能只强调考核分数而忽视绩效面谈。考评结论应对本人公开，考评者应当与被考评者面谈，就评语进行说明解释，使被考核者了解自己的优点和缺点、长处和短处，为被考评者提供今后努力的参考意见，允许被考评者申辩，有助于防止绩效考核中可能出现的偏见以及种种误差。如果沟通不到位，让员工感觉到自己被蒙在鼓里，员工不知道自己业绩的好坏，就会产生误解和各种消极影响。

（8）考评标准要体现组织的战略目标，并且与组织的文化和管理理念相一致，将现实利益与长远利益相结合，给员工正确的导向，符合公司发展战略导向的行为就该受到奖励。如果管理者只凭经验，根据财务指标，“就事论事”地设计考核体系，就会使绩效管理与组织战略脱节。

（9）考评要有重点，不需要面面俱到。考核要强调关键指标，但也不能忽视其他指标，细节问题也会导致重大失败。考核项目众多，每项指标所占权重很小，员工感觉不到组织发展方向和期望的行为是什么，太多太复杂的指标只能增加管理的难度。事事考核，也表现出对员工的不信任。个人生活习惯、个人癖好等不影响工作的事情，都不宜作为考评内容出现。通常绩效指标包括“德”“能”“勤”“绩”。

（10）考核的公正性：根据企业的战略目标，根据内部条件、外部环境，充分考虑各种因素，科学合理地制定考核指标，考核指标具有科学性、可行性、可验证性。如果考核指标不合理，就会造成更大的不公平。

（11）不能只注重对结果考核而忽略过程控制：良性运行的过程才会产生良好的结果。如果对绩效计划执行环节进行有效的监督控制，就能及时发现存在的问题，避免产生更大损失。

（12）反求诸己：通过考核沟通，让每一个管理者、每一个员工都能“反求诸己”，从自己身上找原因。即便是他人的原因，也在促使他人“反求诸己”。这样，每个人都从自己做起，提高素质，改进工作，才能推动组织的发展。

（13）明暗结合：在绩效考核过程中明察暗访，既有公开的考核方式，也有隐蔽的调查手段；在绩效沟通过程中，在会议中多讲造成失误的客观原因、共同原因，造成失误的个人原因则需要在私下对被考评者讲，并且要给予被考评者改正的机会；在绩效结果应用时，明的部分，可以按统一的标准发放奖金，大家都有面子；暗的部分，则根据每个人贡献的大小，将奖金的差距拉开，以产生激励的效果。

（14）鼓励创新：必须为创新活动设立特殊的评价标准，因为，创新需要更多的投入，需要较长时间而获得，短期的效益肯定是差的；另外，创新需要冒失败的风险，企业要对在创新中或在探索中的失误采取宽容的态度，不能将这种失败作为惩罚的依据。

明政府以“三等八法”作为考核标准。“三等”即称职、平常、不称。“八法”即贪、酷、浮躁、不及、老、病、罢、不谨。清政府则是以“四格八法”作为考核标准。“四格”即守（操守，分廉、平、贪）、政（政绩，分勤、平、怠）、才（才能，分长、平、短）、年（年资，青、中、老）。存在的问题是，有些标准过于空泛抽象，使人容易避实就虚；考核与奖惩难以避免主观随意性，受到个人恩怨、关系、利益的影响。

第四十三章　战略管理

第一节　战略管理的不同观点

战略管理是指对战略的分析、选择、实施、评估、控制、修正。战略与战术的区别是：战略针对宏观问题，战术针对微观问题；战略针对基本问题，战术针对具体问题；战略针对全局问题，战术针对局部问题；战略针对长期问题，战术针对短期问题。

企业战略是对企业整体性、长期性、基本性问题的计谋，就是决定公司从事或想从事什么业务以及如何从事这些业务的战略。企业战略既包括竞争战略，也包括营销战略、发展战略、品牌战略、融资战略、技术开发战略、人才开发战略、资源开发战略，等等。

《孙子兵法》被认为是中国最早对战略进行全局筹划的著作，提出这个观点：“故上兵伐谋，其次伐交，其次伐兵，其下攻城。”（译：最好的用兵是以谋略战胜敌人，其次是用外交手段挫败敌人，再次是用武力战胜敌人，最下策才是攻城。）

不同的学派强调了企业战略的不同方面：

设计学派认为，企业战略的形成是由企业高层经理精心设计的过程。

计划学派认为，战略的形成是一个受到控制的、有意识的、规范化的过程。

定位学派认为，企业战略既要进行企业所处行业的结构分析，也要进行企业在行业内的相对竞争地位的分析。企业应考虑产品目标市场的发展空间及其前景，把整个市场细分为若干个不同的子市场，以发现未满足或未充分满足的需求，同时结合企业自身的优势，为企业找到合理的定位。定位主要是为了解决核心业务问题。企业也可以开展多项业务，但核心业务不能过多。用核心业务带动其他业务，用其他业务促进核心业务。

创意学派认为，战略形成是一个直觉思维、寻找灵感的过程。

认知学派认为，战略的形成是基于处理信息、获得知识和建立概念的认知过程。

学习学派认为，企业战略是通过渐进学习、自然选择形成的。

权力学派认为，企业战略不仅要注意行业环境、竞争力量等经济因素，而且要注意利益团体、权力分享等政治因素。

文化学派认为，企业战略根植于企业文化及其背后的社会价值观念。

环境学派认为，企业战略应当强调企业组织在其所处的环境里如何获得生存和发展。

核心能力学派认为，现代市场竞争与其说是基于产品的竞争，不如说是基于核心能力的竞争。核心能力能够使企业具有一定程度的竞争优势，核心能力应当不会轻易地被竞争对手模仿。当然，没有任何竞争优势是永恒的。竞争对手获得用于复制该公司价值创造战略的技能的速度，决定了该公司竞争优势能够持续多久。德鲁克说："核心优势就是能将企业的特别能力与顾客所重视的价值有机地结合在一起。"[①]"在未来社会的公司中，最重要的管理是要关注公司的核心业务，其他一切非核心业务都可以'外包'。"[②]

加里·哈默尔认为，核心竞争能力具有：第一，独特性：不能通过简单地模仿而建立；第二，整体性：企业核心竞争力的形成是企业所有资源充分整合的结果，覆盖了企业的各个部门和所有产品；第三，价值性：核心竞争力提高企业的运营效率，赢得和保持竞争优势，给顾客带来实实在在的好处。有些企业是通过控制稀缺矿产资源、独占性技术专利、瓶颈型重要设备、高端关键人才等核心资源而形成企业核心竞争力，有些企业因为具备精益生产制造能力、卓越企业文化、卓越管理能力、优秀供应链组织能力等独特能力而形成核心竞争力，有些企业则是靠把握市场渠道、创造品牌而形成核心竞争力。

战略资源学派认为，企业战略的主要内容是如何培育企业独特的战略资源，以及如何最大限度地优化配置这种战略资源。资源的含义极为广泛，有物质资源，也有人力资源；有体力资源，也有智力资源；有国内资源，也有国外资源；有空间资源，也有时间资源；有现实资源，也有潜在资源；有直接资源，也有间接资源；有经济资源，也有政治资源；有有形资源，也有无形资源。资源整合就是企业对不同来源、不同层次、不同结构、不同内容的资源进行识别、选择、激活、汲取、融合，创造出新的资源，实现资源的合理配置，提升资源的使用效率，使资源发挥最大价值。德鲁克说："管理的首要功能就在于整合企业的各项资源以获得存在于企业外部的成果。"[③]

第二节　企业战略类型

企业的战略包括发展型战略、稳定型战略、收缩型战略、成本领先战略、差异化战略和集中化战略等。

一、发展型战略

发展型战略包括：

（1）一体化战略：包括前向一体化战略、后向一体化战略、横向一体化战略。

前向一体化就是企业通过收购或兼并若干商业企业，或者拥有和控制其分销系统，

---

① 龚俊恒．德鲁克管理思想大全集［M］．北京：中国华侨出版社，2011：173.

② 龚俊恒．德鲁克管理思想大全集［M］．北京：中国华侨出版社，2011：61.

③ 龚俊恒．德鲁克管理思想大全集［M］．北京：中国华侨出版社，2011：147.

实行产销一体化。实施前向一体化的一种有效方式是特许经营。

后向一体化就是企业通过收购或兼并若干原材料供应商，拥有和控制其供应系统，实行供产一体化。

获得与自身生产同类产品的企业的所有权或加强对它们的控制，称为横向一体化。横向一体化可以通过购买、合并、联合实现。企业联合战略是指两个或两个以上独立的经营实体横向联合成立一个经营实体或企业集团。企业合并战略是指参与企业通过所有权与经营权同时有偿转移，实现资产、公共关系、经营活动的统一，共同建立一个新法人资格的联合形式。企业兼并战略是指企业通过现金购买或股票调换等方式获得另一个企业全部资产或控制权的联合形式。战略联盟是指两个或两个以上的经济实体为了实现特定的战略目标而采取的共担风险、共享利益的长期联合与合作协议。战略联盟的优势有实现技术资源的共享，增强抵御风险的能力，实现规模经济。

（2）多元化战略：包括同心多元化战略和离心多元化战略。同心多元化战略是指以现有业务为基础，利用原有技术及优势资源，进入相关产业的战略。德鲁克认为，只有两种方式能够让多元化经营协调一致，一是企业所有业务都是在一个共同市场中；二是企业所有业务都是由一种共同技术在贯穿。[①] 离心多元化战略则是采用新技术，增加新业务，进入新市场，以获取新的利润增长点。多元化经营战略适合大中型企业选择，多元化经营可以为增长提供新的载体，可以保证经营有足够的灵活性，可以适应顾客的要求，可以延长企业生命周期，可以使企业的优势资源得到共享。但多元化经营要确保原有产业基础扎实，新旧产业要做到不冲突，企业有能力进入新产业并取得成功。

（3）密集型成长战略：是指企业以快于过去的增长速度来增加某个组织现有产品或业务的销售额、利润额及市场占有率。“规模经济”是指某一产品在某段期间内绝对数量增加时，出现成本下降的现象。包括三种类型：市场渗透战略、市场开发战略和产品开发战略。市场渗透战略是指利用现有产品开辟新市场实现渗透、向现有市场提供新产品实现渗透的战略。实施密集型成长战略会产生飞轮效应：要想使静止的飞轮转动起来，一开始必须使很大的力气去推动，当飞轮转动越来越快时，飞轮的重力和冲力就会成为推动力的一部分，你用的力就会越来越小。这说明，每件事情在开始做的时候很难，一旦坚持做下去，积累了一定基础之后，就会越做越轻松，越做效率越高。

二、稳定型战略

稳定型战略包括无增长战略（维持产量、品牌、形象、地位等水平不变）、微增长战略（竞争水平在原基础上略有增长）两种战略形式，主要适合中等及以下规模的企业或经营不景气的大型企业。

---

① 龚俊恒．德鲁克管理思想大全集［M］．北京：中国华侨出版社，2011：292．

三、收缩型战略

收缩型战略是指企业从目前的经营战略领域和基础水平收缩和撤退，且偏离起点战略较大的一种经营战略，包括三种类型：抽资转向战略、放弃战略、清算战略。抽资转向战略是指企业采取缩小产销规模和市场占有率，或者企业在存在新的更好的发展机遇的情况下，对原来的业务领域进行压缩投资、控制成本，为其他业务领域提供资金的战略。放弃战略是指将企业的一个或几个主要部门转让、出卖或停止经营的战略。清算战略是指通过出售或转让企业部分或全部资产以偿还债务或停止经营活动的战略。如果企业陷入困境，作了各种努力也没有办法走出困境时，就要果断地退出、放弃，否则压力、痛苦就会越来越大，损失也会越来越大。收缩型战略主要适合处于市场疲软、通货膨胀、产品进入衰退期、管理失控、经营亏损、资金不足、资源匮乏、发展方向模糊的危机企业。德鲁克说："一个企业的规模不合适，往往是因为没有找到其足以生存与繁荣的适当位置。"①

四、成本领先战略

成本领先战略是指企业通过降低自己的生产和经营成本，以低于竞争对手的产品价格，获得市场占有率，并获得同行业平均水平以上的利润的战略。可以通过简化产品、改进设计、节约材料、降低人工费用、生产创新、采用自动化等方式降低成本。

研究对手，向对手学习，复制对手的优势，避开对手的劣势，以更低的成本超越对手，利用对手的失误击败对手。德鲁克说："管理要对对手进行认真研究：这家企业的优势有哪些？在哪些方面表现得极为出色？"②

五、差异化战略

有的企业通过创造性模仿，改进了原有的产品和服务，从而更好地满足顾客的需求。企业可以从产品、服务、营销、品牌、人员等维度实现差异化。

六、集中化战略

集中化战略是指保持企业业务的专一化，能以更高的效率和更好的效果为某一狭窄的细分市场服务，与那些竞争范围较广的对手相比，具有更高的效能或效率的战略。当企业资源和能力有限，只能选定个别细分市场，或者目标市场具有较大的需求空间或增长潜力，就可以采用集中化战略。集中化战略贵在长期坚持、不断提高，是"把所有鸡蛋放在同一个篮子里，然后小心地看好它"。

《孙子兵法》提出集中优势兵力消灭敌人的战略："故形人而我无形，则我专而敌分。我专为一，敌分为十，是以十攻其一也，则我众敌寡。"（译：要使敌人军事意图

---

① 龚俊恒. 德鲁克管理思想大全集［M］. 北京：中国华侨出版社，2011：288.

② 龚俊恒. 德鲁克管理思想大全集［M］. 北京：中国华侨出版社，2011：181.

暴露，而我军不露痕迹，那么，我军的力量可以集中起来，敌人的兵力却分散了。我军的力量集中成为一份，而敌人的力量分散为十份，我军以十倍的力量进攻敌人，那么，我军人数众多而敌人人数很少。）德鲁克说："企业的业务模块越少，越容易管理。简单就容易清晰，每个人都能够清楚地了解自己的工作，也能清楚地看出自己的绩效与企业整体成果的关系。"①

七、收费站战略

企业所创造的产品及服务抢占适当的位置，对于更大一级的产品生产及服务的流程是不可或缺的部分。

八、专门技术战略

企业在专门技术领域取得控制地位，拥有独有的、与众不同的技术，并且通过不断提高技术以保持领先的位置。

九、全球化战略

企业利用不同国家和地区的区位比较优势，把价值链上的各个环节和职能加以分散和配置，使它们有机地结合起来，实行综合一体化经营，努力降低生产经营成本，以期获得长期、稳定的全球竞争优势，实现最大化的全球效率。

第三节　战略的特征

战略的特征如下：

（1）指导性：企业战略依靠智慧来谋划企业发展的基本性问题，明确了令人振奋和鼓舞的长远目标，界定了经营方向，规定了企业的经营方针和行动指南，筹划了实现目标的发展轨迹及指导性的措施、对策，在企业经营管理活动中发挥着导向的作用。《孙子兵法》提出："故善战者，致人而不致于人。"（《孙子兵法·虚实篇》）（译：所以，善于作战的人，总是能够调动别人而不是被别人调动。）这就是讲要掌握主动权。

（2）全局性：企业是一个由若干相互联系、相互作用的局部构成的整体，需要统筹兼顾，不能只见树木，不见森林。战略管理是以企业的全局为对象，所管理的是企业的总体活动，所追求的是企业的总体效果，强调整体最优，而不是局部最优，通过制定企业的宗旨、目标来协调各单位、各部门的活动，使它们形成合力。德鲁克说："当今企业之间的竞争，不是产品与产品之间的竞争，而是商业模式与商业模式之间的竞争。"企业在价值链上的各项活动，必须是相互匹配并彼此促进的。企业必须均衡发展，如果只强调某一方面的发展，让某一方面发展过快，可能会造成企业的失衡。

---

① 龚俊恒．德鲁克管理思想大全集［M］．北京：中国华侨出版社，2011：290.

（3）长远性："人无远虑，必有近忧"。企业战略着眼于长期生存和长远发展的思考，确立了远景目标，并谋划了实现远景目标的发展轨迹及宏观管理的措施、对策，并且战略实施也具有连续性，必须经历一个持续、长远的奋斗过程。企业面临的长期性问题很多，如发展目标问题、发展步骤问题、产品与技术创新问题、品牌与信誉问题、人才开发问题、文化建设问题。德鲁克说："管理者所面临的问题不是企业明天应该做什么，而是'今天必须为未来做哪些准备工作'。"[①] 战略要指向长远的未来，但不是以等待的心态面向未来，而是以现实的行动迎接未来。如果自己不采取行动，未来的机会就属于别人而不属于自己。德鲁克又说："不能等到未来到来后才去把握，未来需要在今天就开始把握。"[②]

（4）竞争性：企业战略是为了让企业在竞争中保持自己的优势，增强企业的对抗性和战斗力，立于不败之地。《孙子兵法》中讲："是故百战百胜，非善之善也；不战而屈人之兵，善之善者也。"（译：百战百胜，并非最高明的；不经过交战而能使敌人屈服，才是最高明的。）商业上的竞争不是去攻击对方、破坏对方，而是超越对方而成为胜者。

一种成功的商业模式有两个要点：顾客是否认为公司提供的产品或服务有价值，公司是否可以从中获利。德鲁克说："如果企业不能在量的方面获得发展，就必须有质的提高。任何企业都需要时刻有挑战性的目标。"[③]

哈佛商学院的迈克尔·波特提出"五力模型"，认为存在着五种竞争力：①新竞争者的进入；②替代品的威胁；③买家的议价能力（如果客户议价能力强，就会降低你的利润率）；④供应商的议价能力（如果供应商的议价能力强，就会对你的盈利能力造成不利影响）；⑤现有竞争者之间的竞争。

（5）系统性：战略管理包括战略的分析、选择、实施、控制、评价、修正等阶段，各个阶段互为支持、互为补充而形成一个完整的系统。战略管理绝不仅仅是企业领导和战略管理部门的事，在战略管理的全过程中，企业全体员工都将参与。美国管理学家彼得提出木桶定律：一只木桶盛水的多少，不取决于木桶上最长的那块木板，而取决于最短的那块木板。要想提高水桶的整体容量，不是去加长最长的那块木板，而是要依次补齐最短的木板；在最短的木板没有办法补齐的情况下，所有木板比最低木板高出的部分都是没有意义的，高出的部分越多，浪费越大。

（6）风险性：企业战略存在着一定的风险性。正确的战略能引导企业健康、快速地发展，错误的战略就会产生误导，甚至给企业带来破产的风险。

如何规避风险？《孙子兵法》讲："昔之善战者，先为不可胜，以待敌之可胜。"（译：从前善于用兵作战的人，总是先将自己打造成为不可战胜的人，然后再去捕捉战胜敌人的机会。）又说："故善战者，立于不败之地，而不失敌之败也。"（译：善于打

① 龚俊恒．德鲁克管理思想大全集［M］．北京：中国华侨出版社，2011：206．
② 龚俊恒．德鲁克管理思想大全集［M］．北京：中国华侨出版社，2011：212．
③ 龚俊恒．德鲁克管理思想大全集［M］．北京：中国华侨出版社，2011：287．

仗的人，先使自己立于不败之地，同时也不错过任何导致敌人失败的战机。）

（7）可行性：要结合自身条件和环境状况来制定切实可行的战略，公司战略必须是明确的，易于操作，具备充分的客观条件，而且是有能力的人来落实，能够取得成功。不具备可行性的事，要舍得放弃。

第四节　战略管理过程

战略管理包含以下几个过程：战略分析、战略选择、战略实施、战略评估、战略调整。

一、战略分析

战略分析主要分析如下因素：

（1）确定企业的使命、愿景、目标。确定企业的使命才能明确战略制定的方向和要求。《孙子兵法》分析“道、天、地、将、法”，“道”就是确立共同目标，放在首位。追求金钱是不言而喻的共同目标，但不能将追求金钱作为企业使命。管理者要有远见，站得高，看得远，只有你比别人能够更早、更快、更清晰地看到未来可能展现出来的状态，你才有可能走在别人的前头。《大学》：“知止而后有定，定而后能静。”朱熹集注：“止者，所当止之地，即至善之所在也。知之，则志有定向。”美国迪士尼公司前总裁乔尔·罗斯说：“没有战略的企业就像一艘没有舵的船，只会在原地转圈。”[①]

（2）分析外部环境。通过分析企业所处的宏观环境和产业环境（包括供应商、客户、竞争者、替代者以及潜在的竞争者等），从而发现环境中的有利条件和不利条件，并发现环境给企业带来的机会或威胁。企业集群共生现象是以地域空间为平台形成产业集群，围绕一个产业把经营企业、生产企业、原料企业、配套企业、外包企业、服务企业等集成在一起，组成完整的产业链，产业规模大，配套能力强，技术进步快，市场覆盖广，从而实现共生共荣。[②]只能依靠详细而真实的资料来分析外部环境和内部条件，李嘉诚说：“依我个人的经验来讲，最要紧的是要作出正确的方针，但是在你作出正确的方针之前，一定要拿到最确实的资料，这是绝对不能错误的。”[③]司马迁评价范蠡“能择人而任时”“与时逐而不责于人”。范蠡就是善于根据客观环境的变化而采取相应的对策。战国时期洛阳人白圭也是“乐观时变”，根据市场行情的变化进行决策。

（3）分析内部条件。确定企业的优势和劣势，了解企业拥有的能力、拥有的资源，了解企业所处的位置，进行经营绩效分析、内部组织分析、成本分析、财务分析、营销能力分析等。战略分析要充分利用客观存在的有利形势，也要发挥自身的优势，扬

---

① 唐华山．商界领袖管理语录大全集［M］．北京：人民邮电出版社，2012：352.

② 钱志新．新商道108策［M］．北京：科学出版社，2009：18.

③ 唐华山．商界领袖管理语录大全集［M］．北京：人民邮电出版社，2012：354.

长避短。所讲的企业优势，“优”是指技术专利、产品档次、产品质量等方面，“势”是指发展速度、生产规模、生产成本等方面。海尔集团董事长张瑞敏说：“企业发展离不开好的盈利模式，而盈利模式没有最好，只有更好。换句话说，只有符合企业发展需要的盈利模式才是真正适合企业的。”①

《孙子兵法》讲：“激水之疾，至于漂石者，势也。”（译：冲击而出的水非常迅猛，以至于能将大石头冲走，就是因为水形成了强大的势力。）

二、战略选择

第一步是制订战略备选方案。通过自上而下、自下而上或上下结合的方法来制订多个战略选择方案。

第二步是评估战略备选方案。评估战略备选方案，一是考虑选择的战略是否发挥了企业的优势，是否避开了企业的劣势，是否利用了机会，是否减弱了威胁；二是考虑选择的战略能否被企业利益相关者接受；三是考虑选择的战略是否同客观环境相适应，是否有战略实施所必具的条件。

第三步是选择战略方案。在备选战略方案中选择一个方案。迈克尔·波特在《什么是战略》一文中指出：“战略就是在竞争中作出取舍，其实质就是选择不做哪些事情。”

三、战略实施

战略实施就是将战略方案转化为行动。《孙子兵法》讲：“故兵贵速胜，不贵久。”设立了长远的战略目标，就必须抢在别人前面采取行动。刘永好说：“制定了一个适度超前快半步的策略，就是说我们不要跟着人家走，一定要有超前的意识。”②美国思科公司总裁约翰·钱伯斯说：“新经济时代，不是大鱼吃小鱼，而是快鱼吃慢鱼。”③《孙子兵法》讲：“兵之情主速，乘人之不及，由不虞之道，攻其所不戒也。”（译：用兵之道，贵在神速，乘敌人措手不及的时机，走敌人意料不到的道路，攻击敌人没有戒备的地方。）

战略实施是一个自上而下的动态管理过程。战略目标在公司高层达成一致后，再向中下层传达，并在各项工作中得以分解、落实。在战略实施的过程中，常常需要在“分析—决策—执行—反馈—再分析—再决策—再执行”的不断循环中达成战略目标。

马云说：“战略没有细节就等于一堆废纸，宁愿要三流的创意和一流的执行，也不要三流的执行和一流的创意。”④根据已选定的战略方案来制定战略实施的具体措施，明确战术，确定战略执行过程中的重点。

将战略实施分解为几个战略实施阶段，确定分阶段的目标，定出分阶段目标实现

① 赵伟．马云：我的管理心得［M］．北京：企业管理出版社，2014：162．

② 唐华山．商界领袖管理语录大全集［M］．北京：人民邮电出版社，2012：298．

③ 唐华山．商界领袖管理语录大全集［M］．北京：人民邮电出版社，2012：296．

④ 唐华山．商界领袖管理语录大全集［M］．北京：人民邮电出版社，2012：356．

的时间表，对每个阶段可能遇到的风险和可能的变数进行分析，并找到应对风险和变数的措施。

对目标进行量化。例如，对于企业来讲，市场份额要达到多少，销售额要达到多少，利润又要达到多少。

对目标进行细化，细化为发展目标、质量目标、技术进步目标、市场目标、职工素质目标、管理改进目标、效益目标，等等。

四、战略评估

通过评价企业的经营业绩，审视战略的科学性和有效性。

五、战略调整

根据企业实际的经营业绩，分析战略实施过程中出现的问题，了解经营环境变化，发现新的机会和新的威胁，及时对所制定的战略进行调整，以保证战略对企业经营管理进行指导的有效性。“君命有所不受”（《孙子兵法·九变篇》）（译：国君的命令有时可以不接受），是指在战略实施的过程中，如果出现重大的变化或发现重大情况而导致原定战略计划不能实施或强行实施就会导致重大损失时，就需要作出调整。

第五节　战略失败

一、缺乏长远发展规划，短期行为严重，战略变化频繁

有的企业仅仅是根据现有资源，根据短期出现的市场需求，为现实利益所引诱，急功近利，缺乏长远的战略眼光，不能坚持长期的发展方向。

一旦战略确定了，企业的组织架构、人才策略、意识形态、企业文化、管理机制、管理流程等全都得随着战略的变化而变化。如果因为考虑不周出现漏洞，或在执行中出现困难，就不断更换战略，会造成巨大的浪费，也会错失机会。

二、盲目追逐市场热点，企业投资过度多元化

盲目地追踪“热点”，在短期内可能会给企业带来收益，但企业会在过度拥挤中倒下。企业投资过分多元化，分散力量，就做不到精益求精。用兵的最大忌讳，便是四面出击，多线作战，分散力量，以致出现这种局面：“无所不备，则无所不寡。”（《孙子兵法·虚实篇》）（译：如果是处处设防，必然是处处兵力空虚。）

三、战略决策随意性较大，缺乏科学的决策机制

迷信自己的经验，迷信自己的直觉，根据自己的主观意志，甚至根据某种不相关的心愿，或者为了讨好领导，进行错误的战略决策。决策者在自己的内心进行决断，

他人无法知晓，决策没有通过必要的程序，也没有征求大家的意见。一人独断的战略决策，存在着很大的局限性：任何一个人都有认知的盲区，任何一个人的头脑里都存在着某些荒谬的假定，任何一个决策者都不可能预知战略实施过程中出现的问题。即便决策是一个人最终作出的，战略决策也需要经过一个科学的程序。决策者应当制造让大家发表意见的气氛，不能让不同的意见被封杀。许多决策者很自信，他们头脑中往往有一系列自以为正确而实际上却是错误的观点，当他们依据这些观点作出决策时，就会产生失败。

四、缺乏调查研究，缺乏对客观环境的全面了解

决策者没有全面了解真实的信息，存在着大量的认识盲区，关键性信息出现失误，最终导致企业的战略以失败告终。企业自身的资源条件与战略所需的资源条件之间存在巨大的差距，在战略实施过程中又无法及时予以弥补，导致企业遭遇失败。企业在实施战略的过程中遭遇了突变的外部环境的影响，使得企业的战略无法继续实施，最终以失败告终。

五、没有形成步调一致，无法克服内部的阻力

思想不统一，行动不一致，这是战略执行的大忌。如果在制定战略的过程中没有大家的参与，战略方案就很难得到大家的认同；如果没有做好沟通，战略方案就很难得到大家的理解；如果战略方案对某些人的既得利益有损害，则会导致这些人的抗拒；缺乏与实施战略相匹配的组织结构，没有将战略分解给具体的部门与个人，就会造成职责模糊不清。

六、缺乏对规律和规则的尊重

一个战略方案能否真正落实，不仅取决于决策者和执行者的决心，还要看战略方案是否遵循了客观规律，是否遵守了游戏规则。凡是违背客观规律的方案，最后都会在客观规律的作用下走向破产。即使是“不按常理出牌”，也不能“不按牌理出牌”。过快成长的企业，可能会打破平衡，使企业原有资源跟不上，从而导致失败。

七、好大喜功，缺乏可操作性

决策者好大喜功，喜欢“假、大、空”的口号，提出不能实现的目标，缺乏具体的可操作的措施，缺乏实现目标的客观条件，最终导致失败。

第四十四章　流程管理

第一节　流程管理的定义与要求

一、流程管理的定义

流程管理是一种以规范化地构造端到端的卓越业务流程为中心，以持续地提高组织业务绩效为目的的系统化方法。流程是工作流转的过程，是通过一系列连续的有规律的活动，将输入转化为对顾客有价值的输出。

随着高科技信息社会的到来，面对顾客需求日益多样化、产品个性化、生产复杂化、企业经营多元化，劳动者工作的灵活性和主动性不断提高。20 世纪 90 年代初，美国著名企业管理大师、麻省理工学院教授迈克尔·汉默（Michael Haer）提出了业务流程管理理论。

在企业中，流程分为管理流程、辅助流程、业务流程。管理流程主要有：战略管理流程、人力资源管理流程、财务分析管理流程、财务核算流程、财务预算编制及调整流程、供应商评价流程、合格供应商管理流程、项目管理流程、客户满意度管理流程、客诉受理流程、销售信用管理流程等。辅助流程主要有：车辆服务流程、办公用品管理流程、设备保修流程、客户服务流程、土建工程施工管理流程、行政后勤服务流程等。业务流程主要有：产品规划流程、新产品研发流程、销售订单管理流程、原材料采购流程、原材料储运管理流程、生产制造管理流程、产成品发货运输流程、货款回笼管理流程等。

企业内部的流程分为三个层次，即公司级流程（跨部门流程）、部门级流程（跨岗位流程）、岗位级流程（岗位操作流程），上一级流程中的某个过程环节往往可以细化成下一级完整流程。每一类流程都可以细分为一系列的子流程，每个子流程又可以一步一步地细分为更具体的流程，直到细分到每个员工的工作流程。

企业应当是职能型组织与流程型组织的互补与协调。职能型组织将工作性质相同及相似的工作集合在一起形成岗位，再将岗位集合为部门。单纯的职能型组织会产生分工过细、机构臃肿、中间层次过多、无人负责整个流程、横向协作能力差、缺乏客户导向与目标导向等问题。企业层次过多、分工过细导致一个经营过程由很多部门完成，信息流通困难，运作的时间长，运作成本高。在单纯的职能型组织中，部门往往只承担每一个流程的片段，没有人专职对具体的流程负责，任务与任务之间的脱节和冲突司空见惯。由于各部门按职能划分，员工只对自己的上级主管负责，各个部门都尽可能地占有企业资源以及获得最大利益，难以取得整体最优的效应。在流程型组织中，流程作为跨岗位、跨部门的作业活动过程，追求整体最优，追求目标导向，关注客户的价值与满意度，能够灵活适应市场的变化。流程型组织支持企业跨部门团队的有效协作，每个流程都有专门的流程主持人负责控制，流程成为一种可以真实观察、控制和调整的连续过程。

流程包含以下基本要素：

输入：在流程的开始端输入资料、物料、顾客需求、资源、设备、说明、标准、计划、信息、资金等。

供应商：为流程提供相关物料、信息或其他资源的个体或部门。

流程过程：为满足客户需求所必须进行的相关作业活动的集合。

时序：在时间维度上进行工作步骤分解，保障产品或服务在客户要求的时间内完成。

空序：在空间维度上进行工作顺序安排。

流程执行者：指实施具体流程过程活动的个人或部门。明确每一个环节由谁来做，由谁承担责任。同样的流程，不同素质的人执行的效果是千差万别的。

输出：在流程的结束端输出产品、信息或服务，输出的结果是否合格，由客户进行判断。

客户：客户是流程输出结果的最终消费者，既包括外部客户，也包括内部客户。

信息流：应当为流程活动的每一个环节设计相匹配的信息流并传递到需使用的人那里，信息流包括相关的知识、经验、规则、方法、质量要求、时间要求、注意事项、失误的教训、易发生的错误及其纠正等。如果只有过程描述，而缺失信息流，则工作人员就需要长期地探索，反复地试错，花大量的时间进行沟通。

二、流程管理的要求

流程管理的要求如下：

（1）例行过程：例行过程会重复发生，有规律可循，过程中所用的知识、经验、规则可以重复使用，这样的例行过程才能形成流程。如果是不会重复发生或重复发生的概率很小的过程，而且过程中的规则不会被重复使用，这类过程就不需要设置为流程。

（2）实现目标：每一个流程都指向企业目标，流程中的每个人具有共同的目标，员工的每一个活动都指向实现企业目标。企业战略目标应逐层分解到公司各个职能和层次上，落实到流程上，才能保障企业内部方向一致。通过绩效跟踪、分析评估，发现偏离流程目标的情况，及时改进。

（3）具有价值：每一个流程或流程中的每一环节，都必须创造价值，以确保流程中的活动都是增值的活动，否则就不应该存在。有利于流程目标实现的活动就是增值活动，否则就是不增值活动。据统计，企业中不增值的活动比例占到了85%~95%，许多时间浪费在做客户不关心、不认可的事情上，例如等待、重复审核、错误纠正、返工、返修等。

（4）持续改进：要通过“试点—改进—推广”的多次循环，不断发现流程运行中存在的问题，并加以改进。对企业现有的流程，通过不断调整加以优化。流程建立、优化或再造，可以采用“先行试点，然后推广”的方式。

（5）可以监控：流程图节点以不同的颜色表示当前运行情况，流程的管理者可以及时掌握流程的情况，解决流程运行中出现的问题。

（6）面向客户：业务流程必须面向客户，明确流程的客户是谁，树立以客户为中心的理念。流程管理以顾客满意为导向，顾客越来越倾向于多样化、个性化、现代化、时尚化，顾客通过信息技术了解更多的商品信息，企业必须满足顾客的需求才能生存下去。

（7）信息化：运用信息化手段固化流程。诸如：ERP（Enterprise Resource Planning）即企业资源计划，是将企业的管理活动按其功能分为财务、人力资源管理、绩效管理、计划、采购、生产等模块，固化相关流程；CRM（Customer Relationship Management）即客户关系管理，主要是利用计算机自动化分析销售、市场营销、客户服务以及应用支持等流程的软件系统；SCM（Supply Chain Management）即供应链管理，主要是通过信息手段，对供应的各个环节中的各种物料、资金、信息等资源进行计划、调度、调配、控制与利用；OA（Office Automation）即办公自动化，通过自动化、无纸化办公，优化管理组织结构，增强协同办公能力，提高工作效率；CMP（Cooperation Management Platform）即协同管理平台，是解决企业全方位管理的平台，实现办公、人力、客服、市场及销售、项目、财务、库存和订单等核心业务流程的综合统一。

（8）全员参与：企业领导者有主动变革的决心和意愿，流程管理的成功才有保证。所有相关部门的负责人都应该参与到流程管理之中。通过充分的沟通和系统的培训，确保全员参与。

（9）制度设计：流程设计完成之后，不会被自动地执行，必须通过相关的制度设计，强制并规范人们去执行。与流程相关的制度设计主要有流程运作的职责、方法、步骤、规则、要求，还有流程运行的评估原则与激励规则。制度设计体现：“你检查什么，就会得到什么。”

（10）流程文件：好的流程必须是流程相关的要素全面备齐，拥有运作过程所需要的资源，具备运作过程所需要的信息，拥有核心指导原则，包含大量有商业价值的规则，考虑到基于不同业务分类的多样化，考虑到例外情况的处理。

流程文件需要将好的工作经验、相关知识加以提炼并且固化，不能让这些工作经验和知识随着老员工的离开而丧失。流程文件要详细描写每个活动的细节，注明每个活动的岗位，阐明活动的目的与原则，写明例外事件如何处理，写明岗位之间的接口、各个流程之间的接口，陈述考核标准。流程文件中最重要的，就是岗位标准化操作指南。

流程文件的主要作用是提供给新人或不熟悉的人作为工作指导，让新人迅速掌握岗位所需要的知识、经验、原则、方法、异常情况处理，让新人在老员工的基础上向前推进，而不是一切从零开始，不必事事向他人询问，不必花很多时间去探索，也不是随心所欲地工作。

第二节 流程规划、流程优化与流程再造

在企业建立的初期，面临着无序的状态，管理者根据自己的经验、能力进行分析和判断，下属则需要了解上级的意图，对上级负责，事事请示上级。当企业发展起来后，就需要建立基本的流程，设计作业指引、岗位说明书，员工依靠流程运作，突出对事负责，减少对人负责，已在流程中有所规定的，就按规定去做，不必事事请示上级。

一、流程规划

对企业现存的流程进行调研，客观评价现有流程状态、员工素质、运行环境，进行科学、有效的规划。通过访谈、问卷调查、流程绩效分析、流程文档调查、流程成熟度分析、顾客满意度评估、测时法、标杆法、现场模拟、实际参与等方法发现流程存在的问题。

价值链分析：波特在《竞争优势》一书中提出“价值链”的概念。价值链就是把企业创造价值的战略性活动进行结构上和流程上的分析，再将其整合为一个完整的体系。企业的价值链由基本活动和辅助活动构成。基本活动包括内部后勤（包括原材料运输、仓储、库存控制、运输调度、向供应商退货等）、生产作业、外部后勤（包括成品库存管理、运输、订单处理、送货等）、市场营销、服务五个方面。辅助活动包括采购、技术开发、人力资源管理、企业基础设施四个方面。企业与企业之间的竞争，不只是某个环节的竞争，而是整个价值链的竞争。有的企业从自身优势出发，选择价值链中的若干环节培养，增加其核心竞争力。在对企业价值链进行分析的基础上，对每项活动进行分解，利用访谈、问卷调查、现场观察等方式对每项活动进行分析，明确关键活动及增值活动，识别需要加强、削弱、增加或删除的业务活动，同时对这些业务活动的逻辑关系进行分析，以明确这些业务活动存在的必要性及先后顺序。

战略分析：从实现公司战略的关键成功因素出发，观察相关的流程与公司战略目标之间的关联，从而识别出对公司未来发展起关键作用的核心流程。战略决定流程的目标、流程的客户、流程的价值增值方式、流程的期望输出成果。

学习分析：通过客户、供应商、员工、咨询顾问对现有流程的评价，通过本企业与标杆企业对比研究，发现问题，进行分析。许多行业都有成功的企业，成功企业的流程，可以为行业中的其他企业所效仿。

成本收益分析：对于收益高、成本低的流程，应重点投资和建设；对于收益高、

成本高的流程，应着重降低成本；对于收益低、成本高的流程，可以取消或者外包；对收益低、成本低的流程，可以逐渐减少。

绩效分析：对于流程的绩效分析，主要考虑及时性、准确性、低成本、易监控四个因素。

重要性分析：对于流程的重要性分析，主要考虑产出价值、战略关联度、客户关注度等因素。

二、流程优化

流程优化就是辨析、理解现有流程，通过对现有流程的优化改良，形成新流程。流程停留在原有状态，而企业的运作随着外部环境的变化而变化，这就会导致流程管理与企业实际运作脱节。流程优化以问题为导向，对症下药，才能产生实效。流程优化的目标是确保流程中的活动都是增值活动，保证业务流程面向客户，保证管理流程面向企业目标。任正非主张，在学习西方先进管理时，对系统要先僵化、后优化、再固化。

流程优化主要解决以下问题：

（1）实施标准化管理：通过标准化的方式将流程的运作习惯、管理标准、实施程序进行固化，减少不确定因素和人为因素的干扰。标准化以流程文件的形式体现，流程文件包括书面说明、流程图、表单，阐明各部门、各岗位的职责和权限、操作规程、工作绩效标准、紧急情况处理、例外情况处理、容易发生的错误、工作经验、相关知识等。

（2）工作模块化：为了避免不同的人因理解不同而产生误差或浪费时间，可以将已成熟的表单、文件进行模块化管理，如全体员工都需要填写的表单、日常工作中需要频繁填写的表单和文件、收集和提取相关信息的表单和文件等。

（3）压缩非增值的作业活动：如不必要的审查、监督、协调、审批、审核，不必要的会议、文件，过度生产，过度供应，多余库存，不必要的等待时间，不必要的物品或文本转移，缺陷处理与返工，重复劳动，过度管理等，都属于非增值的作业活动。

（4）取消非增值环节：奥卡姆说过："如无必要，勿增实体。"对于无附加价值的流程环节、操作、动作，可以取消。对于重复多余的，则可以考虑同其他组织、流程、工作环节、操作、动作进行合并；将某些上下环节进行合并，将任务相似的环节进行合并；将组织结构、流程、工作环节、操作、动作、表格、沟通进行简化。

（5）调整流程顺序：对排序不当、不合逻辑的各个环节进行重新排列。

（6）整合：通过流程整合，使流程顺畅、连贯，做好流程每个环节的衔接，做好流程与流程之间的衔接。在企业发展的过程中，许多流程是为解决某些问题而产生的，各个流程之间缺乏有机联系，不成体系。在跨部门和跨业务单元的流程上，存在着流程之间的割裂。每一个流程就是一个模块，每个模块要同其他模块咬合，形成总的没有缺损的模块。

（7）信息化与自动化：对于数据采集、数据传送、数据分析等，可以采用信息化的处理方式；对于脏活、累活、难活及枯燥作业，可以实施自动化改造。

三、流程再造

企业再造就是重新设计企业的经营、管理及运作方式，改造以前的工作流程，运用现代信息技术重新设计每项业务的核心流程，使企业得到更好的发展。企业再造包括企业战略再造、企业文化再造、市场营销再造、企业组织再造、企业生产流程再造、质量控制系统再造。企业再造强调以顾客为中心，以员工为中心，以效益为中心。流程再造就是根据企业战略调整、商业模式的变化，重新定义企业的价值链模型，再造新流程。汉默和钱皮对业务流程再造的定义是："针对企业业务流程的基本问题进行反思，并对它进行彻底的重新设计，以便在成本、质量、服务和速度等衡量企业业绩的这些重要的尺度上取得显著的进展。"①新变革以后的业务流程具有以下特点：工作单位从职能部门变为流程执行小组，工作从简单的任务变为多方面的工作，人的作用从受控制变为授权，职业准备从职业培训变为学校教育，衡量业绩和报酬的重点从以活动为依据变为以成果为依据，晋升的标准从看工作成绩变为看工作能力，价值观从维护型变为开拓型，管理人员从监工变为教练，组织结构从等级制变为减少层次，主管人员从记分员变为领导人。②

组织再造：为了给流程优化或再造提供制度上的保证，就必须进行组织再造，评审组织的人力资源、技术结构和技术能力，设计新的组织形式，建立新的技术结构和技术能力。流程再造以扁平化作为新型组织结构的基本方向，减少组织的层级结构，让工作人员有决定权，有更多的灵活性和主动性。官僚组织常常需要建立新的部门或职位来应对新事物，而事物过去之后又很难撤销相应的部门和职位，相比之下，流程具有很大的灵活性，新事物出现就会产生相应的流程，事物不存在之后，流程也就不复存在。建立新的流程之后，多余的机构和多余的人员就需要被裁减。

流程再造的步骤如下：

（1）营造环境：明确组织战略目标，将目标分解，确定流程再造的基本方针；获得领导层支持，动员大家积极参与；开展培训，达成共识；成立项目团队，指定负责人。

（2）分析现状：主要包括分析组织外部环境、调查客户满意度、分析现行流程状态、识别关键流程、发现现有流程存在的问题、寻找再造标杆、进行流程再造的可行性分析。

（3）新流程设计：提出新流程的设计方案，设计人力资源结构，设计信息系统，设计新流程的配套措施，确定流程再造的基本路径。

（4）新流程实施：宣传新流程方案，培训相关人员；进行任务分解，明确责任；启动试点，总结试点情况；全面实施新流程，实施配套措施。

---

① 惠宁．20位影响世界的管理学家经典管理思想与评论［M］．北京：中国经济出版社，2013：130．

② 惠宁．20位影响世界的管理学家经典管理思想与评论［M］．北京：中国经济出版社，2013：143．

（5）监测评估：评估新流程的运作状态及成效，挖掘新流程的效能，发现存在的问题，持续改进新流程。

流程检查：流程检查包括流程稽查（检查单个流程是否执行到位、是否符合制度要求）、流程绩效评估（将流程运行的最终结果同流程的目标进行对比，流程绩效测评指标是对流程目标的量化）、客户满意度评估、流程审计（对公司流程体系整体进行全面的、系统的检查，评估其充分性、符合性、有效性、效率，提出改进建议）。德鲁克说："你不能衡量它，就不能管理它。"流程检查的结果应用于流程优化、绩效考核、过程控制、纠正改进、战略调整。

流程配套设计：在建立流程、优化流程、再造流程的过程中，需要进行流程配套设计，流程配套设计主要包括组织职位设计、制度设计、表单设计、绩效指标设计、职权与分权设计、IT 体系设计、知识管理体系设计。

第三节 流程管理的价值、意义、目标

W. Edwards Deming 说："如果你无法把正在做的事情分解成详细的流程，你就不知道你在做什么。"[①] 任正非从IBM引入流程管理体系。从1998年开始，华为公司开始实施流程化管理，耗时5年，花费5000万美元，华为的管理焕然一新。[②] 企业的每一个员工、每一个部门都应当拥有工作流程图。

一、提高工作效率

在流程管理不到位的情况下，就会出现有的工作环节没有人去做，错误不知道应当追究谁的责任，不同部门之间重复工作的现象，不知道自己应当同谁配合。如果没有严格按照流程办事，执行力就是一句空话。

流程管理可以从以下几个方面提高工作效率：

（1）流程管理使企业管理标准化和程序化，让所有的员工懂得企业的所有事务工作分别由谁做、怎么做以及如何做好，可以解决人浮于事、推诿扯皮、职责不清、执行不力的痼疾，不必事事等领导发话，从而达到企业运行有序、效率提高的目的。

（2）流程管理显著改善流程的可视化程度。所有参与流程者能够了解自己在流程中的角色，了解流程在任何时候的状态，清楚地知道什么时候应当完成哪些工作。

（3）流程管理可以让客户看到统一的工作流程，客户也就清楚如何办理相关事务，这样做可以有效地维护企业形象。

（4）流程管理在总结经验教训、反复运行、反复试错的基础上建立流程，可以消除重复性错误，消除人为错误，从而提高效率。

---

① ［英］克雷纳，迪拉伍. 管理学［M］. 赵景华，于鹏，孔玲玲，译. 北京：经济管理出版社，2016：175.

② 黄继伟. 华为内训［M］. 北京：中国友谊出版公司，2016：65-66.

（5）流程的每一个环节都按规范进行操作，避免了各行其是，避免将时间花在各种想象上。

（6）明确流程中的每一个步骤的考核标准，定期进行考核，并将考核的结果同部门、个人的绩效挂钩。

（7）传统企业中每个人、每个部门追求局部效率，以流程为中心的企业，组成成员更多地关注产品和服务的结果，关注整体效率，关注为顾客带来的价值。

二、节省时间、金钱

流程管理改变企业职能管理机构重叠、中间层次多等问题，使每个流程可从头到尾由一个职能机构管理，做到机构不重叠、业务不重复，从而缩短流程周期、节约运作资本。在事务处理过程中，需要人员通过跑腿、电话、书信等手段去沟通、去推进，耗时耗力。有时候，在一个流程的处理时间中，有相当多的时间是停滞时间，真正有效的处理时间却很短。在流程管理中，流程自动流转，当某项事务需要多个人员或者多个部门共同处理时，业务流程可以让相关人士了解此项事务完成的顺序，了解在此项事务中要做的具体工作内容，明白自己应当承担的责任，立即采取行动。

泰勒在《科学管理原理》中说道："在整个文明世界里，20 个工人里有 19 个都坚定不移地相信，放慢速度更符合自己的利益。他们坚信，付出尽量少的劳力换回所得薪酬是最划算的。"泰勒用秒表测量工作的每一个环节所需要的时间，以便确定效率最高的工作方式，让工人确切知道管理者对他们的工作产量有什么期待，以奖惩措施相结合，供将来统一使用。[①]

三、沉淀企业智慧

当一个企业的工作人员经过多年的工作之后，他就会对某项事务的流程了如指掌，并且知道每一个环节应当做什么、怎么做，积累做好每一个环节的经验，知道每一个环节容易发生的失误。如果这位工作人员能够将此项事务的流程及其相关方法、经验、易犯错误、注意事项等以文字和图表的形式表达出来，将储存于大脑中的知识与经验写在纸上，将工作事务处理程序以流程的方式加以固化，就能进入企业的知识库，转化为企业的智慧，企业所有人员办理类似的事情时就可以按照同样的流程去做。管理者可以及时发现流程中需要改进的地方，加以优化。当某位工作人员离开企业时，他就不可能将工作流程的规范、方法、经验带走，他留下的流程运作的规范、知识、经验、方法，也很容易被接替者掌握。新员工到岗，通过简单的培训，能看懂老员工优化过的流程图，掌握老员工传授的经验与方法，就能立即有效地投入工作，新员工减少了探索的成本，避免重复别人犯下的错误。每个员工在工作中的每一个环节，都要想想这样做是不是最好的方法，还有没有更好的方法，别人是用什么方法将工作做得更好，从而不断改进工作。在许多情况下，没有必要在一片空白的基础上构建流程，

---

① ［英］克雷纳．管理百年［M］．闾佳，译．北京：中国人民大学出版社，2013：24.

而是要将组织几年乃至几十年的工作经验沉淀在流程中。

四、增加协同配合

流程管理通过单一的平台促进各种流程的统一，消除流程之间的冲突、重复与混淆。许多流程是靠企业中的不同部门、不同地域、不同人员协同合作来完成的。如采购流程，需要由生产部门、采购部门、库管部门、财务部门、商务部门、合同签署中的法律部门以及企业的高层管理部门共同完成。在流程处理的过程中，不同部门、不同地域、不同人员需要从大局出发，克服自我利益的限制，充分发挥协同工作的团队精神。通过对流程的管理和控制，使每个部门、每个员工更加明确自己的工作职责，强化相互之间的配合与协调。

第四十五章　权力管理

第一节　权力运用与权力制约

领导是指有效地以指挥、协调、激励等方式影响个人或组织，以实现某种目标的行动过程。“领导”作为名词是指领导者，作为动词是指领导者的行为。领导者必须具备三个要素：领导者必须有部下或追随者；领导者需拥有影响部下或追随者的能力或力量；领导者可以通过影响部下来实现组织目标。

一、领导权力的主要形式

领导权力的主要形式如下：

（1）法定权：领导者在组织中身处某一职位而获得的权力。法定权可以由领导者本人来实施，也可通过政策、规章制度来实施。有一定的法定的权力，就产生相应的权势。慎子曰：“尧为匹夫，不能使其邻家；至南面而王，则令行禁止。”（《慎子·威德篇》）（译：尧作为老百姓时，不能使唤邻居。后来成为帝王，就能做到令行禁止。）

（2）强制权：领导者凭借职权，通过惩罚、制裁等制约手段迫使下属服从的权力。

（3）决策权：领导者针对某一问题作出的决定或对决策方案裁定的权力。最高领导者在一个组织中充当设计师的角色。在企业中，老板无论如何无为而治，如何信任下属，在授权的同时，都要保留最后裁决权。

（4）奖赏权：领导者提供奖金、提薪、表扬、升职和其他任何令人愉悦的东西，并且以此引导人们作出所需要的行为，从而产生的权力。

（5）专长权：领导者拥有的个人的专长、特殊技能或某些专业知识赢得人们的尊重和信任，从而产生的权力。领导者以渊博的学识、丰富的经验、卓越的能力、非凡的才干、突出的成就树立威信。

（6）感召权：领导者拥有的个人的品质、魅力、经历、背景等，得到人们的认同、敬仰和崇拜，从而产生的权力。稻盛和夫认为，领导者的第一等资质是深沉厚重，但是，许多人只具有聪明才辩之类的第三等资质却成了领导者。

感召体现在两个方面：以身作则和以德服人。荀子曰：“上者，下之师也。”（《荀子·强国》）“君者，仪也；民者，景也。仪正则景正。”（《荀子·君道》）稻盛和夫说：“只要你们能够将自己要求的东西率先做到，员工就没有理由不自己去做，只要你们能够将自己的决策率先去落实，员工们自然不敢懈怠。”[①]“领导人要能够以德服人，除了自身具有良好的道德品质和能够解决问题之外，他们更应当成为员工的‘贴心人’。”[②]仅仅有品德还不行，还要爱护自己的员工，消除与员工的隔阂。领导者以品德建立威信：《孙子兵法》认为将领的素质是五个标准：“智、信、仁、勇、严”，领导者具有鲜明的个性特征和高尚的道德品质，树立良好的个人形象，协调好人际关系，给大家带来利益，得到大家的尊重与信任。在历史上，有君权神授之说：“天佑下民，作之君，作之师，惟其克相上帝，宠绥四方。”（《尚书·泰誓上》）君权神授的依据是君权授予有德者，所谓“皇天无亲，唯德是辅”（《尚书·蔡仲之命》）。

以上五个方面是领导者树立威信的主观因素，由于威信存在于人与人的关系之中，所以，领导者树立威信还需考虑以下几个方面：是否通过有效的沟通让下属理解领导者的行为与指示，领导者的行为与指示与下属的合法利益是否相冲突，领导者的行为与指示是否同组织的整体利益相冲突，下属执行领导者的指示是否取得成功并获得相应的奖赏，是否有恰当的礼仪程序。

二、权力与权利的区别

权力是一个人或一些人对他人施加的试图产生预期成果的力量。权利是指在社会中产生，并以一定社会承认作为前提的，由其享有者自主享有的权能和利益。权能是指权利能够得以实现的可能性，利益则是权能现实化的结果。

权利与权力的区别：

（1）权利的主体十分普遍，所有公民都可以享有权利；权力的主体是特定的，不是任何人都可以享有的。

（2）权利一般可以放弃和转让，而权力必须依法行使，不得放弃和转让，放弃权力则可能意味着渎职。

（3）权利的推定规则是“法无明文禁止即可为”。权力则是严格以法律的规定内容为限的，超出了法律规定的范围，就构成违法。

麦克兰德在其著作《权力的两面性》中论述了两种权力：个人化的权力和社会化的权力。个人化权力的拥有者，以控制他人、征服他人为核心，喜欢炫耀权力，具有专横作风，只想击败竞争对手。社会化权力的拥有者以影响他人、帮助他人为核心，具有民主作风，以互利共赢的方式面对竞争对手。

三、权力制约

人的私心会借助权力而膨胀，人的私欲会凭借权力而得逞，权力容易使人腐化堕落，拥有权力者总是存在着滥用权力的倾向。在一个组织中，如果权力得不到有效的制约，掌权者出现的腐败行为会侵蚀整个组织，损害相关利益者的利益。维萨创始人

---

① 石川康．稻盛和夫的经营哲学［M］．北京：中国出版集团现代出版社，2016：64．

② 石川康．稻盛和夫的经营哲学［M］．北京：中国出版集团现代出版社，2016：66．

哈克说："我认为当今世界的最大邪恶，就是权力和财富在不断集中到越来越少的人手中。"①

腐败＝私心＋不受限制的权力。由于私心的普遍存在，是无法改变的一项，所以，消除腐败只能从"不受限制的权力"这一项入手，将"不受限制的权力"改为"受限制的权力"。

清廉＝道德＋受限制的权力。由于道德的柔弱性、可变性、模糊性，通常掌权者占据着道德的制高点，掌握着道德的话语权，运用各种说辞包装和美化自己的不道德行为，所以，靠道德而达到清廉的可能性很低，培养清廉只能从"受限制的权力"这一项入手。腐败主要表现为以权谋私、权钱交易和滥用权力。

制约权力有分权制衡和权力制约两种方式。孟德斯鸠说："要防止滥用权力，就必须以权力约束权力。"在汉唐时代，君主、宰相、监察御史就分别掌握立法（王朝的祖宗之法）、行政、弹劾权力，造成权力之间的相互制约。孟德斯鸠又说："当立法权和行政权集中在同一机关之手，自由便不复存在了，因为人们将要害怕这个国王或议会制定暴虐的法律，并暴虐地执行这些法律。"

权力的滥用必定损害公民的个人权利，公民捍卫自己的合法权利的同时，也就是在限制权力的滥用。公民的权利必须得到宪法和法律的保障，必须得到政府机构的保障，个人也有能力、有机会站起来保卫自己的权利。德鲁克说："一个社会，除非它能赋予社会个体以社会地位和社会功能，而且其所具备的决定性的社会权力具有合法性，否则社会就不可能成功地运转。"②个人的力量永远是微弱的、分散的，如果要以权利制约权力的话，个人必须通过独立性组织整合起来，才具有真正的力量。

第二节　授权

授权是指上级把自己的职权授予下属，使下属拥有相当的自主权和行动权，在一定范围内调度人力、物力和财力，并在一定范围内自行作出决定。现代社会的复杂程度很高，每项工作都需要非常丰富的知识技能，领导者不可能全知全能，只能通过授权，将工作任务、权力、责任分配给下属。"臣闻人君不亲小事，使百官有司各任其职，故舜命九贤，则无所用心，不下庙堂而天下治也。"（《资治通鉴》卷七十一）（译：臣听说君王并不亲自管理小事，而是让官吏们各司其职，所以舜帝任用九位贤人，自己不用再操心，不出庙堂而天下大治。）美国总统西奥多·罗斯福说过："最好的主管懂得找到人才来做好计划的工作，而且又能克制自己在过程中不横加干涉。"有的领导者不信任下属，或者是嫉贤妒能，害怕下属取代、超过自己，不愿授权给下属。

---

① 圣吉. 第五项修炼——学习型组织的艺术与实践［M］. 张成林，译. 北京：中信出版社，2009：350.
② ［美］德鲁克，马恰列洛. 德鲁克日志［M］. 蒋旭峰，王珊珊，等译. 上海：上海译文出版社，2014：33.

一、授权的作用

授权的作用如下：

（1）通过增强各级管理者和员工的自主性来提高组织的应变能力。环境不断变化，每个管理者和员工每天面对着新的情况要作出决断，如果事无巨细，都要向上级汇报，等待上级的指示，就会丧失许多机会。

（2）授权是在尊重部属，调动部属积极性，给予部属自由发挥的空间，通过责权统一来有效地实现目标。缺乏必要的授权，部属有责无权，实现目标就存在着很大的障碍。上级对于专业性较强的知识不可能有深入系统的掌握，将问题交给上级，上级也可能无法作出正确的决策。如果用监控设备随时监督员工的一举一动，经常检查他们的工作，不仅仅是干扰员工的工作，而且破坏了管理者与员工之间的信任关系。在缺乏授权的情况下，本来属于下属的工作任务，下属不去积极主动地完成，而是背着“猴子”（比喻下属的工作任务）去找领导者，将“猴子”甩给领导者。

（3）通过授权，让部属获得独立探索、独立思考的机会，锻炼部属能力，增加部属的经验。孔子曰：“不在其位，不谋其政。”（《论语·泰伯》）每个人都明确自己的职责，完成好分内的工作，同时对他人的工作又加以配合、支持，才能使组织处于良性运行的状态。最高明的管理者通过制定标准，通过对员工的训练，通过“授之以渔”的教育，通过有效的考核，达到这种状态：在管理者离开企业一段时间的情况下，员工也能按时、按质量地完成工作。

（4）通过授权，减轻高层管理者的工作负担，使他们从日常的事务中摆脱出来，有时间和精力去进行调查、思考、规划、决策，集中精力解决公司战略、人事安排、资本运作、投资发展、分配资源、激励士气等问题。“事必躬亲”是一种好的工作作风，但是，当管理一个较大的团队时，就必须将授权控权与事必躬亲结合起来，否则自己将陷于繁杂的事务中而不能自拔。

德鲁克说：“新技术要求最大限度的分权。若一个社会试图通过不依靠自治企业的自由管理，而是通过集中计划来治理经济，必将凄惨消亡。那些想要通过将责任与决策集中于高层的企业，也会有同样的下场。”[①] 中国许多私营企业主不明白授权的重要性，大权集于一身，一旦自己失误或离开企业，企业就处于危机之中。

二、授权注意事项

（一）授权明责

授权同时要明确其职责，使下级明确自己的责任范围和权限范围。组织结构由众多的部门组成垂直的权力系统和水平分工协作系统。领导者应当将组织的总目标分解到各个部门，变成各个部门的子目标，然后各个部门又将子目标分解到组织中的每个人，从而明确每个人的权责。这样，每个人都知道每天应该做什么，做多少，按什么

---

① ［美］德鲁克，马恰列洛．德鲁克日志［M］．蒋旭峰，王珊珊，等译．上海：上海译文出版社，2014：57.

标准做，产生什么结果，应当向谁汇报，应当接受谁的监督。

授权要确保权责一致。“将在外，君命有所不受。”在工作一线的人掌握当时当地的具体情况，根据具体情况灵活地作出相应的决策，并承担相应的责任。有多大的权力就担负多大的责任，不能权力大于责任，也不能责任大于权力。

（二）用人得当

选择能够胜任此职位的人，并根据这个人的德能授予相应的职权。管理学家劳伦斯·J. 彼得提出彼得原理，具体内容是：“在一个等级制度中，每个职工都趋向于上升到他所不能胜任的位置。”如果下属在处理这些事情时，比你更有经验、成本更低、更了解情况、更熟练、更有效，你就应当对他进行授权。选择正确的授权对象很重要，有的人很懒惰，缺乏责任心，工作能力差，自私心重，这样的人就需要给予训练和具体指导，运用监督、赏罚手段对待之，他们不适合成为授权的对象。

（三）信息共享

确保授权者与被授权者之间信息和知识共享的畅通。

（四）教育培训

授权的前提是被授权者有一定的素质、品德、能力，考察并选择适合的被授权者，并对他们进行教育培训。

（五）动态授权

从实际需要出发，针对下级的不同环境条件、不同的目标责任及不同的时间，授予不同的权力。具体做法是：只授予决策或处理某一问题的权力，问题解决后，权力即行收回；在某一特定环境条件下，授予下级某种权力，环境条件改变了，权限也应随之改变；授予下级的某种权力有一定的时间期限，到期权力应该收回。

（六）分级管理

授权就是将权力一层一层地分下去，管理者只面对自己所处位置的下一层人员，通常情况下不能越过自己的下一层去管理、指挥再一下层的人员，防止出现“越组代庖”的现象，超出自己的职务范围去处理别人所管理的事情。康熙说：“今天下大小事务，皆朕一人亲理，无可旁贷。若将要务分任于人，则断不可行。”[（清）《东华录》]清朝的这一体制，违背了分级管理的原则。

（七）目标一致

在一个组织中，合理的授权与控权，可以确保组织中个人活动的目标与组织的目标一致。“在其位，谋其政；不在其位，不谋其政。”如果个人活动目标与组织的目标不一致，个人会有挫折感，组织也将涣散。

第三节　控权

控权则是上级在授权给下属的同时，对下属运用职权进行监督、制约、平衡、检查、考评、惩治乃至收回职权。正如在放风筝时，要用一根线牵引着风筝。只有授权而没有控权，则上级对下属就失去控制，下属就会倾向于谋求自身利益的满足，其就像断线的风筝一样，行为会背离组织的目标，各行其是，导致组织内部一盘散沙。管理上有一个著名的定律——墨菲定律，即任何事情只要有向坏的方向发展的可能，就一定会向那个方向发展。只授权而不控权，也就是创造了事情向着坏的方向发展的可能性。不能以“用人不疑，疑人不用”为理由，放弃对下属的监督；不能以道德自觉性为名，放弃对下属的控权。资料表明，全球有 65%~80% 的私人企业为家族企业。家族企业中对家族成员的监督与控制往往出现空缺。管理专家彼特·史坦普说道：“一个称职的领导者应该是放风筝的高手，而不是扎风筝的高手。成功的企业领导不仅是授权高手，更是控权的高手。”

控制就是检查工作是否按既定的计划、标准和方法进行，发现偏差，分析原因，进行纠正，以确保组织目标的实现。由于事物的变化、权力的分散、工作能力的差异、人品的差异、个人利益与组织利益的冲突等原因，控制非常有必要。

控制的原则是适时、适度、公正、灵活。适时就是预测到偏差或者发现偏差，立即采取措施加以纠正。适度就是要防止控制过多或控制不足。控制过多扼杀人的积极性、主动性、创造性，控制不足则会导致组织的混乱和资源的浪费。处理好全面控制与重点控制的关系，确保控制带来的收益超出其所需成本。公正体现在衡量工作成效的标准的科学性、客观性、准确性，不同的人都需要遵守同样的标准，避免出现双重标准。灵活就是根据发现的问题或变化的情况调整标准或要求。

预先控制：实际工作开始之前，检查组织是否已经或者能够筹措到在质和量上符合计划要求的各类资源，在问题发生前作出预测并防止问题在随后的工作中出现。

过程控制：在组织展开活动的过程中，在生产或经营的过程中，管理者亲临现场或以其他方式，对活动中的人和事进行指导和监督，指导下属以正确的方法开展工作，及时发现问题并采取纠正措施，以保证计划的执行和计划目标的实现。

事后控制：在一定时期的活动之后产生一定的成果，管理者对比计划中的标准，对成果进行评价，总结过去的经验与教训，为未来计划的制订和活动的安排提供借鉴。

控制过程分为以下三个步骤：

（1）确立控制标准：首先，确定控制对象。例如，在企业中，经营环境、资源投入、员工的工作规范、各部门和各员工在各个阶段的活动等，就是控制对象。其次，选择控制的重点，没有必要对所有成员的所有活动进行控制。最后，制定控制标准。控制标准有定量标准与定性标准，具有简明、适用、一致、可操作等特征。在企业中，制定控制标准的方法是：依据企业在历史上各个时期状况的数据为未来活动建立标准，根据管理人员的经验、判断、评估来建立标准，通过对工作情况进行客观的定量分析来制定控制标准，等等。

（2）衡量工作成效：建立顺畅的信息反馈系统，通过亲自观察、分析报表资料、抽样调查、召开会议、口头报告、书面报告等方式收集信息，了解工作成效的真实情况，对比控制标准，加以衡量、评估。衡量的次数与频度不能过多，也不能不足。

（3）纠正偏差：应当纠正的偏差有两种：一种是活动偏离控制标准而出现的偏差，

另一种是控制标准本身存在的偏差，即发现控制标准制定得不合理、不科学，或者是因为客观环境发生变化使原来的控制标准不适应新形势的需要而出现偏差。

具体的控制方法如下：

（1）预算控制：根据预算规定的收入与支出标准来检查和监督各个部门的生产经营活动，有效地约束费用支出。

（2）财务比率分析：分析流动比率（企业的流动资产与流动负债之比）、负债比率（企业总负债与总资产之比）、盈利比率（销售利润率、资金利润率等）。

（3）经营比率分析：常用的经营比率有三种：①库存周转率：销售总额与库存平均价值的比例关系。②固定资产周转率：销售总额与固定资产之比。③销售收入与销售费用的比率。

（4）审计控制：由外部审计机构的审计人员进行的外部审计；由内部专职人员对企业财务控制系统进行全面评估的内部审计；由外部或内部的审计人员对管理政策及其绩效进行评估的管理审计。

（5）作业控制：监督生产活动以保证按计划进行；评价购买能力，以尽可能低的价格获得所需质量和数量的原材料；监督组织的产品或服务的质量，以保证满足预定的标准；保证所有的设备得到良好的维护。

（6）信息控制：信息控制的目标是在正确的时间以正确的数量为正确的人提供正确的数据。不精确的、不完整的、过多的或延迟的信息会造成严重阻碍。

（7）人员控制：管理者直接巡视和评估员工的表现。

（8）组织绩效控制：生产率、效率、利润、员工士气、产量、适应性、稳定性以及员工的旷工率等毫无疑问都是衡量整体绩效的重要指标。

（9）人情控制：管理者同下属建立人情关系，通过人情因素影响并控制下属。

第四节 无为而治

在应当有为的事务上有为，在应当无为的事务上无为，这是真正的智慧。在应当有为的事务上无为，在应当无为的事务上有为，这是真正的愚蠢。抽象地讲有为、无为是没有意义的，我们只能回到事务当中，去分析在哪种情况下应当有为，在哪种情况下应当无为。在经历了长期战乱之后，汉高祖及他的继任者都推行休养生息政策，减缓田租，提倡节俭，减缓刑罚，这是“无为”。“犯我天威，虽远必诛”，汉武帝历经长达几十年的卓绝战争，彻底战胜了强悍的匈奴骑兵，这是“有为”。他们将“有为”与“无为”用到了恰当之处。

儒家素来主张积极有为，倡导“自强不息”，“知其不可而为之”，但孔子又主张：“无为而治。”（《论语·卫灵公》）其实，这两者并不是对立排斥的。在治理、管理中，“无为而治”与“有为而治”相配合，相得益彰。如果离开“有为而治”单纯运用“无为而治”，必然就是放弃责任，无所作为，消极懈怠，结果祸乱四起。宋徽宗在内忧外患的情况下，曾给《老子》作过注，崇尚“无为而治”，在书画方面很有成就，在政治上无所作为，最终导致国破家亡，当了俘虏。明太祖也给《老子》作过注，崇尚“无为而治”，但同时他也是积极有为，造就了强盛的帝国。

“无为而治”通常用于以下几种情况：

（1）精简机构：金字塔状的组织结构改为扁平化的组织结构，可以减少上对下的重压，提高效率。重重叠叠的机构造成了人与人的沟通困难，也造成了信息流通的困难。既要打破内部壁垒，也要打破外部壁垒。杰克·韦尔奇有一个形象的比喻：“一栋建筑物有墙壁和地板，墙壁分开了职务，地板则区分了层级，而我要将所有的人全都聚在一个打通的大房间里。”

（2）授权分责：企业或组织，围绕着一个共同的目标，将工作职责、权力划分给各个部门，划分到每个人。企业领导者如果将权力集中于一身，事必躬亲，那就非常劳累，同时也就抑制了下属的创造性和积极性。在授权的同时要建立监督、检查、考核机制，以防止被授权者滥用职权。

（3）戒除妄为：将自己的主观意志强加给客观事物，违背客观规律，打乱事物变化的进程，不当做之事却大力去做，不可行之事却强行去做，不可为之事却勉强为之，就是“妄行”。一般人没有条件“妄行”，偶有“妄行”，也很容易招致惩罚。而统治者或管理者有关系作为依托，以权力为保护，则很容易“妄行”。

在中国封建社会中，某些官员有大量的“妄为”行为：滥用权力，以权谋私，与民争利；玩弄权术，大行欺诈，朝令夕改，言而无信；严刑峻法，制定过多过繁的法律与规章制度，使人民丧失自主性；讲排场，铺张浪费，大搞形式主义；争名利，摆威风，禁止他人提出批评意见；大兴土木，大搞面子工程；争权夺利，将他人作为工具；欲望膨胀，榨取民脂民膏，供其奢侈腐化之用；急功近利，头脑发热，急躁胡来；施加小恩小惠，却不给人民以实利。老子告诫：“治大国若烹小鲜。”（《道德经》第六十章）（译：治理大国就像烹小鱼一样，不能反复翻炒折腾。）“妄为”就像是在烹饪小鱼时反复地翻炒，将小鱼弄碎。“我无为，而民自化；我好静，而民自正；我无事，而民自富；我无欲，而民自朴。”（《道德经》第五十七章）（译：我无为，人民就自我化育；我好静，人民就自然能端正；我不妄动，人民就自然富足；我无欲，人民就自然纯朴。）

（4）“谋之于未兆，为之于未始”：在邪恶之事尚未发生之时，就能在人的心灵中进行修养工夫，存养善念，去除贪欲，这样就能将邪恶之事遏制在萌芽之中，而不是等邪恶之事出现之后，等造成了严重的后果之后，再动用各种刑法进行审判，进行惩治。

（5）“因物之性”“因人之情”：顺应客观态势，遵循万事万物的规律，尊重人民的善良意愿，根据人民的性情，不是从自己的主观想象、好恶出发，去强行加以改变，将自己的想法、做法强加于人，强加于物。《淮南子·泰族训》讲：“民有好色之性，故有大婚之礼；有饮食之性，故有大飨之谊；有喜乐之性，故有钟鼓管弦之音；有悲哀之性，故有衰绖哭踊之节。故先王之制法也，因民之所好而为之节文者也。”刘邦的嫔妃薄姬，生有一子，却很少与刘邦见面，避免了吕后的迫害，后来其子立为汉文帝，自己成了皇太后。戚夫人与吕后争宠，刘邦死后，她被吕后整成人彘，结局非常悲惨。吕后势力很大，薄姬知道顺应客观态势，而戚夫人不知。

（6）“自任”“自为”：每一个人，每一种事物，都能顺其本性，顺其自然，自主地发挥其功能，不受外来力量的扭曲。一个善于驾马车的人，就是要让马充分发挥主动性、积极性，由马按自身的特性去做。在管理中，不能任意干涉，越俎代庖，完全让别人按自己的主观意志行事，而是让每个人发挥自身的特长和优势，各司其职，各尽其责，各尽其能，各行其道。皋陶是断狱的高手，后稷是农艺的先师，若用后稷断狱，用皋陶种植，则不能发挥他们的特长。“是以圣人处无为之事，行不言之教。万物作焉而不辞，生而不有，为而不恃，功成而弗居。”（《道德经》第二章）（译：所以，圣人以“无为”的方式行事，用“不言”的方法教导别人。万物兴起时，不勉强阻止；创生万物，而不占有；有所行动，而不依靠；事业成功了，不居功自傲。）

（7）建立制度：一个国家、一个企业，建立完善的制度，建设优秀的文化，依靠忠诚能干的人才，建立起良好的自主管理、自主运行机制，让人们清楚制度规则并且自觉遵循，领导者就可以不必费心费力，做到“无为而治”，不需要事事亲力亲为，不需要苦口婆心地说教，不需要个人过度的劳累。用强制性的力量约束员工，过多过严地惩罚，必然导致怨恨产生。应当用优秀文化、道德自律这样的软性力量来约束人，使人心悦诚服。

（8）与民休戚：平庸、好大喜功的管理者经常会制造事端，无事生非，瞎折腾，乱作为，官僚机构形成自身的利益之后，就会产生一种倾向，即有利于自己的事情就积极去做，不利于自己的事情就消极应对，与民争利，夺民之利。明朝的冯梦龙说，世上本无事，庸人自扰之。姜太公说，天有经常运行的轨道，老百姓有自己的生活常规。君主如果能够遵守休养生息的规律，天下自然就平安无事了。汉初皇帝遵从“无为而治”的黄老之术，让人民休养生息。宋初宰相赵普每当收到士大夫之间相互揭发告短的文书，不看一眼便付之一炬，有效遏制钩心斗角的歪风。

（9）遵循简明原则：把复杂的事情简单化，分主次、轻重、缓急，减少不必要的环节，减少不必要的开支，减少不必要的机构，减少不必要的人员，减少不必要的会议，减少不合规律的作为，减少各种消耗和浪费。日本管理学者占部都美将拘泥于小事的管理者分为五种类型：①事务员型：身处领导岗位，却喜欢插手秘书职责；②会议型：沉迷于各种会议，认为开会能解决问题；③礼仪型：喜好参加各种盛大活动，热衷于迎来送往；④政治斗争型：热衷于权力之争、派系斗争；⑤回顾型：逢人便提当年勇，沉溺于过去之辉煌。①

现在的学术研究出现两种不良倾向：一是不断引进、增加、创造各种新名词、新概念、新术语，让各种名词相互重叠然后进行精确分析，对同一名词下不同的定义然后相互争论，使人们陷入复杂的语言之网中，真正的精神与事实却被遗漏了。二是越

① 刘刚. 中国传统文化与企业管理［M］. 北京：中国人民大学出版社，2015：124.

来越细化、局部化、精确化、烦琐化，变得支离破碎，丧失整体性、混沌性、全局性。解决的办法就是要运用“奥卡姆剃刀”。公元14世纪，英国威廉·奥卡姆对当时无休无止的关于“共相”“本质”之类的争吵感到厌倦，于是著书立说，宣传唯名论，只承认确实存在的东西，主张“思维经济原则”，认为“如无必要，勿增实体”，认为那些空洞无物的普遍性要领都是无用的累赘，应当被无情地“剃除”。这种观点被称为“奥卡姆剃刀”。

有所为有所不为：人们每天都要面对众多的事务，但人的精力与时间是有限的，如果人缺乏自主的选择性，每天只是被动地应付各种事务，则人的智力、劳力、时间、精力就会被拉向不同的方向，不能集中于一个方向，结果终生碌碌无为。因此，人只能根据自己的发展目标与发展方向作出选择，有利于实现自己的发展目标的事务，就应当“有所为”，而不利于实现自己的发展目标的事务，就应当“有所不为”。

对于一个组织来说，有利于实现自身发展目标的事务，主要的、重要的、紧迫的事务，就要“有所为”；不利于实现自身发展目标的事务，多余的、次要的、不重要的、不必要的事务，就可以“有所不为”。抓大放小，抓主放次，做自己善于做的事，不做自己不善于做的事。在市场经济中，每个人、每个组织都是利益主体，他们之间的相互关系应当由他们去协调，政府对于不该管的事，或者管不好的事，就应当简政放权，采用“有所不为”的做法。而对于政府应当管的事，或者是政府能管好的事，就应当“有所作为”。一个企业的领导者，最重要的事就是，知道什么事情应当“有所作为”，什么事情应当“有所不为”。魏晋学者郭象点评庄子时认为：“樵夫有为于斧，而无为于木；船夫有为于桨，而无为于水。”

有为无为相制相成：只讲“有为”，不讲“无为”，则“有为”就会无限度膨胀。例如，面对大自然，现代文明过于强调“有为”，主张认识自然、改造自然、征服自然，已造成了人与自然的严重冲突。在此情况下，就需要运用“无为”的智慧来加以纠正，敬畏自然、珍爱自然、顺应自然。在社会领域，如果出现过于强调“有为”的现象，不按社会规律办事，拔苗助长，瞎折腾，就需要运用“无为”的智慧加以纠正。在个人的生活中，如果“有为”太过，急功近利，好大喜功，就会身心疲惫，就需要运用“无为”的智慧加以平衡，淡泊名利，保持心灵清静，空灵超然。反过来说，如果只讲“无为”而不讲“有为”，则“无为”就演变为消极、懒惰，丧失责任心，丧失敬业精神，丧失进取精神。一个有大智慧的人，需要把握好“有为”与“无为”的度，使之处于恰当的位置上。“人有不为也，而后可以有为。”（《孟子·离娄下》）（译：人要有所不为，然后才能有所为。）在教育界，有为过多，无为缺乏。学校领导、教师、家长运用“考分”这一指挥棒，违背学生身心发展规律，什么事情都强调要“从娃娃抓起”，给学生施加很大压力，增加学生的课业负担，让学生除教科书外生命一片空白，除了考分之外生活一片废墟，结果扼杀了学生的积极性、自主性、创造性，造成体质下降、人格扭曲和道德缺失，造成教育质量的全面滑坡。

生活无为而事业有为：在生活中做到寡欲、清静、节制、俭朴，不要在生活中花费太多的精力用于吃喝玩乐，用于服装，用于化妆打扮，用于交往，用于购物，用于游戏等。生活中做到了无为，才有时间、精力、财力、智力用于事业上，在事业上积极有为，创造成就。而在现实中，我们看到许多人在事业上无所作为，生活中非常“有为”。清心寡欲，淡泊名利，可以免去生活中的负累，可以避免灾祸。南北朝时期，傅昭一生不蓄门生，不结党徒，不谋私利，经历宋、齐、梁三朝，得以善终。

君道无为，臣道有为。韩非子说：“人君无为，臣下无不为。”（《韩非子·解老》）在现代社会中，上级就是“君”，下级就是“臣”。上级领导做到清净、寡欲、俭朴，不要盲目行动，不要与民争利，戒除扰乱的行为，减少对下级、对人民的过多干预，尊重他们，给他们自由空间，让他们发挥创造性与积极性。君主个人的才智有限，精力有限，故不能事无大小都要亲力亲为，而要充分发挥臣民下属的作用。上级要做好自己分内的事，不要越俎代庖，更不要用强制的手段限制下级提出不同意见。韦尔奇说：“有想法的人就是英雄。我主要的工作就是去发掘出一些很棒的想法，扩张它们，并且以光速般的速度将它们扩展到每一个角落。我坚信自己的工作是一手拿着水罐一手拿着化学肥料，让所有的事情变得枝繁叶茂。”韩非子主张：“独视者谓明，独听者谓聪，能独断者，故可以为天下主。”（《韩非子·外储说右上》）这种看法是极其错误的，事实是，“独视”必然昏暗，“独听”必然迷惑，“独裁”必然错乱。唐太宗说，隋文帝苛察而不明断，多疑而不信任臣下，事事亲自决断，大臣们懂得他的个性，虽错也不敢谏，天下这么大，岂能什么都由一个人独断？他说，我选大臣，委以重任，视其能否称职，把每个人的才能都发挥出来，就比较有把握把事情办好了。

第五节　领导的艺术

一、深藏不露

领导者过多地显露自己，既会伤害下属，压缩下属自由发挥的空间，也常常使自己陷入各种冲突之中。一直不露也不行，在能够对下属产生重要影响的情况下，还是要显露。领导者深藏不露，让人捉摸不透，处于“无形”之中，以无形应对有形。韩非子说：“君无见其所欲，君见其所欲，臣自将雕琢；君无见其意，君见其意，臣将自表异。”（《韩非子·主道》）领导者如果表现出欲望、意见，就可能会被下属利用。“太上，下知有之。其次，亲而誉之。其次，畏之。其次，侮之”。（《道德经》第十七章）（译：最好的统治者，人民不知道有他的存在；其次一等，人民亲近并赞美他；再次一等，人民害怕他；最次一等，人民轻侮他。）

领导者要与下属保持合理的距离。孔子曰：“临之以庄，则敬。”领导者若与某些下属建立过于亲密的关系，通常会产生一些不良的后果：如有的下属会凭借与领导者的关系狐假虎威，恃宠而骄；有的下属对领导者的生活习性和个性爱好了如指掌，他们就会投其所好、巧言令色，使领导者受到蒙蔽；领导者可能会厚此薄彼，很难做到一视同仁，造成组织内的不公平。法国的戴高乐说：“伟大的人物必然会与别人产生距离，因为没有威信就不能树立权威，没有与世俗的距离就不能产生威信。”①

二、相互制衡

在一个组织中，领导者容忍彼此持有不同意见的人存在，容忍不同派系存在，以便以甲制约乙，以甲派系制约乙派系，这样做有两个好处：一是防止某人或某派势力过于强大而出现滥用权力的现象；二是可以通过不同的个人、不同派系而获得更加全面的信息。

三、刚柔相济

以刚性制度建立组织秩序，以柔性管理满足人性、人情之需要。在解决矛盾冲突的过程中，领导者扮演红脸，充当友善或令人喜爱的角色，而让另外一个人扮演白脸，充当严厉或令人讨厌的角色。

四、恩威并用

只立威没有施恩，下属会害怕远离；只施恩而不立威，则下属会怠慢轻狂。领导者通过立威，以个人权威强化对下属的控制。领导者个人对下属施加恩惠，下属产生感恩报恩的行为。孟子曰：“故推恩足以保四海，不推恩无以保妻子。”（《孟子·梁惠王章句上》）李靖说：“爱设于先，威设于后，不可反是也。”（《唐太宗李卫公问对》）

五、处势行道

在一个组织中必须有一个具有最高权威的领导者或领导集体存在，否则就会陷入内斗和分裂之中。慎子曰：“两贵不相事，两贱不相使。”（《慎子·逸文》）（译：两个地位同样尊贵的人不可能相互事奉，两个地位同样低贱的人谁也不会听谁的使唤。）荀子亦提出：“势齐则不壹。”（《荀子·王制》）（译：权势相等就不能统一集中了。）若在一个组织中形成两个权力中心，则会导致组织溃散。

韩非子曰：“大臣两重，父兄众强，内党外援以争事势者，可亡也。”（《韩非子·亡征》）（译：大臣中间形成两个权力中心，形成父兄等人多强并存的格局，内部派别同外部力量勾结起来争夺权势，可能会败亡。）充分利用自己的权势去彰显道义。“处胜人之势，行胜人之道，天下莫忿，汤武是也。”（《荀子·强国》）因为“得道者多助，失道者寡助。”（《孟子·公孙丑下》）

六、调查研究

领导者必须在了解真实情况的条件下才能作出决策；必须在认识问题的情况下寻找解决的办法；必须将理论同实际联系起来，不设计“假、大、空”的理论；一切从

① 胡志强．领导不可不知的 98 个管理经验［M］．北京：企业管理出版社，2010：101．

实际出发，不是用理论去歪曲现实；将理论放到实践中去检查真伪。不能坐在屋子里想当然，不能只听身边人的议论，不能只听下属的汇报，自己要到现场去听、去看、去思考。如果领导者不亲自调查研究，而是凭着下属呈送的片面的、献媚的、错误的、捏造的报告去作决策，即使最聪明的领导者都会出现重大失误。

七、统筹兼顾

兼顾相关各方，内因外因相结合，全局和局部相结合，重点和整体相结合。“不谋万世者，不足谋一时；不谋全局者，不足谋一域。”[（清）陈澹然《寤言二·迁都建藩议》] 建立的规章制度，对同一组织的所有人具有同等效力；给予具有相同贡献的人以同等的待遇，不因远近亲疏的关系而产生区别。

八、切勿折腾

领导者频繁地检查下属的工作，领导者监督控制下属的一举一动，领导者不断改变主意并且不断地下达指令，尤其是领导者将自己心中的想法强加给下属并要求下属去实现。领导者如此反复折腾，只会增加下属的负担和怨恨，降低下属的工作效率，导致下属通过形式主义的方式加以应付。

第六节 “四风”问题

在金字塔式的权力、职务、职称、学位、利益结构中，每个人都要从金字塔的底部向上爬升。金字塔社会结构有良性与恶性之分。在恶性的金字塔结构中，每个人向上爬升依据的是关系、权力、学术垃圾、考试分数，则金字塔结构会脱离现实需要无限度地膨胀，丧失价值目标，任何个人在这种金字塔中的竞争与发展，除了给自己带来不义之利外，给社会带来的是负担和危害。

在良性的金字塔结构中，每个人都要从金字塔的底部向上爬升。每个人向上爬升依据的是能力、成就、德行，则良性的金字塔就有明确的价值目标，并且根据现实的需要设定其规模的大小。任何个人在良性金字塔中的竞争与发展，除了给自己带来正义之利外，带给社会的是贡献与利益。

权力管理的无效与失败，是产生官僚主义、形式主义、享乐主义、奢靡之风的主要根源。《群书治要·申鉴》中讲到，要使国家政治清明，必须摒除“四患”：“一曰伪，二曰私，三曰放，四曰奢。”不仅仅在政治组织中要清除“四风”，在企业中也要清除“四风”。

形式主义：形式主义具体表现为，善于“伪装”，而实质却与之相反，善于“表现”，而本质很恶劣，形式上很丰富而内容上很贫乏，走了过程却没有产生实效；统一口径，编造谎言；说一套做一套，只有口号没有行动；巧言令色，虚报浮夸；以会议落实会议，以文件落实文件；不怕群众不满意，就怕领导不注意；领导能看得到的事即便没有价值也认真做，领导看不到的事即便很有价值也没人做；用一切精美的语言美化自己、包装自己；知情不报，报喜不报忧；弄虚作假，隐瞒实情；只歌颂不批评；只向上献媚而不对下负责。

形式主义与官僚主义是配套的，正如享乐主义与奢靡之风相配套一样。同样一个人，对下级就表现出官僚主义作风，对上级就表现出形式主义作风。

官僚主义：高高在上，脱离基层，脱离群众；推诿扯皮，不负责任；将个人目标置于团队成员目标之上，独占利益，并不关心下属的需要；不按客观规律办事，独断专行；自认为绝对正确，反感、禁止别人提出意见和建议；权力集中在个人身上，重大决策一个人说了算；强化对下属的监督和控制，以威胁、恐吓、惩罚、奖赏对待下属，让下属被动、盲目、消极地执行指令；主观臆断，乱决策，瞎指挥；不搞调查研究，脱离实际；唯我独尊，狂妄自大，骄傲自满；作风粗暴，颐指气使，动辄破口骂人；特权思想，等级尊卑。

官僚主义造成效率低下：企业中的各级管理者和员工必须花很多时间去向企业最高领导者汇报、解释，并且等待指示，浪费大量时间、精力；既然每个人都是按企业最高领导者的指示去做，就不必为结果负责；大家唯命是从，缺乏主动性、创造性、积极性。Google 公司的理念就是："没有民主就没有创新。"

官僚主义导致纠错功能缺失：企业最高领导在掌握有限知识的情况下，必定会犯各种各样的错误，但是，大家都习惯于服从和赞颂，不习惯于独立思考，没有人敢于站出来纠正错误。

享乐主义、奢靡之风如果同权力结合在一起，权力就成为享乐主义、奢靡之风最便利的工具，必然会产生以权谋私、滥用权力、贪污腐败、挥霍浪费、腐化堕落等现象，"成由勤俭败由奢"，最后导致失败。

第四十六章　质量管理

第一节　质量的定义与特征

一、质量的定义

质量是指客观事物所具有的能够满足人们需要的各种特性之优劣。质量在于主观与客观的关系之中，既有客观事物的特性，又有顾客的主观感受。客观事物既可以指产品，也可以指工作、过程、体系。质量包括产品质量、工序质量、工作质量、服务质量、设计质量、制造质量等。

特性包括物质特性（如机械、电气、化学或生物特性）、感官特性（如气味、噪声、色彩等）、行为特性（如礼貌、诚实、正直）、时间特性（如准时性、可靠性、可用性）、人体工效特性（如生理特性、人身安全特性）、功能特性（如飞机最高速度）、赋予特性（如价格、企业形象、供货时间、运输要求、售后服务要求）等。质量不是指特性本身，而是指特性相对于人们的需要而言所呈现的好坏、优劣。

质量管理：在满足顾客要求的前提下，通过研制质量、维持质量和提高质量来实现质量方针、目标和职责的系列活动。

质量保证：根据顾客的要求和消费者的利益，保证产品本身性能的可靠性、耐用性、可维修性和外观式样等，从而获得顾客的信任。

质量控制：为保证产品达到质量标准而采取的一系列作业技术检查和有关活动。质量控制的具体方法：制定质量标准；将测量的实际质量结果与标准进行对比；实际质量结果偏离标准时，采取纠正措施；改善标准。

质量要求：用户对产品的要求，通过一组定量或定性的规定表达出来，以便促其实现并进行考核。质量要求应使用功能性术语表述并形成文件。

质量认证：由可以充分信任的第三方证实某一经鉴定的产品或服务符合特定标准或规范性文件的活动。第三方必须独立于第一方和第二方之外，既要对第一方负责，又要对第二方负责，坚持公开、公正、公平的原则，不偏不倚。通过质量管理体系认证具有以下价值：提高质量管理水平，提高工作效率；减少重复检查，降低质量损失；树立企业形象，提高企业知名度；提高顾客满意度，有利于市场开拓；与国际接轨的质量管理体系，有利于打开国际市场；有利于参加重大工程招标。

二、质量的特性

质量的特性如下：

（1）质量的适用性：产品在使用时能满足用户需要的程度。用户需要包括明文规定的需要、隐含（不言自明）的需要、法律或道德所规范的需要。要避免出现哈佛大学教授特蒙罗所提到的“技术浪费”，即没有市场或者无法转化成实际价值的技术而导致的浪费。

（2）质量的可靠性：指产品在规定的时间内，在规定的条件下，按规定的功能进行正常工作的能力。

（3）质量的经济性：质量不仅从某些技术指标来考虑，还从制造成本、价格、使用价值和消耗等方面来综合评价。产品不但购买时的价格低，而且使用过程中的各种费用也较少。顾客追求的是物有所值，价廉物美。顾客通常不会单独考虑产品的质量，而是将产品质量与产品价格结合起来考虑，所谓“一分钱一分货”“便宜没好货”。

（4）质量的时效性：由于顾客在不同的时空条件下，在不同的环境中对产品、过程或体系的要求是不同的，因此，组织应不断地调整对质量的要求。

（5）质量的相对性：不同的顾客可能对同一产品的不同功能提出不同的需求，也可能对同一产品的同一功能提出不同的需求，所以，面对不同的顾客，质量要求也不相同。

（6）质量的综合性：质量是一个受到设计、制造、安装、使用、维护等因素影响的复杂系统，产品质量包括产品的性能、经济特性、服务特性、环境特性和心理特性等方面，顾客追求的是产品的性能、成本、数量、交货期、服务等因素的最佳组合。企业形象是影响人们对企业看法的过滤器。如果企业形象良好，人们就会通过这个过滤器更好地感受企业产品的质量，忽视产品中很小的缺陷；如果企业形象不良，人们就会通过这个过滤器更差地感受企业产品的质量，放大产品存在的缺陷。

（7）质量社会性：从整个社会的角度来评价质量的好坏，特别要关注生产安全、环境污染、生态平衡等问题。

三、质量管理历史

质量管理历史可大致分为三个阶段：

（一）质量检验阶段

20世纪前，产品质量主要依靠操作者本人的技艺水平和经验来保证，属于“操作者的质量管理”。

20世纪初，“科学管理”提出了在人员中进行科学分工的要求，计划设计、生产操作、检查监督各由专人负责。先是由工长负责质量检验，后来设立专职检验人员取代工长的这一职能。

质量检验是在成品中挑出废品，但是，质量检验属于事后检验，无法在生产过程中起到预防、控制的作用。

（二）统计质量控制阶段

统计质量控制实现数理统计方法与质量管理的结合。1931 年休哈特出版《工业产品质量的经济控制》。休哈特发明控制图，他将质量控制的重点放在制造阶段，认为应当在发现有废品生产的先兆时就进行分析改进，从而预防废品的产生。但是，统计质量管理对质量的控制和管理只局限于制造和检验部门，忽视了其他部门的工作对质量的影响，让人误认为“质量管理是统计专家的事”。

（三）全面质量管理阶段

随着科学技术的发展，出现了许多大型产品和复杂的系统工程。人们对产品的要求越来越复杂，消费者的维权意识越来越强，企业之间的竞争越来越激烈，管理上越来越重视全员参与，在此背景下，费根鲍姆于 20 世纪 60 年代初提出全面质量管理的概念，将质量控制扩展到产品寿命循环的全过程，强调全体员工都参与质量控制。他提出，全面质量管理是“为了能够在最经济的水平上，并考虑到充分满足顾客要求的条件下进行生产和提供服务，并把企业各部门在研制质量、维持质量和提高质量方面的活动构成为一体的一种有效体系”。

国际标准化组织（ISO）于 1979 年单独建立质量管理和质量保证技术委员会，1987 年 3 月正式发布 ISO 9000—9004 质量管理和质量保证系列标准。

第二节 质量管理的原则

一、以顾客为关注焦点

如果没有顾客，任何提供产品或服务的组织都无法生存。组织应当树立顾客至上的理念，将顾客需要放在第一位，调查研究顾客的需求和期望，识别顾客未来的需求，关注顾客的满意程度。质量不能孤立存在，是相对顾客的需要而存在的。顾客的需求呈现五大趋势：从数量型发展到质量型、从低层次发展到高层次、从物质需求发展到精神需求、从统一需求发展到个性需求、从自身需求发展到社会需求。

二、领导作用

组织中的领导者，必须坚持质量第一的原则，制定质量方针，确定质量目标，明确组织内各岗位的质量职责，提供质量管理的相关资源，促进全体员工积极参与质量管理，检查质量管理的结果并加以改进，推动建立和实施有效的质量管理体系。如果做不到以上各个方面，就意味着最高管理者在质量管理中缺位。

三、全员参与

质量管理需要全员参与，不能仅仅是某些人或某个机构去做。领导为员工创造能充分参与的内部环境，明确每个人的岗位职责和权限，同时，员工应具有强烈的质量意识、敬业精神，主动承担起解决问题的责任，提高自己的技能、知识和经验，在团队中分享知识和经验，寻求机会改进质量。

四、过程方法

以过程作为质量管理的基本单元，系统地识别和管理组织所应用的过程及过程之间的相互关系。每个过程的识别和管理包括对该过程输入、输出、活动、目标、职责、权限、运作规范、所需资源、控制、改进等方面。一个过程的输出会直接成为下一个过程的输入，形成过程链。一个过程可能再分为多个子过程，形成过程网络。

五、系统方法

系统方法是将质量管理看成一个系统工程，将任何一件事或任何一个要素，都看作一个系统的组成部分，根据组织的总目标来设定各过程的分目标，消除职能不清导致的障碍，减少浪费，将不良隐患消灭在萌芽状态，促进各过程协调运作，从而建立一个质量管理体系。

有的企业只注重质量检验，而不重视质量管理体系的建设，就是将质量部门当成“消防员”“抢险员”，而放弃日常的防“火”和消除隐患，必然为“火警”“险情”付出高昂代价。

六、持续改进

有的企业当质量管理达到一定水平之后就安于现状，不思进取；或者通过质量管理体系认证之后，就将体系文件束之高阁；以现行状况为依据确定产品的不良率，而不是以“零缺陷”作为追求的目标。

组织要具有生命力和竞争力，适应市场的变化与顾客需求的改变，朝着“零缺陷”的目标，建立自我完善与不断改进的机制，建立“策划—实施—检查—改进”的循环圈，每循环一次，就提高一步。每一次发生问题，当解决了问题之后，就应确立相应的标准，避免同样的失误以同样的原因发生。

七、基于事实的决策方法

有效决策建立在对事实的充分认识的基础上，建立在真实、全面、有用的数据和信息分析的基础上。决策不能仅仅靠经验、凭感觉，而要依据事实。如果片面依靠经验和直觉进行管理，对质量问题只有定性分析，缺乏定量分析，就会导致许多问题模糊不清。在情绪冲动的情况下或在自傲的情况下作出的决策通常是错误的。有效决策是在多种方案中选择一种相对较好的方案，如果面对的只是一种方案，那就只能叫作同意，而不是决策。根据数据和信息设定的战略方针才切合实际，根据可靠的数据和信息设定的目标才可能实现。

八、与供方互利的关系

供方是指产品、服务、信息的提供方。要慎重地选择供方，把与供方的关系建立在兼顾短期利益和长远目标的基础之上，双方开放式地进行交流，分享信息，共同理解顾客的需求，联合进行改进活动，共同制订未来的计划。有的企业以“单赢”“单边”思维管理供方，“以包代管”或“以卡代管”，高高在上，颐指气使，导致供方的不合作、怨恨和抵触。

九、标准化工作

企业要保证产品质量，就要建立健全各种技术标准和管理标准并严格执行。技术标准主要分为原材料辅助材料标准、工艺工装标准、半成品标准、产成品标准、包装标准、检验标准等。管理标准规范人的行为、规范人与人的关系、规范人与物的关系，包括产品工艺规程、操作规程和经济责任制等。

十、建立质量责任制

企业管理人员、技术人员、生产人员在质量问题上实行责、权、利相结合，明确在质量问题上各自应承担的责任，将岗位人员的产品质量与经济利益紧密挂钩。

十一、保障质量以降低成本

管理大师克劳士比曾说过：“质量是没有成本的，它不是免费的，是可以得到回报的。”如果质量问题不从根源上解决，没有做到一开始就做对，没有对质量问题的出现作出有效预防，那么，企业就要花费大量的人力、物力、财力用于不良品的检查与处理，企业就要承担销售损失和顾客离去的无形成本。国外研究表明：不满意的顾客会把不满意告诉 22 个人，而满意的顾客只将满意告诉 8 个人。

第三节　全面质量管理体系的建立

全面质量管理，就是运用系统工程的概念，实施全方位、全员、全过程、全企业的质量管理，将试验研究、产品设计、试制鉴定、准备过程、制造过程、辅助过程、使用过程等方面的工作纳入质量管理轨道。全面质量管理体现为全方位、全过程、全员、全企业。

全方位：使用全面的方法，对产品质量、工作质量、工程质量、服务质量进行管理，对物和人进行管理，对产品的可靠性、安全性、经济性、时间性和适应性进行管理。

全过程：对市场调查、研究开发、设计、生产准备、采购、生产制造、包装、检验、贮存、运输、销售、安装、使用、维修、顾客服务等全过程进行质量管理。

全员：企业全体人员包括领导人员、工程技术人员、管理人员和工人等都参加质量管理，各自承担相应的质量责任。美国著名质量管理专家戴明曾提出：在生产过程中，造成质量问题的原因只有10%~15%来自工人，而85%~90%是企业内部管理问题。

全企业：建立企业质量保证体系。

有的企业出现质量问题，只向员工个人追究责任，片面要求员工提高并改进个人意识和技能，而忽视提供培训资源、制度保障和环境改进，不注重质量管理体系的建设和完善。

建立质量管理体系，采取标本兼治的办法，不仅要找到质量问题加以解决，还要找到质量问题的根源加以清除，正如治理环境，不仅仅是清理污染物，还要堵塞污染的源头。

一、PDCA 循环

美国学者戴明总结出“PDCA 循环”，包括计划（Plan）、执行（Do）、检查（Check）、处理（Action）四个环节。全面质量管理必须按照 PDCA 循环开展工作。每个部门、每个小组都有自己的 PDCA 循环，并且成为企业大循环中的小循环。

PDCA 循环包括四个阶段：

计划阶段（P）：适应用户要求，分析质量现状，找出质量问题；分析产生问题的原因；找出影响质量的主要原因；针对主要原因，寻找对策，制订措施和计划。

执行阶段（D）：执行计划，落实措施。

检查阶段（C）：检查计划的实施情况，发现计划实施过程中的经验和问题。

处理阶段（A）：总结经验，巩固成绩，工作结果标准化；提出尚未解决的问题，转入下一个 PDCA 循环。

二、全面质量管理的四个过程

有的企业只依赖单纯的质量检验部门，出现质量问题，只向检验部门追究责任，将大量的人力、物力和精力投入检验和不合格品处理，而不去查找设计过程、生产过程、辅助过程、使用过程中的因素并促使其改进。全面质量管理的内容应当包括设计过程、制造过程、辅助过程、使用过程四个过程的质量管理。

（一）设计过程的质量管理

设计过程包括市场调查、产品设计、工艺准备、试制和鉴定等过程。设计过程的质量管理主要内容是：通过市场调研了解消费者需要何种产品及其质量要求；制定产品质量目标；确定适合的设计方案；制定检验测试规程；进行设计评审和验证；改进设计等。

（二）制造过程的质量管理

制造过程的质量管理的主要内容是：严格贯彻执行工艺规程，禁止违章操作；建立和健全各质量信息源的原始记录工作，建立质量信息系统；对每一道工序出产的制品进行质量检验；慎重处理不合格产品。

（三）辅助过程的质量管理

辅助过程是指为保证制造过程正常进行而提供各种物资技术条件的过程。辅助过程的质量管理主要内容是：按质、按量、按期地提供生产所需要的原材料、辅助材料、燃料等各种物资；做好设备维修工作；做好工具质量管理；做好运输、保管中的质量控制。

（四）使用过程的质量管理

使用过程的质量管理的基本任务是提高服务质量，开展技术服务工作，保证产品的实际使用效果；处理出厂产品质量问题；调查产品使用效果和用户要求以便改进和提高产品质量。

三、质量管理体系建立的四个阶段

质量管理体系的建立，经历以下四个阶段：

（1）质量体系的策划与设计：包括教育培训，统一认识；组织落实，拟订计划；确定质量方针，制定质量目标；现状调查和分析；调整组织结构，配备资源等方面。

（2）质量体系文件的编制：质量体系文件的编制应结合本单位的质量职能分配进行。编制质量体系文件，既要从总体上和原则上满足 ISO 9000 系列标准，又要在方法上和具体做法上符合本单位的实际。

（3）质量体系的试运行：通过试运行，考察质量体系文件的有效性和协调性。在试运行过程中如果发现存在问题，就采取措施加以改进，不断完善质量体系文件。

（4）质量体系审核复审：审核的主要内容是：规定的质量方针和质量目标是否可行；体系文件是否覆盖了所有主要质量活动，各文件之间的接口是否清楚；组织结构能否满足质量体系运行的需要，各部门、各岗位的质量职责是否明确；质量体系要素的选择是否合理；规定的质量记录是否能起到见证作用；所有职工是否养成了按体系文件操作或工作的习惯，执行情况如何。必须通过质量体系的不断复审，使质量体系不断改进。

ISO 9000 系列标准可以为企业有效地进行全面质量管理提供保证，提供一个合理的依据，帮助企业减少失误。为了增强企业的竞争力，为了突出企业的管理特色，为了保持质量的不断改进，企业的全面质量管理不仅仅限于贯彻 ISO 9000 系列标准。

第四十七章　制度管理

第一节　企业制度及其作用

企业制度是指企业在财产关系、组织结构、运行机制和管理规范等方面的一系列制度安排。制度管理就是通过制度的规定与执行，逐步形成精确、严格的程式化管理思想与管理模式。

企业制度包括产权制度、领导制度、组织制度、管理制度等方面，企业管理制度又包括企业战略管理制度、企业责任制度、企业人力资源管理制度、企业安全管理制度、企业财务管理制度、企业行政管理制度、企业物资管理制度、企业采购管理制度、企业研发管理制度、企业生产管理制度、企业销售管理制度、企业质量管理制度、企业物流管理制度、企业信息管理制度等。

自由企业制度就是在宽松、公平、平等、自由的市场环境下，确保企业享有的自由创业权、自由经营权、自由交易权以及自由支配或处置财产权等一系列的制度安排。它包括产权制度、进入退出制度、公平竞争制度、平等合约制度、平等交易制度、平等获取信息服务制度等，只有市场经济中的每一个主体从自己的利益出发，进行独立的分析与判断，让自己的能力得到充分发挥，对市场能够作出迅速的、准确的反应，从而使市场经济处于良性运行的状态，正如让每一个细胞自主地活动起来，整个机体才会充满生机。行政干预，既需要经济主体付出更多的成本，又降低了效率，甚至为错误的干预付出巨大代价。市场经济条件下的企业制度与计划经济条件下的企业制度有着根本的区别。中国政府将企业制度的基本特征概括为“产权清晰、权责明确、政企分开、管理科学”十六个字。政企分开要求政府通过“放权让利”“扩大企业自主权”等方式将原来与政府职能合一的企业经营职能分开后还给企业，还要求企业将原来承担的社会职能分离后交还给政府和社会，如住房、医疗、养老、社区服务等。

企业的组织制度变化的趋势是扁平化（减少组织的中间层次）、柔性化（放弃固定的组织模式，以临时任务为导向团队式组织）、小型化（压缩企业规模、划小核算单位）、虚拟化（以外包、战略联盟、特许经营、合作协议、合资等方式，以信息网络为基础构建临时性机构）。

企业责任制度是将企业的目标体系以及保证企业目标得以实现的各项任务、措施、指标层层分解，落实到每个单位、每个部门、每个岗位、每名员工身上，实行纵向和横向的互相保证，进行严格考核，并与其经济利益和奖惩挂钩。

企业制度的作用表现在以下三个方面：

一、制度是企业存在的体制基础

“法者，天下之程式也，万事之仪表也。”（《管子·明法解》）企业是通过制度安排来组织各种生产要素的，缺失制度，这些生产要素就不可能组合起来，企业就无法存在。德鲁克说：“靠突击来管理不仅没有效果，而且会引向错误的方向。”（《变动中的管理界》）

制度是企业有序运行的体制框架。“没有规矩，不成方圆”，企业运行就必须遵守一定的规律，按照一定的程序，否则就是混乱的。企业运行的程序就是企业制度，有了良好的企业制度，企业才能有序地运行。企业的所有经营活动，都必须在一定的体制框架中进行，离开企业制度，经营活动就无法进行。

企业制度建设，有利于企业依法合规经营，使企业规范化，避免法律风险。企业规章制度是预防和解决劳动争议和合作纠纷的重要依据，是员工与其他企业沟通的标准，也是企业与社会各界沟通的标准。

如果企业缺乏制度，在管理中就会出现随意性、主观性，领导者随心所欲发号施令，高高在上，朝令夕改，大家靠揣摩上级的意图来行事，察言观色，见风使舵，企业就会陷入无序、低效的状态。“夫立法令者，以废私也，法令行而私道废矣。”（《韩非子·诡使》）

二、制度是企业员工的行为规范

企业制度为员工提供了明确的行为准则，为广大员工提供统一的衡量标准，对员工产生约束、激励、保护的作用，让员工知道如何履行自己的权利和义务，从正面引导员工的良好行为，从反面警戒员工的不良行为，为处理争议提供依据，预防争议发生。

如果企业中缺失相关制度，就会导致出现如下问题：员工不知道干什么，不知道怎么干，不知道干好了有什么好处，不知道干不好有什么坏处。规章制度是员工公共的行为标准，慎子说：“智者不得越法而肆谋，辩者不得越法而肆议，士不得背法而有名，臣不得背法而有功。”（《慎子·逸文》）

三、制度是企业高效发展的活力源泉

通过良好的制度建设，建立良好的激励机制，营造良好的企业文化氛围，从而激发员工的积极性。

在制度中规定工作流程，将各项工作标准化，固化企业的经验成果与管理成效，方便员工通过制度熟悉自身的工作要求与操作标准，从而提高工作效率。企业成员共同遵守管理规则和操作流程，相互之间形成良好的协调与配合，这是企业高效运营所不可或缺的前提。麦当劳在全世界任何地方的分店做出的汉堡包全都一模一样，就是因为它们的工人和服务员按规范文本进行操作。

企业制度建设可以固化企业已有的成功经验、模式和管理方法，使企业在原来的基础上不断完善、不断提高，实现可持续发展。强大的企业的标志之一，就是将企业的思想理念、决策措施、考评策略、调控体系，通过制度的方式进行累积和递进。

企业完善的规章制度使企业得到合作者和社会的高度信任，从而赢得更好的商业机会和发展机会。

企业的日常事务通过完善的制度加以解决，就可以将管理者从烦冗的日常事务中解脱出来，集中更多的时间研究企业的宏观问题，处理非常规的事务，提高管理者的工作效率。统计数据显示，常规事务往往会占到管理者日常处理事务量的80%以上。

企业之间的竞争是多种要素的竞争，其中重要的一个要素就是制度。良好的、系统的、先进的制度，会形成企业的竞争优势。

第二节　企业制度建设的要求及存在的问题（上）

一、系统性

企业制度的系统性是指制度的内容应全面、完整，制度系统中各部分既各有分工、互不冲突，又相互联系、协调配合，制度之间、制度前后应保持连贯、一致，不能自相矛盾、互不衔接，企业制度要同企业文化、企业战略、企业组织结构相匹配。企业制度建设要实现企业的全覆盖、无死角，坚持“横向到边、纵向到底”，“横向到边”是指制度必须覆盖企业经营与管理工作的每一个领域；“纵向到底”是指制度贯穿企业管理的每一个层次，一直到基层员工的基本操作动作。在企业中，生产、营销、采购、设备管理、财务、审计、人力资源、信息等各大系统内部及系统之间的制度相互衔接，从而形成全面系统的制度体系。为保持制度的系统性，应当由企业负责人挂帅，成立由各方代表参加的制度建设领导小组。制度起草工作按照归口管理原则，一般由该项工作的主管部门负责人负责。由制度建设领导小组负责协调各种制度之间的关系。

企业制度建设缺乏系统性，具体表现在以下几个方面：

（1）存在制度漏洞：管理者面对出现的新问题被动反应，急忙制定新的制度以“弥补漏洞”，其实还存在着大量的未被发现的漏洞。

（2）缺乏协调性：各个职能部门起草的制度体现本部门利益，出现政出多门、部分制度间交叉重叠甚至矛盾的现象；将各种版本的制度混杂在一起，相互不协调；新建立的制度同原有制度之间存在矛盾。

（3）缺乏匹配性：企业制度同企业的组织结构不匹配，企业制度同企业的发展战略不匹配，企业制度同企业文化不匹配。

二、可操作性

企业制度必须具备可行性和可操作性，是科学合理的，是能落到实处的，否则，制度就是形同虚设。企业制度缺乏可操作性，主要存在以下问题：制度的制定者没有在基层进行调研，没有征求广大员工的意见，而是根据自己的主观想象去制定；制度中存在大量的抽象概念和空洞原则，有大量的口号和空话，非常缺少管理的工具和方法，没有可操作性的实施细则；制度脱离实际；制度缺乏系统性，让人钻制度的空子；制度冗长复杂，程序繁多，重点不突出；不重视监督和奖惩。

三、适宜性

商鞅说："礼法以时而定，制令各顺其宜。"（《商君书·更法》）制度应当保持相对稳定，不能朝令夕改，但制度也应当是动态的、开放的、发展的，制度必须适应形势的变化，必须适合企业的具体情况，必须适应国家的法律与政策，这样的制度才具有生命力和活力。不适应现实的制度很难得到执行，或者在执行中会导致失败。企业制度是共性与个性的统一，必须根据本企业的具体情况对制度进行调整，使之具有特殊性。

企业存在于一定的环境中，根据环境中存在的机会与威胁来调整战略、调整制度。在中国，政府拥有强大的政治力量和资源配置权力，这是中国企业必须面对的问题。

存在的问题是：不去了解实际情况，盲目自信；过于追求完美，设计过高的制度要求，让人难以达到；制度僵化，墨守成规，长期不变；盲目沿袭和效仿，直接照搬别的企业的制度，完全忽视了自己企业的实际情况。

四、执行有力

在制度设立之后，进行宣传、培训，将具有执行能力的人安排在适当的岗位，建立监督机制和惩罚机制，一视同仁，严格执行，确保制度的强制力。《孙子兵法》中讲："将者，智、信、仁、勇、严也。"严即治军严明，在军中有力地执行命令。管理者在企业中要有权威，即有"势"，"君执柄以处势，故令行禁止"（《韩非子·八经》）。

制度建立之后，得不到有效执行，其原因可能是：

（1）不知道导致不能执行：宣传不到位，学习不认真，造成对制度不了解，或是理解有偏差，于是就不能有效执行。法家主张"以法为教"，就是让大家知晓法律制度，以便遵守。

（2）搞特殊化：做不到"制度面前人人平等"，企业内部出现特权者，包括企业的领导者、有关系的人、有势力的人，他们不执行制度却不会受到惩罚，从而减弱了制度的执行力。特别是某些企业领导为了显示自己的权威，出现"以权代法""以势压法"的现象，削弱了制度的权威性和平等性，领导者不执行制度，就会对员工起到不良的示范作用。"其身正，不令而行；其身不正，虽令不从。"

中国传统的人性论宣传人可以成为神，或者是死后成为神，或者是活着就成为神，凡是活着就成为神的人，当然就不需要任何法律、制度对他进行限制。按西方的观念，人永远是人，不可能成为神，既然是人就存在着“恶”，就需要法律或制度来加以限制。

《商君书·赏刑》中讲：“所谓壹刑者，刑无等级，自卿相将军以至大夫、庶人，有不从王令、犯国禁、乱上制者，罪死不赦。”制度、法令对所有人一律平等地使用，但君王除外。但问题是，在中国封建时代，君王不是孤立的一个人，君王及君王身旁的人，在君王特权的保护下也都可以避开法律、制度的约束，同时将法律制度作为制约他人的工具。所以，法家所讲的法治与现代社会的法治有天壤之别。黄宗羲反思，认为要从人民的角度出发建立“天下之法”，不是从君王的角度出发建立“一家之法”。

（3）知而不行：某些精明的人由于个人观念和个人利益，明知制度，但不认真执行，而是去寻找规则的漏洞，钻制度的空子，符合自己胃口的就执行，不符合自己胃口的就不执行；对自己有利就执行，对自己不利就不执行。

（4）制度执行不严：怕得罪人，讲人情；有时候抓得紧，有时候抓得松；对有些人执行严格，对有些人执行不严格。

（5）对制度不认同：执行者的意见得不到重视，执行者的利益得不到尊重，制度设计不符合实情，所以执行者对制度不认同。

（6）制度缺乏监督机制：IBM 前 CEO 郭士纳说：“人们不会做你希望的，只会做你检查的。”如果没有设置制度执行的监督机构和监督人员，只依靠管理者希望、嘱咐，或者偶然发现之后加以改进，是远远不够的。监督机制要解决如下问题：谁对某事负有具体责任？谁来承担连带责任？谁来进行考核、评价、监督？对执行不力者应当如何惩罚？对执行有力者应当如何奖励？西方管理学有句名言：“信任是好的，控制是更好的。”佛教寺庙管理中的三十六字：“教之以法，授之以权，驱之以策，督之以行；不教则不授，不授则不行，不行则不责，不责则不果。”①

（7）制度缺乏奖惩机制：管理者睁一只眼闭一只眼，对于执行得好的人没有奖励，对执行不力的人没有惩罚，时间一长，大家就抱着无所谓的态度。例如，有的地方用积分制管理，执行不力就扣分，执行到位就加分，积分直接同员工的工资和各种福利待遇挂钩。

（8）执行者缺乏执行能力：用人不当，将无能无德者置于重要岗位上，或者在岗者不注重提高自己的能力和素质，或者执行者没有得到相应的授权，导致出现缺乏执行能力的现象。

① 高德. 管理术——如何运用宗教的智慧做管理［M］. 青岛：青岛出版社，2015：117.

第三节 企业制度建设的要求及存在的问题（下）

一、明确性

制度是用规范性的语言进行表述，具有规范性、稳定性、可预见性和准确性；制度必须有具体内容，可操作性强，切忌“假、大、空”；制度要有针对性，分工明确，责任清晰；制度设计要遵循精简原则，去除繁杂多余的内容；制度在某一时间段内，在一定条件下保持不变。

根据制度所规定的预期结果，企业员工就判断自己、他人将会如何行动，从而提高工作效率。有人主张人性化管理、亲情化管理、友情化管理、温情化管理，在一定意义上是对的，但不能将这些管理模式作为主导模式，而只能以制度化管理为主导模式，配以人性化管理、亲情化管理；更不能以人性化、亲情化中的模糊性和多变性，替代制度化管理的明确性。在企业中管理者如果随心所欲，变化无常，其产生的随意性会破坏制度明确性。特别是在家族企业中，排斥外人，任人唯亲，重亲情而忽视制度，缺乏公平的奖罚机制，制度的明确性很差。佛教的“法四依”：依法（佛法）不依人、依义不依语（人所说话）、依智不依识（虚妄的认识）、依了义（说得清楚明白的义理）不依不了义。

其实，某些亲情化、人性化的管理，也可以将亲情化、人性化的理念设立为制度，使亲情、人性落到实处。例如，号召人们通过读书来提高素质，仅仅靠温馨提示、反复动员是不够的，可以设立为相关的制度，如学习制度、论坛制度、考试制度、例会制度、读书制度、标杆评比制度、合理化建议制度等。

二、创新性

企业发展到一定程度之后，就会形成思维的惰性、制度的惰性、文化的惰性，成为创新的障碍。在搬用其他企业的制度时，要结合本企业的实际进行创新；面对不断变化的环境，特别是市场需求发生变化，需要通过制度创新才能适应新形势；不断总结本企业的经验和教训，进行固化；制度设计要有前瞻性，考虑到公司未来可能发生的变化；当企业发展战略发生变化，经营管理理念发生变化，经营活动方式发生变化，就要求对制度进行调整。避免僵化的制度、落后的制度给企业的发展带来阻碍。在制度创新过程中，要注重“复盘”，即回顾现有制度执行的情况，对照目标，评估结果，分析原因，总结经验。

三、合理性

在制定制度的过程中，以人为本，充分征求大家的意见，保障员工的合法权益，增强制度的公开度和透明度，让员工知情，制度既符合法律，也符合道义，确保在制度面前人人平等。制度的制定要顺应人心，管子曰：“民恶忧劳，我佚乐之；民恶贫贱，我富贵之；民恶危坠，我存安之；民恶灭绝，我生育之。”（《管子·牧民》）（译：人民厌恶忧愁劳累，我就让他们安逸快乐；人民厌恶贫穷低贱，我就让他们得到富贵；人民厌恶危险，我就让他们平安；人民厌恶灭绝，我就让他们人丁兴旺。）在制度制定、宣传、实施的过程中，应当广泛征求意见，让更多利益相关者或者执行者参与讨论，允许他人提出异议，才能使制度更加合理化。

管理学中的修路理论这样讲：当一个人在同一个地方出现两次以上同样的差错，或者两个以上的不同的人在同一个地方出现同一差错，那不一定是人有问题，而是这条让他们出错的“路”有问题，应当及时修路。

道家认为，符合天道的、符合自然运行规律的制度，才是好的制度，所谓：“顺天者昌，逆天者亡。毋逆天道，则不失所守。”

例如，在春夏万物生长的季节，就不能执行秋冬的严厉刑罚，否则就会出现反常现象。

四、体现理念

制度设计体现某种理念，不同的理念通过不同的制度表现出来。中国大量引进西方的企业制度，当他们发现企业制度与中国原有的理念不相配，导致制度运行不良时，又试图引进西方的理念。但问题是，理念是由文化承载的，全面引入西方文化是不现实的，特别是西方理念常常是由西方宗教所承载的，而中国人有自己的儒释道三教。所以，只有在复兴中华优秀传统文化的基础上，在中华道统的基础上适当融入西方理念，形成新时期的理念并借助文化加以传播，在此前提下建立与理念相适应的制度体系。当企业确立了某些理念之后，就应当依据这些理念对企业制度进行审查，如果发现制度与理念不相符合，就应当调整制度。短时间内通过外部人士从外部输入先进的制度，但制度输入企业之后在本企业的优化，则是一个漫长的过程，需要本企业人士去完成。

第四节　四治系统在企业中的运用

四治系统指的是法治与德治、礼治、文治系统，企业应当建立以规章制度为核心的法治系统，还应当建立德治、礼治、文治系统，各个系统各有所长，各有所短，相互配合，形成完整的治理体系。具体体现在以下方面：

（1）法治系统与德治、礼治、文治系统应当拥有共同的理念、共同的目标、共同的价值导向，否则各个系统之间就会出现脱节乃至对抗的现象。通过企业文化的传播与学习，使广大员工认同理念，又通过对理念的认同，有效地执行体现理念的制度。反过来说，企业制度在执行的过程中，也会将制度所体现的理念传递到员工心中。

（2）如果企业只有法治系统而没有德治、礼治、文治系统，则企业就是僵硬的、冰冷的、严苛的、繁杂的；如果只有文治、德治、礼治系统而没有法治系统，则企业就是空洞的、抽象的、模糊的、变化无常的。

（3）企业的法治系统的奖惩作用，通常是在行为发生之后施加；而德治、礼治、文治系统的导向作用，则是在行为产生之前存在。某些有害于企业的行为，虽然当事人得到惩罚，但对企业造成的伤害已不可逆转。

（4）法治系统不能覆盖企业的方方面面，法治系统不能覆盖之处，就应由德治、礼治、文治系统加以填充。人心的改变，素质的提高，品质的养成，风气的改善，大量的细微的行为、善良的行为的出现，主要靠德治、礼治、文治系统。荀子曰："是以为之起礼义、制法度，以矫饰人之情性而正之，以扰化人之情性而导之。"（《荀子·性恶》）

（5）法治系统与德治、礼治、文治系统的功能不同：法治系统建立的前提是"性恶论"，功能主要是"止恶"，采取"胡萝卜+大棒"政策，对在企业中发生的超越底线的行为进行惩罚，对在企业中发生的有利于企业的行为进行奖励。其实，制度充分利用了人的"趋利避害"特性，《商君书·错法》中讲："人生而有好恶。故民可治也……好恶者，赏罚之本也。"《韩非子·备内》："故舆人成舆，则欲人之富贵；匠人成棺，则欲人之夭死也。非舆人仁而匠人贼也，人不贵则舆不售，人不死则棺不买。"（译：造车的工人做成车子后，希望富贵的人越多越好；做棺的匠人做成棺材后，希望早死的人越多越好。并非造车的工人仁慈而做棺的匠人残忍，而是因为，人不富贵那么车子就卖不出去，人不死亡那么棺材就卖不出去。）德治、礼治、文治的功能则是"扬善"，其建立的前提是"性善论"。

（6）德治、礼治、文治系统建立的前提是"性善论"，要充分利用人性中的善端而加以扩充，其功能主要是"扬善"，通过"扬善"而涌现大量的良好行为、文明行为、道德行为，从而消除大量的不良行为。

惩罚性的制度，规定了可以容忍的底线，超过这个底线，就采取惩罚措施。但在这个底线之上，还有很大的行动自由的空间，唯有通过德治、礼治、文治，促使人在这个行动自由的空间向上提升。例如，三大纪律八项注意，就是在军队中建立的纪律底线。

（7）法治系统体现的是契约精神、权利意识，基本特征是"齐一"，即大家遵守统一的标准。汉代司马谈在《史记·太史公自序》中讲法家是："不别亲疏，不殊贵贱，一断于法。"而德治、礼治、文治系统体现的是伦理精神、义务观念，基本特征是"别异"，即每个人都有自己的发挥空间，都能够展现自己的个性、创新性。

第五节　组织设计

一、组织设计的模式

（一）组织的横向设计

组织的横向设计是根据一定的标准（职能、产品或者地区），将管理系统分解成为若干个相互依存的管理部门，将组织中的岗位划归不同的部门。

主要有以下几种情形：

（1）根据职能形成的部门：根据业务活动的相似性来设立管理部门。

优点：将相似专业和具有相同知识技能的人结合在一起，使人专心做好本专业工作，形成专业化和高效率，也有利于相互交流、提高水平。

缺点：部门之间沟通不畅，活动不协调，容易形成部门利益而忽略组织的总目标。

（2）根据产品形成的部门：在规模较大、产品多元化的企业中，可以根据产品来设置管理部门，将同类产品的生产和销售工作集中在相同的部门组织。

优点：使企业的多元化经营和专业化经营结合起来，提高生产效率，各个产品部门之间的竞争有利于企业的成长，有利于高层管理人才的培养。

缺点：产品部门某些职能管理机构与企业总部的管理机构在人员、设施、装备上的重叠而增加成本，产品部门管理者过分强调本部门利益而影响企业的整体利益。

（3）根据地区形成的部门：组织活动在地理上分散的企业，可以根据地理位置的不同设立管理部门。

优点：针对各地区的劳动者和消费者的行为特点来组织生产和经营活动，突破交通和信息沟通的障碍。

缺点：造成职能部门的重复设置，对组织目标的认同受限。

（4）根据顾客形成的部门。

（5）根据流程形成的部门。

任何组织都是将以上两种或两种以上的方式组合起来运用。

（二）组织的纵向设计

根据管理幅度（领导的下属的数量）的限制，确定管理系统的层次，并规定各层次管理人员的职责和权限。组织中的成员都要接受上层管理者的指挥和监督。

纵向设计的机构，根据管理层次的多少而形成扁平结构和锥形结构。扁平结构是管理幅度较大、管理层次较少的结构。这种结构的好处是：信息传递的多样化，可以采用纵向、横向、斜向传递的方式，同时层次少而导致信息传递的速度快，高层能及时发现问题，纠正偏差；管理权力分散化，对下级实行充分授权，上层管理者对下属的管理较为宽松，有利于下属发挥主动性、创造性与积极性，让下属面对问题直接作出反应，赋予普通员工以特定的决定权，“答案在现场”，体现出极大的灵活性。

锥形结构是管理幅度较小、管理层次较多的结构。这种结构具有稳定性、严密性、精确性的特征，但也存在着以下不利之处：管理成本高，效率低下；信息从基层到高层传递的速度慢而且在传递过程中失真；出现僵化性，压抑下属的积极性和自主性。

（三）其他组织设计

1. 矩阵组织

企业为了实现某种特定目标而组成项目小组。项目小组设立一位管理者，项目小组的工作人员来源于组织中的各功能部门，项目完成后，各部门人员回归原部门。

2. 团队结构

团队结构是由工作小组或工作团队构成并完成工作任务的一种组织结构，这种结构具有高效性和灵活性，员工授权的程度较高，面对的绩效压力较大。跨职能团队是由来自不同职能领域的个体组成的工作团队，团队成员聚集在一起以解决那些对他们各自的职能领域有影响的共同问题。

3. 虚拟组织

虚拟组织是由少量的核心全职员工和因工作项目需要被临时雇用的外部专业人员构成的组织。

4. 网络组织

网络组织是指利用内部员工从事某些工作活动并且利用外部供应商网络提供其他必需的产品部件或工作流程的组织。网络组织可以集中精力从事最擅长的工作，而通过合同的方式将其他活动外包给那些擅长这些活动的公司。公司要将精力集中在自己的核心业务上，其他一切非核心业务都可以“外包”。

二、组织内部的自主经营单位

组织内部可根据实际需要成立若干自主经营单位。每个自主经营单位都有明确的目标，而且目标与公司的总目标方向一致；自主经营单位要有绩效，而且这种绩效有助于公司实现更大的绩效；自主经营单位要享有一定的自主权，但同时接受公司的必要控制。

稻盛和夫在京瓷公司中创立了阿米巴组织，10 人左右形成一个阿米巴组织，每个阿米巴组织设一名领导人。稻盛和夫说：“我的企业就是我的生命的延续，我们可以生病，可以发展缓慢，但是永远都不能没有活力，因为一旦失去了活力，我们就都成为一具没有未来的行尸走肉。”①

阿米巴组织具有如下特征：

（1）阿米巴组织规模较小，可以面对市场需求作出反应，也可以发现问题而随时加以改变。“阿米巴”是变形虫的音译，变形虫根据环境的变化而改变外形。

（2）阿米巴组织具有独立核算的能力，采用单位时间核算，从产值中扣除所有成本之后再除以总时间。阿米巴组织成员可以直接看到本组织的成绩而受到鼓励，也可以在同其他阿米巴组织相比较中找到差距，业绩不佳的团队就会受到追究。稻盛和夫举例说，一个销售水果、蔬菜、鱼的杂货店，如果将所有的收入放在一起月底结算，就只能知道店铺的盈利情况；如果将店铺中的水果、蔬菜、鱼分类结算，就可以知道每一类商品的盈利情况。

（3）阿米巴组织具有独立完成业务的能力。只有分工明确、任务明确，才能进行合理的考核。如果有人偷懒，在小团队中很容易被察觉。这种模式有利于员工参与经营，培养基层管理者。

---

① 石川康．稻盛和夫的经营哲学［M］．北京：中国出版集团现代出版社，2016：13.

（4）阿米巴组织的设立必须有助于公司战略的实施和总体目标的实现。企业施行高度透明的经营，培养员工的目标意识，实现自下而上和自上而下的整合。阿米巴组织就像是人的机体上的细胞，让每个细胞充满活力，并且协调一致，整个机体才能生机活现。

三、岗位设置

在组织中，每个岗位的设置合理，居于岗位上的员工充分发挥作用，组织才会处于良好的运行状态。荀子曰："人生不能无群，群而无分则争。"（《荀子·富国》）群体如果没有分工，就会产生纷争与混乱。公司在招聘员工时，要让受聘者主动寻找适合于自己的岗位。

岗位的合理设计：设置岗位时，要考虑：设立这一岗位是否必要？分工是否明确？这一岗位是否有人可以胜任？在这个岗位上是否会不断出现同样的错误？工作量是否适当？这个岗位对人才来说有没有挑战性？

孔子提出"正名"之论，他说："名不正则言不顺，言不顺则事不成。"（《论语·子路》）在企业中，职位设置合理，并赋予恰当之名。同时，孔子又说："不在其位，不谋其政"（《论语·泰伯》），言下之意，就是"在其位，谋其政"，反对"在其位，不谋其政"。

韩非子则提出"循名责实"的要求，根据"名"（名分、职务、官位等）的规范与要求，去检验相对应的"实"的落实情况。在一个企业中，每一个岗位都应当有一份《岗位说明书》，载明每一个岗位的具体要求、工作经验、执行标准、考核办法等。荀子提出的原则是："德必称位，位必称禄，禄必称用。"（《荀子·富国》）

在公司中，要找出"寡妇制造者"职位（比喻在同一职位上，有多人在这里栽跟头），加以调整或取消。德鲁克在《卓有成效的管理者》中讲："一个职位，如果先后由两人或三人担任都失败了，这就肯定是一个常人无法胜任的职位。"①

下属职责：下属应当做好自己的本职工作，尽量不让上司操心，不同上司争功劳，顾及上司的脸面，适时向上司汇报工作进度，向上司提供建议。下属在向上级提供报告时，如果罗列了几个可供选择的方案，则下属应当对这几个方案的优劣提出自己的意见，以供上级参考，然后让上级作出判断和决策。

上司职责：凡是下属能够做的事，上司都应当放手让下属去做；凡是下属只需要上司指导就能够做的事，上司给予必要的指导即可。避免"上侵下职"，就是要避免以下现象：上司将下属应当做的事情抢着做了，然后又指责下属不积极、不负责。

明确股东会、董事会、监事会、经理层的职责，形成各负其责、协调运转、有效制衡的公司治理结构。如果董事会"无所事事"，经理层不但"各行其是"，而且会形成公司内部的特殊利益集团，通过对公司的控制而实现自身利益最大化。

实践社区：是指共同关注某个主题、某个事项或一系列问题，并且通过持续不断

---

① 龚俊恒．德鲁克管理思想大全集［M］．北京：中国华侨出版社，2011：43.

的互动和交流来深化在该领域的知识和专业技能的一群人。

远程办公：允许员工在家办公并通过电脑与公司办公场所相连的工作安排。

四、东方伦理型组织

韦伯认为，官僚体制的特点是层级分明、非人格化、有书面行为规范、以成绩为晋升基础、劳动专业分工、讲究效率。中国有许多企业采用东方伦理型组织形态。东方伦理型组织主要有以下特征：突出"忠""孝"精神，建立组织内部的人伦道德关系，重视亲情、人情，依靠亲戚、朋友等关系网进行管理。日本企业形成的终身雇佣制、年功序列工资制、集体决策制，有助于维持亲密型人际关系。

第六节　组织设计的原则

组织设计如果不当，通常会产生如下问题：组织内部的部门或个人出现偏离目标的现象；组织与战略脱节，不能支持战略的发展；组织臃肿，管理层级过多；职责、权限不清晰，相互推诿、扯皮，缺乏统一协调；内部控制体系不完善，监督检查职能不完整；出现管理漏洞，导致资源流失。

组织设计的原则如下：

（1）目标一致：组织设计要以目标和任务为主要依据，确保组织内部的部门或分支机构、组织内部的每一个人，都共同指向组织的总体目标。

（2）分工协作：由于工作量大，专业性强，就必须有合理的分工。同时，各部门、各分支机构之间，员工之间，都需要协作与配合。在制度上要明确协作义务，可以把职能性质相近或工作关系密切的部门归类，成立各个管理子系统，各个子系统分别由各副总经理负责管辖，或者成立各类委员会，召开协调会议来进行协调。

（3）集权分权：组织设计时，既要有必要的权力集中，又要有必要的权力分散，可以采用"集权控制，分权执行"的模式。集权有利于组织的统一领导和指挥，有利于人力、物力、财力的合理分配和使用，保证组织协调性与统一性；分权则有利于调动下级的积极性、主动性、创造性，有利于基层人员根据实际情况迅速而正确地作出决策，有利于上层领导摆脱日常事务而集中精力处理重大问题，有利于通过分权制衡而避免出现腐败，保证组织高效性和灵活性。华为采取轮值主席制度、轮值CEO制度，让几位高层人员都有机会发挥自己的价值，防止一人独大，也就防止因个人认知的误区而导致公司出现重大失误。

（4）因事设职：根据目标宗旨、经营战略、技术运用、外部环境、市场需求、企业发展、企业规模等因素，根据完成任务的需要，从纵向、横向设计组织机构，设置各种岗位，并为每个岗位设置适当的工作量，形成"事事有人做"的格局。组织领导善于发现人才，如果人才或人才团队具有某种优势，就可以根据这种优势设置相关的任务，使人才发挥价值。但是，绝不能"因人设事"，不能因某些人存在于组织中，就专门设立毫无意义或意义不大的事情让他们去做。“因人设事”还会造成吃“大锅饭”的现象，他们只想混日子，保平安，不敢闯，不多做，造成效率低下。

（5）权责对等：明确各个部门的任务和责任，并规定相应地取得人力、物力、财力、信息的权力。权力过小，则无法完成任务；权力过大，则会滥用权力。

（6）命令统一：组织中的任何成员在同一个领域只能接受一个上司的领导。如果成员在同一个组织中接受两个以上的上司的指挥，而且命令内容不同，就会造成工作的混乱。

（7）精简机构：任何组织都存在着走向臃肿的冲动：组织中的管理者试图通过增加组织成员来扩大自己的权力和影响，减少自己的工作量；随着变化而产生新的任务，就需要设置新的职位，聘用新的人员，但旧的职位并没有相应调整，旧的人员依然在岗；当庸才占据高位时，只喜欢任用比自己更无能的人，为了完成任务，就必须聘用大量的人。德鲁克说：“企业机构越简化，越不容易出错，机构往往因为复杂而变得难以沟通。”①精简机构应当主要面对中层管理人员。中层管理人员在从上向下或从下向上传送信息的过程中具有“过滤”信息的功能，问题是，被他们过滤掉的信息并不一定是没有价值的信息。管理学家认为，大型公司的核心领导层没有必要超过 100 人，即“百人规则”。精简机构，就是减少机构的层级，撤除某些岗位，减少人员，减少开支。杰克·韦尔奇说：“通用最痛恨官僚主义，我们要杜绝将资源浪费在行政体系上的说法，摒弃所有仅有美丽外壳的计划与预算。”②

（8）善于变化：在组织设计时，要有超前意识，充分考虑组织发展的需要，充分考虑企业未来所要从事的行业、规模、技术以及人力资源配置，为企业提供几年之内相对稳定的组织机构。在设计组织结构的过程中，可以借鉴优秀企业的模式，但也要根据自身的具体情况进行调整。即使在组织结构建立之后，也不是一成不变的，而是要随着环境的变化、条件的改变、任务的改变、战略的调整等因素进行不断的变化。德鲁克说：“在组织建立的过程中，最大的错误就是使用一套‘万能’的通用模型。”③

不同类型的组织既有共同的规律，也各有自己的特殊性。例如：“军容入国则民德废，国容入军则民德弱。”（《司马法·天子之义》）（译：将军事组织的管理方式完全用于行政组织，民众就会变得暴戾凶狠；将行政组织管理的方式用于军事组织，则尚武勇敢的精神就会削减。）

（9）效率优先：组织设计主要考虑效率问题。判断一个组织结构合理的标准是：有利于提高积极性，有利于信息沟通，有利于自我管理，有利于增强活力，有利于降低成本，有利于发挥人才的价值，有利于提高效率。德鲁克说：“只要能够帮助员工提高效率，促使员工增加对企业的贡献，任何组织结构都是最好的。”④

---

① 龚俊恒．德鲁克管理思想大全集［M］．北京：中国华侨出版社，2011：69.

② 龚礼财．彼得·德鲁克教你最有效的企业管理之道［M］．北京：中国纺织出版社，2013：47.

③ 龚俊恒．德鲁克管理思想大全集［M］．北京：中国华侨出版社，2011：66.

④ 龚礼财．彼得·德鲁克教你最有效的企业管理之道［M］．北京：中国纺织出版社，2013：117.

第四十八章　成本管理

第一节　成本管理的理念

孔子提出："节用而爱人，使民以时。"（《论语·学而》）成本管理由成本规划、成本计算、成本控制和业绩评价四项内容组成。成本规划则要求管理者将成本管理理念同商品价值创造结合起来考量，让成本控制摆脱单一的以"节约"为中心思想的限制。成本计算是为企业内外部的相关利益者提供各种成本信息，扭曲的产品成本信息会导致决策失误。成本控制则是通过各种经济、技术和组织手段控制成本、降低成本，将成本降到尽可能低的水平，保持已降低的成本水平。降低成本，才能降低价格，使产品具有竞争力；降低成本，才能提高利润。成本降低 10%，利润可能增加 20% 甚至更多。

成本管理的重要理念如下：

（1）成本管理制度建设：成本管理中最重要的制度是定额管理制度、标准化管理制度、预算管理制度、费用申报制度等。通过制度建设，才能固化成本管理运行。定额是企业在产生某种商品或提供某种服务时，人力、物力、财力等各种资源的消耗达到的数量界限，主要有材料定额和工时定额。在成本控制过程中，标准化主要包括计量标准化、价格标准化、质量标准化。

（2）成本管理责任落实：通过企业文化建设，培养员工成本意识，树立人人、事事、处处讲成本的观念；全员参与经营过程的成本控制，将成本费用目标层层分解，分解到每个部门，分解到每个岗位，分解到每个员工，让每个员工都承担起成本控制的责任，要求每一项工作都有对应的成本约束；企业所制订的成本计划应具有一定的挑战性，员工需要积极努力才能完成；制定星级"成本控制班组"和星级"成本控制能手"标准，对员工实行成本指标考核，运用奖罚方式加以激励；组织开展"创建节约型团队""我为节能降耗献一计"活动。

（3）战略成本管理：企业管理者将成本管理进程融入战略决策环节，根据企业总体发展战略来确定成本管理，考察在不同战略选择下如何组织成本管理，促进企业竞争优势的形成和成本持续降低环境的建立。

（4）作业成本管理：成本管理应当贯穿企业的市场调研、产品设计、产品研发、实验性生产、产品调试、物资供应、大规模生产、销售、售后服务等全过程。作业成本管理是将成本管理的核心由“商品”转移到“作业”。作业消耗资源的过程同时又是价值的积累过程，产品从一个作业转移到下一个作业，就增加了价值。最后，价值全部累积到最终的商品或服务上。企业从购买商品或接受服务的顾客那里收回的价值，就是企业实现的收入。收入补偿了各有关作业所消耗资源价值之后所产生的差额，即为企业利润。作业成本管理使成本管理深入各作业层，将作业员工的奖惩与作业成本控制直接挂钩，挖掘各作业层的增值能力，消除不能创造价值的作业，改进完成质量不佳的作业。

（5）充分运用现代信息技术：计算机技术、通信技术、网络技术、数据处理技术应用于企业管理，可以大大提高效率，降低成本。例如，企业通过 ERP 系统，把企业的人、财、物、产、供销及相应的物流、信息流、资金流、管理流、增值流等紧密地集成起来实现资源优化和共享。在企业中建立生产管理局域网和内部网，就可以将企业的设计调研、生产活动、管理活动和营销活动连接成一个整体，加强企业同市场、上下游合作企业的联系。

（6）全面成本控制：全面成本控制包括全方位、全过程、全员三层含义。全方位成本控制是对全部资源加以控制，既包括有形资源（人力资源、设施设备和财务资源），又包括无形资源（技术资源、信息资源、时间资源和市场资源）。全过程成本控制是指，成本控制要贯穿成本发生的全过程，贯穿产品寿命周期，包括产品的研究开发过程、设计过程、采购过程、生产过程、服务提供过程、销售过程、物流过程、售后服务过程、管理过程、后勤保障过程等。国外一家权威机构对其所选的高新企业的统计表明，产品各个环节的成本的比重如下：研发成本占 55%、制造成本占 16%、管理成本占 8%、销售成本占 15%、售后服务成本占 6%。全员成本控制是指企业内部全体人员，包括领导者、管理者、工程技术人员、广大员工，每个人都要有成本控制意识，每个人都应对发生的成本负责，每个人都以实际行动参与成本控制，每个人都要接受成本控制的监督和考评。

（7）成本管理的程序：建立健全一个有经营、财会、供应、销售、生产、技术等部门负责人参加的成本管理小组，按如下程序进行成本控制：

第一，在成本发生之前有标准、有定额、有预算。

将计划指标分解为小指标，分解到各部门、各单位，分解到各个岗位，分解到工作流程的每一个环节，建立起定额和费用开支限额，制定预算。事先确定的成本控制标准，用于衡量费用实际支出是超支还是节约。

第二，在成本发生的过程中有流程、有制度、有检查。

在成本发生的过程中控制成本是及时的、有效的，“秋后算账”和“死后验尸”的办法无法挽回已经发生的浪费。

第三，成本发生之后有考核、有评价、有激励。

将实际工作结果与标准进行对照，找出偏差，分析其发生的原因，要么改进工作，要么修订标准。对控制成本作出贡献者，给予奖励。

第二节 不同领域的成本控制方法

一、财务领域的成本控制

财务人员事前要抓好成本预测、决策和成本计划工作，事中要抓好成本控制和核算工作，事后要抓好成本的考核和分析工作；优化资金结构，加速资金周转，降低筹资成本；严格控制开支、减少开支、节约开支。

二、管理领域的成本控制

作出准确的销售预测，以销定产，避免盲目生产不适销对路的产品而造成积压。

通过技术创新，降低原料用量或寻找新的、价格更便宜的材料，生产价值更高的产品；通过工艺创新提高材料利用率、降低材料的损耗量、提高产品质量；通过管理创新，提高劳动生产率，提高设备利用率，降低成本；通过营销创新，增加销量，降低营销成本。

建立成本管理的制度，形成约束机制，利用奖惩的办法调动人们积极地进行成本控制。

加强质量管理，绝不能片面地为了降低成本而忽视产品质量，更不能采取偷工减料、冒牌顶替或粗制滥造等手段来降低成本。为顾客提供质量上零缺陷的产品是企业责无旁贷的义务，出现质量问题要付出额外的成本，会产生丧失信誉，甚至破产倒闭的后果。

避免成本：在产品开发设计阶段，排除没有市场销路的产品；在生产流程中，避免不必要的生产环节。德鲁克说："关键的问题是：'如果我们去掉这一工作环节，企业大厦会不会轰然倒塌？'如果答案是'有可能不会'，那么我们就可以去掉这一环节。"[①] 坚持以人为本，重视民主参与，鼓励职工参与成本管理。事在人为，物在人管，财在人用，员工以主人翁的态度，动脑筋，想办法，一定能达到降低成本的目标。

遵守安全制度，落实安全措施，保障人的安全、设备的安全、厂房的安全，避免给企业财产带来巨大的损失。

三、采购领域的成本控制

生产企业与供应商结成战略联盟，形成长期合作的互惠互利的战略伙伴关系，就可以降低采购成本。

联合采购：为了在采购价格上获得有利地位，扩大采购批量，同类型的中小生产企业联合起来共同采购。

第三方采购：企业将产品或服务采购外包给第三方公司。第三方公司拥有的行业

---

① ［美］德鲁克，马恰列洛．德鲁克日志［M］．蒋旭峰，王珊珊，等译．上海：上海译文出版社，2014：230.

地位和采购经验，可以将小批量采购转变为大批量采购，从而降低采购成本。

采购工作规范化、制度化，遵循公正、公开的原则，防止暗箱操作，建立决策透明机制，实行必要的招标采购。2003 年，华为所有下游产品零部件采购首次实行网上即时招标，采购成本一举降低了近 30%。①

四、生产领域的成本控制

生产领域的控制体现在以下方面：

（1）确定新产品开发任务的同时规定新产品开发成本，按照市场预测的销售价格，根据企业中长期计划目标利润确定目标成本，并将目标成本分解落实到产品的各个成本和零件上。华为公司引进 IBM 的 IPD（集成产品开发），以市场和客户作为产品开发的驱动力，降低开发成本。②

（2）努力做到所生产的产品和数量恰是顾客所需求的。每一生产环节的开展，仅仅是为了满足下一环节的需要，零部件和原材料也恰巧在用于生产时送达。

（3）实现现有人机的合理配置，防止人员或机器闲置，合理组织安排生产，提高设备的利用程度。

（4）优化工作流程，减去不必要的环节。

（5）精减人员，合理定岗定编。

（6）合理使用能源，节能降耗。

（7）改进制造技术，降低成本。

五、销售领域的成本控制

提高市场占有率，按照以销定产、以产定购的方法，合理安排库存量，防止产品积压。通过效率化的配送来降低物流成本，实现物流的准时、准确、快速、高效、低耗；物流管理中体现不间断、不迂回、不倒流、不等待的原则。

六、服务领域的成本控制

增加服务成本，可以提高客户满意度，促进产品的销量，但服务成本也应当有一个合理的限度，超出这个限度，就超出了客户预期的满意水平，就造成了资源的浪费。

第三节　成本控制相关问题

成本控制相关问题具体体现在以下方面：

第一，成本控制不能孤立进行，否则就会陷入单纯地为降低成本而降低成本的怪

---

① 李慧群，王伟立. 华为的管理模式［M］. 深圳：海天出版社，2012：18.

② 李慧群，王伟立. 华为的管理模式［M］. 深圳：海天出版社，2012：13.

圈，而要将成本放在各种关系中加以考量。

（1）要研究成本管理与企业战略的关系，不能让成本管理与企业的战略相脱节，例如，差异化战略从短期来看开支较大，但实际上这些新型差异化产品扩大了市场占有率。

（2）要研究提高工作效率与降低生产成本之间的关系。例如，有的企业采取加速折旧、提前报废的方式，不断进行设备的更新改造，保持较高的生产效率，提高产品技术水平，虽然在短期内提高了成本，但从长期来看是降低了成本。

（3）要研究投入与产出、收益之间的关系，不能斤斤计较，舍不得必要投入而影响收益。

（4）要研究成本、销售数量、价格和利润之间的数量关系。

（5）要研究成本控制和顾客、员工的关系，不能因控制成本而损害员工、顾客的利益。如果因成本控制而导致人才流失，就是得不偿失。

（6）不能只是本人、本单位、部门算小账，不从企业组织运行的整体角度算大账，造成运行的障碍和浪费。德鲁克说："控制成本要着眼于整个企业。如果不这样做，在削减某一部门成本的同时，将会造成另外部门成本的增加。"①

（7）注重成本控制与市场需求的关系：忽视市场的需求，只考虑通过提高产量可以降低单位产品分担的固定成本，结果造成产品的积压，反而提高了成本。

（8）成本控制与竞争能力的关系：单纯性地降低成本，则可能引起产品或服务的功能的损失，从而削弱企业的竞争能力。

（9）成本控制与质量的关系：采取偷工减料、粗制滥造等手段来降低成本，会使企业丧失信誉。

第二，倒逼成本管理法。以制定具有竞争性的价格为起点，将生产、流通、管理的全过程进行分解，制定目标成本，挖掘潜在效益，将成本控制量化到每个员工。德鲁克说："以市场上消费者愿意支付的价格为出发点，并由此来设计产品，才是唯一正确的定价策略。"

第三，减少浪费现象。过多的人、过多的设备、过多的制品、多余的搬运、多余的仓库管理、多余的质量维持等，都会造成浪费。企业里存在的官僚主义和奢侈之风会造成巨大浪费。

第四，进行行业价值链分析与企业价值链分析。每个价值链既会产生价值，同时也要消耗资源。当企业价值链上的所有活动的累计总成本小于竞争对手时，就具有了战略成本优势。

第五，成本管理的内涵在扩大。成本管理应由物质产品成本扩展到非物质产品成本，如人力资源成本、资本成本、服务成本、产权成本、环境成本等。由于经营决策管理的重要性，要研究分析各种管理决策成本。时间是第一成本，节约时间就是节约成本。有的企业大搞广告战，有的企业高额举债，有的企业因决策失误造成巨大损失，这些都有可能导致企业倒闭。

---

① 龚俊恒．德鲁克管理思想大全集［M］．北京：中国华侨出版社，2011：325．

第四十九章　危机管理

第一节　危机管理的定义

危机是指在社会生活中突然发生的、严重危及社会秩序、给社会造成重大损失的事件，如战争、冲突、暴乱、灾害、事故、瘟疫、恐怖袭击、环境恶化等。

危机管理：组织为了避免危机，或者为了有效应对各种危机，消除或降低危机所带来的威胁和损失，从而采取危机监测、危机预警、危机决策、危机处理、危机善后、评估改进等一系列措施和方法。

企业危机主要有营销危机、人力资源危机、决策危机、扩张危机、产品质量危机、环境污染危机、关系纠纷危机、创新危机、信誉危机、企业文化危机、行业危机、商业秘密泄露危机、公关危机、财务危机、法律危机、灾难危机、媒介危机、品牌危机等。

魏征说："思所以危则安矣，思所以乱则治矣，思所以亡则存矣。"(《贞观政要 · 卷八 · 论刑法》

危机的特征如下：

（1）突发性：危机突然出现，危机爆发的时间、规模、态势、影响事先没有预料到，令人措手不及，带来混乱和惊恐。酿成危机的因素经历了一个从量变到质变的过程，质变就是危机的爆发，但量变的过程被人忽视了。

（2）急迫性：在危机爆发之后，由于信息不对称、技术手段缺乏、物质保障不到位等因素，形势十分紧急，如果不能及时控制局面，形势就会进一步恶化。

（3）破坏性：危机爆发之后带来物质损失、精神痛苦及各种负面影响。

（4）扩散性：危机爆发后产生涟漪反应或连锁反应，从一个方面扩散到其他方面，从一个领域扩散到其他领域，一个危机往往会引爆一系列危机。

（5）不确定性：危机在爆发之后，随时处于变化之中，而且许多问题让人难以确定。在时间有限的条件下，混乱与惊恐导致信息渠道阻塞，决策者很难在众多的信息中发现准确的信息。

第二节　危机预防

老子曰："为之于未有，治之于未乱。"(《道德经》第六十四章)。

一、培养危机意识

"人无远虑，必有近忧。"任正非说："十年来我天天思考的都是失败，对成功视而不见，也没有什么荣誉感、自豪感，而是危机感。也许是这样才存活了十年。"[①]（《礼记·中庸》："凡事预则立，不预则废。"）

"生于忧患，死于安乐。"灾害经济学的"十分之一"法则：在灾前投入一分资金用于灾害的防范，通过降低灾难发生的概率或者避免灾难的发生，可以降低十分的损失。

危机意识缺乏者的特征：骄傲自满、过度自信、自我膨胀的人缺乏危机意识；迎合上司、奉承上司、掩盖问题的人，只顾自己私利而对人民缺乏责任感的人缺乏危机意识。成功者往往出现自满情绪，出现惰性，危机的萌芽就隐藏于其中。

具有危机意识的人的特征：有责任心、敢于担当的人；谦虚谨慎、低调务实的人；犯颜直谏、敢说真话的人。美国克莱斯勒汽车公司总裁艾柯卡说："每次要冒风险前，我都先对市场做调查研究，如果我的直觉认为调查结果没有错，我才会采取行动。我可能凭直觉行动，但只有在有事实支持我的预感时才会那样做。"[②]

沃伦·巴菲特说："你之所以会冒重大风险，是因为你没有考虑好确定性。"[③]史玉柱说："我觉得最大的挑战不在于你能不能发现机遇和把握机遇，而在于你能不能抵挡住诱惑。"[④]

二、建立预防危机的预警系统

（1）建立信息管理体系：做到信息的公开、及时、全面、有用、真实、通畅，信息公开是指信息应当在利益相关人士和组织的范围内公开。隐瞒信息常常是造成危机的重要原因。应当做到企业内部信息的顺畅流通，以确保各部门采取协调行动。信息收集的主要方式是开会收集、民意测验收集、报告收集、统计收集、问卷收集等。有的管理者不愿意听到负面信息，有意封锁负面信息，在决策时也常常不愿意考虑负面信息，从而使信息管理体系失灵。

（2）建立"吹哨人"保护与奖励制度。

---

① 黄继伟．华为内训［M］．北京：中国友谊出版公司，2016：15.

② 唐华山．商界领袖管理语录大全集［M］．北京：人民邮电出版社，2012：128.

③ 唐华山．商界领袖管理语录大全集［M］．北京：人民邮电出版社，2012：140.

④ 唐华山．商界领袖管理语录大全集［M］．北京：人民邮电出版社，2012：143.

三、建立危机管理机构

在较大的组织中可以建立危机管理机构，在较小的组织中可以设置危机管理专职人员。在出现重大危机时，企业应组建企业危机管理领导小组，并由企业的最高领导者担任危机领导小组组长。

四、建立危机管理制度

建立危机管理制度，形成制度化的危机处理机制和危机处理流程，预测可能发生的不同类型的危机，制订切实可行的应急方案，编制多个备选方案，找到防止危机爆发的办法或有效处理危机的措施，提高危机管理的快速反应能力。

迈克尔·波特提出，行业中存在着决定竞争规模和程度的五种力量，这五种力量分别为同行业内现有竞争者的竞争能力、潜在竞争者进入的能力、替代品的替代能力、供应商的讨价还价能力、购买者的讨价还价能力。

第三节　危机处理

（一）果断采取行动

领导者必须果断采取行动，使危机不扩大、不升级、不蔓延、不失控。

（二）调查事实真相

危机爆发之后，相关的责任人为了维护自己的利益，通常要掩盖真相或歪曲事实。所以，领导者要亲自到现场进行调查，或者委托可靠的人到现场调查，查明真相，找出危机的根源，才能采取相应的措施。

（三）进行真诚沟通

危机到来时，有人在趁火打劫，有人在幸灾乐祸，有人在推卸责任，有人在编造谣言，造成人们的不安甚至惊恐。

领导者不应回避，而是要通过广播电视、报纸杂志、互联网、人际口传等途径，立即同相关各方、社会大众进行真诚沟通，回答消费者的质疑，为新闻媒体提供素材，向大家说明事实真相至少是部分真相，消除大家的不安，降低公众的对立情绪，赢得公众的同情与尊重。

（四）主动承担责任

发生危机的组织，其领导者应主动承担责任。如果每一个相关责任人不从自己身上找原因，都想从他人身上找原因，就会立即陷入纠纷之中。如果是别人故意陷害，则应通过各种方式使真相大白，不能抹黑当事人。

第四节　危机处理原则

一、道术统一原则

如果道存在于企业文化中，作为企业的道德观、价值观、使命感，在面对危机时，自然而然地表现出来，有助于企业顺利渡过危机。如果企业中不存在“道”，在危机爆发时，就只能以“术”（危机管理的操作技术与方法）来面对，处处被动。有人问强生公司的总裁伯克如何应对危机时，他回答道：“我不认为危机是可以准备的，如何处理危机根植在企业的价值体系中。”强生公司的信条第一款是：“我们首先要对医务人员、病人、母亲和其他所有我们产品和服务的用户负责。”

二、诚信形象原则

企业要努力减少危机事件给企业诚信形象带来的损失。企业在第一时间向社会公众公开道歉以示诚意，实事求是地公布事实真相，避免欺骗、隐瞒，那些确实存在问题的产品应该不惜代价迅速收回，并且给受害者相应物质补偿和心理安慰，争取公众的谅解和信任。2001 年 9 月，中央电视台对南京冠生园月饼陈馅曝光，南京冠生园遭到灭顶之灾，连带全国的月饼销量下降超过六成。

三、全局利益原则

要从长远利益、全局利益而不从短期利益、局部利益出发，吸纳各方人士参与，环视危机的方方面面，进行综合治理，必要时可以牺牲眼前利益、局部利益，不能因小失大，也不能在处理一种危机时引发另一种危机。要防止出现以下现象：有人借口国家利益、整体利益对自己行为护短，逃脱个体责任。

四、快速反应原则

管理者和相关人士面对危机要迅速反应，及早发现、及早决策、及早行动，绝不能在推诿、扯皮、观望、犹豫中贻误战机。

五、尊重事实原则

了解并公布事实真相，绝不能弄虚作假、封锁消息、掩盖真相、愚弄公众。危机爆发之后，谣言和真相并存，绝不能从主观的角度去认定何为谣言并加以打击，许多真相就是从所谓的“谣言”中显现的。

六、灵活变通原则

面对危机，此前常用的办法、制度、措施都可能失灵，需要灵活变通，采用新的方式、方法、措施。

第五节　危机善后工作

危机的善后工作主要是消除危机处理后遗留问题和不利影响，重新树立形象。

总结评估：通过对危机的调查与评估，去发现制度上、管理上的问题与漏洞。当危机发生后，如果人们能够及时、客观、准确地总结经验教训，找出造成危机的症结，制定对策，可以防止类似危机再次发生。在评估时往往会淡化主观原因，而突出客观原因，将人祸说成是天灾。

进行整改：提出改正措施，责成有关部门逐项落实。

寻找商机：危机之中往往孕育着转机，妥善处理危机，往往能够化危机为商机。松下幸之助说："每一个困难的背后都潜伏着机会，因为容易的事情大家都乐意做，而困难的事情却都愿意绕道而行，避难就易，这就增加了在困难面前成功的机会。"①

---

① 唐华山．商界领袖管理语录大全集［M］．北京：人民邮电出版社，2012：152.

第五十章 变革管理

第一节 变革管理（上）

“在当今世界上，唯一不变的就是变化。”德鲁克说：“在这个要求创新的时代中，一个不能创新的企业注定是要衰落和灭亡的。”[①]企业变革是常态，是一个持续不断、贯穿始终的过程，管理者必须不断地变革管理才能保证企业生存和发展。凡是沾沾自喜、僵化不变、不思进取的企业，都会丧失活力，最后走向衰败。“苟日新，日日新，又日新。”（《大学》）（译：如果能每天更新，就天天更新，每天不间断地更新。）

组织变革的目标是适应变化的需要，挖掘组织的潜力，去除组织中的无效成分，保持组织的活力，提高效率，提高管理水平。“穷则变，变则通”。“没有比使尸体不腐烂更困难、更昂贵又更徒劳无功的事了。”[②]去除组织中的无效成分，淘汰那些过时的产品、流程和服务，将企业中的人力、物力从无效的领域中释放出来。德鲁克说：“我们主动淘汰自己的产品、流程或服务，是防止竞争对手淘汰我们的唯一方法。”[③]

一、环境分析、需求分析、企业现状分析

对企业生存的环境进行全面的调查分析，才能了解为什么要进行变革以及如何变革。不能孤立地去判断某一项变革措施好还是不好，而是要将这一变革措施放在一定的环境中去，才能评判是否正确。

美国花旗银行公司总裁约翰·里德提出：“如果有谁认为今天存在的一切都将永远真实存在，那么，他就输了。”[④]企业变革要适应以下几个方面的变化：一般外部环境的变化、具体外部环境的变化、内部条件的变化、顾客需求的变化、突发事件引起的变化。面对变化的世界，要考虑以下几个问题：当今世界发生什么样的变化？哪些变化与自己的企业相关？我们的见识能否与变化了的世界相适应？我们将采取什么样的措施？

---

① 龚俊恒．德鲁克管理思想大全集［M］．北京：中国华侨出版社，2011：342.

② ［美］德鲁克，马恰列洛．德鲁克日志［M］．蒋旭峰，王珊珊，等，译．上海：上海译文出版社，2014：7.

③ 龚俊恒．德鲁克管理思想大全集［M］．北京：中国华侨出版社，2011：267.

④ 彦涛．不可不学的管理学32定律［M］．上海：立信会计出版社，2015：249.

德鲁克认为，存在着七个创新机遇来源：意外之事，不一致之事，程序的需要，工业结构或市场结构的变化，人口变化，认知、情绪及内涵上的变化和新知识。[①]需求分析主要是分析企业中关键的利益相关者（顾客、企业员工、供应商、股东）的需要，明确如何更好地迎合他们的需要。企业现状分析主要是分析企业存在的问题、企业存在的潜力、阻碍企业发展的内部因素、企业成功的原因、企业失误的教训，等等。

二、设计并传播变革的共同愿景

企业找错了变革方向，战略误判，这是变革失败的重要原因。经常变换企业的战略方向，也会造成动荡不安的局面。企业变革不是企业的领导者将个人的梦想、野心强加在员工的头上，而是领导者同员工一起，在个人愿景的基础上设计变革的共同愿景。领导者要通过沟通，了解员工的真实想法，消除员工对变革的误解，让员工对未来的发展趋势有清醒的认识，消除盲目的乐观，达成变革的共识。通过改革任务和目标报告书、简报、墙报、微信等方式在企业内部传递清晰的企业未来前景规划。让员工认识到，变革能让未来变得更好，变革的成果人人共享，每个人应当在变革中发挥什么样的作用，每个人明确知道自己应当做什么。

三、组建变革的领导力量

由于企业变革并非临时性或短期的任务，而是长期的、常态的、持续的任务，所以，不需要在企业现有领导集体之外设置企业变革领导小组，而是将现有领导集体改造为变革领导集体。没有掌握实权的企业领导者的支持，变革注定会失败。企业变革领导集体拥有权威，结构合理，相互信任，具有长远的愿景，具有创新能力、精益求精的精神、挑战现有秩序与规则的勇气。企业变革领导集体能够挣脱利益羁绊，站在企业全局的高度，不为谋取局部利益或个人利益而损害整体利益。领导集体在变革中以身作则，身体力行，给下属作表率。有的企业存在着人浮于事的现象，就特别需要拥有权威的领导者精减组织、裁减人员，方能使企业起死回生。

四、设立项目变革小组

在企业变革领导集体之下，根据变革的需要，设置若干项目变革小组。项目变革小组的负责人必须同公司高层保持沟通并取得他们的支持，有能力扫除项目变革运行的障碍，对小组全体成员进行管理，推动变革工作取得成功。小组成员由具备不同职能技术的人们集合起来，可以从企业的各部门抽调组成，可以是全职，也可以是兼职。

五、设计系统化变革方案

有的企业为了赶时间，为了应对危机，或者是对理论分析不感兴趣，在没有设计系统化变革方案之时，就草率地启动变革项目，结果导致失败。人们通过系统化变革

---

① ［美］德鲁克，马恰列洛．德鲁克日志［M］．蒋旭峰，王珊珊，等译．上海：上海译文出版社，2014：212．

方案，形成企业变革的全面认知。系统化变革方案还应当随着时间的推移而出现不同版本，通过对不同版本的了解，就可以看到企业发生的变化，看到问题出在什么地方。

企业这个大系统包括许多小系统，小系统由众多的要素构成。在企业变革中，要对各个小系统进行持续的改变，对构成小系统的各种要素进行持续的改变。系统化变革方案是总体方案，总体方案里设定的是总体目标和总体思路。在总体方案之下，还应当有多个项目方案，项目方案由项目小组来加以设计，每个项目方案都有一个或多个具体目标。项目方案包括具体任务、方法、期限、资源、外部条件、重要路径分析、预算、工作日程、程序表、质量、进度表、修订表等。

改革者应当有全局观，总体变革方案要强调系统性、完整性、持续性，不能只改变企业的某些方面，而另外一些方面则僵化不变。不能只在某个时间段上变革，而在另外的时间段上停滞或倒退。企业变革是一个连续不断的过程，在持续的变革过程中实现系统化的变革方案。德鲁克说："只依靠灵光闪现的创业家最终会如同流星般消失。"（《管理未来》）美国通用电气公司董事长杰克·韦尔奇说："不要等到时间太晚或不可收拾时再想到改革。改革也不能头痛医头，脚痛医脚。改革必须深入、全面、不遗余力。"①如果缺乏系统化的变革方案，企业的某些局部得到优化，相关人士获得局部利益，但从全局来讲，不一定会产生效益。

企业的发展就是一个不断生长的过程，好的要素不断积累，坏的要素不断清除，企业才能健康成长。按照"有所为有所不为"的原则，"有所变有所不变"。对于好的事物，对于变了之后会更坏的事物，就要坚持不变。

华为任正非提出"小改进、大奖励"的口号，他说："我们坚持'小改进'，就能使我们身边的工作不断地优化、规范化、合理化。但是，在坚持'小改进'的下一步时，如果我们不提出以核心竞争力的提升为总目标，那么，我们的'小改进'就会误入歧途。"②

系统化变革方案不能追求完美，过于完美的方案可能会缺乏可行性。要分析企业自身资源或能力的现实情况，分析进行变革的内外环境条件是否具备，设计切实可行的变革方案。新工艺、新流程可以采用"先试点，后推广"的模式。

系统化的变革方案实施的周期较长，产生的是长远的利益。为了调动变革的积极性，增加变革的信心，可以先从能直接产生短期效益的项目入手，让大家很快看到成果，受到鼓舞。

六、形成变革的动力和压力

"夫唯病病，是以不病。"（《道德经》第七十一章）（译：承认自己的错误，才能使自己不再出现错误。）增加危机感，增强紧迫感，在企业内部制造对现状的不满，可以形成一定的变革压力。就像是点燃守旧的房子，然后呼吁大家逃出火海。如果人们都

---

① 唐华山. 商界领袖管理语录大全集［M］. 北京：人民邮电出版社，2012：182.

② 李慧群，王伟立. 华为的管理模式［M］. 深圳：海天出版社，2012：27.

满足于现状，变革就会阻力重重。科特（John P. Koner）认为，人们在对企业实行调整中犯下的最大错误是：在公司各级管理人员心目中还未形成高度紧迫感的时候，就大刀阔斧地实施改革举措。当然，如果变革的压力太大，超出了员工的承受能力，压力就变成阻力。比尔·盖茨说："大企业若要成功，唯有抢在别人将他的产品淘汰之前，自己先淘汰才行。"①

诸葛亮在《出师表》中："亲贤臣，远小人，此先汉之所以兴隆也；亲小人，远贤臣，此后汉之所以倾颓也。"（译：亲近小人，疏远贤臣，这是先汉兴隆的原因；亲近小人，疏远贤臣，这是后汉颓废的原因。）在组织中重用贤能，培养健康力量，找到志同道合者，亦即培育变革的动力。如果在组织中存在着大量乌合之众，各怀异心，那就是变革的阻力。

第二节　变革管理（下）

一、化解变革的阻力

企业领导者通过私下交谈、匿名问卷、会议讨论等方式，让改革阻力浮出水面，以便及早采取应对措施。阻力主要来自两个方面：一是利益上的阻力，变化会触动有些人或组织内部的小集团的既得利益，使他们的经济利益、权力、社会地位、个人权威受到损失，他们就会站到变革的对立面。但是，某些人或小集团的不合理的既得利益通常是对更多的人的剥夺而获得的，触动这些既得利益就会让更多人获得利益，让整个企业获得利益。对于出于个人私利而对变革持反对态度的人，管理者可以通过谈判，给他们一定的补偿或提供给他们一定的优惠条件，如果不行，可以采取一定的惩罚措施，甚至将他们从组织中清除。二是心理上、思想上的阻力，包括对习惯的依恋、对不确定的担忧、对变革失败的畏惧、对变革目标与内容的认识不清或不认同，等等。只有通过与变革相配套的组织文化建设，才能化解心理上、思想上的阻力。

当变革的推动力大于变革的阻力时，变革才能顺利推进；当变革的推动力小于变革的阻力时，变革受到阻碍；当两种力量均衡时，组织维持原状。

二、动员广大员工积极参与

如果变革只是少数企业领导者和管理者的事，将变革成败当作个人的荣辱，并通过自上而下的命令传达变革的计划，中层管理者和基层员工就可能采取消极的态度。动员广大员工积极参与，主要采用以下方式：领导者应向员工讲清楚变革后员工的地位变化、效益变化、薪酬与福利变化，给参与变革的员工以刺激性的激励和回报；通过沟通，让员工获得更多有关变革的信息，达成变革的共识，沟通不畅会引起员工的

① 唐华山．商界领袖管理语录大全集［M］．北京：人民邮电出版社，2012：168．

忧虑和不确定感；通过相应的企业文化建设转变员工的思想、价值观，使之符合变革的需要；通过培训和学习，使管理者和员工跟上变革的步伐；经常与员工交流，听取他们的意见，及时发现变革中出现的问题；树立变革典范，奖励变革榜样，发挥变革先进分子的作用；为公司输入新鲜血液，为新员工带来新的思想。

三、变革的成果必须固化

通过变革产生的经验、模式、方法，不能像水一样地流走，而是要通过制度、程序、标准凝结下来，纳入企业自主知识技能体系之中，纳入企业文化之中，成为企业的无形财富。老员工走了，他带不走固化的成果；新员工来了，他可以迅速学习固化的成果。

任正非提出，引进世界领先企业的先进管理体系，坚持“先僵化，后优化，再固化”。“先僵化”就是强制性地套用外国先进企业的管理模式，让员工在第一阶段“被动”“全面”地接受，即使有某些不适应之处，也要“削足适履”地去迎合，不要在一知半解的情况下加以歪曲，不要以自己的成见去干扰对先进模式的学习。“后优化”就是，经过一段时间后，大家对整个系统的运行有了比较深刻的认知，再因地制宜，结合实践，对不合理的地方加以改进。“再固化”，就是制度化、程序化、模板化、标准化。

四、整体渐进式变革与局部激进式变革相结合

企业变革的方案，从整体上看，应当是改良主义的渐进方案。因为企业变革是一个系统工程，企业这个大系统之下有众多的小系统，每个小系统又由众多要素构成。企业的成长如同一棵大树的生长一样，是一个渐进的过程，企业文化的建设、各种制度的建设、员工素质的提高必须经过一个长期积累的过程。从整体上进行激进的变革，通常会造成大系统之下的各个小系统之间发生剧烈的冲突，企业内部人与人之间也会产生激烈的斗争，打乱了内部平衡，从而撕裂了企业。在较长的时期内，从企业的各个方面进行渐进的改革，不断地改进构成企业的各个小系统及构成小系统的各个要素，从而推动企业的整体发展。德鲁克认为，新事业要用旧人，旧事业要用新人。这就是一种渐进变革的思路。任正非提出“小改进，大奖励”的口号，说：“创新不是推翻前任的管理，另搞一套，而是在全面继承的基础上不断优化。”

当然，在特殊情况下，如果发现企业整体存在根本性的问题并且正在陷入全面危机，也可以从整体上进行激进式变革，进行大幅度的全面调整，彻底打破原有模式并迅速建立新的模式。

在企业的某个局部，由于存在的问题拖累了整个企业，也可进行“壮士断腕式”变革。例如，有的企业搞“全员下岗、竞争上岗”，粉碎长期形成的关系网和利益格局，激发企业员工的工作热情，形成公平竞争的用人机制。

五、建设促进变革的企业文化

人们通常比较关注量化指标，而无法量化的企业文化的变革，则被人忽视。其实，

企业文化的变革对企业其他方面的变革发挥着极其重要的支持作用和配合作用。由外界管理顾问设计的变革方案有时候在企业内部行不通，甚至造成混乱，主要就是因为外来的变革方案与企业的原有文化之间存在着冲突。企业文化也存在着一个不断成长的过程，不可以突然出现或突然消失，只能在原有的基础上，不断增加新的积极的文化元素，不断清除旧的消极的文化要素。在企业变革方案实施之前或实施过程中，建设促进变革的企业文化，形成与变革相适应的企业人文环境，培育与变革相适应的道德观、价值观和行为习惯。

主要采取以下几种方式：

（1）通过沟通达成共识：并不是每一个人都像变革方案的设计者那样，深刻地理解了变革的必要性，看清了变革的方向。通过会议、交谈、录像、走访、改革时事快讯等方式沟通，向员工们传达适当的信息，同时征求意见，取得反馈信息，达成清晰的共识。变革必须在最高领导层内部达成共识，变革应当得到中层管理者的支持，变革应当得到一般员工的支持。

（2）塑造与变革相适应的价值观、道德观：企业中原来的道德观与价值观，可能会同变革产生抵触。在设计变革方案时，就要同时设计与变革相适应的道德观与价值观，培育推动变革的情感力量，形成与变革相适应的行为规范。

（3）员工培训：员工培训要设计与变革内容相关的知识、技能，帮助员工转换旧有心智模式，同时帮助员工构建适应于变革的自主知识体系，减少变革的阻碍。

（4）召开改革专题讨论会，将企业变革的若干问题设置成讨论的专题，分别进行讨论。

（5）根据企业变革的项目，建立若干学习小组，以便增长相关见识。

六、建立企业变革评价体系和奖惩体系

及时监测并评价变革的过程与结果，不仅有利于管理者监控变革进程，而且有利于强化员工的参与感和成就感。可以设立企业变革监测小组，负责对变革行为和变革结果进行监测。

监测以下变革行为：变革项目的进展情况、员工对于获取信息的满意程度、项目负责人对于改革的尽职尽责程度、变革过程中出现的问题，等等。

监测以下变革结果：变革所产生的经济效益、员工的态度、顾客满意度、供应商的反应。

根据监测的结果，设立相应的奖惩机制。对于变革有贡献者，按贡献大小进行奖励；对于变革无贡献者，或者对于变革有破坏者，则进行相应的惩罚，对那些阻碍变革的人调离和降职。

依据监测与评价，将变革的结果固化，以确保变革成果成为将来企业日常运作的一部分，避免变革过程结束之后，员工又会回到过去习惯的行为方式或工作方式中。

依据监测的结果，反思变革方案是否存在错误，是否存在不足之处，若有，则应不断修正变革方案，形成企业变革的最新版本。

行政组织的变革的惰性要大于企业，就是因为，企业可以使用各种经济指标来有效地评价人的行为，而行政组织则很难这样做。

有研究显示，企业变革的成功率非常低，大约 3/4 的变革计划以失败告终。企业变革失败的情况包括：变革的战略目标过高过远，企业的综合能力达不到，造成失败；变革计划不系统、不完整，在某一方面取得成效时又损害了企业的另外方面；企业长期行之有效的经营模式和管理模式在变革中被抛弃，不该变的变了，从而导致企业危机；在变革中没有调整好利益关系，造成内部强烈的利益冲突；由于没有掌握必要的、充分的信息，或者掌握了错误的信息，造成误判；组织整体学习的步伐跟不上变革的步伐，造成脱节；等到致命的危机降临时才去变革，但为时已晚；急躁冒进，不能循序渐进；盲目移植他人的经验，而他人的经验与本企业的情况不适应，与本企业的文化不配套；企图通过变革排斥异己，谋取自己的私利。企业要想变革成功，就应当排除上述种种因素。

第五十一章　企业四象体系建设理论

——正道管理学在企业建设中的运用

第一节　企业四象体系建设理论概述

一、企业四象体系建设理论的内涵

荀子说，人之所以能驾驭牛马，就是人能“群”，而牛马不能“群”。特别是在现代社会，任何个人去做一件事，都很难取得成功，必须依托团队的力量。一个国家如果要充满活力，具有战斗力、竞争力，就必须建立各种各样的平台，建设各种各样的组织或团队。正道管理学中有组织管理这一板块，组织既是指政府机构、社会团体，也是指企业。不同的组织具有管理的共性，而企业具有复杂性、典型性、完整性、系统性，一个管理者能有效地管理企业，他就能有效地管理政府机构和社会团体。正道管理学只有在企业管理中得到成功的运用，才能证明其价值。正道管理学中的组织管理，主要就是以企业作为实践场所。

正道管理学中的自我管理，既适合企业中的员工学习，更适合企业中的管理者学习。因为，优秀的企业都采用民主管理的模式，要想让每个个体都成为充满活力的主体，发挥每一个人的主动性、自觉性、积极性、创造性，就需要企业管理者和员工共同学习自我管理。

正道管理学中的管理之道，主要用于企业员工道德素质的培养和企业文化的建设。如果企业是由一批以仁、义、礼、智、信、忠、孝、廉、毅、和为标准的君子组成，这样的企业就容易实现管理的目标。各个企业都会设计自己的企业理念、企业精神、企业价值观，内容千差万别，但是其基本内容都没有超出本书所列举的仁、义、礼、智、信、忠、孝、廉、毅、和十大义理中的110个思想主题，所以，仁、义、礼、智、信、忠、孝、廉、毅、和十大义理应当成为所有企业的共同理念、共同企业精神、共同企业价值观。在共性之上可以突出企业的个性，但如果缺失共性，个性也就丧失存在的根基。

企业的发展是创业者探索的过程，创业者从建立企业业务运营体系开始，摸着石头过河，遇到什么问题解决什么问题，有什么样的管理人才就采取相应的管理措施，于是将各种零碎的管理方法拼凑起来成为现有的管理体系。通常会出现六大问题：残缺不全、混乱错位、抽象模糊、无根缺魂、有术无道、知行分离，从而产生效率差、利润低、亏损大、寿命短的结果。

为了从根本上解决上述问题，笔者提出企业四象体系建设理论，认为一个完整的企业存在着四大管理体系：企业战略体系、企业文化体系、企业业务经营体系、企业职能管理体系，这四大体系之下又具体展现为 34 个企业建设系统。企业建设应当建设好企业中的 34 个系统，同时在这些系统之间建立协同的关系，才能构建起企业管理的体系。

企业四象体系建设结构如图 51–1 所示。

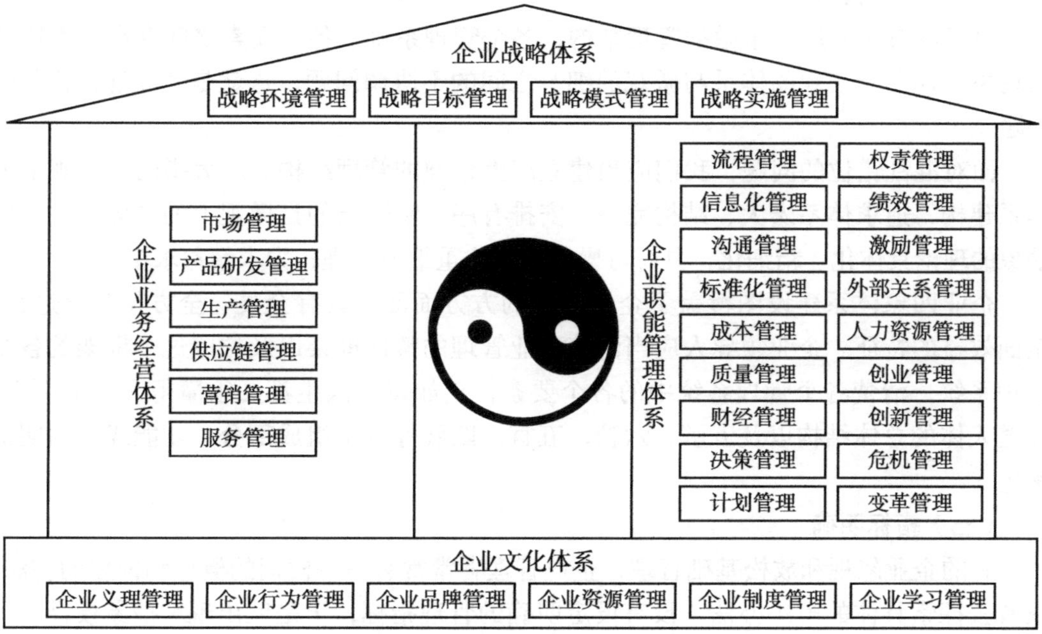

图 51–1　企业四象体系建设结构

二、企业四象体系建设的六大特征

企业四象体系建设理论建立在正道管理学的基础上，相应地，企业四象体系建设有六大特征。

（一）系统完整

许多企业走的是碎片化、拼凑式建设道路。企业创立者与管理者探索的管理知识碎片，管理者与员工通过学习与培训带到企业中的管理知识碎片，管理咨询专家植入到企业中的管理知识碎片，共同堆积在企业中，杂乱无章，残缺不全，相互冲突，有的管理知识碎片不能落地生根而消亡，或被创业者带走，或被流失的人才带走。由于缺乏顶层设计，创业者通过实践探索出来的企业管理体系存在着不系统、不完整的问题，存在着许多管理体系上的漏洞，这就是“残缺不全”的问题。

企业建设要走系统化、集成化道路，将企业作为一个在一定环境中存在的大系统，大系统由若干子系统组成，每一个子系统又由若干要素构成。在企业四象体系建设理论中，企业战略体系是企业的大脑，包括定位、方向、路径，相当于车的方向盘和导航系统，决定车行驶的方向。企业文化体系、企业职能管理体系是企业的身体，包括资源、能力、动力，相当于车身，决定车子的质量、性能。企业业务经营体系是企业的四肢，决定了效率、效益，相当于车的四个轮子，决定车子的速度、效率。企业文化体系支持、服务于企业战略体系，企业职能管理体系支持、服务于企业业务运营体系。

（二）广大精微

由于没有建立广大精微的管理结构，各个管理系统、各个要素之间存在着不协调的现象，存在着宏观的体系与微观的细节之间的不协调问题，这就是“混乱错位”的问题。

面对混乱错位的问题，我们应当建立广大精微的管理结构。广大指的是宏观上的体系建构，追求体系宏大、结构完备、安排有序。精微指的是微观上的具体方法，将抽象的理论具体化、精细化，具有可操作性，注重细节处理，力求精益求精。

企业四象体系建设图覆盖了企业建设的方方面面，具有全员、全方位、全过程、全面效益的特征。企业领导人应当清楚企业管理的整体框架以及构成这个框架的各个管理系统，清楚各个管理系统中的各个要素，正如每个医生都必须懂得人体解剖学，知道人体的总体结构以及五脏、六腑、五官、四肢等各个组成部分，才能成为高明的医生。

（三）指标明确

有的企业忽视和放松基础管理，企业管理者常常有一些模糊的概念和抽象的讲法，没有去探索具体的解决办法，没有设定明确的管理指标，于是就出现“抽象模糊”的问题。企业系统是一种多维系统、多层次系统和多目标系统。在每一个维度上，在每一个层次上，在每一个具体目标的实现上，都应当明确具体的措施、方法、途径，并通过明确的指标表达出来。人们面对的是具体的人和事，只会做具体的东西，对于抽象的、模糊的事，只能靠自己的想象去做，很难做好，或者每件事都要靠自己探索。企业管理系统中存在着多样性、差异性、可变性、奇异性、创新性，所以，在明确管理指标的同时，也要鼓励大家去探索、去创新，从而不断修改、优化各项管理指标。

（四）中西合璧

由于 100 多年前在学校中废除文化经典教育，学校至今没有将中华文化作为必修课，许多人对于中华文化的认知支离破碎，缺乏中华文化素养，从而使企业缺失中华文化根源、缺乏中华文化滋养，这就是“无根缺魂”的现象。

西方有众多的世界一流大企业，西方有众多的管理学家创造的丰富的理论，中国的企业家如果不去学，就会造成重大缺失。有的国学专家只讲管理之道而不讲管理之术，只讲中国管理思想而不讲西方管理学，这会给人片面的引导。

另外，中国的许多管理学著作和教科书，基本照搬照抄西方管理学，缺乏中国元素，有许多内容不适合中国国情，难以取得成效。有的管理学专家只学习西方管理学，基本上没有时间和精力，也没有兴趣去研究博大精深的中华文化。

中华义理是中华民族道德、精神、价值、智慧体系，是我们倡导建立的学科与课程。正道管理学正是将中华义理、西方管理学、中华管理学三者进行点对点对接，进而融会成为新的管理学体系，从而具有“中西合璧”的特征。

如果中国管理学与西方管理学形成两套不同的理论体系，分成不同的著作，各说各话，相互矛盾，那么当一个人看了这些著作之后，就会理不出头绪，不知道如何选择，甚至不知道谁对谁错。正道管理学及企业四象体系建设理论遵循“海纳百川，有容乃大”之原则，建立系统宏大的体系来包容不同的观点，对于中西管理思想取其精要，去除杂芜，使学习者节省时间、节省精力，做到高效学习、正确运用。

（五）道术合一

由于西方管理学重点解决术（方法、技术、制度、措施等）的问题，道的问题通常是通过西方传统宗教来加以解决。对于中国的企业家来说，如果简单照搬西方管理学之术，而不用中国儒、释、道管理之道加以补充的话，就会造成有术无道的现象。韩愈说：“师者所以传道授业解惑也。”中华民族代代相传的“道”，是通过以儒家文化为主体的诸子百家之学承载的。

在正道管理学中，为了弥补道的缺失，特别设置“管理之道”这一板块。而对于道的体证，对于管理之术的学习与运用，则需要以个体方式进行自我学习、自我修养、自我修行，所以特别设立“自我管理”这一板块。

仁、义、礼、智、信、忠、孝、廉、毅、和，谓之中华十大义理，乃是中华民族最为重要的人文成果。中华十大义理用之于经济领域，即为中华商道；用之于政治领域，即为中华政道；用之于教育领域，即为中华学道；用之于家庭领域，即为中华家道；用之于学术领域，即为治学之道；用之于管理领域，即为管理之道。

（六）知行合一

由于创业者没有时间和精力去学习系统全面、博大精深的管理理论，而研究者又常常脱离企业现实进行抽象研究和材料的排列组合，造成企业管理中普遍存在“知行分离”的问题。

企业四象体系建设理论体现“知行合一”的特征，具有三个连贯的环节：第一个环节是以正道管理学作为理论基础；第二个环节是正道管理学在企业中的教育、学习、培训、推广；第三个环节是在企业中推行企业四象体系建设方案，以重建企业的管理体系。企业四象体系建设理论是将正道管理学理论的构建与推广、企业管理咨询、企业调查、企业诊断、企业变革、企业再造、企业建设融为一体。

第二节　企业四象体系建设理论在企业中的运用

一、企业四象体系建设理论帮助企业负责人解决四大难题

（一）企业负责人缺乏充足的时间和精力进行全面系统、持久深入学习的难题

企业建设的方法、知识、理论，在什么地方？散布在数百部书籍中，散布在互联网中，散布在数百家企业的实践经验中。企业负责人有时间、有精力去看这些书和资料吗？如果没有怎么办？按社会分工的原理，我们可以代劳。笔者用30多年的时间，去广泛阅读数百部中华文化书籍、企业管理书籍及其他相关学科的书籍，去搜集大量的互联网的资料，去搜集大量有价值的信息，去了解国家的政策、方针，去分析数百家企业的成功经验与失败教训，然后将精华汇聚起来，加上自己的创新发展，形成正道管理学与企业四象体系建设理论，奉献给企业负责人。企业负责人通过学习正道管理学与企业四象体系建设理论，就可以以较少的时间和精神力获得企业建设的思想精华。

（二）企业负责人在企业建设资料记忆上、整理上的难题

企业负责人认真听一个讲座，3个月之后，大脑中通常只剩下5%。看完一本书，3个月之后，能记住书中的5%吗？许多人连摘录资料的习惯都没有养成，当他听了大量的讲座，看了大量的书之后，留存在大脑里的却是极少一部分。即使一个企业负责人学习了数百部与企业建设相关的书籍，并将书籍上有价值的资料进行摘录，但是，面对一大堆杂乱无章的资料，如何整理成为一大难题。所谓整理，首先要对资料进行分类，寻找到一个合理的结构，然后再将这些材料放置在结构中的某一个具体位置上，并且对不同观点的材料，能够分清对错、进行取舍。

（三）企业负责人不能正确理解、正确运用的难题

智慧是什么？智慧是在经验与人品的基础上，对知识进行全面、深刻、系统的理解，并且能够正确运用。极高智慧的人才能够正确理解、正确运用相关的知识。例如，《孙子兵法》译成白话文，很多人都能看懂，但只有战争经验丰富并且智慧极高的人才能正确运用。有的企业负责人很聪明，但在智慧上有所缺欠。正道管理学与企业四象体系建设理论，就是融人伦大道、实践经验、系统化知识为一体的智慧体系，在管理知识的理解与运用上提供具体有效的引导。

（四）企业负责人在管理知识运用途径上的难题

企业负责人在运用管理知识时，必须是集体运用而非个人运用，必须是按规划运用而非随意运用，必须是企业负责人亲自部署运用而不是由下属自觉运用，才能真正在企业中发挥价值。集体运用的前提是将企业打造成学习型企业，企业的管理层和员工要按一定的学习计划进行学习。必须设定正道管理学和企业四象体系建设理论的学习规划和运用规划，才能做到按规划运用。如果企业负责人缺位，仅仅依靠下属的自觉性，那么，下属就会出现以下问题：形式主义，只做上级领导看得见并且喜欢的事，

不做上级领导看不见或者不喜欢的事；只想少付出多收益；善于推诿责任。

二、企业四象体系建设在企业中的具体运用

（一）达成变革共识

变革首先要树立变革的愿景，而且将变革的愿景分解为企业中每一个人的目标，或者改变自己的价值、行为、态度，使之与公司变革的目标一致。

如果企业的同事不理解你主导的变革多么重要，多么迫切，不知道变革给他们带来什么利益，他们就不会慷慨地提供资源、提供支持，也不会对变革尽职尽责。

每个人都会问：变革对我有什么好处？当然，变革既要有企业收益，也要有个人获益。企业四象体系建设的企业收益是培根铸魂、筑基赋能、治病强身、树立形象、增加利润、基业长青。企业四象体系建设的个人收益是增加知识、培养技能、增加收入、提高声望、积累经验、取得进步、提高地位、晋升职位等。

每个人都会问：变革预期的成本怎样？人们会将金钱、人力、时间、精力、知识技能的学习等方面的成本，同变革的收益进行比较。

（二）培植变革动力

变革动力来自以下四个方面：有效利用外部动力；企业成长推动企业变革；培养紧迫感、危机感、忧患意识，营造企业的变革土壤意识；企业家转型推动企业变革。

（三）消除变革阻力

变革的阻力主要有习惯障碍、各怀异心、认知障碍、既得利益障碍、心理压力、组织阻力等。

（四）把握变革时机

变革的时机在哪里？就在当下，就在现在！原因是：

（1）企业在成长的过程中，随时需要采用新思想、新观念、新方法，这就是变革。对于正常的企业来说，变革无处不在，无时不有，永远在路上！

（2）中小企业的经营管理者，比大企业的经营管理者需要更多的时间来处理日常事务，没有时间去思考变革，结果小问题变成大问题，“千里之堤，溃于蚁穴”，企业中任何一个细小的、隐藏的危险，都可能演化为一场大地震，导致企业的崩溃！

（3）不要在企业出现严重危机之时，才想到去变革，“临时抱佛脚”，去抓“救命稻草”，有时可能还有救，但多数情况下，已经进入了“无可救药”的地步，到了企业的“癌症晚期”，“死马当作活马医”，医是医了，马还是死的。

（4）企业经营正常之时，居安思危，对企业进行“体检”，及早发现问题，加以解决；或者预测到内部、外部各种因素朝着不利的方向变化，及时采取防范措施。

（五）选择内外结合的变革模式

企业四象体系建设选择内外结合的模式，内外结合的变革模式将只依赖外部力量变革模式的优点和只依赖内部力量变革模式的优点结合起来，具有以下优点：

（1）给企业带来新思想、新观念、新方法，提供新的能力和经验，带来更强大的思维力。

（2）能够客观地看问题，不受各种关系的干扰。局外人往往能看清事实真相，也敢于指出问题。

（3）企业内部人员熟知企业的情况。

（4）变革的成果需通过企业内部人员加以巩固。

（六）选择渐进变革的模式

一般情况下，企业四象体系建设宜采用渐进模式，具体做法如下：

（1）在现有业务与现有管理体系的基础上纳入新的变革因素，或者在新的管理体系中纳入公司管理原有的有效成分。

（2）对 34 个系统逐一进行改造，当其中一个或几个系统变革成功后再转向其他系统。

（3）先易后难，循序渐进，持之以恒。

（4）积小胜为大胜。

（5）不能全部暴露所有的变革目标。

（6）采用试错的方式：在改进的过程中，如果发觉有不妥当之处，随时都可恢复原来的工作方法。

（七）进行顶层设计

顶层设计工作是由企业最高领导层负责，以自上而下的方式进行的。顶层设计的方案，不仅仅是用于说明企业高层领导的决策，而且还需要从上到下层层分解工作目标与工作任务，不能给下属布置模糊的任务，提出抽象的号召，而是要给予具体、明确的要求。顶层设计者需要掌握系统的正道管理学理论和企业四象体系建设理论，掌握企业建设的指标，拥有丰富的实践经验，站在思想的高度和理论的高度进行设计。企业四象体系建设从整体出发、从全局出发进行设计，将企业整体划分成四大体系，又将四大体系分解成 34 个系统，每个系统之下又分成若干要素。按照发展愿景和战略目标，有针对性地提出系统完整、步骤清晰、分工明确的实施计划，并按需要组织人力、物力、财力，各个系统相互关联，各个要素环环相扣，从而取得成功。在四大体系的框架中，当我们进行每一个系统改造之时，就会想到其他与之关联的系统如何改造。

（八）建设流程

企业四象体系建设工作可以按以下流程进行：

（1）宣传引导。

（2）树立愿景。

（3）建立机构。

（4）调查分析。

（5）制定规划。

（6）执行规划。

（7）评估改进。

（8）持续变革。

（九）形成四大体系方案

第一份：××企业战略体系建设方案。

第二份：××企业文化体系建设方案。

第三份：××企业职能管理体系建设方案。

第四份：××企业业务运营体系建设方案。

凡是重复做的事，在总结经验的基础上，都要建立一个指标体系。按指标体系去做，就会成功，否则，便会失败。指标体系是可以不断优化的。设立指标，才能根据指标对企业进行诊断、体检。

在这四大体系方案之下，由企业建设的相关各方通力合作，形成34个系统建设方案。在每一个企业管理系统的建设方案中，包括四大体系方案相关陈述、××管理系统手册、程序文件、作业指导书、模块、表格、表单、问题陈述、经验、方法、工作过程、工作记录等内容。

企业四象体系建设可以促进企业各种管理体系间的融合，实现从“多体系分离模式”到“一体化管理架构”的转变。需要在同一管理平台上，在统一编号的文件系统上，将不同的管理文件上载明的要求、方法、原则进行取舍，去除重复之处和矛盾之处，统一整合在四大体系方案及其向下延伸的34个系统建设方案中，从而使同一工作在同一管理文件的指导下有序开展。